Konsumsteuerreformen und Konsumbesteuerung

FINANZWISSENSCHAFTLICHE SCHRIFTEN

Herausgegeben von den Professoren
Konrad, Krause-Junk, Littmann, Oberhauser, Pohmer, Schmidt

Band 110

PETER LANG
Frankfurt am Main · Berlin · Bern · Bruxelles · New York · Oxford · Wien

Hans-Martin Grambeck

Konsumsteuerreformen und Konsumbesteuerung

Eine vergleichende Analyse und Bewertung
verschiedener Konsumsteuermodelle
unter besonderer Berücksichtigung der Probleme
in offenen Volkswirtschaften

PETER LANG
Europäischer Verlag der Wissenschaften

Bibliografische Information Der Deutschen Bibliothek
Die Deutsche Bibliothek verzeichnet diese Publikation in der Deutschen Nationalbibliografie; detaillierte bibliografische Daten sind im Internet über <http://dnb.ddb.de> abrufbar.

Zugl.: Hamburg, Univ., Diss., 2003

D 18
ISSN 0170-8252
ISBN 3-631-51132-9

www.peterlang.de

„Wie jede soziale Institution, so überlebt auch jede Steuer die Epoche ihrer ökonomischen und psychologischen Zweckmäßigkeit. Aber wie bei allen anderen sozialen Institutionen lebt auch im Steuersystem Unangepaßtes nicht ewig. Langsam unterwäscht es der Strom der Entwicklung. Und so wird auch die Einkommensteuer mit der Wirtschaftsform und der Mentalität verschwinden, deren steuerpolitisches Kind sie war."

J.A. Schumpeter*

* Schumpeter, J. A. (1929/1930): Ökonomie und Soziologie der Einkommensteuer, in: Der deutsche Volkswirt, Bd. 4, S. 380-385, wieder abgedruckt in: Stolper, W. F. / Seidl, Chr. (Hrsg.) (1985): Joseph A. Schumpeter: Aufsätze zur Wirtschaftspolitik, Tübingen, S. 123-132.

Inhaltsverzeichnis

Verzeichnis der Abbildungen

Verzeichnis der Tabellen

Verzeichnis der Zeichnungen

Verzeichnis der Abkürzungen

ACE	Allowance for corporate equity (Unternehmenskonsumsteuer im vorgelagerten Verfahren)
AfA	Absetzung für Abnutzung
AM	Anrechnungsmethode
BLP	Bestimmungslandprinzip
BTT	Business transfer tax (Umsatzsteuer mit Vorumsatzabzug)
CFS	Cash-Flow-Steuer
C-Land	Konsumsteuerland, Inland im unilateralen Fall
DBA	Doppelbesteuerungsabkommen
ESt	Einkommensteuer
EU	Europäische Union
FM	Freistellungsmethode
GATT	Allgemeines Zoll- und Handelsabkommen
HRB	Hinzurechnungsbesteuerung
ICF	Individual Cash Flow (Haushaltskonsumsteuer im nachgelagerten Verfahren)
IFS	Institute for Fiscal Studies (London)
ITP	Individual Tax Prepayment (Haushaltskonsumsteuer im vorgelagerten Verfahren)
ITP^{korr}	zinskorrigierte Haushaltskonsumsteuer
KW	Kapitalwert
KöSt	Körperschaftsteuer
QS	Quellensteuer (auf Zinsen und Dividenden)
R-CFS	Cash-Flow-Steuer unter Berücksichtigung der realen Zahlungsströme
RF-CFS	Cash-Flow-Steuer unter Berücksichtigung der realen und finanzwirtschaftlichen Zahlungsströme
SFA	Shareholder Fund Account (Basis für die Ermittlung des ACE-Abzugs)
ULP	Ursprungslandprinzip
USA	Unlimmited Savings Allowance (Kombination aus UST und ICF)
UST	Umsatzsteuer (Allphasensteuer mit Vorsteuerabzug, VAT)
VAT	Value added tax (Umsatzsteuer mit Vorsteuerabzug)
Y-Land	Einkommensteuerland, Ausland im unilateralen Fall

Verzeichnis der Symbole

A	Kapitalauszahlungen (vom Unternehmen an den Haushalt)
C	Konsumnachfrage
D	Kapitalnachfrage
E	Kapitaleinzahlungen (vom Haushalt an das Unternehmen)
e	Wechselkurs
e_{IT}, e_{VAT}	bei Einkommens- (*I*ncome *T*ax) bzw. Umsatzbesteuerung
I	Investitionen
i	Marginaler Kapitalzins
i_0	im steuerfreien Referenzszenario
i^b, i^n	Bruttozins, Nettozins
i_{IT}, i_{CT}	im Fall der Einkommens- (*I*ncome *T*ax) bzw. Konsumbesteuerung (*C*onsumption *T*ax)
i_i, i_a	im In- und Ausland
i^{SZ}	„Schutzzins" beim ACE-Ansatz
i^*	individueller Kreditzins
K	Kapitalakkumulation, Kapitalstock
K_0	im steuerfreien Referenzszenario
K_{IT}, K_{CT}	im Rahmen der Einkommens- bzw. Konsumbesteuerung
L	Lohnzahlungen
R	inframarginale Kapitaleinkommen (Reingewinne)
r	Kapitalproduktivität, Bruttorendite
r^*	Unternehmensspezifische Kapitalrendite
S	Sparen, Kapitalangebot
S_{CT}	im Rahmen der Konsumbesteuerung
T	Steuerbelastung
T_{CFS}, T_{ACE}	im Rahmen der CFS bzw. ACE
T_{ICF}, T_{ITP}	im Rahmen der ICF bzw. ITP
T_{IT}, T_{CT}	im Rahmen der Einkommens- bzw. Konsumsteuer
T_L, T_K	von Lohn-/Arbeits- und Kapitaleinkommen
T_U, T_H	auf Unternehmens- und Haushaltsebene
t	Einkommensteuersatz
t^{korr}	korrigierter Einkommensteuersatz
t_H (t_{PIT})	auf Haushaltsebene (*P*ersonal *I*ncome *T*ax)
t^i, t^a	im In- und Ausland
t_{QS}	Quellensteuertarif
t_U (t_{CIT})	auf Unternehmensebene (*C*orporate *I*ncome *T*ax)

τ	Konsumsteuersatz
τ^i, τ^a	im In- und Ausland
τ_{CCT}	auf Unternehmensebene (*C*orporate *C*onsumption *T*ax)
τ_{ICF}, τ_{ITP}	im Rahmen der ICF bzw. ITP
τ_{PCT}	auf Haushaltsebene (*P*ersonal *C*onsumption *T*ax)
τ_{VAT}	Umsatzsteuersatz
U	Umsatzerlöse
V	Vorleistungen
W	Vermögen
ΔW	Vermögensänderung
w	Lohnsatz
X	Investitionsbetrag
Y	Einkommen
Z	marginale Kapitalzinsen

A Einleitung

A.1 Problemstellung

Die Erhebung von Steuern ist immer mit der Frage nach einer *geeigneten* Bemessungsgrundlage verbunden. In diesem Zusammenhang wird seit geraumer Zeit diskutiert, ob der Konsum oder das Einkommen dieser Funktion besser gerecht werden kann.[1] Und obwohl ihre Befürworter substantielle Vorteile der Konsumsteuer gegenüber der Einkommensteuer sehen,[2] konnte sich das Konzept der Einkommensteuer als Grundlage der fiskalisch bedeutsamen Steuern durchsetzen und bis heute auch behaupten.

In neueren Arbeiten scheint der Konsumsteuergedanke aber aufzuleben und an Bedeutung zu gewinnen.[3] Die aktuelle Reformdebatte lässt sich wohl auch damit begründen, dass in Konsumsteuern das Potential gesehen wird, die Inkonsistenzen der Einkommensteuer zu beheben,[4] die Besteuerung stärker an den steuerpolitischen Idealen auszurichten und gesamtwirtschaftliche Gegenwartsprobleme (wie etwa die hohe Arbeitslosigkeit, die mangelnde internationale Wettbewerbsfähigkeit sowie die Krise der umlagefinanzierten Altersversorgung) in den Griff zu bekommen.[5]

Diese Sichtweise erklärt möglicherweise auch, warum das fiskalische Gewicht allgemeiner Konsumsteuern zunimmt[6] und Konsumsteuerelemente mehr und mehr Einzug in die Einkommensteuersysteme halten – Deutschland bildet hierbei keine Ausnahme. Eine derartig unsystematische „Durchlöcherung" des Einkom-

---

[1] Vgl. für einen historischen Abriß zur Debatte Musgrave, R. A. (1991); Seidl (1990), S. 407f.; Schmidt (1999), S. 11ff.; Reding/Müller (1999), S. 57ff.; Peffekoven (1980), S. 446ff.

[2] Bereits Hobbes, Mill und Fisher (vgl. Kaiser (1992), S. 1f.; Bach (1993), S. 326f.) haben darauf hingewiesen, dass die Konsumbesteuerung der Einkommensteuer moralisch (Besteuerung des Verbrauchs vs. Besteuerung des Leistungsbeitrags), distributiv (doppelte Belastung des Sparers) und im Hinblick auf die Wachstumseffizienz (doppelte Belastung des Kapitals) überlegen ist. Neuere Arbeiten betonen die Vorteile der Konsumsteuer in bezug auf ihre Effizienz (Entscheidungsneutralität angesichts einer am Konsumpotential ausgerichteten Nutzenmaximierung) und Einfachheit (vgl. Wagner (1989); Bach (1993), S. 23f. und S. 331ff.; Zodrow (1997); McLure (1988)). Zudem sei eine Konsumsteuer im Sinne einer angebotsorientierten Steuerpolitik und einer Stärkung der Marktwirtschaft zu begrüßen. Die Befürworter erhoffen sich ferner eine höhere Sparquote bzw. Investitionsbereitschaft (vgl. z.B. Hufbauer/Gabyzon (1996), S. 5ff.).

[3] Vgl. die Arbeiten von Kaldor (1955); Meade (1978); Pechman (1980); Bradford (1986).

[4] Vgl. z.B. die Kritik an der Einkommensteuer bei Aaron/Galper (1985), S. 2ff. Insbesondere Rose (vgl. Rose (1991b), Rose (1992) und Rose (1996)) tritt u.a. mit dieser Begründung vehement für eine konsumorientierte Neuordnung des Steuersystems ein. Hardorp (1991), S. 108 sieht die Konsumsteuerreform gar als Schritt zur „gesellschaftlichen Selbstfindung".

[5] Vgl. etwa Wenger (1999), S. 55ff.

[6] Vgl. OECD (2000), 18ff. und S. 81; für einen Rück- und Ausblick vgl. auch Messere (2000).

mensteuersystems erscheint aber (nicht nur) in ökonomischer Hinsicht problematisch. Vor allem sind inkonsequent wirkende Ausnahmen von grundsätzlichen Besteuerungsregeln mit wohlfahrtsschädlichen Zusatzlasten verbunden. Es stellt sich insofern die Frage, ob anstelle der Einkommensteuer eine Konsumsteuer zur Anwendung kommen sollte. Mittlerweile existieren mehrere solcher Reformvorschläge. Das Spektrum reicht dabei von der indirekten Verbrauchsteuer bis hin zu unterschiedlichen Formen und Kombinationen direkter konsumbasierter Haushalts- und Unternehmenssteuern.

Trotz dieser andauernden Diskussion hat bisher aber noch kein Land einen solchen Systemwechsel dauerhaft vollzogen. Entsprechende Versuche zur Einführung einer Konsumsteuer sind entweder im Ansatz (in Bolivien) oder nach gewisser Zeit (in Indien, Ceylon und Kroatien) gescheitert.[7] Dieser Widerspruch zwischen den (wenn auch nicht unumstrittenen) theoretischen Vorzügen der Konsumsteuern und der steuerpolitischen Realität lässt sich unterschiedlich begründen:[8] Erstens erscheint es unsicher, ob sich die im Modell erklärten Vorzüge der Konsumbesteuerung unter realistischen Umständen entfalten. Darüber hinaus ist eine Konsumsteuerreform unter verteilungspolitischen Gesichtspunkten nicht unproblematisch, weil Kapitaleinkommen aus der synthetischen Bemessungsgrundlage herausgelöst und gegenüber Arbeitseinkommen – wie noch zu zeigen sein wird - steuerlich begünstigt werden. Dies erschwert die Konsensfindung in einem demokratischen System mit ungleichmäßiger Vermögensverteilung. Drittens werden – je nach Konsumsteuersystem – zum Teil erhebliche Übergangsprobleme gesehen. Ein vierter Aspekt ist die Unabsehbarkeit der aus der weltwirtschaftlichen Integration resultierenden Probleme.[9]

Gerade diesem letzten Aspekt, d.h. der internationalen Dimension der Konsumbesteuerung bzw. von Konsumsteuerreformen, wurde bis heute in der Systemdebatte wenig Beachtung geschenkt. Vorliegende Untersuchungen zum Thema blenden die potentiellen internationalen Komplikationen entweder aus oder sprechen ihnen eine nur untergeordnete Bedeutung zu.[10] Die Folgen sind nicht zu übersehen: So

---

[7] Für Indien und Ceylon vgl. Peffekoven (1980), S. 448ff.; Goode (1960); Goode (1980), S. 50, für Bolivien Kapitel C.2.2.2.2.3. Kroatien hat das 1994 eingeführte Konsumsteuersystem (vgl. dazu Jelcic (1995); Schmidt/Wissel (1996) und Kapitel B.3.2.2.1) zum 1.1.2001 durch eine traditionelle Einkommensteuer ersetzt (vgl. Skreb (2001)).

[8] Vgl. Zodrow (1997), S. 45f.; McLure/Zodrow (1996c), S. 825. Gordon (2000), S. 36 sieht die Ursache für mangelnde Reformfähigkeit in der Ignoranz der Politiker gegenüber der wirtschaftlichen Realität.

[9] Vgl. Avi-Yonah (1995), S. 1459. Potentielle internationale Konflikte haben zu einem Scheitern der in Bolivien angestrebten Konsumsteuerreform geführt (vgl. McLure/Zodrow (1996c), S. 825).

[10] Zu diesem Vorwurf vgl. u.a. Hines (1996), S. 492f.; McLure (1992), S. 145; Musgrave, P. B. (1991), S. 535; Abbin/Gordon/Renfroe (1985), S. 1128; Avi-Yonah (1995), S. 1447; Shay/Summers (1997), S. 1030; Bird/McLure (1990), S. 235. Der Vorwurf trifft gleichermaßen

ist bis heute weder abschließend geklärt, wie internationale Sachverhalte sinnvoll in die Konsumsteuersystematik (insbesondere bei Anwendung direkter Konsumsteuern) zu integrieren sind, noch wurden bisher ausführlich und modellvergleichend die zu erwartenden reformbedingten einzelwirtschaftlichen Anpassungsreaktionen analysiert. Unklarheit besteht ferner hinsichtlich der vom Ausland zu erwartenden Gegenreaktionen und ihrer Auswirkungen. Letztlich fehlt es auch an einer Bewertung der Konsumsteuern bei ihrer Anwendung in offenen Volkswirtschaften anhand fundamentaler Besteuerungsnormen bzw. anhand der in eine derartige Reform gesetzten Ziele.

Die Bedeutung dieser Lücke ist im Rahmen einer Beurteilung unterschiedlicher Steuersysteme nicht zu unterschätzen. Denn die Globalisierung - bedingt durch eine Liberalisierung der Faktor- und Gütermärkte sowie die rasante Entwicklung der Informationstechnologie - hat zu einem hohen Ausmaß weltwirtschaftlicher Integration geführt.[11] Diese Integration äußert sich in einem wachsenden Welthandel sowie in der zunehmenden Mobilität von Arbeit, Finanzkapital, Unternehmen und Konsumenten, allgemein also in einer Internationalisierung einzelwirtschaftlicher Entscheidungsprozesse.[12] Und eine derartige Entwicklung ist in offenen Volkswirtschaften, die in vielfacher Weise in die internationalen Faktor- und Güterströme integriert sind, nicht ohne Einfluss auf die Steuerpolitik und die Steuerinzidenz:

Zum einen ändern sich die an Steuern gestellten Anforderungen. So sind im Sinne der Effizienz und Gerechtigkeit die internationalen Besteuerungssachverhalte sowie die zwischenstaatlichen Interessenkonflikte bei der Ausgestaltung eines Steuersystems zu berücksichtigen. Welche Schwierigkeiten dies aufwirft, verdeutlichen die Regelungen zur beschränkten und unbeschränkten Steuerpflicht sowie zur Vermeidung der Minder- und Doppelbesteuerung internationaler Sachverhalte bei der Einkommensteuer. Entsprechende Besteuerungsvorschriften haben zu einer ausufernden Komplexität der Steuergesetze geführt, ohne die Probleme grundsätzlich zu lösen.

Zum anderen erlangt ein nationales Steuersystem infolge der Globalisierung in zunehmendem Maße Standortfaktorqualität.[13] Denn das Besteuerungsziel wird möglicherweise durch Ausweichreaktionen der Steuerdestinatare und durch das Steuersystem des Auslands konterkariert. Eine ohne Rücksicht auf ihre internatio-

---

die „Standardwerke" zur Konsumbesteuerung (vgl. die Quellenhinweise in Fußnote 3), verschiedene Tagungsbände (z.B. Rose (1990)) und auch Monographien (Kaiser (1992), Bach (1993)).

[11] Vgl. Windisch (1999), S. 127ff. und Musgrave, P. B. (1991), S. 536f.

[12] Vgl. in bezug auf die Bevölkerungsmigration OECD (2001b), in bezug auf Direktinvestitionen OECD (2001a) und UN (1998), S. 1ff., in bezug auf den Welthandel IMF (2000), insbes. S. 7.

[13] Vgl. Hines (1996), S. 493 und Abbin/Gordon/Renfroe (1985), S. 1128.

nale Dimension ausgestaltete Steuerpolitik wird insofern kaum erfolgreich sein. Die Globalisierung impliziert offenbar einen Widerspruch zwischen der formalen nationalen Steuerautonomie und den durch die internationalen Interdependenzen hervorgerufenen Steuerwirkungen. Lokale Gesetzgebungshoheit gerät also in Konflikt mit der globalen Steuerinzidenz, und die Steuerpolitik in einer offenen Volkswirtschaft unterliegt außenwirtschaftlichen Anpassungszwängen.[14]

Diese Interdependenzen sowie die daraus resultierenden Anforderungen sind in der Diskussion um die Ausgestaltung bzw. die Reform der Steuersysteme unbedingt zu berücksichtigen. Steuern müssen in einer globalisierten Weltwirtschaft auch über die nationalen Grenzen hinweg die Ziele und Funktionen der Besteuerung sichern bzw. Komplikationen bei der Besteuerung grenzüberschreitender Sachverhalte vermeiden. Das Ziel einer an den Anforderungen der Globalisierung ausgerichteten Steuerpolitik muss also darin bestehen, die aus der Interaktion von Steuersystemen resultierenden Wirkungen so weit wie möglich zu internalisieren.

Gerade im Rahmen der Konsumsteuerdebatte sind diese Aspekte von entscheidender Bedeutung, weil die internationale Dimension einer Konsumsteuerreform unverkennbar ist. Denn der wesentliche steuersystematische Unterschied zwischen Einkommen- und Konsumsteuer liegt - wie noch zu zeigen sein wird - in der Besteuerung von Kapitaleinkommen: Während bei der Einkommensteuer Arbeits- und Kapitaleinkommen in einer synthetischen Bemessungsgrundlage zusammengefasst werden, bleibt im Rahmen der Konsumbesteuerung der marginale Kapitalertrag steuerfrei – die sogenannte einkommensteuerliche „Doppelbelastung" des Kapitals wird vermieden. Mit einer Konsumsteuerreform wird aber nicht nur das synthetische Besteuerungsprinzip der Einkommensteuer aufgegeben. Auch wird im Rahmen einer *steueraufkommensneutralen* Konsumsteuerreform – und nur eine solche Betrachtung gewährleistet einen sachgerechten Vergleich alternativer Steuersysteme – eine grundsätzlich höhere Besteuerung der verbleibenden Bemessungsgrundlage, also der Arbeitseinkommen und der inframarginalen Kapitalrenditen bzw. der Konsumausgaben, notwendig.

Entscheidend ist nun, dass das beschriebene Globalisierungsphänomen – also die Internationalisierung einzelwirtschaftlicher Entscheidungsprozesse - aufgrund der hohen Mobilität des Kapitals insbesondere für die Kapitalallokation relevant ist. Internationale Belastungsunterschiede in der Kapitalbesteuerung sind insofern von großer Bedeutung für die Steuerinzidenz in offenen Volkswirtschaften. Zunehmend gilt dies aber auch im Hinblick auf die Arbeitseinkommensbesteuerung. In jedem Fall verdienen die mit der Konsumsteuerreform verbundenen systematischen Änderungen mehr Beachtung, als dies bisher geschehen ist.

[14] So stellt Hines (1996), S. 465 bzw. S. 493 treffend fest: „... reforms are likely to succeed only if they are tailored to the international situation of the economy..." und „International markets generate incentives that may not be affected by national tax reforms in even the largest countries".

Solange die internationalen Implikationen der Konsumbesteuerung bzw. der mit der Einführung von Konsumsteuern verbundenen Übergangsprobleme nicht umfassender als bisher analysiert worden sind, kann dieses Konzept nicht als Ersatz für die Einkommensteuer empfohlen werden. Denn angesichts potentieller internationaler Komplikationen kann sich ein solcher Systemwechsel für ein Reformland als riskant erweisen. Auch bleiben Aussagen darüber, ob mit der Konsumsteuer entscheidende Probleme der Einkommensteuer gelöst werden können bzw. ob der Konsum tatsächlich die *bessere* Bemessungsgrundlage im Vergleich zum Einkommen ist, Spekulation. Möglicherweise ergeben sich aber auch zusätzliche positive Effekte, die bei der Betrachtung im Modell einer geschlossenen Volkswirtschaft nicht erkannt werden. Ein abschließendes Urteil über die Konsumsteuer erscheint jedenfalls verfrüht.

An diesem erkennbaren Erklärungsdefizit im Rahmen der Konsumsteuerdebatte setzt die vorliegende Arbeit an. Inhalt und Ziel ist die Analyse und Bewertung der mit der Einführung und Anwendung von Konsumsteuern in der offenen Volkswirtschaft verbundenen Auswirkungen.[15] Dabei werden unterschiedliche Konsumsteuermodelle berücksichtigt, ferner erfolgt ein Vergleich mit der Einkommensteuer. Auf diese Weise sollen die an der Konsumsteuerdebatte Beteiligten in stärkerem Maße für die in einer offenen Volkswirtschaften potentiell auftretenden Probleme sensibilisiert werden.

Die Überlegungen basieren auf der Tatsache, dass bei einer steueraufkommensneutralen Reform die reformbedingten einzelwirtschaftlichen Allokationsentscheidungen allein aus dem Systemwechsel resultieren. Sämtliche nichtsteuerlichen Rahmenbedingungen für einzelwirtschaftliche Entscheidungen in einer offenen Volkswirtschaft - wie etwa das Angebot an öffentlichen Gütern sowie die Ausgestaltung des Wirtschafts-, Rechts- und Sozialsystems - können als konstant angesehen werden. Unter der Annahme einer (steuersensitiven) Mobilität von Faktoren, Faktoranbietern und Faktornachfragern lassen sich aus dem Vergleich der Steuerbelastung einzelner Sachverhalte vor und nach der Reform die Anpassungsreaktionen der Unternehmen und Haushalte ableiten.[16] Diese Anpassungsreaktionen bzw. das sich daraus ergebende Allokationsergebnis wiederum sind der Ausgangspunkt für die Bewertung der Konsumsteuern. Diesbezüglich werden die

[15] Die Ausführungen beschränken sich aber keineswegs auf die Diskussion internationaler Aspekte. Im Sinne eines besseren Verständnisses werden auch die Grundlagen der Konsumbesteuerung unter Abstraktion von internationalen Sachverhalten dargestellt.

[16] Die Steuerbelastung ist also nur eine von mehreren Einflussfaktoren, welche die einzelwirtschaftliche Allokationsentscheidungen beeinflussen. Aber selbst wenn die nicht-steuerlichen Faktoren als konstant angesehen werden, kann bezweifelt werden, ob sachverhaltsbezogene Steuerbelastungsänderungen – wie es hier unterstellt wird - tatsächlich Reallokationsentscheidungen auslösen. Denn die dafür erforderliche Steuersensitivität der Steuerdestinatare ist möglicherweise nicht gegeben (vgl. zu diesem Aspekt nur abschließend die Prämissenkritik in Kapitel D.2).

fundamentalen Kriterien der allokativen Effizienz, der interpersonellen bzw. zwischenstaatlichen Gerechtigkeit sowie der Praktikabilität berücksichtigt.

Die aus dieser Analyse gewonnenen Erkenntnisse sollen auf eine Reihe weiterer Überlegungen übertragen werden. So stellt sich die Frage, ob es unter den verschiedenen Konsumsteuervorschlägen ein superiores Modell gibt. Ferner kann unter Berücksichtigung der für eine geschlossene Volkswirtschaft zu erwartenden Reformwirkungen die Bedeutung der internationalen Dimension nationaler Steuerpolitik herausgearbeitet werden. Darüber hinaus soll geklärt werden, ob sich die mit einer Konsumsteuerreform verbundenen Zielsetzungen in einer offenen Volkswirtschaft erreichen lassen. Letztlich ist zu beurteilen, ob die Konsumbesteuerung einen Weg darstellt, die gegenwärtigen Probleme der Einkommensteuer zu lösen, und ob Konsumsteuerreformen vor diesem Hintergrund zu befürworten sind. Möglicherweise sind andere Reformstrategien vorzuziehen. Basierend auf diesen Ergebnissen soll im Hinblick auf die Steuersystemdebatte ein Vorschlag zur Reformstrategie für die sicherlich als reformbedürftig anzusehende Einkommensteuer skizziert werden.

A.2 Gang der Untersuchung

Die Arbeit gliedert sich im Anschluss an die Einleitung in vier weitere Hauptteile:

In **Kapitel B** erfolgt unter Abstraktion von der internationalen Besteuerungssystematik eine Darstellung unterschiedlicher Konsumsteuermodelle. Ferner werden Konsum- und Einkommensteuer steuersystematisch verglichen und Implikationen für die aufkommensneutrale Ausgestaltung der Konsumsteuertarife abgeleitet.

Kapitel C stellt den Hauptteil der Arbeit dar und behandelt die Frage, welche Auswirkungen infolge einer Konsumsteuerreform bzw. bei der Konsumbesteuerung in offenen Volkswirtschaften zu erwarten und wie diese zu bewerten sind:

Kapitel C.1 beinhaltet mit der Darstellung der internationalen Besteuerungssystematik eine für die internationale Steuerwirkungsanalyse elementare Grundlage. Zunächst wird definiert, in welcher Form die Unternehmen und Haushalte in einer offenen Volkswirtschaft am internationalen Wirtschaftsgeschehen partizipieren. Anschließend wird skizziert, wie diese einzelnen Sachverhalte im Rahmen der gegenwärtigen Einkommensteuersystematik behandelt werden. Darauf aufbauend stellt sich die Frage nach dem Geltungsbereich der Konsumsteuern, d.h. ob der Weltkonsum der Inländer oder der Inlandskonsum der In- und Ausländer besteuert werden sollte. Daraus wiederum ergeben sich Implikationen für die Besteuerung der internationalen Sachverhalte auf Haushalts- und Unternehmensebene und die Ausgestaltung der internationalen Konsumsteuersystematik.

Die – ausgehend von der Einkommensteuer - zu erwartenden Auswirkungen von Konsumsteuerreformen in offenen Volkswirtschaften werden anhand des Zwei-Länder-Falles getrennt für die uni- und bilaterale Reform analysiert:

- Begonnen wird in C.2. mit dem *Kollisionsfall*: Während ein Land (C-Land) zur Konsumsteuer übergeht, behält das andere Land (Y-Land) die Einkommensteuer bei. Basierend auf dem gegenwärtigen System der internationalen Einkommensbesteuerung sind für einzelne Besteuerungssachverhalte die steuersystematischen Änderungen und ihre Bedeutung für die Steuerbelastung internationaler Aktivitäten der in- und ausländischen Haushalte und Unternehmen zu definieren. Hierbei werden für die einzelnen internationalen Sachverhalte Steuerbelastungsvergleiche bzw. die reformbedingten Änderungen in der Steuerbelastung dargestellt. Darauf aufbauend können die auf dem Ziel der Steuerbelastungsminimierung basierenden Anpassungsreaktionen der Einzelwirtschaften abgeleitet werden. In diesem Zusammenhang ist auch ein Vergleich mit den in der geschlossenen Volkswirtschaft zu erwartenden Reallokationsentscheidungen vorgesehen, um die Bedeutung der internationalen Interdependenzen in offenen Volkswirtschaften hervorheben zu können. Die vom Y-Land möglicherweise zu erwartenden Gegenmaßnahmen werden dargestellt und in ihren Auswirkungen für die Faktorallokation erläutert.

- Kapitel C.3. beschäftigt sich mit der Variante der bilateralen Konsumbesteuerung im Zwei-Länder-Fall. Ein solcher *Harmoniefall* kann sowohl das Ergebnis eines koordinierten Handelns beider Länder als auch Folge der steuerlichen Gegenstrategie des Y-Landes infolge einer unilateralen Reform sein. Wie für den unilateralen Anwendungsfall sind die steuersystematischen Änderungen und sachverhaltsbezogenen Belastungsverschiebungen zu definieren sowie die daraus folgenden einzelwirtschaftlichen Anpassungsreaktionen abzuleiten. Da hier anders als im Kollisionsfall keine steuersystematischen Konflikte bestehen, ist vor allem die Bedeutung eines internationalen Tarifunterschiedes für die grenzüberschreitenden einzelwirtschaftlichen Allokationsentscheidungen herauszuarbeiten und mit dem Fall der bilateralen Einkommensbesteuerung zu vergleichen.

Einer kurzen Zwischenbilanz in Kapitel C.4 hinsichtlich der plausiblen Szenarien im Zusammenhang mit konsumsteuerbasierten Reformbestrebungen folgt in Kapitel C.5 eine Analyse der mit einer Konsumsteuerreform verbundenen Übergangsprobleme. Diese bestehen vor allem in Hinblick auf den Kapitalstock. Aufgrund der steuersystematischen Unterschiede zwischen Einkommensteuer und den einzelnen Konsumsteuermodellen im Bereich der Kapitalbesteuerung sind Allokations- und Verteilungseffekte nicht auszuschließen. Auch hier verdienen internationale Auswirkungen, wie etwa die unterschiedliche Behandlung von In- und Ausländern bzw. von Inländern in bezug auf ihr In- und Auslandsvermögen sowie zwischenstaatliche Steuerverteilungseffekte im Sinne der Aufgabenstellung besondere Beachtung. Ferner wird erläutert, ob und wie unerwünschte Begleiteffekte der Konsumsteuerreform durch Ausgleichsmaßnahmen gemildert bzw. vermieden werden können.

Diesen Ausführungen schließt sich in Kapitel C.6 eine Bewertung der Ergebnisse an. Die Konsumbesteuerung im Kollisions- und Harmoniefall bzw. die aus der Reform resultierenden Übergangsprobleme werden unter den Gesichtspunkten der allokativen Effizienz, der interpersonellen Gerechtigkeit und der Praktikabilität bewertet. Ferner werden mit der internationalen Steueraufkommensverteilung sowie der administrativen und operationalen Autonomie spezielle Aspekte des zwischenstaatlichen Interessenausgleichs berücksichtigt. In sämtlichen Aspekten erfolgt ein Vergleich mit der Einkommensteuer und eine Betonung der allein in der offenen Volkswirtschaft auftretenden Probleme.

Dieser Bewertung folgt in Kapitel C.7 der Versuch, unter den hier berücksichtigten Konsumsteuermodellen dasjenige zu ermitteln, welches den formulierten Besteuerungsnormen am ehesten gerecht wird und daher als Ersatz für die Einkommensteuer grundsätzlich in Frage käme.

Kapitel D dient der Beurteilung und der kritischen Würdigung der gewonnenen Ergebnisse im Zusammenhang mit der Konsumsteuerdebatte. Es soll diskutiert werden, ob die Konsumsteuer im allgemeinen eine tragfähige Alternative zur Einkommensteuer darstellt. Kurz werden auch andere Möglichkeiten einer Reform der Einkommensteuer angesprochen, d.h. Reformen unter Beibehalt des Einkommensteuersystems sowie Mischsysteme, die konsum- und einkommensteuersystematische Elemente verbinden. Die Darstellung endet mit einer Beurteilung der Konsumsteueroption im Vergleich mit diesen Alternativen sowie mit einem Vorschlag zur Reformstrategie. Eine kritische Würdigung der Ergebnisse vor dem Hintergrund der zugrunde gelegten Annahmen rundet die Überlegungen ab.

Kapitel E fasst die Ergebnisse der Arbeit zusammen.

Im **Anhang** finden sich ergänzende Beispiele und Darstellungen.

B Konzepte der Konsumbesteuerung und Abgrenzung zur Einkommensteuer

Im folgenden werden diejenigen Steuern und Steuersysteme dargestellt, die den *Konsum*[17] zur steuerlichen Bemessungsgrundlage haben. Dabei wird zwischen Konsumsteuer*bausteinen* (Kapitel B.1) und den sich durch eine Kombination dieser Bausteine ergebenden Konsumsteuer*systemen* (Kapitel B.3) differenziert. Die Steuerbemessungsgrundlagen sowie die Belastungswirkungen werden anhand formaler Darstellungen - ergänzt durch Beispiele im Anhang - verdeutlicht.

Darüber hinaus erfolgt im Rahmen des Kapitels eine systematische Abgrenzung der Konsumsteuern von der Einkommensteuer (Kapitel B.4). Diese Abgrenzung ist die Grundlage für die Ableitung aufkommensneutraler Konsumsteuersätze und für die Definition der reformbedingten Belastungsänderungen und der sich daraus ergebenden einzelwirtschaftlichen Anpassungsreaktionen in Kapitel C.

B.1 Bausteine konsumbasierter Steuersysteme

Entsprechend dem in folgender Abbildung dargestellten vereinfachten Kreislaufschema bestehen für die Besteuerung des Konsums zwei Ansatzpunkte:

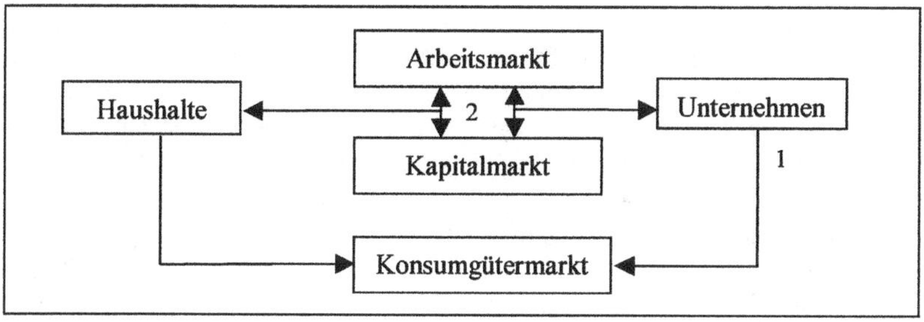

Abbildung 1: Einkommenskreislauf und Ansatzpunkte von Konsumsteuern

1. Die indirekte Konsum- bzw. Verbrauchsteuer knüpft an den Konsumvorgang an. Aus der Steuererhebung auf Unternehmensebene resultiert infolge der Steuerüberwälzung letztlich eine Belastung der Haushalte (Kapitel B.2).

2. Direkte Konsumsteuern knüpfen sowohl auf Haushalts- als auch auf Unternehmensebene an Faktoreinkommen an. Aufgrund des fehlenden direkten Bezugs zum Verbrauchsvorgang erfolgt hier eine indirekte Erfassung des Konsums (Kapitel B.2.1).

[17] *Konsum* ist definiert als „Verbrauch und/oder Nutzung (Gebrauch) materieller und immaterieller Güter durch Letztverwender." (vgl. Gabler-Wirtschafts-Lexikon (1997), Bd. 5, Spalte 2219).

B.2 Verbrauchsteuern

Verbrauchsteuern sind „Steuern, die an die Einkommensverwendung durch Verbrauch anknüpfen."[18] Die Bemessungsgrundlage einer Verbrauchsteuer lässt sich aus dem Cash-Flow-Saldo eines Unternehmens ableiten:[19] Demnach resultieren Einzahlungen aus Umsatzerlösen *U* und Kapitaleinzahlungen *E*. Quelle von Auszahlungen sind Löhne *L*, Vorleistungseinkäufe *V*, Investitionen *I*, Kapitalrückzahlungen *A*, marginale Kapitalzinsen *Z* (in Höhe der Zeitpräferenzrate bzw. Opportunitätskosten) und Reingewinne (d.h. inframarginale Kapitalzinsen) *R*.[20] Aus Ein- und Auszahlungen resultiert die Zahlungsidentität U+E = L+V+I+A+Z+R. Die Bemessungsgrundlage einer Umsatzsteuer ergibt sich durch Umstellung zu U-(V+I) = L+(A-E+Z)+R. Interpretieren lässt sich diese Identität folgendermaßen:[21]

1. Wie die linke Seite zeigt, ist die Verbrauchsteuer eine Steuer auf den Konsum. Denn die Bemessungsgrundlage ergibt sich aus der Differenz von Umsatzerlösen und Vorleistungen bzw. Investitionen. Und Güter, die nicht als Investitionen oder Vorleistungen in die Produktion einfließen, gelten definitionsgemäß als Konsum.

2. Im Hinblick auf die Kapitalerträge belastet die Verbrauchsteuer lediglich den Reingewinn. Denn infolge der Sofortabschreibung[22] von Investitionen resultiert gemessen in Barwerten aus der Erfassung von (*A-E+Z*), also den Kapitaltransaktionen mit der Haushaltsebene inklusive der marginalen Kapitalzinsen, keine Steuerbelastung. Dieser Sachverhalt lässt sich anhand einer zweiperiodigen Investition verdeutlichen (vgl. ferner Anhang B-0, B-1a und B-1b):
   Ein Unternehmen verwendet liquide Mittel i.H.v. [(1-τ)X] zum Kauf von Vorleistungen. Da diese steuerfrei gestellt werden, beteiligt sich der Fiskus unter An-

[18] Vgl. Gabler-Wirtschafts-Lexikon (1997), Bd. 9, Spalte 4018; zu den Grundlagen der Verbrauchsteuern vgl. z.B. Möller (1968) und Pohmer (1980).

[19] Vgl. Metcalf (1995), S. 122f.; Metcalf (1996), S. 92; Schreiber/Stellpflug (1999), S. 188.

[20] Der Reingewinn (bzw. die über den marginalen Zinssatz hinausgehende Kapitalverzinsung) wird in den folgenden Ausführungen eine zentrale Bedeutung haben. Ein Reingewinn hat seine Quelle in Marktunvollkommenheiten, die den Markteintritt von Konkurrenten und daher ein Wegschmelzen der inframarginalen Gewinne verhindern. Solche Marktunvollkommenheiten resultieren z.B. aus einer technisch oder natürliche bedingten Monopolstellung. Innovationsbedingte zwischenzeitliche Marktführerschaft hingegen impliziert zeitlich beschränkte Reingewinne (Quasirenten), die nur bis zum Markteintritt von Nachahmern verdient werden (vgl. Bach (1993), S. 387ff.; Cansier (1987), S. 38ff.).

[21] Vgl. Bradford (1996), S. 127f. und Hubbard (1997), S. 139.

[22] Investitionen werden also im Zeitpunkt ihrer Zahlungswirksamkeit steuerlich geltend gemacht ("Sofortabschreibung"). Entsprechend handelt es sich um eine Verbrauchsteuer vom "Konsumtyp". Im Gegensatz dazu erfolgt bei der Verbrauchsteuer nach dem "Einkommenstyp" ein *pro-rata-temporis* Abzug, also eine der Einkommensteuer (vgl. dazu Kapitel B.4) entsprechende Ertragswertabschreibung (vgl. Nowotny (1996), S. 353f.).

nahme eines Steuersatzes [τ] i.H.v. [τX] (in Form einer Steuerstundung infolge der Sofortabschreibung) an den Gesamtkosten der Investition, die demnach [X] beträgt. Aus Umsatzerlösen resultiert eine Bruttorendite i.H.v. [r]. Infolge der Umsatzbesteuerung erzielt der Fiskus in Periode 1 neben einer Marginalverzinsung der anfänglichen Steuerstundung ein Steueraufkommen aus der Belastung des Reingewinns [(r-i)]. Der Investor erzielt eine marginale Rendite auf das investierte Nettoeinkommen zzgl. einer um die Steuer geschmälerten inframarginalen Rendite auf den gesamten Investitionsbetrag [X]:

Periode	0	1 (brutto)	1 (Steuer)	1 (netto)
Investor	$-(1-\tau)X$	$(1+r)X$	$-\tau(1+r)X$	$(1-\tau)(1+r)X$ $= (1-\tau)(1+i)X+(1-\tau)(r-i)X$[23]
Fiskus	$-\tau X$		$\tau(1+r)X$	$\tau(1+r)X$ $= \tau(1+i)X+\tau(r-i)X$
Summe	$-X$	$(1+r)X$	0	$(1+r)X$

Tabelle 1: Umsatzsteuer

3. Der Reingewinn R bzw. (r-i)X ist jener Teil des Kapitalertrags, der den marginalen Zins im Sinne der Opportunitätskosten der Kapitalbereitstellung übersteigt. Da zukünftige Investitionserträge mit dem marginalen Zinssatz abdiskontiert werden, impliziert ein Reingewinn einen positiven Kapitalwert. Hieraus erklärt sich auch die Bezeichnung der Verbrauchsteuer als *Mehrwertsteuer*. Diese besteuert (wie alle anderen Konsumsteuern auch) letztlich die Summe aus Lohnzahlungen (welche infolge einer fehlenden anfänglichen Auszahlung) regelmäßig einen positiven Kapitalwert implizieren) und Reingewinnen. Je nach Überwälzung der Verbrauchsteuer wird diese Steuer von den Konsumenten bzw. den Beziehern von Faktoreinkommen in Form eines direkten bzw. indirekten Kaufkraftverlusts getragen.[24]

Im Fall eines mehrstufigen Produktionsprozesses lässt sich die Bemessungsgrundlage einer Verbrauchsteuer auf drei unterschiedlichen Wegen ermitteln:

- Die Einzelhandelsumsatzsteuer[25] ist die idealisierte Form der Verbrauchssteuer, denn sie beschränkt die Steuererhebung auf die dem Endverbraucher direkt vorgelagerte Stufe, also den Einzelhandel. Umsätze zwischen Unternehmen sind hingegen nicht steuerbar, da annahmegemäß kein Konsum vor-

---

[23] Zwischenschritt: $(1-\tau)(1+r)X = (1+r-i)(1-\tau)X+i(1-\tau)X$.

[24] Im Gegensatz zu Faktorsteuern (vgl. Kapitel B.2.1) lassen sich Produktsteuern (Verbrauchsteuern) einem Konsumgut eindeutig zuordnen. Insofern ist eine Überwälzung in die Preise plausibler als bei den Faktorsteuern (vgl. Schmidt (1999), S. 101ff.). Die Überwälzung in die Güterpreise erfordert allerdings eine akkomodierende Geldpolitik (vgl. Möller (1968), S. 397 und 401f.). Für Annahmen zur Steuerüberwälzung in der offenen Volkswirtschaft vgl. jedoch Kapitel C.1.3.2.1.3.

[25] Vgl. McLure (1993), S. 348; Shay/Summers (1997), S. 1040.

liegt. Auf Unternehmensebene werden lediglich steuerfreie Vorleistungen gehandelt.

- Die Bussines Transfer Tax[26] ist eine Allphasen-Verbrauchsteuer, mit der auch Umsätze zwischen Unternehmen erfasst werden. Die Bemessungsgrundlage ergibt sich im Zuge eines Vorumsatzabzugs aus dem Saldo von Umsatzerlösen und Vorleistungen, die Ermittlung erfolgt also *salden*fundiert. Im Endeffekt wird der Nettoumsatz bzw. der Nettopreis eines Konsumgutes belastet.
- Auch die Value Added Tax (VAT)[27] ist eine Allphasensteuer, bei der sämtliche Umsätze zwischen Unternehmen sowie die Umsätze an Endverbraucher steuerpflichtig sind. Die Besteuerung des Bruttoumsatzes (*transaktions*basierte Besteuerung) wird mit einem Abzug gezahlter Vorsteuern (credit-invoice bzw. Vorsteuerabzug) kombiniert. Da der Endverbraucher nicht zum Vorsteuerabzug berechtigt ist, wird die Steuerbelastung letztlich erst beim Umsatz an den Endverbraucher wirksam.[28]

Im weiteren Verlauf wird ausschließlich die Umsatzsteuer mit Vorsteuerabzug (VAT) berücksichtigt. Aufgrund ihrer Vorzüge[29] gegenüber den anderen Ermittlungsmethoden hat sich die Vorsteuerabzugsmethode in der Praxis durchgesetzt. Insofern ist davon auszugehen, dass sie auch bei einer vollständigen Substitution der Einkommensteuer durch die Umsatzsteuer zur Anwendung kommen würde.[30]

---

[26] Vgl. Metcalf (1996), S. 94; McLure/Zodrow (1996a), S. 87; Bach (1993), S. 180; Mintz (1995); Kaiser (1992), S. 92f.; Shay/Summers (1997), S. 1036; Bradford (1996), S. 127f.

[27] Vgl. McLure/Zodrow (1996a), S. 87; Shay/Summers (1997), S. 1035f.; Metcalf (1996), S. 93.

[28] Vgl. McLure (1993), S. 352; Bradford (1996), S. 127f.; zur Funktionsweise des Vorsteuerabzugs (im internationalen Zusammenhang) vgl. C.1.3.2.1.1). Nur unter bestimmten Annahmen besteht eine zur Vorumsatzabzugsmethode äquivalente Steuerbelastung. Mangelnde Äquivalenz ist insbesondere auf produktionsstufen-bezogene Tarifdifferenzierungen und Steuerbefreiungen zurückzuführen (vgl. Bradford (1996), S. 127; Mintz (1995) und Pohmer (1980), S. 690).

[29] Probleme der Einzelhandelsumsatzsteuer bestehen insbesondere im Hinblick auf die Hinterziehbarkeit und die Differenzierung zwischen konsumtiver und investiver Verwendung der Umsätze (vgl. McLure (1993), S. 349; McLure (1987), S. 103ff.). Die Nachteile der Vorumsatzabzugsmethode werden darin gesehen, dass aufgrund der saldenfundierten Ermittlung der Bemessungsgrundlage ein Kontrollmechanismus fehlt (Metcalf (1996), S. 93) und ferner im internationalen Zusammenhang die Grenzausgleichsfähigkeit nicht gewährleistet ist (vgl. Kapitel C.1.3.2.1.1). Diese Nachteile wiegen offenbar schwerer als die Vorteile. Diese werden im geringeren Verwaltungsaufwand (vgl. Weidenbaum (1996), S. 66), in der Vermeidung des Kaskadeneffektes (Steuer auf die Steuer bei stufenbezogenen Steuerbefreiungen, vgl. McLure (1993), S. 350) sowie in der Vermeidung des Nachholeffektes (vgl. McLure (1993), S. 350ff.; Shay/Summers (1997), S. 1039; McLure (1987), S. 75ff.) gesehen.

[30] Dies gilt zumindest für jene Länder, die bereits heute eine Umsatzsteuer nach der Vorsteuerabzugsmethode erheben. Reformvorschläge zur Verwendung der anderen Varianten gibt es dennoch: Die Einzelhandelssteuer wurde von Archer/Lugar (vgl. Bradford (1996), S. 124 und Avi-Yonah (1995), S. 1448), die Vorumsatzabzugsmethode im Zusammenhang mit dem Vorschlag der USA-

B.2.1 Faktorsteuern

B.2.1.1 Haushaltsebene

Da Konsum der *private* Verbrauch von Gütern ist, erscheint eine Erfassung bzw. Besteuerung auf *Haushaltsebene* konsequent. Dies könnte zum einen auf direktem Wege geschehen, indem vom Haushalt eine Deklaration seiner in der Besteuerungsperiode geleisteten Konsumausgaben abverlangt wird.[31] Einem solchen Vorgehen stehen freilich entscheidende Probleme entgegen - hingewiesen sei auf die administrativen Kosten der Erfassung der steuerlichen Bemessungsgrundlage und die Hinterziehungsanfälligkeit einer solchen Konsumsteuer.[32] Diese Möglichkeit einer direkten Konsumbesteuerung steht insofern nicht zur Disposition.

Interessant sind vielmehr zwei Methoden, die bei der Ermittlung der Bemessungsgrundlage auf das persönliche Einkommen des Steuerpflichtigen bzw. Teile davon zurückgreifen. Hierbei erfolgt im Sinne einer konsumbasierten Besteuerung eine „Bereinigung" der einkommensteuerlichen Bemessungsgrundlage,[33] indem entweder das nicht konsumierte Einkommen (also das Sparen) oder dessen barwertgleiches Äquivalent (d.h. der Kapitalertrag) von der Besteuerung ausgenommen wird. Wie zu zeigen sein wird, kann auf diesem Wege die einkommensteuerliche „Doppelbelastung" des marginalen Kapitalertrags vermieden werden. Anders als bei der indirekten Verbrauchsteuer wird der Konsum jedoch nicht direkt, sondern indirekt erfasst.

B.2.1.1.1 Nachgelagertes Verfahren – "Sparbereinigte Einkommensteuer"

Die Bemessungsgrundlage der *sparbereinigten Einkommensteuer*[34] ist der konsumtiv veranlasste Zahlungsmittelabgang einer Periode. Dieser wiederum ist die Differenz aus den Einzahlungen (Faktoreinkommen, Transfers) und den nicht

Tax (vgl. Kapitel B.3.1.2) sowie in Kanada (vgl. Wilson (1987); Mintz (1995)) als Grundlage einer konsumbasierten Reform des Einkommensteuersystems vorgeschlagen.

[31] Vgl. Wenger (1989a), S. 290; Bach (1993), S. 182; Reding/Müller (1999), S. 514.

[32] Kaum ernst gemeint sein kann der Vorschlag von Seidl (1990), S. 414, eine lückenlose Erfassung des Konsums durch die Abschaffung des bargeldbehafteten Zahlungsverkehrs (und die gleichzeitige Kontrolle sämtlicher Kontenbewegungen) zu gewährleisten.

[33] Rose (1998b), S. 99 spricht in diesem Kontext von einer *konsumorientierten* Besteuerung des Einkommens, weil „der mit Markteinkommen finanzierbare Teil des Lebenskonsums einer einmaligen steuerlichen Belastung unterliegt." Zum traditionellen Einkommensbegriff besteht allerdings kein Zusammenhang. Die begriffliche Anlehnung an die Einkommensteuer ist nicht gerechtfertigt und täuscht über die systematischen Unterschiede zwischen den Konzepten hinweg.

[34] Zu den Ursprüngen bei Fisher, Elster und Mombert vgl. Bach (1993), S. 182, zum Begriff vgl. Rose (1991b), S. 10. Bei McLure/Zodrow (1991), S. 156 ist von der *individual cash-flow tax* bzw. von der *consumed income tax* (vgl. McLure/Zodrow (1996a), S. 72f.), bei Meade (1978), S. 160 von der *universal expenditure tax*, bei Aaron/Galper (1985), S. 65 von der *cash flow income tax* und bei Peffekoven (1980), S. 419 von der *persönlichen Ausgabensteuer* die Rede.

konsumtiv veranlassten Auszahlungen, d.h. der Ersparnis.[35] Insofern lässt sich die Bemessungsgrundlage folgendermaßen aus der „Zahlungsbilanz" des Haushalts ableiten:[36]

Das Einkommen ist die Summe aus Konsum und Vermögenswertzuwachs [$Y = C+\Delta W$], der Konsum ergibt sich entsprechend [$C = Y-\Delta W$]. Zur Ermittlung der Bemessungsgrundlage einer sparbereinigten Einkommensteuer muss also das Einkommen um die Vermögensänderung in der betreffenden Besteuerungsperiode korrigiert werden: Arbeits- und Kapitaleinkommen bilden dabei die Ausgangsbasis zur Ermittlung der Bemessungsgrundlage. Sparen sowie eine Kreditvergabe und Kredittilgungsleistungen (in Form von Raten und Zinsen) mindern die Bemessungsgrundlage, eine Veräußerung von Vermögen sowie die Aufnahme eines Kredits (als Form des Konsums) erhöhen sie. Abgestellt wird auf Zahlungsgrößen, Bemessungsgrundlage ist der Cash-Flow (im folgenden daher *ICF* – *I*ndividual *C*ash *F*low).

In ihrer Belastungswirkung (vgl. auch Anhang B-2) entspricht die ICF, abgesehen von der möglicherweise progressiven Tarifgestaltung, der Verbrauchsteuer: Infolge der „Sofortabschreibung" der Ersparnis wird dem Haushalt die auf dem gesparten Einkommen ruhende Steuer erstattet. Es erfolgt also ein vollständiger innerperiodischer Verlustausgleich.[37] Sämtliche Auszahlungen für Konsumzwecke sind zu besteuern. Im Endeffekt impliziert dies wie bei der Umsatzsteuer (vgl.

---

[35] Daher ist zwischen Konsum und Sparen zu differenzieren. Probleme ergeben sich im Zusammenhang mit langlebigen Konsumgütern (vgl. Kaiser (1992), S. 77f.; Reding/Müller (1999), S. 514f.; Peffekoven (1980), S. 421; Graetz (1979), S. 1585f. und 1613f.): Zum einen kann der besteuerte Erwerb mit einer Steuerfreiheit der Erträge (Konsumgutlösung), zum anderen der steuerfreie Erwerb mit einer Besteuerung der Erträge (Investitionsgutlösung) kombiniert werden. Bei vorzeitiger Weiterveräußerung von langlebigen Verbrauchsgütern ergeben sich ferner Probleme hinsichtlich der korrekten interpersonellen Steuerlastverteilung (vgl. Graetz (1979), S. 1616f.).

Zu bedenken ist auch die sachgemäße Besteuerung von Schenkungen und Erbschaften: Zwingend erscheint eine Besteuerung beim Bedachten (aufgrund einer zusätzlichen Konsumleistungsfähigkeit). Beim Gebenden sind die Beträge im Sinne der Lebensausstattung (Konsumpotential) und auch zur Vermeidung einer generationenübergreifenden steuerfreien Kapitalakkumulation entweder zu besteuern. Oder es wird im Sinne des Lebensstandardansatzes (tatsächlicher Konsum) auf eine Besteuerung verzichtet (vgl. Hiller (2001), Graetz (1979), S. 1624f.; Kaiser (1992), S. 77f.; Meade (1978), S. 41; Reding/Müller (1999), S. 614f.; Seidl (1990), S. 428; Goode (1980), S. 71).

[36] Vgl. ausführlich Meade (1978), S. 175 bis 203; Bradford (1986); Aaron/Galper (1985), S. 67ff.; Graetz (1979), S. 1584ff.; Seidman (1997), S. 69ff.

[37] McLure/Zodrow (1991), S. 131 lehnen den Verlustausgleich in den Fällen ab, wo keine anderen periodengleichen Steuerpflichten bestehen und eine Steuererstattung erfolgen müßte. Eigenartig ist diese Forderung insofern, als auch im Rahmen der Umsatzsteuer der innerperiodische Verlustausgleich gewährt wird. - Zur Sicherung der Neutralitätseigenschaften müßte dann ein verzinslicher Verlustvortrag auf der Grundlage des marginalen Zinssatzes gewährt werden (vgl. dazu die Ausführungen zur CFS in Kapitel B.2.1.2.1). Besondere Probleme ergeben sich diesbezüglich im Zusammenhang mit ausländischen Einkommen (vgl. dazu Kapitel C.2.1.1.1.2).

Tabelle 1) eine Belastung der Arbeitseinkommen und inframarginalen Rendite[38] sowie die Steuerfreiheit der marginalen Kapitalverzinsung - die ICF ist wie die Umsatzsteuer eine Steuer auf den (Perioden-)Konsum.[39]

Um eine vorgelagerte Entlastung bzw. nachgelagerte Besteuerung der Ersparnis zu gewährleisten, muss das Prinzip der Sparbereinigung auf *qualifizierte* Vermögen bzw. Kapitaleinkommen beschränkt bleiben. Denn andernfalls hätte der Haushalt einen Anreiz, wohl das Sparen, nicht aber das Entsparen für Steuerzwecke zu deklarieren. Durch die Einrichtung eines qualifizierten Kontos[40] wird eine kontrollierbare Trennung zwischen der Konsum- und der Investitionssphäre des steuerpflichtigen Haushalts vollzogen. Einzahlungen in diese Konten mindern die steuerliche Bemessungsgrundlage des Haushalts (erfolgen also brutto), Auszahlungen werden besteuert. Durch die Kontrolle der Kontenbewegungen wird sichergestellt, dass Auszahlungen nicht ohne Besteuerung in den Konsumkreislauf des Haushalts gelangen.[41]

B.2.1.1.2 Vorgelagertes Verfahren – "Kapitaleinkommensbereinigte Einkommensteuer"

Gemäß dem Konzept der vorgelagerten Besteuerung begründen Kapitaleinkommen keine Steuerpflicht – Bemessungsgrundlage ist das um Kapitalerträge bereinigte Einkommen. Diese „Bereinigung" der einkommensteuerlichen Bemessungsgrundlage basiert auf der Überlegung, dass Kapitaleinkommen aus einem früheren Konsumverzicht stammen und dieser Verzicht genau durch den Kapitalzins (im Sinne einer „Warteprämie") abgegolten wird. Insofern sind Kapitalerträge nicht zu besteuern.[42]

---

[38] Vgl. auch Cansier (1987), S. 95 und von Oehsen (2000), S. 1632). Warren (1996), S. 4 stellt in bezug auf die ICF treffend fest, dass „... the tax due on this excess return will not be covered by investment of the tax savings from expensing."

[39] Hier sowie bei den anderen Faktorsteuern wird (im Gegensatz zu den indirekten Verbrauchsteuern, vgl. Fußnote 24) von einer Überwälzung in die Faktorentgelte ausgegangen (so auch Bach (1999), S. 100; Avi-Yonah (1995), S. 1451; McLure/Zodrow (1996c), S. 827). Dies ist insofern plausibel, als Faktorsteuern einzelnen Produkten nicht zugerechnet werden können und deshalb eine Vorüberwälzung in Güterpreise nicht erreicht werden kann (vgl. Möller (1968), S. 402; Rose (1991a), S. 207).

[40] Vgl. Meade (1978), S. 175f.

[41] Das System der qualifizierten Konten hat zur Folge, dass es auch nicht-qualifizierter Vermögen (*non-registered assets*) und Kapitaleinkommen (*non-qualified income*) gibt. Diese entstehen, wenn der Steuerpflichtige seine Periodenersparnis nicht deklariert bzw. nicht-qualifizierte Konten und Vermögen besitzt. Zur Behandlung der nicht-qualifizierten Kapitaleinkommen vgl. Kapitel B.2.1.1.3.

[42] Vgl. Rose (1998b), S. 100f.; Rose (1996), S. 1087ff.; McLure/Zodrow (1991), S. 124f. und Kaiser (1992), S. 85ff.

Auch die Konzeption der kapitaleinkommensbereinigten Konsumsteuer lässt sich aus der Haushaltsbilanz ableiten: Demnach entspricht das Einkommen nicht nur der Summe aus Konsum und Vermögensänderung [$Y = C+\Delta W$], sondern auch der Summe aus Lohn- und Vermögenseinkommen [$Y = L+rW$] ist. Die Bemessungsgrundlage der Konsumsteuer ergibt sich daher gemäß [$C = L+rW-\Delta W$]. Da - bezogen auf die Lebenszeit und bei fehlendem Anfangs- bzw. Endvermögen - die Vermögensänderung [ΔW] allein auf die Verzinsung des Vermögens [rW] zurückzuführen ist, gilt ferner [$\Delta W = rW$]. Demzufolge verkürzt sich die Bemessungsgrundlage (bei statischer Betrachtung) auf Arbeitseinkommen [$C=L$].

Zur Verdeutlichung der Belastungswirkung der vorgelagerten Konsumsteuer wird das Beispiel zur Umsatzsteuer bzw. ICF modifiziert (vgl. ferner Anhang B-3):

> Ein Haushalt verfügt in der Ausgangsperiode über ein Nettoeinkommen i.H.v. [$(1-\tau)X$]. Um die Vergleichbarkeit mit der nachgelagerten Konsumsteuer zu gewährleisten, wird ein gleiches Investitionsvolumen [X] vorausgesetzt und unterstellt, dass der Investor (zur Vereinfachung beim Fiskus)[43] einen Kredit i.H.v. [τX] (d.h. der Steuerpflicht in Periode 0) aufnimmt. Der Kredit wird mit [i] verzinst und reduziert in der Periode 1 das Einkommen des Investors. Zinsaufwendungen sind dabei nicht von der Bemessungsgrundlage abzusetzen, Kapitaleinkommen fließen nicht in die Bemessungsgrundlage ein. Der Investor erhält offenbar auf sein anfängliches Nettoeinkommen die gesamte Investitionsrendite [r], aus dem durch einen Kredit beim Fiskus finanzierten Teil der Investition [τX] jedoch lediglich die den Kreditzins übersteigende Rendite. Diese Differenz entspricht dem Reingewinn, sofern der Kredit (wie im Beispiel) mit dem marginalen Zins [i] abzugelten ist:

Periode	0	1 (brutto)	1 (Steuer)	1 (netto)
Investor	$-(1-\tau)X$	$(1+r)X -(1+i)\tau X$	0	$(1+r)X-(1+i)\tau X$ $=(1-\tau)(1+r)X+\tau X(r-i)$[44]
Fiskus	$-\tau X$	$(1+i)\tau X$	0	$(1+i)\tau X$
Gesamt	$-X$	$(1+r)X$	0	$(1+r)X$

Tabelle 2: ITP

Offenbar wird die Steuerpflicht in bezug auf Kapitaleinkommen dadurch abgegolten, dass die Investition anders als bei der ICF aus versteuerten Einkommen erfolgt. Damit wird unterstellt, dass die Steuerentlastung infolge der Sofortabschreibung (bei der ICF) in Barwerten einer Freistellung der erzielten Kapitaleinkommen entspricht.[45] Die auf dem Vermögen ruhende Steuer wird als Vorauszah-

[43] Eine Kreditaufnahme bei einem privaten Gläubiger würde das Ergebnis nicht tangieren.

[44] Zwischenschritt: $(1+r)X-(1+i)\tau X = (1-\tau)(1+r)X+\tau(1+r)X-\tau X(1+i)$.

[45] Zu den Bedingungen der Äquivalenz beider Ansätze vgl. das folgende Kapitel B.2.1.1.3.

lung auf den zukünftigen Konsum interpretiert (im folgenden daher ITP – *i*ndividual *t*ax *p*repayment).[46]

Auch das System der vorgelagerten Konsumbesteuerung lässt sich auf qualifizierte Konten bzw. Vermögen beschränken, anders als bei der ICF ist dies allerdings nicht zwingend. Denn Kapitaleinkommen sind nicht steuerpflichtig und bedürfen daher keiner Erfassung. Allerdings ist eine Freistellung der Kapitaleinkommen nur dann gerechtfertigt, wenn Vermögen aus versteuertem (Arbeits-) Einkommen akkumuliert wurde. Nur dann ist trotz der Freistellung von Kapitaleinkommen die einmalige Belastung des Kapitals sichergestellt. Andernfalls bliebe das aus steuerfreien Einkommen akkumulierte Kapital endgültig steuerfrei. Die qualifizierten Konten[47] stellen insofern eine Möglichkeit dar, die vorgelagerte Belastung jeglicher Kapitalakkumulation sicherzustellen. Zu diesem Zweck werden die Einzahlungen auf dieses Konto besteuert, Auszahlungen bleiben steuerfrei. Die Einzahlungssteuer wäre im Rahmen der Veranlagung (Erfassung von Arbeitseinkommen, Werbungskosten, usw.) zu berücksichtigen. Auch ein verzinslicher Verlustvortrag ist denkbar. Wie in diesem Fall nicht-qualifizierte Kapitaleinkommen zu besteuern sind, wird im folgenden dargestellt.

B.2.1.1.3 Anmerkungen zur Äquivalenz beider Verfahren und Implikationen für die Besteuerung nicht-qualifizierter Kapitaleinkommen

Es soll nun geprüft werden, unter welchen Bedingungen die vor- und nachgelagerte Konsumsteuer auf Haushaltsebene (ITP und ICF) zu einer gleichen Steuerbelastung führen. Denn eine derartige Gleichwertigkeit ist für den später erfolgenden Vergleich beider Ansätze von elementarer Bedeutung.

Ein erster Aspekt betrifft die Abkopplung der Steuerbelastung vom Konsumzeitpunkt bei der ITP. Da die Steuer auf den Konsum im Voraus bezahlt wird, hat die Höhe des Periodenkonsums (bei progressiver Tarifgestaltung) keinen Einfluss auf die marginale Steuerbelastung. Entscheidend ist die interperiodische Verteilung des Arbeitseinkommens. Hingegen impliziert die ICF eine Besteuerung des Periodenkonsums, da vom Einkommen die Periodenersparnis abgezogen wird. Maßgeblich für die marginale Steuerbelastung des Haushalts ist also nicht die Einkommenshöhe, sondern der Konsum der betrachteten Periode. ITP und ICF führen

---

[46] Vgl. Hall/Rabushka (1996), S. 31; McLure/Zodrow (1991), S. 120; Musgrave, P. B. (1991), S. 553. Es ist auch von der *yield exemption* (McLure/Zodrow (1996a), S. 73) und *individual wage tax* (Hall/Rabushka (1996)) die Rede. Unterstützung findet diese Form der Konsumsteuer durch das Institute for Fiscal Studies (vgl. IFS (1994) und Gammie (1992), S. 262ff.) sowie durch Rose (vgl. Rose (1996)) und Wenger (vgl. Wenger (1983)). In Kroatien wurde dieses Konzept zwischen 1994 und 1999 angewendet (vgl. Jelcic (1995); Schmidt/Wissel (1996); Lammersen (1999), S. 64ff.)

[47] Zum Konzept dieser qualifizierten Konten (EXPEPS – *E*xtended *P*ersonal *E*quity *P*lans) vgl. IFS (1994), S. 20ff. Der Vorschlag knüpft an gegenwärtige Regelungen in Großbritannien an, wonach bestimmte Kapitaleinkommen für Zwecke der Altersvorsorge steuerfrei gestellt werden.

also nur dann zur gleichen Steuerbelastung, wenn ein linearer und zeitlich konstanter Tarif unterstellt wird. Dies gilt, obwohl durch beide Konzepte der Lebenskonsum erfasst wird. Progressive Tarife sowie diskretionäre Tarifänderungen implizieren hingegen unterschiedliche Auswirkungen für die Steuerbelastung, wodurch sich Einflüsse auf die einzelwirtschaftlichen Allokationsentscheidungen in bezug auf Konsumnachfrage und Arbeitsangebot sowie interpersonelle Umverteilungseffekte ergeben.[48]

Ein zweiter Unterschied besteht im Hinblick auf die barwertmäßige Belastung des Kapitaleinkommens: Bei der ITP ist diese immer [0], bei der ICF ist die Steuerbelastung i.H.v. [$(r-i)\tau X$] durch die Relation zwischen der internen Investitionsrendite [r] und den Opportunitätskosten [i] determiniert. Beide Verfahren führen deshalb nur für den Fall [$r = i$] zu einer periodenübergreifend gleichen Belastung des Kapitalertrags. Diese Bedingung ist lediglich auf einem vollkommenen Kapitalmarkt erfüllt, auf dem Kapital genau mit den Opportunitätskosten entgolten wird.[49] Die ICF degeneriert in diesem Fall zu einer Lohnsteuer, welche die ITP von vornherein verkörpert. Ist hingegen [$r>i$], dann ist die Steuerbelastung bei der ICF größer, bei [$r<i$] entsprechend geringer als bei der ITP. Der Fiskus partizipiert also bei der ITP weder im positiven noch im negativen Sinne an Abweichungen der tatsächlichen Kapitalrendite vom marginalen Zins:[50]

	ICF	ITP
Steueraufkommen	$\tau(1+i)X+\tau(r-i)X$	$\tau X(1+i)$
Vergleich	$T_{ICF}>T_{ITP}$, wenn $r>i$	

Tabelle 3: Vergleich von ICF und ITP

Der Verzicht auf eine Besteuerung des inframarginalen Kapitalertrags [$r-i$] im Rahmen der ITP ist systematisch nicht gerechtfertigt. Lediglich die marginale Kapitalverzinsung wäre im Sinne einer „Warteprämie" freizustellen. Deshalb wird der Bezieher von Kapitaleinkommen für den Fall [$r \neq i$] nicht sacherecht besteuert.

48 Vgl. Kaiser (1992), S. 236ff.; Graetz (1979), S. 1602. Diese Aspekte werden im einzelnen noch diskutiert, vgl. auswertend die Kapitel C.6.1 zur Neutralität der Besteuerung und Kapitel C.6.2 zur interpersonellen Gerechtigkeit.

49 Dies setzt allerdings voraus, dass Investor und Fiskus den gleichen Diskontierungszinssatz zugrunde legen. Unterstellt der Fiskus (aufgrund höherer Risikobereitschaft bzw. besserer Möglichkeiten zum Risikopooling) einen geringeren Diskontfaktor, dann führt die ICF selbst im Fall [$r = i$] zu einem höheren Steueraufkommen als die ITP, da der Fiskus bei der vorgelagerten Besteuerung das Steueraufkommen der Periode 0 nur zum Zins [i] am Kapitalmarkt anlegen kann (vgl. Zodrow (1995), S. 261f.). Dieser Aspekt wird im folgenden jedoch vernachlässigt.

50 Es wird damit ex ante eine Gleichwertigkeit von Investitionsalternativen unterstellt, ohne ex post die tatsächlichen Ertragsunterschiede zu berücksichtigen (vgl. Meade (1978), S. 177; Graetz (1979), S. 1600, zu den distributiven Implikationen Kapitel C.6.2). Vgl. auch Goode (1990); Musgrave, P. B. (1991), S. 554; Rose (1992), S. 7f.; Gammie (1992), S. 263; Zodrow (1995).

Im Ergebnis kommt es bei einer Betrachtung von Gegenwartswerten nicht zu einer Besteuerung des Lebenskonsums.

Möglicherweise ist dieser Unterschied nur von eingeschränkter Relevanz:[51] So kann unterstellt werden, dass auf Fremdkapital keine überhöhten Zinsen gezahlt werden. Abweichungen des Kreditzinses vom marginalen Kapitalmarktzins sind zwar denkbar, spiegeln aber lediglich die Fristigkeit des Kredits bzw. die Bonität des Schuldners wider und würden keine inframarginale Rendite implizieren.[52] Allerdings bestehen zum Zweck der Steuermanipulation[53] möglicherweise Anreize zur Vereinbarung überhöhter Kreditzinsen. Im Rahmen der folgenden Ausführungen wird daher auch die Besteuerung derart überhöhter Fremdkapitalzinsen berücksichtigt.

Weiterhin könnte argumentiert werden, dass die aus dem Einsatz von Eigenkapital resultierenden Überrenditen im Rahmen einer konsumbasierten Unternehmenssteuer (vgl. Kapitel B.2.1.2) erfasst werden können und eine Haushaltsbesteuerung hinfällig wird. Dafür bedarf es allerdings einer weiten Fassung des Unternehmensbegriffs.[54] Ferner besteht der Einwand, dass die Unternehmenskonsumsteuer bei Kombinationen mit der ITP abgeltende Wirkung hat, während mit der ICF eine personifizierte Belastung inframarginaler Kapitalrenditen gelingt. Dies ist bei divergierenden Steuersätzen auf Unternehmens- und Haushaltsebene sowie einer auf die Haushaltsbesteuerung beschränkten progressiven Tarifgestaltung unter verteilungspolitischen Gesichtspunkten von Bedeutung.

ICF und ITP können insofern nicht als gleichwertig bezeichnet werden. Diese Tatsache muss bei den folgenden Ausführungen, insbesondere beim Vergleich beider Ansätze berücksichtigt werden.

Aus der fehlenden Äquivalenz beider Verfahren ergeben sich Implikationen für die Besteuerung nicht-qualifizierter Kapitaleinkommen. Diese treten auf, wenn die Konsumsteuersystematik auf qualifizierte Kapitaleinkommen beschränkt bleibt:

- Beim ICF-Ansatz ist die Verwendung der qualifizierten Konten zwingend erforderlich (s.o.). In diesem Fall wäre es *erstens* (auch angesichts der bei der Einkommensteuer bekannten Erfassungsprobleme) denkbar, nicht-qualifizierte Kapitaleinkommen entsprechend dem ITP-Ansatz steuerfrei zu belassen.[55] Der

[51] Vgl. Rose (1996), S. 1089f. und Rose (1998b), S. 104.

[52] Im Rahmen der Kapitalwertmethode würde dies eine entsprechende Modifizierung des Diskontfaktors nach sich ziehen.

[53] Auf diese Möglichkeiten der Manipulation, insbesondere in Kombination mit anderen Leistungsvereinbarungen, ist noch zurückzukommen (vgl. Kapitel C.6.4.2).

[54] Vgl. Zodrow (1997), S. 49.

[55] Vgl. zu diesem Vorschlag Graetz (1979), S. 1599f.; Krause-Junk (1990b), S. 494 und Sunley

Steuerpflichtige hätte damit eine Wahlfreiheit zwischen der vor- und nachgelagerten Besteuerung. Allerdings wird das System der qualifizierten Konten ausgehebelt: Denn der Steuerpflichtige wird zwischen der Reingewinnbesteuerung und der Steuerfreiheit der Kapitaleinkommen die Variante mit der geringeren Steuerbelastung wählen. Und das ist für den Fall [r>i] immer der ITP-Ansatz, sofern Reingewinne nicht durch eine (Unternehmens-)Konsumsteuer vorbelastet sind, deren Tarif mindestens dem persönlichen Konsumsteuersatz entspricht.[56] Ein relativ geringer Unternehmenssteuersatz bzw. eine klassische (d.h. doppelte) Besteuerung ausgeschütteter Reingewinne würde also die Akkumulation nicht-qualifizierten Kapitals begünstigen.[57] Es besteht zwar die Möglichkeit, die Inanspruchnahme des ITP-Ansatzes durch Freibeträge zu beschränken, allerdings müssen dann auch die nicht-qualifizierten Vermögen und Transaktionen erfasst werden. – Vor dem Hintergrund dieser Probleme ist die *zweite* Möglichkeit zu präferieren, wonach nicht-qualifizierte Kapitaleinkommen zu besteuern sind. Da nicht-qualifizierte Vermögen keiner vorgelagerten Entlastung unterliegen, impliziert die Besteuerung der daraus erzielten Kapitaleinkommen (mit dem Tarif der ICF) letztlich eine einkommensteuerliche Behandlung.[58] Weil in diesem Fall das Sparen in qualifizierten Konten gegenüber einer der Einkommensteuer unterliegenden (nicht-qualifizierten) Kapitalakkumulation regelmäßig vorteilhaft ist, wird das System der qualifizierten Konten indirekt durch die Diskriminierung gegen nicht-qualifizierte Vermögen bzw. Einkommen begünstigt. Eine nicht-qualifizierte Kapitalakkumulation wäre nur dann vorteilhaft, wenn der Sparzeitraum relativ kurz und die Steuerprogression im Rahmen der ICF sehr scharf ist. Denn in diesem Fall impliziert die Doppelbesteuerung der Zinsen einen geringeren Verlust als die aus der Progression resultierende hohe Besteuerung des Periodenkonsums.[59]

(1989), S. 6. Für dieses Verfahren würde auch die Tatsache sprechen, dass damit Progressionsspitzen bei einer Ungleichverteilung des Periodenkonsums ausgeglichen werden können. Denn der Haushalt könnte (z.B. für den Erwerb hochwertiger bzw. teurer Konsumgüter) nicht-qualifizierte Kapitalvermögen akkumulieren (sog. averaging).

[56] In diesem Zusammenhang ist anzumerken, dass es (ähnlich wie bei der Einkommensteuer) schwierig erscheint, (international mobile) Unternehmen einem höheren (Konsum-)Steuertarif zu unterwerfen als die (relativ immobilen) Haushalte. Dies wird im weiteren Verlauf noch deutlich.

[57] Der umgekehrte Fall [r<i] würde beim ICF-Ansatz zwar eine Dauersubvention durch den Fiskus implizieren, da Steuerrückerstattungen auf der Basis des persönlichen Konsumsteuersatzes erfolgen. Der Haushalt würde sich dann zugunsten des qualifizierten Sparens entscheiden. Allerdings wäre mittelfristig kein Haushalt zur Kapitalakkumulation bereit, wenn der Kapitalertrag nicht mindestens der Zeitpräferenzrate entspricht. Davon abgesehen ist die durch den Fiskus erfolgende Verlustbeteiligung aufgrund der damit verbundenen Mißbrauchsmöglichkeiten abzulehnen.

[58] Vgl. Avi-Yonah (1996b), S. 1344; Meade (1978), S. 176-183. Zur Belastungswirkung der Einkommensteuer vgl. B.4.

[59] Vgl. zu diesem Problem die Ausführungen zur intertemporalen Aneutralität der ICF in Kapitel C.6.1.1, insbesondere Fußnote 496. Weitere Nachteile einer solchen Strategie sind gleichwohl

- Bei der ITP ist die Anwendung qualifizierter Konten nicht zwingend. Würden *erstens* nicht-qualifizierte Kapitaleinkommen nicht besteuert, fehlt jedes Argument für das Sparen in qualifizierten Konten. Der Steuerpflichtige könnte durch nicht-qualifiziertes Sparen die Einzahlungsbesteuerung vermeiden, ohne gleichzeitig den Anspruch auf die Steuerfreiheit der Kapitalerträge zu verlieren. Die *zweite* Alternative einer Besteuerung nicht-qualifizierter Kapitaleinkommen, also ihre einkommensteuerliche Behandlung,[60] würde wie bei der ICF bedeuten, dass der Steuerpflichtige i.d.R. die Form des qualifizierten Sparens wählt. Der Fiskus kann auf diesem Wege die Einmalbesteuerung des Kapitals sicherstellen.

Insgesamt sprechen damit gewichtige Gründe für die Besteuerung nicht-qualifizierter Kapitaleinkommen. Die Reformwirkungen werden im folgenden aber ausschließlich in bezug auf die qualifizierten (d.h. konsumbasiert besteuerten) Kapitaleinkommen analysiert. Denn in bezug auf nicht-qualifizierte Kapitaleinkommen ergeben sich im Vergleich zur Einkommensteuer keine systematischen Änderungen.[61]

Abschließend ist darauf hinzuweisen, dass eine Möglichkeit besteht, im Rahmen einer vorgelagerten Besteuerung eine dem ICF-Ansatz entsprechend Steuerbelastung herbeizuführen. Dies geschieht mittels der sogenannten „Zinskorrektur".[62] Bei diesem Ansatz zählen die über die marginale Kapitalrendite hinausgehenden Kapitaleinkommen zum steuerpflichtigen Einkommen, die das Marktzinsniveau übersteigenden Kreditzinsen sind abzugsfähig. Anders als bei der nachgelagerten Konsumsteuer, bei denen die Trennung zwischen steuerfreien Marginal- und steuerpflichtigen Überrenditen aus der Sofortabschreibung resultiert, ermittelt sich die Bemessungsgrundlage bei der Zinskorrektur durch den Abzug des mit dem marginalen Zins aufgezinsten Jahresanfangsvermögens vom Jahresendvermögen.[63] Vor- und nachgelagerte Besteuerung werden also kombiniert. Um das aufzuzinsende Vermögen sowie das Kapitaleinkommen erfassen zu können, empfiehlt sich

erkennbar (vgl. ausführlich Kapitel C.6): So geht die Möglichkeit des Averagings verloren (vgl. Fußnote 55). Ferner widerspricht die Doppelbesteuerung der Konsumsteuersystematik.

[60] Vgl. IFS (1994), S. 57.

[61] Das hat entscheidende Implikationen für die Steueradministration (vgl. dazu Kapitel C.6.4.1). Selbst wenn die Besteuerung nicht-qualifizierter Kapitaleinkommen langfristig wegen der indirekten Begünstigung der qualifizierten Kapitaleinkommen fiskalisch an Bedeutung verlieren wird, kann nicht auf ihre Kontrolle verzichtet werden. Möglich wäre dies nur bei der Anwendung der ITP ohne das System qualifizierter Konten, dann allerdings zulasten der Besteuerungskonsistenz.

[62] Vgl. Zodrow (1995) zu diesem Vorschlag der *modified wage tax*, im folgenden ITP^{korr}.

[63] Die Zinskorrektur könnte auf die gewerbliche Vermögensverwaltung beschränkt und mit einer Quellensteuer für überhöhte Zinseinkommen der Haushalte kombiniert werden (vgl. Wenger (1989a), S. 292). Allerdings ergeben sich daraus neue Abgrenzungsprobleme bzgl. des Anwendungsbereichs.

auch hier eine Beschränkung auf qualifizierte Vermögen. Für nicht-qualifizierte Kapitaleinkommen sollte dann die Einkommensteuersystematik zur Anwendung gelangen.

In den aktuellen Reformvorschlägen findet dieser Ansatz der Zinskorrektur keine Berücksichtigung. Er wird daher im folgenden ebenfalls vernachlässigt. Diese Vorgehensweise ist auch insofern unbedenklich, als sich ICF und Zinskorrektur in ihrer Belastungswirkung entsprechen. Abgesehen von den administrativen Implikationen und der Tatsache, dass durch die Zinskorrektur nicht der Periodenkonsum erfasst wird, sind die Ergebnisse zur ICF mit denen zur ITP^{korr} weitgehend vergleichbar.

B.2.1.2 Unternehmensebene

Der Sinn einer *konsumbasierten* Unternehmenssteuer erschließt sich aus dem Konzept der Konsumbesteuerung nicht unmittelbar. Denn auf Unternehmensebene findet kein Konsum statt, so dass es an einer „Konsumleistungsfähigkeit“ als Anknüpfungspunkt der Besteuerung fehlt.[64] Letztlich fließt das auf Unternehmensebene erzielte Einkommen den Haushalten zu und wird dort konsumiert. Insofern ist entsprechend der vor- und nachgelagerten Besteuerung auch eine Erfassung der Besteuerungssachverhalte auf Haushaltsebene möglich. Vor diesem Hintergrund könnte im Rahmen eines Konsumsteuersystems auf die direkte Besteuerung der Unternehmen - anders als etwa im Rahmen der Einkommensteuer[65] – durchaus verzichtet werden.[66]

Andererseits sprechen einige Gründe für die Aufrechterhaltung der Unternehmensbesteuerung auch im Falle der Konsumbesteuerung:[67] So ist die Ausgrenzung der Unternehmen aus dem Steuersystem in politökonomischer Hinsicht nicht unproblematisch, wenngleich als Steuerdestinatare ohnehin nur Haushalte in Fra-

---

[64] Der Begriff der „business consumption tax“ (Musgrave, P. B. (1991), S. 557) ist insofern mißverständlich und bringt lediglich das Belastungskonzept der Unternehmenssteuer zum Ausdruck.

[65] Die Körperschaftsteuer im Rahmen des Einkommensteuersystems ist zumindest umstritten: Für sie sprechen insbesondere die Notwendigkeit einer Besteuerung thesaurierter Gewinne, der Tatbestand der Einkommenserzielung bzw. eigenständigen Leistungsfähigkeit (zur Separationstheorie vgl. Musgrave, R. A. /Musgrave, P. B./Kullmer (1993), S. 245f.) sowie die wirtschaftspolitische Lenkungs- und ihre politökonomische Funktion (vgl. Reding/Müller (1999), S. 379ff.). Es finden sich aber auch Gegenargumente, weil Unternehmen keine Leistungsfähigkeit besitzen und der Haushalt letzter Empfänger von Einkommen und Destinatar jeglicher Steuern ist (vgl. Gammie (1992), S. 149; Bach (1993), S. 81ff.; Musgrave, R. A./Musgrave, P. B. /Kullmer (1993), S. 243f. zur Integrationstheorie).

[66] Vgl. Meinung Bach (1993), S. 85 und S. 208; Abbin/Gordon/Renfroe (1985), S. 1128; McLure/Zodrow (1991), S. 147; McLure (1992), S. 145; Kaiser (1992), S. 33; Graetz (1979), S. 1636.

[67] Vgl. McLure/Zodrow (1991), S. 148; Zodrow/McLure (1991), S. 411f.; Kaiser (1992), S. 90; IFS (1991), S. 8f.; Mintz/Seade (1991), S. 179ff.

ge kommen. Ferner erschwert eine Unternehmenssteuer die Steuerhinterziehung (z.B. in Form der Verlagerung des Konsums von der Haushalts- auf die Unternehmensebene). Die Unternehmenssteuer ist deshalb auch ein Hilfsmittel zur Umsetzung der Konsumbesteuerung der Haushalte. Ferner kann sich eine ergänzende Reingewinnbesteuerung auf Unternehmensebene als notwendig erweisen, wenn auf Haushaltsebene Kapitaleinkommen im allgemeinen (wie bei der ITP) oder Veräußerungsgewinne im speziellen (wie möglicherweise bei der ICF)[68] nicht erfasst werden.

Eine Aufrechterhaltung der Unternehmenssteuer im Zuge einer Konsumsteuerreform macht allerdings nur dann Sinn, wenn auch hier eine *konsum*basierte Besteuerung erfolgt. Ansonsten wäre die Systemkonsistenz - mit entsprechend negativen Folgen für die Allokationseffizienz - gestört.[69] Zur Ableitung einer konsumbasierten Bemessungsgrundlage für die Unternehmensebene kann dabei auf die bereits dargestellten Grundkonzeptionen der adjustierten persönlichen Einkommensteuer auf Haushaltsebene zurückgegriffen werden: Demnach ist entweder entsprechend der nachgelagerten Methode die investive Kapitalverwendung auf Unternehmensebene von der Besteuerung freizustellen. Oder es ist alternativ gemäß der vorgelagerten Konsumsteuersystematik der (marginale) Kapitalertrag nicht zu besteuern.

B.2.1.2.1 Nachgelagertes Verfahren – „Cash-Flow-Steuer"

Grundgedanke der Cash-Flow-Besteuerung ist wie bei den anderen Konsumsteuern die steuerliche Freistellung des marginalen Kapitalertrags. Dies erfolgt bei der CFS ähnlich wie bei der Umsatzsteuer durch die Sofortabschreibung von Investitionen. Die Sofortabschreibung wird durch eine Ermittlung der steuerlichen Bemessungsgrundlage auf Basis von Zahlungsüberschüssen (d.h. dem Cash-Flow) wirksam:[70] Zahlungswirksame Investitionsausgaben mindern die steuerliche Bemessungsgrundlage, zahlungswirksame Desinvestitionen erhöhen sie. Bei der Ermittlung der Bemessungsgrundlage können unterschiedliche Zahlungsebenen berücksichtigt werden (vgl. Anhang B-4). Hier sollen folgende zwei Alternativen berücksichtigt werden:[71]

- Bei der R-Basis (im folgenden R-CFS) werden lediglich realwirtschaftliche

[68] Vgl. Fußnote 108 im Kontext der Integration der Haushalts- und Unternehmensbesteuerung.

[69] Vgl. Rose (1991b), S. 30; Isaac (1997), S. 312; Gammie (1991), S. 240. Zur Möglichkeit und den Implikationen einer Teilumstellung des Steuersystems vgl. Kapitel D.1.2.2.1.

[70] Auf den Zusammenhang zwischen Sofortabschreibung und Steuerfreiheit des marginalen Kapitalertrags hat erstmals Brown (1948), insbesondere S. 309f., hingewiesen. Im Zusammenhang mit der Besteuerung von Rohstoffrenten vgl. Garnaut/Ross (1977). Der Ansatz wurde von Meade (1978), Kay/King (1990) und anderen (vgl. Kapitel B.3.2.1) aufgegriffen.

[71] Zur Ermittlung der Bemessungsgrundlage vgl. Bach (1999), S. 91ff.; Schmidt (1998), S. 51ff./ 68ff.; Feldhoff (1989); Kaiser (1992), S. 42ff.; Genser (1990), S. 520f. Zu weiteren - hier nicht berücksichtigten - Varianten, wie etwa der Ausschüttungssteuer, vgl. Kaiser (1992), S. 107ff..

Transaktionen in die Bemessungsgrundlage einbezogen. Finanzierungsvorgänge der Beteiligungsebene (S-Basis) und der Fremdfinanzierungsebene (F-Basis) werden unter der Annahme ihrer barwertmäßigen Irrelevanz für die Steuerbelastung bei vollkommenem Kapitalmarkt vernachlässigt.[72]

- Bei der RF-Basis (RF-CFS) werden zusätzlich Transaktionen berücksichtigt, welche die Fremdfinanzierungssphäre (F-Basis), also die Kreditaufnahme, -vergabe, -tilgung und –verzinsung sowie auch die systemexterne Beteiligungsebene des Unternehmens betreffen. Als „systemextern" gilt hierbei jede Beteiligung an Unternehmen, welche nicht der Cash-Flow-Steuer unterliegen.[73]

Zur Erläuterung der Belastungswirkung der CFS wird auf das bereits eingeführte Beispiel zurückgegriffen (vgl. auch Anhang B-5a bis B-5c):

Handelt es sich um eine aus Eigenkapital finanzierte Investition, gelten die Aussagen zur ICF und Umsatzsteuer sinngemäß (vgl. Tabelle 1): Infolge der Sofortabschreibung beteiligt sich der Fiskus an den Investitionskosten und partizipiert am inframarginalen Gewinn.[74] Im Sinne einer steuerneutralen Behandlung von Verlusten sind bei negativem Cash-Flows (*tax exhaustion*) entweder Steuerrückerstattungen (wie bei der Umsatzsteuer) oder ein neutraler Verlustvortrag zu gewähren.[75]

---

[72] McLure (1992), S. 146 spricht von einer „uninteresting side-show", Wenger (1989b), S. 191 vom „Irrelevanztheorem für die Besteuerung von Kreditpositionen". Im übrigen entspricht dies auch der Umsatzsteuersystematik, wo Finanzumsätze ebenfalls vernachlässigt werden.

[73] Dass es sich dabei infolge rechtsformaneutraler Anwendung der CFS auch um inländische Unternehmen handeln kann, wird hier angesichts der Annahme einer rechtsformneutralen Besteuerung vernachlässigt. Als systemextern gelten Beteiligungen an Unternehmen des Auslands bei unilateraler Anwendung der CFS. Selbst deren Integration ist aber problematisch (vgl. Kapitel C.1.3.3.2.2).

Bei einer Integration systeminterner Beteiligungen in die Systematik der Sofortabschreibung ergeben sich hingegen Steuermanipulationsmöglichkeiten (vgl. insbesondere Kaiser (1992), S. 57, auch Meade (1978), S. 231ff.; Schreiber/Stellpflug (1999), S. 188; McLure/Zodrow (1996a), S. 73). Die Manipulation beruht auf der Tatsache, dass sich durch eine Überkreuzbeteiligung i.H.d. positiven Cash-Flows einer Periode die Steuerbemessungsgrundlage auf 0 absenken lässt und damit keine materielle Steuerbelastung entsteht. Im Gegensatz dazu funktioniert diese Manipulation nicht bei einer auf Fremdkapital basierenden Überkreuzbeteiligung, da der Schuldner die Kreditaufnahme versteuern muss.

[74] Aus dieser Systematik schlußfolgert Schneider (1989), S. 319 bzw. (1991), S. 242 auf einen Kapazitätseffekt i.H.v. $[X/(1-\tau)]$. Diese Annahme ist insofern nicht gerechtfertigt, als der Fiskus einen Zwischenfinanzierungsbedarf i.H.v. $[\tau X]$ hat (vgl. Bach (1993), S. 227f.). In einer geschlossenen Volkswirtschaft ist daher nicht mit einer Ausweitung des Investitionsvolumens zu rechnen.

[75] Vgl. Kaiser (1992), S. 180; Bach (1993), S. 45f. Ein innerperiodischer Verlustausgleich wird aus fiskalischen (Rose (1991a), S. 209, Rose (1998a), S. 253) und administrativen Gründen (die sich ergebenden Manipulationsmöglichkeiten sind mit dem Vorsteuerabzugsbetrug bei der Umsatzsteuer vergleichbar, vgl. Hall/Rabushka (1996), S. 36 und Kapitel C.6.4.2) abgelehnt. Der Verlustvortrag muss unter Berücksichtigung der Kapitalopportunitätskosten mit [i] verzinst werden (vgl. Bach (1999), S. 88f.; McLure/Zodrow (1998), Fußnoten 13 und 14). Ein Handel mit Verlustzerti-

Anders ist der Fall bei einer Fremdfinanzierung (vgl. Tabelle 4): Nimmt der Investor bzw. Schuldner einen Kredit i.H.v. [(1-τ)X] auf, kommt er im Fall der R-CFS[76] weiterhin in den Genuss der Sofortabschreibung. Der Gläubiger wird infolge der auf die Erfassung realwirtschaftlicher Vorgänge beschränkten Bemessungsgrundlage von der Steuer nicht tangiert. Der Schuldner muss die Kredittilgung und Verzinsung aus dem versteuerten Cash-Flow leisten, kann also die Kreditverpflichtung nicht geltend machen. Offenbar erzielt der Investor in bezug auf den kreditfinanzierten Teil der Investition eine um den Kreditzins sowie um die Reingewinnsteuer geminderte Kapitalrendite sowie in bezug auf den durch die anfängliche Steuererstattung finanzierten Teil eine um die Reingewinnsteuer reduzierte Rendite.[77] Für den Fiskus ist der zwischen Gläubiger und Schuldner vereinbarte Zins [i*] irrelevant, da der Steuerfreiheit beim Gläubiger die Verweigerung des Zinsabzugs beim Schuldner gegenüber steht:[78]

Periode	0	1 (brutto)	1 (Steuer)	1 (netto)
Investor, Schuldner	0	(1+r)X- (1-τ)(1+i*)X	-τX(1+r)	(1-τ)(1+r)X-(1-τ)(1+i*)X =(1-τ)(r-i*)X bzw. =(1-τ)(r-i*-τ(r-i))X+τX(r-i)(1-τ)
Gläubiger	-(1-τ)X	(1-τ)(1+i*)X	0	(1-τ)(1+i*)X
Fiskus	-τX		τ(1+r)X	τ(1+r)X =τ(1+i)X+τ(r-i)X
Gesamt	X	(1+r)X	0	(1+r)X

Tabelle 4: Fremdfinanzierte Investition bei der R-CFS

Bei der RF-CFS sind der Kredit bzw. die damit verbundenen Zahlungen bei der Ermittlung der Bemessungsgrundlage zu berücksichtigen: Demnach erhält der Gläubiger (und nicht wie bei der R-CFS der Schuldner) infolge der Sofortabschreibung der Kreditvergabe die Steuerstundung und vergibt an den Investor einen Kredit i.H.v. [X]. Beim Investor bzw. Schuldner ist die Krediteinzahlung zwar steuerpflichtig, infolge der mit der Investition verbundenen Sofortabschreibung fällt aber

fikaten zwischen Unternehmen (vgl. Kay/King (1990), S. 175f.) würde das Problem der *tax exhaustion* nur bedingt lösen. Denn die fiskalischen Lasten blieben für den Fiskus bestehen, in der offenen Volkswirtschaft wäre ferner eine zwischenstaatlicher Steuerumverteilung die Folge.

[76] Für die Umsatzsteuer gelten diese Ergebnisse gleichermaßen.

[77] Keineswegs eindeutig ist, ob letztlich der Schuldner oder der Gläubiger von der fehlenden Zinsabzugsfähigkeit bzw. Zinssteuerpflicht tangiert wird. Entscheidend ist, dass nur überhöhte Zinsen belastet werden und die aus der Steuersystematik resultierende Belastung dieser überhöhten Zinsen in die nominale Zinsvereinbarung einfließen kann. Der Gläubiger muss also keineswegs der Destinatar der Steuer auf den überhöhten Zins sein, wie Bach (1993), S. 56 behauptet. Dies ist vielmehr abhängig von der Steuerüberwälzung.

[78] Die Vermutung, dass aus der Verweigerung des Zinsabzugs ein höheres Steueraufkommen als bei der Einkommensteuer resultiert (vgl. McLure (1992), S. 149), ist insofern falsch. Denn infolge der Sofortabschreibung werden marginalen Zinsen auf investiertes Fremdkapital nicht besteuert.

in der Ausgangsperiode keine Steuerverpflichtung an. Bei der Desinvestition (Periode 1) werden die Beträge für die Kredittilgung und –verzinsung von der Bemessungsgrundlage des Schuldners abgezogen. Der Gläubiger muss Kredittilgung und Zinsertrag versteuern. Wiederum ist für den Fiskus die Höhe des zwischen Schuldner und Gläubiger vereinbarten Kreditzinses irrelevant, das Steueraufkommen ergibt sich aus der Belastung der Überrendite. Der Investor erzielt eine um den Kreditzins reduzierte und versteuerte inframarginale Rendite, der Gläubiger neben der Marginalverzinsung seines Einsatzes einen um die Steuer reduzierten überhöhten Kreditzins:[79]

Periode	0	1 (brutto)	1 (Steuer)	1 (netto)
Investor, Schuldner	0	$(1+r)X-(1+i^*)X$	$-\tau[(1+r)X-(1+i^*)X]$ $=-\tau(r-i^*)X$	$(1-\tau)X(r-i^*)$
Gläubiger	$-(1-\tau)X$	$(1+i^*)X$	$-\tau(1+i^*)X$	$(1-\tau)(1+i^*)X$ $=(1-\tau)X(1+i)+(1-\tau)(i^*-i)X$[80]
Fiskus	$-\tau X$		$\tau(r-i^*)X+(1+i^*)X$ $=\tau X(1+r)$	$\tau(1+r)X$ $=\tau X(1+i)+\tau(r-i)X$
Gesamt	X	$(1+r)X$	0	$(1+r)X$

Tabelle 5: Fremdfinanzierte Investition bei der RF-CFS

Es zeigt sich, dass die Sofortabschreibung im Rahmen der CFS eine „Partnerschaft“ zwischen Fiskus und Unternehmen impliziert. Denn der Fiskus beteiligt sich an den Investitionskosten und partizipiert an den Erträgen und Risiken der Investition.[81] Im Fall einer erfolgreichen Investition [r>i] erzielt der Fiskus ein auch in Barwerten gemessen positives Steueraufkommen, im Fall einer Fehlinvestition [r<i] erfolgt eine Subvention. Da mit der Investitionsbeteiligung durch den Fiskus aber kein Mitbestimmungsrecht über Investitionsentscheidungen verbunden ist, handelt es sich (wie auch bei der Umsatzsteuer) gewissermaßen um eine stille oder passive Beteiligung.

Ferner wird deutlich, dass die CFS den Kapitalwert einer Investition proportional i.H.d. Steuersatzes kürzt, weil lediglich inframarginale Kapitalrenditen besteuert werden und der marginale Kapitalertrag steuerfrei bleibt. Wie auch die ICF und die Verbrauchsteuer ist die CFS damit eine Reingewinnsteuer.[82] Da aber Löhne

[79] Auch hier ist nicht eindeutig, ob der Schuldner oder der Gläubiger die Steuerbelastung des überhöhten Zinses trägt. Zwar kann der Schuldner die gesamten Kreditzinsen geltend machen, allerdings kann der Gläubiger daher auch einen höheren Zins fordern. Nur für den Fall, wo der vereinbarte Kreditzins dem marginalen Zinssatz entspricht [i*=i], ergibt sich ein der Eigenkapitalfinanzierung entsprechendes Ergebnis hinsichtlich der Steuerlastverteilung.

[80] Zwischenschritt: $(1-\tau)(1+i^*)X = (1+i^*-i)(1-\tau)X+i(1-\tau)X$

[81] Vgl. McLure/Zodrow (1998), S. 4; Bach (1999), S. 89; McLure/Zodrow (1991), S. 153f.; Sinn (1989), S. 164.

[82] Vgl. Bach (1993), S. 88f.; Hubbard (1997), S. 139; Devereux/Freeman (1991), S. 3.

anders als bei der Umsatzsteuer abzugsfähig sind, handelt es sich nicht um eine echte Konsumsteuer. Dazu bedarf es mindestens einer ergänzenden Arbeitseinkommensbesteuerung auf Haushaltsebene (vgl. dazu Kapitel B.3.2.1).

B.2.1.2.2 Vorgelagertes Verfahren – „Zinsbereinigte Gewinnsteuer"

Das Konzept der vorgelagerten Konsumsteuer basiert wie die ITP auf der Überlegung, dass unter bestimmten Voraussetzungen die aus der Sofortabschreibung resultierende Steuerentlastung barwertmäßig einer Freistellung des Kapitalertrags entspricht.[83] Insofern werden beim Ansatz der „zinsbereinigten Gewinnsteuer" neben den (tatsächlichen) Fremdkapitalkosten auch kalkulatorische Zinsen auf das im Unternehmen gebundene Eigenkapital zugelassen (im folgenden daher *ACE* – *A*llowance for *C*orporate *E*quity). Die „Doppelbelastung" der Kapitaleinkommen wird also durch die Steuerfreistellung des *marginalen* Kapitalertrags vermieden.[84]

Zur Berücksichtigung dieser Eigenkapitalkosten ist die aus der einkommensteuerlichen Gewinnermittlung resultierende Bemessungsgrundlage zu modifizieren. Hierfür wird eine Abzugsgröße (ACE-Allowance) wie folgt ermittelt und im Rahmen der Steuerfestsetzung auf Unternehmensebene berücksichtigt:[85]

- Die Bemessungsgrundlage (*S*hareholder *F*unds *A*ccount - SFA) für die Abzugsgröße ergibt sich aus dem Buchwert des Eigenkapitals am Ende der Vorperiode zzgl. des periodengleichen Eigenkapitalzugangs (vor allem thesaurierter Vorjahresnettogewinn, Einzahlungen aus der Beteiligungsfinanzierung, d.h. die Ausgabe von Aktien) abzgl. des Eigenkapitalabgangs (insbesondere Dividenden, Aktienrückkauf und Erwerb von Beteiligungen[86]).
- Dieser SFA-Wert wird mit einem (nominalen) „Schutzzins" (i^{SZ}), der die Opportunitätskosten des Eigenkapitals widerspiegeln soll, multipliziert. Der

[83] Als grundlegend gelten die Arbeiten durch Boadway/Bruce (1984) und Wenger (1983). Vertieft wurde das Konzept durch die Arbeiten des Institute for Fiscal Studies in London (vgl. IFS (1991) und IFS (1994), S. 30). Vgl. ferner Schmidt/Wissel (1996) und Schmidt (1998), S. 51ff./71ff.

[84] Der Begriff der „zinsbereinigten Einkommens- und Gewinnsteuer" bzw. IAIT (*I*nterest *A*djusted *I*ncome *T*ax, vgl. Cnossen (1996), S. 84) ist irreführend, weil sich der traditionelle Einkommensbegriff in der Bemessungsgrundlage nicht wiederfindet. Rose (1996) bezeichnet den Zinsabzug (wohl in Anlehnung an einkommensteuerliche Regelungen für die Besteuerung der Haushalte) als „Kapitalexistenzminimum". Dieser Vergleich erscheint keineswegs gerechtfertigt.

[85] Vgl. Devereux/Freeman (1991), S. 4; IFS (1991), S. 73ff.; IFS (1994), S. 3f. und 31ff.; Gammie (1991), S. 238f.; Isaac (1997), S. 303f. Zur ehemaligen Umsetzung in Kroatien vgl. Jelcic (1995); Schmidt/Wissel (1996); Stöckler/Wissel (1995) und Lammersen (1999), S. 64ff.

[86] Hier bestehen die gleichen Probleme wie bei der RF-CFS (vgl. Gammie (1991), S. 239; IFS (1991), S. 74): Fließt Beteiligungsvermögen in die Bemessungsgrundlage zur Errechnung des SFA ein, wird dieses Kapital doppelt berücksichtigt, weil es auch beim akquirierten Unternehmen zum SFA zählt. Zur Vermeidung von Steuerausfällen ist Beteiligungsvermögen also nur beim erworbenen Unternehmen zu berücksichtigen. Im Umkehrschluß sind Dividenden aus diesen Beteiligungen beim erwerbenden Unternehmen nicht steuerpflichtig (Prinzip der Einmalbesteuerung).

anzuwendende Zinssatz orientiert sich beispielsweise an der Marktverzinsung von Schuldtiteln des Staates. Die unternehmensspezifischen Opportunitätskosten lassen sich insofern nicht berücksichtigen. Übersteigt der Schutzzins die Opportunitätskosten des Kapitals, wird ein Teil der inframarginalen Gewinne steuerfrei gestellt. Wird der steuerfreie Zins zu niedrig bemessen, wird auch ein Teil der Opportunitätskosten besteuert.[87]

- Der sich aus der Multiplikation des SFA-Wertes mit dem Zinssatz ergebende Betrag wird von dem (ansonsten nach einkommensteuerlichen Regeln ermittelten) Gewinn abgezogen. Auf diesen *bereinigten* Gewinn wird der (lineare) Steuertarif angewendet.[88] Die Abschreibungsmethode ist dabei für die Steuerbelastung ohne Relevanz (vgl. Anhang B-6a): Eine verzögerte Gewinnausweisung infolge degressiver Abschreibung impliziert eine höhere Bemessungsgrundlage für den ACE-Abzug in den Folgeperioden und damit eine höhere Steuerbemessungsgrundlage. Wie bei der CFS entspricht der Barwert der Absetzungen dem Anschaffungswert der Investition.[89] Im Fall einer Sofortabschreibung investiver Ausgaben wäre der ACE-Abzug [0].

Die Belastungswirkung der ACE soll durch eine erneute Modifikation des bekannten Beispiels verdeutlicht werden (vgl. ferner Anhang B-6a und 6b):

Bei einer mit Eigenkapital finanzierten Investition erfolgt wie bei der ITP die Investition aus versteuertem Einkommen. Zur Gewährleistung einer Vergleichbarkeit mit der CFS wird wiederum eine ergänzende Kreditaufnahme (vereinfachend beim Fiskus) i.H.v. [τX] unterstellt, die Gesamtinvestition beträgt also [X]. Vom Bruttoerlös [$(1+r)X$] führt der Investor die Kredittilgung [$(1+i)\tau X$] sowie die Steuer ab. Es wird vereinfachend unterstellt, dass sich Kredit- und steuerfreier Zins entsprechen.[90] Offenbar erzielt der Investor neben der Marginalverzinsung eine um die

[87] Vgl. Isaac (1997), S. 307f.; Devereux/Freeman (1991), S. 7f.; IFS (1994), S. 32 und 35; Rose (1991a), S. 210 und Schmidt (1998), S. 72. Der abzugsfähige Zins beinhaltet keine Risikoprämie, aber einen Inflationsausgleich. - Eine Bemessung des Zinssatzes an den individuellen Fremdkapitalkosten (die im gewissen Sinne Ausdruck der unternehmensspezifischen Kapitalkosten sind) ist aufgrund der daraus resultierenden Manipulierbarkeit abzulehnen (vgl. so auch Kaiser (1992), S. 182f.): Denn während die Bemessung des Fremdkapitalzinses für den Fiskus irrelevant ist, weil dem Abzug beim Schuldner die Besteuerung beim Gläubiger gegenübersteht, würde ein mit einem höheren Schuldzins verbundener höherer ACE-Abzug eine Minderung der Steuerbelastung implizieren. Die Kreditparteien hätten insofern einen Anreiz zur Vereinbarung überhöhter Kreditzinsen.

[88] Wie bei der CFS sind zur Wahrung der intertemporalen Neutralität Verluste durch einen innerperiodischen Verlustausgleich bzw. verzinslichen Verlustvortrag zu berücksichtigen. In Kroatien (vgl. Lammersen (1999), S. 66) wurde der (verzinsliche) Verlustvortrag auf fünf Jahre beschränkt.

[89] Vgl. Schmidt (1998), S. 71f.; Devereux/Freeman (1991), S. 5; Rose (1991a), S. 210f., von Oehsen (2000), S. 1502. Allerdings haben durch unterschiedliche Abschreibungsverläufe verursachte Liquiditätseffekte auch Rentabilitätswirkung. Ferner zeigen Heinhold (1999) bzw. Heinhold/ Hüsing/Pasch (2000), dass Abschreibungsvarianten dann nicht zur gleichen barwertmäßigen Steuerbelastung führen, wenn der steuerfreie Zins nicht den Opportunitätskosten des Kapitals entspricht.

[90] Eine anderslautende Vereinbarung führt zu Umverteilungen zwischen Investor und Fiskus.

Reingewinnsteuer geminderte Rendite. Das Ergebnis ist mit der CFS - nicht jedoch mit der ITP (Kapitel B.2.1.1.3) - vergleichbar. Der Fiskus erzielt zusätzlich zu der Marginalverzinsung des Kredits i.H.v. [$\tau X(1+i^{SZ})$] eine Reingewinnsteuer i.H.v. [$\tau(r-i^{SZ})X$]. Das Ergebnis wird also durch den Zinssatz [i^{SZ}] determiniert.

Periode	0	1 (brutto)	1 (Steuer)	1 (netto)
Investor	$-(1-\tau)X$	$(1+r)X-$ $(1+i^{SZ})\tau X$	$-\tau[rX-i^{SZ}(1-\tau)X-i^{SZ}\tau X]$ $= -\tau X(r-i^{SZ})$	$(1+r)(1-\tau)X$ bzw.[91] $(1-\tau)(1+i^{SZ})X+$ $(1-\tau)(r-i^{SZ})X$
Fiskus	$-\tau X$	$\tau(1+i^{SZ})X$	$\tau X(r-i^{SZ})$	$\tau X(1+i^{SZ})+\tau(r-i^{SZ})X$
Gesamt	$-X$	$(1+r)X$	0	$(1+r)X$

Tabelle 6: Eigenkapitalfinanzierte Investition bei der ACE

Bei einer vollständig fremdfinanzierten Investition kann der Investor keinen Abzug für Kapitalopportunitätskosten in Anspruch nehmen, da es sich aus seiner Sicht nicht um Eigenkapital handelt. Demnach wird der ACE-Abzug beim Gläubiger, welcher den Kredit annahmegemäß aus Eigenkapital finanziert, vorgenommen. Der Gläubiger gewährt dem Investor einen Kredit i.H.v. [$(1-\tau)X$], der Fiskus i.H.v. [τX]. Zwischen Gläubiger und Investor wird der Kreditzins [i^*] vereinbart, wobei dieser für das Steueraufkommen ohne Bedeutung bleibt – beim Schuldner sind die Zinskosten abzugsfähig, beim Gläubiger ist der Zinsertrag steuerpflichtig. Der Gläubiger erzielt in Periode 1 einen Kapitalertrag i.H.d. vereinbarten Kreditzinses [i^*] abzüglich der Steuer auf den überhöhten Zins [i^*-i^{SZ}]. Der Schuldner bzw. Investor muss vom Bruttoertrag [r] die Zinsen für die durch den Gläubiger und den Fiskus gewährten Kredite sowie die Reingewinnsteuer zahlen. Aus dem durch den Gläubigerkredit finanzierten Investitionsanteil [$1-\tau$] verbleiben netto [$(1-\tau)(r-i^*)$]. Entsprechend wird der Kapitalertrag, welcher aus dem durch den Kredit vom Fiskus finanzierten Investitionsanteil stammt, um eine Reingewinnsteuer gemindert. Der Fiskus erzielt wie bei der CFS neben der Marginalverzinsung auf den Kredit eine Reingewinnsteuer auf den überhöhten Zins aus der Investition:

Periode	0	1 (brutto)	1 (Steuer)	1 (netto)
Investor	0	$(1+r)X$ $-(1-\tau)X(1+i^*)$ $-\tau X(1+i^{SZ})$	$\tau X(r-i^*(1-\tau)-i^{SZ}\tau)$	$(1-\tau)X[(1-\tau)(r-i^*)+$ $\tau(r-i^{SZ})]$
Gläubiger	$-(1-\tau)X$	$(1-\tau)X(1+i^*)$	$-\tau X(1-\tau)(i^*-i^{SZ})$	$(1-\tau)X(1+i^*-\tau(i^*-i^{SZ}))$
Fiskus	$-\tau X$	$\tau X(1+i^{SZ})$	$-\tau X(r-i^{SZ})$	$\tau X(1+i^{SZ})+\tau(r-i^{SZ})X$
Gesamt	$-X$	$(1+r)X$	0	$(1+r)X$

Tabelle 7: Fremdfinanzierte Investition bei der ACE

[91] Zwischenschritt: $(1-\tau)(1+r)X = (1+r-i^{SZ})(1-\tau)X+i^{SZ}(1-\tau)X$.

Es zeigt sich, dass die ACE wie auch die CFS eine Reingewinnsteuer ist, wobei der marginale Kapitalertrag steuerfrei bleibt.[92] Im folgenden soll (entsprechend dem Vergleich von ICF und ITP) analysiert werden, unter welchen Umständen CFS und ACE eine barwertmäßig gleiche Steuerbelastung implizieren.

B.2.1.2.3 Anmerkungen zur Äquivalenz beider Verfahren

Eine erste Voraussetzung für die Äquivalenz beider Steuern ergibt sich wiederum aus dem Zeitpfad der Steuerbelastung: Während bei der ACE die Steuerfreiheit des marginalen Ertrags durch eine *nachträgliche* Korrektur der steuerlichen Bemessungsgrundlage gewährleistet wird, erfolgt bei der CFS (mit innerperiodischem Verlustausgleich) eine *vorgelagerte* Entlastung der Investitionen. Gleiche Steuerbelastungen ergeben sich also nur bei zeitlich konstanten Steuersätzen. Diskretionäre Tariferhöhungen bzw. –senkungen (Progressionseffekte sind aufgrund des linearen Tarifs ausgeschlossen) würden im Rahmen der CFS zu einer im Vergleich zur ACE relativ höheren bzw. geringeren Steuerbelastung führen.

Im Hinblick auf die aus beiden Verfahren resultierende Steuerbelastung ist offensichtlich, dass der Fiskus in bezug auf den Ertrag aus der Investition lediglich an den Überrenditen partizipiert. Der ACE-Ansatz entspricht dabei im gewissen Sinne dem Ansatz der Zinskorrektur (ITP^{korr}) auf Haushaltsebene. Dabei wird der marginale und damit steuerfreie Zins (wie auch bei der CFS mit verzinslichem Verlustvortrag) exogen fixiert.[93] Hingegen ergibt sich der steuerfreie Zins bei der CFS mit innerperiodischem Verlustausgleich (wie auch bei der Umsatzsteuer) im Kontext der Sparentscheidung aus der Zeitpräferenzrate. Ein gleicher Steuerbarwert bei der ACE (bzw. der CFS mit verzinslichem Verlustvortrag) auf der einen und der CFS mit innerperiodischem Verlustausgleich auf der anderen Seite erfordert also eine Übereinstimmung von steuerfreiem Zins und marginalem Kapitalertrag bzw. Kapitalopportunitätskosten. Andernfalls kommt es zu einer ungleichen Steuerbelastung trotz gleicher Vorsteuerrenditen. Dies ist beim Vergleich beider Ansätze zu berücksichtigen.

	CFS (mit innerperiodischem Verlustausgleich)	ACE (sowie CFS mit verzinslichem Verlustvortrag)
Steueraufkommen	$\tau(r-i)X$	$\tau(r-i^{SZ})X$
Vergleich	$T_{CFS}<T_{ACE}$, wenn $i^{SZ}<i$	

Tabelle 8: Vergleich von CFS und ACE

[92] Zu diesem Ergebnis vgl. auch von Oehsen (2000), S. 1501f.

[93] Vgl. Wagner (1989), S. 273; Bach (1999), S. 100.

B.2.2 Zwischenergebnis

Eine Konsumsteuer stellt eine Steuer auf Arbeitseinkommen und inframarginale Kapitalrenditen dar. Diese Besteuerung lässt sich auf verschiedenem Wege umsetzen (zum Vergleich der Bemessungsgrundlagen vgl. Anhang B-7):

1. Die indirekte Verbrauchsbesteuerung ermöglicht eine unmittelbare, d.h. direkte Erfassung des Konsums, indem Reingewinne und Arbeitseinkommen mit einem linearen Tarif im Rahmen einer synthetischen Bemessungsgrundlage besteuert werden. Lediglich die Vorsteuerabzugsmethode (VAT) ist dabei als Ersatz für die Einkommensteuer ernsthaft in Erwägung zu ziehen.
2. Basis der direkten Konsumsteuern ist die Korrektur der einkommensteuerlichen Bemessungsgrundlage, um dadurch die Besteuerung des marginalen Kapitalertrags zu vermeiden:
   - Im Rahmen der sparbereinigten Haushaltssteuer wird die Bemessungsgrundlage auf der Basis zahlungswirksamer Vorgänge ermittelt. Reingewinne und Arbeitseinkommen unterliegen wie im Rahmen der Umsatzsteuer einer synthetischen Besteuerung. Bei der auf dem nachgelagerten Verfahren beruhenden Cash-Flow-Steuer auf Unternehmensebene können entweder nur reale oder auch finanzwirtschaftliche Zahlungsvorgänge berücksichtigt werden. Da Lohnkosten zum Abzug zugelassen werden, erfolgt letztlich nur eine Belastung von Reingewinnen. Es handelt sich insofern nicht um eine echte Konsumsteuer. Gewährleistet wird jedoch die Freistellung der marginalen Rendite.
   - Gleiches gilt für die ACE, wobei die Belastung der Reingewinne durch eine Kombination der vorgelagerten Besteuerung mit einer Korrektur des Kapitalertrags erfolgt. Da lediglich eine Freistellung der marginalen Rendite gerechtfertigt ist, sind inframarginale Renditen zu besteuern. Die vorgelagerte Konsumsteuer auf Haushaltsebene (ITP) beschränkt sich demgegenüber auf eine Besteuerung der Arbeitseinkommen. Diese Verkürzung der Bemessungsgrundlage ist nicht gerechtfertigt, wenn die tatsächliche Kapitalverzinsung vom marginalen Zins abweicht.

Diese sechs Konsumsteuerbausteine (Umsatzsteuer, ICF, ITP, R-CFS, RF-CFS und ACE) dienen als Grundlage für die Bildung von Konsumsteuersystemen, welche im folgenden Kapitel dargestellt werden.

B.3 Konsumsteuersysteme

B.3.1 Systeme ohne direkte Unternehmenssteuer

Eine erste Gruppe von Konsumsteuersystemen ergibt sich unter Verwendung der Umsatzsteuer. Diese Vorschläge basieren auf der bereits erwähnten Überlegung, dass es (insbesondere aufgrund fehlender Konsumleistungsfähigkeit) einer direkten Unternehmenssteuer im Rahmen eines Konsumsteuersystems nicht bedarf. Da die Umsatzsteuer zudem eine „echte“ Konsumsteuer darstellt, d.h. den Konsum bzw. Arbeitseinkommen und Reingewinne besteuert, kann sie als Einzelsteuer angewendet werden. Aber auch die Kombination mit einer Haushaltskonsumsteuer ist denkbar.[94]

B.3.1.1 Umsatzsteuer als Einzelsteuersystem

Die Substitution des Einkommensteuersystems durch die Umsatzsteuer (im Vorsteuerabzugsverfahren) ist eine naheliegende Option, weil diese Konsumsteuer gegenwärtig bereits in zahlreichen Ländern angewendet wird. Insofern könnte auf bestehende Gesetze und Erfahrungen sowie auf den vorhandenen Verwaltungsapparat aufgebaut werden. In Ländern der Europäischen Union wäre eine solche Konsumsteuerreform das Endziel einer zu beobachtenden Entwicklung, bei der die Umsatzsteuer zulasten der direkten Einkommensteuer an fiskalischer Bedeutung gewinnt. Allerdings werden in Europa derartige Forderungen nicht erhoben. Vor allem distributiv nachteilige Wirkungen der Umsatzsteuer sprechen gegen eine solche Strategie.[95] Entsprechende Vorschläge stammen vielmehr aus den USA, wo Verbrauchsteuern bisher eine nur untergeordnete Bedeutung haben.[96]

B.3.1.2 Kombination aus Umsatzsteuer und direkter Haushaltssteuer

Da die Umsatzsteuer insbesondere aufgrund der mit ihr verbundenen interpersonellen Steuerlastverteilung abzulehnen ist, wäre die zusätzliche Erhebung einer direkten Konsumsteuer auf Haushaltsebene zu begrüßen, mit der sich Verteilungsziele durch eine progressive Tarifgestaltung verwirklichen lassen. Eine Personifizierung der Steuerbelastung gelingt dabei sowohl mit der ITP als auch mit der ICF. Die ICF weist in systematischer Hinsicht sicherlich die vollkommenere Bemessungsgrundlage auf, weil eine synthetische Besteuerung von Reingewinnen und Arbeitseinkommen gewährleistet wird (vgl. Anhang B-8).[97] Bei der ITP ist eine personifizierte Besteuerung hingegen auf Arbeitseinkommen beschränkt. Je nachdem, ob die Umsatzsteuer in die Güterpreise oder in die Faktorentgelte überwälzt wird, ergibt sich für die Haushalte ein kombinierter direkter und indirekter oder ein ausschließlich indirekter Kaufkraftverlust. Zu berücksichtigen ist, dass

---

[94] Keine Berücksichtigung findet der Vorschlag (vgl. z.B. Graetz (1979)), lediglich eine ICF zu erheben. Der Ansatz widerspricht dem Ziel, Unternehmen zumindest formal in das Steuersystem zu integrieren, wenngleich Unternehmen nicht letzte Träger von Steuern sein können.

[95] Vgl. dazu ausführlich Kapitel C.6.2.

[96] Vgl. zu einem entsprechenden Vorschlag von Gibbon z.B. Hines (1996), S. 402; Metcalf (1995) und Metcalf (1996).

[97] Auf der Kombination mit der ICF basiert der Vorschlag der „USA-Tax“ von Nunn/Domenici, wobei diese allerdings den Vorumsatzabzug präferieren (vgl. Weidenbaum (1996); Seidman (1997); Hines (1996), S. 472 und Shay/Summers (1997), S. 1041ff.). Die Titulierung dieses Reformvorschlags steht für die Steuerfreistellung des gesparten Einkommens (*U*nlimmited *S*avings *A*llowance) im Rahmen der nachgelagerten Haushaltskonsumsteuer (ICF).

sich die Gesamtsteuerbelastung des Konsums aufgrund einer fehlenden Anrechenbarkeit der Umsatzsteuer auf die Haushaltskonsumsteuer additiv aus beiden Teilsteuern des Systems zusammensetzt.

B.3.2 Systeme mit direkter Unternehmens- und Haushaltssteuer

B.3.2.1 Kombinationen mit der Cash-Flow-Steuer

B.3.2.1.1 ITP/R

Bei der ITP/R werden eine Lohnsteuer auf Haushaltsebene und eine R-CFS auf Unternehmensebene[98] kombiniert.[99] Diese Konzeption lässt sich aus dem systematischen Unterschied zwischen der R-CFS und der indirekten Verbrauchsteuer ableiten: Die Bemessungsgrundlage der Verbrauchsteuer ergibt sich aus dem bereits erwähnten Cash-Flow-Saldo eines Unternehmens [U-(V+I) = L+(A-E+Z)+R]. Die R-CFS erfasst hingegen die Bemessungsgrundlage [U-(V+I)-L = (A-E+Z)+R]. Die R-CFS unterscheidet sich von der Umsatzsteuer also in bezug auf die Abzugsfähigkeit der Löhne. Da aber im Rahmen der ITP/R Arbeitseinkommen auf Haushaltsebene steuerpflichtig sind, gleicht ihre Bemessungsgrundlage derjenigen der Umsatzsteuer.[100]

Zwei Unterschiede zwischen ITP/R und Umsatzsteuer sind erkennbar: Während Reingewinne auf Unternehmensebene einer abgeltenden Besteuerung unterliegen,[101] besteht wegen der Ausgliederung der Lohnbesteuerung auf die Haushaltsebene die Möglichkeit einer diesbezüglichen Personifizierung der Steuerbelastung.[102] Die Ausgestaltung des Haushaltssteuertarifs wurde in verschiedenen Vorschlägen spezifiziert: So beinhaltet die *Flat Tax*[103] einen einheitlichen und linea-

---

[98] Hier sowie bei den folgenden Konsumsteuersystemen wird eine rechtsformneutrale Anwendung der Unternehmenssteuer unterstellt.

[99] Vgl. Hall/Rabushka (1996); McLure/Zodrow (1991), S. 124f.; Shay/Summers (1997), S. 1044f. Die ITP/R gilt als eine der „Reinformen" der Konsumbesteuerung, weil Finanzierungsvorgänge bzw. Kapitaleinkommen sowohl auf Haushalts- als auch auf Unternehmensebene vernachlässigt werden (vgl. McLure/Zodrow (1996b), S. 98f. und 103; McLure (1996), S. 511).

[100] Zu diesem Vergleich vgl. Hubbard (1997), S. 139; Bach (1993), S. 96f.; McLure (1991), S. 28f. Bezieher von Lohneinkommen können in diesem System quasi als (umsatz-)steuerpflichtige Vorleistungslieferanten interpretiert werden (vgl. dazu Avi-Yonah (1996b), S. 1335).

[101] Insofern erübrigt sich die Frage nach der Integration von Unternehmens- und Haushaltssteuer (vgl. dazu auch Anhang B-9 sowie McLure/Zodrow (1996c), S. 827 und Zodrow (1997), S. 51).

[102] Es wird auch von der „personal exemption VAT" (vgl. McLure (1993), S. 345) bzw. der „personalized version of the BTT" (McLure (1993), S. 348) gesprochen. Die Bemessungsgrundlage der CFS wird wie bei der BTT saldenfundiert, und nicht (wie bei der VAT) transaktionsfundiert ermittelt. Dies führt möglicherweise (vgl. Fußnote 28) zu Unterschieden in der Steuerbelastung.

[103] Das Konzept wurde von Hall und Rabushka (vgl. Hall/Rabushka (1983) und Hall/Rabushka (1996)) entwickelt und in den USA von Armey/Shelby (vgl. dazu Shay/Summers (1997), S. 1030; Avi-Yonah (1996b), S. 1034ff. und Bradford (1996), S. 124) aufgegriffen.

ren Tarif für Haushalte und Unternehmen. Eine Personifizierung der Steuerbelastung in bezug auf Arbeitseinkommen wird mittels Freibeträgen und einer daraus resultierenden indirekten Progression erreicht. Eine direkte Progression der Haushalts- bzw. Lohnsteuer ist hingegen bei der *Simplified Alternative Tax*[104] vorgesehen, wobei der Unternehmenssteuersatz dem Spitzengrenzsteuersatz der persönlichen Lohnsteuer entspricht.[105] Ähnlich ist dies bei der *X-Tax*, bei der Lohneinkommen einem Stufentarif unterliegen. Hingegen sind bei der *Alternative X-Tax* die Arbeitseinkommen mit dem höchsten marginalen Lohnsteuersatz, der dem Unternehmenssteuersatz entspricht, vorbelastet. Der Haushalt hat auf der Grundlage eines Stufentarifs Anspruch auf Steuererstattungen.[106]

Ein zweiter Unterschied gegenüber der Umsatzsteuer ergibt sich im Hinblick auf die unterstellte Richtung der Steuerüberwälzung. So wird aufgrund des direkten Charakters der ITP/R zwingend (wie auch im folgenden) von einer Minderung der Faktorentgelte ausgegangen. Daraus ergeben sich Implikationen für die Steuerbelastung – diese wird vom Konsumvorgang abgekoppelt. Die Steuer fällt also im Zeitpunkt der Einkommensentstehung bzw. der Auszahlung von Einkommen an den Faktoranbieter an. Haushalte akkumulieren Vermögen also aus versteuerten Faktoreinkommen. Mit dem eigentlichen Konsumvorgang sind für den Haushalt keine weiteren Steuerpflichten verbunden. Besteuert wird nicht der Periodenkonsum, sondern der Lebenskonsum des steuerpflichtigen Haushalts.

B.3.2.1.2 ICF/R

Bei diesem Vorschlag wird der nachgelagerte Ansatz auf Haushaltsebene mit der R-CFS auf Unternehmensebene verknüpft.[107] Bemerkenswert ist das Auftreten einer doppelten Sofortabschreibung und einer doppelten Desinvestitionsbesteuerung im Fall einer mit Eigenkapital finanzierten Investition. Anders als bei der ITP/R ist hier eine Integration der (linearen) Unternehmens- und (progressiven) Haushaltssteuer im Sinne des Vollanrechnungssystems bei der Einkommensteuer im Hinblick auf *Gewinn*einkommen möglich. Die Integration ist auch notwendig, um eine synthetische Belastung von Lohneinkommen und Reingewinnen mit dem persönlichen Konsumsteuertarif zu gewährleisten. Entspricht der Unternehmenssteuersatz dem höchsten marginalen persönlichen Steuersatz, hat der Haushalt in bezug auf Reingewinne Anspruch auf Steuerrückerstattungen. Problematisch

---

[104] Vgl. McLure/Zodrow (1996c), S. 827 und McLure (1991), S. 12f. Die Bezeichnung verweist auf die relativ einfache Bemessungsgrundlage im Vergleich zur ICF/RF (s.u. Kapitel B.3.2.1.4).

[105] Vgl. Zodrow/McLure (1991), S. 413. Diese Anforderung findet sich auch im Rahmen anderer Konsumsteuervorschläge (vgl. z.B. Rose (1998b), S. 120) und resultiert aus dem Bedarf, thesaurierte (inframarginale) Gewinne gegenüber Arbeitseinkommen nicht zu begünstigen.

[106] Vgl. Bradford (1987) und Bradford (1991), S. 175ff.

[107] Vgl. Meade (1978), S. 248 und Kay/King (1990), S. 108ff. und S. 174ff.

bleibt dabei, dass zwischen den Steuer- bzw. Dividendenzahlungen des Unternehmens auf der einen und der Steuerpflicht des Haushalts auf der anderen Seite eine zeitliche Differenz bestehen kann. Die Unternehmenssteuer muss deshalb entweder mit zeitgleichen Steuerpflichten bei Auszahlungen aus dem qualifizierten Konto verrechnet, dem qualifizierten Konto gutgeschrieben oder zu den Anschaffungskosten der Unternehmensanteile zugeschrieben werden. Um diese Probleme zu reduzieren, sollte auf Unternehmensebene kein innerperiodischer Verlustausgleich, sondern ein verzinslicher Verlustvortrag angewendet werden. Dann entstehen keine negative Cash-Flows, die auf Haushaltsebene zu versteuern wären (vgl. Anhang B-10a und 10b). Einfacher ist ein klassisches System zu handhaben, bei dem der Haushalt die um die Reingewinnsteuer geminderten Beteiligungserträge bei Auszahlung aus dem qualifizierten Konto erneut versteuern muss. Der Reingewinn unterliegt dann allerdings einer doppelten Belastung.[108] Dies gilt für überhöhte Zinsen zwingend, weil in diesem Fall eine Anrechnung der Unternehmenssteuer auf die ICF ausgeschlossen ist.[109]

B.3.2.1.3 ITP/RF

Die HCT (*H*ybrid *C*onsumption *T*ax) ist die Kombination einer kapitaleinkommensbereinigten Steuer auf Haushaltsebene und einer RF-CFS auf Unternehmensebene. Ihre Befürworter[110] sehen in dieser Konzeption die Möglichkeit, die Vorteile der ITP und RF-CFS zu verbinden, entscheidende Nachteile der ICF bzw. R-CFS hingegen zu vermeiden. Auch hier erübrigt sich die Frage nach der Integration von Unternehmens- und Haushaltsbesteuerung, weil Kapitaleinkommen auf Haushaltsebene nicht besteuert werden. Besondere Probleme bestehen im Zusammenhang mit der Zinsbesteuerung, weil diese auf Unternehmensebene absetzbar und auf Haushaltsebene nicht steuerpflichtig sind. Daraus resultiert eine nicht unproblematische Freistellung überhöhter Zinsen (vgl. Anhang B-11).

---

[108] Das Ergebnis entspricht gewissermaßen dem klassischen System bei der Einkommensteuer, wobei allerdings nicht der Gewinn (wie Wißler (1991), S. 123f. behauptet), sondern nur der inframarginale Kapitalertrag doppelt besteuert wird. Wenngleich die Wirkung einer Doppelbesteuerung des marginalen Kapitalertrags nicht mit derjenigen einer doppelten Besteuerung der inframarginalen Rendite gleichzusetzen ist, so ist dennoch auf die allokativen und distributiven Implikationen (vgl. Kapitel C.6) hinzuweisen. McLure/Zodrow (1991), S. 130 und Aaron/Galper (1985), S. 80f. messen dem Sachverhalt jedoch keine Bedeutung zu und lehnen eine Integration von Haushalts- und Unternehmensbesteuerung ab. - Das Problem der Doppelbesteuerung ergibt sich auch für Veräußerungsgewinne. Eine Ablehnung der Vollanrechnung (vgl. Vorschlag von Zodrow/McLure (1991), S. 430, Meade (1978), S. 186 und Aaron/Galper (1985), S. 76) ist auch hier problematisch. Die Vermeidung der Doppelbesteuerung wäre durch Zuschreibung der Steuer zu den Anschaffungskosten der Anteile möglich (vgl. Cnossen (2000), S. 182), allerdings unpraktisch.

[109] Die mangelnde Abzugsfähigkeit von Schuldzinsen auf Unternehmensebene impliziert eine um die Steuer geminderte Auszahlung an den Kapitalgeber (vgl. dazu Anhang B-10a).

[110] Vgl. McLure/Zodrow (1996b); McLure/Zodrow (1996a). Hybrid ist dieses System, weil Finanztransaktionen auf Haushalts- und Unternehmensebene nicht symmetrisch behandelt werden.

B.3.2.1.4 ICF/RF

Bei diesem Konsumsteuersystem wird die verkürzte Bemessungsgrundlage der ITP/R modifiziert, indem auf Unternehmensebene die F-Basis berücksichtigt, auf Haushaltsebene die nachgelagerte Besteuerung angewendet wird.[111] Auch hier ergeben sich die bereits im Zusammenhang mit der ICF/R (Kapitel B.3.2.1.2) erläuterten Integrationsprobleme bei der Besteuerung von Dividenden und Veräußerungsgewinnen. Zinsen unterliegen aber aufgrund der unbeschränkten Abzugsfähigkeit auf Unternehmensebene der persönlichen Konsumsteuer (vgl. Anhang B-12). Die Besteuerung von (überhöhten) Zinsen auf Haushaltsebene ist anders als bei der ITP/RF gewährleistet, ihre Doppelbesteuerung lässt sich anders als bei der ICF/R vermeiden.

B.3.2.2 Kombinationen mit der ACE

B.3.2.2.1 ITP/ACE

Das gegenwärtig populärste Konsumsteuerkonzept kombiniert eine kapitaleinkommensbereinigte persönliche Konsumsteuer und eine „zinsbereinigte" Unternehmenssteuer. Dieser Vorschlag wird u.a. vom Institute for Fiscal Studies in London (IFS) unterstützt und diente als Grundlage für die im Jahr 1994 durchgeführte Steuerreform in Kroatien.[112] Wie bei den Kombinationen der CFS mit der ITP ist eine personifizierte Belastung von Reingewinnen nicht möglich, der Unternehmenssteuersatz sollte dem marginalen Höchststeuersatz der Lohnsteuer entsprechen (vgl. Anhang B-13). Zu berücksichtigen sind auch hier die aus dem unbeschränkten Abzug von Zinsen im Zusammenhang mit der Steuerfreiheit auf Haushaltsebene resultierenden Probleme.

B.3.2.2.2 ICF/ACE

Befürworter dieses Konzepts vertreten die Auffassung, dass der ICF gegenüber der ITP der Vorzug zu geben ist, weil nur so eine Besteuerung des Periodenkonsums gelingt. In diesem Zusammenhang findet sich auch der Vorschlag, den Haushalten beide Verfahren anzubieten und den ICF-Ansatz für das Sparen zur Altersvorsorge zu verwenden.[113] Angesichts der in Kapitel B.2.1.1.3 dargelegten Probleme im Zusammenhang mit der Äquivalenz von ITP und ICF ist dieser Vor-

[111] Vgl. Aaron/Galper (1985), insbesondere S. 67ff. und 79ff. McLure/Zodrow (1991), S. 120f. bezeichnen diesen Ansatz als zweite "Reinform" der Konsumbesteuerung, weil Kapitaltransaktionen auf Unternehmens- und Haushaltsebene berücksichtigt werden (vgl. Fußnote 99).

[112] Vgl. Gammie (1992), S. 269f.; IFS (1994), Schmidt (1998), S. 85ff. schlägt hingegen vor, auf Haushaltsebene den Zinskorrekturansatz (ITP^{korr}) zu verwenden. Zur Umsetzung in Kroatien vgl. Schmidt/Wissel (1996) und Lammersen (1999), S. 50ff. Rose (vgl. Rose (1998a), S. 255ff.) hat – bisher ohne Erfolg - auch in anderen Transformationsländern für dieses Steuersystem geworben.

[113] Vgl. Schmidt (1998), S. 85ff.; Rose (1998b), S. 114.

schlag aber abzulehnen. In bezug auf die Integration von Haushalts- und Unternehmenssteuer ergeben sich die bereits im Zusammenhang mit der ICF/R genannten Integrationsprobleme zur Vermeidung einer Doppelbesteuerung von Veräußerungsgewinnen und inframarginalen Dividenden (vgl. Anhang B-14).[114] Zinsen unterliegen infolge unbeschränkter Abzugsfähigkeit auf Unternehmensebene lediglich der Haushaltssteuer, wobei die überhöhten (also die das Marktniveau übersteigenden) Zinsen belastet werden.

B.3.3 Zusammenfassung

Unter Verwendung der in Kapitel B.1 dargestellten Konsumsteuerbausteine lassen sich verschiedene Konsumsteuersysteme bilden. Die hier berücksichtigten Varianten sind in folgender Übersicht zusammengestellt.[115] Eine der zentralen Aufgaben wird darin bestehen, die Unterschiede zwischen den einzelnen Reformvorschlägen herauszuarbeiten und anhand fundamentaler Bewertungskriterien zu vergleichen.

<table>
<tr><td colspan="3"></td><td colspan="3">Haushalte</td></tr>
<tr><td colspan="3"></td><td>ITP</td><td>ICF</td><td>Keine</td></tr>
<tr><td rowspan="4">Unternehmen</td><td rowspan="2">CFS</td><td>R-Basis</td><td>Flat tax (Hall/Rabushka)
SAT (McLure/Zodrow)
X-Tax (Bradford)</td><td>Meade,
Kay/King</td><td rowspan="3">Keine "echten" Konsumsteuern</td></tr>
<tr><td>RF-Basis</td><td>McLure/Zodrow</td><td>Aaron/Galper</td></tr>
<tr><td colspan="2">ACE</td><td>Wenger/Rose (Kroatien)
IFS</td><td>Schmidt,
Wenger/Rose</td></tr>
<tr><td colspan="2">UST</td><td></td><td>USA-Tax</td><td>Metcalf
Archer/Lugar</td></tr>
</table>

Tabelle 9: Konsumsteuersysteme

B.4 Vergleich mit der Einkommensteuer und Implikationen für die Tarifgestaltung

Bevor die Auswirkungen konsumbasierter Steuerreformen analysiert und bewertet werden können, ist der systematische Unterschied zwischen Einkommen- und Konsumsteuer herauszuarbeiten. Denn die Einkommensteuer ist die Ausgangsbasis für die Konsumsteuerreform und somit einerseits Determinante der im Rahmen der Steuerreform zu erwartenden Belastungsverschiebungen und einzelwirtschaft-

[114] Ein Vollanrechnungssystem lehnen IFS (1994), S. 3 und Gammie (1991), S. 240 mit dem Hinweis ab, dass der marginale Kapitalertrag auch bei klassischer Besteuerung steuerfrei bleibt, während eine doppelte Belastung des Reingewinns nicht problematisch sei.

[115] Für einen detaillierteren Überblick unter Berücksichtigung weiterer technischer Details (wie etwa im Bereich der Tarifgestaltung und der Behandlung von Schenkungen und Erbschaften) sowie anderer Konsumsteuervorschläge vgl. Schwinger (1993), S. 360ff.

lichen Anpassungsreaktionen, andererseits aber auch Vergleichsmaßstab für die Beurteilung der Konsumsteuern. Ferner ist zu berücksichtigen, dass im unilateralen Anwendungsfall das Ausland weiterhin eine Einkommensteuer anwendet und insofern die grenzüberschreitenden Allokationsentscheidungen der Unternehmen und Haushalte determiniert.

Während Konsumsteuern eine Steuer auf Arbeitseinkommen und *inframarginale* Kapitaleinkommen darstellen, besteht das Grundprinzip der Einkommensteuer in einer Zusammenfassung sämtlicher Periodeneinkommen eines Steuerpflichtigen zu einer synthetischen Bemessungsgrundlage.[116] Das Einkommen unterliegt bei natürlichen Personen einem progressiven Steuertarif, welcher Ausdruck einer Besteuerung nach der Leistungsfähigkeit ist. Die Körperschaftsteuer belastet hingegen Gewinne inkorporierter Unternehmen mit einem linearen Tarif.[117] Für die Integration der Körperschafts- und persönlichen Einkommensbesteuerung existieren verschiedene Möglichkeiten, wobei sich das Vollanrechnungssystem (Anrechnung der Unternehmenssteuern im Fall der Ausschüttung auf die persönliche Steuerschuld der Anteilseigner) und das klassische System (Besteuerung des Gewinns auf Unternehmens- und erneut im Fall der Ausschüttung auf Anteilseignerebene) diametral gegenüber stehen.[118] Fremdkapitalzinsen sind auf Unternehmensebene unbeschränkt abzugsfähig und auf Haushaltsebene steuerpflichtig.

Der hier im Mittelpunkt stehende Unterschied zwischen Einkommen- und Konsumsteuer besteht in der differenzierten Besteuerung des Kapitaleinkommens. Dies resultiert aus der unterschiedlichen Behandlung von Investitionen im Rahmen beider Steuern: So werden bei den *Konsumsteuern* die Opportunitätskosten des Kapitals nicht belastet. Unter den genannten Annahmen ist es unerheblich, ob diese Entlastung des marginalen Kapitalertrags im vor- oder nachgelagerten Verfahren erfolgt, und ob letztlich Konsumausgaben oder (Teile der) Faktoreinkommen belastet sind. Der Fiskus beteiligt sich an den Kosten und Erträgen einer Investition. Der Barwert der *steuerlich berücksichtigten* Investitionskosten entspricht den *tatsächlichen* Investitionskosten – besteuert wird der Kapitalwert.

Bei der *Einkommensteuer* ist hingegen das Einkommen der Indikator steuerlicher Leistungsfähigkeit und Basis für die Ermittlung der Steuerpflicht. *Einkommen* ist

---

[116] Vgl. einführend Musgrave, R. A./Musgrave, P. B./Kullmer (1993), S. 156ff.

[117] Vgl. Musgrave, R. A./Musgrave, P. B./Kullmer (1993), S. 238ff. Wie bereits festgestellt wurde (vgl. Fußnote 98), werden im Hinblick auf die Unternehmensbesteuerung keine unterschiedlichen Rechtsformen (insbesondere Personengesellschaften) berücksichtigt.

[118] Die Grenzlösung der Teilhabersteuer (Zurechnung des Unternehmensgewinns unabhängig von seiner Verwendung zum Einkommen des Anteilseigners) sowie die Zwischenlösungen (im Sinne einer teilweisen steuerlichen Entlastung der Dividenden auf Unternehmens- oder Haushaltsebene) werden im folgenden nicht berücksichtigt (für einen Überblick vgl. Jacobs (1999), S. 125ff., für das deutsche Halbeinkünfteverfahren vgl. Dötsch/Pung (2000)).

die Summe aus Konsum und Vermögenszuwachs.[119] Auf Haushaltsebene fließen Kapitaleinkommen insofern in die Bemessungsgrundlage ein, ungeachtet der Tatsache, dass Kapital aus bereits versteuertem Einkommen akkumuliert wurde. Bei den Gewinneinkünften wird die Bemessungsgrundlage durch einen Vermögensvergleich ermittelt. Dieser Vermögensvergleich beinhaltet eine Abschreibung von Realinvestitionen entsprechend ihrem ökonomischen Wertverlust. Der Wertverlust wiederum orientiert sich an der Lebens- bzw. Nutzungsdauer eines Investitionsgutes. Die auf den Investitionsausgaben ruhende Steuer wird über mehrere Perioden verteilt zurückerstattet, indem Abschreibungen die Bemessungsgrundlage der Gewinnsteuer mindern bzw. ein (möglicherweise zeitlich und der Höhe nach beschränkter) *un*verzinslicher Verlustvor- und –rücktrag gewährt wird. Der Barwert der Abschreibungen ist unter Annahme eines positiven Diskontierungssatzes geringer als der ursprüngliche Investitionsbetrag. Insofern wird nicht die gesamte auf der Ausgangsinvestition ruhenden Steuer rückerstattet.[120]

Dieser Sachverhalt lässt sich durch eine weitere Modifikation des bereits angeführten Beispiel verdeutlichen (vgl. auch Anhang B-15a und 15b):

Wie bei der vorgelagerten Konsumsteuer wird die Investition aus versteuertem Einkommen finanziert. Bei Eigenkapitalfinanzierung ergibt sich die Bemessungsgrundlage in Periode 1 unter Abzug der Investitionskosten (vollständige Abschreibung in Periode 1). Besteuert wird letztendlich die gesamte Kapitalrendite [r]:[121]

Periode	0	1 (brutto)	1 (Steuer)	1 (netto)
Investor	X	(1+r)X	-t[(1+r)X-X] = - trX	(1+r)X-trX= (1+r(1-t))X
Fiskus			trX	trX
Gesamt	-X	(1+r)X	0	(1+r)X

Tabelle 10: Eigenkapitalfinanzierte Investition bei der Einkommensteuer

Bei einer Fremdfinanzierung sind die Kreditzinsen beim Schuldner abzugsfähig und beim Gläubiger steuerpflichtig. Die Höhe des zwischen Gläubiger und Schuldner vereinbarten Kreditzinses ist für die Höhe des Steueraufkommens irrelevant, determiniert aber die Verteilung zwischen den Kreditparteien. Der Investor versteuert die über den Kreditzins hinausgehende Rendite, der Gläubiger die gesamten Zinseinnahmen. Das Steueraufkommen resultiert aus der Belastung von [r]:

119 Vgl. nochmals Fußnote 17 zur Definition des Konsums sowie Boadway (1990), S. 47f.

120 Vgl. Zodrow/McLure (1991), S. 414; Hubbard (1997), S. 139; Schreiber/Stellpflug (1999), S. 187; Brown (1948), S.302ff., Wagner (1989); Reding/Müller (1999), S. 308ff.

121 Anders als bei den Konsumsteuern kann nicht unterstellt werden, dass der Investor einen Kredit beim Fiskus aufnimmt und sich die Investition auf [X] erhöht. Denn die fehlende Zinseinkommensbesteuerung beim Fiskus würde das Ergebnis verfälschen. Als Lösung würde sich ergeben, dass der marginale Zins auf den kreditfinanzierten Teil der Investition nicht versteuert wird. [X] ist hier also als Nettoeinkommen (und nicht als Bruttoeinkommen) der Periode 0 zu verstehen.

Periode	0	1 (brutto)	1 (Steuer)	1 (netto nach Kredit)
Investor		(1+r)X-(1+i*)X = (r-i*)X	-t[(1+r)X-X-(1+i*)X] = -t(r-i*)X	(r-i*)X-tX(r-i*) = (1-t)(r-i*)X
Gläubiger	-X	(1+i*)X	-ti*X	(1+i*(1-t))X
Fiskus			t(r-i*)X + ti*X = trX	trX
Gesamt	-X	(1+r)X	0	(1+r)X

Tabelle 11: Fremdkapitalfinanzierte Investition bei der Einkommensteuer

Bei der Einkommensteuer ergibt sich für den Investor eine andere Steuerbelastung,[122] für den Fiskus ein entsprechend anderes Steueraufkommen als im Fall der Konsumsteuer. Wird der Kapitalertrag in seine zwei Komponenten zerlegt,[123] d.h. den marginalen Ertrag (Opportunitätskosten) und den inframarginalen Ertrag (Reingewinn), so wird der Unterschied zwischen der Einkommen- und der Konsumsteuer deutlich: Während die Einkommensteuer auch die Opportunitätskosten der Kapitalbereitstellung [i] belastet, bleiben diese im Rahmen der Konsumbesteuerung steuerfrei. Reingewinne bzw. inframarginale Renditen werden hingegen sowohl durch die Konsumsteuer als auch durch die Einkommensteuer belastet:

	Einkommensteuer	Konsumsteuer
Steueraufkommen	tr	τ(r-i)
Vergleich	für $t = \tau$ und $i > 0$ ist $T_{CT} < T_{IT}$	

Tabelle 12: Steueraufkommen bei Einkommen- und Konsumsteuer

Daher ist eine von der Einkommensteuer ausgehende Konsumsteuerreform mit einer Verengung der Bemessungsgrundlage verbunden. Während Arbeitseinkommen in beiden Systemen (abgesehen von Unterschieden im Tarif) gleich behandelt werden, gilt dies nicht für Kapitaleinkommen. Hieraus lässt sich eine wichtige Schlussfolgerung ziehen: Soll eine Konsumsteuerreform aufkommensneutral ausgestaltet werden, dann erfordert dies eine Anhebung der Tarife. Denn der Verzicht auf die Besteuerung der marginalen Rendite muss durch höhere Besteuerung der verbleibenden Bemessungsgrundlage (also Arbeitseinkommen und inframarginale Kapitaleinkommen bzw. Konsumausgaben) kompensiert werden.

Diesbezüglich bestehen durchaus Handlungsspielräume. Unter vereinfachten Annahmen lässt sich dies wie folgt darstellen: Wird lediglich die Verengung der Be-

122 Wie für die direkten Konsumsteuern wird auch hier eine Überwälzung in die Kapitalrendite unterstellt. Eine teilweise Überwälzung der Steuer in die Güterpreise sowie die Löhne ist aber denkbar (vgl. Musgrave, R. A./Musgrave, P. B./Kullmer (1993), S. 267f.; McLure (1987), S. 49).

123 Vgl. Hubbard (1997), S. 139f., Bradford (1996), S. 128f.;Warren (1996). Die dritte Komponente des Kapitalertrags, die Risikoprämie, wird hier vernachlässigt. Sie wird im übrigen sowohl von der Konsum- als auch von der Einkommensteuer belastet.

messungsgrundlage aufgrund der Freistellung des marginalen Kapitalertrags berücksichtigt und eine konstante durchschnittliche Steuerbelastung der Steuerpflichtigen bzw. eine konstante gesamtwirtschaftliche Steuerquote gefordert, kann dem auf zwei Wegen entsprochen werden. Einerseits ist eine *sektorale* Aufkommensneutralität denkbar, wobei Haushalts- und Unternehmenssteuern in gleichem Maße zum Gesamtsteueraufkommen beitragen wie im Rahmen der Einkommensteuer. Andererseits ist eine *einkunftsartbezogene* Aufkommensneutralität möglich, wonach im Rahmen beider Besteuerungssysteme das Steueraufkommen aus der Belastung von Arbeits- und Kapitaleinkommen jeweils konstant bleibt. Im folgenden ist zu untersuchen, inwiefern sich diese Formen der Aufkommensneutralität bei den einzelnen Konsumsteuersystemen umsetzen lassen:[124,125]

Bei einer Konsumsteuerreform auf Basis der *Umsatzsteuer* (vgl. Anhang B-16a) ist eine sektorale Aufkommensneutralität im eigentlichen Sinne nicht erreichbar, weil das gesamte Steueraufkommen auf Unternehmensebene erzielt wird. Da ferner Arbeitseinkommen und Reingewinne einer synthetischen Besteuerung unterliegen, ist mit der Verengung der steuerlichen Bemessungsgrundlage um die marginale Rendite eine höhere Belastung von Arbeitseinkommen verbunden. Einkunftsartbezogene Aufkommensneutralität ist insofern ebenfalls nicht möglich.

Wird die Umsatzsteuer mit einer *persönlichen Konsumsteuer* kombiniert (vgl. ebenfalls Anhang B-16a), so lässt sich durch eine entsprechende Gewichtung beider Steuern eine partielle sektorale Aufkommensneutralität in dem Sinne umsetzen, dass die Belastung der Haushalte mit direkten Steuern konstant bleibt. Eine einkunftsartbezogene Aufkommensneutralität ist allerdings auch hier nicht erreichbar. Denn beide „Randlösungen" – also entweder die alleinige Erhebung einer Umsatzsteuer (s.o.) oder die alleinige Erhebung der direkten Haushaltskonsumsteuer – sind zwingend mit einer höheren Besteuerung von Arbeitseinkommen verbunden. Dies ist bei der ITP offensichtlich, weil lediglich Arbeitseinkommen besteuert werden. Und bei der ICF unterliegen Arbeitseinkommen und Reingewinne wie im Rahmen der Umsatzsteuer einer synthetischen Besteuerung,

---

[124] Vernachlässigt werden Aspekte der Tarifgestaltung und Einflussfaktoren, die weitere Anpassungen der Konsumsteuertarife erforderlich machen können. Zu denken ist etwa an Änderungen in der internationalen Besteuerungssystematik, an einzelwirtschaftliche Anpassungsreaktionen (verändertes Faktorangebot und veränderte Einkommensverwendung) sowie an möglicherweise reforminduzierte Wachstumseffekte. Unberücksichtigt bleibt die Konsumquote, weil davon auszugehen ist, dass jedes Einkommen irgendwann konsumiert wird. Dies setzt freilich eine adäquate Lebensendbesteuerung bzw. eine neutrale Zwischenfinanzierung durch den Fiskus voraus.

[125] Welche Steuersätze sich auf der Grundlage der gegenwärtigen Einkommensteuertarife ergeben, soll hier nicht weiter von Interesse sein. Entscheidend ist der qualitative Aspekt. Empirische Untersuchungen kommen zu unterschiedlichen Ergebnissen, deuten zum Teil aber auf erhebliche Tariferhöhungen hin. Zur Bemessungsgrundlage und den notwendigen Steuersätzen einer ITP vgl. z.B. Bach (1993), S. 153ff.; für die Umsatzsteuer z.B. Gale (1999), für die ITP/R z.B. Gordon, R.H./Slemrod, J. (1988) und für die ICF z.B. Hinterberger/Müller/Petersen (1991).

so dass die Verengung der Bemessungsgrundlage mit einer höheren Belastung von Arbeitseinkommen verbunden sein muss. Insofern gilt dies auch bei jeder Kombination der Umsatzsteuer mit einer der beiden direkten Haushaltskonsumsteuern unabhängig von der Gewichtung beider Elemente.

Mit einer Kombination konsumbasierter Haushalts- und Unternehmenssteuern (vgl. Anhang B-16b) ergeben sich je nach Gewichtung beider Teilsteuern unterschiedliche Auswirkungen. Eine *einkommensartbezogene* Aufkommensneutralität lässt sich aufgrund der getrennten Haushalts- und Unternehmensbesteuerung (abgesehen vom Vollanrechnungssystem bei Kombinationen mit der ICF aufgrund der damit verbundenen synthetischen Besteuerung von Arbeits- und inframarginalen Kapitaleinkommen) i.d.R. erreichen, wobei dann die Steuerbelastung der Unternehmen i.d.R. steigt. *Sektorale Aufkommensneutralität* ist ebenfalls erreichbar, erfordert aber i.d.R. eine höhere Steuerbelastung von Arbeitseinkommen.

Es lässt sich festhalten, dass eine Konsumsteuerreform aufgrund der systematischen Unterschiede zwischen Einkommen- und Konsumsteuer mit einer Verengung der steuerlichen Bemessungsgrundlage verbunden ist. In welcher Form die Aufkommensneutralität dabei erreicht wird, ist von weiteren Einflussfaktoren, insbesondere von der Steuerelastizität der Bemessungsgrundlagen abhängig. Insgesamt erscheint eine höhere Belastung von Reingewinnen *und* Arbeitseinkommen plausibel. Denn es ist nicht wahrscheinlich, dass der Steueraufkommensverlust aus der Freistellung des marginalen Kapitalertrags vollständig in eine höhere Belastung von Arbeitseinkommen *oder* in eine höhere Belastung von Reingewinnen kanalisiert werden kann. Eine reine sektorale bzw. einkunftsartbezogene Steueraufkommensneutralität ist daher sicherlich auszuschließen. Diese Tatsache ist für die folgenden Ausführungen, bei denen es u.a. um eine Analyse der reformbedingten Belastungsverschiebungen in bezug auf einzelne Besteuerungssachverhalte geht, von elementarer Bedeutung.

C Auswirkungen der Steuerreform bzw. Konsumbesteuerung in einer offenen Volkswirtschaft

Für die in Kapitel A dargestellten Steuersysteme wird zunächst deren internationalen Besteuerungssystematik dargestellt. Darauf aufbauend erfolgt eine Analyse der Auswirkungen von Konsumsteuerreformen im uni- bzw. bilateralen Anwendungsfall. Nach einem Zwischenfazit werden Übergangsprobleme beim Wechsel von der Einkommen- zur Konsumsteuer untersucht. Der Bewertung der Konsumsteuer bei uni- bzw. bilateraler Anwendung im Vergleich zur Einkommensteuer schließt sich die Frage an, welches Konsumsteuersystem sich am ehesten als Grundlage für ein konsumbasiertes Steuersystem eignet.

C.1 Vorüberlegungen zur Systematik der internationalen Besteuerung

Bei den Ausführungen in Kapitel B wurde auf eine Darstellung der internationalen Steuersystematik der einzelnen Konsumsteuerbausteine bzw. der Einkommensteuer verzichtet. Für die weiteren Überlegungen ist dieser Aspekt jedoch insofern von Bedeutung, als die internationale Besteuerungssystematik im Zusammenspiel mit der inländischen Besteuerung die einzelwirtschaftlichen Allokationsentscheidungen in einer offenen Volkswirtschaft beeinflusst.

Zunächst erfolgt in Kapitel C.1.1 eine Auswahl derjenigen internationalen Sachverhalte, welche die Teilnahme der Haushalte und Unternehmen am internationalen Wirtschaftsgeschehen widerspiegeln. Für diese ausgewählten Besteuerungssachverhalte sind anschließend die internationalen Besteuerungsregeln zu definieren. Dies erfolgt in Kapitel C.1.2 für die Einkommensteuer im Sinne einer Bestandsaufnahme, wobei lediglich die Grundzüge der gegenwärtigen internationalen Besteuerungssystematik dargestellt werden.[126] Anschließend ist in Kapitel C.1.3 die internationale Steuersystematik der in Kapitel B.1 dargestellten Konsumsteuerbausteine zu erarbeiten. Zunächst stellt sich diesbezüglich die Frage, ob der Weltkonsum oder der Binnenkonsum als Bemessungsgrundlage dienen sollte. Wie im Rahmen der Einkommensteuer ist diese Entscheidung durch allokative und distributive Überlegungen geprägt. Anschließend ist zu überlegen, ob und wie sich die präferierte Besteuerungsnorm im Rahmen der einzelnen Konsumsteuerbausteine abbilden lässt. Die aus der gleichzeitigen Steuererhebung im anderen Land resultierenden Probleme bleiben dabei zunächst unberücksichtigt.

---

[126] Details können angesichts der Komplexität des internationalen Einkommensteuerrechts hier nicht berücksichtigt werden. Vgl. dazu auch die Prämissenkritik in Kapitel D.2.

C.1.1 Grenzüberschreitende Besteuerungssachverhalte und Zugriffspunkte von Steuern

Unternehmen und Haushalte nehmen in vielfältiger Weise am internationalen Wirtschaftsgeschehen teil. Im Rahmen der folgenden Ausführungen sollen folgende Allokationsentscheidungen berücksichtigt werden:

- Unternehmen ...

  ... treffen im Hinblick auf den Geschäftssitz eine Standortentscheidung.

  ... realisieren infolge grenzüberschreitender Umsatzgeschäfte Exporterlöse und haben Aufwendungen für Vorleistungsimporte. – Bei der Ermittlung der inländischen steuerlichen Bemessungsgrundlage können diese internationalen Umsätze den nationalen Umsätzen gleichgesetzt werden oder nicht. Im ersten Fall erhöhen Exporterlöse die Bemessungsgrundlage, Importaufwendungen mindern sie (Ursprungsland- bzw. Territorialprinzip). Im zweiten Fall erfolgen Exporte steuerfrei, Importe hingegen werden versteuert bzw. mindern nicht die inländische Bemessungsgrundlage (Bestimmungslandprinzip).

  ... führen grenzüberschreitende Direktinvestitionen durch und erzielen aus diesen internationalen Engagements Dividenden- und Zinseinkommen sowie Veräußerungsgewinne.[127] – Das Domizilland dieser Direktinvestitionen hat die Möglichkeit der Quellenbesteuerung von Gewinnen bzw. der an das andere Land fließenden Zins- und Dividendenzahlungen. Bei der Bemessung der inländischen Steuerschuld im Sitzland der Muttergesellschaft können die ausländischen Einkünfte besteuert (Sitzortprinzip unter vollständiger oder teilweiser Berücksichtigung der Auslandssteuern) oder vernachlässigt (Freistellungsmethode) werden. Im Zusammenhang mit der Durchführung internationaler Direktinvestitionen sind weitere unternehmerische Entscheidungen zu treffen und steuerlich zu berücksichtigen, wie etwa die Finanzierungs- (Eigen- bzw. Fremdkapital) und die Gewinnverwendungsentscheidung (Thesaurierung bzw. Ausschüttung).[128]

---

[127] Im Gegensatz zu Portfolioinvestitionen der Haushalte (s.u.) steht bei Direktinvestitionen der Kontrolleinfluss im Mittelpunkt, was eine bestimmte Beteiligungsquote voraussetzt (vgl. Weichenrieder (1995), S. 4).

[128] Auf die Frage, ob Direktinvestitionen in Form von Betriebsstätten oder Tochterkapitalgesellschaften durchgeführt werden, wird hier nicht näher eingegangen. Es wird lediglich die Alternative der Tochterkapitalgesellschaft berücksichtigt. Dies erscheint angesichts der Tatsache, dass die Betriebsstätte bei grenzüberschreitenden Investitionen im Vergleich zur Tochterkapitalgesellschaft eine untergeordnete Bedeutung hat (vgl. zu diesem Ergebnis Stöckler (1998), S. 193ff.), auch gerechtfertigt. Stöckler sieht die Nachteile der Betriebsstätte dabei im wesentlichen bei der Ergebnisermittlung und –zuordnung sowie bei der Steuerbelastung. Das höhere Maße an Entscheidungsfreiheit bei der Tochterkapitalgesellschaft impliziert insofern i.d.R. eine Entscheidung zulasten der Betriebsstätte (zu durchaus widersprüchlichen Belastungsvergleichen vgl. aber Grotherr (2001); Krawitz/Hick (2001)).

- Haushalte ...

  ... treffen in der offenen Volkswirtschaft eine Entscheidung über ihren Wohnsitz. - Die Migration wird durch steuerliche Regelungen (Migrationssteuern, erweiterte beschränkte und unbeschränkte Steuerpflicht) tangiert.

  ... erzielen Einkünfte aus unselbständiger Arbeit und Portfolioinvestitionen in Form von Zinsen, Dividenden und Kursgewinnen. Dieses Einkommen wird für Konsum- und Sparzwecke verwendet. Sowohl die Einkommenserzielung als auch die Einkommensverwendung können im In- und Ausland erfolgen. - Bei der laufenden Besteuerung der Einkommensentstehung und –verwendung kann eine Steuer je nach Konzeption nicht nur auf die Inlandstatbestände der Inländer, sondern möglicherweise auch auf die Inlandstatbestände der Ausländer (Quellenbesteuerung) sowie auf die Auslandstatbestände der Inländer (Wohnsitzbesteuerung) zugreifen. Im Fall der Wohnsitzbesteuerung stellt sich die Frage nach der Behandlung ausländischer Steuern.

Im folgenden wird dargestellt, welche steuerlichen Folgen an diese internationalen Sachverhalte (also die Inlandsbeziehungen von Ausländern, die Auslandsbeziehungen von Inländern und die Migration) im Rahmen der Einkommensteuer und der Konsumsteuern geknüpft sind (vgl. dazu Anhang C1-1a für die Umsatzbesteuerung, Anhang C1-1b für die Unternehmensbesteuerung, Anhang C1-1c für die Haushaltsbesteuerung, Anhang C1-1d für die Migrationsbesteuerung).

C.1.2 Internationale Systematik der Einkommensteuer

C.1.2.1 Problematik der Besteuerung internationaler Einkommen

Bei der Einkommensteuer wird weder sachlich (d.h. zwischen Konsum und Sparen bzw. Investieren) noch örtlich (d.h. zwischen In- und Ausland) zwischen den Alternativen der Einkommens*verwendung* differenziert. Zu berücksichtigen ist nur die Besteuerung der Einkommens*entstehung* auf Unternehmens- und Haushaltsebene.

Im Hinblick auf grenzüberschreitende *Umsätze* ist der territoriale Charakter der Einkommensteuer ausschlaggebend. Demnach fließen Exporterlöse in die steuerliche Bemessungsgrundlage der Gewinnsteuer auf Unternehmensebene ein, während Importaufwendungen abzuziehen sind. Denn die Steuer zielt (u.a.) auf die Besteuerung des inländischen Einkommens ab. Und da Exporterlöse aus Sicht des inländischen Unternehmens Einkünfte, Importe hingegen Aufwendungen darstellen, sind sie bei der Ermittlung der Steuerbemessungsgrundlage entsprechend zu berücksichtigen.[129]

---

[129] Ein Grenzausgleich (d.h. die Entlastung der Exporte und die Belastung der Importe) wird wie bei den anderen direkten Steuern abgelehnt (vgl. Kapitel C.1.3.3.2 zur Diskussion um den Grenzausgleich für die direkten Unternehmenskonsumsteuern sowie Kapitel C.1.3.2.1.1 zur Rechtferti-

Internationale *Einkommen* können auf Unternehmens- und Haushaltsebene sowohl an der Einkommensquelle als auch beim Empfänger besteuert werden:

- Die beschränkte Steuerpflicht[130] knüpft an den Tatbestand inländischer Einkünfte an (Quellenbesteuerung). Ausschlaggebend ist also eine sachliche Bindung zwischen Quelle und Einkommen, während eine persönliche Bindung zwischen Einkommensempfänger und Quellenland nicht erforderlich ist. Die Quellenbesteuerung erfolgt ungeachtet der steuerlichen Leistungsfähigkeit. Sie lässt sich damit rechtfertigen, dass das Quellenland aufgrund seiner Souveränität die auf seinem Territorium entstehenden Einkommen besteuern kann. Ferner ist die Besteuerung als Prämie für die Bereitstellung von Infrastruktur und den Verbrauch inländischer Ressourcen zu sehen. Letztlich erfordert auch das Gleichmäßigkeitsgebot eine gewisse Besteuerung sämtlicher inländischer Einkommen unabhängig davon, ob diese an einen In- oder Ausländer fließen.
- Die unbeschränkte Steuerpflicht[131] (Wohnsitzbesteuerung der Haushalte bzw. Sitzortbesteuerung der Unternehmen) knüpft an den Wohnsitz oder gewöhnlichen Aufenthalt natürlicher Personen bzw. das Vorliegen eines inländischen Geschäftssitzes / der inländischen Geschäftsleitung von Unternehmen an. Die unbeschränkte Steuerpflicht ist auf die Erfassung des Welteinkommens des Steuerpflichtigen bzw. die Besteuerung nach der Leistungsfähigkeit ausgerichtet und erfordert eine persönliche Bindung zwischen Steuerpflichtigem und Besteuerungsort. Ihre Rechtfertigung findet die unbeschränkte Inländerbesteuerung in der Tatsache, dass das Wohnsitzland die Souveränität zur Besteuerung hat, und die Inländer die primären Nutznießer öffentlicher Ausgaben sind.

Im Sinne des Fiskalzwecks der Besteuerung (aber auch aufgrund allokativer und distributiver Besteuerungsziele) hat jedes Land grundsätzlich ein Interesse daran, sowohl das Quelleneinkommen der Ausländer als auch das Welteinkommen der Inländer zu besteuern. Es kommt in diesem Fall zu einer Besteuerungskonkurrenz mit der Folge der Doppelbesteuerung internationaler Einkommen.[132] Eine derar-

gung des Grenzausgleichs bei der Umsatzsteuer). Ein Grenzausgleich scheidet auch deshalb aus, weil die Einkommensteuer nicht auf einzelne Produkte umzulegen ist (vgl. Möller (1968), S. 411).

130 Vgl. Grotherr/Herfort/Strunk (1998), S. 92ff. und 193ff.; Jacobs (1999), S. 8f. Im Rahmen der *erweiterten* beschränkten Steuerpflicht unterliegen Emigranten im Hinblick auf ihre inländischen Einkünfte einer verschärften Quellenbesteuerung (vgl. dazu Grotherr/Herfort/Strunk (1998), S. 36ff. sowie Kapitel C.1.2.2.2).

131 Vgl. Grotherr/Herfort/Strunk (1998), S. 27ff./122ff.; Jacobs (1999), S. 8f. Eine verschärfte Variante der unbeschränkten Steuerpflicht ist die *erweiterte* unbeschränkte Steuerpflicht, bei der Emigranten im Hinblick auf ihr Welteinkommen im Emigrationsland steuerpflichtig bleiben (vgl. Grotherr/Herfort/Strunk (1998), S. 36ff. sowie Kapitel C.1.2.2.2).

132 Vgl. Bird/McLure (1990), S. 239; McLure (1992), S. 147; Peffekoven (1984), S. 138.

Einkünften ... in zwei oder mehreren Staaten zu gleichen oder vergleichbaren Steuern herangezogen wird."[133] Diese Doppelbesteuerung ist abzulehnen, weil sie die grenzüberschreitende wirtschaftliche Aktivität gegenüber inländischer Aktivität behindert.[134]

Sind die Einkommensquelle und das (Wohn-) Sitzland des unbeschränkt Steuerpflichtigen eindeutig definiert,[135] kann die Doppelbesteuerung durch eine Einschränkung der Besteuerungsrechte von Quellen- und / oder Wohnsitzland vermieden bzw. gemildert werden. Drei Konstellationen sind denkbar:[136]

- Wenn das Quellenland auf die Besteuerung verzichtet, kann das Wohnsitzland das internationale Einkommen eines Inländers in gleichem Maße belasten wie dessen inländisches Einkommen. Dieses Verfahren führt zur Umsetzung des Wohnsitzlandprinzips und impliziert Faktorexportneutralität. Einkommen sind unabhängig vom Herkunftsort mit der Steuer des Wohnsitzes / Sitzortes des Einkommensempfängers belastet, der Ort der Einkommenserzielung ist ohne Bedeutung für die individuelle Steuerbelastung.
- Wenn das Wohnsitzland auf die Besteuerung verzichtet, kann das Quellenland seine Besteuerungsrechte uneingeschränkt wahrnehmen. Im Wohnsitzland sind ausländische Einkommen freigestellt, sie werden bei der Bemessung der inländischen Steuerschuld nicht berücksichtigt. Die Anwendung dieser Freistellungsmethode führt zur Umsetzung des Quellenlandprinzips und impliziert Faktorimportneutralität. Einkommen sind unabhängig vom Wohnort / Sitzort des Einkommensbeziehers mit der Steuer des Quellenlandes belastet.[137]

---

[133] Vgl. Jacobs (1999), S. 5. Es handelt sich hierbei um eine *wirtschaftliche Doppelbesteuerung*, weil gleiche Ertragsbestandteile einer kumulierten Besteuerung unterliegen. Im Gegensatz dazu wird bei der *Doppelbelastung* ein Steuergegenstand von einer Steuerhoheit mehrfach belastet, z.B. im klassischen System der Dividendenbesteuerung (vgl. Seiler (1999), S. 34f.).

[134] Vgl. Jacobs (1999), S. 7 und Grotherr/Herfort/Strunk (1998), S. 428f. Eine aus der mangelnden Wahrnehmung der Besteuerungsrechte resultierende Minderbesteuerung internationaler Aktivitäten ist gleichermaßen abzulehnen, weil sie grenzüberschreitende Aktivitäten gegenüber inländischen Aktivitäten begünstigt (vgl. Kapitel D.1.2.1 zu Reformoptionen bei der Einkommensteuer).

[135] Auf weitere Konfliktpotentiale, wie eine doppelte Quellenbesteuerung aufgrund unterschiedlicher Auffassungen zur Einkommensquelle bzw. eine doppelte Wohnsitzbesteuerung aufgrund unterschiedlicher Auffassungen über die Ansässigkeit eines Einkommensbeziehers (vgl. Jacobs (1999), S. 10f.; Schreiber (1992), S. 835) wird hier nicht eingegangen. Zur Problematik der Quellendefinition vgl. auch Musgrave, P. B. (2000b), S. 55ff.

[136] Vgl. Peffekoven (1984) , S. 139ff.; Jacobs (1999), S. 13f. und 21f., zu Ursachen und Maßnahmen zur Vermeidung der Doppelbesteuerung vgl. den Überblick bei Karrenbrock/Hirsch (2001).

[137] Grotherr/Herfort/Strunk (1998), S. 47 sprechen von "steuerlicher Wettbewerbsneutralität", weil die Quellentatbestände unabhängig von der Herkunft des Einkommensempfängers gleich hoch besteuert werden. Eine Besonderheit stellt der Progressionsvorbehalt dar (vgl. Grotherr/Herfort/Strunk (1998), S. 434). Dann werden die ausländischen Einkommen zumindest bei der Festsetzung des auf die inländischen Einkommen anzuwendenden Steuersatzes berücksichtigt.

- Sofern sowohl Quellen- als auch Wohnsitzland ihre Besteuerungsrechte zumindest teilweise wahrnehmen, wird die Doppelbesteuerung durch eine vollständige oder teilweise Berücksichtigung der im Quellenland gezahlten Steuern durch das Wohnsitzland vermieden bzw. gemildert. Die gebräuchliche Form ist die Anrechnungsmethode.[138] Unter bestimmten Voraussetzungen[139] bestimmt sich die Steuerbelastung internationaler Einkommen nach dem Steuerrecht am Wohnsitz /Geschäftssitz des Einkommensempfängers, wodurch wie im Fall der alleinigen Besteuerung durch das Wohnsitzland das Wohnsitzlandprinzip umgesetzt bzw. Faktorexportneutralität erreicht wird. Um eine gerechte Steueraufkommensverteilung zwischen Quellen- und Wohnsitzland zu gewährleisten, kann (z.B. im Rahmen von Doppelbesteuerungsabkommen) das Besteuerungsrecht des Quellenlandes bilateral eingeschränkt werden.

Es lässt sich festhalten, dass die Systematik der Einkommensteuer die Gefahr einer Doppelbesteuerung internationaler Einkommen birgt. Dieses Problem kann durch eine Aufteilung der Besteuerungsrechte zwischen Herkunftsland des Einkommensempfängers und Quellenland vermieden bzw. gemildert werden. Im folgenden wird unter Berücksichtigung der allgemein üblichen Regelungen[140] aufgezeigt, welche der hier dargestellten Methoden für einzelne Sachverhalte zur Anwendung gelangen. Hierbei wird zwischen der Besteuerung von Haushalten und Unternehmen sowie zwischen einzelnen Einkunftsarten differenziert (vgl. zu den daraus resultierenden Belastungswirkungen Anhang C1-2).

C.1.2.2 Skizzierung gegenwärtiger Besteuerungsprinzipien

C.1.2.2.1 Besteuerung der Unternehmen

Die *Quellenbesteuerung* im Domizilland bezieht sich auf den Gewinn der Kapitalgesellschaft. Dieser unterliegt der Körperschaftsteuer des Quellenlandes. Ferner erhebt das Quellenland auf Dividenden- und Zinszahlungen der Tochterkapitalgesellschaft an die Muttergesellschaft Quellensteuern. Aufgrund des

[138] Die Varianten der fiktiven Anrechnung, der Pauschalierung sowie der Anwendung eines ermäßigten Steuersatzes werden nicht berücksichtigt (Überblick in Wilke (1997), S. 29ff., detailliert Grotherr/Herfort/Strunk (1998)). Diese Verfahren können aus Sicht des Steuerpflichtigen gegenüber der Anrechnungsmethode sowohl vorteilhaft als auch nachteilig sein. Auf die Auswirkungen der Abzugsmethode, bei der die ausländischen Steuern von der inländischen Bemessungsgrundlage abgezogen werden können, wird im Zusammenhang mit der unilateralen Anwendung von Konsumsteuern noch zurückzukommen sein (vgl. Kapitel C.2.2.2.2.3 und C.2.2.3).

[139] Dass sich die Doppelbesteuerung selbst bei Anwendung der Anrechnungsmethode nicht gänzlich vermeiden läßt, ist vor allem mit international divergierenden Grundsätzen zur Gewinn- bzw. Einkommensermittlung, mit Anrechnungsbegrenzungen und Problemen im Zusammenhang mit Währungsumrechnungen zu begründen (vgl. Grotherr/Herfort/Strunk (1998), S. 431ff.).

[140] Auf eine Darstellung steuerrechtlicher Details wird verzichtet. Für eine Einführung in das deutsche internationale Steuerrecht vgl. z.B. Grotherr/Herfort/Strunk (1998).

Schachtelprivilegs, eines Doppelbesteuerungsabkommens und der Mutter-Tochter-Richtlinie in der Europäischen Union werden Quellensteuern erheblich reduziert bzw. nicht erhoben.[141]

Bei der Muttergesellschaft[142] unterliegen *Zinseinnahmen* aus Krediten an die Tochterkapitalgesellschaft grundsätzlich der Besteuerung, wobei gezahlte Quellensteuern angerechnet werden. Bei *Gewinnen* ist nach ihrer Verwendung zu differenzieren: Thesaurierte Gewinne werden i.d.R. bei der Muttergesellschaft nicht besteuert. Dies resultiert aus der Rechtsselbständigkeit der Tochterkapitalgesellschaft, welche eine Abschottungswirkung (deferral) gegenüber der Besteuerung im Land der Muttergesellschaft impliziert. Unter bestimmten Voraussetzungen kommt allerdings die Hinzurechnungsbesteuerung zur Anwendung, mit der die Abschottungswirkung durchbrochen wird. Selbst thesaurierte Gewinne unterliegen dann der Besteuerung bei der Muttergesellschaft, wobei die ausländische Steuer angerechnet wird.[143] Für ausgeschüttete Gewinne kommt entweder die Anrechnungsmethode zur Anwendung, wonach die an die Muttergesellschaft ausgeschütteten Gewinne in die Bemessungsgrundlage einbezogen werden und neben der Quellensteuer auch die durch die Tochtergesellschaft gezahlte ausländische Körperschaftsteuer indirekt (periodengleich und i.d.R. länderweise) angerechnet wird. Oder es kommt die Freistellungsmethode in Betracht, hier bleiben neben den thesaurierten Gewinnen auch die ausgeschütteten ausländischen Gewinne bei der Muttergesellschaft außer Ansatz.

C.1.2.2.2 Besteuerung der Haushalte

Arbeitseinkommen unterliegen i.d.R. einer uneingeschränkten Quellenbesteuerung im Sinne des Tätigkeitsprinzips.[144] Ausnahmen gelten für Grenzgänger und für kurzfristige Auslandsaufenthalte (183-Tage-Regel), hier verzichtet das Quellen-

[141] Vgl. Schreiber (1993), S. 510, zu den Vorschriften für die Erfolgsabgrenzung vgl. z.B. Jacobs (1999), S. 588ff., S. 347ff. und 444ff. Hinzuweisen ist auf die Systematik der *Gesellschafterfremdfinanzierung*. Demnach gelten unangemessene Fremdkapitalzinsen als verdeckte Gewinnausschüttungen. Sie unterliegen dann im Quellenland der Körperschaftsteuer (vgl. Schreiber (1992), S. 843f.; Grotherr/Herfort/Strunk (1998), S. 129ff.; Jacobs (1999), S. 605ff.). Diese Maßnahme soll verhindern, dass die Finanzierungsentscheidung für eine internationale Gewinnverlagerung missbraucht wird (vgl. dazu auch Kapitel C.2.1.2.3 und C.2.2.1). Sofern das Sitzland der Muttergesellschaft diese Umqualifizierung nicht anerkennt, kommt es zur Doppelbesteuerung.

[142] Vgl. Schreiber (1993), S. 510.

[143] Auch die Hinzurechnungsbesteuerung dient wie die Maßnahmen im Hinblick auf die Gesellschafterfremdfinanzierung dem Zweck, steuerlichen Mißbrauch eines internationalen Belastungsgefälles zu verhindern. Letztlich soll eine Sitzort- und damit kapitalexportneutrale Besteuerung auch für thesaurierte Gewinne hergestellt werden. Zu den Regelungen vgl. Schreiber (1992), S. 838ff. und Jacobs (1999), S. 426 bis 439; zu den deutschen Regeln nach der jüngsten Steuerreform vgl. Grotherr (2000).

[144] Vgl. Grotherr/Herfort/Strunk (1998), S. 106ff. und 556ff.

land auf die Besteuerung. Hintergrund ist die Tatsache, dass der Lebensmittelpunkt des Einkommensbeziehers weiterhin im Herkunftsland liegt. Im Wohnsitzland[145] sind ausländische Arbeitseinkommen entsprechend der unbeschränkten Steuerpflicht im allgemeinen steuerpflichtig. In den Fällen der konkurrierenden Besteuerung durch Quellen- und Wohnsitzland wird die Doppelbesteuerung i.d.R. durch die Anrechnungsmethode vermieden. Eine Freistellung von der Besteuerung im Wohnsitzland erfolgt aufgrund des sog. Auslandstätigkeitserlasses oder infolge einer entsprechenden Vereinbarung im Rahmen eines bestehenden Doppelbesteuerungsabkommens.

Portfoliokapitaleinkommen der Haushalte unterliegen je nach Qualität einer unterschiedlichen Steuerbelastung:[146] So sind Dividenden und Zinsen mit Quellensteuern belastet. Infolge bilateraler Abkommen sind diese gemindert oder (zumindest in bezug auf Zinsen) gänzlich abgeschafft. Im Wohnsitzland erfolgt im Sinne des Welteinkommensprinzips eine Besteuerung dieser Kapitaleinkommen. Die Quellensteuer wird dabei aufgrund der Steuersubjektidentität (teilweise allerdings nur länderbezogen) angerechnet. Hingegen wird die grenzüberschreitende Anrechnung der Körperschaftsteuer aufgrund fehlender Steuersubjektidentität i.d.R. abgelehnt.[147] Das Wohnsitzlandprinzip wird insofern nur partiell umgesetzt. Veräußerungsgewinne sind (unter Beachtung der bestehender Spekulationsfristen) i.d.R. nicht steuerpflichtig. Sofern sie allerdings auf thesaurierten Gewinnen beruhen, liegt auf ihnen die Körperschaftsteuer des Quellenlandes.[148]

Der Bedarf einer Sonderbesteuerung von *Emigranten* erwächst aus der Tatsache, dass das Wohnsitzland durch Anwendung des Wohnsitzlandprinzips zwar einer steuerlich induzierten Verlagerung von Produktionsfaktoren in das relative Niedrigsteuerland vorbeugen kann, allerdings nicht einer Verlagerung des Wohnsitzes durch den Steuerpflichtigen. Mit der erweiterten beschränkten Steuerpflicht wird diese Lücke (teilweise) geschlossen, indem eine im Vergleich zur (gewöhnlichen) beschränkten Steuerpflicht verschärfte Belastung inländischer Einkommen durch-

---

145 Vgl. Grotherr/Herfort/Strunk (1998), S. 68f., 86f. und 556ff.

146 Vgl. Grotherr/Herfort/Strunk (1998), S. 108ff.

147 Einzelne Länder (z.B. Frankreich und Großbritannien) gewähren hingegen auch eine grenzüberschreitende Anrechnung der Körperschaftsteuer (vgl. Krause-Junk (1988b), S. 275). Diese Varianten werden hier ebenso wenig berücksichtigt (vgl. aber Kapitel D.1.2.1 zu Reformmöglichkeiten bei der Einkommensteuer) wie das deutsche Halbeinkünfteverfahren (vgl. dazu Dötsch/Pung (2000).

148 Einzelne Länder mit klassischem Körperschaftsteuersystem (z.B. USA, Schweiz) erheben allerdings Steuern auf diese Veräußerungsgewinne (capital gains tax). Diese Maßnahme zielt darauf ab, nicht nur ausgeschüttete Gewinne, sondern auch thesaurierte Gewinne doppelt zu besteuern (vgl. Seiler (1999), S. 31). Andernfalls wäre eine Vermeidung der Doppelbelastung von Gewinneinkommen durch Realisierung von Veräußerungserlösen (anstatt Dividenden) leicht möglich.

gesetzt wird.[149] Zumindest im Hinblick auf diese Einkünfte kann der Steuerpflichtige dann nicht von den günstigeren Regelungen im Immigrationsland profitieren. Noch einen Schritt weiter geht die Anbindung der Steuerpflicht an die Staatsbürgerschaft (erweiterte unbeschränkte Steuerpflicht). In diesem Fall bleibt der Emigrant nicht nur (wie bei der erweiterten beschränkten Steuerpflicht) im Hinblick auf die inländischen, sondern auch im Hinblick auf die ausländischen Einkünfte im Emigrationsland steuerpflichtig.[150] So wird eine Mindestbesteuerung sämtlicher Einkommen unter Berücksichtigung der im Emigrationsland herrschenden Steuerregeln sichergestellt.

C.1.2.3 Zwischenfazit

Die Grundprinzipien der gegenwärtigen Einkommensbesteuerung verdeutlichen den Kompromiss zwischen den fiskalischen und anderen steuerpolitischen Interessen von Quellen- und Wohnsitzland. Es ist erkennbar, dass die Besteuerungsrechte des Quellenlandes bei aktiven Einkommen (Unternehmensgewinne und Arbeitseinkommen) stärker ausgeprägt sind als bei passiven (Portfolio-) Kapitaleinkommen, insbesondere Zinsen. Die Vermeidung der Doppelbesteuerung internationaler Einkommen obliegt i.d.R. dem Wohnsitzland, wobei das Quellenland durch eine eingeschränkte Wahrnehmung der Quellenbesteuerung einen Beitrag zur Erreichung dieses Zieles leistet. Wird eine Besteuerung nach der Leistungsfähigkeit bzw. eine faktorexportneutrale Besteuerung angestrebt, stellt (im Fall divergierender Bemessungsgrundlagen und Steuertarife zwischen Quellen- und Wohnsitzland) die Sitzort- bzw. Wohnsitzbesteuerung in Verbindung mit der Anrechnungsmethode das geeignete Verfahren dar.[151] In zahlreichen Fällen, insbesondere im Rahmen der Unternehmensbesteuerung, wird auf eine welteinkommensbasierte Besteuerung jedoch verzichtet. In Verbindung mit der Freistellungsmethode kommt dann das Quellenlandprinzip zur Geltung. Bei der Besteuerung der Haushalte wird aufgrund des hohen Stellenwertes des Leistungsfähigkeitsprinzips nur in Ausnahmefällen auf eine Umsetzung des Wohnsitzlandprinzips verzichtet.

[149] Vgl. ausführlich Grotherr/Herfort/Strunk (1998), S. 309 bis 344; Wilke (1997), S. 154ff. Voraussetzung für die Anwendung der deutschen Regelungen ist u.a., dass der Emigrant deutscher Staatsangehöriger ist, in Deutschland mindestens fünf Jahre lang unbeschränkt steuerpflichtig war, der Wohnsitz in ein relatives Niedrigsteuerland verlegt wird und im Emigrationsland wesentliche wirtschaftliche Interessen bestehen.

[150] Anwendung findet diese Besteuerung z.B. durch die USA, Mexiko und die Philippinen (vgl. Jacobs (1999), S. 9f. und Bird/McLure (1990), S. 251). Auch Musgrave, P. B. (1991), S. 557 befürwortet eine Staatsbürgersteuer.

[151] In allokativer und distributiver Hinsicht scheint das Wohnsitzlandprinzip dem Quellenlandprinzip insofern überlegen. Insbesondere Betriebswirte fordern aber eine ausschließlich quellenbasierte Besteuerung zur Umsetzung einer wettbewerbsneutralen Besteuerung (vgl. Windisch (1999), S. 158 sowie oben Fußnote 137 und Kapitel C.6.1).

C.1.3 Internationale Systematik der Konsumsteuern

C.1.3.1 Weltkonsum oder Binnenkonsum als Bemessungsgrundlage?

Im Rahmen der Konsumbesteuerung bestehen in der Frage der zwischenstaatlichen Aufteilung von Besteuerungsrechten und Steueraufkommen Parallelitäten zur Einkommensteuer. Der Unterschied zur Einkommensteuer besteht jedoch darin, dass nicht nach dem Ort der Einkommens*entstehung*, sondern nach dem Ort der Einkommens*verwendung* differenziert werden muss. Ein Land kann insofern einerseits den Inlandskonsum (der In- und Ausländer), andererseits auch den In- und Auslandskonsum der Inländer besteuern.[152] Beide Alternativen lassen sich mit konsumsteuerlichen Maßstäben rechtfertigen:

- Für die Besteuerung des Inlandskonsums spricht die Tatsache, dass das Konsumsteuerland mit einer Konsumsteuer die (inländische) konsumtive Einkommensverwendung besteuern will.[153] Die Besteuerung des Auslandskonsums der Inländer obliegt allein dem Ausland. Das Verfahren entspricht dem Quellenlandprinzip bei der Einkommensteuer: Inländische Konsumenten werden unabhängig von ihrer Herkunft bzw. der Herkunft des für den inländischen Konsum verwendeten Einkommens belastet.[154]
- Für die (alleinige oder auch nur residuale) Besteuerung des Weltkonsums durch den Wohnsitzstaat des Konsumenten spricht die Erfassung der Konsumleistungsfähigkeit[155] des Inländers. Dies würde eine internationale Einkommensverwendungsneutralität für Konsumzwecke sichern und dem Wohnsitzlandprinzip im Rahmen der Einkommensteuer entsprechen. Die Belastung des Konsums orientiert sich dann weder an der Steuerbelastung im Land der Einkommenserzielung noch an der Steuerbelastung im Konsumland, sondern an den steuerlichen Regelungen im Wohnsitzland des Konsumenten.

---

[152] Vgl. Krause-Junk (1990b), S. 496/504; Abbin/Gordon/Renfroe (1985), S. 1129. Dagegen ist eine Besteuerung des Auslandskonsums der Ausländer durch das Inland genauso auszuschließen, wie eine Besteuerung der an Ausländer fließenden Auslandseinkommen durch das Inland im Rahmen der Einkommensteuer! (Die Staatsbürgersteuer nimmt dabei eine – kritisch zu sehende - Sonderstellung ein.)

[153] Mit dem Äquivalenzprinzip ließe sich die Belastung der Ausländer in bezug auf ihren inländischen Konsum nur insofern rechtfertigen, als die Konsumgüter mit Hilfe inländischer öffentlicher Vorleistungen bereitgestellt wurden.

[154] In diesem Zusammenhang stellt sich die Frage, ob ein Konsument inländisches Sozialprodukt in Anspruch nimmt, wenn er ausländisches Einkommen für inländischen Konsum verwendet. Die Inanspruchnahme inländischen Sozialprodukts könnte sich gleichermaßen ergeben, wenn inländisches Einkommen im Ausland verbraucht wird. Der erstgenannten Auslegungsalternative ist wohl der Vorzug zu geben (vgl. dazu Kapitel C.1.3.3.1 im hinsichtlich der direkten Konsumsteuern sowie Kapitel C.6.3 zur Frage der gerechten zwischenstaatlichen Steueraufkommensverteilung).

[155] Die Leistungsfähigkeit spiegelt sich in diesem Sinne an der Höhe der Konsumausgaben bzw. der Summe aus Arbeits- und inframarginalen Kapitaleinkommen eines Steuerpflichtigen wider.

Die Parallelitäten der Konsumbesteuerung zur Einkommensbesteuerung in der offenen Volkswirtschaft sind offensichtlich. Aus den konfligierenden Besteuerungsinteressen von Quellen- und Wohnsitzland ergibt sich daher der Bedarf, die Besteuerungsrechte der beteiligten Länder im Sinne der steuerpolitischen Ziele zu koordinieren und eine Doppelbesteuerung des internationalen Konsums zu vermeiden. Im folgenden soll geprüft werden, ob und wie diesen Ansprüchen im Rahmen der einzelnen Konsumsteuerbausteine entsprochen werden kann.

C.1.3.2 Umsatzsteuer

Ein elementarer Unterschied der Umsatzsteuer zur Einkommensteuer bzw. zu den direkten Konsumsteuern besteht darin, dass sie als indirekte Steuer direkt an den Umsatzvorgang anknüpft. Somit wird eine direkte Erfassung des Konsums ermöglicht. Auf Einkommen werden keine Steuern erhoben, was in internationaler Hinsicht eine konsequente Umsetzung der Freistellungsmethode und einen Verzicht auf die Quellenbesteuerung von Ausländer*einkommen* impliziert. Eine direkte Doppelbesteuerung internationaler Einkommen ist deshalb ausgeschlossen.

Denkbar ist aber eine Doppelbelastung des grenzüberschreitenden Konsums, wenn Konsumgüter sowohl im Produktionsland (bzw. im Fall eines mehrstufigen Produktionsprozesses in den Produktionsländern) als auch im Einkaufs- bzw. Konsumland besteuert werden. Maßnahmen zur Vermeidung der internationalen Doppelbesteuerung müssen deshalb im Fall einer Allphasen-Umsatzbesteuerung bei der Besteuerung grenzüberschreitender Umsätze ansetzen.

C.1.3.2.1 Besteuerung grenzüberschreitender Umsätze

Für die Besteuerung grenzüberschreitender Umsätze bestehen zwei Möglichkeiten, das Ursprungsland- und das Bestimmungslandprinzip. Im folgenden werden die Methoden zu ihrer Umsetzung sowie die Auswirkungen im Hinblick auf die Steuerbelastung und die internationale Steueraufkommensverteilung aufgezeigt.

C.1.3.2.1.1 Bestimmungslandprinzip

Beim Bestimmungslandprinzip werden Exporte von der Steuer des Exportlandes entlastet, Importe hingegen mit der Steuer des Importlandes belastet.[156] Da die Herkunft der Vorleistungen bzw. Konsumgüter ohne Einfluss auf deren Steuerbelastung ist, wird eine wettbewerbsneutrale Besteuerung gewährleistet bzw. eine Gleichstellung zwischen international gehandelten und nicht gehandelten Gütern hinsichtlich ihrer Steuerbelastung hergestellt.[157]

---

[156] Vgl. Möller (1968), S. 410; Peffekoven (1972), S. 35ff.; Metcalf (1996), S. 94; vgl. ferner Anhang C1-1a.

[157] Vgl. Hufbauer/Gabyzon (1996), S. 63ff.

Ferner zielt eine Besteuerung nach dem Bestimmungslandprinzip auf eine Belastung des *Inlandskonsums* ab. Und da Exporte keinen Inlandskonsum darstellen, sondern vielmehr Auslandskonsum implizieren, sind sie von der Steuer des Exportlandes zu entlasten. Hingegen fließen Importe in den Inlandskonsum ein (bei einem späteren Reexport würde die Importsteuer wieder erstattet). Importe sind deshalb durch das Importland unter Berücksichtigung der dort geltenden Steuertarife zu besteuern.

Mit einer derartigen Besteuerung des Inlandskonsums im Rahmen des Bestimmungslandprinzips ist darüber hinaus eine dementsprechende Vorstellung über die zwischenstaatliche Steueraufkommensverteilung verbunden: Das Umsatzsteueraufkommen aus der Belastung grenzüberschreitender Umsätze soll nicht dem Land zufließen, in dem die Konsumgüter produziert werden. Vielmehr soll allein das Konsumland bzw. Importland Aufkommen aus der Konsumbesteuerung erzielen. Durch jedes Land wird also der jeweilige Binnenkonsum besteuert.

Die Entlastung der Exporte bzw. die Belastung der Importe als Voraussetzung für die Umsetzung des Bestimmungslandprinzips wird als „Grenzausgleich" bezeichnet.[158] Gemäß den Regelungen des GATT müssen zwei Bedingungen für die Anwendung eines solchen Grenzausgleichs erfüllt sein:

- Erstens wird der Grenzausgleich nur für *indirekte* Steuern gewährt. Die Exportentlastung bzw. Importbelastung wird als notwendig erachtet, um Wettbewerbsverzerrungen zwischen in- und ausländischen Anbietern von Konsumgütern zu vermeiden. Eine Verweigerung des Ausgleichs würde (unter der Annahme einer Überwälzung der Steuer in die Güterpreise) zur Folge haben, dass sich die Steuerbelastung im Fall eines internationalen Tarifgefälles nach dem Herkunftsland eines Konsumgutes richtet, womit sich Wettbewerbsnachteile für Anbieter aus dem relativen Hochsteuerland ergeben würden. Im Gegensatz dazu wird bei *direkten* Steuern eine Überwälzung auf die Faktoranbieter unterstellt. Ein internationales Tarifgefälle ist dann ohne Einfluss auf die Güterpreise.[159]

- Eine zweite Voraussetzung ist die *Vermeidung von Überschusserstattungen* (excess rebates).[160] Die Entlastung der Exporte darf also maximal i.H.d. tat-

[158] Zu den Ursprüngen des Grenzausgleichs bei den indirekten Steuern vgl. Hufbauer/Gabyzon (1996), S. 21ff.

[159] Wettbewerbswirkungen entfaltet auch eine unterschiedlich hohe Besteuerung bei einer Steuerüberwälzung auf die Faktoranbieter. Insofern ist die Abgrenzung zwischen grenzausgleichsfähigen indirekten und nicht grenzausgleichsfähigen direkten Steuern zu kritisieren (vgl. dazu Kapitel C.1.3.3.2). Zu den Folgen einer Verweigerung des Grenzausgleichs vgl. Kapitel C.1.3.2.1.3.

[160] Vgl. dazu die Art. II, III und XVI des GATT (Senti (1986), Anhang 4); sinngemäß Art. 95 EWG und Art. 96 EWG (Lenz (1991), S. 845); sowie Summers (1996); Shay/Summers (1997), S. 1048f.; Peffekoven (1972), S. 36f.; Hufbauer/Gabyzon (1996), S. 47ff.

sächlich auf den Exporten ruhenden Steuern des Exportlandes erfolgen. Andernfalls würde durch die Exportentlastung eine Subventionierung der Exporte erfolgen, die wie eine Verweigerung des Grenzausgleichs dem Kriterium der Wettbewerbsneutralität widerspräche. Ein Land könnte den Grenzausgleich als Mittel zur Subventionierung der heimischen Exportindustrie missbrauchen.

Den GATT-Vorschriften entsprechend sind die genannten Voraussetzungen zur Anwendung des Grenzausgleichs bei der nach dem Vorsteuerabzugsverfahren erhobenen Umsatzsteuer erfüllt. Für seine Umsetzung stehen bei Anwendung des Vorsteuerabzugs im Hinblick auf *gewerbliche Umsätze* zwei Möglichkeiten zur Verfügung (vgl. Anhang C1-3):

- Der Grenzausgleich, wie er derzeit auch in der Europäischen Union zur Anwendung kommt, kombiniert eine steuerliche Entlastung der Exporte im Exportland (in Höhe der tatsächlich gezahlten Vorsteuern) mit einer Belastung der Importe durch das Importland. Der Besteuerungsverzicht des Exportlandes wird durch die Importbesteuerung nachgeholt, das gesamte Steueraufkommen fließt dem Import- bzw. Bestimmungsland zu.[161, 162]
- Bei Anwendung des grenzüberschreitenden Vorsteuerabzugs erfolgt eine steuertechnische Gleichbehandlung nationaler und internationaler Umsätze.[163] Die Exporte bleiben also mit der Steuer des Exportlandes belastet. Der Importeur zieht die gezahlte Vorsteuer von seiner eigenen Umsatzsteuerschuld ab, so dass sich auch hier die Steuerbelastung eines Importgutes nach den Regeln des Importlandes bemisst.[164] Hingegen ermittelt sich das

[161] Vgl. Peffekoven (1972), S. 35; Spengel (1993), S. 45f.

[162] Bei der *Einzelhandelsumsatzsteuer* würde dieser Grenzausgleich scheitern, wenn die Exporte bereits die Endverbraucherstufe durchlaufen haben und erneut in den Produktionsprozeß einfließen, bzw. weil Importe an der Grenze nicht erfaßt werden (vgl. McLure (1993), S. 352; Peffekoven (1972), S. 35). Beim *Vorumsatzabzug* (vgl. Mintz (1995), S. 83; Shay/Summers (1997), S. 1051f.) kann die Steuerfreistellung der Exporte möglicherweise nicht gelingen, wenn für einzelne Produktionsstufen oder Produkte unterschiedliche Steuersätze gelten (vgl. McLure (1987), S. 79ff.). Denn die Umsatzsteuer ist hier nicht explizit ausgewiesen. Überschätzungen der Vorbelastung führen zu einer Subventionierung der Exporte, Unterschätzungen zu ihrer Doppelbelastung.

[163] Daher ist auch vom "Gemeinsamen-Markt-Prinzip" bzw. "Gemeinschaftsprinzip" die Rede (vgl. Biehl (1969), S. 155 und 158ff. sowie Spengel (1993), S. 46ff.).

[164] Diese Form des Grenzausgleichs muss bei der Vorumsatzabzugsmethode scheitern, weil der Importeur eine nicht ausgewiesene Steuer, die auf den Importen ruht, nicht gegen seine eigene Umsatzsteuerschuld anrechnen kann. Eine pauschale Anrechnung wäre hingegen unsachgemäß, wenn ein Land einzelne Produkte oder Produktionsstufen differenziert belastet. Daher wird die Grenzausgleichsfähigkeit der Umsatzsteuer bei Anwendung der Vorumsatzabzugsmethode auch überwiegend kritisch gesehen (vgl. McLure (1991), S. 29; Summers (1996), S. 1797f.; McLure (1993), S. 352; Shay/Summers (1997), S. 51f.; Laux-Meiselbach (1990), S. 127). Optimistisch sind Weidenbaum (1996), S. 58 und Hufbauer/Gabyzon (1996), S. 67f. Unbedenklich wäre der Grenzausgleich wohl nur dann, wenn ein Land einen einheitlichen und allgemeinen Steuersatz anwendet. McLure (1993), S. 350ff. bezeichnet dies als die "sophisticated form" der BTT.

nationale Steueraufkommen aus dem Binnenkonsum zzgl. des Nettoexportsaldos. Abweichungen von einer am Bestimmungslandprinzip orientierten internationalen Steueraufkommensverteilung können sich aufgrund eines nicht ausgeglichenen Außenhandelssaldos sowie aufgrund einer Tarifdifferenz gegenüber dem Ausland ergeben. Zur Umsetzung einer am Bestimmungslandprinzip orientierten zwischenstaatlichen Steueraufkommensverteilung sind die Vorsteuerbeträge im Rahmen eines sog. Clearingverfahrens zwischen Import- und Exportland zu verrechnen. Hierbei erstattet das Exportland das aus der Belastung der Exporte erzielte Steueraufkommen an das jeweilige Importland.

Was die Besteuerung der nicht-gewerblichen internationalen Umsätze (also den grenzüberschreitenden Gütertransfer durch *Haushalte*) betrifft, liegt der entscheidende Punkt in der Anknüpfung an den Einkaufsvorgang und der Verweigerung des Vorsteuerabzugs. Sofern die Umsatzsteuer in die Güterpreise überwälzt wird, sind die Konsumgüter zunächst mit dem Tarif des Einkaufslandes belastet. Entspricht der Einkaufsort dem Verbrauchs- bzw. Konsumort, wäre dem Bestimmungslandprinzip entsprochen. Sofern jedoch der Konsumort nicht dem Einkaufsort entspricht, also Inländer im Ausland gekaufte Waren importieren und im Inland verbrauchen, Ausländer die im Inland gekauften Waren exportieren und im Ausland verbrauchen, liegt ein grenzüberschreitender *Direktumsatz* vor. Zur Durchsetzung des Bestimmungslandprinzips müssen diese Exporte von der Steuer des Einkaufslandes entlastet, die Importe mit der Umsatzsteuer des Konsumlandes belastet werden. Dies erfordert entsprechende Grenzkontrollen.

C.1.3.2.1.2 Ursprungslandprinzip

Beim Ursprungslandprinzip findet im Gegensatz zum Bestimmungslandprinzip kein Grenzausgleich statt. Exporte werden nicht von der Steuer des Exportlandes befreit, Importe nicht mit der Steuer des Importlandes belastet.[165] Anders als beim Bestimmungslandprinzips ist also die Herkunft bzw. der Produktionsort eines Konsumgutes für dessen gesamte Steuerbelastung entscheidend, sofern die Steuertarife international divergieren. Durchlaufen Konsumgüter mehrere Produktionsstufen in unterschiedlichen Ländern mit unterschiedlichen Steuersätzen, resultiert daraus eine entsprechende Mischbesteuerung.

Die nach dem Ursprungslandprinzip erhobene Umsatzsteuer zielt auf die Besteuerung des inländischen Mehrwerts ab. Erfasst werden im Gegensatz zum Bestimmungslandprinzip auch Teile des nicht-inländischen Konsums (Exporte), während Teile des inländischen Konsums von der Besteuerung ausgenommen sind (Importe). Dies hat entscheidende Implikationen für die internationale Steuerauf-

[165] Vgl. Möller (1968), S. 410; Peffekoven (1972), S. 36; Metcalf (1995), S. 130.

kommensverteilung.[166] Am Charakter der Konsumsteuer ändert sich insofern nichts, als weiterhin Reingewinne und Arbeitseinkommen besteuert bzw. marginale Renditen freigestellt werden.

Die Umsetzung des Ursprungslandprinzips für *gewerbliche Umsätze* wird im Rahmen der Vorsteuerabzugsmethode durch den *fiktiven* Vorsteuerabzug erreicht (vgl. Anhang C1-3). Dabei werden die importierten Vorleistungen um jene Vorsteuer entlastet, die auf ihnen ruhen würde, wenn sie dem Tarif des Importlandes und nicht dem Tarif des Exportlandes, unterlegen hätten.[167] Damit bleibt die tarifspezifische Steuerbelastung des in den einzelnen Produktionsländern erzielten (bzw. des diesen Ländern zugeordneten) Mehrwerts erhalten, was letztlich zu einer Mischbesteuerung der Konsumgüter führt.[168]

Im Hinblick auf die Umsetzung des Ursprungslandprinzips für *nicht-gewerbliche grenzüberschreitende Umsätze* ergibt sich kein Bedarf eines Eingriffs in die originäre Steuerbelastung. Maßgeblich für die Steuerbelastung soll der Produktionsort eines Konsumgutes sein. Und aus Sicht des Konsumenten wird dies aufgrund des direkten Zugriffs der Umsatzsteuer auf den Einkaufsvorgang gewährleistet. Der Verbrauchsort bleibt für die definitive Steuerbelastung des Konsumgutes ohne Bedeutung. Sofern Güter ex- oder importiert werden, wird diese Grenzüberschreitung steuerlich nicht registriert. Ein Grenzausgleich findet anders als beim Bestimmungslandprinzip nicht statt.

C.1.3.2.1.3 Kombinationsmöglichkeiten und Annahmen zur Steuerüberwälzung

Die voneinander unabhängige Besteuerung gewerblicher und nicht-gewerblicher grenzüberschreitender Umsätze[169] entsprechend dem Ursprungs- bzw. dem Bestimmungslandprinzip ergibt vier Möglichkeiten zur Systemgestaltung:

---

[166] Laux-Meiselbach (1990), S. 126 bezeichnet die nach dem Ursprungslandprinzip erhobene Umsatzsteuer daher auch als „bastard consumption tax“, bei der Investitionen freigestellt und Exporte (nicht aber Importe) als Konsum behandelt und damit besteuert werden. Offensichtlich gelingt eine Überwälzung der Steuer auf den ausländischen Konsumenten (vgl. zu den Implikationen für die zwischenstaatliche Steueraufkommensverteilungsgerechtigkeit Kapitel C.6.3).

[167] Vgl. Krause-Junk (1991), S. 147; Krause-Junk (1990a), S. 262f.

[168] Bei der Einzelhandelsumsatzsteuer ist die Umsetzung des Ursprungslandprinzip unmöglich, wenn ein Produkt mehrere Produktionsstufen in mehreren Ländern durchläuft. Denn Vorleistungsumsätze werden nicht erfaßt. Im Rahmen des Vorumsatzabzugs sind keine zusätzlichen Maßnahmen erforderlich: Exporterlöse fließen in die Bemessungsgrundlage des Exportlandes ein. Importe sind mit der Steuer des Exportlandes belastet. Der Importeur setzt die Bruttoimportkosten ab. Insofern ist die Vorumsatzabzugsmethode bei der Allphasenbesteuerung auch besser für die Durchsetzung des Ursprungslandprinzips geeignet ist als der Vorsteuerabzug (vgl. Laux-Meiselbach (1990), S. 126f.).

[169] Diese Differenzierung stellt eine Abstraktion von der tatsächlichen Systematik dar und soll den grundsätzlichen Unterschied zwischen Unternehmens- und Haushaltsumsätzen verdeutlichen.

		Gewerbliche Umsätze	
		Ursprungsland-prinzip	Bestimmungsland-prinzip
Nicht-gewerbliche Umsätze	Ursprungslandprinzip	3	2
	Bestimmungslandprinzip	4	1

Tabelle 13: Systeme der Umsatzbesteuerung

Ohne Bedeutung ist lediglich die 4. Variante - eine Umsetzung des Grenzausgleichs bei nicht-gewerblichen Umsätzen und gleichzeitiger ursprungslandbezogener Besteuerung gewerblicher Umsätze ist weder sinnvoll noch zu bewerkstelligen. Diese Variante wird daher im folgenden auch nicht berücksichtigt. Die anderen Kombinationen haben jedoch eine gewisse Bedeutung: So entsprach das Umsatzsteuersystem der Europäischen Union bis zum Jahr 1992 der 1. Variante. Mit der Einführung des Binnenmarktes wurde in der Europäischen Union im Jahre 1993 die sog. Übergangsregelung in Form der 2. Variante eingeführt. Da gegen eine Umsetzung des Ursprungslandprinzips für gewerbliche Umsätze Bedenken (insbesondere wegen des territorialen Charakters des Ursprungslandprinzips und wegen der mit dem Systemwechsel verbundenen administrativen Probleme und Umverteilungseffekte bezüglich des Steueraufkommens) bestanden, gleichzeitig aber die für eine Umsetzung des Bestimmungslandprinzips notwendigen Grenzkontrollen für den privaten grenzüberschreitenden Verkehr mit dem Grundsatz der Freizügigkeit nicht vereinbar sind, wurde dieses „Mischprinzip" eingeführt.[170] Die 3. Variante ist neben der 1. Variante das zweite „reine" System, das eine steuertechnische Gleichbehandlung von gewerblichen und nicht-gewerblichen Umsätzen ermöglicht. Es steht hin und wieder als zukünftiges Modell für die europäische Umsatzbesteuerung zur Disposition.[171]

Welcher Zusammenhang besteht nun zu der aufgeworfenen Frage, ob mit der Umsatzsteuer der Binnenkonsum der In- und Ausländer oder der Weltkonsum der Inländer besteuert wird? Offensichtlich belastet nur das einheitliche Bestimmungslandprinzip (Variante 1) den Binnenkonsum. Im Rahmen des Mischprinzips (Variante 2) verzichtet das Inland auf die Besteuerung des inländischen Kon-

[170] Vgl. Krause-Junk (1990a), S. 254f.; Spengel (1993), S. 48. Um eine Umsetzung des Bestimmungslandprinzips für gewerbliche Umsätze trotz des Verzichts auf Kontrollen an den Landesgrenzen zu ermöglichen, wurde der Grenzausgleich in die Unternehmen verlagert. Die Unternehmen dokumentieren ihre grenzüberschreitenden Umsätze und erlangen so die Steuerfreiheit der Exporte. Es ist darauf hinzuweisen, dass für bestimmte private Umsätze weiterhin das Bestimmungslandprinzip umgesetzt wird, insbesondere um Arbitrage zu vermeiden. Dies gilt vor allem für Kraftfahrzeuge, für die mit speziellen Verbrauchsteuern belastete Güter sowie bei Überschreitung spezifischer Freigrenzen.

[171] Den Hintergrund bilden Überlegungen, dass sich auf diesem Wege die mit dem gegenwärtigen Mischprinzip verbundenen Probleme bewältigen ließen (vgl. z.B. Andel (1965) und Andel (1986)).

sums (bzw. Verbrauchs) der durch Haushalte im Ausland gekauften Güter, besteuert hingegen die im Inland gekauften und im Ausland konsumierten Güter. Daraus ergibt sich die Steueraufkommensverteilung gemäß dem *Einkaufslandprinzip*. Beim reinen Ursprungslandprinzip (Variante 3) besteht in der Besteuerung weder ein Bezug zum Binnenkonsum noch zum Weltkonsum, die Umsatzsteuer ist hier eine Produktionssteuer.

Abschließend ist nochmals auf die bereits in Kapitel B.2 aufgeworfene Frage der Steuerüberwälzung einzugehen. Denn die bisher unterstellte Überwälzung in die Güterpreise ist unter Berücksichtigung der internationalen Besteuerungssystematik keineswegs zwingend. Es muss in diesem Zusammenhang berücksichtigt werden, dass Wohn-, Konsum-, Einkaufs- sowie Faktoreinsatzort möglicherweise durch einen unterschiedlichen internationalen Mobilitätsgrad gekennzeichnet sind:

Die nach dem *Bestimmungslandprinzip* erhobenen Umsatzsteuer besteuert den Binnenkonsum. Eine Steuerausweichung erfordert eine Verlagerung des Konsumortes. Da der Konsumort in höherem Maße mit dem Wohnort verbunden ist als das Faktorangebot (insbesondere das Kapitalangebot), ist eine Überwälzung der Steuer in die Güterpreise wahrscheinlicher als eine Überwälzung in die Faktorentgelte, sofern der Haushalt in bezug auf seinen Wohnort immobil ist. Daher wird auch im folgenden von einer Überwälzung in die Güterpreise ausgegangen.[172]

Bei einer nach dem *Mischprinzip* erhobenen Umsatzsteuer (Variante 2) wird der überwiegende Teil der internationalen Umsätze nach dem Bestimmungslandprinzip besteuert. Die Haushalte können von internationalen Belastungsdifferenzen allerdings leichter profitieren als bei der nach dem Bestimmungslandprinzip erhobenen Umsatzsteuer. Denn es bedarf nicht einer Verlagerung des Konsumortes, sondern lediglich einer Verlagerung des Einkaufsortes. Und der Grad der Einkaufsortmobilität ist (aufgrund der Möglichkeiten des Versandhandels und in grenznahen Gebieten) relativ höher als der Grad der Konsumortmobilität. Im Fall eines bilateralen Belastungsgefälles wird eine Steuerüberwälzung in die Güterpreise insofern erschwert. Andererseits ist aber auch eine Überwälzung in die Faktorentgelte problematisch, maßgeblich ist die relative Mobilität von Einkaufs- bzw. Faktoreinsatzort. Sicherlich ist auch hier zu unterstellen, dass die Entscheidung über den Faktoreinsatzort (insbesondere bei Kapital) steuersensitiver ist als die Entscheidung über den Einkaufsort. Eine Überwälzung auf Arbeitseinkommen wird im Vergleich zum einheitlichen Bestimmungslandprinzip aber wahrscheinlicher. Unter Berücksichtigung dieser Risiken wird im folgenden vereinfachend von einer Güterpreisüberwälzung ausgegangen.

[172] Diese Annahme ist auch in der Literatur üblich (vgl. McLure (1987), S. 31). Bei Wohnortmobilität wird die Steuerüberwälzung generell erschwert bzw. unmöglich, da der Haushalt jeglicher standortbezogener Steuerbelastung durch eine Verlagerung des Wohnortes in das relative Niedrigsteuerland begegnen kann. Dieser Aspekt wird hier vernachlässigt.

Eine nach dem *Ursprungslandprinzip* erhobene Umsatzsteuer führt neben der Verteuerung inländischer Umsätze zu einer Verteuerung der Exporte sowie zu einer gegenüber Inlandsprodukten relativen Verbilligung von Importen. Nur im Fall einer preisunelastischen Nachfrage nach Inlandsgütern auf dem Inlands- bzw. Weltmarkt lässt sich eine Überwälzung in die Güterpreise durchsetzen. Sofern jedoch die Weltmarktpreise gegeben sind, und Konsumenten die Inlandsgüter durch ausländische Produkte substituieren können, impliziert die steuerbedingte Preiserhöhung eine Minderung der Exporte sowie höhere Importe. Insofern sind reale Preisanpassungen notwendig, welche die aus der Anwendung des Ursprungslandprinzips resultierenden Preiseffekte kompensieren:[173]

- Im Fall *flexibler Wechselkurse* wird die Überwälzung der Steuer in die Güterpreise durch eine Abwertung gegenüber der Auslandswährung i.H.d. Umsatzsteuersatzes begleitet. Es kommt dann (gemessen in Auslandswährung) weder zu einer Verteuerung der Inlandsgüter auf dem Weltmarkt, noch zu einer relativen Verbilligung von (nicht besteuerten) Importgütern. Die Überwälzung der Steuer in die Güterpreise ist insofern möglich.[174]
- Unter dem Regime *fixierter Wechselkurse* muss der Versuch einer Überwälzung in die Güterpreise scheitern. Denn die reale Verteuerung der Exporte und die relative Verbilligung der Importe führt dazu, dass inländische Unternehmen ihre Produkte weder im In- noch im Ausland absetzen können. Die Steuer muss in diesem Fall auf die Faktoranbieter überwälzt werden. Die Folge sind verminderte Bruttolöhne und (inframarginale) Kapitalrenditen. Welcher Faktor den höheren Anteil trägt, wird durch die relativen Angebotselastizitäten bedingt.

Es wird im folgenden unterstellt, dass bei Anwendung des Bestimmungslandprinzips, des Mischprinzips und des Ursprungslandprinzips (bei flexiblen Wechselkursen) eine Überwälzung in die Güterpreise erfolgt, beim Ursprungslandprinzip und fixen Wechselkursen jedoch eine Überwälzung in die Faktorentgelte.

C.1.3.2.2 Migrationsbesteuerung der Haushalte

Im Rahmen der Einkommensteuer wird eine steuerliche Berücksichtigung der Migration damit gerechtfertigt, dass sich aufgrund der Anknüpfung der Steuerbelastung an den Wohnort durch einen Umzug in ein Niedrigsteuerland Steuerum-

[173] Vgl. McLure (1987), S. 31; Möller (1968), S. 414f. Auf diesen Überlegungen basiert die These von der Irrelevanz des Grenzausgleichs. Die dargestellten Preisanpassungen beim Ursprungslandprinzip haben quasi real den gleichen Effekt wie die durch den Grenzausgleich umgesetzte Befreiung der Exporte und Belastung der Importe. Es muss sich allerdings um eine allgemeine Steuer handeln, ferner müssen Preise, Löhne bzw. Wechselkurse flexibel, das Faktorangebot unelastisch und die Faktoranbieter immobil sein (vgl. Hufbauer/Gabyzon (1996), S. 23ff.).

[174] Vgl. Krause-Junk (1991), S. 143; Hines (1996), S. 478.

gehungsmöglichkeiten in bezug auf die Belastung des Einkommens eröffnen. Ähnliche Probleme sind bei der Umsatzsteuer denkbar:

Durch eine nach dem *Bestimmungslandprinzip* erhobene Umsatzsteuer erzielt der Fiskus nur im Fall des Binnenkonsums Steueraufkommen. Da die Steuer annahmegemäß in die Güterpreise überwälzt wird, wird Vermögen aus steuerfreiem Einkommen akkumuliert. Ein Emigrant würde also ohne eine Migrationsbesteuerung in bezug auf sein steuerfrei akkumuliertes Vermögen keine Steuern im Emigrationsland zahlen. Einerseits ist dies mit dem Bestimmungslandprinzip vereinbar, denn aufgrund einer engen Bindung von Wohn- und Konsumort ist davon auszugehen, dass der Emigrant sein Vermögen für Konsum im Immigrationsland verwendet. Das Immigrationsland kann dieses Vermögen dann sukzessive besteuern. Insofern scheint weder eine Emigrations- noch eine Immigrationssteuer gerechtfertigt. Andererseits kann angenommen werden, dass das Emigrationsland die steuerfreie Vermögensakkumulation nur wegen der Aussicht auf eine spätere Besteuerung gewährt hat. Deshalb ist zu vermuten, dass der Transfer des Vermögens nicht geduldet und als *fiktiver Konsumvorgang* interpretiert wird. Das Emigrationsland wird dann eine Exportsteuer auf dieses Vermögen erheben. Für den Emigranten ergibt sich eine doppelte Belastung, wenn im anderen Land auch eine Umsatzsteuer erhoben wird, und das Immigrationsland die Emigrationssteuer nicht erstattet. Eine solche Rückerstattung ist allerdings unwahrscheinlich, weil das Immigrationsland Steuern erstatten müsste, die es erst später (zum Konsumzeitpunkt) erzielt. Die steuerliche Berücksichtigung der Migration ist deshalb schwierig.[175] Zumindest würde ein Land, welches die Emigration besteuert, nur dann konsequent handeln, wenn es gleichzeitig eine Entlastung der Immigranten gewährt. Einfacher erscheint es, die Migration steuerlich zu vernachlässigen. In beiden Fällen ist eine internationale Koordination erforderlich.

Auch bei Anwendung des *Mischprinzips* kann Vermögen steuerfrei akkumuliert werden, wenn eine Überwälzung der Steuer in die Güterpreise unterstellt wird. Wenngleich ein Steuerlastexport (durch Verlagerung des Einkaufsortes) leichter möglich ist als bei reiner Anwendung des Bestimmungslandprinzips, so kommt doch der steuerfreie Vermögensexport i.d.R. einem weitestgehend endgültigen Verzicht des Emigrationslandes auf die Besteuerung des Vermögens gleich. Insofern ergibt sich auch hier aus Sicht des Emigrationslandes ein Interesse der Besteuerung des Emigranten. Ebenso resultiert daraus eine Doppelbesteuerung, wenn das Immigrationsland eine Umsatzsteuer erhebt. Die Emigrationsbesteuerung wäre insofern mit einer Immigrationsentlastung zu kombinieren, der Verzicht auf eine Besteuerung der Migration aber einfacher und ohnehin konsistent.

---

[175] Eine Migrationsbesteuerung im Sinne einer erweiterten beschränkten bzw. erweiterten unbeschränkten Steuerpflicht (in bezug auf das Einkommen) wie bei der Einkommensteuer scheidet bei Anwendung der Umsatzsteuer von vornherein aus, weil der Steuerdestinatar nicht steuerpflichtig ist. Die Voraussetzungen für eine Steuerveranlagung sind damit nicht gegeben.

Ist die Erhebung der Umsatzsteuer nach dem *Ursprungslandprinzip* mit einer entsprechenden *Abwertung* der Inlandswährung verbunden und aus diesem Grund von einer Überwälzung in die Güterpreise auszugehen, kann der Inländer auch hier Vermögen steuerfrei akkumulieren. Der Inlandskonsum ist über höhere Preise direkt, der Auslandskonsum aufgrund der Abwertung indirekt mit dem Steuertarif des Inlands belastet. Das Inland gewährt also eine Steuerstundung bis zum Zeitpunkt des Konsums. Zum inländischen Steueraufkommen trägt der Konsument nur dann bei, wenn er (im In- oder Ausland) inländische Produkte erwirbt. Denn neben den inländischen Umsätzen sind die Exporte durch die Steuer belastet, die Importe hingegen unterliegen lediglich der Steuer des anderen Landes. Ausschlaggebend für die Steuerbelastung des Konsumenten ist insofern nicht dessen Wohn- oder Konsumort, sondern die Herkunft der Produkte. Dementsprechend begründet allein die inländische Produktion ein Besteuerungsrecht des betreffenden Landes. Daraus lässt sich schlussfolgern, dass aus dem Transfer des im Inland steuerfrei akkumulierten Vermögens in das Ausland kein Besteuerungsrecht des Inlands resultiert. Zudem wäre der Emigrant im Fall einer gesonderten Vermögensbesteuerung (wegen des mit der Umsatzbesteuerung verbundenen Wechselkurseffektes) doppelt belastet. Systemkonsistent handelt ein Konsumsteuerland bei Anwendung der nach dem Ursprungslandprinzip erhobenen und in die Güterpreise überwälzten Umsatzsteuer also dann, wenn es den Emigranten nicht be- und den Immigranten nicht entlastet.

Eine nach dem *Ursprungslandprinzip* erhobene und aufgrund *fixer Wechselkurse* in die Faktorentgelte überwälzte Umsatzsteuer stellt ebenfalls eine Steuer auf den inländischen Mehrwert dar. Der Inländer wird hier aber bereits zum Zeitpunkt der Einkommenserzielung mit der Steuer des Quellenlandes belastet, so dass Vermögen aus versteuerten Einkommen akkumuliert wird. Die Konsumsteuer wird quasi im Zeitpunkt der Einkommensentstehung vorausbezahlt. Das Emigrationsland hat seinen (aufgrund der an der Belastung des Mehrwerts orientierten Besteuerung auch berechtigten) Besteuerungsanspruch in bezug auf das im Inland akkumulierte Vermögen insofern bereits durchgesetzt. Deshalb ist die Migration steuerlich nicht relevant – der Emigrant wird nicht entlastet, der Immigrant wird nicht belastet.

C.1.3.2.3 Zwischenfazit

Die Umsatzsteuer ist in ihrer internationalen Besteuerungssystematik nicht mit der Einkommensteuer vergleichbar. Während eine Doppelbesteuerung internationaler Einkommen ausgeschlossen ist, bestehen vergleichbare Probleme im Zusammenhang mit grenzüberschreitenden Umsätzen. Die Methoden zur Vermeidung einer internationalen Doppelbesteuerung folgen dabei unterschiedlichen Besteuerungskonzeptionen, wobei das Bestimmungslandprinzip eine Steuer auf den Binnenkonsum, das Ursprungslandprinzip eine Steuer auf den im Inland erzeugten

Mehrwert darstellt. Daraus resultieren unterschiedliche Auswirkungen auf die Belastung der grenzüberschreitenden Faktoreinkommen bzw. der konsumtiven Einkommensverwendung. Eine Besteuerung des Weltkonsums ist mit der Umsatzsteuer nicht möglich. Probleme ergeben sich möglicherweise im Zusammenhang mit der Migration aufgrund diametraler Besteuerungsinteressen von Immigrations- und Emigrationsland. Eine gesonderte Erfassung des Vermögens von Migranten erscheint im Sinne konsistenter Lösungen zunächst nicht erforderlich. Möglicherweise ist ein Konsumsteuerland aber nicht bereit, eine steuerfreien Transfer von Vermögen in das Ausland zu gewähren. Zur Vermeidung der Doppelbesteuerung der Migranten erwächst daraus ein Bedarf an internationaler Koordination.

C.1.3.3 Direkte Konsumsteuern

C.1.3.3.1 Problematik einer indirekten Erfassung des Konsums in der offenen Volkswirtschaft

Die direkten Konsumsteuern knüpfen in ihrer Systematik an die Einkommensentstehung an. Angesichts der Zielsetzung, den Binnen*konsum* der In- und Ausländer (entsprechend äquivalenztheoretischen Überlegungen) oder alternativ den Welt*konsum* der Inländer (im Sinne einer Erfassung der steuerlichen Leistungsfähigkeit) zu besteuern, soll zunächst überlegt werden, ob und wie sich dies durchsetzen lässt:

Der *Binnenkonsum* wird potentiell aus vier Einkommensquellen finanziert, d.h. aus den In- und Auslandseinkommen der In- und Ausländer. Die im Inland verdienten Arbeits- und inframarginalen Kapitaleinkommen wären unabhängig vom Einkommensempfänger nur dann durch das Inland zu besteuern, wenn dieses Einkommen auch im Inland konsumiert wird. Entsprechend wäre Auslandseinkommen durch das Inland (aber nicht durch das Ausland) zu besteuern, wenn es für inländische Konsumzwecke verwendet wird. Offenbar ist es also unzureichend, steuerlich ausschließlich nach dem Ort der Einkommensquelle zu differenzieren. Denn dieser kann sich (aufgrund der Konsumenten- und Faktormobilität) in der offenen Volkswirtschaft vom Ort der Einkommensverwendung unterscheiden. Einerseits wäre eine Beschränkung der Besteuerung auf das Inlandseinkommen nicht sachgemäß. Denn damit würde das Inland auch Teile des Auslandskonsums belasten, nicht jedoch den durch Auslandseinkommen finanzierten Inlandskonsum. Andererseits ist aber eine Beschränkung der Besteuerung auf das Inländereinkommen[176] nicht zu rechtfertigen, weil damit der aus diesen Einkommen finanzierte Auslandskonsum der Inländer durch das Inland besteuert wird, während der aus ausländischen Einkommen finanzierte Inlandskonsums der Ausländer nicht erfasst wird. Um den Binnenkonsum zu besteuern, muss das Inland also auch die

---

[176] Vgl. zum Vorschlag Joseph/Viechtl/Vollrath (1991), S. 12f.; Abbin/Gordon/Renfroe (1985).

Auslandseinkommen der Ausländer besteuern, sofern dieses Einkommen im Inland konsumiert wird. Der Steuerpflichtige müsste insofern sowohl die In- und Auslandseinkommen, als auch die in- und ausländische Einkommensverwendung dokumentieren. Eine derartige Deklaration der Einkommensverwendung wäre weder administrabel noch mit der Konzeption der direkten Konsumsteuern vereinbar. Denn direkte Konsumsteuern sollen eine indirekte Konsumbesteuerung durch einen ausschließlichen Zugriff auf (Teile der) Faktoreinkommen durchsetzen. Eine auf den Inlandskonsum ausgerichtete Besteuerung durch direkte Konsumsteuern ist insofern nicht möglich.[177]

Ohnehin wird eine Ausrichtung an der Besteuerung des *Weltkonsums* dem Grundgedanken einer Erfassung der Leistungsfähigkeit durch direkte Steuern besser gerecht. Dem Inland obliegt dann die Besteuerung des Weltkonsums der Inländer. Zu erfassen sind die Arbeits- und inframarginalen Kapitaleinkommen, die Inländer im In- und Ausland verdienen. Die an Ausländer fließenden Arbeits- und inframarginalen Kapitaleinkommen sind allerdings nicht im Inland (an der Quelle) zu besteuern. Diese Aufgabe bzw. dieses Recht würde dem ausländischen Fiskus zustehen![178]

So ist das Äquivalenzprinzip, aus dem das Recht zur Quellenbesteuerung im Rahmen der Einkommensteuer abgeleitet wird (vgl. Kapitel C.1.2.1), für die Rechtfertigung einer Quellenbesteuerung bei Anwendung von Konsumsteuern nicht hilfreich. Denn besteuert werden soll gerade nicht der Beitrag zum Sozialprodukt, sondern dessen Verbrauch. Eine Quellenbesteuerung (unabhängig davon, ob es sich um eine Steuer auf Arbeitseinkommen, inframarginale Kapitalrenditen oder Zins- und Dividendenzahlungen handelt), stellt deshalb einen unsystematischen Steuerlastexport dar. Denn ein Ausländer, der im Inland Faktoreinkommen erzielt, trägt zum Steueraufkommen des Inlandes bei. Hingegen wird der Ausländer, der im Inland ausländisches Einkommen konsumiert, (anders als bei der nach dem Bestimmungslandprinzip erhobenen Umsatzsteuer) nicht zur Besteuerung herangezogen. Damit wird ein wichtiger Grundgedanke der Konsumsteuer, den Konsum zu besteuern, missachtet.[179]

---

[177] Vgl. Musgrave, P. B. (1991), S. 566f.; Joseph/Viechtl/Vollrath (1991), S. 11f.

[178] Vgl. Seidl (1990), S. 436f.

[179] Vgl. Avi-Yonah (1996b), S. 1345 und Fußnote 154. McLure (1992), S. 149f. argumentiert, dass die Einkommensentstehung möglicherweise auf standortspezifische Faktoren zurückzuführen ist, was eine Quellenbesteuerung rechtfertigen würde. Ferner könnte eine Quellenbesteuerung im Sinne des Äquivalenzprinzips damit gerechtfertigt werden, dass Faktoreinkommen unter Inanspruchnahme öffentlicher Vorleistungen entstehen. Im Sinne der Konsumsteuersystematik (Belastung des – inländischen – Verbrauchs) sind diese Argumente allerdings nicht tragend. Vgl. dazu auch Kapitel C.6.3.

Sollte ein Konsumsteuerland auf eine Belastung der an Ausländer fließenden Arbeits- und inframarginalen Kapitaleinkommen verzichten? Zwei Argumente sprechen dagegen: Erstens bestehen praktische Probleme, eine steuerliche Differenzierung zwischen In- und Ausländern umzusetzen. Besonders deutlich wird dies am Beispiel der Unternehmensbesteuerung – den ausländischen Anteilseignern müsste die direkte Unternehmenssteuer, die auf Dividenden, Veräußerungsgewinnen und möglicherweise Zinsen ruht, erstattet werden. Und zweitens stellt insbesondere für Faktorimportländer die Quellenbesteuerung eine bedeutende fiskalische Aufkommensquelle dar. Es kann daher nicht ernsthaft erwartet werden, dass ein Reformland (ausgehend von der mit einer Quellensteuerkomponente ausgestatteten Einkommensteuer) auf dieses Instrument verzichtet.[180] Insofern ist es nicht erstaunlich, dass bei den vorgestellten Konsumsteuervorschlägen i.d.R. auch eine Quellenbesteuerung der Ausländer vorgesehen ist.[181] Dies wird auch in den folgenden Ausführungen unterstellt!

Die Quellenbesteuerung sollte insofern auch als ein Teilelement der direkten Konsumsteuern akzeptiert werden. Im Hinblick auf die internationale Besteuerung ergeben sich damit zur Einkommensteuer wesentliche Parallelitäten. Dies bezieht sich sowohl auf die Existenz potentieller internationaler Besteuerungskonflikte zwischen Quellen- und Wohnsitzland (Aufteilung der Besteuerungsrechte), als auch auf die Gefahr einer Doppelbesteuerung internationaler Besteuerungssachverhalte. Zur Vermeidung der Doppelbesteuerung bieten sich wie bei der Einkommensteuer die Anrechnungs- und Freistellungsmethode an.[182] Im folgenden soll dargestellt werden, wie die internationale Besteuerungssystematik der direkten Konsumsteuerbausteine angesichts der formulierten Anforderungen, einerseits den Weltkonsum zu besteuern und andererseits die Doppelbesteuerung zu vermeiden, auszugestalten sind.

C.1.3.3.2 Besteuerung der Unternehmen

Im Hinblick auf die Besteuerung grenzüberschreitender Umsätze wird ein Grenzausgleich bei den direkten Unternehmenskonsumsteuern (CFS und ACE) abgelehnt. Denn wie bei der Einkommensteuer wird eine Überwälzung in die Kapitalrendite unterstellt. Aufgrund der daraus resultierenden *Güterpreisneutralität* wird

[180] Vgl. zu dieser Auffassung Vogel (1991), S. 572. Jedes Land würde zwar als Wohnsitzland mit dem Wegfall von Anrechungsanspüchen von der Abschaffung der Quellenbesteuerung profitieren. Länder mit einem Faktor-Importüberschuss würden allerdings verlieren.

[181] Vgl. IFS (1994), S. 3 und Gammie (1991), S. 241 für die ACE; Zodrow/McLure (1991), S. 479 und Aaron/Galper (1985), S. 83f. für die CFS; Bird/McLure (1990), S. 245 für die ITP/R; Musgrave, P. B. (1991), S. 554 und Abbin/Gordon/Renfroe (1985), S. 1131 für eine Lohnquellensteuer.

[182] Andere Lösungen, wie etwa eine Kombination der Freistellungsmethode mit dem Progressionsvorbehalt, die fiktive Anrechnung und die Pauschalierung werden auch hier nicht berücksichtigt. Zur Abzugsmethode bei unilateraler Konsumbesteuerung vgl. Kapitel C.2.2.3.

zur Gewährleistung einer wettbewerbsneutralen Besteuerung ein Grenzausgleich als nicht erforderlich erachtet.[183] Demzufolge fließen Exporterlöse in die Bemessungsgrundlage ein, während Importe abzugsfähig sind. Die steuerliche Bemessungsgrundlage ist damit (wie auch bei einer nach dem Ursprungslandprinzip erhobenen Umsatzsteuer) der inländische Mehrwert und nicht der Konsum (wie bei der nach dem Bestimmungslandprinzip erhobenen Umsatzsteuer).

Angesichts der Notwendigkeit, eine Doppelbesteuerung internationaler Faktoreinkommen zu vermeiden, stellt die Frage, wie internationale Kapitaleinkommen bei verbundenen Unternehmen besteuert werden sollten. Hierfür ist zunächst der Umfang der Quellenbesteuerung bei der Tochterkapitalgesellschaft und anschließend die Berücksichtigung der Quellenbelastung im Sitzland der Muttergesellschaft im Rahmen der Sitzortbesteuerung zu definieren.

C.1.3.3.2.1 Quellenbesteuerung im Inland aktiver Unternehmen

Was die Besteuerung der Inlandsaktivitäten der ausländischen Unternehmen anbelangt, besteht zunächst die Möglichkeit einer *Inländerlösung*,[184] wonach die Systematik der Reingewinnbesteuerung lediglich gegenüber inländischen Unternehmen, nicht aber gegenüber den Inlandstatbeständen ausländischer Unternehmen angewendet wird. Dies würde bedeuten, dass die im Anteilsbesitz von Ausländern befindlichen Inlandsunternehmen nicht der Konsumsteuer, sondern weiterhin der Einkommensteuer unterliegen. Entsprechend würde im Rahmen der zinsbereinigten Gewinnsteuer der ACE-Abzug, im Rahmen der CFS die Sofortabschreibung verwehrt.

Dieser Konzeption liegen drei Überlegungen zugrunde: Erstens vermeidet das Quellenland, dass der Besteuerungsverzicht in bezug auf den marginalen Kapitalertrag durch das andere Land im Rahmen der Sitzort- bzw. Wohnsitzbesteuerung kompensiert wird. In diesem Fall wäre die Verengung der Bemessungsgrundlage nicht zweckmäßig. Zweitens kann das Quellenland einen umfassenderen einkommensbasierten Besteuerungsanspruch durchsetzen und muss sich nicht auf die

[183] Vgl. McLure (1987), S. 41; McLure/Zodrow (1996b), S. 102; Hines (1996), S. 471); Avi-Yonah (1996b), S. 1335; Hall/Rabushka (1996), S. 39f.; Newlon (2000), S. 237 (Fußnote 26). Entgegen der Auffassung von Gordon (2000), S. 40, Newlon (2000), S. 237 und Bradford (1987), S. 252 wäre selbst die ITP/R in der Form der Simplified Alternative Tax (vgl. Kapitel B.3.2.1.1) nicht grenzausgleichsfähig, obwohl Lohnaufwand im Rahmen der Unternehmensbesteuerung (wie bei der Umsatzsteuer) nicht abzugsfähig ist. - Senti (1986), S. 155ff. äußert sich aufgrund der Ungereimtheiten, die aus der Ablehnung des Grenzausgleichs für direkte Steuern resultieren, kritisch zu dieser Differenzierung zwischen direkten und indirekten Steuern. Hufbauer/Gabyzon (1996), S. 70 fordern einen Grenzausgleich auch für direkte Konsumsteuern, insbesondere um Konsumsteuerreformen nicht zu behindern.

[184] Vgl. zu diesem Vorschlag McLure/Zodrow (1991), S. 133; Zodrow/McLure (1991), S. 479; Abbin/Gordon/Renfroe (1985), S. 1134.

Besteuerung der Reingewinne beschränken. Dies könnte sich angesichts der Notwendigkeit einer aufkommensneutralen Ausgestaltung der Steuerreform als vorteilhaft erweisen. Und drittens riskiert das Quellenland nicht die Anrechenbarkeit der Unternehmenssteuer im anderen Land, wenn sich die Verpflichtung zur indirekten Anrechnung lediglich auf Einkommensteuern bezieht. Dieses Risiko ist im Fall der unilateralen Konsumbesteuerung nicht auszuschließen (vgl. Kapitel C.2.2.2.2.3).

Die Probleme einer solchen Inländerlösung bei der Unternehmensbesteuerung wiegen allerdings schwer: Erstens diskriminiert das System gegenüber Ausländern im Hinblick auf ihre Inlandstatbestände, was dem Gebot der Gleichbehandlung widerspricht. Zweitens entspricht eine einkommensbasierte Besteuerung nicht dem Grundgedanken der Konsumsteuer, die Kapitalakkumulation steuerlich nicht zu diskriminieren. Drittens wäre eine differenzierte Ausländerbesteuerung auch gar nicht praktikabel. Denn inländische Unternehmen im Besitz in- *und* ausländischer Anteilseigner müssten einer Mischbesteuerung aus Einkommen- und Konsumsteuer unterliegen.

Insofern wird im folgenden (sowohl bei uni- als auch bei bilateraler Anwendung) unterstellt, dass die Konsumsteuersystematik auch für Inlandstatbestände ausländischer Unternehmen gilt, also die *Inlandslösung* zur Anwendung kommt.[185] Die Systematik des ACE-Abzugs bzw. der Sofortabschreibung wird sämtlichen Körperschaften mit Sitz im Inland gewährt. Ferner wird unterstellt, dass das System der Quellenbesteuerung in bezug auf die an das Ausland fließenden Zins- und Dividendenzahlungen entsprechend den einkommensteuerlichen Regelungen beibehalten wird. Aus diesem Grund ist eine generelle Quellenbesteuerung vorgesehen, wobei im Rahmen von Sonderregelungen (insbesondere infolge von Doppelbesteuerungsabkommen und der Mutter-Tochter-Richtlinie) auch ein teilweiser bzw. vollständiger Besteuerungsverzicht des Quellenlandes denkbar ist.

C.1.3.3.2.2 Sitzortbesteuerung inländischer Unternehmen

Im Zusammenhang mit der internationalen Unternehmensbesteuerung stellt sich die Frage, ob und wie internationale Investitionen bzw. die daraus erzielten Erträge im Sitzland der Muttergesellschaft berücksichtigt werden. Zum einen könnte wie im Rahmen der Einkommensteuer die Freistellungsmethode zur Anwendung kommen. Weder Auslandsinvestitionen noch die daraus erzielten Erträge wären dann im Sitzland der Muttergesellschaft zu berücksichtigen. Die Besteuerungssystematik kann jedoch auch auf der Sitzortbesteuerung in Kombination mit der Anrechnungsmethode beruhen. Infolge der Konsumsteuersystematik, die eine

---

[185] Für diesen Vorschlag in bezug auf die ACE vgl. IFS (1991), S. 36 und IFS (1994), S. 49; in bezug auf die CFS vgl. Bach (1993), S. 117 und Aaron/Galper (1985), S. 84.

differenzierte Behandlung marginaler und inframarginaler Kapitalrenditen beinhaltet, sind dabei zwei unterschiedliche Formen denkbar:

Einerseits besteht die Möglichkeit, diese grenzüberschreitende Investitionen nicht in die Konsumsteuersystematik einzubeziehen, sondern einkommensteuerlichen Regelungen zu unterwerfen.[186] Das Inland gewährt keine Freistellung des marginalen Kapitalertrags, sofern die Kapitaleinkommen im Ausland verdient werden (im folgenden *erweiterte Sitzortbesteuerung* aufgrund des ausgedehnten Besteuerungsanspruches). Offensichtlich stellt dies einen Verstoß gegen das Ziel einer Besteuerung des Weltkonsums der Inländer dar. Allerdings wird auf diesem Weg eine steuerliche Subventionierung von Auslandsinvestitionen vermieden. Denn die aus der Reform resultierenden Effekte infolge einer Freistellung des marginalen Kapitalertrags blieben dann auf inländische Investitionen beschränkt.[187] In Kombination mit der *Inlandslösung* (s.o.) wird eine Abschottung gegenüber dem Ausland bewirkt.

Andererseits könnte die Konsumsteuersystematik auch auf Auslandsinvestitionen bzw. die daraus erzielten Erträge angewendet werden. Das Sitzland der Muttergesellschaft verzichtet dann auf eine Besteuerung der aus ausländischen Investitionen resultierenden marginalen Kapitalrendite (*eingeschränkte Sitzortbesteuerung*).[188] Das Ziel dieser Regelung besteht in einer nichtdiskriminierenden internationalen Besteuerung. Im Sinne der Konsumsystematik ist die Harmonie zwischen vorgelagerter Entlastung (Belastung) und nachgelagerten Belastung (Entlastung) zu gewährleisten.

Im folgenden ist nun zu prüfen, ob und wie sich diese Methoden zur Vermeidung der internationalen Doppelbesteuerung im Rahmen der direkten Unternehmenskonsumsteuern umsetzen lassen. Dabei ist zwischen den einzelnen Konsumsteuerbausteinen (R-CFS, RF-CFS und ACE) und zwischen Dividenden und Zinsen zu differenzieren:

Bei der vorgelagerten Unternehmenskonsumsteuer (*ACE*) wird die Konsumsteuersystematik durch eine nachträgliche Berücksichtigung des marginalen Kapitalertrags bei der Ermittlung der Steuerbelastung von Gewinnen und Zinsen umgesetzt. Beteiligt sich ein Unternehmen im Inland an einem anderen Unternehmen, bleibt das betreffende Eigenkapital bei der Muttergesellschaft bei der Ermittlung

---

[186] Vgl. Krause-Junk (1990b), S. 500 und Abbin/Gordon/Renfroe (1985), S. 1130.

[187] Es handelt sich freilich nicht um eine Subventionierung im eigentlichen Sinne, vielmehr um einen konsumsteuersystematisch bedingten Besteuerungsverzicht des Sitzlandes.

[188] Da der marginale Kapitalertrag im Inland nicht steuerbar ist, sind auch die auf diesem Renditeanteil möglicherweise ruhenden Steuern des Auslands nicht anrechenbar (so auch Meade (1978), S. 415f.)! Insbesondere im Kollisionsfall ergeben sich daraus Komplikationen (vgl. Kapitel C.2.1.2.1).

des ACE-Abzugs außer Ansatz, Erträge sind nicht zu besteuern. Der ACE-Abzug erfolgt also bei der Tochterkapitalgesellschaft. Entsprechend wäre auch bei Auslandsinvestitionen kein ACE-Abzug im Inland zu gewähren.[189] Die Dividenden und Veräußerungsgewinne könnten dann freigestellt werden, wenn im Domizilland eine adäquate Quellenbesteuerung erfolgte.[190] Um jedoch eine durch Tarifunterschiede hervorgerufene Belastungsdifferenz zum Ausland zu neutralisieren, könnte im Sitzland der Muttergesellschaft auch eine Reingewinnbesteuerung (im Sinne der eingeschränkten Sitzortbesteuerung) erfolgen. Dann wird der gesamte Kapitalertrag um den marginalen Ertrag „bereinigt", auf die verbleibende Bemessungsgrundlage der inländische Tarif angewendet und die auf diesem Renditeteil ruhende Auslandssteuer angerechnet. Es findet also eine Zerlegung des Gewinns in einen marginalen und inframarginalen Teil statt.[191] Alternativ kann die erweiterte Sitzortbesteuerung zur Anwendung kommen. Dann wird die gesamte Rendite unter Anrechnung der darauf ruhenden Auslandssteuern im Sitzland der Muttergesellschaft besteuert. Anrechnungsüberhänge sind auch hier nicht auszugleichen.

Bei fremdfinanzierten Investitionen sieht die ACE eine Gewährung des ACE-Abzugs beim Gläubiger vor, sofern der Kredit aus Eigenkapital finanziert wurde. Entsprechend gehören die gesamten Zinserträge zum steuerpflichtigen Einkommen. Diese Systematik kann (im Sinne des eingeschränkten Sitzortbesteuerung) auch für grenzüberschreitende Kredite gelten. Das Gläubigerland besteuert letztlich nur den überhöhten Zins.[192] Zur Umsetzung der erweiterten Sitzortbesteuerung ist hingegen der ACE-Abzug beim Gläubiger zu verwehren. Aufgrund der

---

[189] Unverständlich ist daher der Vorschlag einer Konsolidierung (vgl. Gammie (1991), S. 241; IFS (1991), S. 35 und 87ff.), wonach die Auslandsinvestition zu einem ACE-Abzug im Inland führt. Zwar könnte der Steuerverzicht im Rahmen der Ertragsbesteuerung nachgeholt werden (Besteuerung des gesamten Gewinns), allerdings setzt diese eine Gewinnausschüttung bei der Kapitalgesellschaft bzw. die Umsetzung der Hinzurechnungsbesteuerung voraus. Zudem ist nicht ersichtlich, warum Auslandsinvestitionen anders behandelt werden sollen als Inlandsinvestitionen (kein ACE-Abzug).

[190] Vgl. Gammie (1991), S. 241; IFS (1991), S. 35 und 87ff. Dies entspricht auch der in bezug auf Inlandsinvestitionen zur Anwendung kommenden Einmalbesteuerung.

[191] Vgl. IFS (1991), S. 88. Allerdings ist nicht zwingend, dass für Auslandsinvestitionen der gleiche steuerfreie Zins gewährt wird wie für die Ermittlung des ACE-Abzugs bei Inlandsinvestitionen. Daraus ergibt sich nicht nur ein steuerpolitisches Instrument zur Beeinflussung des Investitionsverhaltens, sondern auch ein Problem der internationalen Koordinierung (vgl. Kapitel C.6.1.3 und C.6.4.3).

[192] Ein Problem kann daraus resultieren, dass der Kredit nicht mit periodischen Zinszahlungen verbunden ist. In diesem Fall würde das Sitzland des Gläubigers infolge des ACE-Abzugs bei Kreditgewährung eine langfristige Steuerstundung gewähren. Dies ließe sich durch Anwendung der erweiterten Sitzortbesteuerung (kein ACE-Abzug, Zinsertragsbesteuerung) vermeiden. Ferner wäre es denkbar, nur überhöhte Zinsen zu besteuern und den ACE-Abzug zu verwehren. Auch dann kommt die Reingewinnsteuersystematik zum Ausdruck (vgl. dazu auch die Ausführungen zur RF-CFS).

Zinsertragsbesteuerung kommt es dann zu einer einkommensteuerlichen Belastung der gesamten Kapitalrendite. Die Anwendung der Freistellungsmethode ist ausgeschlossen.

Im Rahmen der *RF-CFS* sind sowohl Sachverhalte der Fremdfinanzierungs- als auch der Beteiligungsebene steuersystematisch zu berücksichtigen. Die mit Beteiligungen und Kreditgeschäften verbundenen Auszahlungen mindern die Bemessungsgrundlage, Einzahlungen erhöhen sie. In bezug auf Beteiligungen wurde bereits festgestellt, dass die Kombination aus Sofortabschreibung und Desinvestitionsbesteuerung nicht für systeminterne Beteiligungen gelten kann, weil dadurch eine Erosion der steuerlichen Bemessungsgrundlage droht.[193] Die eingeschränkte Sitzortbesteuerung, die eine konsumsteuerliche Behandlung ausländischer Beteiligungen gewährleisten soll, indem Investitionen der Sofortabschreibung unterliegen und Desinvestitionen besteuert werden, könnte insofern nur dann zur Anwendung kommen, wenn die Tochtergesellschaft im Quellenland nicht der CFS unterliegt. Bei bilateraler Anwendung der CFS scheidet diese Variante also grundsätzlich aus. Denkbar wäre die Systematik jedoch bei unilateraler Anwendung der CFS.[194] Allerdings sollte eine vorgelagerte Entlastung nur dann erfolgen, wenn eine nachgelagerte Besteuerung sichergestellt ist. Aufgrund der Abschottungswirkung der Kapitalgesellschaft ist jedoch davon nicht auszugehen. Die Folge der Gewinnthesaurierung wäre eine langfristige Subventionierung von Auslandsinvestitionen durch den inländischen Fiskus.[195] Diese Subventionierung bezieht sich dabei nicht auf den Kapital*ertrag*, sondern auf den Investitions*betrag*. Um eine zeitnahe Desinvestitionsbesteuerung zu ermöglichen, wäre die Anwendung der Hinzurechnungsbesteuerung notwendig. Von dieser Option wird im folgenden jedoch abgesehen, weil damit der Selbständigkeit der Kapitalgesellschaft nicht Rechnung getragen werden kann und die Anwendung der Hinzurechnungsbesteuerung nicht (wie ansonsten üblich) auf Missbrauchstatbestände beschränkt bleibt.

Es besteht jedoch ein Ausweg: Die Systematik der eingeschränkten Sitzortbesteuerung kann umgesetzt werden, indem der marginale Kapitalertrag bei der Ertragsbesteuerung (wie im Rahmen der ACE) freigestellt wird. Indem also die Sofortabschreibung verweigert und lediglich der inframarginale Kapitalertrag[196] besteuert

193 Vgl. Kapitel B.2.1.2.1 und insbesondere Fußnote 73.

194 So auch der Vorschlag von Aaron/Galper (1985), S. 83f.; Hines (1996), S. 490f.; Zodrow/McLure (1991), S. 480f.; Meade (1978), S. 231 und Newlon (2000), S. 236.

195 Dieses Problem sieht auch Bach (1993), S. 118f., der die RF-CFS deshalb ablehnt. Dies ist insofern übertrieben, als für Auslandsinvestitionen lediglich eine andere Besteuerungssystematik zur Anwendung kommen muss (s.u.).

196 Die Höhe der marginalen bzw. steuerfreien Kapitalrendite könnte sich z.B. am Verlustvortragszins orientieren. Dies ist jedoch nicht zwingend. Wie bei der ACE besteht insofern eine Möglichkeit, das Auslandsinvestitionsverhalten durch die Variation des steuerfreien Zinses zu steuern.

wird, bleibt der marginale Kapitalertrag im Sitzland der Muttergesellschaft steuerfrei. Wenngleich dieses Vorgehen nicht systemkonform ist, so bietet es doch die Möglichkeit zur Umsetzung der Reingewinnsteuersystematik.

Einfacher lässt sich die erweiterte Sitzortbesteuerung umsetzen. Hier wird die gesamte Kapitalrendite besteuert, ohne im Zeitpunkt der Investition eine Sofortabschreibung zu gewähren. Im Gegenzug werden die auf dem gesamten Kapitalertrag ruhenden ausländischen Steuern angerechnet, wobei allerdings Anrechnungsüberhänge nicht ausgeglichen werden. Letztlich kommt die Einkommensteuersystematik zur Anwendung. Auch die Anwendung der Freistellungsmethode ist denkbar. Hierbei wird weder eine Sofortabschreibung für Auslandsinvestitionen gewährt, noch werden die aus dem Ausland zufließenden Gewinne bei der Muttergesellschaft besteuert.

Die steuerliche Behandlung von Krediten und Zinsen unterscheidet sich im Rahmen der RF-CFS von der Besteuerung der Eigenkapitalfinanzierung insofern, als es ohne Bedeutung ist, ob das andere Unternehmen der RF-CFS unterliegt oder nicht.[197] Also mindern die Kreditvergabe sowie Zins- und Tilgungszahlungen an den Gläubiger grundsätzlich die Bemessungsgrundlage, während Zins- und Tilgungsleistungen beim Gläubiger zu versteuern und beim Schuldner abzusetzen sind. Diese Systematik ließe sich im Sinne des eingeschränkten Sitzortbesteuerung auch für grenzüberschreitende Kredite anwenden. Das Gläubigerland wird die Sofortabschreibung der Kreditvergabe freilich nur dann gewähren, wenn eine zeitnahe Besteuerung der Rückflüsse (also der Zins- und Tilgungszahlungen) erfolgen kann. Dies ist allerdings nur bei Annuitätendarlehn der Fall. Ist eine Endtilgung vorgesehen, ergibt sich eine ähnliche Problematik wie bei der Besteuerung von Gewinneinkünften, im Sinne einer zeitnahen Desinvestitionsbesteuerung wäre die Sofortabschreibung zu verweigern.

Auch dann besteht kein Grund, auf die Umsetzung der eingeschränkten Sitzortbesteuerung zu verzichten. Die Freistellung des marginalen Kapitalertrags kann wie im Fall von Gewinneinkünften dadurch gewährleistet werden, dass das Gläubigerland die Sofortabschreibung im Zeitpunkt der Kreditvergabe verweigert, gleichzeitig aber auf eine Besteuerung der Tilgungs- und *normalen* Zinszahlungen verzichtet. Besteuert wird im Rahmen dieser Zinszerlegung lediglich der überhöhte Zins. Angerechnet wird auch nur die auf dem überhöhten Zins ruhende Auslandssteuer. Auf ähnliche Art und Weise lässt sich die erweiterte Sitzortbesteuerung umsetzen. Hierfür muss neben einer Verweigerung der Sofortabschreibung der gesamte Zinsertrag besteuert und die darauf ruhende Steuer des Quellenlandes angerechnet werden. Die Anwendung der Freistellungsmethode ist (an-

[197] Hier droht nicht die bei Eigenkapitalfinanzierung mögliche Erosion der Bemessungsgrundlage, vgl. dazu nochmals Fußnote 73.

ders als bei Gewinneinkommen) jedoch ausgeschlossen, weil Zinsen (wie auch bei der ACE) systematisch bedingt in die Bemessungsgrundlage der RF-CFS einfließen.

Anders als bei der RF-CFS und bei der ACE ist im Fall der Konsumbesteuerung auf Basis der *R-CFS* nicht zwischen alternativen internationalen Besteuerungsmethoden abzuwägen. Denn die Bemessungsgrundlage der R-CFS ermittelt sich ausschließlich unter Berücksichtigung realer Transaktionen. Beteiligungen an anderen Unternehmen sowie Kredittransaktionen werden hingegen weder im Rahmen der vorgelagerten Entlastung (Sofortabschreibung) noch im Rahmen der nachgelagerten Besteuerung (Desinvestitionsbesteuerung) berücksichtigt. Dies bedeutet für die internationale Besteuerungssystematik, dass grenzüberschreitende Investitionen nicht der Sofortabschreibung unterliegen und aus versteuertem Cash-Flow finanziert werden. Investitionserträge, also sowohl Gewinne als auch Zinsen, sind im Sitzland der Muttergesellschaft zwingend freigestellt.[198]

C.1.3.3.3 Besteuerung der Haushalte

C.1.3.3.3.1 Internationale Arbeitseinkommen

Wie bei der Einkommensteuer ist eine Steuer auf Arbeitseinkommen ein Kernelement der direkten konsumbasierten Haushaltssteuern. Die für die Einkommensteuer genannten Kombinationsmöglichkeiten der Quellen- und Wohnsitzbesteuerung stehen damit auch bei ICF und ITP prinzipiell zur Verfügung.

So kann ein Konsumsteuerland eine Besteuerung der an Ausländer fließenden Arbeitseinkommen durchsetzen. Dabei ist (anders als bei der nach dem Ursprungslandprinzip erhobenen Umsatzsteuer) auch eine Differenzierung möglich, um z.B. Pendler und Einkommen aus kurzfristigen Inlandsaufenthalten von der Besteuerung auszunehmen oder steuerliche Vergünstigungen (wie z.B. das Splitting oder den Abzug von Werbungskosten) nur den unbeschränkt Steuerpflichtigen zu gewähren.

Dem Wohnsitzland obliegt wie im Rahmen der Einkommensteuer die Aufgabe, eine Wohnsitzbesteuerung von Arbeitseinkommen durchzusetzen. Dies entspricht dem Ziel einer weltkonsumbasierten Inländerbesteuerung. Ausländische Steuern sind in diesem Fall anzurechnen. Die Freistellungsmethode sollte angesichts der Implikationen für die Erfassung der Leistungsfähigkeit auf Ausnahmen beschränkt bleiben.[199]

---

[198] Vgl. Zodrow/McLure (1991), S. 481; Bach (1993), S. 117. Die Möglichkeit, bei internationalen Tatbeständen von der grundlegenden Systematik der R-CFS abzuweichen und z.B. die Anrechnungsmethode wie bei der RF-CFS anzuwenden, wird hier nicht berücksichtigt.

[199] Avi-Yonah (1996b), S. 1338 befürwortet hingegen die Abzugsmethode im Rahmen der USA-

C.1.3.3.3.2 Internationale Portfoliokapitaleinkommen

Bei der ITP und der ICF wird die der Einkommensteuer inhärente „Doppelbelastung" des Kapitals durch eine ausschließlich vorgelagerte bzw. nachgelagerte Besteuerung des Kapitals bzw. der Kapitalerträge vermieden. Die Anwendung dieser Verfahren ist bei der ICF zwingend, bei der ITP möglicherweise auf qualifizierte Vermögen zu beschränken. Es stellt sich nun die Frage, ob und wie diese Konsumsteuersystematik für internationale Kapitalerträge umgesetzt werden kann.[200]

Sofern eine *ICF* zur Anwendung kommt, ist davon auszugehen, dass die Einrichtung qualifizierter Konten nur bei inländischen Geldinstituten genehmigt wird.[201] Denn Einzahlungen auf diese Konten mindern die Steuerbemessungsgrundlage des Steuerpflichtigen und damit die Steuerschuld, während Auszahlungen zu besteuern sind. Würde die Einrichtung dieser Konten im Ausland gestattet, müsste der inländische Fiskus die damit verbundenen Zahlungen kontrollieren. Dies erscheint nicht praktikabel. Darüber hinaus kann die Einrichtung qualifizierter Konten nur inländischen unbeschränkt Steuerpflichtigen ermöglicht werden. Die Anwendung gegenüber Ausländern[202] ist undenkbar, weil das Inland dem Ausländer eine Steuerrückerstattung bei Einzahlungen auf das qualifizierte Konto gewähren müsste. Dieser Rückerstattung würden aber keine Steuereinnahmen gegenüberstehen, wenn es sich um ausländische Einkommen handelt. Gleichzeitig scheidet eine Berücksichtigung der persönlichen Leistungsfähigkeit aus. Insofern ist die *Inländer*lösung zu präferieren, d.h. das System der qualifizierten Konten bleibt Inländern vorbehalten. Ausländer erzielen dann im Inland unqualifizierte Kapitaleinkommen.[203]

Bliebe die konsumbasierte Kapitalbesteuerung der inländischen Kapitalakkumulation vorbehalten, ergibt sich die Bemessungsgrundlage der ICF aus dem Welteinkommen abzgl. des Inlandssparens. Das ausländische Sparen wird quasi als „fiktiver" Konsum interpretiert und aus versteuertem Einkommen geleistet.[204]

Tax. Hall/Rabushka (1996), S. 40 fordern im Rahmen der Flat Tax generell die Freistellungsmethode. Steuersystematisch sind diese Varianten allerdings nicht gerechtfertigt.

[200] In bezug auf nicht-qualifizierte Kapitaleinkommen wurde bereits festgestellt (vgl. Kapitel B.2.1.1.3), dass diese der Einkommensteuersystematik unterliegen sollten. Insofern wäre neben der Erhebung ausschüttungsbedingter Quellensteuern durch das Quellenland die Umsetzung des Wohnsitzlandprinzips (also die Besteuerung im Wohnsitzland unter Anrechnung der Quellensteuern) zu gewährleisten (zu den administrativen Implikationen vgl. Kapitel C.6.4.1).

[201] So auch Aaron/Galper (1985), S. 97f.

[202] Dies wird von Genser (1990), S. 523 in Erwägung gezogen.

[203] Insofern stellen sich hier gar keine Probleme der gegenseitigen Anrechnung, wie sie durch Joseph (1991), S. 22ff., Stögmüller (1991), S. 34ff. und Vogel (1991), S. 572f. diskutiert werden.

[204] Vgl. Joseph (1991), S. 18ff.; Genser (1990), S. 523; Vogel (1991), S. 573; Krause-Junk (1990b), S. 500. Der Konsum ist insofern lediglich fiktiv, als in Wirklichkeit gespart wird.

Gegen eine solche Lösung sprechen zum einen administrative Gründe, weil die Allokation der Ersparnisse auf in- und ausländische Anlagen kontrolliert werden müsste. Da für nicht-qualifizierte Kapitaleinkommen die Einkommensteuersystematik zur Anwendung kommt, wird ferner systematisch gegen die internationale Kapitalallokation diskriminiert.[205] Dies ist weder unter distributiven (Besteuerung der Konsumleistungsfähigkeit) noch unter konzeptionellen (die Konsumsteuer soll anders als die Einkommensteuer eine effiziente Kapitalallokation herbeiführen) Gesichtspunkten zu rechtfertigen. Auch mit dem Kriterium der Kapitalverkehrsfreiheit wäre eine solche Systematik nicht zu vereinbaren. Insofern wird im folgenden unterstellt, dass eine *uneingeschränkte Inländerlösung* zur Anwendung kommt: Der Inländer kann also über die qualifizierten Konten das Kapital sowohl im In- als auch im Ausland investieren.[206] Die inländische Bemessungsgrundlage ergibt sich dann idealerweise aus dem Welteinkommen abzgl. des Weltsparens, also dem Weltkonsum des Inländers.

Da in diesem Fall die ausländischen (inframarginalen) Kapitaleinkommen[207] besteuert werden, gleichzeitig aber das Quellenland i.d.R. an der Quellenbesteuerung festhält, ergibt sich wie im Rahmen der Einkommensteuer der Bedarf, ausländische Steuern zur Vermeidung der Doppelbesteuerung anzurechnen.[208] Hier bestehen die aus der Einkommensteuersystematik bekannten bzw. im Zusammenhang mit der Anrechnung inländischer Quellen- und Unternehmenskonsumsteuern aufgeworfenen Probleme fort: In bezug auf die Unternehmenssteuer wäre eine Anrechnung im Sinne der Erfassung des Weltkonsums notwendig. Andernfalls kommt es zu einer doppelten Besteuerung inframarginaler Gewinne.[209] Angesichts der im Rahmen der Einkommensteuer geltenden Besteuerungspraxis ist eine Anrechnung freilich nicht zu erwarten. In bezug auf die Anrechnung der Zins- und Dividendenquellensteuern ist ihre barwertäquivalente Berücksichtigung zu gewährleisten. Erfolgt keine periodengleiche Anrechnung (z.B. weil nicht desinvestiert bzw. konsumiert wird), muss ein verzinslicher Verlustvortrag oder eine sofortige Rückerstattung erfolgen.[210]

---

[205] Vgl. Krause-Junk (1990b), S. 500; Genser (1990), S. 523.

[206] Vgl. Musgrave, P. B. (1991), S. 555; Avi-Yonah (1996b), S. 1337; Shay/Summers (1997).

[207] Infolge der Sofortabschreibung kommt es trotz der Desinvestitionsbesteuerung zu einer Freistellung der marginalen Kapitalrendite durch das Wohnsitzland.

[208] Vgl. Krause-Junk (1990b), S. 506. Der Vorschlag der Abzugsmethode (bspw. im Zusammenhang mit der USA-Tax vgl. Avi-Yonah (1995), S. 1457) ist deshalb abzulehnen.

[209] Graetz (1979), S. 1646 schlägt zurecht die Gewährung der grenzüberschreitenden Anrechnung vor. Im folgenden wird von diesem Vorschlag jedoch abstrahiert (zur Kritik vgl. Kapitel C.6.1.1).

[210] Vgl. dazu Kapitel B.3.2.1.2. Selbst wenn ein Teil der ausländischen Kapitaleinkommen konsumiert wird und daher im Inland im Sinne der Desinvestition zu besteuern ist, können Anrechnungsüberhänge auftreten, wenn der Anteil der Auslandseinkommen an den Gesamteinkommen relativ hoch und die Konsumquote relativ gering ist (vgl. Genser (1990), S. 530; Vogel (1991), S.

Ein weiteres Problem resultiert aus der Tatsache, dass Einzahlungen in qualifizierte Konten aus steuerfreien Einkommen erfolgen müssen. Nur dann wäre eine Desinvestitionsbesteuerung gerechtfertigt. Allerdings hat ein Inländer, der im Ausland verdiente Einkünfte auf sein inländisches qualifiziertes Konto einzahlen will, keine oder (infolge der Wohnsitzbesteuerung) nur residuale inländische Steuerpflichten. Gewährt der inländische Fiskus keine Berücksichtigung der ausländischen Steuern,[211] entstehen Anrechnungsüberhänge und Kapital muss aus versteuertem Einkommen akkumuliert werden. Bei einer uneingeschränkten Desinvestitionsbesteuerung kommt es dann zur doppelten Belastung des qualifizierten Kapitals. Der Inländer könnte dem zwar entgehen, indem er nicht-qualifiziertes Kapital akkumuliert. Allerdings unterliegt dieses der Einkommensteuersystematik. Daher wird indirekt gegen ausländische Faktoreinkommen diskriminiert – insbesondere gegen jene, die einer relativ hohen Quellenbesteuerung unterliegen. Angesichts dieser Problematik erscheint es notwendig, dass sich ein Konsumland zur Berücksichtigung der ausländischen Quellenbesteuerung bei der qualifizierten Kapitalakkumulation verpflichtet. Besser wäre eine Vereinbarung über eine Reduzierung der Quellenbesteuerung, da ohnehin nur dies mit dem Konzept einer weltkonsumbasierten Besteuerung zu vereinbaren ist.

Die vorgelagerte Konsumsteuer (*ITP*) kann hingegen qualifizierten Konten zur Anwendung kommen. Kapitaleinkommen sind dann generell nicht-steuerbare Einkünfte. Daraus resultieren aber Probleme, wenn nicht auf die Erhebung von Quellensteuern verzichtet wird. Zunächst stellt sich die Frage, wie die Quellenbesteuerung der an Ausländer fließenden Zinsen und Dividenden durchgesetzt wird. Denn gegenüber Inländern ist eine Erhebung von Quellensteuern nicht systematisch. Zum einen wäre es denkbar, dass die Zahlstelle zwischen In- und Ausländern differenziert und lediglich die Zahlungen an Ausländer besteuert werden, während die Inlandseinkommen der Inländer steuerfrei bleiben. Allerdings widerspricht dies dem Gebot der Nichtdiskriminierung. Wird andererseits auf Seiten der Zahlstelle nicht differenziert, ist den Inländern die inländische Quellensteuer zu erstatten. Dies erfordert nicht nur eine Deklaration der Quellensteuern, sondern auch der Kapitaleinkommen. Damit würde dem Konzept der ITP widersprochen. Die Durchsetzung der Quellensteuer bereitet bei der ITP also einige Probleme.

Aber auch im Zusammenhang mit der Vermeidung einer einkommensteuerlichen Doppelbelastung internationaler Kapitaleinkommen ergeben sich infolge einer Quellenbesteuerung Probleme. Abgesehen von der Tatsache, dass die der ITP

573f.). Vermeiden ließen sich diese Probleme nur durch einen Verzicht auf die Erhebung von Quellensteuern. Dazu müßte allerdings die Zahlstelle differenzieren, ob es sich aus Sicht des Empfängers um qualifizierte oder nicht-qualifizierte Kapitaleinkommen handelt.

[211] Dies schlägt Hines (1996), S. 487 vor. Ein solches Vorgehen ist auch plausibel, weil der inländische Fiskus Steuern erstatten müßte, die er nicht eingenommen hat.

vorgelagerte Unternehmenssteuer abgeltende Wirkung entfaltet, gilt dies prinzipiell auch im Hinblick auf die Zins- und Dividendenquellensteuern. Denn die Erfassung der Kapitaleinkommen bzw. die Anrechnung der Quellensteuern ist unsystematisch, weil Kapitaleinkommen keine steuerbaren Einkommen darstellen.[212] Selbst ein Verrechnung mit anderen Steuerschulden stößt an Grenzen, wenn der Steuerpflichtige keine anderen inländischen steuerbaren Einkünfte (also Arbeitseinkommen) hat. Die Notwendigkeit einer Erfassung von Kapitaleinkommen widerspricht ferner auch hier der ITP-Konzeption. Andererseits würde mit einer Nichtanrechnung gegen die internationale Kapitalallokation diskriminiert, sofern auf inländische Kapitaleinkommen keine Quellensteuern erhoben werden. Auch dies widerspricht der Konsumsteuerkonzeption. Erneut ergibt sich insofern der Eindruck, dass ausschüttungsbedingte Quellensteuern auf Zins- und Dividendenzahlungen äußerst problematisch sind. Deshalb sollte von vornherein auf ihre Erhebung verzichtet werden, zumal dies auch unter äquivalenztheoretischen Aspekten dem Konzept der Konsumsteuer eher entspricht. Fiskalische Interessen des Quellenlandes stehen dem freilich entgegen.

Anders wäre dies einzuschätzen, wenn die vorgelagerte Besteuerungssystematik auf qualifizierte Kapitaleinkommen beschränkt bleibt. Wie für die ICF wäre dann zu unterstellen, dass die Einrichtung qualifizierter Konten nur Inländern und nur bei inländischen Banken genehmigt wird. Denn ein Konsumsteuerland wird weder ausländische Einzahlungssteuern anrechnen (können), noch wird es Einzahlungen auf im Ausland befindliche Konten besteuern können. Ferner sind auch hier eine uneingeschränkte grenzüberschreitende Alloziierbarkeit des qualifizierten Vermögens sowie die einkommensteuerliche Behandlung nicht-qualifizierter Einkommen zu unterstellen.

Im Hinblick auf die Quellenbesteuerung von Zinsen und Dividenden ist dies insofern von Bedeutung, als Kapitaleinkommen grundsätzlich steuerbare Einkommen bleiben und nur Kapitaleinkommen aus qualifizierten Vermögen nicht steuerbar sind. Es ist deshalb nicht zwischen den an Inländer bzw. Ausländer fließenden Kapitaleinkommen zu differenzieren, sondern lediglich zwischen qualifizierten und nicht-qualifizierten Kapitaleinkommen. Dies stellt möglicherweise keinen Verstoß gegen das Gebot der Gleichbehandlung von In- und Ausländern dar. An der Notwendigkeit, die auf qualifizierten Kapitaleinkommen ruhenden Quellensteuern anrechnen zu müssen, ändert sich aber nichts. Denkbar wäre (anders als im Fall ohne qualifizierte Konten) eine Verrechnung mit der auf nicht-qualifizierte Kapitaleinkommen fälligen Einkommensteuer.

---

[212] So verwundert es, dass in den durch Kroatien abgeschlossenen DBA die Anrechnung vorgesehen war. Materiell lief diese ohnehin ins Leere. Eine Querverrechnung mit anderen Steuerschulden war ebenfalls nicht vorgesehen (vgl. Lammersen (1999), S. 139f.).

C.1.3.3.3.3 Migrationsbesteuerung

Die Migration der Haushalte wird im Rahmen der Einkommensteuer dadurch berücksichtigt, dass das Emigrationsland den Emigranten einer verschärften (beschränkten oder unbeschränkten) Besteuerung unterwirft. Ein solches Vorgehen wäre auch bei den direkten Haushaltskonsumsteuern denkbar, weil diese zumindest auf Teile des Einkommens zugreifen. Aufgrund der systematischen Verwandtschaft zur Einkommensteuer sind die Systeme der erweiterten beschränkten bzw. erweiterten unbeschränkten Steuerpflicht insofern durchaus anwendbar. Der Emigrant bleibt dann mit seinen Einkommen aus dem Emigrationsland bzw. auch mit den Einkommen aus dem Immigrationsland (unter Anrechnung der im Immigrationsland gezahlten Steuern) im Emigrationsland steuerpflichtig, wobei sich diese Systematik bei der ITP auf Arbeitseinkommen beschränken muss. Bei der ICF ermöglicht die synthetische Besteuerung von Arbeits- und inframarginalen Kapitaleinkommen eine umfassendere Migrationsbesteuerung.

Da bei den Konsumsteuern aber anders als bei der Einkommensteuer nicht die Herkunft, sondern die Verwendung der Einkommen zum Besteuerungsgegenstand gemacht wird, bezieht sich die Problematik der Migrationsbesteuerung auch auf das Vermögen des Migranten: Da ein Emigrant seinen Inländerstatus verliert, wäre das in das Ausland transferierte Kapital durch das bisherige Wohnsitzland steuerfrei zu stellen. Denn im Fall einer Besteuerung würde das Emigrationsland den Weltkonsum von Ausländern besteuern. Hingegen hat das Immigrationsland insofern einen Besteuerungsanspruch, als der Immigrant nun seinen Wohnsitz dorthin verlegt hat. Die Freistellung durch das Emigrationsland und die Besteuerung im Immigrationsland entsprechen also einem *wohnortbezogenen Ansatz*.

Wenngleich diese Sichtweise überzeugt, so erscheint sie doch aus Sicht des Emigrationslandes nicht konsensfähig. Denn fiskalische Interessen sprechen gegen einen steuerfreien Vermögenstransfer in das Ausland. Eine Alternative würde darin bestehen, dass das Emigrationsland das Vermögen belastet, während der Immigrationsstaat auf die Besteuerung verzichtet (*herkunftsbezogener Ansatz*). Der Vermögenstransfer in das Ausland würde durch das Inland quasi als „fiktiver" Konsumvorgang interpretiert. Eine Gleichstellung von Inländern und Immigranten wird dann allerdings (anders als beim wohnortbezogenen Ansatz) nicht erreicht. Sofern auch das Immigrationsland den Migranten besteuert, kommt es zur Doppelbelastung des Vermögens und einer Diskriminierung gegen international mobile (und vermögende) Haushalte.

Ein Konsumsteuerland verhält sich insofern nur dann konsequent, wenn es Emigranten ent- und Immigranten belastet, bzw. Emigranten be- und Immigranten entlastet.[213] Dem ersten Ansatz ist eindeutig der Vorzug zu geben, aber auch der

[213] Vgl. Seidl (1990), S. 439.

zweite Ansatz wäre unter der Voraussetzung eines abgestimmten Verhaltens beider Länder zu vertreten. Im folgenden ist zu überlegen, ob und wie sich beide Verfahren im Rahmen von ITP und ICF umsetzen lassen:

Im Rahmen der *ICF* wird (qualifiziertes) Kapital (wie im Rahmen der nach dem Bestimmungslandprinzip erhobenen Umsatzsteuer) steuerfrei akkumuliert. Die Umsetzung des wohnortbezogenen Ansatzes würde insofern keine zusätzlichen Maßnahmen erfordern: Das Vermögen wird steuerfrei ins Ausland transferiert,[214] das Immigrationsland kann das steuerfreie Vermögen des Immigranten im Fall der konsumtiven Verwendung sukzessive besteuern. Der herkunftsbezogene Ansatz beinhaltet hingegen eine Besteuerung durch das Emigrationsland, was einer Auflösung des qualifizierten Kontos gleichkommt.[215] Das Immigrationsland müsste in diesem Fall auf eine Besteuerung verzichten, um eine Doppelbelastung zu vermeiden. Richtet der Immigrant ein qualifiziertes Konto ein, muss das Immigrationsland eine vorgelagerte Steuerfreistellung (also die Entlastung von der Emigrationssteuer) gewährleisten. Da dies nicht den fiskalischen Interessen des Immigrationslandes entspricht, ist das importierte Vermögen als nicht-qualifiziert einzustufen, um eine doppelte Besteuerung zu vermeiden. Da aber für nicht-qualifizierte Vermögen die Einkommensteuersystematik zur Anwendung kommt, wird indirekt gegen die Migration diskriminiert.[216] Aufgrund dieser Probleme ist bei Anwendung der ICF der wohnortbezogene Ansatz zu präferieren.

Bei der *ITP* ist die Steuer auf den Konsum vorausbezahlt. Bei Anwendung des herkunftsbezogenen Ansatzes ist diese Vorbelastung aufrecht zu erhalten. Auch im Immigrationsland sind keine weiteren Maßnahmen erforderlich. Der Emigrant überträgt sein qualifiziertes Konto in das Ausland, die zukünftigen Auszahlungen und Kapitaleinkünfte sind steuerfrei. Kommt hingegen der wohnortbezogene Ansatz zur Anwendung, müsste eine Steuerrückerstattung durch das Emigrationsland erfolgen. Im Immigrationsland müsste das importierte Vermögen besteuert werden, Auszahlungen bzw. Kapitaleinkommen blieben auch in diesem Fall steuerfrei. Sowohl die Besteuerung als auch die Rückerstattung erscheinen allerdings problematisch und nicht umsetzbar. Insofern ist hier (anders als bei der ICF) der herkunftsbezogene Ansatz zu präferieren.

---

[214] Dieses Vorgehen befürworten auch Kirchhof u.a. (2001), S. 36.

[215] Vgl. Aaron/Galper (1985), S. 77 und 98; Krause-Junk (1990b), S. 498; Abbin/Gordon/Renfroe (1985), S. 1134; Genser (1990), S. 524; Seidl (1990), S. 438; Zodrow/McLure (1991), S. 460; Goode (1980), S. 66. Fraglich ist, ob und wie Progressionsspitzen vermieden werden. Denkbar ist eine pauschale Emigrationssteuer oder eine nach Vermögen gestaffelte Tarifbelastung.

[216] Würden hingegen die aus dem importierten Vermögen erzielten Einkommen nicht besteuert (ITP-Ansatz), wird zugunsten der Migranten diskriminiert. Diese Lösung wird das Immigrationsland gegenüber seinen Inländern kaum rechtfertigen können.

C.1.3.3.4 Zwischenfazit

Die internationale Systematik der direkten Konsumsteuern weist mit der Einkommensteuer einige Parallelitäten auf, weil ihre Bemessungsgrundlagen aus dem traditionellen Einkommensbegriff abgeleitet werden. Dabei wirft die indirekte Konsumbesteuerung durch direkte Konsumsteuern in der offenen Volkswirtschaft erhebliche Probleme auf. So ist im Rahmen der Unternehmens- und Kapitalbesteuerung eine Grundsatzentscheidung über den sachlichen (Inlands-/Auslandsinvestition bzw. Inlands-/Auslandssparen) bzw. persönlichen (Inländer/Ausländer) Geltungsbereich der Konsumsteuersystematik erforderlich. Da im Rahmen der Unternehmensbesteuerung die Inlandslösung zwingend ist, wird sich ein Konsumsteuerland in dieser Hinsicht den Ausländern öffnen und auf eine Besteuerung marginaler Kapitalerträge verzichten müssen. Hingegen können Auslandsinvestitionen sowohl nach einkommensteuerlichen als auch nach konsumsteuerlichen Maßstäben behandelt werden. In bezug auf die Haushaltsbesteuerung ist nur ein uneingeschränkter Inländeransatz praktikabel, d.h. der Konsumsteuersystematik unterliegt das in- und ausländische Kapitaleinkommen der Inländer. Die konsumbasierte Besteuerung internationaler Kapitaleinkommen von Inländern stößt - bedingt durch die mangelnde Anrechenbarkeit ausländischer Steuern - möglicherweise an Grenzen. Die Erfassung des Weltkonsums der Inländer ist deshalb nur bedingt möglich. Auch die Migrationsbesteuerung ist mit Problemen verbunden.[217] Dies bezieht sich (anders als bei der Umsatzsteuer) weniger auf die Regelungen zur erweiterten beschränkten oder unbeschränkten Steuerpflicht, als vielmehr auf die Vermögensbesteuerung. Die Gewährleistung der Einmalbesteuerung des Kapitals sowie die Vermeidung der Doppelbesteuerung erfordert eine internationale Abstimmung. Im Bereich der Besteuerung von Arbeitseinkommen kann im wesentlichen an einkommensteuerliche Regelungen angeknüpft werden.

C.1.4 Zusammenfassung

Die gegenwärtige internationale Systematik der Einkommensteuer stellt eine Kombination aus Quellen- und Wohnsitz- bzw. Sitzortbesteuerung dar, welche vor dem Hintergrund administrativer, fiskalischer und allokativer Normen einen Kompromiss zwischen Quellen- und Wohnsitzland darstellt. Im Rahmen der Konsumbesteuerung ist die Einbindung internationaler Sachverhalte bzw. eine Gleichbehandlung von In- und Auslandstatbeständen der Inländer im Sinne einer Erfassung des Weltkonsums bzw. einer Gleichbesteuerung von In- und Ausländern im Hinblick auf ihre Inlandstatbestände nicht in allen Fällen möglich. Gleiches gilt aber für die Besteuerung des Binnenkonsums. Internationale Besteuerungskonflikte und Inkonsistenzen sind insofern nicht zu vermeiden.

---

[217] Auch wegen dieser Probleme ist die angestrebte Konsumsteuerreform in Schweden gescheitert (vgl. Lodin (1990), S. 404).

Die Auswirkungen der Konsumbesteuerung ergeben sich freilich im Zusammenspiel mit der nationalen und internationalen Besteuerungssystematik des Auslands. Diesem Aspekt widmen sich die beiden nächsten Kapitel, in denen die Folgen einer uni- und bilateralen Anwendung der Konsumsteuern analysiert werden.

C.2 Unilaterale Anwendung der Konsumsteuer (Kollisionsfall)

Das Kapitel C.2 beschäftigt sich mit der Fragestellung, welche Auswirkungen eine unilaterale Konsumsteuer*reform* ausgehend von der bilateralen Einkommensbesteuerung im Zwei-Länder-Fall hat und welche einzelwirtschaftlichen Allokationsentscheidungen bei unilateraler Konsum*besteuerung* getroffen werden (Kapitel C.2.1). Darauf aufbauend werden in Kapitel C.2.2 Voraussetzungen, Ausgestaltung und Auswirkungen steuerpolitischer Gegenmaßnahmen des Auslandes betrachtet.

C.2.1 Neuordnung der internationalen Steuersystematik und einzelwirtschaftliche Allokationsentscheidungen

Wird unterstellt, dass das Ausland (Y-Land) zunächst am Einkommensteuersystem festhält und zudem auch keine Änderungen am System vornimmt, so ist der unilaterale Wechsel zur Konsumsteuer aus Sicht der Haushalte und Unternehmen mit folgenden systematischen Änderungen verbunden:

- Aus Sicht der Inländer (C-Land) ändert sich die Besteuerung der inländischen Tatbestände und je nach internationaler Systematik der Konsumsteuer auch die Wohnsitz- bzw. Sitzortbesteuerung der (an der Quelle im Y-Land unverändert besteuerten) ausländischen Tatbestände. In diesem Zusammenhang sind die getroffenen Aussagen zum internationalen Geltungsbereich der Konsumsteuern zu konkretisieren und im Hinblick auf ihre Anwendbarkeit gegenüber dem Einkommensteuersystem im Y-Land zu überprüfen.
- Aus Sicht der Ausländer (Y-Land) ändert sich die Quellenbesteuerung im C-Land nur dann, wenn sich die Konsumsteuersystematik auf Ausländer bezieht (Inlandslösung). Für diese Fälle ist zu prüfen, wie sich Änderungen in der Bemessungsgrundlage und im Tarif im C-Land unter Berücksichtigung der internationalen Steuersystematik des Y-Landes auf die endgültige Belastung der einzelnen Besteuerungssachverhalte auswirken.

Um den Einfluss der unilateralen Konsumsteuerreform auf die einzelwirtschaftlichen Allokationsentscheidungen in bezug auf die in Kapitel C.1.1 genannten Sachverhalte erarbeiten zu können, wird zunächst die Ausgangsbelastung bei bilateraler Einkommensteuer definiert.[218] Anschließend werden auf der Grundlage

[218] Vgl. dazu nochmals Kapitel C.1.2 sowie insbesondere Anhang C1-2.

der nationalen und internationalen Besteuerungssystematik der einzelnen Konsumsteuerbausteine die sich aus der unilateralen Reform ergebenden Belastungsverschiebungen und -unterschiede für einzelne internationale Sachverhalte abgeleitet.[219] Unter der Annahme, dass die internationalen Allokationsentscheidungen der Haushalte und Unternehmen auf eine Einkommensmaximierung bzw. Steuerlastminimierung ausgerichtet sind, lassen sich daraus die zu erwartenden Anpassungsreaktionen ableiten.[220] Von Übergangsproblemen wird dabei noch abstrahiert (vgl. dazu Kapitel C.5).

C.2.1.1 Haushalte

Haushalte sind im Hinblick auf die Wahl des Wohn-, Arbeits-, Konsum- und Kapitalanlageortes international mobil. Der Wohnort ist dabei in zweierlei Hinsicht für die Allokationsentscheidungen von Bedeutung: Erstens sind infolge einer „partiellen" Immobilität wirtschaftliche Aktivitäten an den Wohnort gebunden. Zweitens ergibt sich die Steuerbelastung möglicherweise aus den im Wohnsitzland geltenden steuerlichen Regelungen. Die Allokationsentscheidungen werden deshalb erst für den Fall des gegebenen Wohnortes für In- und Ausländer analysiert, bevor die Auswirkungen auf die Wahl des Wohnortes betrachtet werden.

C.2.1.1.1 Entscheidungen bei gegebenem Wohnort

C.2.1.1.1.1 Kapitalangebot und -allokation

Sowohl die intertemporale Einkommens- als auch die internationale Kapitalallokation wird gemäß der neoklassischen Kapitalmarkttheorie durch den Zins gesteuert.[221] Aus Sicht der Haushalte in ihrer Funktion als Kapitalanbieter ist dabei der Nettozins entscheidend. Sofern sich die Präferenz zwischen Gegenwarts- und Zukunftskonsum in einer positiven Zeitpräferenzrate widerspiegelt, ist der Haushalt nur dann zum Verzicht auf Gegenwartskonsum bzw. zum Sparen bereit, wenn das Kapital mindestens i.H.d. Zeitpräferenzrate verzinst wird. Denn nur dann kann der Haushalt in der Zukunft real mindestens genauso viel konsumieren wie in der Gegenwart. Da ferner die Grenzkosten eines Konsumverzichts mit zunehmender Sparquote steigen, bedingt ein höherer Zins auch ein höheres individuelles bzw. gesamtwirtschaftliches Kapitalangebot. Die Auswirkungen der Kapitalbesteuerung lassen sich unter diesen Annahmen wie folgt darstellen (vgl. Zeichnung 1).

---

[219] Vgl. für die Umsatzsteuer Anhang C2-1a, C2-1b und C2-1c, für die direkten Unternehmenssteuern Anhang C2-3, für die direkten Haushaltssteuern Anhang C2-7.

[220] Es wird unterstellt, dass sich die nicht-steuerlichen Rahmenbedingungen für wirtschaftliche Aktivitäten im C-Land nicht ändern. Anpassungsreaktionen werden also lediglich auf Änderungen in der Steuerbelastung zurückgeführt. Vgl. zur Bedeutung nicht-steuerlicher Standortfaktoren für einzelwirtschaftliche Allokationsentscheidungen die Prämissenkritik in Kapitel D.2.

[221] Vgl. Bach (1999), S. 114f.

Die Kapitalangebotsfunktion (S) hat einen steigenden, die Kapitalnachfrage (D) als Funktion der Kapitalgrenzproduktivität einen fallenden Verlauf. Im Ausgangspunkt ist der Gleichgewichtszins i^b_0, die Kapitalakkumulation in der Volkswirtschaft ist K_0. Wird nun das Kapitaleinkommen der *Einkommensteuer* unterworfen, dann sinkt das gesamtwirtschaftliche Kapitalangebot auf S′.

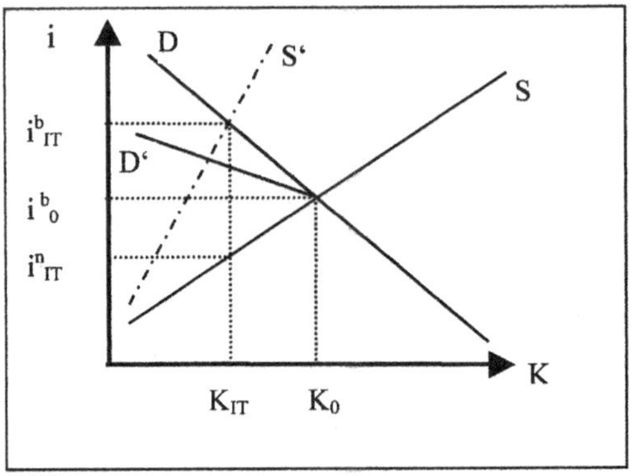

Zeichnung 1:Kapitalbesteuerung in der geschlossenen Volkswirtschaft

Denn der Nettozins sinkt unter den Bruttozins, und für jeden Zins ergibt sich im Vergleich zur Nichtbesteuerung ein geringeres Kapitalangebot. Das neue Gleichgewicht ist durch einen höheren Bruttozins (i^b_{IT}), einen geringeren Nettozins (i^n_{IT}) sowie ein geringeres Kapitalakkumulationsniveau (K_{IT}) gekennzeichnet.[222] Die Besteuerung des marginalen Kapitalertrags durch die Einkommensteuer treibt einen „Keil" zwischen den Brutto- und Nettozins bzw. die Zeitpräferenzrate.

Im Gegensatz dazu wird entsprechend der Darstellungen in Kapitel B der marginale Zins durch eine Konsumsteuer nicht belastet. Daraus lässt sich schlussfolgern, dass die Besteuerung auch keinen Einfluss auf das Kapitalangebot der Haushalte hat.[223] Die Steuerbelastung der inframarginalen Kapitalrendite schlägt sich lediglich in einer abknickenden Kapitalnachfragekurve oberhalb des marginalen Gleichgewichts-Bruttozinses nieder (D′). Der Gleichgewichtszins bleibt hier im Vergleich zur steuerfreien Welt unverändert bei i^b_0, das Kapitalakkumulationsniveau ist weiterhin K_0.[224]

[222] Vgl. Mintz (1994), S. 1470f.; Bach (1993), S. 222; Bach (1999), S. 114; Ohmer (1997), S. 140 und 145; Wenger (1989b), S. 183f.; Reding/Müller (1999), S. 353ff.; Sinn (1989), S. 160. Die Besteuerung der Kapitalnachfrage hätte den gleichen Effekt für die Kapitalakkumulation (die Nachfragekurve dreht sich nach links und schneidet die Angebotskurve im Punkt i^n_{IT}).

[223] Vgl. Wenger (1989b), S. 183; Bach (1993), S. 218ff.; Schwinger (1994), S. 41.

[224] Hier wird zunächst ein Einfluss der Besteuerung inframarginaler Renditen auf die Kapitalnach-

Aus diesem Unterschied zwischen Einkommen- und Konsumsteuer lassen sich die Effekte einer Konsumsteuerreform in einer geschlossenen Volkswirtschaft ableiten: Ausgehend von der Einkommensbesteuerung wären eine höhere Ersparnis und ein höheres Kapitalakkumulationsniveau bei geringerem Gleichgewichtszins zu erwarten.[225] Die Kapitalakkumulation steigt von K_{IT} auf K_0, der Gleichgewichtszins sinkt von i^b_{IT} auf i^b_0, der marginale Nettozins steigt von i^n_{IT} auf i^b_0.

Anderes ist im Fall einer offenen Volkswirtschaft zu erwarten:

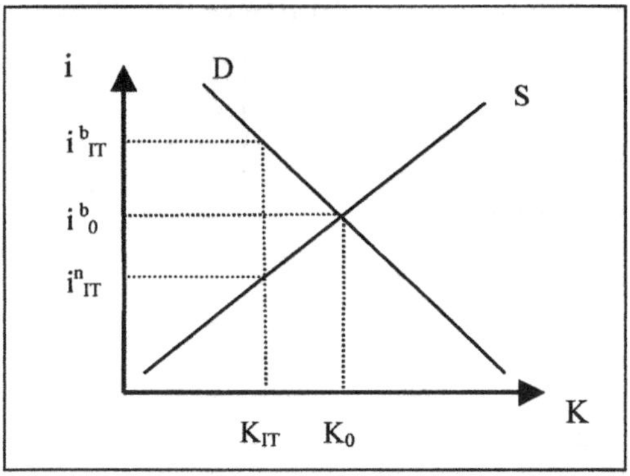

Zeichnung 2: Kapitalbesteuerung in der offenen Volkswirtschaft

Im Ausgangspunkt ist die Kapitalakkumulation (bei ausgeglichenem Kapitalsaldo) K_0 und der Gleichgewichtszins i^b_0. Eine unilaterale Besteuerung des marginalen Kapitalertrags auf Seiten der Kapitalanbieter (durch Umsetzung einer am Wohnsitzlandprinzip orientierten Einkommensteuer) führt – wie bereits dargelegt - zu einer Reduktion des Kapitalangebots von K_0 auf K_{IT}. Der Steuerkeil bewirkt eine Minderung des Nettozinses auf i^n_{IT}. Im Unterschied zur geschlossenen Volkswirtschaft wird die entstehende Angebotslücke i.H.v. K_0K_{IT} aber durch ei-

frage ausgeschlossen (vgl. dazu aber kritisch Kapitel C.2.1.2.1, insbesondere Zeichnung 6).

[225] Zu dieser populären Argumentation vgl. z.B. Metcalf (1995), S. 131; Bach (1993), S. 224f.; Seidman (1997), S. 17ff.; Engen/Gale (1996). Kritiker bezweifeln allerdings den positiven Kapitalangebotseffekt einer Konsumsteuerreform (vgl. Peffekoven (1980), S. 433f.; Krause-Junk (1999a), S. 131 (Fußnote 15)): Erstens lässt sich die Annahme einer positiven Zinselastizität des Kapitalangebots kritisieren (s.u.). Zweitens sind die Umverteilungseffekte zu beachten: Da die Reform tendenziell die Bezieher von Kapitaleinkommen begünstigt und Vermögen bei den Haushalten mit möglicherweise sogar negativen Sparquoten (alte Generation) konzentriert ist, könnte das gesamtwirtschaftliche Kapitalangebot sinken. Ferner wird für die Masse der Haushalte aufgrund der höheren Belastung von Arbeitseinkommen die Möglichkeit zur Kapitalakkumulation generell sinken. Drittens ist zu bedenken, dass bereits im Rahmen der gegenwärtigen Einkommensteuer zahlreiche Kapitaleinkommen freigestellt sind oder nicht erfaßt werden.

nen Kapitalimport in gleicher Höhe gedeckt, wenn unterstellt wird, dass das betrachtete Inland ein kleines Land und der Weltmarktzins gegeben ist. Denn für die Ausländer ist die wohnsitzbasierte Besteuerung der Inländer irrelevant, sie verdienen im Inland weiterhin den Bruttozins i^b_0. Die Kapitalakkumulation beträgt in diesem Fall weiterhin K_0.[226, 227]

Ausgehend vom Fall der bilateralen Einkommensbesteuerung lassen sich nun wie für die geschlossene Volkswirtschaft die Effekte einer unilateralen Konsumsteuerreform ableiten. Zunächst wird unterstellt, dass das Reformland kein Nettokapitalimportland ist, also sowohl vor als auch nach der Reform Kapital exportiert:

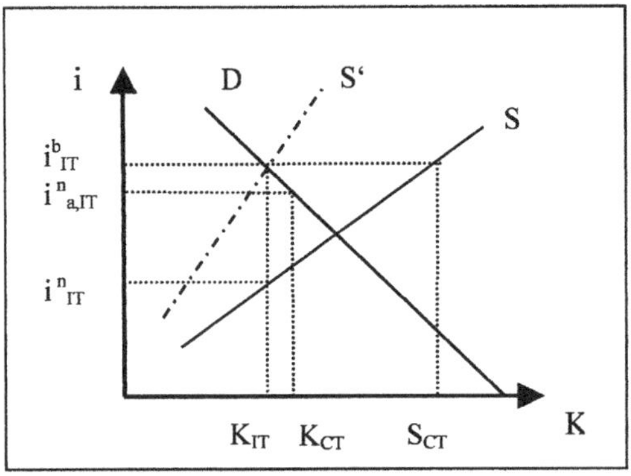

Zeichnung 3: Unilaterale Konsumsteuerreform bei Nettokapitalexport

Im Ausgangszustand der Einkommensbesteuerung beträgt die Kapitalakkumulation K_{IT}, der Bruttozins i^b_{IT} und der Nettozins i^n_{IT}. Verzichtet das Inland nun in-

226 Vgl. Mintz (1994), S. 1472f. Im Fall eines großen Landes würde die Verknappung des inländischen Kapitalangebots einen höheren Gleichgewichts-Bruttozins, eine im In- und Ausland sinkende Kapitalakkumulation sowie einen geringeren Kapitalimport implizieren.

227 Bei Anwendung des Quellenlandprinzips und unilateraler Erhebung einer Quellensteuer i.H.v. $i^n_{IT}i^b_{IT}$ können die Inländer im Ausland weiterhin den steuerfreien Bruttozins i^b_0 verdienen, so dass das Kapitalangebot nicht sinkt. Hingegen reduziert sich die Kapitalakkumulation von K_0 auf K_{IT}. Kapital wird im Umfang K_0K_{IT} exportiert (vgl. in diesem Zusammenhang die Erfahrung Deutschlands mit der kurzzeitigen Einführung einer Quellensteuer auf Kapitalerträge, Dennig (1991), insbesondere S. 447). Der inländische Bruttozins steigt auf i^b_{IT}. Die Quellenbesteuerung in einem großen Land hat zur Folge, dass in beiden Ländern der Gleichgewichtszins steigt, die Kapitalakkumulation in beiden Ländern sinkt und der Kapitalexport vom Inland an das Ausland geringer ausfällt. - Insofern ist es anders als in der geschlossenen Volkswirtschaft (vgl. Fußnote 222) nicht bedeutungslos, ob eine Kapitaleinkommensteuer an der Quelle oder beim Einkommensempfänger ansetzt. Beide Steuern haben nur dann die gleiche Wirkung, wenn sich die Länder auf eine einkommensbasierte Kapitalbesteuerung im Sinne des Wohnsitz- *oder* Quellenprinzips einigen. Denn dann steigt in beiden Fällen der Gleichgewichts-Bruttozins auf i^b_{IT}, die Kapitalakkumulation sinkt sowohl im In- als auch im Ausland.

folge der Steuerreform auf die Besteuerung des marginalen Ertrags, dann steigt das Kapitalangebot auf S_{CT}. Da im Fall des kleinen Landes der Weltbruttozinssatz gegeben ist, bedingt das inländische Mehrangebot an Kapital einen Kapitalexport i.H.v. $K_{IT}S_{CT}$.[228] Abgesehen von diesem Kapitalexport ergeben sich für das C-Land also keine Auswirkungen. Insbesondere haben die Kapitalanbieter aus dem Y-Land keinen Anreiz zu Reallokationsentscheidungen zugunsten des C-Landes. Denn der Verzicht des C-Landes auf die Besteuerung des marginalen Kapitalertrags impliziert im Rahmen des Wohnsitzlandprinzips lediglich einen Wegfall von Anrechnungsansprüchen, ohne dass der Nettokapitalertrag aus Sicht der Y-Inländer steigt. Der Fiskus im Y-Land verzeichnet zusätzliche Steuereinnahmen. Das C-Land profitiert von der Steuerreform also (anders als bei der Reform in einer geschlossenen Volkswirtschaft) vom höheren Kapitalangebot der Inländer nicht im Sinne eines Kapitalakkumulationseffektes:

Dieses Ergebnis ist allerdings in zweierlei Hinsicht zu revidieren: Erstens sind die Steuern des Y-Landes zu berücksichtigen, die den marginalen Kapitalbetrag belasten und im C-Land möglicherweise nicht anrechenbar sind. Dabei kann es sich sowohl um Gewinn- als auch um ausschüttungsbedingte Quellensteuern handeln.[229] In diesem Fall werden die C-Inländer erst dann Kapital exportieren, wenn der inländische marginale Bruttozins unter den Nettozins auf Auslandsanlagen (unter Berücksichtigung der nicht-anrechenbaren Quellenbelastung des marginalen Kapitalertrags) sinkt. Ruhen z.B. nicht-anrechenbare Steuern i.H.v. $i^b_{IT}i^n_{a,IT}$ auf ausländischen Kapitalerträgen, so steigt die Kapitalakkumulation im Inland infolge der Reform auf K_{CT}, der inländische Bruttozins sinkt auf $i^n_{a,IT}$ (Zeichnung 3). Offensichtlich kommt es zu einer Kapitalmarktspaltung, und das C-Land profitiert vom Systemwechsel in Form einer höheren Kapitalakkumulation. Der ausländische Bruttozins bleibt hingegen bei i^b_{IT}. Der Kapitalexport beträgt lediglich $K_{CT}S_{CT}$ (und nicht $K_{IT}S_{CT}$).

Zweitens ist zu bedenken, dass das Y-Land das Welteinkommensprinzip nicht lückenlos umsetzt. Ausnahmen bestehen zum einen im Hinblick auf die Verweigerung eines Ausgleichs von Anrechnungsüberhängen und die Gewährung der Steueranrechnung (Unternehmenssteuern bei der Einkommensbesteuerung von Dividenden auf Haushaltsebene). Zum anderen gilt für thesaurierte und Veräußerungsgewinne i.d.R. die Freistellungsmethode bzw. das Quellenlandprinzip. Und drittens unterliegen hinterzogene Kapitaleinkommen keiner Besteuerung im Y-Land. Die Abschaffung der Steuer auf den marginalen Kapitalertrag im C-Land

---

[228] Im Fall eines großen Landes würde der Weltbruttozins infolge des inländischen Kapitalangebotseffektes sinken, die Kapitalakkumulation sowohl im In- als auch im Ausland steigen, und der Kapitalexport würde geringer als im Fall eines kleinen Landes ausfallen.

[229] So ist die Anrechnung von Dividenden- und Zinsquellensteuern bei Anwendung der Umsatzsteuer und möglicherweise auch bei der ITP ausgeschlossen. Ferner wird eine Anrechnung der Unternehmensgewinnsteuer auf Haushaltsebene generell nicht gewährt.

würde unter Berücksichtigung dieser Fälle einen Kapitalimport der Y-Inländer in das C-Land herbeiführen. Infolge dessen sinkt der inländische Bruttozins unter den ausländischen Bruttozins, und die Kapitalakkumulation im C-Land steigt.[230]

Zum Teil andere Ergebnisse sind zu erwarten, wenn das C-Land ein Nettokapitalimportland ist und sowohl vor als auch nach der Reform Kapital importiert:

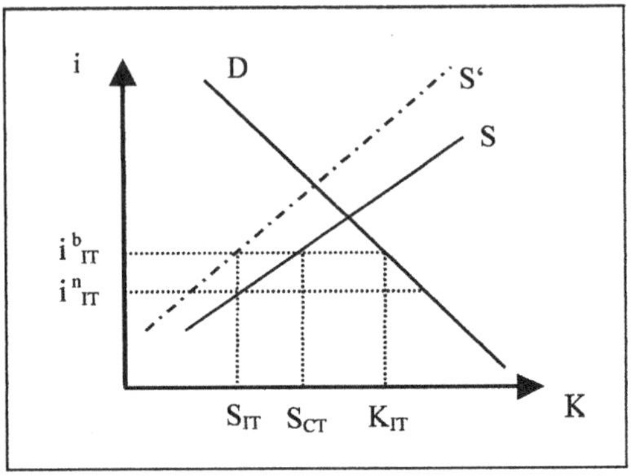

Zeichnung 4: Unilaterale Konsumsteuerreform bei Nettokapitalimport

Bei einem gegebenen Weltbruttozins i.H.v. i^b_{IT} beträgt die Kapitalakkumulation im Ausgangsgleichgewicht K_{IT}, der Kapitalimport $K_{IT}S_{IT}$. Resultiert aus der Reform ein höheres Kapitalangebot i.H.v. S_{CT}, so bleibt dies ohne Auswirkungen auf das Akkumulationsniveau. Selbst wenn das Y-Land nicht-anrechenbare Steuern auf den marginalen Kapitalertrag erhebt, ist dies für die internationale Kapitalallokationsentscheidung der C-Inländer irrelevant, weil das Kapitalangebot der Inländer vollständig durch die inländische Nachfrage absorbiert wird. Allerdings behalten die Lücken im Wohnsitzlandprinzip aus Sicht der Y-Inländer ihre Bedeutung für die Kapitalallokationsentscheidungen zugunsten des C-Landes.

Die Befürchtung, dass die unilaterale Freistellung des marginalen Kapitalertrags in Verbindung mit einem positiven Kapitalangebotseffekt in Form eines Exporteffekts „verpufft" bzw. lediglich importiertes Kapitel ersetzt und keine zusätzliche Kapitalakkumulation impliziert, ist deshalb nicht ganz unberechtigt.[231] Eine unilaterale Konsumsteuerreform erscheint letztlich genauso wenig sinnvoll wie eine unilaterale Besteuerung von Kapitaleinkommen durch Anwendung der Einkommensteuer. Festzuhalten ist aber auch, dass das C-Land in drei Fällen von der

---

[230] Vgl. Bach (1993), S. 267f. und S. 347f.; Krause-Junk (1999a), S. 131. Empirische Untersuchungen bestätigen dies: So verzeichneten die USA infolge der Steuersenkungen in 1984 massive Kapitalimporte (vgl. Avi-Yonah (1996b), S. 1345; Avi-Yonah (1995), S. 1448).

[231] So auch Krause-Junk (1990b), S. 505; Zodrow (1997), S. 68; Zodrow/McLure (1991), S. 451f.

Konsumsteuerreform im Sinne eines Kapitalakkumulationseffektes profitieren kann: Erstens bedingt die Reform in einem großen Land einen Druck auf den Weltbruttozins, wobei die Kapitalakkumulation sowohl im In- als auch im Ausland steigt. Zweitens kann das Inland Kapital attrahieren, wenn aus Sicht der Y-Inländer Lücken im Wohnsitzlandprinzip bestehen. Und drittens reduzieren nicht-anrechenbare Steuern, welche das Y-Land auf marginale Renditen erhebt, möglicherweise den Kapitalexport der C-Inländer in das Y-Land.[232]

Diese Ergebnisse wurden allerdings unter der Prämisse einer positiven Zinselastizität des Kapitalangebots abgeleitet. Diese Annahme ist aber nicht unumstritten, weil andere Motive das Angebotskalkül der Haushalte überlagern können. Resultiert das Kapitalangebot z.B. aus einem Zweck- bzw. Vorsorgemotiv, wäre eine negative Zinselastizität erklärbar. Denn ein angestrebtes Sparziel lässt sich bei höherem Nettozins schneller bzw. durch geringere Sparraten erreichen. Wird die Kapitalangebotsentscheidung andererseits durch das Motiv des Restsparens determiniert, dann ist das Kapitalangebot bei gegebenem Einkommen vollkommen zinsunelastisch. Die Kapitalangebotsfunktion hat dann einen vertikalen Verlauf.[233]

Der Gleichgewichtszins stellt sich in einer geschlossenen Volkswirtschaft dann unabhängig vom geltenden Steuersystem bei i^b ein (Zeichnung 5), die Kapitalakkumulation beträgt K_0. Die Konsumsteuerreform wäre ohne Einfluss auf das Kapitalangebot der inländischen Haushalte und somit auch ohne Einfluss auf die inländische Kapitalakkumulation. Allerdings werden in einer offenen Volkswirtschaft die internationalen Kapitalallokationsentscheidungen weiterhin vom Kalkül einer Maximierung der Nettorendite determiniert. Ist der Weltbruttozins z.B. $i^{b'}$, beträgt die Kapitalakkumulation im Inland K'. Kapital wird im Umfang K_0K' exportiert. Infolge der Konsumsteuerreform würde (wie unter der Prämisse einer positiven Zinselastizität des Kapitalangebots) die Kapitalakkumulation im Inland nur dann steigen, wenn aus Sicht der C-Inländer der ausländische Nettozins (infolge der Anrechnungsverweigerung von Steuern auf den marginalen Kapitalertrag) geringer ist als der inländische Nettozins, bzw. wenn Y-Inländer nicht lückenlos dem Wohnsitzlandprinzip unterliegen. Die Reform in einem großen Land

[232] Darüber hinaus haben Feldstein/Horioka (1980) (vgl. auch Feldstein (1994) und Baxter/Crucini (1993)) die Annahme vollkommener internationaler Kapitalmarktmobilität in empirischen Analysen widerlegt. Demnach besteht eine signifikante Korrelation zwischen der Inlandsersparnis und der Höhe der Inlandsinvestitionen. Zurückgeführt werden kann dies auf institutionelle Restriktionen, Anlagepräferenzen sowie Risikoaversität (zu Implikationen vgl. Gordon/Bovenberg (1996)). Dies würde im hier betrachteten Fall bedeuten, dass der Kapitalangebotseffekt zu einer höheren Kapitalakkumulation im C-Land führt und nicht in Form eines Kapitalexportes „verpufft".

[233] Vgl. Peffekoven (1980), S. 433f.; Bach (1999), S. 115; Hubbard (1997), S. 140, Boadway/Wildasin (1994). Die These eines zinsunelastischen Kapitalangebots der Haushalte wird unter Berücksichtigung dieser anderen Sparmotive auch durch empirische Untersuchungen belegt (vgl. z.B. Howrey/Hymans (1980); Starret (1988) und Robson (1995)).

würde allerdings keinen zusätzlichen Kapitalakkumulationseffekt bewirken. Beträgt der Weltbruttozins hingegen $i^{b''}$, dann wird Kapital im Umfang K_0K'' importiert, die Kapitalakkumulation ist in diesem Fall K''. Die Konsumsteuerreform bewirkt nur dann einen Kapitalakkumulationseffekt, wenn Y-Inländer angesichts der Lücken im Wohnsitzlandprinzip verstärkt Kapital in das C-Land alloziieren. Da das gesamte Kapitalangebot der C-Inländer durch die inländische Kapitalnachfrage absorbiert wird, ist die Erhebung von Steuern auf den marginalen Kapitalertrag im Y-Land aus Sicht der C-Inländer irrelevant.[234]

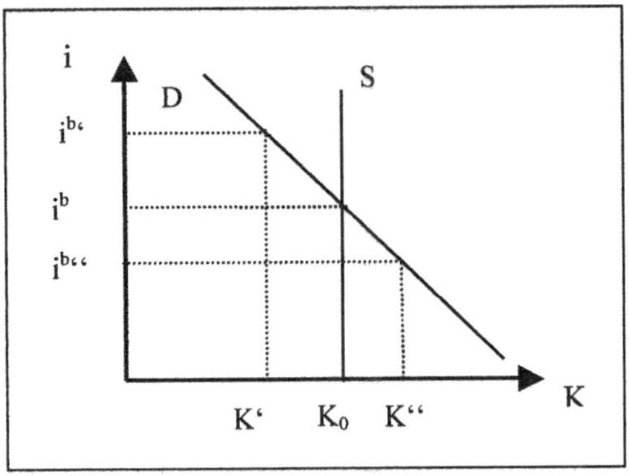

Zeichnung 5:Kapitalbesteuerung bei unelastischem Kapitalangebot

Es lässt sich zusammenfassen: Möglicherweise ist die Konsumsteuerreform infolge der Freistellung des marginalen Zinssatzes mit einem positiven Kapitalangebotseffekt auf Seiten der C-Inländer verbunden. Im Gegensatz zur geschlossenen Volkswirtschaft resultiert daraus in der offenen Volkswirtschaft aber aufgrund der internationalen Kapitalmobilität kein Kapitalakkumulationseffekt in Höhe dieses Angebotseffektes. Vielmehr geht zumindest ein Teil des höheren Kapitalangebots an das Ausland verloren. Gebremst wird dieser Kapitalexport durch eine bilaterale Zinssenkung (im Fall eines großen Reformlandes) bzw. durch nicht-anrechenbare Quellensteuern auf den marginalen Kapitalertrag im Y-Land. Kapitalimporte durch Y-Inländer sind nur bedingt zu erwarten, weil der Verzicht des C-Landes auf die Besteuerung des marginalen Kapitalertrags im Rahmen des Welteinkommensprinzips i.d.R. neutralisiert wird. Auch bei einem

[234] Wird für das Kapitalangebot eine negative Zinselastizität unterstellt (fallende Angebotsfunktion), sinkt infolge der Konsumsteuerreform das inländische Kapitalangebot aufgrund eines Anstiegs des Nettozinses. Diese Angebotslücke muss durch einen höheren Kapitalimport bzw. reduzierten Kapitalexport geschlossen werden. Die Tatsache, dass aus Sicht der C-Inländer Steuern auf den marginalen Ertrag aus Kapitalanlagen im Y-Land nicht angerechnet werden bzw. das Wohnsitzlandprinzip aus Sicht der Y-Inländer nur lückenhaft umgesetzt wird, unterstützt auch hier diese Tendenz hinsichtlich der Kapitalallokationsentscheidungen zugunsten des C-Landes. Andernfalls wird die Kapitalakkumulation im C-Land infolge der Konsumsteuerreform sinken.

zinsunelastischen Kapitalangebotsverhalten sind Akkumulationseffekte auf die mangelnden Anrechnung von Steuern auf den marginalen Kapitalertrag bzw. auf Lücken im Welteinkommensprinzip aus Sicht der Y-Inländer zurückzuführen. Insgesamt wird ein Reformland insofern nur bedingt von der steuerlichen Freistellung des marginalen Kapitalertrags profitieren.

Ein zweiter Teilaspekt der Kapitalallokation ist die Entscheidung hinsichtlich der Kapitalangebots*struktur*. Denn die Haushalte können den Unternehmen ihr Kapital sowohl in Form von Fremd- als auch in Form von Eigenkapital zur Verfügung stellen. Unter der Annahme, dass der Haushalt in einer steuerfreien Welt indifferent zwischen dem Angebot an Eigen- und Fremdkapital ist, ist die inländische bzw. auch grenzüberschreitende Kapitalangebotsstruktur angesichts des Kalküls einer Ertragsmaximierung immer dann verzerrt, wenn Zins- und Gewinneinkommen (Dividenden bzw. Veräußerungsgewinne) einer unterschiedlich hohen Steuerbelastung unterliegen.

Offensichtliche Verzerrungen weist in dieser Hinsicht die *Einkommensteuer* auf. Denn während Zinsen auf Unternehmensebene abzugsfähig sind und Zinseinkommen ausschließlich der persönlichen Einkommensteuer unterliegen, ergibt sich die Steuerbelastung der Gewinne zunächst aus der Körperschaftsteuer. Diese hat dann abgeltende Wirkung, wenn die Gewinne (unter Berücksichtigung von Spekulationsfristen) in Form von steuerfreien Veräußerungsgewinnen realisiert werden. Hingegen unterliegen Dividenden im klassischen System zusätzlich der persönlichen Einkommensteuer mit der Folge einer doppelten Belastung, während im Rahmen des Vollanrechnungssystems die Körperschaftsteuer auf die persönliche Einkommensteuer anrechenbar ist. Das Vollanrechnungssystem begünstigt insofern die Eigenkapitalfinanzierung von Investitionen, wenn der Thesaurierungssatz auf Unternehmensebene geringer ist als der persönliche Steuersatz des Anteilseigners und Veräußerungsgewinne nicht besteuert werden. Im Fall der Gewinnausschüttung wird die Kapitalangebotsstrukturentscheidung hingegen nicht verzerrt, da sowohl Zinsen als auch Dividenden mit dem persönlichen Steuersatz des Anteilseigners belastet sind. Das klassische System begünstigt jedoch Zinseinkommen, wenn sich die doppelte Besteuerung von Gewinnen aufgrund der Veräußerungsgewinnbesteuerung nicht umgehen lässt. Sind Veräußerungsgewinne hingegen freigestellt, und ist der Thesaurierungssatz auf Unternehmensebene geringer ist als der persönliche Einkommensteuersatz, wird wiederum das Eigenkapital steuerlich begünstigt. Da grenzüberschreitend i.d.R. das klassische System angewendet wird, gelten im Hinblick auf die internationale Kapitalangebotsstruktur entsprechende Überlegungen: Beteiligungen an Unternehmen mit Sitz in einem relativen Hochsteuerland (der Thesaurierungssatz übersteigt den persönlichen Einkommensteuersatz) erfolgen in Form von Fremdkapital, Investitionen in Unternehmen mit Sitz im relativen Niedrigsteuerland (insbesondere bei Steuerfreiheit der Veräußerungsgewinne) in Form von Eigenkapital.[235]

Führt das C-Land eine *Umsatzsteuer* ein, und wird diese vollständig in die Preise überwälzt (Bestimmungslandprinzip, Ursprungslandprinzip mit Wechselkurseffekt), unterliegen Kapitaleinkommen keiner direkten Steuerbelastung. Insofern wird nicht zwischen dem Eigen- und Fremdkapitalangebot diskriminiert. Ausgehend von der möglicherweise nicht verzerrungsfreien Einkommensteuer werden die inländischen Haushalte ihre inländische Kapitalangebotsstruktur entsprechend anpassen. Im Hinblick auf das grenzüberschreitende Kapitalangebot ist festzustellen, dass die Kapitaleinkommen der C-Inländer aus dem Y-Land nunmehr konsequent der Freistellungsmethode unterliegen, womit jede Besteuerung im Y-Land abgeltende Wirkung entfaltet. Da die einkommensteuerliche Quellenbelastung im Y-Land bei Eigenkapitaleinkommen (Gewinnsteuer zzgl. Dividendenquellensteuern) i.d.R. höher ist als bei Zinseinkommen (ausschließlich Quellensteuern oder Steuerfreiheit), wird zugunsten des Fremdkapitalangebots diskriminiert. Weil sich zudem die Steuerbelastung infolge der Reform zulasten der Gewinneinkommen verschiebt, werden die C-Inländer im Y-Land relativ mehr Fremdkapital als bisher anbieten. Sofern der auf ein höheres Kapitalangebot zurückzuführende Kapitalexporteffekt eintritt, wird dieser insofern überwiegend in Form von Fremdkapital erfolgen. Dies gilt auch bei einer Kombination der Umsatzsteuer mit der ITP, denn dann unterliegen Kapitaleinkommen auf Haushaltsebene keiner weiteren Besteuerung. In Kombination mit der ICF sind lediglich Quellensteuern anrechenbar, nicht jedoch die Körperschaftsteuer des Y-Landes. Eine Begünstigung des Eigenkapitalangebots ist nur dann gegeben, wenn Veräußerungsgewinne (anders als Zinsen) nicht in die Bemessungsgrundlage der ICF integriert werden und der Thesaurierungssatz im Y-Land unter dem persönlichen Tarif der ICF liegt.[236] Andernfalls sind Zinseinkommen steuerlich begünstigt.

Aus Sicht der Y-Inländer gilt formal weiterhin das Wohnsitzlandprinzip. Insofern ist der Wegfall der bisher anrechenbaren Quellensteuern auf Zinsen und Dividenden ohne Bedeutung. Der Besteuerungsverzicht des C-Landes impliziert lediglich einen Steueraufkommenstransfer zugunsten des Fiskus im Y-Land. Darüber hinaus entfällt jedoch die (bisher aufgrund des klassischen Systems nicht-anrechen-

[235] Ein auf inländische Dividenden beschränktes Vollanrechnungssystem bewirkt insofern eine Kapitalmarktspaltung hinsichtlich der Kapitalangebotsstruktur der Inländer, indem die inländische Kapitalangebotsstruktur möglicherweise nicht oder zugunsten von Eigenkapital, grenzüberschreitend zugunsten von Fremdkapital verzerrt wird (vgl. Krause-Junk (1988b), S. 275). Hinsichtlich der Eigenkapitalbereitstellung wird gegen Auslandsengagements verzerrt (vgl. Fuest/Huber (2000)).

[236] Das betont die Notwendigkeit, qualifizierte Veräußerungsgewinne im Rahmen der ICF zu besteuern. Ohnehin ist dies einfacher (vgl. aber Fußnote 108). Ferner sollten dann auch nicht-qualifizierte Veräußerungsgewinne besteuert werden.

bare) Körperschaftsteuer. Die Reform impliziert daher aus Sicht der Y-Inländer eine der Vollanrechnung entsprechende Steuerbelastung von Dividenden. Darüber hinaus können (im Fall der Freistellung) Veräußerungsgewinne vollkommen steuerfrei realisiert werden. Vor diesem Hintergrund werden die Y-Inländer ihre Kapitalangebotsstruktur in bezug auf Investitionen im C-Land entsprechend anpassen - das C-Land attrahiert mehr Eigen- und weniger Fremdkapital als bei bilateraler Einkommensbesteuerung.

Wird die *Umsatzsteuer* in die Faktorentgelte überwälzt (Ursprungslandprinzip ohne Wechselkurseffekt), bleiben marginale Kapitaleinkommen an der Quelle steuerfrei, während überhöhte Zinsen[237] und inframarginale Gewinne indirekt mit dem Tarif belastet sind. Sofern lediglich marginale Renditen verdient werden, ergeben sich keine Änderungen im Vergleich zur Überwälzung der Steuer in die Güterpreise. Die C-Inländer ändern also gegebenenfalls ihre inländische und internationale Kapitalangebotsstruktur. Werden inframarginale Renditen erwirtschaftet, so wirkt sich dies nicht auf die inländische Kapitalangebotsstruktur der Inländer aus, wenn die Umsatzsteuer abgeltende Wirkung hat. Dies ist bei alleiniger Erhebung der Umsatzsteuer bzw. bei einer Kombination mit der ITP der Fall. Bei einer Kombination mit der ICF kann sich jedoch eine Begünstigung der Eigenkapitalfinanzierung ergeben, da Gewinne thesauriert werden können und daraus zumindest eine Steuerstundung resultiert. Darüber hinaus wird das Eigenkapitalangebot begünstigt, wenn Veräußerungsgewinne auf Haushaltsebene nicht besteuert werden. Andernfalls ist wegen fehlender Anrechnungsmöglichkeit der Umsatzsteuer auf die ICF eine Doppelbesteuerung inframarginaler Renditen zwingend, der Haushalt zwischen dem Eigen- und Fremdkapital indifferent. Anpassungsreaktionen der Haushalte sind also nicht auszuschließen.

Im Hinblick auf die grenzüberschreitende Kapitalangebotsentscheidung ergeben sich aus Sicht der C-Inländer die gleichen Überlegungen wie im Fall einer Preisüberwälzung der Umsatzsteuer: Jede Quellenbelastung im Y-Land hat infolge der Freistellungsmethode abgeltende Wirkung. Aus Sicht der Y-Inländer führt die Umsetzung des Wohnsitzlandprinzips aufgrund fehlender Anrechnungsmöglichkeiten in bezug auf die Umsatzsteuer zu einer doppelten Belastung inframarginaler Gewinne und überhöhter Zinsen. Der Y-Inländer ist deshalb in seiner Kapitalstrukturentscheidung (anders als bei bilateraler Einkommensbesteuerung) indifferent. Sind jedoch Veräußerungsgewinne freigestellt, wird aus Sicht der Y-Inländer zugunsten des Eigenkapitalangebots diskriminiert. Auch dies wird reformbedingte Anpassungen auslösen.

[237] Nochmals sei darauf hingewiesen, dass sich der Anreiz zur Zahlung überhöhter Zinsen aus Gründen der Steuermanipulation ergeben kann (vgl. Fußnote 52 sowie Kapitel C.6.4.2).

Bei einer Konsumsteuerreform auf der Basis *direkter Konsumsteuern* sind wie im Rahmen der Einkommensteuer neben der Vorbelastung der Kapitaleinkommen auf Unternehmensebene die Quellensteuern auf Zinsen und Dividenden sowie die Integration von Haushalts- und Unternehmensbesteuerung zu berücksichtigen. Marginale Gewinne sowie überhöhte Zinsen bei Anwendung der RF-CFS und der ACE bleiben im C-Land an der Quelle unbelastet. Inframarginale Gewinne sowie bei der R-CFS auch überhöhte Zinsen unterliegen hingegen der Unternehmenssteuer. Sofern lediglich marginale Kapitaleinkommen verdient werden, wird steuerlich nicht zwischen Fremd- und Eigenkapital diskriminiert. Dies gilt auch unter Berücksichtigung der konsumbasierten Haushaltsbesteuerung. Je nach Ausgangssituation sind also auch hier entsprechende Anpassungsreaktionen der C-Inländer zu erwarten. Sofern inframarginale Kapitaleinkommen verdient werden, gewährleistet lediglich die R-CFS eine symmetrische Vorbelastung auf Unternehmensebene. In Kombination mit der ITP wird die Kapitalangebotsstruktur also nicht verzerrt, da Kapitaleinkommen auf Haushaltsebene nicht besteuert werden. In Kombination mit der ICF begünstigt das Vollanrechnungssystem hingegen die Eigenkapitalfinanzierung, weil überhöhte Zinsen[238] doppelt besteuert werden. Bei klassischer Dividendenbesteuerung und gleichzeitiger Besteuerung von Veräußerungsgewinnen ist der Haushalt hingegen indifferent zwischen einem Angebot an Eigen- und Fremdkapital.

Dagegen belasten RF-CFS und ACE ausschließlich inframarginale Gewinne, so dass bei einer Kombination mit der ITP die Fremdfinanzierung steuerlich eindeutig begünstigt wird.[239] Bei einer Kombination mit der ICF bestehen (beschränkt auf inframarginale Renditen) hingegen die gleichen Integrationsprobleme wie bei der Einkommensteuer: Das klassische System impliziert i.d.R. eine Begünstigung der Fremdfinanzierung, das Vollanrechnungssystem begünstigt bei relativ geringem Thesaurierungssatz das Eigenkapitalangebot. Die zu erwartenden Anpassungsreaktionen sind daher von der Ausgestaltung des Steuersystems abhängig.

Auch in bezug auf die grenzüberschreitende Kapitalangebotsstruktur sind Anpassungsreaktionen zu erwarten: Aus Sicht der C-Inländer gilt bei Anwendung der ITP wie im Fall der Umsatzbesteuerung die Freistellungsmethode, möglicherweise sind aber Quellensteuern anrechenbar. Da die Quellenbelastung von Zinsen geringer ist als die Quellenbelastung von Veräußerungsgewinnen und Dividenden, wird auch hier Fremdkapital gegenüber Eigenkapital bevorzugt. Bei der ICF werden lediglich inframarginale Kapitaleinkommen besteuert, wobei die Quellensteuer, nicht aber die Körperschaftsteuer des Y-Landes anrechenbar ist. Deshalb werden auch hier fremdfinanzierte Anlagen im Y-Land begünstigt. Ausnah-

[238] Die Anrechnung der R-CFS auf die ICF ist in diesem Fall ausgeschlossen (Anhang B-10a)

[239] In den sich daraus ergebenden Manipulationsmöglichkeiten ist ein gravierender Nachteil der ITP/ACE bzw. ITP/RF zu sehen (vgl. Kapitel C.6.4.2).

men bestehen dann, wenn der Thesaurierungssatz im Y-Land geringer ist als der persönliche Konsumsteuersatz und Veräußerungsgewinne nicht besteuert werden.

Aus Sicht der Y-Inländer sind Kapitaleinkommen aus dem C-Land unabhängig von ihrer Vorbelastung durch das Konsumsteuersystem im Y-Land steuerpflichtig. Da Quellensteuern, nicht aber Unternehmenssteuern angerechnet werden, unterliegen inframarginale Dividenden (im Fall der R-CFS auch überhöhte Zinsen) einer doppelten Belastung mit Konsum- und Einkommensteuer. Marginale Renditen (sowie überhöhte Zinsen im Fall der ACE und RF-CFS) unterliegen aufgrund einer fehlenden Konsumsteuerbelastung hingegen nur der persönlichen Einkommensteuer. Sofern also lediglich marginale Kapitaleinkommen verdient werden, ist die Kapitalangebotsstruktur (anders als im Rahmen der Einkommensteuer) steuerlich nicht verzerrt. Ausgehend von der bilateralen Einkommensbesteuerung sind deshalb Reallokationsentscheidungen nicht auszuschließen. Erwarten die Haushalte inframarginale Kapitalerträge, werden sie (abgesehen von der R-CFS) Zinseinkommen gegenüber Dividendeneinkommen präferieren. Zu berücksichtigen ist allerdings in beiden Fällen, dass Veräußerungsgewinne im Y-Land i.d.R. nicht steuerpflichtig sind. Eine Präferenz zulasten des Eigenkapitalangebots kann insofern kompensiert werden, indem die Gewinne in Form von steuerfreien Veräußerungsgewinnen realisiert werden.

Es lässt sich im Hinblick auf die Kapitalallokationsentscheidungen zusammenfassen: Ein reformbedingt höheres Kapitalangebot sowie ein dadurch verursachter Anstieg der inländischen Kapitalakkumulation sind denkbar aber keineswegs zwingend. Anpassungsreaktionen im Bereich Kapitalangebotsstruktur sind sowohl aus Sicht der C-Inländer als auch der Y-Inländer zu erwarten. Die Richtung dieser Reallokationsentscheidungen ist aber keineswegs eindeutig. Im Rahmen der Konsumbesteuerung ist entscheidend, ob es sich um steuerfreie (marginale) oder steuerpflichtige (inframarginale) Renditen handelt, und ob die Unternehmensbesteuerung abgeltende Wirkung hat oder nicht. Im Hinblick auf grenzüberschreitende Allokationsentscheidungen ist ausschlaggebend, ob das Wohnsitzprinzip umgesetzt wird oder nicht. Einige Argumente sprechen dafür, dass das Fremdkapitalangebot der C-Inländer im Y-Land ausgedehnt wird, während der Kapitaltransfer aus dem Y-Land in das C-Land vorzugsweise auf Eigenkapital basieren wird.[240]

C.2.1.1.1.2 Arbeitsangebot und -allokation

Die Auswirkungen der Steuerreform auf das Arbeitsangebot der Haushalte sind für die hier im Mittelpunkt stehenden Überlegungen zu den internationalen Allokationsentscheidungen der Haushalte von nachgeordneter Bedeutung. Deshalb

[240] So auch Krause-Junk (1999a), S. 132f.; Krause-Junk (1990b), S. 507.

soll nur ein kurzer Überblick über mögliche Implikationen des Systemwechsels auf das Arbeitsangebot gegeben werden:[241]

Grundlage für die Angebotsentscheidung ist die Aufteilung des Zeitbudgets in Arbeit und Freizeit. Da Arbeitseinkommen letztlich Konsumzwecken dient, ist die Entscheidung über das Arbeitsangebot auch eine Entscheidung über Konsum- bzw. Freizeitnutzen. Verzerrungen gegen das Arbeitsangebot der Haushalte ergeben sich, wenn eine Steuer Arbeitseinkommen und Freizeit nicht in gleichem Maße besteuert.

Allerdings ist nicht eindeutig, in welche Richtung die Arbeitseinkommensbesteuerung verzerrend wirkt. Zum einen resultiert aus der Besteuerung ein Einkommenseffekt. Dieser impliziert ein höheres Arbeitsangebot, wodurch die Haushalte den steuerbedingten Kaufkraft- bzw. Einkommensverlust zu kompensieren versuchen. Zum anderen folgt aus der Besteuerung ein Substitutionseffekt. Dieser beinhaltet ein Ausweichen auf die nicht besteuerte Freizeit, also eine Reduzierung des Arbeitsangebots. Infolge der Besteuerung kann das Arbeitsangebot also steigen oder fallen.

Ferner kann die Arbeitseinkommensbesteuerung in Verbindung mit der Kapitalbesteuerung bzw. der gesamten Steuerbelastung des Haushalts betrachtet werden. So kann unterstellt werden, dass der durch den Einkommenseffekt ausgelöste Arbeitsangebotseffekt auch durch Änderungen in der Kapitalbesteuerung determiniert wird. In diesem Fall würde eine höhere Belastung von Arbeitseinkommen bei gleichzeitiger Entlastung von Kapitaleinkommen keinen Einkommenseffekt und damit kein höheres Arbeitsangebot implizieren, da sich das Haushaltsnettoeinkommen nicht ändert.

Darüber hinaus kann in der Kapitalbesteuerung auch eine indirekte Steuer auf die Freizeit gesehen werden. Denn Freizeit ist mit einer konsumtiven Verwendung von Einkommen verbunden. Wird unterstellt, dass ein Arbeitsanbieter in der Zukunft (d.h. nach Beendigung der Lebensarbeitszeit) mehr Freizeit in Anspruch nehmen wird als in der Gegenwart, wirkt eine steuerliche Diskriminierung gegen den Zukunftskonsum (wie etwa im Rahmen der Einkommensteuer) indirekt positiv auf das Arbeitsangebot. Denn die Besteuerung beschneidet das zukünftige Konsumpotential und damit die Freizeitmöglichkeiten des Haushalts. Befürworter der Konsumsteuerkonzeption halten dem entgegen, dass gerade zwischen dem gegenwärtigen Arbeitsangebot und der gegenwärtigen Freizeit bzw. dem Gegenwartskonsum ein enges Substitutionsverhältnis besteht. Insofern sei gegen den

[241] Anders als im Bereich der Kapitalbesteuerung sind mit der Konsumsteuerreform im Hinblick auf die Arbeitseinkommensbesteuerung keine steuersystematischen Änderung verbunden. Denn in beiden Systemen erfolgt eine cash-flow-basierte Besteuerung dieser Einkunftsart.

Gegenwartskonsum zu diskriminieren, keinesfalls aber (wie bei der Einkommensteuer) gegen den Zukunftskonsum.[242]

Insgesamt ergibt sich damit kein eindeutiges Ergebnis hinsichtlich der Frage, welchen Einfluss die Besteuerung von Arbeits- und möglicherweise auch Kapitaleinkommen auf das Arbeitsangebot hat. Aus diesem Grund ist es auch schwierig, den Einfluss der Konsumsteuerreform auf das Arbeitsangebot abzuleiten:[243] Grundlegend ist anzumerken, dass sowohl die Einkommen- als auch die Konsumsteuer Arbeitseinkommen belastet. Zudem wird sich (gemäß den Darstellungen in Kapitel B.4) im Rahmen einer Konsumsteuerreform eine einkommensartbezogene Aufkommensneutralität kaum umsetzen lassen. Der mit der höheren Belastung von Arbeitseinkommen verbundene *Einkommenseffekt* wird ein höheres Arbeitsangebot der Inländer bedingen. Orientieren sich die Haushalte freilich an der Kaufkraft des gesamten Faktoreinkommens,[244] dann wird die mit der höheren Belastung der Arbeitseinkommen einhergehende äquivalente Entlastung der Kapitaleinkommen im Rahmen einer aufkommensneutral ausgestalteten Reform zumindest gesamtwirtschaftlich keinen Einkommenseffekt und damit auch keinen Arbeitsangebotseffekt auslösen. Allerdings sind vermögensklassen-spezifische Umverteilungseffekte zu berücksichtigen: Haushalte, die ihre Konsumausgaben hauptsächlich aus Arbeitseinkommen bestreiten, werden ihr Arbeitsangebot zur Erhaltung des kaufkraftbedingten Lebensstandards ausdehnen (müssen), während vermögende Haushalte aufgrund der Entlastung von Kapitaleinkommensteuer ihr Arbeitsangebot ohne reale Einkommensverluste einschränken können. Aufgrund einer ungleichmäßigen Kapitalvermögensverteilung wird ein Großteil der Haushalte durch die Steuerreform höher belastet, während ein geringerer Anteil der Haushalte steuerlich entlastet wird. Daraus ließe sich ein gesamtwirtschaftlich positiver Arbeitsangebotseffekt infolge des Einkommenseffektes selbst bei aufkommensneutraler Konsumsteuerreform ableiten.

Die isolierte Betrachtung der Arbeitseinkommensbesteuerung deutet ferner auf einen *Substitutionseffekt* hin, wonach die Haushalte auf die höhere Steuerbelastung mit einer Einschränkung des Arbeitsangebots reagieren werden. Im Kontext der Kapitalbesteuerung ist dieses Urteil möglicherweise zu revidieren. Die nunmehr fehlende Diskriminierung gegen den Zukunftskonsum kann sowohl ein höheres als auch ein geringeres gegenwärtiges bzw. Lebensarbeitsangebot implizieren (s.o.).

---

[242] Vgl. Wenger (1989b), S. 185f.; Wenger (1999), S. 58f.; Sinn (1989); Boadway/Wildasin (1994).

[243] Vgl. Peffekoven (1980), S. 440ff.; McLure/Zodrow (1996b), S. 100; Metcalf (1996), S. 99; Bach (1993), S. 282f.; Auerbach (1997), S. 145; Metcalf (1995), S. 131f.; Ohmer (1997), S. 98f.

[244] Vgl. Wenger (1999), S. 58.

Ohne diese Überlegungen weiter zu vertiefen, ist eine eindeutige Aussage hinsichtlich der Entwicklung des Arbeitsangebots infolge der Konsumsteuerreform deshalb unmöglich. Im Mittelpunkt der folgenden Überlegungen sollen die internationalen Allokationsentscheidungen stehen. Diesbezügliche reformbedingte Anpassungsreaktionen sind bei immobilem Wohnsitz nur dann auszuschließen, wenn der Arbeitsort an den Wohnort gebunden ist, wenn sich die Steuerbelastung in- und ausländischer Arbeitseinkommen nicht ändert, oder wenn sich die Steuerbelastung sowohl vor als auch nach der Reform aus dem Steuerrecht im Wohnsitzland des Arbeitsanbieters ergibt. Sofern sich die Rahmenbedingungen für die Steuerbelastung in- und ausländischer Arbeitseinkommen hingegen ändern, sind Verlagerungen des Arbeitsortes nicht auszuschließen. Inwiefern dies bei einzelnen Konsumsteuern der Fall ist, soll auf der Basis der Ausgangsbesteuerung und der mit der unilateralen Reform verbundenen Änderungen in der Besteuerung internationaler Arbeitseinkommen aus Sicht der C-Inländer und Y-Inländer analysiert werden:

Für die *Einkommensteuersystematik* gelten in bezug auf die Auswirkungen der Arbeitseinkommensbesteuerung die Aussagen zur Kapitalbesteuerung sinngemäß. Durch die Umsetzung des Wohnsitzlandprinzips wird eine faktorexportneutrale Besteuerung gewährleistet, d.h. der Haushalt ist zwischen in- und ausländischem Arbeitsangebot indifferent. Bestehen hingegen Anrechnungsüberhänge oder gilt im Fall eines bilateralen Tarifgefälles die Freistellungsmethode, wird die Entscheidung zugunsten des relativen Niedrigsteuerlandes verzerrt.

Bei einer Reform auf der Basis der *Umsatzsteuer* unterliegen die C-Inländer hinsichtlich ihrer internationalen Arbeitseinkommen zwingend der Freistellungsmethode. Entscheidend für die Arbeitsallokation sind also Tarifdifferenzen zwischen C-Land und Y-Land. Da bei der nach dem Bestimmungslandprinzip erhobenen Umsatzsteuer Arbeitseinkommen im C-Land steuerfrei bleiben, wirkt aus Sicht der C-Inländer unter der Annahme gleicher Bruttolöhne jegliche Quellenbelastung im Y-Land wie eine „Strafsteuer" auf ein Arbeitsangebot im Y-Land. Der inländische Haushalt wird infolge der Steuerreform seine Allokationsentscheidung zugunsten des C-Landes revidieren, wenn im Vorfeld der Reform ausländische Arbeitseinkommen aufgrund der Freistellungsmethode steuerlich begünstigt oder infolge einer Umsetzung des Welteinkommensprinzips den inländischen Arbeitseinkommen gleichgestellt waren. Im Gegensatz dazu profitiert der Haushalt mit Wohnsitz im Y-Land nur dann von der steuerlichen Entlastung der Arbeitseinkommen im C-Land, wenn diese im Y-Land freigestellt sind. Wurde bisher eine Quellenbesteuerung vorgenommen, sind entsprechende Reallokationsentscheidungen zugunsten des C-Landes zu erwarten. Bei Anwendung des Wohnsitzlandprinzips impliziert der Verzicht des C-Landes auf die Besteuerung der Arbeitseinkommen lediglich einen Steuertransfer zugunsten des Y-Landes. Reallokationsentscheidungen der Y-Inländer sind ausgeschlossen.

Die nach dem Ursprungslandprinzip erhobene Umsatzsteuer impliziert aus Sicht der C-Inländer eine vollständige Entlastung der inländischen Arbeitseinkommen, wenn die Steuer in die Güterpreise überwälzt wird. Arbeitseinkommen aus dem Y-Land werden infolge des mit der Reform verbundenen Wechselkurseffektes aufgewertet (vgl. Anhang C2-1a und C2-2). Fällt der Wechselkurseffekt stärker aus als die Quellenbelastung im Y-Land, impliziert das eine Begünstigung von Arbeitseinkommen aus dem Y-Land sowie entsprechende Reallokationsentscheidungen der C-Inländer zulasten des C-Landes. Im Gegensatz dazu unterliegen die an Y-Inländer fließenden Arbeitseinkommen aus dem C-Land zwar keiner direkten Besteuerung mehr. Sie werden aber infolge des reformbedingten Wechselkurseffektes abgewertet. Sofern das Y-Land die Freistellungsmethode gewährt, wird aus der Reform ein höheres (geringeres) Arbeitseinkommen resultieren, wenn der Wechselkurseffekt geringer (höher) ausfällt als die Abschaffung der direkten Quellenbelastung. Allokationsentscheidungen zugunsten (zulasten) des C-Landes sind dann zu erwarten.[245] Sofern hingegen die Wohnsitzbesteuerung anwendet wird, ist eine Doppelbesteuerung der Arbeitseinkommen aus dem C-Land nicht zu vermeiden. Denn aus der indirekten Belastung (infolge des Abwertungseffektes) lassen sich keine Anrechnungsansprüche ableiten. Reallokationsentscheidungen zulasten des C-Landes sind daher plausibel.

Bei einer Überwälzung der Umsatzsteuer in die Faktorentgelte (Ursprungslandprinzip ohne Wechselkurseffekt, vgl. Anhang C2-1b) unterliegen Arbeitseinkommen einer indirekten Quellenbelastung, weil der Bruttolohn um den Tarif der Umsatzsteuer gemindert wird. Aus Sicht der C-Inländer gilt nach wie vor die Freistellungsmethode, und aus Sicht der Y-Inländer lassen sich aus der Quellenbelastung keine Anrechnungsansprüche ableiten. Allokationsentscheidungen zulasten des C-Landes (infolge der steigenden Quellenbelastung im Rahmen der Freistellungsmethode bzw. der Doppelbelastung im Rahmen der Wohnsitzbesteuerung) sind demnach auch in diesem Fall zu erwarten. C-Inländer werden ihren Arbeitsort (angesichts der Freistellung) in das Y-Land verlagern, wenn die einkommensbasierte Quellenbelastung geringer ist als der Umsatzsteuertarif im C-Land.

Es zeigt sich also, dass die nach dem Ursprungslandprinzip erhobene Umsatzsteuer unabhängig von der Richtung der Steuerüberwälzung eine territoriale Belastung der Arbeitseinkommen im C-Land herbeiführt. Die notwendige höhere Belastung von Arbeitseinkommen impliziert in Kombination mit der mangelnden

[245] Welcher dieser Auswirkungen im Einzelfall entscheidend ist, hängt von der Qualität und der Höhe der erzielten Arbeitseinkommen ab. Einerseits sind Arbeitseinkommen im Rahmen der beschränkten Steuerpflicht oftmals freigestellt, andererseits können beschränkt Steuerpflichtige einzelne Vergünstigungen und Abzugsbeträge nicht in Anspruch nehmen. Immer wenn die einkommensteuerliche Quellenbelastung von Arbeitseinkommen geringer ist als die (für den Wechselkurseffekt ausschlaggebende) gesamtwirtschaftliche Steuerquote, resultiert aus der Reform ein geringerer realer Nettolohn.

Kompatibilität von Einkommen- und Konsumsteuer unvermeidbare Komplikationen hinsichtlich der Besteuerung internationaler Arbeitseinkommen. Im Gegensatz dazu ist eine Reform auf der Basis der *direkten Konsumsteuern* weniger problembehaftet. Denn sowohl die ITP als auch die ICF enthält eine der Einkommensteuer entsprechende Teilkomponente. Da die Methoden zur Vermeidung der Doppelbesteuerung internationaler Arbeitseinkommen und möglicherweise auch das System der Quellenbesteuerung von der Einkommensteuer übernommen werden (vgl. Kapitel C.1.3.3.3.1), ist der Einfluss der Besteuerung auf die internationale Arbeitsallokation mit dem Fall der bilateralen Einkommensbesteuerung vergleichbar. Reformbedingte Reallokationsentscheidungen sind daher auf Ausnahmen beschränkt. Dies betrifft aus Sicht der C-Inländer jene Fälle, bei denen das C-Land die Methode zur Vermeidung der Doppelbesteuerung ändert (Wechsel zwischen der Freistellungs- zur Anrechnungsmethode). Möglicherweise kann sich das C-Land zur Umsetzung des Wohnsitzlandprinzips gezwungen sehen, um nicht ausländische Arbeitseinkommen steuerlich zu begünstigen. Denn im Rahmen der Freistellungsmethode wird die reformbedingt höhere Belastung inländischer Arbeitseinkommen im C-Land Reallokationsentscheidungen zugunsten des Y-Landes auslösen. Y-Inländer werden im Fall der Freistellungsmethode angesichts der möglicherweise höheren Belastung von Arbeitseinkommen ihr Arbeitsangebot zugunsten des Y-Landes verlagern.[246] Kommt das Welteinkommensprinzip zur Anwendung, sind die Y-Inländer abgesehen von Anrechnungsüberhängen weiterhin indifferent zwischen einem in- und ausländischen Arbeitsangebot. Eine Doppelbesteuerung ist anders als bei der nach dem Ursprungslandprinzip erhobenen Umsatzsteuer ausgeschlossen.[247] Trotzdem wird deutlich, dass das C-Land im Hinblick auf die Allokation des Faktors Arbeit infolge des Systemwechsels an Standortattraktivität gegenüber dem Y-Land einbüßt. Wegen der systematischen Verwandtschaft von ITP und ICF zur Einkommensteuer sind diese Anpassungsreaktionen allerdings nicht auf die mangelnde Kompatibilität beider Steuersysteme, sondern auf Lücken im Wohnsitzlandprinzip (begründet durch die Freistellungsmethode bzw. durch Anrechnungsüberhänge) zurückzuführen.

Ein spezifisches Problem der direkten Konsumsteuern im Hinblick auf die internationale Arbeitsallokation kann sich im Zusammenhang mit den qualifizierten Konten und Vermögen ergeben: Werden die im Y-Land gezahlten Quellensteuern bei der Bildung qualifizierter Vermögen (im Sinne der vorgelagerten Belastung bei der ITP bzw. der vorgelagerten Entlastung bei der ICF) nicht den inländischen

[246] Ungeachtet der Tatsache, dass die Quellenbesteuerung der Y-Inländer unsystematisch ist (vgl. Kapitel C.1.3.3.1), wird das C-Land aus fiskalischen Gründen möglicherweise seinen Besteuerungsanspruch im Rahmen der beschränkten Steuerpflicht ausweiten.

[247] Zweifel an der Anrechenbarkeit der Lohnsteuer (vgl. etwa Avi-Yonah (1995), S. 1451 in bezug auf die ITP) sind aus systematischer Sicht (möglicherweise aber nicht aus steuerpolitischer Sicht, vgl. dazu Kapitel C.2.2.2.2.3) unbegründet.

Steuern gleichgestellt und entsprechend berücksichtigt, impliziert die Lohnquellenbesteuerung im Y-Land aus Sicht des C-Inländers eine übermäßige Belastung des Kapitals und damit eine Diskriminierung zulasten von Arbeitseinkommen aus dem Y-Land.[248]

Bei einer Kombination aus *Umsatzsteuer* und *direkter Haushaltskonsumsteuer* vermischen sich die Wirkungen beider Konsumsteuerbausteine. Basiert die Erhebung der Umsatzsteuer auf dem Ursprungslandprinzip, werden hauptsächlich inländische Arbeitseinkommen belastet. Da ein tarifär begründetes Steuerbelastungsgefälle zugunsten des Y-Landes nur im Rahmen der direkten Konsumbesteuerung ausgeglichen werden kann, sind reformbedingte Reallokationsentscheidungen der C-Inländer zugunsten des Y-Landes um so eher zu erwarten, je höher der Anteil der Umsatzsteuer an der Gesamtsteuerbelastung ist. Aus Sicht der Y-Inländer ist die Zusammensetzung der Gesamtsteuerbelastung irrelevant, sofern das Y-Land die Freistellungsmethode anwendet. Da sich jedoch aus der Umsatzsteuerbelastung keine Anrechnungsansprüche ableiten lassen, wird bei Durchsetzung der Wohnsitzbesteuerung (infolge der Doppelbesteuerung) um so stärker gegen ein Arbeitsangebot im C-Land diskriminiert, je höher der Anteil der Umsatzsteuer an der Gesamtbelastung ist.

Durch eine Kombination der direkten Steuern mit der nach dem Bestimmungslandprinzip erhobenen Umsatzsteuer ergeben sich gegensätzliche Steuerwirkungen, da die Umsatzsteuer in diesem Fall Arbeitseinkommen nicht direkt belastet. Je höher der Anteil der Umsatzsteuer ist, um so stärker sind die Allokationsentscheidungen der C-Inländer zugunsten des C-Landes ausgeprägt. Denn dann gewinnt der Charakter einer „Strafsteuer" der Lohnbesteuerung im Y-Land aus Sicht der C-Inländer an Bedeutung. Aus Sicht der Y-Inländer ist entscheidend, dass mit der Umsatzsteuer keine Quellenbelastung verbunden ist. Von der Steuerentlastung (bei relativ hoher Gewichtung der Umsatzsteuer) profitieren sie aber nur dann, wenn das Y-Land die Freistellung gewährt. Im Fall der Anrechnung ist die Zusammensetzung der Gesamtsteuerbelastung aus Sicht der Y-Inländer irrelevant, da jeglicher Steuerverzicht des C-Landes durch einen Steuertransfer zugunsten des Y-Landes neutralisiert wird.

Es lässt sich zusammenfassen: Auf die Arbeitsangebotsentscheidung der Haushalte haben sowohl die Einkommen- als auch die Konsumsteuer einen widersprüchlichen Einfluss. Insofern ist nicht eindeutig, ob das Arbeitsangebot der C-Inländer infolge des Systemwechsels zu- oder abnimmt. Deutlicher erkennbar ist der Einfluss der Reform auf die internationalen Arbeitsallokationsentscheidung der C-Inländer und Y-Inländer. Maßgeblichen Einfluss auf diese Entscheidung hat

[248] Selbst wenn Arbeitseinkommen außerhalb der qualifizierten Konten gespart werden, bleibt diese Diskriminierung bestehen. Denn die daraus verdienten Einkommen unterliegen der Einkommensteuer.

neben der Territorialität der Steuern die internationale Steuersystematik. Eindeutige Allokationsanreize zugunsten des C-Landes sind nur dann zu erwarten, wenn die Reform auf der nach dem Bestimmungslandprinzip erhobenen Umsatzsteuer basiert. In den anderen Fällen resultiert aus der Konsumsteuer eine direkte oder indirekte (und im Vergleich zur Einkommensteuer i.d.R. höhere) Belastung von Arbeitseinkommen. Dann sind Reallokationsentscheidungen zugunsten des Y-Landes nicht auszuschließen, insbesondere wenn das Wohnsitzlandprinzip nicht angewendet wird.

C.2.1.1.1.3 Konsumnachfrage und Entscheidung über den Konsum- bzw. Einkaufsort

Wie auch in bezug auf das Arbeitsangebot soll der Einfluss der Besteuerung im allgemeinen bzw. der Konsumsteuerreform im speziellen auf die Konsumnachfrage nur angerissen werden, bevor die Bedeutung eines internationalen Belastungsgefälles für die Entscheidung über den Konsum- bzw. Einkaufsort erläutert wird:

Generell schmälert jede Steuer aufgrund des mit ihrer Erhebung verbundenen Einkommenseffektes die private Konsumnachfrage. Darüber hinaus kann auch die intertemporale Einkommensverwendung für Konsumzwecke durch die Besteuerung verzerrt werden. Denn aufgrund der bestehenden Einkommensverwendungsalternativen (Sparen vs. Konsum) wird die Konsumentscheidung stets im Zusammenhang mit der Kapitalangebotsentscheidung getroffen. Da die Einkommensteuer aufgrund ihrer Diskriminierung gegen das Sparen den Gegenwartskonsum begünstigt, im Rahmen der Konsumbesteuerung diese intertemporale Verzerrung hingegen vermieden wird, und ferner der gesamtwirtschaftliche Einkommenseffekt einer aufkommensneutral ausgestalteten Konsumsteuerreform null ist, kommt zunächst nur der intertemporale Substitutionseffekt zum Tragen: Sofern die Reform mit einem positiven Kapitalangebotseffekt verbunden ist (vgl. Kapitel C.2.1.1.1.1), resultiert daraus (zumindest kurzfristig) ein negativer Konsumnachfrageeffekt. Denn das erhöhte Sparen wird erst durch einen Verzicht auf Gegenwartskonsum ermöglicht. Mittel- bis langfristig muss die Konsumnachfrage jedoch wieder steigen, da letztlich alles Einkommen irgendwann für Konsumzwecke verwendet wird.[249]

Darüber hinaus sind ungeachtet des gesamtwirtschaftlich neutralen Einkommenseffektes die interpersonellen Umverteilungseffekte zu berücksichtigen. Unter Annahme einer mit steigendem Einkommen sinkenden Konsumquote sowie einer Umverteilung zulasten der einkommens- und vermögensarmen Haushalte entsteht

[249] So auch Seidman (1997), S. 33f. Befürworter der Konsumsteuern verweisen zudem auf die positive Entwicklung der Kaufkraft und des Steueraufkommens infolge reforminduzierter Wachstumseffekte (vgl. z.B. Rose (1991c), S. 213 sowie kritisch die Prämissenkritik in Kapitel D.2).

ein zusätzlicher negativer Effekt in bezug auf die gesamtwirtschaftliche Konsumnachfrage. Dies gilt insbesondere dann, wenn die steuerlich stärker belasteten Haushalte den realen Kaufkraftverlust nicht durch ein zusätzliches Arbeitsangebot kompensieren können.

Die Konsumsteuerreform ist daher in dieser Hinsicht kritisch zu sehen. Wenngleich zwischen der Konsumnachfrage und dem Steueraufkommen nicht zwingend ein direkter Zusammenhang besteht,[250] so sind doch kurzfristige Störungen des makroökonomischen Gleichgewichts nicht auszuschließen.[251]

Was die Entscheidung über den Konsum- bzw. Einkaufsort betrifft, so ist dieser Aspekt im Rahmen der Einkommensteuer zu vernachlässigen. Denn steuerlich wird nicht nach der (örtlichen) Einkommensverwendung, sondern höchstens nach dem Ort der Einkommensentstehung differenziert. Der Haushalt ist insofern indifferent zwischen der in- und ausländischen Verwendung des Einkommens für Konsumzwecke. Gleiches gilt bei einer Konsumbesteuerung auf Basis der *direkten Konsumsteuern.* Denn diese diskriminieren aufgrund ihres territorialen Charakters wie die Einkommensteuer allenfalls (bei Verzicht auf die Umsetzung des Weltkonsumprinzips) zwischen in- und ausländischen Faktoreinkommen, nicht jedoch örtlich nach der Einkommensverwendung. Wird die Konsumsteuer annahmegemäß in die Faktorentgelte überwälzt, ist eine reformbedingte Verlagerung des Konsum- bzw. Einkaufsortes weder durch C-Inländer noch durch Y-Inländer zu erwarten.

Entsprechendes gilt bei einer nach dem Ursprungslandprinzip erhobenen *Umsatzsteuer* sowie bei ihrer Kombination mit einer direkten Haushaltskonsumsteuer. Denn die Umsatzsteuer mindert die Kaufkraft der im C-Land erzielten Arbeits- und inframarginalen Kapitaleinkommen, unabhängig davon, wo der Faktoranbieter seinen Wohnsitz hat und wo die Einkommen für Konsumzwecke verwendet werden. Je nach Wechselkurssystem äußert sich die Umsatzbesteuerung in reduzierten Bruttoentgelten oder in einer nominalen Abwertung der inländischen Faktoreinkommen. Für die Haushalte ergeben sich daraus lediglich die bereits dargestellten Anreize zur Verlagerung des Faktoreinsatzortes. Im Hinblick auf die Kon-

[250] Nur bei den Steuern, die den Periodenkonsum zur Bemessungsgrundlage haben bzw. periodengleiches Sparen und Investieren steuerfrei stellen – also die Umsatzsteuer bei Vorüberwälzung in die Preise, die ICF und die CFS – resultiert aus der geringeren Konsumnachfrage bzw. dem Anstieg der Kapitalakkumulation ein geringeres Steueraufkommen. Hingegen ist das Steueraufkommen bei den vorgelagerten Steuern (ITP und ACE) bzw. bei der in die Faktorentgelte überwälzten Umsatzsteuer (Erhebung nach dem Ursprungslandprinzip ohne Wechselkurseffekt) unabhängig von Änderungen im Konsumverhalten. Bemessungsgrundlage ist hier der Lebenskonsum, Steueraufkommen wird aus der Belastung von Arbeits- und inframarginalen Kapitaleinkommen einer Steuerperiode bezogen.

[251] Hinzu kommen die hier ausgeklammerten Übergangsprobleme. Der Systemwechsel kann Steueraufkommenseffekte und einzelwirtschaftliche Einkommenseffekte auslösen (vgl. Kapitel C.5).

sum- bzw. Einkaufsortentscheidung bleiben die Haushalte weiterhin indifferent (vgl. Anhang C2-1c).

Andere Auswirkungen sind bei unilateraler Anwendung der nach dem *Bestimmungslandprinzip* erhobenen Umsatzsteuer zu erwarten. Aufgrund der direkten Anknüpfung an den Verbrauch wird gegen die inländische Einkommensverwendung diskriminiert. Im Fall des reinen Bestimmungslandprinzips (d.h. seiner Umsetzung für gewerbliche und nicht-gewerbliche grenzüberschreitende Umsätze) werden sowohl In- als auch Ausländer im Hinblick auf ihren Inlands*konsum* besteuert. Durch das Mischprinzip (d.h. eine auf nicht-gewerbliche Umsätze beschränkte Anwendung des Ursprungslandprinzips) werden die Haushalte im Hinblick auf ihre Inlands*einkäufe* im C-Land besteuert. Da im Y-Land (annahmegemäß) keine entsprechende Umsatzbesteuerung erfolgt, fällt der zwischenstaatliche Steuerbelastungsvergleich zwingend zulasten des C-Landes aus. Ausgehend von der bilateralen Einkommensteuer sind (sowohl bei alleiniger Anwendung der Umsatzsteuer als auch bei Kombinationen mit direkten Haushaltskonsumsteuern) reformbedingte Verlagerungen des Konsum- bzw. Einkaufsortes zugunsten des Y-Landes zu erwarten.[252] Der Verlagerung des Konsumortes sind aufgrund der engen Bindung an den Wohnort freilich engere Grenzen gesetzt als der Verlagerung des Einkaufsortes. Die Y-Inländer können der Besteuerung im C-Land daher leichter ausweichen als die C-Inländer.

C.2.1.1.2 Entscheidung über den Wohnort

Es konnte gezeigt werden, dass sich je nach internationaler Steuersystemkonstellation sachverhaltsbezogene Belastungsunterschiede ergeben, die aus Sicht der Haushalte die Entscheidung hinsichtlich des Kapitalanlage-, Arbeits- und Konsumortes determinieren. Einer derartigen Ausnutzung diesbezüglicher Belastungsunterschiede sind allerdings Grenzen gesetzt: Erstens besteht möglicherweise eine enge örtliche Bindung zwischen Wohnort einerseits und dem Ort des Faktorangebots (insbesondere hinsichtlich Arbeit) und der Einkommensverwendung (Konsum und Einkauf) andererseits. Zweitens wird im Rahmen einer an den Wohnort anknüpfenden Steuerpflicht ein zugunsten des anderen Landes bestehendes Steuerbelastungsgefälle neutralisiert. Um unter diesen Gegebenheiten vom bilateralen Steuerbelastungsgefälle profitieren zu können, muss der Haushalt seinen Wohnort verlagern. Im folgenden ist zu analysieren, woraus im einzelnen bei bilateraler Einkommens- bzw. unilateraler Konsumbesteuerung die Anreize zur Wohnortverlagerung resultieren. Zu berücksichtigen sind in diesem Zusammenhang auch die Migrationssteuern.[253]

---

[252] Vgl. Krause-Junk (1990a), S. 256ff.; Krause-Junk (1999a), S. 133; Avi-Yonah (1996b), S. 1343.

[253] Nichtsteuerliche Einflussfaktoren werden auch hier vernachlässigt. Dies können neben dem

Bei der *Einkommensteuer* richtet sich die Belastung von Faktoreinkommen aufgrund des territorialen Charakters dieser Steuer zunächst nach dem Ort der Einkommensquelle. Nur im Fall der Freistellungsmethode ist diese Quellenbelastung abgeltend. Bei Anwendung des Wohnsitzlandprinzips wird ein zugunsten des Quellenlandes bestehendes Belastungsgefälle jedoch neutralisiert. Der Anreiz zur Wohnortverlagerung kann hier also sowohl aus der engen Bindung des Faktoreinsatzortes an den Wohnort (insbesondere in bezug auf das Arbeitsangebot) als auch aus der Wohnsitzbesteuerung resultieren. Darin ist ein entscheidender Nachteil der umfassenden Inländerbesteuerung zu sehen. Ein relatives Hochsteuerland kann die Emigrationsanreize durch die erweiterte beschränkte Steuerpflicht zum Teil kompensieren. Da sich der verschärfte steuerliche Zugriff aber auf die Einkommen im Emigrationsland beschränkt, ist diese Strategie nur dann wirksam, wenn die Verlagerung des Wohnortes nicht mit einer Verlagerung des Faktoreinsatzortes verbunden ist. Denn im Hinblick auf die außerhalb des Emigrationslandes verdienten Einkommen bleibt die erweiterte beschränkte Steuerpflicht wirkungslos. Wirksamer ist insofern eine Anbindung der Steuerpflicht an die Staatsbürgerschaft (im Sinne der erweiterten unbeschränkten Steuerpflicht). Der aus einem Belastungsgefälle zugunsten des Immigrationslandes resultierende Migrationsanreiz wird dann vollständig neutralisiert.

Die nach dem Bestimmungsland- bzw. Mischprinzip erhobene *Umsatzsteuer* belastet den Binnenkonsum bzw. inländische Einkäufe, ohne Rücksicht auf den Herkunftsort der Einkommen bzw. des Einkommensbeziehers. Migrationsanreize erwachsen insofern allein aus der Tatsache, dass eine Verlagerung des Konsum- und Einkaufsortes in das Y-Land aufgrund einer engen örtlichen Bindung zum Wohnort nicht oder nur eingeschränkt möglich ist. Ein potentieller Emigrant im C-Land muss allerdings berücksichtigen, dass bei einer Wohnortverlagerung in das Y-Land sein Welteinkommen der Einkommensteuer unterliegt. Da letztlich die reale Kaufkraft für die Wohnortwahl entscheidend ist, wird der Migrationsanreiz durch die haushaltsspezifischen Einkommens- und Vermögensverhältnisse sowie die Einkommensverwendungspräferenzen determiniert: Während einkommensarme Haushalte im Y-Land steuerlich nicht oder nur geringfügig belastet werden, sinkt die auf das Einkommen bezogene Steuerbelastung im C-Land unter der Annahme einer mit steigendem Einkommen sinkenden Konsumquote mit wachsenden Einkommen bzw. Vermögen. Das C-Land attrahiert also vermögens- und einkommensreiche, das Y-Land hingegen vermögens- und einkommensarme Haushalte sowie Haushalte mit hohen Konsumquoten bzw. negativen Sparquoten.[254] Mit einer Steuer auf das akkumulierte Vermögen kann das C-Land derar-

eigentlichen Wohnortnutzen auch sonstige an den Wohnort gebundene Leistungen sein, wie etwa das Niveau der bereitgestellten öffentlichen Güter und Sozialleistungen. Es wird unterstellt, dass die Reform diese Einflussfaktoren nicht tangiert. Vgl. aber die Prämissenkritik in Kapitel D.2.

[254] Daraus lassen sich auch Schlussfolgerungen über die Struktur der Migranten ableiten: Das C-

tige Migrationsanreize lediglich aus Sicht der vermögenden Haushalte neutralisieren. Dem Y-Land bieten sich durch Anwendung der erweiterten beschränkten (oder sogar unbeschränkten) Steuerpflicht wirksamere Mittel zur Unterbindung dieser Migrationsbewegungen.

Die nach dem Ursprungslandprinzip erhobene Umsatzsteuer belastet als territoriale Steuer die inländischen Arbeits- und inframarginale Kapitaleinkommen entweder direkt (Überwälzung in die Faktorentgelte) oder indirekt (Abwertung bzw. höhere Güterpreise). Da auch hier gegenüber ausländischen Einkommen konsequent die Freistellungsmethode zur Anwendung kommt, erwächst ein Migrationsanreiz für die C-Inländer (unter der Annahme vollkommener Kapitalmobilität) allein aus der Tatsache, dass der Arbeitseinsatzort nicht vom Wohnort trennbar ist und die i.d.R. günstigere Belastung von Arbeitseinkommen im Y-Land nicht ausgenutzt werden kann. Emigrationsanreize zugunsten des Y-Landes ergeben sich insbesondere für jene Haushalte, die hauptsächlich Arbeits- und kaum Kapitaleinkommen verdienen. Denn anders als bei der Einkommensteuer werden im Rahmen der Umsatzsteuer weder das Existenzminimum noch die persönlichen Leistungsfähigkeit steuerlich berücksichtigt. Da eine vermögensbasierte Emigrationsbesteuerung aus Sicht dieser Haushalte nahezu ohne Bedeutung (und ohnehin nicht gerechtfertigt) ist, können die bestehende Migrationsanreize nicht neutralisiert werden. - Haushalte mit hohen Kapitalvermögen bzw. Kapitaleinkommen profitieren hingegen von der unilateralen Freistellung marginaler Renditen im C-Land. Da dieser Besteuerungsverzicht des C-Landes im Rahmen der Einkommensbesteuerung im Y-Land neutralisiert wird, erwächst daraus ein Migrationsanreiz zugunsten des C-Landes. Dem kann das Y-Land im Rahmen der erweiterten beschränkten Steuerpflicht wirksam begegnen. Die erweiterte unbeschränkte Steuerpflicht impliziert wegen fehlender Anrechenbarkeit der Umsatzsteuer eine doppelte Belastung der Arbeits- und inframarginalen Kapitaleinkommen und somit eine Diskriminierung gegen die Wohnortverlagerung in das C-Land.

Bei den *direkten Konsumsteuern* ist wiederum die systematische Verwandtschaft mit der Einkommensteuer erkennbar. So erfolgt bei der ITP eine Steuerbelastung von inländischen und idealerweise auch internationalen Arbeitseinkommen. Wie im Rahmen der Einkommensteuer erwächst der Migrationsanreiz also zum einen aus der Tatsache, dass der Arbeitsort an den Wohnort gebunden ist, bzw. dass ein internationales Belastungsgefälle durch die Wohnsitzbesteuerung neutralisiert wird. Zum anderen ist die haushaltsspezifische Steuerbelastung von der Einkommensstruktur abhängig. Denn im C-Land unterliegen Arbeitseinkommen einer höheren (wenn auch im Unterschied zur Umsatzsteuer personifizierbaren) Steuerbelastung als Kapitaleinkommen, während im Y-Land eine synthetische Steuer-

---

Land attrahiert insbesondere hochqualifizierte und junge Menschen (hohe Sparquote und noch geringes Vermögen), das Y-Land geringqualifizierte und alte Menschen (hohe Konsumquote).

belastung beider Einkommensarten erfolgt. Wiederum attrahiert das C-Land insbesondere vermögensreiche Haushalte, bei denen Arbeitseinkommen einen relativ geringen Anteil am Gesamteinkommen ausmachen. Durch die erweiterte beschränkte und unbeschränkte Steuerpflicht kann das Y-Land auch hier die Migrationsanreize neutralisieren. Einkommens- und vermögensarme Haushalte werden hingegen das Y-Land als Wohnort präferieren. Die Möglichkeit einer erweiterten beschränkten bzw. unbeschränkten Besteuerung von Arbeitseinkommen kann aus Sicht des C-Landes dazu dienen, die Migrationsanreize zugunsten des Y-Landes (zumindest teilweise) zu kompensieren.

Die ICF unterscheidet sich von der ITP insofern, als auch inframarginale Kapitaleinkommen einer persönlichen Besteuerung unterliegen. Die daraus resultierende weltkonsumbasierte Besteuerung der Inländer entfaltet eine ähnlich diskriminierende Wirkung auf die Wohnortwahl wie die Einkommensteuer.[255] Allerdings ist auch die Einkommensstruktur für die Wohnortentscheidung von Bedeutung, da lediglich Arbeits- und inframarginale Kapitaleinkommen einer höheren Steuerbelastung unterliegen als im Y-Land, während marginale Kapitaleinkommen steuerfrei sind.[256] Das C-Land kann Migrationsanreize durch die erweiterte beschränkte/unbeschränkte Steuerpflicht bzw. die Besteuerung des qualifizierten Vermögens neutralisieren.

Es lässt sich festhalten, dass im Kollisionsfall sachverhaltsbezogene Belastungsunterschiede Migrationsanreize induzieren. Anders als bei bilateraler Einkommensbesteuerung werden diese Belastungsunterschiede nicht nur durch tarifäre, sondern auch durch systematische Unterschiede zwischen der Besteuerung im C-Land bzw. Y-Land hervorgerufen. Von Bedeutung ist neben der Einkommens- und Vermögensstruktur das Konsumverhalten. Weil insbesondere der Konsum- bzw. Arbeitsort an den Wohnort gebunden ist, kann sich die reformbedingt höhere Besteuerung von Konsum und Arbeitseinkommen aus Sicht des C-Landes als nachteilig erweisen. Die vermögensbasierten Migrationssteuern erweisen sich aus Sicht des C-Landes i.d.R. als bedeutungslos, weil Migrationsanreize zugunsten des Y-Landes vor allem für vermögensarme Haushalte bestehen. Das Y-Land kann Migrationsanreize für einkommens- und vermögensreiche Haushalte hingegen wirkungsvoll neutralisieren.

---

[255] Zudem ist zu berücksichtigen, dass nicht-qualifizierte Kapitaleinkommen sowohl bei der ITP als auch bei der ICF der Einkommensbesteuerung unterliegen. In bezug auf diese Einkommen ergeben sich die aus der Einkommensteuer bekannten Probleme einer welteinkommensbasierten Besteuerung.

[256] Da ferner der Periodenkonsum die Steuerbemessungsgrundlage bildet und die marginale Steuerbelastung im Rahmen des progressiven Steuertarifs von der Höhe des Periodenkonsums abhängig ist, ist in Zeiten hoher positiver (negativer) Sparquoten eine Wohnsitzverlagerung in das C-Land (Y-Land) steuerlich rational.

C.2.1.2 Unternehmen

Die unternehmerischen Allokationsentscheidungen werden vom Ziel der Marktwertmaximierung determiniert. Dieser Marktwert ergibt sich aus den abdiskontierten Nettoauszahlungen an die Anteilseigner (d.h. Haushalte). Da Steuern das Nettoauszahlungspotential und damit den Marktwert eines Unternehmens mindern, erfolgen die unternehmerischen Entscheidungen im Hinblick auf Standortwahl, Finanzierung, Gewinnzurechnung und Gewinnverwendung u.a. vor dem Hintergrund der Steuerlastminimierung.[257] Unter diesem Gesichtspunkt sind im folgenden die Auswirkungen einer unilateralen Konsumsteuerreform zu analysieren.

C.2.1.2.1 Standortwahl

Gemäß der neoklassischen Kapitaltheorie wird das Investitionsverhalten der Unternehmen - ebenso wie das Kapitalangebot der Haushalte - durch den Zinssatz gesteuert.[258] Die Kapitalnachfrage der Unternehmen ergibt sich aus der Kapitalgrenzproduktivität, welche annahmegemäß mit zunehmendem Kapitaleinsatz sinkt. Im Gleichgewicht entspricht der Kapitalbruttogrenzertrag dem Bruttozins, der aus Sicht der Kapitalnachfrager die Kapitalkosten widerspiegelt. Die marginale Investition erbringt dann gerade den Ertrag, den die Haushalte in ihrer Funktion als Kapitalanbieter für einen zwischenzeitlichen Konsumverzicht fordern.[259]

In einer geschlossenen Volkswirtschaft wird das optimale Investitionsniveau daher durch das Kapitalangebot der inländischen Haushalte und die Grenzproduktivität des Kapitals determiniert. Daher kann auf die Ausführungen zur Kapitalangebotsentscheidung der Haushalte verwiesen werden: Sofern das Kapitalangebot der Haushalte infolge der Konsumsteuerreform steigt, bzw. für jeden Zins ein höheres Kapitalangebot für Investitionen zur Verfügung steht, sinken die Kapitalkosten. Unter der Annahme einer gegebenen Grenzproduktivität bzw. Kapitalnachfrage ist das neue Gleichgewicht durch ein höheres Investitionsvolumen gekennzeichnet. Dies entspricht einem Anstieg der Kapitalakkumulation von K_{IT} auf K_{CT} und einem Absinken des Bruttozinses von i^b_{IT} auf i^b_{CT} (Zeichnung 6).

Es stellt sich allerdings die Frage, welche Bedeutung die Besteuerung inframarginaler Kapitalrenditen für die Kapitalnachfrage der Unternehmen hat. Denn gerade die inframarginalen Gewinne bzw. entsprechende Renditeaussichten sind eine

[257] Vgl. Ohmer (1997), S. 78. Unbestritten ist, dass sämtliche unternehmerischen Entscheidungen auch durch nicht-steuerliche Einflussfaktoren determiniert werden (vgl. dazu kritisch die Prämissenkritik in Kapitel D.2).

[258] Vgl. Bach (1999), S. 114f.; Bach (1993), S. 218ff.; Hines (1996), S. 465f.; Ohmer (1997), S. 139ff.

[259] Vgl. dazu nochmals Kapitel C.2.1.1.1.1.

Triebfeder unternehmerischer Aktivität. Die Besteuerung inframarginaler Gewinne ist insofern geradezu wachstumsfeindlich, sofern die Steuer von den Kapitalanbietern zu tragen ist und nicht (wie möglicherweise bei der Umsatzbesteuerung) auf die Konsumenten überwälzt werden kann. Impliziert die Konsumsteuerreform aus diesem Grund ein Absinken der Kapitalnachfrage (Verschiebung der Nachfragekurve von D nach D') und fällt dieser Effekt stärker aus als der reformbedingte Kapitalangebotseffekt infolge einer unilateralen Freistellung der marginalen Rendite (Verschiebung der Angebotskurve von S' auf S), dann sinkt im Endeffekt die gesamtwirtschaftliche Kapitalakkumulation (von K_{IT} auf $K_{CT'}$). Unter diesem Gesichtspunkt würde sich das Reformland schlechter stellen als bei Erhebung einer Einkommensteuer.

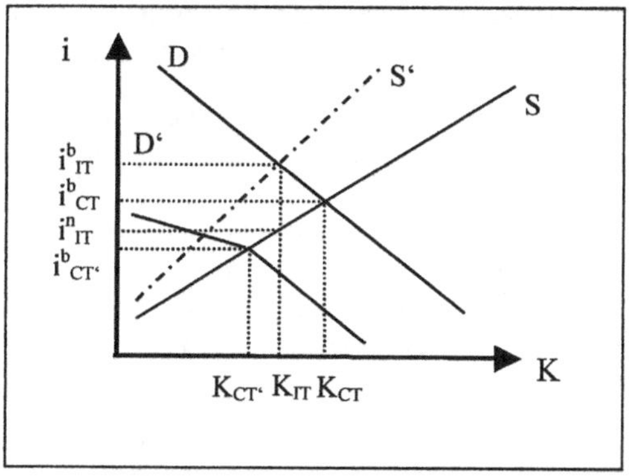

Zeichnung 6:Besteuerung inframarginaler Gewinne und Kapitalakkumulationsniveau

Allerdings lässt sich die Vermutung eines aus der Reingewinnbesteuerung resultierenden Rückgangs der Kapitalnachfrage durch zwei Argumente zumindest teilweise entkräften: Erstens kann eine Konsumsteuerreform im Sinne einer steuersystematischen Bereinigung auch die allgemeinen Investitionsbedingungen verbessern. Eine Minimierung der „compliance costs" käme einer höheren Kapitalgrenzproduktivität gleich.[260] Zweitens kann die steuerbedingte Nachfrageelastizität allein diejenigen Reingewinne betreffen, die aus Sicht der Kapitalnachfrager eine Funktion (als Investitionsanreiz oder Risikoausgleich) erfüllen. Funktionslose[261] Reingewinne (z.B. bei einem natürlichen und geographisch gebundenen Monopol) werden sich hingegen ohne Auswirkungen auf die Kapitalnachfrage besteuern lassen. Die Auswirkungen der Reingewinnsteuer auf das Investitionsverhalten werden also durch die Qualität der Reingewinne bestimmt.

[260] Zur Transparenz und Praktikabilität des Steuersystems vgl. durchaus kritisch Kapitel C.6.4.

[261] Vgl. Cansier (1987), S. 36.

Diese Problematik soll hier nicht weiter diskutiert werden.[262] Im folgenden sollen für den Fall einer Besteuerung funktionsloser Reingewinne die Zusammenhänge in der offenen Volkswirtschaft analysiert werden. Dafür sind die Ursachen eines bilateralen Belastungsgefälles sowie dessen Bedeutung für die Standortentscheidung mobiler Unternehmen zu erarbeiten.[263] Zu differenzieren ist zwischen Einzelunternehmen und Direktinvestitionen sowie hinsichtlich Qualität und Höhe erzielter Renditen:

Für den Fall eines *Einzelunternehmens* wird angenommen, dass die Investition durch eine Eigenkapitalaufnahme im Domizilland finanziert wird und insofern die internationale Besteuerungssystematik aus Sicht des Unternehmens und der Anteilseigner (Haushalte) ohne Bedeutung ist. Handelt es sich ferner um eine Investition mit marginalen Kapitalerträgen, ist die Höhe der marginalen Kapitalkosten (also der Bruttozinsen) an den alternativen Standorten zu vergleichen:

Die *Einkommensteuer* belastet die marginale Rendite und erhöht damit die Kapitalkosten. Die Bruttozinsen bzw. Kapitalkosten können sich bei bilateraler Anwendung der Einkommensteuer im In- und Ausland dann voneinander unterscheiden, wenn das Welteinkommensprinzip nicht lückenlos umgesetzt ist. Im Land mit den niedrigeren marginalen Kapitalkosten (d.h. den niedrigeren Steuersätzen)[264] sind dann Investitionen durchführbar, die im anderen Land nicht mehr rentabel wären. Insofern wird die Standortentscheidung zugunsten des relativen Niedrigsteuerlandes verzerrt.

Die *unilaterale Konsumsteuerreform* impliziert nun eine unilaterale Freistellung der marginalen Kapitalkosten im C-Land. Ein Absinken des Bruttozinsniveaus ist jedoch nur dann zu erwarten, wenn eine Umsetzung des Wohnsitzlandprinzips aus Sicht des C-Landes (wegen fehlender Anrechnung der auf der marginalen Rendite ruhenden Steuer) bzw. aus Sicht des Y-Landes (wegen mangelnder Erfassung der Einkommen aus dem C-Land) scheitert.[265] In diesen Fällen ist die Reform mit einem Anstieg des Investitionsvolumens verbunden, und es entsteht ein Standortvorteil gegenüber dem Y-Land.[266] Denn im C-Land sind aufgrund der relativ ge-

[262] Für die Beurteilung dieses Problems vgl. Kapitel C.6.1.2. Ob in einer Wirtschaft mehr funktionslose oder nicht-funktionslose Reingewinne verdient werden, ist eine empirische Frage.

[263] Die Bedeutung der Steuerbelastung für die Standortentscheidung wird durch empirische Befunde bestätigt (vgl. z.B. Schreiber (1998), S. 32f.).

[264] Ferner führt die klassische Besteuerung zu einer höheren Belastung von Kapitaleinkommen als das Vollanrechnungssystem. Unterschiedliche Integrationssysteme implizieren insofern weitere Differenzen hinsichtlich der Kapitalkosten.

[265] Vgl. Kapitel C.2.1.1.1.1, insbesondere Zeichnung 3.

[266] Vgl. McLure (1996), S. 513. Gleiches gilt auch dann, wenn inframarginale Gewinne verdient werden, und eine Umsatzsteuer erhoben wird, die vollständig in die Güterpreise überwälzt wird.

ringeren (und nicht besteuerten) marginalen Kapitalkosten selbst solche Investitionen rentabel, die im Y-Land nicht die dort erforderlichen marginalen Kapitalkosten verdienen und deshalb einen negativen Kapitalwert implizieren würden.

Allerdings werden im C-Land bei Anwendung der direkten Konsumsteuern sowie der in die Faktorentgelte überwälzten Umsatzsteuer inframarginale Kapitalrenditen belastet. Handelt es sich dabei um ortsgebundene Reingewinne, d.h. solche, die nur im C-Land (z.B. wegen spezifischer Infrastruktur, immobiler Humankapitalressourcen, monopolistischer Märkte oder Rohstoffreserven) zu verdienen sind, können diese ohne Einfluss auf die Standortentscheidung eines international mobilen Unternehmens nahezu beliebig besteuert werden.[267] Solange dem Anteilseigner ein Teil des Reingewinns verbleibt (was eine kombinierte Belastung auf Unternehmens- und Haushaltsebene unter 100% voraussetzt), besteht ein Standortvorteil gegenüber dem Y-Land. Denn ein Verzicht auf die Investition im C-Land würde einem Verzicht auf die Realisierung des Reingewinns gleichkommen.[268] Das Y-Land kann im Gegensatz dazu inframarginale ortsgebundene Renditen nicht beliebig besteuern. Denn aufgrund der Einkommensteuersystematik, die eine Besteuerung auch der marginalen Renditen impliziert, führt die Anhebung des Steuertarifs zu höheren marginalen Kapitalkosten. Die Nettorendite einer Investition kann dann unter die steuerfreie marginale Rendite im C-Land sinken. Ein Verzicht auf die Realisierung der ortsgebundenen inframarginalen Rendite im Y-Land zugunsten einer marginalen Investition im C-Land kann dann aus Sicht eines Unternehmens durchaus rational sein.[269] Insofern bietet die Konsumsteuersystematik auch bei dieser Konstellation Vorteile gegenüber der Einkommensteuer, das C-Land attrahiert Investitionen zulasten des Y-Landes.

Anders stellt sich der Sachverhalt im Fall nicht-ortsgebundener Reingewinne dar. Die Erzielung dieser Reingewinne ist sowohl im C-Land als auch im Y-Land möglich, da sie nicht auf standortspezifische Gegebenheiten zurückzuführen sind.[270] Welchen Einfluss Tarif- und Steuersystemunterschiede auf die Standortwahl haben, wird dann maßgeblich dadurch bestimmt, ob sich die Standortentscheidung an der marginalen oder durchschnittlichen Steuerbelastung orientiert:

---

[267] Vgl. Cansier (1987), S. 36.

[268] Die Investition im C-Land (Inland) impliziert dann eine höhere Rendite als die Investition im Y-Land (Ausland), wenn $i_i+\tau(r^*-i_i) > (1-t)i_a$ ist. Diese Bedingung ist für $i_i=i_a$ und $r^* > i_i$ erfüllt.

[269] Der Vergleich der Nettorenditen lautet in diesem Fall $i_i > r^*(1-t)$ bzw. $t > 1-i_i/r^*$. Je geringer die Übergewinnquote (Anteil des Reingewinns an der Gesamtrendite) ist, um so wahrscheinlicher ist es, dass bei gegebenem Einkommensteuersatz die Nettorendite im Y-Land unter die steuerfreie marginale Rendite im C-Land sinkt.

[270] Nicht-ortsgebundene Reingewinne basieren insbesondere auf Marktunvollkommenheiten, wie z.B. Marktführerschaft und wirtschaftspolitisch bewirkte (nicht aber technisch bedingte oder natürliche monopolistische Märkte (vgl. oben Fußnote 20).

Die Bedeutung der marginalen Steuerbelastung (Höhe des Steuertarifs) ergibt sich aus der Tatsache, dass darin die Belastung – weiterhin wird eine Überwälzung auf die Kapitalanbieter unterstellt - der letzten verdienten Geldeinheit zum Ausdruck kommt. Daher ist dem Tarif zumindest eine psychologische Bedeutung beizumessen.[271] Ein hoher Tarif wirkt für Investoren selbst dann abschreckend, wenn er sich auf eine relativ enge Bemessungsgrundlage bezieht und letztlich zu einer geringeren durchschnittlichen Steuerbelastung führt als die Kombination aus einer breiten Bemessungsgrundlage und einem geringen Steuertarif. Gerade im Rahmen der unilateralen Konsum- bzw. Reingewinnbesteuerung ist dieser Aspekt zu berücksichtigen, weil der Besteuerung im Y-Land und C-Land unterschiedliche Bemessungsgrundlagen zugrunde liegen. Aufgrund der Verengung der Bemessungsgrundlage wird es dem C-Land im Kollisionsfall angesichts der Notwendigkeit einer aufkommensneutralen Reformgestaltung schwer fallen, einen niedrigeren Steuersatz als das Y-Land anzuwenden.[272] Denn die Freistellung der marginalen Kapitalrendite wird durch eine höhere Belastung der inframarginalen Rendite „erkauft". Die Reform impliziert dann einen Standortnachteil für das C-Land. Investitionen mit der Aussicht auf nicht-ortsgebundene inframarginale Renditen werden im Y-Land durchgeführt.

Es erscheint aber auch plausibel, dass sich die Standortentscheidung an der durchschnittlichen Steuerbelastung des Gewinns bzw. der gesamten Kapitalrendite orientiert. Denn letztlich ist der Nettogewinn bzw. die Eigenkapitalrendite Zielgröße der Marktwertmaximierung und des unternehmerischen Handelns. Ferner ist zu berücksichtigen, dass infolge einer Unteilbarkeit von Investitionsprojekten das optimale Investitionsvolumen verfehlt wird, die letzte Investition keine Grenzinvestition darstellt und damit die marginale Gewinnbelastung irrelevant ist.[273] Dient nun die durchschnittliche Steuerbelastung als Vergleichsmaßstab für die Standortattraktivität, ist zunächst festzustellen, dass im Rahmen der Einkommensbesteuerung die marginale und durchschnittliche Gewinnsteuerbelastung jeweils dem Steuertarif entspricht. Denn es wird steuerlich nicht zwischen marginalen und inframarginalen Renditen differenziert. Hingegen ist die durchschnittliche Steuerbelastung im Rahmen der Konsumbesteuerung aufgrund der differenzierten Behandlung von marginalen und inframarginalen Gewinnen vom Steuertarif, von der Gesamtkapitalrendite und von der Höhe des steuerfreien marginalen Zinssatzes abhängig (vgl. auch Anhang C2-4):

---

[271] Vgl. für eine ähnliche, nicht auf Konsumsteuern bezogene Argumentation Isaac (1997), S. 306 und Wissenschaftlicher Beirat beim Bundesministerium der Finanzen (1999), S. 12.

[272] Ausgeschlossen ist dies freilich nicht. Denn ein relatives Niedrigsteuerland kann möglicherweise trotz der Anhebung des Tarifs ein Tarifgefälle zulasten des Y-Landes aufrecht erhalten.

[273] Vgl. Krause-Junk (1999a), S. 135.

Die gesamtwirtschaftlich aufkommensneutrale Ausgestaltung der Steuerreform erfordert eine Anhebung des Steuersatzes von [t] auf [τ = tr/(r-i)].[274] Der Belastungsvergleich aus Sicht des Unternehmens ergibt sich angesichts der unternehmensspezifischen Kapitalproduktivität [r*] gemäß [tr* = τ(r*-i)] bzw. [t = τ(r*-i)/r*].[275] Unter Berücksichtigung des aufkommensneutralen Konsumsteuersatzes lässt sich diese Bedingung zu [tr* = (r*-i)tr/(r-i)], bzw. [r* = (r*-i)r/(r-i)] und [r = r*] umformen. Dies wiederum bedeutet: Ist die unternehmensspezifische Kapitalrendite [r*] geringer (höher) als die gesamtwirtschaftliche Kapitalgrenzproduktivität [r], sinkt (steigt) die unternehmensspezifische durchschnittliche Steuerbelastung im Zuge der Reform!

Auf dieser Grundlage lässt sich nun die Durchschnittsbelastung der Gewinne international vergleichen: Bei bilateraler Einkommensbesteuerung ergibt sich der Belastungsvergleich aus Sicht des Unternehmens gemäß [$t^a = t^i$], bei unilateraler Reingewinnbesteuerung hingegen gemäß [$t^a = \tau^i$(r*-i)/r*]. Unter Berücksichtigung des aufkommensneutralen Konsumsteuersatzes [$\tau^i = t^i$r/(r-i) lässt sich daraus die neue Bedingung [$t^a = t^i$r(r*-i)/[r*(r-i)] ableiten. Diese lässt sich wiederum umformen zu [t^a/t^i = r(r*-i)/(r*(r-i))]. Drei Fälle sind zu unterscheiden:

- Für [r = r*] muss [$t^a = t^i$] gelten: Für ein Unternehmen, dessen spezifische Rendite der gesamtwirtschaftlichen Grenzproduktivität des Kapitals (die in die Berechnung des aufkommensneutralen Steuersatzes einfließt) entspricht, ist die Reform ohne Einfluss auf die Standortwahl. Denn die durchschnittliche Konsumsteuerbelastung entspricht der durchschnittlichen Einkommensteuerbelastung. Das bei bilateraler Einkommensbesteuerung relative Niedrigsteuerland behält diesen Status auch nach der Steuerreform.
- Für [r* < r] muss [$t^a < t^i$] gelten: Ein Unternehmen, welches eine unterdurchschnittliche Kapitalgrenzproduktivität aufweist, wird durch die Konsumsteuerreform steuerlich entlastet. Diese Tatsache wird eine Standortentscheidung zugunsten des C-Landes bewirken. Ein relativer Standortvorteil des Y-Landes bei bilateraler Einkommensbesteuerung (aufgrund eines geringeren Steuertarifs) kann sich infolge der Reform in einen relativen Nachteil umkehren. Dies ist allerdings nicht zwingend und hängt von der Konstellation der Steuertarife im Y-Land bzw. C-Land ab.

---

[274] Denn bei einer sektoral aufkommensneutralen Reform (konstantes Steueraufkommen auf Unternehmensebene, vgl. Anhang B-16b) gilt die Bedingung [τ(r-i) = tr]. Diese Annahme ist freilich nicht zwingend. Im Fall einer einkommensartbezogenen Neutralität (gleiches Steueraufkommen aus der Belastung von Kapitaleinkommen) wird die Gesamtsteuerbelastung der Unternehmen möglicherweise noch stärker steigen müssen und eine zusätzliche Anhebung des Steuertarifs erfordern. Aber auch eine Entlastung der Kapitaleinkommen zulasten der Arbeitseinkommensbesteuerung ist denkbar.

[275] Berücksichtigt wird hier lediglich die Unternehmensbesteuerung. Unter Berücksichtigung der Haushaltsbesteuerung sind die Ergebnisse dem Integrationssystem und dem Haushaltssteuertarif entsprechend zusätzlich zu modifizieren (s.u.).

- Umgekehrt gilt für [r* > r] die Bedingung [$t^a > t^i$]: Erzielt ein Unternehmen eine überdurchschnittliche Grenzproduktivität, dann steigt die durchschnittliche Steuerbelastung im Vergleich zur Einkommensbesteuerung. Das Y-Land weist für dieses Unternehmen möglicherweise selbst dann einen Standortvorteil auf, wenn der Einkommensteuertarif den Konsumsteuertarif im C-Land übersteigt. Ein Standortnachteil des Y-Landes im bilateralen Einkommensteuerfall kann sich infolge der Konsumsteuerreform in einen Standortvorteil umkehren.

Diese Ergebnisse basieren allerdings auf einer isolierten Betrachtung der Unternehmensbesteuerung. Die ergänzende Besteuerung der Haushalte in ihrer Funktion als Anteilseigner impliziert eine zusätzliche Steuerbelastung, wenn Kapitaleinkommen (wie bei der Einkommensteuer) bzw. Reingewinne (bei der ICF) mit einem höheren Tarif belastet bzw. Unternehmenssteuern (im Rahmen des klassischen Systems) nicht angerechnet werden. Die beim angestellten Vergleich berücksichtigten Steuertarife sind dann entsprechend zu modifizieren. Die Tatsache, dass ein Konsumsteuerland nicht-ortsgebundene inframarginale Gewinne nicht beliebig belasten kann, betont die Bedeutung des Vollanrechnungssystems bei Kombinationen mit der ICF.[276]

Es lässt sich im Hinblick auf die Standortwahl eines Einzelunternehmens festhalten, dass das C-Land Standortvorteile für jene Unternehmen bietet, die lediglich marginale Renditen erwirtschaften. Ferner können ortsgebundene Reingewinne (anders als im Y-Land) theoretisch beliebig hoch besteuert werden. Ein Standortnachteil des C-Landes ist dann gegeben, wenn nicht-ortsgebundene Reingewinne erwartet werden, diese einer höheren Belastung unterliegen als Kapitaleinkommen im Y-Land und die Steuer von den Kapitalanbietern getragen wird. Dies gilt i.d.R. unabhängig davon, ob sich die Standortentscheidung an der marginalen oder durchschnittlichen Steuerbelastung der Rendite orientiert. Das C-Land attrahiert die „statischen Wirte", d.h. also jene Unternehmen, die aufgrund der Steuerfreiheit der marginalen Kapitalrendite im C-Land überhaupt keine oder weniger Steuern zahlen als im Rahmen der Einkommensbesteuerung bzw. als im Y-Land. Dynamische Unternehmen mit hohen Übergewinnquoten finden im Y-Land hingegen die besseren steuerlichen Rahmenbedingungen. Diese Tatsache wird die nach Umsetzung des Systemwechsels zu treffenden Standortentscheidungen bei Unternehmensneugründungen beeinflussen.[277] Nur die in die Güterpreise überwälzte Umsatzsteuer stellt in dieser Hinsicht eine Ausnahme dar.

---

[276] vgl. nochmals Fußnote 108. Lediglich bei Kombinationen mit der ITP und bei einer Konsumbesteuerung auf Basis der Umsatzsteuer hat die Unternehmensbesteuerung abgeltende Wirkung. Bei den Kombinationen mit der ICF hat die Unternehmenssteuer hingegen keinen Abgeltungscharakter, da inframarginale Renditen auf Haushaltsebene besteuert werden.

[277] Auf das Problem der Standort*verlagerung* soll hier nicht eingegangen werden. Die in diesem

Im folgenden soll nun der Einfluss der Besteuerung bzw. Steuerreform auf die Standortentscheidung in bezug auf *Direktinvestitionen* analysiert werden. Bei diesen wird angenommen, dass die Investition durch Kapital aus dem Sitzland der Muttergesellschaft finanziert wird. Insofern ist neben der internationalen Besteuerungssystematik für Gewinneinkommen im Unternehmenssektor auch die steuerliche Behandlung der Gewinne auf der Ebene der Haushalte zu berücksichtigen.[278]

Für den Fall der *bilateralen Einkommensbesteuerung* ist – äquivalent zur Besteuerung der Faktoreinkommen auf Haushaltsebene (vgl. Kapitel C.2.1.1.1.1) – festzustellen, dass die Umsetzung des Welteinkommensprinzips die Standortentscheidung in bezug auf Direktinvestitionen nicht verzerrt. Erforderlich ist also eine Besteuerung der ausländischen Gewinne bei der Muttergesellschaft unter Anrechnung der ausländischen Gewinn- und Quellensteuern. Erreicht wird dies durch die Sitzortbesteuerung in Kombination mit der indirekten Körperschaftsteueranrechnung. Demgegenüber diskriminiert die Freistellungsmethode zugunsten von Direktinvestitionen im relativen Niedrigsteuerland. Werden die Gewinne allerdings an inländische Haushalte weitergereicht, ist damit infolge einer Anrechnungsverweigerung in bezug auf nicht-inländische Körperschaftsteuer eine erneute Gewinnbesteuerung verbunden. Sollte für inländische Gewinneinkommen das Vollanrechnungssystem zur Anwendung kommen, wird daher gegen Auslandsinvestitionen diskriminiert.[279] Gilt hingegen generell das klassische System, dann wird im Fall einer Gewährung der Freistellungsmethode auf Unternehmensebene auch aus Sicht der Haushalte zugunsten von Direktinvestitionen im relativen Niedrigsteuerland diskriminiert. In Kombination mit der Sitzortbesteuerung ist der Haushalt jedoch indifferent zwischen in- und ausländischen Investitionen der Muttergesellschaft.

Im Kollisionsfall stellt sich die Situation aus Sicht einer Muttergesellschaft mit Sitz im C-Land wie folgt dar: Gilt für Gewinne aus dem Y-Land die *Freistellungsmethode* (was bei der R-CFS und der Umsatzsteuer zwingend und bei der RF-CFS bzw. ACE denkbar ist), gelten die obigen Feststellungen zur Standortentscheidung eines Einzelunternehmens sinngemäß: Sofern marginale Renditen er-

Zusammenhang entstehenden Transaktionskosten und Steuerverpflichtungen stehen derartigen unternehmerischen Überlegungen sicherlich entgegen, auch wenn sich die Steuerbelastung ändert.

278 Wenngleich ein Unternehmen hinsichtlich der Gewinnverwendung einen gewissen Entscheidungsspielraum hat (vgl. Kapitel C.2.1.2.4), so fließen doch alle Einkommen letztlich den Haushalten zu.

279 Die Doppelbesteuerung der Auslandsgewinne kann auf zwei Wegen vermieden werden: Erstens können Gewinne möglicherweise steuerfrei in Form von Veräußerungserlösen realisiert werden. Zweitens besteht die Möglichkeit einer dauerhaften Thesaurierung von Auslandsgewinnen auf der Ebene der Muttergesellschaft. Ausgeschüttet werden (unter Inanspruchnahme der Vollanrechnung) lediglich die daraus resultierenden Gewinne (vgl. Weichenrieder (1995), S. 133ff., Kapitel C.2.1.2.4).

zielt werden, wird die Standortentscheidung zugunsten des C-Landes ausfallen. Die Quellenbesteuerung der Marginalrendite im Y-Land bei gleichzeitiger Nichtbesteuerung im C-Land kommt einer „Strafsteuer"[280] auf Investitionen im Y-Land gleich. Da im Zuge der Reform die im Y-Land erzielten Gewinne entweder gar nicht (Beibehalt der Freistellung) oder geringfügiger als Inlandsgewinne (Wechsel von der Anrechnung zur Freistellung) entlastet werden, ist mit einem Rückgang derartiger Direktinvestitionen im Y-Land zu rechnen.[281] Dabei ist es irrelevant, ob sich die Standortentscheidung an der marginalen oder der durchschnittlichen Steuerbelastung orientiert. Und auch wenn im C-Land ortsgebundene inframarginale Renditen verdient werden können, fällt die Standortentscheidung zwingend zugunsten des C-Landes aus. Denn ein Verzicht auf die Investition wäre ein Verzicht auf die Realisierung von Reingewinnen.

Bieten sich umgekehrt im Y-Land Möglichkeiten zur Erzielung ortsgebundener Reingewinne, so ist die Durchführung der Investition möglicherweise (aber nicht zwingend) sinnvoll. Denn weil die Einkommensteuer auch die marginalen Kapitalkosten belastet, kann eine ungünstige Konstellation von Einkommensteuersatz und Übergewinnquote eine Nettoverzinsung unterhalb der steuerfreien marginalen Kapitalrendite im C-Land implizieren.[282] Andererseits kann im Fall nicht-ortsgebundener Reingewinne ein im Vergleich zum Konsumsteuersatz relativ geringer Einkommensteuersatz in Kombination mit einer hohen Übergewinnquote eine Standortentscheidung zugunsten des Y-Landes bedingen, wenn die Kapitalsteuer im C-Land in die Faktorentgelte überwälzt wird.[283] Die Gewährung der Freistellungsmethode kann sich insofern aus Sicht des C-Landes als Nachteil erweisen. Allerdings ist die ergänzende Reingewinnbesteuerung im Rahmen der ICF zu berücksichtigen: Während im Fall ortsgebundener Reingewinne im C-Land selbst eine zusätzliche Haushaltsbesteuerung die Standortentscheidung nicht verzerrt, wird mit einer auf inländische Gewinnausschüttungen beschränkten Vollanrechnungsmethode gegen Direktinvestitionen im Y-Land mit nicht-ortsgebundenen Reingewinnen diskriminiert.[284]

---

[280] Vgl. Musgrave, P. B. (1991), S. 564

[281] Im übrigen ist dieses Ergebnis mit der Feststellung (vgl. Kapitel C.2.1.1.1.1) konform, dass eine Besteuerung des marginalen Kapitalertrags im Y-Land den Kapitalexport aus Sicht der Haushalte mit Wohnsitz im C-Landes diskriminiert. Gleiches gilt offenbar aus Sicht der Unternehmen.

[282] Erneut zeigt sich, dass das Y-Land selbst ortsgebundene Reingewinne nicht beliebig hoch besteuern kann (vgl. Fußnote 269), weil mit einem höheren Tarif auch die Kapitalkosten steigen.

[283] Wird die Konsumsteuer in die Güterpreise überwälzt (Umsatzsteuer nach dem Bestimmungslandprinzip bzw. nach dem Ursprungslandprinzip mit Wechselkurseffekt) weist das C-Land unabhängig von der Tarifhöhe einen uneingeschränkten Standortvorteil gegenüber dem Y-Land auf.

[284] Bei Kombinationen mit der ITP unterliegen Kapitaleinkommen keiner weiteren Besteuerung auf Haushaltsebene. In bezug auf nicht-qualifizierte Kapitaleinkommen bleiben die aus der Einkommensteuer bekannten Probleme bestehen.

Neben der Freistellungsmethode kann bei Anwendung der RF-CFS und der ACE aber auch die Sitzortbesteuerung zur Anwendung kommen, wobei hinsichtlich der Maßnahmen zur Vermeidung bzw. Milderung der Doppelbesteuerung zwischen der erweiterten und eingeschränkten Variante zu differenzieren ist (vgl. dazu die Beispiele im Anhang C2-5a für die CFS und C2-5b für die ACE):

- Die erweiterte Sitzortbesteuerung, also die einkommensteuerliche Behandlung ausländischer Gewinne, erfolgt durch eine Verweigerung der Sofortabschreibung im Rahmen der CFS bzw. des ACE-Abzugs im Rahmen der ACE in Kombination mit einer Besteuerung des gesamten Kapitalertrags unter Anrechnung der darauf ruhenden ausländischen Steuern. Die Steuerbelastung der Gewinne aus dem Y-Land ergibt sich gemäß [tr^*], sofern der Konsumsteuertarif den Einkommensteuersatz übersteigt.
- Die eingeschränkte Sitzortbesteuerung durch Zerlegung des Kapitalertrags führt zu einer abgeltenden Belastung der marginalen Rendite im Y-Land, da diese im C-Land nicht steuerbar ist. Ferner wird im C-Land der inframarginale Ertrag unter Anrechnung der auf diesem Renditeanteil ruhenden Einkommensteuer besteuert.[285] Insgesamt wird die Bruttorendite um die inländische Reingewinnsteuer sowie die ausländische Einkommensteuer auf die marginale Kapitalrendite geschmälert, sofern keine Anrechnungsüberhänge entstehen. Die Belastung des Gewinns ergibt sich gemäß [$\tau(r^*-i)+it$].

Aus Sicht der Muttergesellschaft mit Sitz im C-Land lässt sich schlussfolgern, dass bei Anwendung der Sitzortbesteuerung unabhängig von ihrer Reichweite eine Gleichbehandlung von Gewinnen aus dem C-Land und dem Y-Land hinsichtlich der durchschnittlichen Steuerbelastung unerreichbar ist. Zu begründen ist dies mit dem systematischen Unterschied zwischen Konsum- und Einkommensteuer. Werden marginale Renditen erwartet oder bietet das C-Land Möglichkeiten zur Erzielung ortsgebundener Reingewinne, dann erfolgt die Standortentscheidung zwingend zugunsten des C-Landes. Ferner gilt dies (anders als im Rahmen der Freistellungsmethode) auch im Fall nicht-ortsgebundene Reingewinne. Denn der Belastung der Gewinne aus dem Y-Land i.H.v. [$\tau(r^*-i)+it$] (eingeschränkte Sitzortbesteuerung) bzw. i.H.v. [τr^*] (erweiterte Sitzortbesteuerung) steht eine Steuerbelastung der Reingewinne i.H.v. [$\tau(r^*-i)$] bei einer Investition im C-Land gegenüber. Für [$i > 0$] ergibt sich regelmäßig ein Belastungsvorteil für Gewinne aus dem C-Land.[286] Lediglich im Fall ortsgebundener Reingewinne kann

---

[285] Es wurde bereits darauf hingewiesen (Kapitel C.1.3.3.2.2), dass die Anrechnung der gesamten Auslandssteuer unsystematisch ist. Dies zeigt sich hier deutlich: Der ausländischen Belastung [tr^*] würde die Konsumsteuer [$\tau(r^*-i)$] gegenüberstehen, die inländische Differenzbesteuerung beträgt dann [$\tau(r^*-i)-tr^*$]. Wenn aber [$r^* \leq i$] ist, d.h. keine Steuerpflicht im C-Land besteht, müßte das C-Land Steuern erstatten. Das C-Land würde die aus konsumsteuerlicher Sicht aneutrale Besteuerung durch das Y-Land subventionieren (so auch Meade (1978), S. 413ff.).

[286] Im Fall tarifbedingter Anrechnungsüberhänge [$\tau < t$] ergibt sich die Belastung der Gewinne aus dem Y-Land gemäß [tr^*]. Dies impliziert eine Standortentscheidung zugunsten des C-Landes.

eine Investition im Y-Land trotz der restriktiven Besteuerung im C-Land vorteilhaft sein. Die Wahrscheinlichkeit, dass der Nettogewinn aus dem Y-Land die steuerfreie marginale Vergleichsrendite im C-Land übersteigt, ist um so höher, je höher die Übergewinnquote und je niedriger der Einkommensteuersatz ist.[287] Unverzerrt ist die Standortentscheidung nur dann, wenn diese sich an der marginalen Steuerbelastung der inframarginalen Gewinne orientiert. Denn dann gewährleistet sowohl die erweiterte als auch die eingeschränkte Sitzortbesteuerung eine Gleichbehandlung in- und ausländischer inframarginaler Renditen.

Aus Sicht der Muttergesellschaft mit Sitz im C-Land verschlechtern sich im Vergleich zur Freistellungsmethode also i.d.R. die Rahmenbedingungen für Direktinvestitionen im Y-Land.[288] Allerdings ist zu berücksichtigen, dass die Sitzortbesteuerung für die im Y-Land thesaurierten Gewinne aufgrund der Abschottungswirkung möglicherweise nicht generell zur Anwendung kommt. Insofern kann sich die Muttergesellschaft mit Sitz im C-Land der diskriminierenden Besteuerung der Gewinne aus dem Y-Land zumindest temporär entziehen. Will das C-Land vollkommen gegen Direktinvestitionen im Y-Land diskriminieren, muss die Hinzurechnungsbesteuerung (Sitzortbesteuerung der im Y-Land thesaurierten Gewinne) oder zumindest eine Besteuerung der Veräußerungsgewinne durchgesetzt werden. Für die Entscheidung hinsichtlich der Direktinvestitionen mit ortsgebundenen inframarginalen Renditen im Y-Land bleibt das aber bedeutungslos.

Ein anderes Entscheidungskalkül ergibt sich im Hinblick auf Direktinvestitionsentscheidungen von Muttergesellschaften mit Sitz im Y-Land. Sofern das Y-Land die Freistellungsmethode gewährt, wirken sich die reformbedingten steuersystematischen bzw. die damit verbundenen Belastungsänderungen uneingeschränkt auf die Nettorendite aus.[289] Für diesen Fall kann ebenfalls auf die Aussagen verwiesen werden, die im Zusammenhang mit der Standortentscheidung eines Einzelunternehmens gemacht wurden: Die Aussicht auf steuerfreie marginale Gewinne[290] wird dazu führen, dass das C-Land infolge der Reform zusätzliche Direktinvestitionen attrahiert. Die höhere Steuerbelastung der inframarginalen Gewinne bei den direkten Konsumsteuern bzw. der in die Faktorentgelte überwälzten Um-

[287] Der Nettorendite im C-Land [i] steht die Nettorendite aus dem Y-Land [$r^*(1-\tau)$] bei der erweiterten bzw. [$r^*-\tau(r^*-i)-it = r^*(1-\tau)+i(\tau-t)$] bei der eingeschränkten Sitzortbesteuerung gegenüber. Bei entsprechend hoher Rendite r^* hätte dies einen Renditevorteil im Y-Land zur Folge.

[288] Dies gilt um so mehr, wenn die Unternehmenssteuerbelastung durch eine weitere Besteuerung der Reingewinne auf Haushaltsebene im Rahmen der ICF ergänzt wird und das Vollanrechnungssystem auf Inlandsgewinne beschränkt bleibt. Kombinationen mit der ITP würden das Ergebnis angesichts der Steuerfreiheit von Kapitaleinkommen auf Haushaltsebene nicht weiter tangieren.

[289] Vgl. Shome/Schutte (1993), S. 654f.; Grubert/Newlon (1997), S. 17; Bach (1993), S. 272.

[290] Sofern im C-Land eine Umsatzsteuer erhoben und diese vollständig in die Güterpreise überwälzt wird, gilt dies auch für den Fall, dass inframarginale Renditen erzielt werden.

satzsteuer wird jedoch dazu führen, dass Investitionen mit nicht-ortsgebundenen inframarginalen Ertragsaussichten in das Y-Land verlagert werden, wenn sich die Standortentscheidung an der marginalen Steuerbelastung orientiert und der Konsumsteuertarif den Einkommensteuersatz übersteigt. Gleiches gilt, wenn sich die Standortentscheidung an der durchschnittlichen Steuerbelastung des Gewinns orientiert und hohe Übergewinnquoten erzielt werden. Ferner kann es rational sein, Investitionen mit ortsgebundenen Investitionen im Y-Land zu unterlassen, wenn die Nettorendite unterhalb der steuerfreien Marginalrendite im C-Land liegt. Das Kapital wird in diesem Fall für Direktinvestitionen im C-Land verwendet, wenngleich diese nur eine marginale Rendite erwarten lassen. Eine Standortentscheidung zugunsten des C-Landes ist auch dann zu erwarten, wenn dort ortsgebundene Reingewinne erzielt werden können.

Allerdings ist auch hier die steuerliche Position des Haushalts mit Wohnsitz im Y-Land zu berücksichtigen: Da marginale Gewinne aus dem C-Land lediglich im Y-Land einer Besteuerung unterliegen, sind sie ausschließlich mit persönlicher Einkommensteuer belastet. Marginale Gewinne sind insofern entweder inländischen Dividenden gleichgestellt (im Rahmen des Vollanrechnungssystems) oder gegenüber inländischen Dividenden steuerlich begünstigt (im Rahmen des klassischen Systems). Inframarginale Gewinne unterliegen jedoch sowohl der persönlichen Einkommensteuer als auch der Konsumsteuer, denn eine grenzüberschreitende Anrechnung der unternehmensbezogenen Steuern ist i.d.R. ausgeschlossen.[291] Deshalb bestätigt sich auch hier die bereits getroffene Feststellung, dass das C-Land ausgehend von der bilateralen Einkommensteuer Direktinvestitionen mit marginalen Renditeaussichten attrahiert. Auf der anderen Seite ergibt sich – bedingt durch die im C-Land zu erwartende Tarifanhebung - eine höhere Steuerbelastung inframarginaler Renditen, sofern die Konsumsteuer auf die Kapitalanbieter überwälzt wird.[292] Sowohl die klassische Besteuerung in- und ausländischer Dividenden, als auch eine auf inländische Dividenden beschränkte Anwendung des Vollanrechnungssystems[293] impliziert eine reformbedingte Diskriminierung gegen Direktinvestitionen mit hohen Übergewinnquoten im C-Land. Entsprechende Anpassungsreaktionen der Muttergesellschaft mit Sitz im Y-Land sind daher nicht auszuschließen.

---

[291] Dies gilt sowohl für die in die Faktorentgelte überwälzte Umsatzsteuer, gemäß gegenwärtigen Regelungen im Rahmen der Einkommensbesteuerung aber auch für direkte Unternehmenssteuern.

[292] Wird die Konsumsteuer voll in die Güterpreise überwälzt, weist das C-Land auch aus Sicht der Haushalte einen Standortvorteil selbst dann auf, wenn inframarginale Renditen erzielt werden.

[293] Erneut ist zu berücksichtigen (vgl. Fußnote 279 bzw. zur Gewinnverwendungsentscheidung Kapitel C.2.1.2.4), dass die Diskriminierung zulasten grenzüberschreitender Investitionen zum Teil dadurch kompensiert wird, dass Gewinne nicht an Anteilseigner weitergereicht, sondern auf der Ebene der Muttergesellschaft thesauriert werden. Ausgeschüttet werden dann die aus den im Sitzland der Muttergesellschaft thesaurierten Gewinnen generierten Erträge.

Sofern das Y-Land die Anrechnungsmethode[294] anwendet – wobei hier unterstellt wird, dass das Y-Land zur Anrechnung der Konsumsteuer bereit ist[295] -, ist (abgesehen von Anrechnungsüberhängen) die Quellenbelastung im C-Land bzw. jede diesbezügliche reformbedingte Änderung aus Sicht der Muttergesellschaft mit Sitz im Y-Land irrelevant. Das sich aus der Sitzortbesteuerung (vgl. Anhang C2-6a für die CFS, Anhang C2-6b für die ACE) ergebende Besteuerungsergebnis ist dadurch geprägt, dass im Rahmen der Einkommensteuer nicht zwischen marginalen und inframarginalen Renditen differenziert wird. Daraus lässt sich schlussfolgern, dass der Verzicht des C-Landes auf die Besteuerung des marginalen Kapitalertrags durch die Sitzortbesteuerung im Y-Land neutralisiert wird:

Im C-Land beträgt die Quellenbelastung [$\tau(r^*-i)$].[296] Dies entspricht einer fiktiven Einkommensteuerschuld auf die Kapitalrendite [r^*] i.H.v. [$t^{korr}r^*$], bzw. einem fiktiven Einkommensteuersatz [$t^{korr} = \tau-(i/r^*)\tau$]. Die fiktive Steuerpflicht im Y-Land beträgt [tr^*], angerechnet wird der Steuerbetrag [$t^{korr}r^*$]. Die Differenzbesteuerung im Y-Land ergibt sich daher gemäß [$(t-t^{korr})r^*$],[297] bzw. gemäß [$tr^*-(\tau-(i/r^*)\tau)r^*$] und [$(t-\tau)r^*+i\tau$]. Darin kommt zum Ausdruck, dass das Y-Land im Zuge der Sitzortbesteuerung nicht nur die aus der tarifären Differenz zwischen Einkommen- und Konsumsteuersatz resultierende Belastungsdifferenz, sondern auch die Steuerfreiheit des marginalen Kapitalertrags vollständig neutralisiert.

Reformbedingte Belastungsänderungen in bezug auf Direktinvestitionen im C-Land haben insofern keinen Einfluss auf die Steuerbelastung der Muttergesellschaft im Y-Land bzw. auf die Standortentscheidung in bezug auf Direktinvestitionen.[298] Eine sinkende (steigende) Steuerbelastung im C-Land bewirkt lediglich einen Steueraufkommenstransfer zugunsten (zulasten) des Fiskus im Y-Land. Die Anrechnungsmethode sichert also – abgesehen von Anrechnungsüberhängen - aus Sicht der Muttergesellschaft mit Sitz im Y-Land eine entscheidungsneutrale Steuerbelastung von Direktinvestitionen.[299] Dies gilt allerdings nur dann, wenn ledig-

---

294 Vgl. McLure (1996), S. 513; Shome/Schutte (1993), S. 655; Grubert/Newlon (1997), S. 16f.

295 Die Anwendung der indirekten Anrechnungsmethode scheitert grundsätzlich bei einer Konsumbesteuerung auf Basis der Umsatzsteuer. Sofern diese in die Faktorentgelte überwälzt wird, resultiert daraus eine Doppelbelastung inframarginaler Renditen (s.u.).

296 Im Fall der ACE ist i durch i^{SZ} zu ersetzen.

297 Für [$t>t^{korr}$] bestehen keine Anrechnungsüberhänge. Unter Berücksichtigung des aufkommensneutralen Konsumsteuersatzes [$\tau = tr/(r-i)$] gilt [$t_a/t_i > (r^*-i)/(r-i)$]. Anrechnungsüberhänge sind also (bei gegebener Ausgangssteuerbelastung im Rahmen der bilateralen Einkommensteuer) im Kollisionsfall um so wahrscheinlicher, je höher die unternehmensspezifische Kapitalrendite [r^*] ist. Dies ist insofern plausibel, als die Steuerbelastung dieser Unternehmen im C-Land steigt.

298 So auch McLure (1996), S. 513.

299 Erneut zeigt sich, dass Unternehmen mit hohen Übergewinnquoten im Y-Land relativ bessere steuerliche Rahmenbedingungen als im C-Land vorfinden. Denn Anrechnungsüberhänge sind wahrscheinlicher, da die Steuerbelastung im Vergleich zur Einkommensbesteuerung für diese

lich marginale oder nicht-ortsgebundene inframarginale Reingewinne erwartet werden. Im Fall ortsgebundener Reingewinne ist eine Standortentscheidung unabhängig von der Steuerbelastung zugunsten des betreffenden Landes zwingend.

Aber auch hier sind zwei Einschränkungen zu berücksichtigen: Erstens ist die neutralisierende Wirkung der Sitzortbesteuerung auf jene Gewinne beschränkt, die ihr tatsächlich unterliegen. Die Abschottungswirkung der Kapitalgesellschaft impliziert insofern eine zumindest temporäre Freistellung der im C-Land erzielten Gewinne von der Besteuerung im Y-Land.[300] Selbst eine Besteuerung der Veräußerungsgewinne würde die erforderliche zeitnahe Besteuerung der Gewinne aus dem C-Land nicht ermöglichen. Standortverlagerung zugunsten des C-Landes lassen sich daher nur durch konsequente Anwendung der Hinzurechnungsbesteuerung vermeiden.

Zweitens ist die steuerliche Position der Anteilseigner zu berücksichtigen. Für den Fall, dass auf Unternehmensebene die Freistellungsmethode zur Anwendung kommt (s.o.), führt die Dividendenbesteuerung auf Haushaltsebene infolge der Anrechnungsverweigerung zu einer zusätzlichen Steuerbelastung der grenzüberschreitenden inframarginalen Gewinne (klassisches System). Die auf Gewinne aus dem Y-Land beschränkte Anwendung des Vollanrechnungssystems impliziert also auch hier eine grundsätzliche Diskriminierung gegen grenzüberschreitende Direktinvestitionen. Im Vergleich zur bilateralen Einkommensteuer ergeben sich jedoch für marginale Investitionen, die im C-Land nicht der Besteuerung unterliegen, steuerliche Entlastungen, während inframarginale Renditen (infolge des möglicherweise höheren Unternehmenssteuertarifs im C-Land) höher belastet werden. Insofern entspricht die Tatsache, dass Investitionen mit inframarginalen Renditen in das Y-Land und Investitionen mit marginalen Renditen in das C-Land verlagert werden, nicht nur dem steuerlichen Kalkül des Unternehmens, sondern auch dem Kalkül der Haushalte in ihrer Funktion als Kapitalanbieter.

Hinzuweisen ist abschließend noch auf den besonderen Fall der Umsatzbesteuerung. Sofern die Umsatzsteuer infolge der Rücküberwälzung in die Faktorentgelte eine indirekte Belastung der inframarginalen Renditen impliziert (Ursprungslandprinzip bei fixen Wechselkursen), lassen sich daraus keine Anrechnungsansprüche im Rahmen der Sitzortbesteuerung im Y-Land ableiten. Die inframarginale Kapitalrendite unterliegt dann einer doppelten, unter Berücksichtigung der Steuerbelastung des Anteilseigners bei Weiterausschüttung sogar einer dreifachen, Steuerbelastung (mit Umsatz-, Körperschaft- und Einkommensteuer). Faktisch kommt

---

Unternehmen steigt (vgl. Fußnote 297).

[300] Vgl. Shome/Schutte (1993), S. 655. In bezug auf die verzögerte Ausschüttung marginaler Gewinne ist zu berücksichtigen, dass das Jährlichkeitsprinzip für die Gewährung der Steueranrechnung (vgl. auch Fußnote 322) aufgrund einer fehlenden Quellenbelastung hier irrelevant ist.

hier die Abzugsmethode zur Anwendung. Diese impliziert eine noch deutlichere Diskriminierung gegen Direktinvestitionen im C-Land, sofern nicht-ortsgebundene inframarginale Gewinne erzielt werden.[301] Handelt es sich hingegen um marginale oder ortsgebundene inframarginale Renditen, hat die Tatsache fehlender Anrechnungsmöglichkeiten im Vergleich zur Sitzortbesteuerung mit Anrechnung keinen Einfluss auf die Standortentscheidung in bezug auf Direktinvestitionen.

Insgesamt ergeben sich zur Frage der Standortwahl international mobiler Unternehmen im Kollisionsfall folgende Schlußfolgerungen: Die unilaterale Freistellung marginaler Kapitalgewinne im C-Land infolge der Sofortabschreibung bzw. der Zinsbereinigung bedingt möglicherweise einen Standortvorteil für jene Einzelunternehmen, die lediglich marginale Kapitalerträge erwirtschaften. Das Y-Land verliert unabhängig vom Einkommensteuersatz an relativer Standortattraktivität gegenüber dem C-Land. Die Schwäche des Konsumsteuersystems liegt in der (notwendigerweise höheren) Besteuerung der inframarginalen Kapitalrendite, sofern die Steuer die Kapitalrendite mindert. Während die Besteuerung ortsgebundener Reingewinne i.d.R. ohne Einfluss auf die Standortentscheidung bleibt, verliert das C-Land für Unternehmen, die nicht-ortsgebundene Reingewinne verdienen, an Standortattraktivität gegenüber dem Y-Land. Das C-Land attrahiert statische Wirte, dynamische Unternehmen wandern in das Y-Land ab.[302] In bezug auf Direktinvestitionen kann das Y-Land die reformbedingten Anreize zur Standortverlagerung durch Anwendung der Sitzortbesteuerung neutralisieren, sofern dies auch thesaurierte Gewinne betrifft. Die Anwendung der Freistellungsmethode führt hingegen zu entsprechenden Standortverlagerungen. Im Rahmen der Konsumsteuersysteme führt die erweiterte bzw. eingeschränkte Sitzortbesteuerung (sofern sie überhaupt zur Verfügung steht) zu einer grundsätzlich gegen grenzüberschreitende Direktinvestitionen diskriminierenden Steuerbelastung. Die Freistellungsmethode führt nur zufällig zu einer gleichmäßigen Belastung in- und ausländischer Gewinne aus Sicht der C-Inländer.

Das Argument, durch eine Konsumsteuerreform kann ein Land gegenüber dem Ausland seine Standortattraktivität verbessern, und auf diesem Weg sowohl Unternehmen als auch Direktinvestitionen attrahieren,[303] ist insofern nicht in dieser

[301] Vgl. ausführlicher zu den Implikationen der Abzugsmethode im Zusammenhang mit den Gegenmaßnahmen des Y-Landes Kapitel C.2.2.2.2.3.

[302] Vgl. Krause-Junk (1999a), S. 137; Bach (1999), S. 102; Bond (2000), S. 162; Grubert/Newlon (1997), S. 15. Dass eine Konsumsteuer kein Allheilmittel zur Attrahierung von Direktinvestitionen ist, hat sich wohl auch aus Sicht Kroatiens bestätigt. Dieser Aspekt hat möglicherweise zum Entschluss beigetragen, die Konsumsteuer durch eine Einkommensteuer zu substituieren. Allerdings ist die Bedeutung nicht-steuerlicher Standortfaktoren nicht zu unterschätzen (vgl. Kapitel D.2).

[303] Vgl. zu dieser Vermutung etwa Grubert/Newlon (1997), S. 14; Avi-Yonah (1996b), S. 1345f.; Hines (1996), S. 485; Rose (1999b), S. 38; Gammie (1991), S. 241 und Isaac (1997), S. 315.

Pauschalität zu akzeptieren. Denn neben der Konsumsteuersystematik sind die Ortsbindung der Überrenditen, die unternehmensspezifische Bruttorendite, die Entscheidungsgrundlage (durchschnittliche vs. marginale Steuerbelastung) sowie die Steuerpolitik des Y-Landes für die Standortentscheidung international mobiler Unternehmen mit entscheidend. Eindeutige Ergebnisse (zugunsten des C-Landes) ergeben sich lediglich bei einer Konsumbesteuerung auf Basis der Umsatzsteuer, sofern diese vollständig in die Güterpreise überwälzt wird. Denn Gewinne sind dann vollkommen steuerfrei. Differenzierter ist das Bild bei den direkten Konsumsteuern bzw. der nach dem Ursprungslandprinzip erhobenen und in die Faktorentgelte überwälzten Umsatzsteuer. Wenngleich eine massive Abwanderung von Unternehmen aus dem C-Land nicht zu befürchten ist,[304] wird die notwendigerweise höhere Belastung inframarginaler Gewinne nicht ohne einen (aus Sicht des C-Landes negativ zu beurteilenden) Einfluss auf die Standortentscheidung der international mobilen Unternehmen bleiben.[305]

C.2.1.2.2 Verrechnungspreisgestaltung

Im vorangehenden Kapitel wurde bei der Analyse der Standortentscheidung in bezug auf Direktinvestitionen unterstellt, dass diese mit Eigenkapital finanziert und die daraus resultierenden Gewinne ihrer Quelle zugeordnet und den territorialen Besteuerungsregeln entsprechend besteuert werden.

Allerdings ist es keineswegs zwingend, dass Gewinne am Ort ihrer *Entstehung* besteuert werden (können). Denn den in einem Konzern zusammengefassten und international verbundenen Unternehmen bietet sich mit dem Instrument der konzerninternen Verrechnungspreise eine Möglichkeit, Gewinne und damit möglicherweise auch Steuerbemessungsgrundlagen international zu verlagern. Im folgenden sind die Voraussetzungen, die Auswirkungen auf die Steuerbelastung und die Implikationen für die rationale Gestaltung der Verrechnungspreise zu analy-

---

304 Vgl. zu dieser Befürchtung Hufbauer/Gabyzon (1996), S. 68). Grubert/Newlon (1997), S. 13f. und McLure (1996), S. 513 halten dieses Szenario wegen der Steuervorteile im C-Land für unplausibel.

305 Unklar ist aufgrund dieses Ergebnisses zur Entwicklung der Inlandsinvestitionen auch der Einfluss der Reform auf die inländische Nachfrage nach Arbeitskräften: Während eine steigende Kapitalakkumulation und ein damit sinkender Grenzertrag eine höhere Nachfrage nach Arbeitskräften impliziert (vgl. Richter/Wiegard (1991b), S. 459), können die Unternehmen auf die verbilligte Bereitstellung von Kapital auch mit einer Substitution des Faktors Arbeit reagieren. Ausschlaggebend ist die Limitationalität der beiden Faktoren. Dieser Aspekt soll an dieser Stelle nicht näher erläutert werden. - Auch Schlußfolgerungen im Hinblick auf Veränderungen in der Unternehmensstruktur sind möglich. So gilt die traditionelle industrielle Produktion tendenziell als wenig mobil. Hingegen gelten insbesondere Unternehmen des Dienstleistungssektors als international hochgradig mobil. Eine Abwanderung von Unternehmen in das Y-Land ist selbst dann nicht vermeidbar, wenn ein höherer Anteil der Steuerbelastung auf Arbeitseinkommen überwälzt werden kann. Denn in zunehmendem Maße steigt auch die grenzüberschreitende Mobilität zumindest der hochqualifizierten Arbeitskräfte.

sieren. Daraus ergeben sich Rückschlüsse auf die Bedeutung eines tarifär bzw. systematisch bedingten Belastungsgefälles für die Standortentscheidung in bezug auf Direktinvestitionen.

Verrechnungspreise sind Preise für Vorleistungslieferungen innerhalb eines Konzernverbundes.[306] Ihre Gestaltung dient dem Ziel, die Gesamtsteuerbelastung eines Konzerns zu senken, indem steuerliche Bemessungsgrundlage aus dem relativen Hochsteuerland in das relative Niedrigsteuerland verlagert wird.[307] Zu diesem Zweck werden im Rahmen der konzerninternen Leistungsverrechnung Lieferungen vom Unternehmen mit Sitz im Hochsteuerland an ein verbundenes Unternehmen im relativen Niedrigsteuerland unterbewertet und Lieferungen vom Unternehmen im relativen Niedrigsteuerland an ein verbundenes Unternehmen mit Sitz im relativen Hochsteuerland überbewertet. Neben einem internationalen Gefälle in der Steuerbelastung müssen allerdings weitere Voraussetzungen erfüllt sein, damit sich die Steuerwirkung der Verrechnungspreise entfaltet:[308] Erstens muss die Steuer *territorialbasiert* sein, d.h. Importe mindern die steuerliche Bemessungsgrundlage und Exporte erhöhen sie. Zweitens müssen die Unternehmen *rechtlich selbständig* sein, denn erst aus dieser Selbständigkeit ergibt sich die Möglichkeit (bzw. Pflicht) zu einer getrennten Gewinnermittlung.[309] Drittens müssen internationale Gewinne von der inländischen Besteuerung (zumindest temporär) *freigestellt* sein, wenn es sich beim Unternehmen im relativen Niedrigsteuerland um die nachgeordnete Konzerneinheit handelt.[310]

Im Rahmen der bilateralen *Einkommensbesteuerung* stellen konzerninterne Verrechnungspreise angesichts dieser Voraussetzungen ein wirkungsvolles unternehmerisches Instrument zur Gestaltung der Steuerbelastung dar.[311] Denn auch die

---

[306] Vgl. Jacobs (1999), S. 863ff.

[307] Es sei dahingestellt, ob eine Senkung der steuerlichen Gesamtbelastung des Konzerns durch eine internationale Gewinnverlagerung tatsächlich ein primäres Unternehmensziel darstellt. Plausibel erscheint dies aus Sicht der Konzernleitung sowie der Anteilseigner. Hingegen haben Gewerkschaften, Arbeitnehmer und Manager eines Teilbetriebes kein Interesse an einer Gewinnverlagerung zugunsten der im relativen Niedrigsteuerland ansässigen Konzernfiliale.

[308] Neben den genannten Voraussetzungen müssen Verrechnungspreise auch einer Prüfung durch die Finanzbehörden standhalten. Maßgeblich ist der Fremdvergleich (dealing at arm's length), wonach die der konzerninternen Leistungsverrechnung zugrunde liegenden Preise nicht von jenen abweichen dürfen, die bei Umsätzen mit Dritten (d.h. bei Umsätzen zwischen unabhängigen Unternehmen) festgelegt werden (vgl. Art. 9 OECD-Musterabkommen in Jacobs (1999), S. 1068; Jacobs (1999), S. 863f. und Scholz (2001) zu weiteren sog. Verrechnungspreismethoden).

[309] Diese Voraussetzung ist aufgrund der hier getroffenen Annahme, dass Direktinvestitionen in Form einer Tochterkapitalgesellschaft durchgeführt werden, grundsätzlich erfüllt.

[310] Genser/Schulze (1997), S. 55 spricht vom „international affiliation privilege". Hat die Muttergesellschaft ihren Sitz im relativen Niedrigsteuerland, besteht unabhängig von der internationalen Steuersystematik ein genereller Anreiz zur Gewinnverlagerung zulasten der Tochtergesellschaft.

[311] Vgl. Genser/Schulze (1997), S. 54f.; Jacobs (1999), S. 864f. Empirische Untersuchungen zei-

Einkommensteuer ist eine territorialbasierte Steuer. Einer Gewinnverlagerung in das relative Niedrigsteuerland können die Finanzbehörden des relativen Hochsteuerlandes durch eine Einschränkung der Gestaltungsspielräume bei der Festlegung konzerninterner Verrechnungspreise vorbeugen. Um übermäßige Gewinnverlagerungen auf ausländische Tochterkapitalgesellschaften zu unterbinden, kann zudem eine Durchbrechung der Abschottungswirkung im Sinne der Hinzurechnungsbesteuerung in Erwägung gezogen werden. Allerdings stellt eine diesbezüglich freizügige Steuerpolitik auch eine Möglichkeit dar, einen durch höhere Tarife bedingten Standortnachteil gegenüber dem relativen Niedrigsteuerland teilweise zu kompensieren. Denn die Anerkennung belastungsmindernder Verrechnungspreise bzw. die Anerkennung der Abschottungswirkung der Kapitalgesellschaft entspricht in ihrer Belastungswirkung einer Verengung der Bemessungsgrundlage. Und dies hat im Hinblick auf die Steuerbelastung des Konzerns einen ähnlichen Effekt hat wie die Absenkung des Tarifs.

Die Bedeutung konzerninterner Verrechnungspreise ändert sich grundsätzlich, wenn die Einkommensteuer durch eine nach dem Bestimmungslandprinzip erhobene *Umsatzsteuer* ersetzt wird. Denn diese belastet nicht den inländischen Mehrwert, sondern den Binnenkonsum. Für die Umsatzsteuerbelastung eines Konsumgutes ist der Steuersatz des Konsumortes (beim Mischprinzip der Steuersatz im Land des Umsatzes an den Endverbraucher) und nicht der Ort der Produktion ausschlaggebend.[312] Die Unternehmen werden ohnehin nicht durch die Steuer belastet, weil diese annahmegemäß in die Preise überwälzt wird. Sofern der Grenzausgleich durch eine vollständige Entlastung der Exporte und eine Belastung der Importe erfolgt – und dieses ist im Kollisionsfall zwingend, weil ein grenzüberschreitender Vorsteuerabzug ausscheidet – ist die Ausgestaltung konzerninterner Verrechnungspreise ferner für das C-Land in fiskalischer Hinsicht irrelevant.[313] Verrechnungspreise determinieren allerdings die Steuerbelastung des Unternehmens im Y-Land, unabhängig davon, ob es sich um eine Muttergesellschaft oder eine Tochterkapitalgesellschaft handelt. Vor diesem Hintergrund ergibt sich im Kollisionsfall ein eindeutiges Handlungskalkül: Unter steuerlichen Gesichtspunkten ist es optimal, die gesamte Wertschöpfung des Konzerns dem verbundenen Unternehmen mit Sitz im C-Land zuzuordnen. Vorleistungsexporte in das C-Land werden also unterbewertet, Lieferungen in umgekehrter Richtung entsprechend überbewertet. Da im C-Land letztlich Gewinne nicht besteuert werden, gelingt so nicht nur eine Verminderung der Gewinnsteuerbelastung des Kon-

gen, dass die Probleme im Zusammenhang mit Verrechnungspreisen angesichts des wachsenden konzerninternen Handels an Bedeutung gewinnen und insofern eine große steuerpolitische Herausforderung darstellen (vgl. Newlon (2000), S. 221ff.; Scholz (2001); Brügger/Nabholz (2000)).

312 Vgl. auch Genser/Schulze (1997), S. 53.

313 Vgl. Hines (1996), S. 483; Avi-Yonah (1995), S. 1454; Grubert/Newlon (1997), S. 27.

zerns, sondern sogar eine Vernichtung steuerlicher Bemessungsgrundlage.[314] Ausgehend von der bilateralen Einkommensteuer werden die Verrechnungspreisgestaltungen zugunsten des C-Landes insofern zunehmen, wenn sich die Verrechnungspreisgrundsätze als unzureichend erweisen und (zumindest thesaurierte) Gewinne aus dem C-Land im Y-Land freigestellt sind. Lediglich das Y-Land hat in diesem Fall ein Interesse, die steuerlich motivierte Manipulation der Verrechnungspreise zu unterbinden und das internationale Einkommensteuerrecht zu ändern.[315] Daher wird sich die Problematik der Zuordnung internationaler Gewinne zumindest aus Sicht des Y-Landes im Vergleich zur bilateralen Einkommensteuer verschärfen.

Anders ist die Situation bei einer nach dem Ursprungslandprinzip erhobenen *Umsatzsteuer*.[316] Denn diese belastet den inländischen Mehrwert. Importe sind wie bei der Einkommensteuer von der steuerlichen Bemessungsgrundlage abzugsfähig, Exporte sind steuerpflichtig. Im System fixer Wechselkurse wird die Umsatzsteuer in die Kapitalrendite überwälzt, eine höhere Umsatzsteuerpflicht bedingt also eine sinkende Kapitalrendite. Verrechnungspreise determinieren daher sowohl die Einkommensteuerpflicht im Y-Land als auch die Umsatzsteuerpflicht im C-Land. Insofern ändert sich nichts am grundlegenden Funktionsprinzip konzerninterner Verrechnungspreise. Zum Fall der bilateralen Einkommensbesteuerung bestehen allerdings qualitative Unterschiede. Denn marginale Gewinne bleiben lediglich im C-Land steuerfrei. Verrechnungspreise können deshalb dazu dienen, marginale Gewinne in das C-Land zu verlagern. Hingegen unterliegen inframarginale Gewinne sowohl im C-Land als auch im Y-Land der Besteuerung, sie werden deshalb in das relative Niedrigsteuerland verlagert. Da aus Sicht des C-Landes zwingend die Freistellungsmethode gilt, kann eine möglicherweise zugunsten des Y-Landes erfolgende Gewinnverlagerung (wenn das C-Land einen höheren Steuertarif anwendet als das Y-Land) nicht nachträglich durch das C-Land neutralisiert werden. Das C-Land ist daher zur Vermeidung einer Erosion der Steuerbemessungsgrundlage auf eine entsprechend enge Ausgestaltung der Verrechnungspreisrichtlinien angewiesen. Muttergesellschaften mit Sitz im Y-Land werden eine Verlagerung inframarginaler Renditen in das C-Land unabhängig von der Tarifkonstellation vermeiden, wenn die Sitzort- bzw. die Hinzurechnungsbesteuerung angewendet wird. Denn weil sich aus der Umsatzsteuerpflicht im C-Land keine Anrechnungsansprüche ergeben, unterliegen inframarginale Gewinne einer doppelten Besteuerung (vgl. Kapitel C.2.1.2.1). Sofern die (thesaurierten oder auch ausgeschütteten) Gewinne im Y-Land hingegen freigestellt sind,

---

[314] Vgl. Krause-Junk (1999a), S. 138; Avi-Yonah (1995), S. 1449 und 1454. Im Sinne einer Randlösung würde dann weder Gewinn- noch Konsumsteuer anfallen, wenn die Güter im Y-Land konsumiert (Bestimmungslandprinzip) bzw. verkauft (Mischprinzip) werden.

[315] Zur Ausgestaltung entsprechender Gegenmaßnahmen vgl. Kapitel C.2.2.

[316] Vgl. Genser/Schulze (1997), S. 55ff.

werden zumindest marginale Renditen in das C-Land verlagert. Diese Tatsache verschärft die Verrechnungspreisproblematik auch aus Sicht des Y-Landes.

Im System flexibler Wechselkurse ist die Steuerreform mit einer einmaligen Abwertung i.H.d. Umsatzsteuersatzes verbunden. Da eine unternehmensspezifische Variation der Verrechnungspreise aber keinen Einfluss auf den Wechselkurs haben wird, würde eine Gewinnverlagerung in das C-Land durch eine Unterbewertung der Importe und Überbewertung der Exporte eine höhere Steuerpflicht und höhere Verkaufspreise im Y-Land implizieren. Da sich diese unter Annahme einer preiselastischen Nachfrage nach Inlandsgütern nicht durchsetzen lassen, muss die zusätzliche Steuerbelastung letztlich doch auf die Kapitalanbieter bzw. in die Kapitalrendite überwälzt werden. Es ergeben sich also die gleichen Wirkungen wie bei einer Anwendung des Ursprungslandprinzips im Regime fixer Wechselkurse. Das Problem der Verrechnungspreise wird daher durch die Reform nicht gelöst.

Auch die *direkten Konsumsteuern*[317] stellen wie die nach dem Ursprungslandprinzip erhobene Umsatzsteuer eine Belastung inframarginaler Renditen her. Insofern ändert sich gegenüber der Einkommensteuer wiederum nichts an der grundsätzlichen, wohl aber an der qualitativen Problematik der Verrechnungspreise: Wie im Fall der unilateralen Umsatzbesteuerung ist es rational, marginale Gewinne dem C-Land und inframarginale Gewinne dem Land mit dem geringeren Steuersatz zuzuordnen. Aus Sicht der Muttergesellschaft im Y-Land droht hier jedoch (selbst im Fall der Sitzortbesteuerung) keine Doppelbesteuerung inframarginaler Gewinne. Denn eine Anrechnung der direkten Konsumsteuern ist annahmegemäß gewährleistet. Und dem C-Land bietet sich im Gegensatz zur Umsatzsteuer bei Anwendung der RF-CFS und der ACE (nicht jedoch bei der R-CFS) die Möglichkeit, durch die Besteuerung von ausgeschütteten oder thesaurierten und Veräußerungsgewinnen die aus der Verlagerung inframarginaler Gewinne resultierende Erosion des Steueraufkommens nachträglich zumindest teilweise zu kompensieren.

Es lässt sich zusammenfassen, dass im Kollisionsfall die Problematik der konzerninternen Verrechnungspreise im Vergleich zur bilateralen Einkommensbesteuerung an Bedeutung gewinnt. Deutlich zeigt sich die mangelnde Kompatibilität zwischen Konsum- und Einkommensteuer, wenn die Reform im C-Land auf der nach dem Bestimmungslandprinzip erhobenen Umsatzsteuer basiert. Hier ergibt sich lediglich aus Sicht des Y-Landes ein Interesse, zur Vermeidung der Erosion der Steuerbemessungsgrundlage die Angemessenheit konzerninterner Verrechnungspreise zu überprüfen. Bei Reformen auf der Basis territorialer Konsumsteuern besteht ein solches Interesse auch aus Sicht des C-Landes. Die Qualität

[317] Vgl. Krause-Junk (1999a), S. 138; McLure (1996), S. 513; Newlon (2000), S. 236; Shay/Summers (1997), S. 171.

der Problematik ändert sich insofern, als allein im C-Land die Freistellung der marginalen Kapitalrendite gewährt wird, im Gegenzug inframarginale Rendite möglicherweise einer relativ höheren Besteuerung unterliegen. Hieraus ergibt sich ein zusätzlicher Kontrollbedarf. Der (im Rahmen der Umsatzsteuer und R-CFS systematisch bedingte) Verzicht auf die Umsetzung des Sitzortprinzips kann sich aus Sicht des C-Landes als nachteilig erweisen.

Abschließend ist die Möglichkeit zur internationalen Gewinnverlagerung im Kontext der Standortentscheidung zu würdigen. Diesbezüglich wurde in Kapitel C.2.1.2.1 festgestellt, dass die Tatsache einer unilateralen Besteuerung marginaler Kapitalrenditen im Y-Land bzw. einer übermäßigen Besteuerung inframarginaler Kapitalrenditen im C-Land entsprechende Standortentscheidungen für Direktinvestitionen auslöst. Die Möglichkeit einer Gewinnverlagerung kann nun gerade dazu dienen, einen aus der Steuersystematik resultierenden Belastungsnachteil zu kompensieren.[318] Indem das Y-Land die Verlagerung marginaler Gewinne in das C-Land, das C-Land hingegen die Verlagerung inframarginaler Gewinne in das Y-Land gewährt, verliert der systematische Unterschied zwischen Konsum- und Einkommensteuer für die Konzernsteuerbelastung und damit für die Standortentscheidung an Bedeutung. Denn eine liberale Handhabung der Verrechnungspreisregelungen sowie ein Verzicht auf die Sitzortbesteuerung kommt in ihrer Wirkung einer standortbezogenen Steuersenkung gleich. Freilich besteht ein Konflikt mit dem fiskalischen Besteuerungsziel.[319]

C.2.1.2.3 Finanzierung von Direktinvestitionen

Der Einfluss der Besteuerung bzw. der Konsumsteuerreform auf die unternehmerische Entscheidung über das Investitionsvolumen und den Investitionsstandort wurden unter der Annahme der *Eigenkapital*finanzierung analysiert. Dies ist insofern plausibel, als eine Mindest-Eigenkapitalquote (z.B. aus Haftungsgründen) für jedes rechtlich selbständige Unternehmen unentbehrlich ist. Davon abgesehen können aber zusätzliche Investitionen sowohl mit *Fremd*- als auch mit Eigenkapital finanziert werden. Diese Entscheidung wird durch die möglicherweise unterschiedliche Behandlung von Zinsen und Gewinnen (in Form von Dividenden und Veräußerungsgewinnen) an der Quelle sowie im Rahmen der Sitzortbesteuerung von Muttergesellschaften und letztlich auch im Rahmen der Haushaltsbesteuerung determiniert.

---

[318] Es lässt sich natürlich nicht ausschließen, dass Direktinvestitionen im relativen Niedrigsteuerland dazu missbraucht werden, durch die Möglichkeit der Gewinnverlagerung die Gesamtbelastung der originär inländischen Kapitaleinkommen zu reduzieren.

[319] Diese Problematik wird in den Kapiteln C.2.2.1 und C.2.2.2 aus Sicht des Y-Landes, bzw. in Kapitel C.2.2.3 aus Sicht des C-Landes näher erläutert, wenn es um zusätzliche Gestaltungsmaßnahmen im Rahmen des Kollisionsfalls geht.

Was die Finanzierung grenzüberschreitender Direktinvestitionen[320] betrifft, wird das unternehmerische Entscheidungskalkül im Vorfeld der Reform durch die Systematik der Einkommensteuer entscheidend beeinflusst. Denn auf der einen Seite sind Zinsen beim Schuldner abzugsfähig, unterliegen abgesehen von Quellensteuern also keiner Quellenbelastung. Zinserträge sind beim Gläubiger steuerpflichtig. Auf der anderen Seite werden Gewinne infolge des territorialen Charakters der Einkommensteuer zunächst im Quellenland besteuert, während sie nur im Fall der Sitzortbesteuerung auch im Land der Muttergesellschaft zu versteuern sind. Diese Systematik diskriminiert grundsätzlich zugunsten der Fremdfinanzierung von Investitionen im relativen Hochsteuerland, da so eine Gewinnverlagerung in das relative Niedrigsteuerland gelingt.[321] Demgegenüber ist eine Eigenkapitalfinanzierung von Investitionen im relativen Niedrigsteuerland vorteilhaft, wenn diese Gewinne im Sitzland der Muttergesellschaft freigestellt sind. Aber selbst wenn ausgeschüttete Gewinne dem Sitzortprinzip unterliegen, kann eine Eigenkapitalfinanzierung angesichts der Steuerfreiheit von Veräußerungsgewinnen bzw. infolge der Anerkennung der Abschottungswirkung (Freistellung thesaurierter Gewinne)[322] unter steuerlichen Gesichtspunkten günstig sein. Insofern stellt allein die umfassende Sitzortbesteuerung (auch der thesaurierten Gewinne) unternehmensintern eine entscheidungsneutrale internationale Steuersystematik her.

Allerdings ist die steuerliche Position des Haushalts zu berücksichtigen. Denn letztlich fließen ihm in seiner Funktion als Anteilseigner der Muttergesellschaft sämtliche Gewinne zu. Kommt hierbei generell die klassische Besteuerungsmethode zur Anwendung (keine Anrechnung der Körperschaftsteuer auf die persönliche Einkommensteuer), oder sind Veräußerungsgewinne freigestellt, entspricht

[320] Direktinvestitionen zeichnen sich dadurch aus, dass ihre Finanzierung *indirekt* über die Haushalte mit Wohnsitz im Sitzland der Muttergesellschaft erfolgt. Die Analyse der direkten Finanzierungsentscheidungen (Haushalte stellen Kapital für Investitionen im Zielland direkt zur Verfügung) erfolgte bereits im Kapitel C.2.1.1.1.1 zur inländischen und internationalen Kapitalangebotsstruktur der Haushalte bei bilateraler Einkommens- und unilateraler Konsumbesteuerung.

[321] Dieses Kalkül gilt vorbehaltlich der Regelungen zur Gesellschafterfremdfinanzierung (vgl. Fußnote 141). Diese Regelungen haben zur Folge, dass der Abzug von Zinsaufwand im Quellenland untersagt wird und die Systematik der Gewinnbesteuerung in Kraft tritt. Wenngleich auch nicht-steuerliche Gründe für eine Entscheidung zugunsten der Fremdfinanzierung bestehen (Grotherr/Herfort/Strunk (1998), S. 129f. sehen den Vorteil gegenüber der Eigenkapitalfinanzierung insbesondere darin, dass die Beteiligungsverhältnisse aufrecht erhalten werden und weniger formale Anforderungen bestehen), so ist doch die steuerliche Komponente dieses Entscheidungskalküls unübersehbar. Dies belegt auch ein Überblick über die empirische Bedeutung der internationalen Gewinnverlagerung durch Fremdfinanzierung bei Newlon (2000), S. 221ff.

[322] Vgl. Newlon (2000), S. 216f. Durch eine auf periodengleiche Steuern beschränkte Anrechnung im Fall der Ausschüttung wird der Steuervorteil einer zwischenzeitlichen Thesaurierung gemindert. Denn bei verzögerter Ausschüttung ergibt sich eine Doppelbelastung der Auslandsgewinne (zu diesem Jährlichkeitsprinzip im Rahmen der indirekten Anrechnungsmethode vgl. Wissenschaftlicher Beirat beim Bundesministerium der Finanzen (1999), S. 40ff.).

das unternehmerische Kalkül der Steuerlastminimierung auch den Präferenzen des Haushalts. Wird hingegen für inländische Gewinne bzw. in bezug auf die inländische Körperschaftsteuer das Vollanrechnungssystem angewendet, so wird generell zugunsten der Fremdfinanzierung von grenzüberschreitenden Direktinvestitionen diskriminiert. Denn bei Eigenkapitalfinanzierung der Direktinvestitionen lebt die durch das internationale Schachtelprivileg vermiedene doppelte Steuerbelastung bei Weiterausschüttung der ausländische Gewinne an inländische Anteilseigner wieder auf.[323] Im Fall der Fremdfinanzierung sind die Einkünfte aus grenzüberschreitenden Direktinvestitionen hingegen mit der persönlichen Einkommensteuer belastet.

Die Finanzierungsentscheidung wird sowohl aus Sicht der Y-Inländer als auch der C-Inländer entscheidend beeinflusst, wenn ein unilateraler Wechsel zur *Umsatzsteuer* erfolgt. Unabhängig von der Systematik für grenzüberschreitende Umsätze kommt aus Sicht der Muttergesellschaft mit Sitz im C-Land gegenüber ausländischen Kapitaleinkommen zwingend die Freistellungsmethode zur Anwendung. Damit determiniert allein die Quellenbelastung im Y-Land die Finanzierungsentscheidung. Da im Y-Land die Quellenbelastung bei Zinsen i.d.R. geringer ist als bei Dividenden, werden Muttergesellschaften mit Sitz im C-Land ihre Investitionen im Y-Land primär mit Fremdkapital finanzieren. Dies entspricht auch den steuerlichen Präferenzen der Haushalte mit Wohnsitz im C-Land in ihrer Funktion als Anteilseigner der Muttergesellschaft, und zwar unabhängig davon, ob (inframarginale) Kapitaleinkommen besteuert werden (Kombination mit der ICF, nicht-qualifizierte Kapitaleinkommen)[324] oder nicht (Umsatzsteuer als Alleinsteuersystem oder Kombination mit der ITP). Sofern diese Präferenz zugunsten der Fremdfinanzierung nicht schon im Einkommensteuersystem galt (weil das Y-Land das relative Hochsteuerland darstellt), sind im Zuge der Reform entsprechende Anpassungsreaktionen zu erwarten.

Eine andere Situation ergibt sich aus Sicht der Muttergesellschaft mit Sitz im Y-Land: Zunächst impliziert die Reform eine steuerliche Entlastung der marginalen (im Fall der Preisüberwälzung auch der inframarginalen) Renditen, während inframarginale Gewinne und überhöhte Zinsen bei einer Rücküberwälzung der Steuer in die Faktorentgelte indirekt belastet werden. In beiden Fällen gewährleistet die Umsatzsteuer eine symmetrische Quellenbelastung von Zinsen und Gewinnen. Die Finanzierungsentscheidung wird aus Sicht des Unternehmens insofern nur durch eine unsymmetrische Behandlung von Zinsen und Gewinnen im Y-Land

[323] Vgl. Schreiber (1993), S. 511. Schreiber stellt ferner (vgl. S. 520) fest, dass mit einem auf inländische Dividenden beschränkten Vollanrechnungssystem nicht gegen Auslandsinvestitionen wohl aber gegen deren Eigenfinanzierung diskriminiert wird. Im Hinblick auf die Gewinnverwendungsentscheidung (vgl. u. Kapitel C.2.1.2.4) ist diese Aussage allerdings zu relativieren.

[324] In beiden Fällen ist eine Steueranrechnung ausgeschlossen.

tangiert. Dabei hat die Quellenbelastung im C-Land nur bei Anwendung der Freistellungsmethode abgeltende Wirkung, während die Sitzortbesteuerung zu einer Körperschaftsteuerbelastung der Kapitaleinkommen führt. Sofern die Umsatzsteuer in die Kapitalrendite überwälzt wird, sind aufgrund fehlender Anrechnungsmöglichkeiten inframarginale Gewinne und überhöhte Zinsen doppelt besteuert. Deshalb ist die Freistellungsmethode steuerlich vorteilhaft. Bleibt die Freistellung auf Gewinne beschränkt, so wird zulasten der Fremdfinanzierung von Direktinvestitionen im C-Land diskriminiert. Kommt für beide Einkunftsarten die Sitzortbesteuerung zur Anwendung (also auch für thesaurierte und Veräußerungsgewinne), ist die Finanzierungsentscheidung aus Sicht des Unternehmens nicht verzerrt. Unter zusätzlicher Berücksichtigung der Präferenzen des Haushalts ist die Integrationsform von Bedeutung: Bei Anwendung des Vollanrechnungssystems ist die Körperschaftsteuerbelastung der Gewinne irrelevant. Wird die Umsatzsteuer in die Faktorentgelte überwälzt, sind marginale Renditen mit der persönlichen Einkommensteuer, inframarginale Kapitalrenditen mit Umsatzsteuer und persönlicher Einkommensteuer belastet. Wird die Umsatzsteuer in die Konsumgüterpreise überwälzt, wird eine derartige Doppelbelastung vermieden. Die Finanzierungsentscheidung ist also selbst dann nicht verzerrt, wenn die Freistellungsmethode im Rahmen der Unternehmensbesteuerung auf Gewinneinkünfte beschränkt ist. Eine Diskriminierung zugunsten der Eigenkapitalfinanzierung wäre nur dann gegeben, wenn die Haushalte Veräußerungsgewinne nicht versteuern müssen. Kommt das klassische System zur Anwendung, gilt das unternehmerische Kalkül zur Steuerlastminimierung (Diskriminierung zugunsten der Eigenkapitalfinanzierung bei Gewährung der Freistellungsmethode) uneingeschränkt auch aus Sicht der Haushalte.

Basiert die unilaterale Steuerreform auf der *R-CFS*, dann bestehen zur Umsatzsteuer entscheidende Parallelen. Denn aus Sicht der Muttergesellschaft mit Sitz im C-Land gilt auch hier für beide Einkommensarten die Freistellungsmethode und somit eine grundlegende Präferenz zugunsten der Fremdfinanzierung von Direktinvestitionen im Y-Land.[325] Dieses Kalkül wird durch die steuerliche Position des Haushalts gestützt. Denn bei einer Kombination mit der ITP hat die Unternehmensbesteuerung abgeltende Wirkung. Und bei einer Besteuerung auf Basis der ICF bzw. auf Basis der Einkommensteuer (für nicht-qualifizierte Kapitaleinkommen) sind die Unternehmenssteuern des Y-Landes regelmäßig nicht anrechenbar.

Aus Sicht der Muttergesellschaft mit Sitz im Y-Land gewinnt die Finanzierungsentscheidung angesichts der Steuerfreiheit marginaler Renditen im C-Land und der möglicherweise differenzierten Behandlung von Zins- und Gewinneinkommen an Bedeutung. Die Möglichkeit zur Gewinnthesaurierung und zur möglicherweise steuerfreien Realisierung von Veräußerungsgewinnen impliziert also

[325] Vgl. Grubert/Newlon (1997), S. 21f.; Shay/Summers (1997), S. 1068; Newlon (2000), S. 236.

wiederum eine Präferenz zugunsten der Eigenkapitalfinanzierung von Direktinvestitionen im C-Land. Indifferent zwischen den Finanzierungsalternativen wäre die Muttergesellschaft nur bei einheitlicher Sitzortbesteuerung sämtlicher Kapitaleinkünfte. Unter Berücksichtigung der Haushaltsbesteuerung bei Gewinnausschüttung sind diese Überlegungen zur Minimierung der Körperschaftsteuer dann irrelevant, wenn infolge der Vollanrechnung sämtliche marginale Renditen ausschließlich mit der persönlichen Einkommensteuer belastet sind. Können Veräußerungsgewinne hingegen steuerfrei realisiert werden oder unterliegen Dividenden der klassischen Besteuerungssystematik, so entsprechen die Überlegungen zur Minimierung der Körperschaftsteuerbelastung auch den steuerlichen Präferenzen der Anteilseigner. Die Eigenkapitalfinanzierung wird deshalb möglicherweise an Bedeutung gewinnen.

Werden inframarginale Renditen erwirtschaftet, so ist entscheidend, dass im Unterschied zur der auf inframarginalen Gewinnen ruhenden R-CFS die auf dem überhöhten Zins ruhende R-CFS im Rahmen der Unternehmensbesteuerung nicht anrechenbar ist. Überhöhte Zinsen unterliegen infolge der Sitzortbesteuerung aus Sicht der Muttergesellschaft mit Sitz im Y-Land zwingend einer doppelten Belastung mit Konsum- und Körperschaftsteuer. Daraus resultiert eine zusätzliche relative Begünstigung der Eigenkapitalfinanzierung mit der Folge entsprechender Anpassungsreaktionen. Unter Berücksichtigung der Haushaltsbesteuerung ergibt sich bei Anwendung des Vollanrechnungssystems die Gesamtbelastung der überhöhten Zinsen und inframarginalen Gewinne aus der R-CFS und der persönlichen Einkommensteuer. Der Haushalt ist dann (anders als das Unternehmen) indifferent zwischen der Eigen- und Fremdkapitalfinanzierung der Direktinvestition im Y-Land. Im Fall der klassischen Besteuerung und bei Nichtbesteuerung von Veräußerungsgewinnen behält das unternehmerische Ziel einer Körperschaftsteuerminimierung aber auch aus Sicht der Haushalte seine Gültigkeit.

RF-CFS und *ACE* unterscheiden sich von der R-CFS bzw. der Umsatzsteuer in zweierlei Hinsicht: Erstens sind Schuldzinsen von der Steuerbemessungsgrundlage unbeschränkt abzugsfähig, und zweitens kommt für Zinsen zwingend, möglicherweise auch für Gewinne, die Sitzortbesteuerung zur Anwendung. Abgesehen von der Nichtbesteuerung marginaler Renditen bestehen damit zur Einkommensteuer entscheidende Parallelen. Aus Sicht der Muttergesellschaft mit Sitz im C-Land ist eine gleich hohe Steuerbelastung von Zinsen und Dividenden aus dem Y-Land nur bei allgemeiner Durchsetzung der erweiterten (d.h. einkommensteuerbasierten) Sitzortbesteuerung gegeben. Erst eine Ausweitung der Besteuerung auf die im Y-Land thesaurierten Gewinne würde die unternehmensinterne Finanzierungsentscheidung nicht verzerren. Eine auf (thesaurierte, ausgeschüttete bzw. Veräußerungs-) Gewinne beschränkte Anwendung der Freistellungsmethode würde angesichts der möglicherweise niedrigeren (tarifären und durchschnittlichen) Quellenbesteuerung zugunsten der Eigenkapitalfinanzierung jener Direktinvestitionen im Y-Land diskriminieren, die hohe Übergewinnquoten aufweisen. Kommt hingegen die eingeschränkte Sitzortbesteuerung (ausschließliche Besteuerung inframarginaler Kapitalerträge) allgemein für sämtliche Kapitaleinkommen zur Anwendung, bleibt die Quellenbelastung des marginalen Kapitalertrags durch das Y-Land bestehen. Infolge des Zinsabzugs im Y-Land ist dann die Fremdfinanzierung begünstigt. Bei einer Beschränkung der eingeschränkten Sitzortbesteuerung auf Zinsen bei gleichzeitiger Gewährung der Freistellungsmethode für Gewinne ist dies allerdings nicht zwingend. Die Auswirkungen der Reform sind daher nicht eindeutig, erkennbar ist ein Unterschied zwischen Investitionen mit hohen Übergewinnquoten (Tendenz zur Eigenkapitalfinanzierung) und Investitionen mit marginalen Renditeaussichten (Tendenz zur Fremdfinanzierung).

Unter Berücksichtigung der steuerlichen Präferenzen der Haushalte bleiben die unternehmerischen Entscheidungen von den steuerlichen Präferenzen der Haushalte unberührt, wenn die RF-CFS bzw. die ACE mit der ITP kombiniert wird. Denn in diesem Fall hat die Unternehmensbesteuerung der Kapitaleinkommen abgeltende Wirkung. Bei einer Kombination mit der ICF (bzw. im Hinblick auf nicht-qualifizierte Kapitaleinkommen) ist hingegen zu berücksichtigen, dass eine Anrechnung ausländischer Unternehmenssteuern ausgeschlossen ist. Bei klassischer Dividendenbesteuerung bzw. einer Gewährung der Freistellungsmethode für Veräußerungsgewinne entspricht das unternehmerische Kalkül der Steuerminimierung insofern auch den Interessen des Anteilseigners. Eine auf inländische Dividenden beschränkte Anwendung des Vollanrechnungssystems impliziert hingegen auch hier eine Tendenz zugunsten der Fremdfinanzierung von Direktinvestitionen im Y-Land.

Im Hinblick auf die Finanzierungsentscheidung der Muttergesellschaft mit Sitz im Y-Land ist zunächst festzustellen, dass im Fall marginaler Renditeerwartungen die gleichen Überlegungen gelten wie bei einer Konsumbesteuerung auf Basis der Umsatzsteuer bzw. R-CFS. Eine gewisse Präferenz zugunsten der Eigenkapitalfinanzierung ist angesichts der Möglichkeit zur Gewinnthesaurierung bzw. steuerfreien Realisierung von Veräußerungsgewinnen zu erkennen. Ein entscheidender Unterschied zu den anderen Konsumsteuern besteht allerdings darin, dass eine Doppelbesteuerung überhöhter Zinsen aufgrund der unbeschränkten Abzugsfähigkeit im C-Land vermieden wird. Wie im Rahmen der bilateralen Einkommensbesteuerung kann daher ein internationales Belastungsgefälle ausgenutzt werden, um Gewinne im Zusammenhang mit der Finanzierungsentscheidung international zu verlagern. Insofern werden Direktinvestitionen mit hohen Übergewinnquote durch Fremdkapital, Investitionen mit marginalen oder geringfügig inframarginalen Renditen durch Eigenkapital finanziert. Die unilaterale Reform wird also auch hier eine Anpassung der Finanzierungsstruktur auslösen, wobei die Richtung maßgeblich von der spezifischen Kapitalrendite der Direktinvestition im C-Land abhängt. Es ist jedoch zu berücksichtigen, dass auf Haushaltsebene die im C-Land gezahlte Konsumsteuer nicht anrechenbar ist. Eine auf inländische Gewinne beschränkte Anwendung des Vollanrechnungssystems diskriminiert generell zugunsten der Fremdfinanzierung grenzüberschreitender Direktinvestitionen. Das klassische System bzw. die Nichtbesteuerung von Veräußerungsgewinnen begünstigen umgekehrt die Eigenkapitalfinanzierung (von Investitionen mit marginalen Renditen), wenn auf Unternehmensebene das Sitzortprinzip für sämtliche Kapitaleinkommen nicht lückenlos umgesetzt wird.

Es lässt sich zusammenfassen: Bei bilateraler Einkommensbesteuerung kann sowohl die Eigenkapital- als auch die Fremdfinanzierung grenzüberschreitender Direktinvestitionen begünstigt sein. Ob sich an dieser Tatsache infolge der unilateralen Konsumsteuerreform etwas ändert, ist von zahlreichen Einflussfaktoren abhängig. Zu diesen Einflussfaktoren gehört die Reichweite der internationalen Unternehmensbesteuerung (Freistellung vs. Sitzortbesteuerung), die Integrationsform zwischen Haushalts- und Unternehmensbesteuerung und die Höhe der zu erwartenden Kapitalrendite. Einige Argumente sprechen aber dafür, dass das C-Land verstärkt Eigenkapital attrahiert, das Y-Land hingegen (vorbehaltlich bestehender Gestaltungsfreiräume im Sinne der Gesellschafterfremdfinanzierung) Fremdkapital. Reformbedingte Reallokationsentscheidungen sind insofern nicht auszuschließen.

Vor diesem Hintergrund sind Rückschlüsse in bezug auf die bereits diskutierten Auswirkungen der Reform auf die Standortentscheidung der Unternehmen (Kapitel C.2.1.2.1) zu ziehen. Denn die Alternative der Fremdfinanzierung beinhaltet unter den hier beschriebenen Umständen die Möglichkeit, die aus der Eigenfinanzierung resultierende und möglicherweise diskriminierende Besteuerung zu vermeiden. Einerseits kann eine Muttergesellschaft mit Sitz im C-Land mittels Fremdfinanzierung die Belastung marginaler Kapitaleinkommen aus dem Y-Land vermeiden, wenn Kapitaleinkommen generell freigestellt (Umsatzsteuer, R-CFS) sind oder der eingeschränkten Sitzortbesteuerung (möglicherweise bei RF-CFS und ACE) unterliegen. Umgekehrt lässt sich aus Sicht der Muttergesellschaft mit Sitz im Y-Land die relativ hohe Belastung inframarginaler Renditen zumindest bei Fremdfinanzierung im Rahmen der ACE und RF-CFS umgehen. Ähnlich der Argumentation im Zusammenhang mit der Bedeutung konzerninterner Verrechnungspreise lässt sich insofern schlussfolgern, dass ein Land durch die Gewährung einer flexiblen Ausgestaltung der Finanzierungsstruktur seine Standortattraktivität möglicherweise verbessern kann. Auch hier besteht freilich ein Konflikt mit dem fiskalischen Ziel der Besteuerung.

C.2.1.2.4 Gewinnverwendung

Wurde bisher die Steuerbelastung von Gewinneinkünften als Grundlage für die Standortwahl und die Finanzierungsentscheidungen für (grenzüberschreitende) Investitionen betrachtet, so wurde die Steuerbelastung auf Haushaltsebene in die

Betrachtung einbezogen. Die damit unterstellte Gewinnausschüttung ist aber keineswegs zwingend. Möglicherweise ist aus Sicht des Haushalts bzw. Unternehmens ein Verzicht auf die Gewinnausschüttung rational. Um diese Frage beantworten zu können, ist die Besteuerung von thesaurierten und ausgeschütteten in- und ausländischen Gewinnen sowie von Veräußerungsgewinnen auf Haushaltsebene zu betrachten:

Die *Einkommensteuer* begünstigt die Thesaurierung inländischer Gewinne dann, wenn das klassische System gilt bzw. im Vollanrechnungssystem der Thesaurierungssatz geringer ist als der persönliche Einkommensteuersatz. Im Hinblick auf die Verwendung grenzüberschreitender Gewinne impliziert nur die Hinzurechnungsbesteuerung bzw. die Freistellung auch für ausgeschüttete Gewinne eine unverzerrte Gewinnverwendungsentscheidung auf Unternehmensebene. Ist die Anwendung der Sitzortbesteuerung hingegen auf ausgeschüttete Gewinne beschränkt und hat die Tochterkapitalgesellschaft ihren Sitz in einem relativen Niedrigsteuerland, wird zugunsten der Thesaurierung auf der Ebene der Tochterkapitalgesellschaft diskriminiert.[326] Eine Weiterausschüttung der ausländischen Gewinne an die Haushalte wird angesichts der fehlenden Möglichkeit zur Anrechnung der ausländischen Körperschaftsteuer (klassisches System) generell vermieden. Dieser Anreiz wird verstärkt, wenn Veräußerungsgewinne auf Haushaltsebene nicht besteuert werden bzw. für inländische Dividenden das Vollanrechnungssystem zur Anwendung kommt.[327]

Bei Anwendung der *Umsatzsteuer* wird die Gewinnverwendungsentscheidung steuerlich nicht tangiert, weil Kapitaleinkommen entweder keiner (Überwälzung in die Güterpreise) oder einer gewinnverwendungsunabhängigen (Überwälzung in die Faktorentgelte) Belastung unterliegen. Da bei einer Kombination mit der ITP Kapitaleinkommen auf Haushaltsebene nicht besteuert werden, wird die Gewinnverwendungsentscheidung hier ebenfalls nicht tangiert. Reformbedingte Anpassungsreaktionen sind deshalb nicht auszuschließen. Sofern allerdings die Steuer in die Kapitalrendite überwälzt wird, impliziert die Kombination mit der ICF aufgrund fehlender Anrechenbarkeit eine doppelte Belastung ausgeschütteter infra-

[326] Die Beschränkung der indirekten Anrechnung auf jene Steuern, die auf Gewinne entfallen, welche im Jahr ihrer Entstehung ausgeschüttet werden (Jährlichkeitsprinzip, vgl. Fußnote 322), wirkt diesem Anreiz entgegen. Denn die verzögerte Ausschüttung führt zur Doppelbelastung mit in- und ausländischer Körperschaftsteuer. Der Vorteil einer Gewinnthesaurierung im relativen Niedrigsteuerland entfaltet sich daher nur langfristig.

[327] Vgl. Krause-Junk/Müller (1997). Im letztgenannten Fall kann die Doppelbelastung der ausländischen Gewinne vermieden werden, indem diese im Inland thesauriert und die daraus erzielten Gewinne an die Haushalte ausgeschüttet werden. Es kommt also zu einer Ausschüttungsverzögerung (vgl. Schreiber (1993), S. 515). Weichenrieder (1995) hat dies anhand empirischer Daten zum Gewinnverwendungsverhalten inländischer Körperschaften für Deutschland belegt (sog. „Siemens-Effekt").

marginaler Gewinne. Dies impliziert eine Präferenz zugunsten der Thesaurierung. Eine steuerlich unverzerrte Verwendungsentscheidung besteht lediglich für marginale Gewinne.

Was grenzüberschreitende Direktinvestitionen anbelangt, so ist aus Sicht einer Muttergesellschaft mit Sitz im C-Land jede Quellenbelastung durch das Y-Land abgeltend. Die Gewinnverwendungsentscheidung wird also ausschließlich durch die möglicherweise differenzierte Behandlung thesaurierter und ausgeschütteter Gewinne durch das Einkommensteuersystem im Y-Land verzerrt. Während ausschüttungsbedingte Quellensteuern die Thesaurierung begünstigen, impliziert eine reduzierte Ausschüttungsbelastung (wie etwa im Rahmen eines split-rate-Systems) eine Entscheidung zugunsten der Gewinnausschüttung. Die Verwendung der ausländischen Gewinne gegenüber dem inländischen Haushalt wird durch die Besteuerung nicht tangiert, wenn die Umsatzsteuer allein oder in Kombination mit der ITP erhoben wird. Infolge der Reform ist daher mit zunehmenden Gewinnausschüttungen zu rechnen. Bei einer Kombination mit der ICF wird die Ausschüttung der ausländischen Gewinne an die Haushalte jedoch angesichts der drohenden Doppelbesteuerung vermieden (insbesondere bei Steuerfreiheit von Veräußerungsgewinnen) oder verzögert.

Auch bei Anwendung der *direkten Unternehmenskonsumsteuern* ist die Gewinnverwendungsentscheidung nicht verzerrt, sofern ein einheitlicher Steuersatz auf Unternehmensebene gilt und Kapitaleinkommen auf Haushaltsebene nicht besteuert werden (Kombinationen mit der ITP).[328] Reformbedingte Anpassungsreaktionen im Hinblick auf die Gewinnverwendungsentscheidung sind insofern nicht auszuschließen. Bei Kombinationen mit der ICF ist zu beachten, dass ausgeschüttete inframarginale Renditen auf Haushaltsebene besteuert werden. Dies führt beim klassischen System zu einer zusätzlichen Belastung und begünstigt insbesondere im Fall der Nichtbesteuerung von Veräußerungsgewinnen die Thesaurierung. Beim Vollanrechnungssystem wird die Ausschüttung (Thesaurierung) inframarginaler Gewinne begünstigt, wenn der persönliche Steuersatz geringer (höher) ist als der Unternehmenssteuersatz. Eine aneutrale (z.B. zeitverzögerte) Berücksichtigung von Quellensteuern impliziert ebenso eine Begünstigung der Thesaurierung. Im Hinblick auf inframarginale Gewinne bestehen damit ähnliche Probleme wie im Rahmen der Einkommensteuer, im Hinblick auf marginale Gewinne sind Unternehmen und Haushalt hinsichtlich der Gewinnverwendungsentscheidung allerdings indifferent.

Hinsichtlich der Verwendung grenzüberschreitender Gewinne ist zu berücksichtigen, dass die *R-CFS* zwingend mit der Freistellungsmethode verbunden ist. Die

---

[328] Eine unterschiedliche Belastung thesaurierter und ausgeschütteter Gewinne auf Unternehmensebene (split-rate-System) würde die Gewinnverwendungsentscheidung auch hier beeinflussen.

Gewinnverwendungsentscheidung gegenüber der Muttergesellschaft wird also (wie im Fall der Umsatzbesteuerung) ausschließlich durch die möglicherweise differenzierte Behandlung thesaurierter und ausgeschütteter Gewinne im Y-Land verzerrt. Bei der *RF-CFS* und der *ACE* bestehen wiederum bemerkenswerte Parallelen zur Einkommensteuer, weil neben der Freistellung auch die Sitzortbesteuerung zur Anwendung kommen kann. Die auf ausgeschüttete Gewinne beschränkte Sitzortbesteuerung würde im Fall eines Belastungsgefälles zugunsten des Y-Landes die Thesaurierung begünstigen, weil die Unternehmen nur so der höheren Belastung der inframarginalen (und im Fall der erweiterten Sitzortbesteuerung auch der marginalen) Gewinne ausweichen können. Bei allgemeiner Anwendung der Freistellungsmethode bzw. Hinzurechnungsbesteuerung für sämtliche Gewinne ist das Unternehmen hingegen indifferent zwischen den Verwendungsalternativen. Gegenüber dem Haushalt wird die Gewinnverwendungsentscheidung bei Kombinationen mit der ITP steuerlich nicht tangiert. Bei einer Kombination mit der ICF bzw. in bezug auf nicht-qualifizierte Kapitaleinkommen impliziert die drohende Doppelbelastung der (inframarginalen) Gewinne (klassisches System) jedoch eine steuerliche Begünstigung der Thesaurierung. Eine Beschränkung des Vollanrechnungssystems auf die inländischen Gewinne begünstigt wie bei der Einkommensteuer den „Siemens-Effekt".

Auch aus Sicht der Muttergesellschaft mit Sitz im Y-Land wird der Systemwechsel die Gewinnverwendungsentscheidung tangieren: Da jeder Konsumsteuerbaustein (abgesehen von Quellensteuern) eine symmetrische Quellenbelastung thesaurierter und ausgeschütteter Gewinne gewährleistet, kann eine Verzerrung allein aus der möglicherweise unterschiedlichen steuerlichen Behandlung im Y-Land resultieren. Die generelle Anwendung der Freistellung ist daher (bei Verzicht auf Quellensteuererhebung im C-Land) genauso ohne Einfluss auf die Gewinnverwendung wie die Hinzurechnungsbesteuerung in Verbindung mit der Veräußerungsgewinnbesteuerung. Eine auf ausgeschüttete Gewinne beschränkte Sitzortbesteuerung impliziert (abgesehen von Anrechnungsüberhängen, insbesondere aber bei drohender Doppelbesteuerung infolge der fehlenden Anrechnungsmöglichkeit in bezug auf die Umsatzsteuer) hingegen eine Präferenz zugunsten der Thesaurierung. Die Möglichkeit, marginale (im Fall einer Vorüberwälzung der Umsatzsteuer in die Güterpreise auch inframarginale) Gewinne im C-Land steuerfrei akkumulieren und möglicherweise in Form von Veräußerungserlösen steuerfrei in das Y-Land transferieren zu können, wird ebenfalls die Anreize zur Thesaurierung verstärken.[329] Zudem wird weiterhin eine Weiterausschüttung der Gewinne aus dem C-Land an die Haushalte vermieden. Denn durch die damit verbundene Einkommensbesteuerung geht nicht nur die möglicherweise auf Unternehmensebene gewährte Steuerfreiheit der marginalen Renditen verloren, sondern

[329] Das Jährlichkeitsprinzip (vgl. Fußnote 322) wirkt dem Anreiz zur Gewinnthesaurierung in diesem Fall nicht entgegen, da diese Gewinne keiner Quellenbelastung unterliegen.

es kommt je nach Integrationssystem auch zu einer mehrfachen Belastung der inframarginalen bzw. auch der marginalen Rendite.

Es lässt sich zusammenfassen: Das im Rahmen der Einkommensteuer bekannte Problem einer (im allgemeinen zugunsten der Thesaurierung) verzerrten Gewinnverwendungsentscheidung wird bei einer unilateralen Konsumsteuerreform sowohl in qualitativer als auch in quantitativer Hinsicht tangiert. Indifferent sind Unternehmen und Haushalte lediglich im Hinblick auf die Verwendung inländischer marginaler Gewinne. In bezug auf inframarginale Gewinne gilt dies nur bei einem Verzicht auf die Haushaltsbesteuerung bzw. im Fall einer Güterpreisüberwälzung der Steuer. Infolge der Reform sind verstärkt Gewinnausschüttungen zu erwarten. Im Hinblick auf grenzüberschreitende Gewinne bestehen in Abhängigkeit von der Reichweite der Besteuerung von Muttergesellschaften jedoch Anreize, insbesondere marginale Gewinne im C-Land bzw. inframarginale Gewinne im Y-Land zu thesaurieren.[330] Das aus der Einkommensteuer bekannte Problem, dass gegen die Weiterausschüttung grenzüberschreitender Gewinne an die Haushalte diskriminiert wird, bleibt sowohl aus Sicht der Y-Inländer als auch (bei Kombinationen mit der ICF bzw. in bezug auf nicht-qualifizierte Kapitaleinkommen) aus Sicht der C-Inländer bestehen.

C.2.1.3 Zwischenergebnis

Die Allokationsentscheidungen der Unternehmen und Haushalte sind im Kollisionsfall durch die systematischen Unterschiede zwischen Einkommen- und Konsumsteuer geprägt. Selbst wenn eine Konsumsteuerreform aufkommensneutral ausgestaltet wird, sind unterschiedliche einzelwirtschaftlichen Anpassungsreaktionen zu erwarten. Insbesondere hat sich – wie nicht anders zu erwarten - gezeigt, dass diese Anpassungsreaktionen weder auf die C-Inländer noch auf das C-Land beschränkt sind. Darin kommt sowohl die internationale Dimension einer unilateralen Steuerreform in einer offenen Volkswirtschaft als auch die mangelnde Kompatibilität zwischen Einkommen- und Konsumsteuer zum Ausdruck.

Aus Sicht des Reformlandes sind die Reform bzw. das daraus resultierende Allokationsgleichgewicht grundsätzlich zwiespältig zu beurteilen. Dies resultiert aus der Tatsache, dass eine unilaterale Entlastung des marginalen Kapitalertrags bzw. die Verengung der Bemessungsgrundlage im Rahmen einer aufkommensneutralen Reform die Notwendigkeit beinhaltet, den Konsum bzw. Arbeits- und inframarginale Kapitaleinkommen höher zu besteuern. Abgesehen davon, dass ein solcher Schritt selbst in einer geschlossenen Volkswirtschaft nicht unproblematisch ist, sind die sich in einer offenen Volkswirtschaft bietenden Ausweichreaktionen weitaus kritischer zu sehen. Die Diskriminierung gegen den Binnenkonsum - wie

---

330 Vgl. Hines (1996), S. 484.

sie bei der Anwendung einer Konsumsteuer erwartet werden könnte, tatsächlich aber nur bei einer nach dem Bestimmungslandprinzip erhobenen Umsatzsteuer eintritt – erscheint dabei (angesichts der relativen Immobilität der Haushalte in bezug auf den Konsumort) noch als das geringste Problem. Gravierender sind die Auswirkungen eines im Vergleich zur Einkommensteuer verschärften steuerlichen Zugriffs auf Arbeits- und inframarginale Kapitaleinkommen bei Anwendung ursprungslandbasierter Konsumsteuern. Denn die aus der Konsumsteuersystematik resultierende individuelle Belastung ist nur einer von mehreren Einflussfaktoren für einzelwirtschaftliche Entscheidungen. Exogen sind in diesem Sinne der Grad der Ortsbindung inframarginaler Renditen, die Einkommensteuersystematik des Y-Landes und die grenzüberschreitende Mobilität der Haushalte und Unternehmen. Durch den Einfluss dieser Rahmenbedingungen werden die mit der unilateralen Konsumsteuerreform verbundenen Ziele im Sinne einer Förderung der Standortattraktivität und der Kapitalbildung zum Teil verfehlt.

Die Tatsache einer weltwirtschaftlichen Integration des Reformlandes kommt diesem insofern nicht nur zugute, sondern impliziert auch Nachteile. Der Nettoeffekt der Konsumsteuerreform ist aus Sicht des Reformlandes keineswegs eindeutig. Es ist denkbar, dass der Wechsel zur Konsumbesteuerung erfolgreich verläuft und auch das Y-Land diese Reform toleriert (s.u.). Resultat wäre ein *Kollisionsfall mit neutralem Y-Land.* Nicht minder plausibel ist aber auch eine Situation, in welcher der Systemwechsel für das Reformland mehr Nachteile als Vorteile beinhaltet. In diesem Fall wäre ein *Verzicht auf die Konsumsteuerreform* zu empfehlen.

Zwiespältig sind die Auswirkungen der unilateralen Konsumsteuerreform auch aus Sicht des Auslands zu beurteilen. Zum einen können im Rahmen der Einkommensteuersystematik die im C-Land gewährten sachverhaltsbezogenen Steuerentlastungen (in bezug auf marginale Kapitaleinkommen bzw. in bezug auf sämtliche Einkommen im Fall der in die Güterpreise vorüberwälzten Umsatzsteuer) nicht nachvollzogen werden. Daraus resultieren eindeutige komparative Nachteile. Zum anderen ermöglicht die im Vergleich zur Konsumsteuer breitere Bemessungsgrundlage die Anwendung niedrigerer Steuertarife. Weitere Vorteile bestehen aufgrund einer fehlenden Diskriminierung gegen die Einkommensverwendung für Konsumzwecke, aufgrund der umfassenden Möglichkeiten zur Personifizierung der Steuerbelastung und aufgrund der Möglichkeiten zu einer umfassenden welteinkommensbasierten und Migrationsbesteuerung von Unternehmen bzw. Haushalten. Trotzdem wird das Y-Land möglicherweise einen Verlust an wirtschaftlicher Aktivität sowie eine Erosion des Steueraufkommens hinnehmen müssen, nicht zuletzt wegen der Lücken im Welteinkommensprinzip bzw. der internationalen einzelwirtschaftlichen Mobilität.

Allerdings wurde bisher unterstellt, dass das Y-Land die Reform ohne Gegenreaktionen toleriert. Eine solche Neutralität des Y-Landes ist jedoch nur unter bestimmten Voraussetzungen zu erwarten:[331] Zum einen wären Gegenmaßnahmen nicht rational, wenn die Auswirkungen der Konsumsteuerreform für das Y-Land quantitativ unbedeutend sind, wie dies im Fall eines relativ kleinen Reformlandes zu erwarten ist.[332] Ferner wären Gegenmaßnahmen nicht angebracht, wenn das Y-Land dem Reformland bereits vor der unilateralen Reform (z.B. im Rahmen der Entwicklungspolitik) steuerpolitische Zugeständnisse gemacht hat. Ein solches Vorgehen wäre dann geradezu kontraproduktiv.[333] Drittens kann ein neutrales Verhalten aber auch daraus resultieren, dass das Y-Land weder über die steuerpolitischen noch über die administrativen Mittel verfügt, um tatsächlich auch *wirksame* Gegenmaßnahmen zu ergreifen. Wahrscheinlich ist dieses Szenario im Fall eines relativ kleinen Y-Landes bzw. eines relativ großen C-Landes.

Jedoch wurde an verschiedenen Stellen deutlich, dass die infolge der unilateralen Reform zu erwartenden Anpassungsreaktionen maßgeblich durch die nationale und internationale Einkommensteuersystematik des Y-Landes determiniert werden. Insofern steht dem Y-Land grundsätzlich ein steuerpolitisches Instrumentarium zur Verfügung, mit dem die Auswirkungen der Reform beeinflußt werden können. Sofern das Y-Land also die unilaterale Reform nicht toleriert, ist mit entsprechenden Gegenmaßnahmen zu rechnen. Die Ausgestaltung dieser Gegenmaßnahme und ihre Bedeutung für das einzelwirtschaftliche Entscheidungskalkül, für das C-Land und für die mit der Reform verbundenen Ziele sind Gegenstand des folgenden Kapitels.

C.2.2 Gegenmaßnahmen des Auslands

Im folgenden werden potentielle Gegenmaßnahmen des Y-Landes unter dem Gesichtspunkt betrachtet, die negativen Auswirkungen der unilateralen Konsumsteuerreform zu kompensieren.[334] Dabei wird unterstellt, dass das Y-Land grundsätzlich an der Einkommensteuer festhält.[335] Differenziert wird zwischen Maßnahmen

---

[331] Vgl. Krause-Junk (1999a), S. 140; Genser (1990), S. 531; Avi-Yonah (1996b), S. 1346.

[332] Dieses Phänomen ist auch aus dem internationalen Steuerwettbewerb bekannt: Ein kleines Land kann ein großes Land durch die attraktive Gestaltung des Steuersystems „ausbeuten".

[333] Eine solche Haltung hätte sich möglicherweise auch gegenüber Kroatien hinsichtlich der steuerlichen Behandlung von Gewinnen aus Direktinvestitionen durch ausländische Muttergesellschaften durchgesetzt (vgl. zu dieser Auffassung Dörfler/Pokrovac/Madl (1997), S. 13).

[334] Es sei vermerkt, dass die Gegenmaßnahmen auch darauf abzielen können, dem Reformland zu schaden und damit die Konsumsteuerreform zu verhindern, selbst wenn für das Y-Land aus dem Systemwechsel keine quantitativ bedeutsamen Nachteile resultieren. So lässt sich wohl das Verhalten der USA gegenüber Bolivien erklären - die USA haben mit einer Verweigerung der indirekten Steueranrechnung der direkten Unternehmenskonsumsteuer gedroht (vgl. dazu Kapitel C.2.2.2.2.3). Dieses Vorgehen ist wohl kaum damit zu begründen, dass die USA ansonsten einen bedrohlichen Verlust von Direktinvestitionen an Bolivien zu verkraften gehabt hätten.

[335] Die Option einer Konsumsteuerreform durch das Y-Land wird in Kapitel C.3 berücksichtigt.

zum Schutz der Steuerbemessungsgrundlage und des Steueraufkommens (Kapitel C.2.2.1) sowie Maßnahmen zur Attrahierung wirtschaftlicher Aktivität (Kapitel C.2.2.2). Diskutiert werden dabei Änderungen im Bereich der inländischen und der internationalen (beschränkten und unbeschränkten) Steuerpflicht. Den Ausführungen schließt sich eine Analyse der Reaktionsmöglichkeiten des C-Landes an (Kapitel C.2.2.3). Das Kapitel endet mit einer Beurteilung der Frage, ob Gegenmaßnahmen des Y-Landes erfolgreich und welche Folgeszenarien zu erwarten sind (Kapitel C.2.2.4).

C.2.2.1 Maßnahmen gegen die Erosion des Steueraufkommens

Abgesehen von der Tatsache, dass im Zuge einer Verlagerung realwirtschaftlicher Aktivitäten der C-Inländer und Y-Inländer in das C-Land bzw. einer Abwanderung von Y-Inländern in das C-Land die Steuerbemessungsgrundlage reduziert wird bzw. das Steueraufkommen des Y-Landes sinkt, ergeben sich bereits durch unternehmerische Anpassungsreaktionen in den Bereichen der Finanzierungsstruktur, der Ausgestaltung konzerninterner Verrechnungspreise und der Gewinnverwendung negative Aufkommenseffekte für das Y-Land. Denn international verbundene Unternehmen haben im Kollisionsfall je nach Systemkonstellation und Belastungsgefälle einen Anreiz, Gewinne in das C-Land zu verlagern (vgl. Kapitel C.2.1.2.2), die Fremdfinanzierung von Direktinvestitionen im Y-Land auszudehnen (vgl. Kapitel C.2.1.2.3), und Gewinnausschüttungen an das Y-Land zu reduzieren (vgl. Kapitel C.2.1.2.4).

Diese Reallokationsentscheidungen haben das Ziel, system- und tarifbedingte bilaterale Belastungsdifferenzen auszunutzen bzw. einen standortbezogenen Belastungsnachteil des Y-Landes zu kompensieren, ohne reale Aktivitäten (d.h. Produktionsstätten) in das C-Land zu verlagern. Damit bestehen aus Sicht des Y-Landes Zugriffsmöglichkeiten, die eine Verlagerung der Bemessungsgrundlage in das C-Land und damit die Erosion des Steueraufkommens verhindern.

Eine erste Reaktionsmöglichkeit des Y-Landes besteht darin, auf die verbleibende Bemessungsgrundlage im Rahmen der Körperschaftsbesteuerung von Tochterkapitalgesellschaften sowie der Quellenbesteuerung von Zins- und Dividendenzahlungen an das C-Land höhere Tarife anzuwenden.[336] Sofern dies zu einer Mehrbelastung der im Y-Land ansässigen Unternehmen führt,[337] werden zusätzliche An-

---

Denkbar wären auch nicht-steuerliche Maßnahmen (wie etwa Sanktionen), die nicht Gegenstand dieser Arbeit sind. Ob die Gegenmaßnahmen mit einem bestehenden Doppelbesteuerungsabkommen vereinbar sind, steht aufgrund des juristischen Charakters dieser Fragestellung hier ebenfalls nicht zur Disposition (zur kontroversen Diskussion vgl. Grubert/Newlon (1997), S. 39ff.; Avi-Yonah (1996a) und Avi-Yonah (1995), 1457ff.). Konflikte erscheinen aber unausweichlich.

[336] Vgl. zu dieser Position Avi-Yonah (1995), S. 1449 und Shay/Summers (1997), S. 1074f.

[337] Der Fiskus des C-Landes beteiligt sich im Fall der erweiterten oder beschränkten Sitzortbesteu-

reize zur Gewinnverlagerung in das C-Land auf dem Weg der Fremdfinanzierung und über die konzerninterne Leistungsverrechnung induziert. Zudem würde eine allgemeine Tariferhöhung bei der Körperschaftsteuer auch Unternehmen ohne internationale Beteiligungsstruktur betreffen. Eine Steuererhöhung erscheint insofern keine angemessene Antwort auf eine aufkommensneutral ausgestaltete Konsumsteuerreform im C-Land.

Eine gezielte Maßnahme gegen den Verlust an Steueraufkommen infolge der Ausweitung der *Fremdfinanzierung* stellt die Verschärfung der Unterkapitalisierungsvorschriften dar.[338] Diese Unterkapitalisierungsvorschriften sehen vor, dass bei Überschreitung einer bestimmten Verschuldungsquote die Zinszahlungen von der Tochtergesellschaft an die Muttergesellschaft als verdeckte Gewinnausschüttungen eingestuft werden und dann der Körperschaftsteuer sowie der Dividendenquellensteuer unterliegen.[339] Dieser verstärkte steuerliche Zugriff des Y-Landes führt zunächst zu einer Mehrbelastung des dort ansässigen Unternehmens. Handelt es sich dabei um die Tochterkapitalgesellschaft einer Muttergesellschaft mit Sitz im C-Land, mindert dies die Rendite der Direktinvestition im Y-Land. Sofern jedoch zur Vermeidung bzw. Minderung der Doppelbesteuerung die erweiterte oder beschränkte Sitzortbesteuerung zur Anwendung kommt, beteiligt sich auch der Fiskus des C-Landes zumindest teilweise an dieser steuerlichen Zusatzbelastung des Unternehmens. Handelt es sich bei dem unterkapitalisierten Unternehmen im Y-Land um eine Muttergesellschaft (die Fremdfinanzierung impliziert eine Gewinnverlagerung auf die Tochterkapitalgesellschaft im C-Land), dann resultiert aus dem verstärkten steuerlichen Zugriff des Y-Landes auf die Muttergesellschaft ebenfalls ein höheres Steueraufkommen im Y-Land. Ferner sinkt der Ertrag bei der Tochterkapitalgesellschaft im C-Land. Sofern die Muttergesellschaft im Y-Land dem Sitzortprinzip unterliegt, ergeben sich infolge des höheren Anrechnungsanspruchs negative Rückwirkungen auf das Steueraufkommen im Y-Land. Unabhängig davon ist der verschärfte Zugriff des Y-Landes an der Quelle

erung (RF-CFS und ACE) an der steigenden Quellenbelastung von Tochterkapitalgesellschaften im Y-Land. Unterliegen Gewinne aus dem Y-Land der Freistellungsmethode (Umsatzsteuer, R-CFS) oder wird die indirekte Anrechnung verweigert (Steuern auf marginale Gewinne im Rahmen der eingeschränkten Sitzortbesteuerung), geht die Mehrbelastung vollständig zulasten der Unternehmen.

338 Vgl. Shay/Summers (1997), S. 1074; Avi-Yonah (1995), S. 1449; Grubert/Newlon (1997), S. 38; Schreiber (1998), S. 71. Zur Ausgestaltung und den Folgen vgl. nochmals oben Fußnote 141.

339 Auf ein ähnliches Ergebnis läuft die Strategie hinaus, im Sinne einer „comprehensive business income tax" den Abzug von Fremdkapitalzinsen gänzlich zu untersagen (vgl. zu diesem Vorschlag Bond (2000), S. 166ff.; Cnossen (1996), S. 86f.; Gammie (1992), S. 246f. und Schreiber (1993), S. 522ff. sowie Kapitel D.1.2.1). Allerdings würde dies auch jene Unternehmen treffen, die ihre Investitionen im Y-Land in akzeptablem Umfang (im Sinne der Unterkapitalisierungsvorschriften) fremdfinanziert haben. Da auch nicht-steuerliche Gründe für eine Fremdfinanzierung (vgl. oben Fußnote 321) sprechen, erscheint eine derartige Pauschalisierung der Mißbrauchsvermutung nicht gerechtfertigt.

aber regelmäßig fiskalisch erfolgreich, weil so die Besteuerungsmöglichkeiten des C-Landes eingeschränkt werden und eine zeitnahe Besteuerung der im Y-Land entstehenden Faktoreinkommen ermöglicht wird.

Gegen den Verlust an Steueraufkommen infolge der *verrechnungspreisbedingten Gewinnverlagerung* in das C-Land kann das Y-Land mit einer Einschränkung des diesbezüglichen unternehmerischen Gestaltungsspielraumes vorgehen. So sichert sich das Y-Land einen größeren Anteil der gewinnsteuerlichen Bemessungsgrundlage von international verbundenen Unternehmen. Wie bei der Verschärfung der Unterkapitalisierungsvorschriften geht dies zunächst zulasten des im Y-Land ansässigen Unternehmens, teilweise aber auch zulasten des Fiskus im C-Land. Ungeachtet dessen impliziert diese Maßnahme ein höheres Steueraufkommen im Y-Land.[340]

Ein anderes fiskalisches Problem ergibt sich im Zusammenhang mit der *Gewinnverwendungsentscheidung* von Tochterkapitalgesellschaften mit Sitz im C-Land. Die Möglichkeit einer steuerfreien Akkumulation marginaler (und im Fall der in die Güterpreise vorüberwälzten Umsatzsteuer auch inframarginaler) Gewinne wird aufgrund der gestiegenen Anreize zur Gewinnthesaurierung die Bemessungsgrundlage der Muttergesellschaft mit Sitz im Y-Land und somit das Steueraufkommen des Y-Landes reduzieren. Dies gilt zumindest dann, wenn für ausgeschüttete Gewinne das Sitzortprinzip und gleichzeitig für thesaurierte Gewinne infolge einer Anerkennung der Abschottungswirkung bzw. auch für Veräußerungsgewinne die Freistellungsmethode zur Anwendung kommt.[341] In diesem Fall bietet es sich aus Sicht des Y-Landes an, die Abschottungswirkung der Kapitalgesellschaft zu durchbrechen und thesaurierte (wie ausgeschüttete und Veräußerungs-) Gewinne unter Anrechnung der Konsumsteuer im Y-Land zu besteuern.[342]

Wenngleich diese angesprochenen Maßnahmen zum Schutz der Bemessungsgrundlage und des Steueraufkommens aus der Besteuerung international verbundener Unternehmen in fiskalischer Hinsicht überzeugen, so muss ihr Erfolg zumindest mittel- bis langfristig bezweifelt werden. Denn der verschärfte Zugriff auf

---

[340] Vgl. zu diesem Vorschlag Avi-Yonah (1995), S. 1449/1458; McLure (1996), S. 513; Newlon (2000), S. 219f.

[341] Gilt entweder die Freistellungsmethode auch für ausgeschüttete Gewinne oder die Hinzurechnungsbesteuerung für thesaurierte Gewinne und gleichzeitig die Sitzortbesteuerung für Veräußerungsgewinne, dann ist nicht mit einer reformbedingten Zunahme der Gewinnthesaurierung im C-Land zu rechnen. Unter fiskalischen Gesichtspunkten sind dann keine Änderungen notwendig.

[342] Hierbei könnte es sich als nebensächlich erweisen, dass die Hinzurechnungsbesteuerung gegenwärtig nur für passive und niedrig besteuerte Auslandsgewinne zur Anwendung kommt. Das Y-Land wird diese Einschränkung gegebenenfalls überdenken. Die gleiche Strategie einer forcierten Sitzortbesteuerung der Muttergesellschaften bietet sich möglicherweise auch im Zusammenhang mit der Direktinvestitionsentscheidungen an (vgl. dazu Kapitel C.2.2.2.2.2).

Quellentatbestände im Y-Land führt zwingend zu einer höheren Steuerbelastung der Unternehmen. Damit aber wird den Unternehmen die Möglichkeit genommen, die aus der unilateralen Besteuerung des marginalen Kapitalertrags resultierenden steuerlichen Standortnachteile des Y-Landes zumindest teilweise zu kompensieren. Steht angesichts der genannten unternehmerischen Anpassungsreaktionen eine Standortverlagerung in das C-Land infolge der unilateralen Reform nicht zur Disposition, so können diese Gegenmaßnahmen der Auslöser für eine derartige Entscheidung betroffener Unternehmen sein.[343] Dem kurzfristigen fiskalischen Gewinn steht damit das mittel- bis langfristige Risiko zusätzlich verminderter Standortattraktivität im Vergleich zum C-Land gegenüber. Ein zusätzlicher Verlust an Steueraufkommen wäre die Folge. Geht der verschärfte Besteuerungszugriff teilweise auch zulasten des Steueraufkommens im C-Land, muss zudem mit Gegenmaßnahmen des C-Landes gerechnet werden (vgl. dazu Kapitel C.2.2.3). Insofern zeigt sich, dass das Ausmaß der Quellenbesteuerung im Rahmen der territorialen Einkommensteuer in einer offenen Volkswirtschaft ein Balanceakt zwischen Standortattraktivität und fiskalischen Zielen darstellt.

C.2.2.2 Maßnahmen zur Lösung des Standortproblems

Für das Y-Land kann die unilaterale Konsumsteuerreform negative Auswirkungen insofern bedeuten, als Haushalte und Unternehmen wirtschaftliche Aktivitäten in das C-Land verlagern, weil sich dort steuerlich günstigere Rahmenbedingungen als im Y-Land bieten. Im folgenden wird analysiert, wie das Y-Land dieser Entwicklung begegnen kann. Entscheidend ist in diesem Zusammenhang, ob die Haushalte und Unternehmen im Hinblick auf ihren Wohn- bzw. Sitzort immobil sind oder nicht.

Eine erste Reihe von Gegenmaßnahmen (Kapitel C.2.2.2.1) hat zum Ziel, die (relative) Standortattraktivität aus Sicht der C-Inländer zu erhöhen, um deren Faktorreallokationsentscheidungen zulasten des Y-Landes zu vermeiden. Hierbei bieten sich insbesondere Steuersenkungen an. Zweitens (Kapitel C.2.2.2.2) kann das Y-Land den steuerlichen Zugriff auf Einkommen aus dem C-Land forcieren bzw. gegen Faktoreinkommen aus dem C-Land steuerlich diskriminieren, um reformbedingte Anreize zur Faktorreallokation der Y-Inländer zugunsten des C-Landes zu neutralisieren. Die Standortattraktivität kann aus Sicht der Y-Inländer aber auch durch Steuersenkungen im Y-Land verbessert werden. Eine dritte Gruppe (Kapitel C.2.2.2.3) von hier analysierten Gegenmaßnahmen zielt auf die ansiedlungsfreundliche Gestaltung der Steuerpolitik im Y-Land ab, um eine Abwanderung von Haushalten bzw. Unternehmen in das C-Land zu vermeiden bzw. deren Zuwanderung zu bewirken.

[343] Vgl. dazu auch Kapitel C.2.2.2.3.

C.2.2.2.1 Faktorallokationsentscheidungen der C-Inländer

Aus Sicht der Haushalte und Unternehmen mit Wohn- bzw. Sitzort im C-Land entfaltet die Einkommensbesteuerung im Y-Land möglicherweise eine im Vergleich zu der im C-Land erfolgenden konsumbasierten Faktorbesteuerung diskriminierende Wirkung, so dass es aus ihrer Sicht als Faktoreinsatzort[344] in diesen Fällen nicht attraktiv ist. Diesem Nachteil kann das Y-Land durch Steuersenkungen begegnen.[345]

Für die Haushalte mit Wohnsitz im C-Land ist festgestellt worden, dass bei einem Faktoreinsatz im C-Land marginale (qualifizierte) Kapitaleinkommen, im Fall einer in die Güterpreise überwälzten Umsatzsteuer zudem Arbeits- und auch inframarginale Kapitaleinkommen keiner direkten Steuerbelastung unterliegen. Hingegen unterliegen Faktoreinkommen aus dem Y-Land zunächst entsprechend den Vorschriften der beschränkten Steuerpflicht einer Quellenbelastung, im C-Land sind sie entweder freigestellt (Umsatzsteuer, möglicherweise Kapitaleinkommen bei der ITP und Arbeitseinkommen bei der ITP und der ICF), oder sie werden unter Anrechnung der Quellensteuern des Y-Landes besteuert (inframarginale Kapitaleinkommen bei der ICF, möglicherweise Arbeitseinkommen bei der ITP und der ICF).

Anreize zu einer Reallokation des *Arbeitsangebots* zulasten des Y-Landes resultieren vor allem aus einer Reform auf der Basis der nach dem Bestimmungslandprinzip erhobenen Umsatzsteuer. Da Arbeitseinkommen im C-Land steuerfrei verdient werden können, muss das Y-Land auf jegliche Quellenbesteuerung verzichten, um aus Sicht der C-Inländer wettbewerbsfähige Rahmenbedingungen zu bieten. - Anders ist der Sachverhalt bei den territorialen Konsumsteuern. Denn dann ist das C-Land infolge einer Verengung der Bemessungsgrundlage i.d.R. gezwungen, die Steuerbelastung auf Arbeitseinkommen zu erhöhen, womit sich die relative Standortattraktivität des Y-Landes im allgemeinen verbessert. Reallokationsentscheidungen zulasten des Y-Landes sind insofern nicht zu erwarten. Abgesehen davon kann das Y-Land seine Standortattraktivität aus Sicht der Haus-

[344] Nicht diskriminiert wird gegen die konsumtive Einkommensverwendung. Sofern dies im C-Land der Fall sein sollte (wie bei der nach dem Bestimmungsland- bzw. Mischprinzip erhobene Umsatzsteuer), weist das Y-Land insofern immer einen entsprechenden Standortvorteil auf.

[345] Zweitrangig ist die Frage, ob Steuersenkungen auf die Quellentatbestände der C-Inländer beschränkt werden (vgl. zu dieser Position Musgrave, P. B. (1991), S. 564 und Meade (1978), S. 415f.) oder allgemein erfolgen (vgl. zu dieser Position Avi-Yonah (1996b), S. 1347 und Spengel (1998), S. 349). Eine selektive Anwendung ist weder praktikabel noch mit dem Kriterium der Ausländerneutralität (Gleichbehandlung von In- und Ausländern an der Quelle) vereinbar. Allerdings sind die fiskalischen Kosten geringer. Da allgemeine Steuersenkungen auch dazu dienen, Reallokationsentscheidungen der Y-Inländer zugunsten des C-Landes zu vermeiden (Kapitel C.2.2.2.2.1) bzw. eine ansiedlungsfreundliche Besteuerung umzusetzen (vgl. Kapitel C.2.2.2.3), erscheint diese Variante überlegen.

halte mit Wohnsitz im C-Land durch Steuersenkungen möglicherweise weiter verbessern. Besonders deutlich wird dies bei der nach dem Ursprungslandprinzip erhobenen Umsatzsteuer, bei der die Steuerbelastung nicht an die persönliche Leistungsfähigkeit anknüpft. Da ferner die Freistellungsmethode in bezug auf grenzüberschreitende Arbeitseinkommen anzuwenden ist, führen Steuersenkungen im Y-Land unmittelbar zu einer Entlastung des Einkommensbeziehers. Ähnliches gilt bei Reformen auf der Basis der direkten Konsumsteuern, wenngleich hier eine Personifizierung der Steuerbelastung möglich ist. Steuersenkungen im Y-Land führen allerdings nur dann zum Erfolg, wenn das C-Land die Freistellungsmethode gewährt. Im Fall einer Umsetzung des Weltkonsumprinzips (Wohnsitzbesteuerung mit Anrechnungsmethode) würde der Besteuerungsverzicht des Y-Landes einen Steueraufkommenstransfer zugunsten des Fiskus im C-Land implizieren. In allokativer Hinsicht wäre diese Maßnahme also wirkungslos.

Portfoliokapitaleinkommen der Haushalte mit Wohnsitz im C-Land unterliegen im Y-Land einerseits ausschüttungsbedingten Quellensteuern und zum anderen (im Fall von Gewinneinkünften) der Körperschaftsteuer. Wendet das Reformland eine Umsatzsteuer an, ist diese Belastung aus Sicht der C-Inländer abgeltend, diesbezügliche Steuersenkungen würden insofern den Kapitalanbietern zugute kommen. Im Rahmen der ICF und der ITP ist eine Anrechnung der Quellensteuern denkbar, Steuersenkungen im Y-Land würden dann lediglich einen Steueraufkommenstransfer bewirken. Unabhängig vom Konsumsteuersystem ist aber die Körperschaftsteuerbelastung der Gewinne aus dem Y-Land definitiv. Diskriminierend für eine Kapitalallokation der C-Inländer zugunsten des Y-Landes wirkt diese Besteuerung dann, wenn es im C-Land an einer vergleichbaren Steuer fehlt. Dies ist wiederum dann der Fall, wenn eine Umsatzsteuer erhoben und diese vollständig in die Güterpreise überwälzt wird, bzw. wenn lediglich marginale Kapitaleinkommen verdient werden. Das Y-Land müsste in diesen Fällen auf die Erhebung der Körperschaftsteuer verzichten oder den C-Inländern die auf den (marginalen) Dividenden ruhende Körperschaftsteuer erstatten. Da dies mit einkommensteuerlichen Grundsätzen nicht vereinbar ist, lässt sich der diesbezügliche - steuersystematisch begründete - Standortnachteil des Y-Landes nicht vollständig beheben. Die dargestellten Verzerrungen zugunsten eines Fremdkapitalangebots lassen sich ebenfalls nicht korrigieren, wenngleich Steuersenkungen eine Entlastung der an C-Inländer fließenden Faktoreinkommen implizieren.

Anders ist der Sachverhalt, wenn inframarginale Renditen erzielt werden und die Steuer infolge einer Rücküberwälzung von den Kapitalanbietern zu tragen ist (direkte Konsumsteuern, Umsatzsteuer nach dem Ursprungslandprinzip bei fixen Wechselkursen). In diesem Fall ist eine Verzerrung der Kapitalallokationsentscheidung zulasten des Y-Landes gar nicht zwingend. Zudem kann das Y-Land durch Steuersenkungen im Bereich der Quellensteuern und der Körperschaftsteuer seine Stellung im Wettbewerb um international mobiles Kapital verbessern, sofern die betreffenden Einkommen im C-Land nicht besteuert (Umsatzsteuer, Kombinationen mit der ITP) oder diese Steuern nicht angerechnet (Dividendenbesteuerung im Rahmen der ICF und im Hinblick auf nicht-qualifizierte Einkommen) werden.

Diese Ergebnisse lassen sich weitestgehend auf die Frage übertragen, ob Steuerentlastungen auf Seiten der Tochterkapitalgesellschaften die Standortbedingungen für *Direktinvestitionen* im Y-Land durch Muttergesellschaften mit Sitz im C-Land verbessern. Reformbedingte Anreize zum Verzicht auf Direktinvestitionen im Y-Land wurden insbesondere dann gesehen, wenn lediglich marginale Renditen (im Fall der in die Güterpreise überwälzten Umsatzsteuer auch inframarginale Renditen) erwirtschaftet und mangels Möglichkeiten der Gewinnverlagerung in das C-Land auch im Y-Land besteuert werden. Diese Steuerbelastung impliziert aus Sicht der Muttergesellschaft mit Sitz im C-Land (unabhängig von der internationalen Konsumsteuersystematik) eine abgeltende und damit gegen Direktinvestitionen im Y-Land diskriminierende Wirkung. Gleichwertige steuerliche Verhältnisse im Vergleich zum C-Land lassen sich aber auch hier nicht herstellen, weil das Y-Land gegenüber den betreffenden Tochterkapitalgesellschaften auf eine Körperschaftsteuererhebung verzichten müsste. Selbst wenn das C-Land die Freistellungsmethode gewährt (Umsatzsteuer, R-CFS), wirkt jede noch so geringe Belastung des marginalen Kapitalertrags diskriminierend. Zudem kann das C-Land durch Anwendung der erweiterten oder eingeschränkten Sitzortbesteuerung den Besteuerungsverzicht des Y-Landes vollständig neutralisieren, womit weiterhin grundsätzlich gegen Direktinvestitionen im Y-Land (bzw. zumindest gegen deren Eigenkapitalfinanzierung) diskriminiert wird.

Andererseits bietet das Y-Land möglicherweise einen Standortvorteil, wenn inframarginale Renditen[346] erwirtschaftet werden und diese im C-Land ebenfalls einer direkten oder indirekten Steuerbelastung unterliegen (Rücküberwälzung der Konsumsteuer in die Kapitalrendite). Sinkt der im Y-Land zur Anwendung kommende Körperschaftsteuersatz unter den Konsumsteuertarif und gilt aus Sicht der Muttergesellschaft mit Sitz im C-Land die Freistellungsmethode, kann das Y-Land durch Steuersenkungen seine Standortattraktivität im Hinblick auf derartige Direktinvestitionen verbessern. Sofern das C-Land allerdings die (erweiterte oder eingeschränkte) Sitzortbesteuerung (möglicherweise auch für thesaurierte und Veräußerungsgewinne) durchsetzt, resultiert aus dem Besteuerungsverzicht des Y-Landes lediglich ein Steueraufkommenstransfer zugunsten des C-Landes. Zudem muss bedacht werden, dass im Fall einer Reingewinnbesteuerung auf Haushaltsebene (ICF) und einer auf inländische Gewinneinkommen beschränkten Anwen-

[346] Es ist erneut darauf hinzuweisen, dass das Y-Land selbst ortsgebundene Reingewinne nicht beliebig besteuern kann, weil infolge der Besteuerung marginaler Renditen die durchschnittliche Nettorendite unter die steuerfreie Marginalrendite im C-Land sinken kann (vgl. Fußnote 269).

dung des Vollanrechnungssystems aus Sicht der Haushalte mit Wohnsitz im C-Land grundsätzlich gegen eigenkapitalfinanzierte Direktinvestitionen im Y-Land diskriminiert wird.

Es zeigt sich, dass die reformbedingten Reallokationsentscheidungen der C-Inländer durch Steuersenkungen im Y-Land nur bedingt zu beeinflussen sind. Steuersenkungen sind in den Bereichen erfolgreich, in denen das C-Land höhere Tarife anwendet und gleichzeitig ein Belastungsgefälle zugunsten des Y-Landes nicht korrigieren kann. Durch Umsetzung des Weltkonsumprinzips oder eine restriktivere welteinkommensbasierte Besteuerung werden entsprechende Bemühungen des Y-Landes aber konterkariert. Darüber hinaus kann das Y-Land in einigen Fällen die im C-Land gewährten Steuervergünstigungen nicht nachvollziehen, da diese mit der Einkommensteuersystematik nicht vereinbar sind. Dies ist angesichts einer aufkommensneutralen Ausgestaltung der Steuerreform im C-Land erstaunlich, letztlich aber auf den systematischen Unterschied zwischen Konsum- und Einkommensteuer zurückzuführen.

C.2.2.2.2 Faktorallokationsentscheidungen der Y-Inländer

Reformbedingte Anreize zur internationalen Faktorreallokation[347] ergeben sich für die Y-Inländer in jenen Fällen, in denen die Steuerbelastung der Einkommen aus dem C-Land im Vergleich zur bilateralen Einkommensbesteuerung sinkt. Dies ist immer dann zu erwarten, wenn die Quellenbelastung im C-Land sinkt und gleichzeitig die Einkommen im Y-Land freigestellt sind, eine Anrechnung dieser Steuern sowohl vor als auch nach der Reform nicht gewährt wird oder Anrechnungsüberhänge bestanden haben und diese infolge der Reform abgebaut werden.

Im Hinblick auf die *Arbeitseinkommensbesteuerung* ist dies insbesondere bei einer Konsumsteuerreform auf der Basis der nach dem Bestimmungslandprinzip erhobenen Umsatzsteuer plausibel, während bei Anwendung der territorialen Konsumsteuern die Quellenbelastung der Arbeitseinkommen tendenziell steigt. Gravierender sind Änderungen im Bereich der *Kapitalbesteuerung*, hier können die Y-Inländer je nach internationaler Einkommensteuersystematik von der Entlastung des marginalen bzw. auch des inframarginalen Kapitalertrags profitieren.

Dem Y-Land stehen verschiedene Instrumenten zur Verfügung, die reformbedingten Reallokationsanreize der Y-Inländer zugunsten des C-Landes zu mindern oder zu neutralisieren: Erstens (Kapitel C.2.2.2.2.1) kann der Versuch unternommen werden, die Steuerbelastung im Y-Land durch Steuersenkungen an das Be-

347 Anpassungsreaktionen im Bereich der konsumtiven Einkommensverwendung sind entweder nicht zu erwarten (Konsumsteuerreform auf der Basis der direkten Konsumsteuern bzw. der nach dem Ursprungslandprinzip erhobenen Umsatzsteuer), oder sie fallen zugunsten des Y-Landes aus (Verlagerung des Konsum- bzw. Einkaufsortes bei Anwendung der nach dem Bestimmungsland- bzw. Mischprinzip erhobenen Umsatzsteuer). Gegenmaßnahmen sind hier nicht erforderlich.

lastungsniveau im C-Land anzugleichen. Zweitens (Kapitel C.2.2.2.2.2) kann das Y-Land die Umsetzung des Welteinkommensprinzips forcieren, so dass die Y-Inländer nicht in den Genuss der Steuervergünstigungen im C-Land kommen. Drittens (Kapitel C.2.2.2.2.3) kann das Y-Land im Rahmen der Sitzortbesteuerung von Unternehmen bzw. der Wohnsitzbesteuerung von Haushalten die Anrechnung von Steuern des C-Landes verweigern. Die Wirksamkeit dieser Maßnahmen wird im folgenden analysiert.

C.2.2.2.2.1 Steuersenkungen

Es wurde bereits dargestellt, dass Steuersenkungen nur bedingt geeignet sind, reformbedingte Reallokationsanreize der C-Inländer zulasten des Y-Landes zu neutralisieren. Neben einer restriktiven (weltkonsumbasierten) Besteuerung der C-Inländer erweist sich in diesem Zusammenhang der systematische Unterschied zwischen Einkommen- und Konsumsteuer als ausschlaggebend. Dieser Aspekt ist auch dann von Bedeutung, wenn durch Steuersenkungen Faktorallokationsentscheidungen der Y-Inländer zugunsten des Y-Landes beeinflusst werden sollen:

So kann das Y-Land im Hinblick auf die *Arbeitseinkommensbesteuerung* die vollkommene im C-Land gewährte Steuerentlastung bei einer Konsumbesteuerung auf der Basis der nach dem Bestimmungslandprinzip erhobenen Umsatzsteuer nicht nachvollziehen. Solange das Y-Land an einer (Arbeits-)Einkommensbesteuerung festhält, werden Standortnachteile gegenüber dem C-Land bestehen. Bessere Erfolgsaussichten haben Steuersenkungen, wenn die Konsumbesteuerung auf territorialen Konsumsteuern (direkte Konsumsteuern, Umsatzsteuer nach dem Ursprungslandprinzip) basiert. Wenngleich in diesen Fällen Allokationsentscheidungen zugunsten des C-Landes ohnehin unwahrscheinlich sind, kann das Y-Land durch Steuersenkungen seine Standortattraktivität zusätzlich erhöhen und dem C-Land schaden.

Nicht konkurrenzfähig ist das Y-Land im Hinblick auf die Besteuerung marginaler (und bei einer Konsumsteuerreform auf Basis der in die Güterpreise überwälzten Umsatzsteuer auch inframarginaler) *Kapitaleinkommen*. Die notwendige vollkommene Steuerentlastung des Kapitals wäre mit der Einkommensteuersystematik nicht vereinbar. Sofern allerdings inframarginale Renditen erwirtschaftet und diese im C-Land belastet werden, bewirken Steuersenkungen eine weitere Verbesserung der i.d.R. ohnehin gegebenen Standortvorteile gegenüber dem C-Land.

Erneut zeigt sich, dass Steuersenkungen auch in bezug auf die reformbedingten Faktorallokationsentscheidungen der Y-Inländer zugunsten des C-Landes nur bedingt zum Erfolg führen. Wie auch aus Sicht der C-Inländer setzt der systematische Unterschied zwischen Einkommen- und Konsumsteuer maßgebliche Grenzen. Deshalb sollte einer restriktiveren Wohnsitz- bzw. Sitzortbesteuerung von Haushalten und Unternehmen der Vorzug gegeben werden.

C.2.2.2.2.2 Stärkung des Welteinkommensprinzips

Die Umsetzung des Welteinkommensprinzips durch Erfassung und Besteuerung sämtlicher internationaler Einkommen ist im Rahmen der Einkommensteuer nicht nur Voraussetzung für eine an der Leistungsfähigkeit orientierte, sondern auch für eine steuerlich unverzerrte Faktorallokationsentscheidung. Dies hat sich im Rahmen der Analyse reformbedingter Reallokationsentscheidungen der Y-Inländer (vgl. Kapitel C.2.1) insofern bestätigt, als Anreize zu einer Verlagerung des Faktorangebots in das C-Land vor allem auf Lücken im Wohnsitz- bzw. Sitzortprinzip bei der Besteuerung der Haushalte und Unternehmen zurückzuführen sind. Denn unter diesen Umständen können die Y-Inländer von den Steuervergünstigungen im C-Land auch ohne eine Verlagerung ihres Wohn- bzw. Sitzortes profitieren.

Die Lücken im Welteinkommensprinzip sind sowohl auf systematische Regelungen (Gewährung der Freistellungsmethode) als auch auf Versäumnisse in der Erfassung der internationalen Einkommen (Steuerhinterziehung) zurückzuführen.[348] Das Y-Land wird sich möglicherweise gezwungen sehen, diese Lücken im Wohnsitzlandprinzip durch eine restriktivere Besteuerung der Einkommen aus dem C-Land zu schließen.[349] Begründet werden könnte dieses Vorgehen mit dem Hinweis, dass die im Rahmen der bilateralen Einkommensbesteuerung gewährte Freistellung im Kollisionsfall aufgrund einer nunmehr fehlenden *angemessenen* Quellenbelastung der Faktor*einkommen* im C-Land fehlt und das bilaterale Belastungsgefälle zum Steuermissbrauch einlädt. Eine derart nachsichtige Behandlung der bisher freigestellten Einkommen wäre insofern nicht mehr gerechtfertigt bzw. mit dem Allokations- und Verteilungsziel der zur Anwendung kommenden Einkommensteuer nicht vereinbar.

Im Hinblick auf die Besteuerung von *Arbeitseinkommen* ist die Anwendung der Freistellungsmethode insbesondere bei einer Konsumbesteuerung auf der Basis der nach dem Bestimmungslandprinzip erhobenen Umsatzsteuer nicht akzeptabel. Denn Arbeitseinkommen unterliegen im C-Land keiner Besteuerung. Die Umsetzung des Wohnsitzlandprinzips ist aufgrund fehlender Anrechnungsansprüche unproblematisch, der reformbedingte Besteuerungsverzicht des C-Landes führt zu einem Steueraufkommenstransfer zugunsten des Y-Landes. Anreize zur Verlagerung des Arbeitsortes in das C-Land können somit vollständig neutralisiert werden. Bestand bisher ein Belastungsgefälle zugunsten des Reformlandes und wurde

---

[348] Auch die Verweigerung der Steueranrechnung widerspricht dem Konzept des Wohnsitzlandprinzips – in diesem Falle allerdings zulasten des Steuerpflichtigen.

[349] Vgl. zu dieser Auffassung Krause-Junk (1999a), S. 139; Avi-Yonah (1996b), S. 1347; Avi-Yonah (1996a), S. 262 und Musgrave, P. B. (2000a), S. 95.

bisher die Freistellungsmethode gewährt, stellt sich das C-Land deshalb schlechter als im Rahmen der bilateralen Einkommensbesteuerung. Aus Sicht des Y-Landes stellt der Wechsel zum Wohnsitzlandprinzip daher eine wirksame Maßnahme zur Herstellung eines entscheidungsneutralen Besteuerungsergebnisses und zur Schädigung des C-Landes dar.

Auch bei einer direkten oder indirekten Quellenbelastung der Arbeitseinkommen im C-Land infolge einer Anwendung territorialer Konsumsteuern ist ein Wechsel von der Freistellung zum Wohnsitzlandprinzip denkbar. Da sich die Standortattraktivität des C-Landes wegen der i.d.R. höheren Besteuerung von Arbeitseinkommen ohnehin verschlechtert, wird ein Wechsel zur Wohnsitzbesteuerung im Y-Land dem C-Land zusätzlich schaden. Zudem muss berücksichtigt werden, dass im Y-Land lediglich eine direkte Konsumsteuer (also ITP und ICF), nicht aber die Umsatzsteuer anrechenbar ist. Sofern also Arbeitseinkommen indirekt mit der Umsatzsteuer (infolge einer auf dem Ursprungslandprinzip basierten Systematik) belastet sind, führt die zusätzliche Wohnsitzbesteuerung zu einer doppelten Belastung der Arbeitseinkommen. Abgesehen von Anrechnungsüberhängen ist eine entscheidungsneutrale Besteuerung aus Sicht der Y-Inländer daher nur bei Anwendung der ITP oder ICF im C-Land möglich. Daher ist auch diese Strategie aus Sicht des Y-Landes erfolgversprechend.

Portfoliokapitaleinkommen unterliegen auf Haushaltsebene i.d.R. formal dem Wohnsitzlandprinzip. Eine Ausnahme stellt die Freistellung von Veräußerungsgewinnen und möglicherweise die Gewährung von Einkommensfreibeträgen dar. Ferner bestehen im Hinblick auf die Besteuerung von Zins- und Dividendeneinkünften bekanntermaßen Erfassungslücken. Diese Ausnahmen vom Welteinkommensprinzip sind die Ursache für reformbedingte Kapitalreallokationsentscheidungen der Y-Inländer zugunsten des C-Landes. Wird die Umsetzung des Welteinkommensprinzips forciert, so unterliegen marginale Kapitaleinkommen der persönlichen Einkommensteuer. In den Fällen einer nicht-anrechenbaren Konsumsteuerbelastung[350] unterliegen inframarginale Kapitaleinkommen einer doppelten Besteuerung mit Konsum- und Einkommensteuer. Dies impliziert dann eine Diskriminierung gegen die internationale Kapitalallokation, wenn die Doppelbesteuerung inländischer Dividenden durch das Vollanrechnungssystem vermieden wird. Nur in den Fällen, in denen lediglich marginale Renditen verdient werden oder selbst inframarginale Kapitaleinkommen im C-Land (infolge einer Güterpreisüberwälzung) im C-Land nicht besteuert werden, impliziert die Wohnsitzbesteuerung ein entscheidungsneutrales Besteuerungsergebnis. Die Strategie der forcierten Wohnsitzbesteuerung der Haushalte in bezug auf Portfoliokapital-

[350] Dies betrifft überhöhte Zinsen bei Anwendung der R-CFS und der in die Faktorentgelte überwälzten Umsatzsteuer nach dem Ursprungslandprinzip sowie inframarginale Gewinne bei der in die Faktorentgelte überwälzten Umsatzsteuer nach dem Ursprungslandprinzip und den direkten Unternehmenskonsumsteuern.

einkommen ist aus Sicht des Y-Landes in jedem Falle erfolgreich, weil damit der reformbedingte Besteuerungsverzicht des C-Landes fiskalisch vollständig neutralisiert werden kann. Letztlich stellt sich das C-Land auch hier schlechter als im Fall der bilateralen Einkommensbesteuerung, in deren Rahmen das Y-Land zum Teil auf die Besteuerung der Kapitaleinkommen verzichtet hat.

Im Rahmen der *Unternehmensbesteuerung* sind Ausnahmen vom Welteinkommensprinzip häufiger zu finden als im Rahmen der Haushaltsbesteuerung. So wird auf Ebene der Muttergesellschaft i.d.R. auf eine Sitzortbesteuerung von Veräußerungsgewinnen, von thesaurierten und (infolge des Schachtelprivilegs) vielfach auch ausgeschütteten Gewinnen verzichtet. Dies erklärt die reformbedingten Anreize zur Verlagerung von Direktinvestitionen (insbesondere bei Erwartung marginaler Renditen und geringer Übergewinnquoten) aus Sicht der Unternehmen aus dem Y-Land.

Geht das Y-Land nun zur Sitzortbesteuerung über, sind marginale (bei einer in die Güterpreise überwälzten Umsatzsteuer auch inframarginale) Kapitalrenditen auf Unternehmensebene ausschließlich mit der Körperschaftsteuer belastet, wobei eine Steueranrechnung aufgrund fehlender Steuerpflichten im C-Land entfällt. Sofern im C-Land inframarginale Gewinne[351] erzielt und diese infolge einer Rücküberwälzung in die Faktorentgelte belastet werden, droht aufgrund der nochmaligen Besteuerung im Y-Land eine Doppelbesteuerung. Diese wird durch die Gewährung der indirekten Steueranrechnung vermieden, und führt aus Sicht des Unternehmens ein entscheidungsneutrales Besteuerungsergebnis herbei. Bei einer Konsumbesteuerung auf Basis der Umsatzsteuer ist die indirekte Steueranrechnung allerdings ausgeschlossen. Darüber hinaus führt die nochmalige Gewinnbesteuerung auf Haushaltsebene zu einer zusätzlichen steuerlichen Diskriminierung gegen grenzüberschreitende Kapitaleinkommen, sofern für inländische Dividenden das Vollanrechnungssystem zur Anwendung kommt. Insofern kann das Y-Land auch hier einen Wechsel erwägen.

Die Reaktion der Unternehmen auf den Wechsel von der Freistellungsmethode zur Sitzortbesteuerung wird maßgeblich von der Reichweite dieser Änderung determiniert: Bleibt die Sitzortbesteuerung auf ausgeschüttete Gewinne beschränkt, dann werden die Unternehmen ihr Ausschüttungsverhalten anpassen und Gewinne im C-Land verstärkt thesaurieren. Da die (marginalen, möglicherweise auch inframarginalen) Gewinne im C-Land steuerfrei akkumuliert werden können, ergibt sich selbst bei späterer Ausschüttung kein Steuernachteil.[352] Sofern allerdings inframarginale Gewinne im C-Land belastet werden, resultiert daraus bei späterer Ausschüttung infolge der Anrechnungsverweigerung eine Doppelbesteuerung

[351] In bezug auf Zinseinkommen wurde eine generelle Umsetzung des Sitzortprinzips unterstellt.

[352] Wegen fehlender Quellenbelastung ist das Jährlichkeitsprinzips bedeutungslos (Fußnote 300).

(s.u.). Diese kann freilich durch eine Verlagerung der inframarginalen Gewinne in das Y-Land mittels Maßnahmen im Rahmen der konzerninternen Leistungsverrechnung bzw. der Finanzierungsstruktur vermieden werden, sofern die entsprechende Gestaltungsfreiräume noch nicht ausgereizt sind. In Betracht zu ziehen ist auch die Möglichkeit einer steuerfreien Realisierung von thesaurierten Gewinnen durch die Veräußerung der Tochterkapitalgesellschaft, sofern Veräußerungsgewinne nicht steuerpflichtig sind.

Insofern wird die auf ausgeschüttete Gewinne beschränkte Anwendung des Sitzortprinzips aus Sicht des Y-Landes nicht den gewünschten Erfolg in dem Sinne mit sich bringen, dass Allokationsentscheidungen der Muttergesellschaften mit Sitz im Y-Land in bezug auf Direktinvestitionen zugunsten des C-Landes unterbleiben. Vielmehr muss die Sitzortbesteuerung auf Veräußerungsgewinne und auch auf thesaurierte Gewinne ausgedehnt werden.[353] Im letztgenannten Fall wird die Abschottungswirkung der Kapitalgesellschaft durchbrochen und die Systematik der Hinzurechnung kommt generell zur Anwendung.[354] Abgesehen von Anrechnungsüberhängen und einer aus mangelnder Anrechenbarkeit resultierenden Doppelbesteuerung inframarginaler Renditen wird auf diesem Wege eine aus Sicht der Muttergesellschaft mit Sitz im Y-Land verzerrungsfreie Besteuerung in- und ausländischer Kapitaleinkommen hergestellt.[355] Auch hier stellt sich das C-Land letztlich schlechter als im Vorfeld der Reform, wenn das Y-Land bisher die Abschottungswirkung der Kapitalgesellschaft anerkannt und die Freistellungsmethode gewährt hat.[356]

---

[353] Vgl. zu diesem Vorschlag Shay/Summers (1997), S. 1074; Krause-Junk (1990b), S. 507; Isaac (1997), S. 317; Avi-Yonah (1996a), S. 263; Musgrave, P. B. (2000a), S. 95. In diesem Zusammenhang könnte es sich als nachrangig erweisen, dass derzeit die Hinzurechnungsbesteuerung lediglich für niedrig besteuerte passive Einkünfte zur Anwendung kommt.

[354] Zweitrangig ist in diesem Zusammenhang die Frage, ob die verschärfte Besteuerung auf die der Reform folgenden Neuinvestitionen im C-Land beschränkt oder auf Altinvestitionen ausgedehnt werden sollte. Die Anwendung für Altinvestitionen ist aus folgenden Gründen plausibel: Erstens wäre es nicht gerechtfertigt, Altinvestitionen gegenüber Neuinvestitionen steuerlich zu begünstigen. Zweitens würde eine auf Neuinvestitionen beschränkte Sitzortbesteuerung die Komplexität des Außensteuerrechts auf Jahre hinaus erhöhen und Abgrenzungsschwierigkeiten hervorrufen. Und drittens (vgl. dazu Avi-Yonah (1996b), S. 1348 sowie Kapitel C.5.2 zu den Übergangsproblemen einer Konsumsteuerreform) ließen sich die aus der Reform möglicherweise resultierenden *windfall gains* besteuern. - Auf der anderen Seite widerspricht eine Ausdehnung auf Altinvestitionen dem Gebot eines Bestandsschutzes. Möglicherweise wäre infolge einer Eliminierung bisher gewährter Steuervergünstigungen (im Sinne der Freistellung) die Rentabilität mancher Direktinvestitionen im C-Land gefährdet.

[355] Für Direktinvestitionen mit der Aussicht auf ortsgebundene Reingewinne bleibt die Reichweite der internationalen Einkommensteuer freilich ohne Bedeutung.

[356] Für Avi-Yonah (1997), S. 1088 stellt der Wechsel des Y-Landes zur Sitzortbesteuerung aus Sicht des C-Landes ein „worst case scenario" dar. Allerdings resultieren aus Verweigerung der indirekten Anrechnung direkter Konsumsteuern noch gravierendere Nachteile für das C-Land, weil

Zusammenfassend lässt sich feststellen, dass sich die Maßnahmen zur forcierten Umsetzung der Wohnsitzbesteuerung durch das Y-Land alles in allem als geeignetes Mittel erweisen, um reformbedingte Faktorallokationsentscheidungen der Haushalte mit Wohnsitz im Y-Land zugunsten des C-Landes bzw. reformbedingte Verlagerungen von Direktinvestitionen in das C-Land durch Muttergesellschaften mit Sitz im Y-Land zu vermeiden. Für das C-Land beinhaltet diese Entwicklung generell Nachteile. Einerseits stellt es sich schlechter als im Fall der bilateralen Einkommensbesteuerung. Zweitens werden die in bezug auf Faktoreinkommen gewährten Steuervergünstigungen vollständig kompensiert. Genau darin besteht für das Y-Land ein positiver Nebeneffekt dieser Strategie – das Steueraufkommen aus der Belastung grenzüberschreitender Einkommen lässt sich zumindest teilweise zulasten des Fiskus im C-Land steigern. Allerdings ist zu berücksichtigen, dass das Welteinkommensprinzip gegen den Wohnort international mobiler Haushalte bzw. den Sitzort international mobiler Unternehmen diskriminiert und Anreize zur Verlagerung derselben induziert werden (vgl. dazu ausführlich Kapitel C.2.2.2.3). Ferner stellt die Umsetzung des Welteinkommensprinzips hohe Anforderungen an die Steuerverwaltung.

C.2.2.2.2.3 Verweigerung der Steueranrechnung

Sofern das Y-Land im Rahmen der Haushalts- und Unternehmensbesteuerung eine wohnsitz- bzw. sitzortbasierte Besteuerung anwendet bzw. im Zuge der unilateralen Reform entsprechende Bemühungen forciert, wurde bisher i.d.R.[357] eine Anrechnung der im C-Land erhobenen Konsumsteuern unterstellt. Diese Anrechnung bezog sich auf die aus der Anwendung der direkten Konsumsteuern resultierenden ausschüttungsbedingten Quellensteuern, die Arbeitseinkommensteuer sowie auf die Unternehmenskonsumsteuer innerhalb der Unternehmen (indirekte Anrechnung).

Es ist aber nicht auszuschließen, dass das Y-Land die Anrechnung der direkten Konsumsteuern ablehnt. Sowohl im Hinblick auf die Arbeitseinkommensteuern im Rahmen der ICF und der ITP, als auch im Hinblick auf Zins- und Dividendenquellensteuern erscheint dies jedoch *systematisch* nicht gerechtfertigt. Denn diese Teilsteuern kommen auch im Rahmen der bilateralen Einkommensbesteuerung zur Anwendung und werden gegenseitig angerechnet. Die Option, deren Anrechnung im Zuge der Reform zu verweigern, ist daher im folgenden nicht weiter in Betracht zu ziehen.

---

sich dadurch eine höhere Steuerbelastung als bei alleiniger Anwendung der Sitzortbesteuerung ergibt (vgl. Kapitel C.2.2.2.2.3).

[357] Von vornherein ausgeschlossen wurde eine Anrechnung der direkten Unternehmenskonsumsteuern (CFS, ACE) auf Haushaltsebene sowie eine indirekte Anrechnung der Umsatzsteuer (bei Rücküberwälzung in die Kapitalrendite).

Eine andere Sachlage besteht allerdings im Hinblick auf die grenzüberschreitende indirekte Anrechnung der ACE und CFS im Fall von Gewinnausschüttungen der Tochterkapitalgesellschaft mit Sitz im C-Land an die Muttergesellschaft mit Sitz im Y-Land. Im folgenden werden die Argumente für und wider die Anrechnung dieser Konsumsteuern dargestellt und die Auswirkungen einer Nichtanrechnung analysiert. Daraus lässt sich schlussfolgern, ob die Anrechnungsverweigerung aus Sicht des Y-Landes eine angemessene Strategie darstellt, reformbedingte Anreize zur Verlagerungen von Direktinvestitionen in das C-Land zu neutralisieren:

Eine indirekte Anrechnung wird im Rahmen der Einkommensbesteuerung nur dann gewährt, wenn die anzurechnende Steuer der Einkommensteuer entspricht.[358] Diese grundlegende Voraussetzung kann weder die CFS noch die ACE erfüllen, wie eine Betrachtung ihrer Bemessungsgrundlagen verdeutlicht.[359] Denn infolge der Steuerfreistellung des marginalen Kapitalertrags wird gegen einkommensteuerliche Ermittlungsgrundsätze verstoßen. Belastet wird mit der inframarginalen Rendite nur ein Teil des Kapitaleinkommens. Bei der CFS kommt es zudem zu einer von der Einkommensteuer abweichenden Behandlung des Fremdkapitals. So wird im Rahmen der R-CFS das Nettoprinzip aufgrund der Verweigerung des Schuldzinsabzugs verletzt, der Schuldner muss überhöhte Zinsen aus einem versteuerten Cash-Flow leisten. Hingegen sind Zinseinnahmen beim Gläubiger nicht steuerpflichtig. Bei der RF-CFS wird das Nettoprinzip durch die Besteuerung von Krediteinzahlungen bzw. die Absetzbarkeit von Tilgungsleistungen durchbrochen. Obwohl Zinsen beim Gläubiger steuerpflichtig sind, wird auch hier nicht das Periodeneinkommen belastet.[360]

Trotz dieser Unterschiede gegenüber der Einkommensteuer finden sich auch Argumente für die Anrechenbarkeit von ACE und CFS: Erstens würde die Verweigerung der Anrechnung von Konsumsteuern widersprüchlich erscheinen, wenn nur Steuern auf das (ökonomische) Einkommen anrechenbar sein sollen. Denn dann müsste auch einer mit großzügigen Abschreibungsregeln ausgestatteten Körperschaftsteuer die Anrechnung verwehrt werden, die der CFS, welche mit der Sofortabschreibung eine extreme Verkürzung der Abschreibungszeiträume beinhaltet, systematisch nahe kommt.[361] Zweitens wird die Anrechnung von Befür-

[358] Vgl. Grotherr/Herfort/Strunk (1998), S. 76f. und 174ff.

[359] Vgl. Shome/Schutte (1993), S. 657; Shay/Summers (1997), S. 1070; Avi-Yonah (1995), S. 1451; Avi-Yonah (1996b), S. 1350; Musgrave, P. B. (1991), S. 564; McLure/Zodrow (1991), S. 134; McLure/Zodrow (1996c), S. 829; McLure/Zodrow (1998), S. 5 und 9f.; Isaac (1997), S. 316.

[360] An diesem Aspekt drohte die Anrechnung der bolivianischen RF-CFS im Rahmen der Sitzortbesteuerung US-amerikanischer Muttergesellschaften zu scheitern (vgl. McLure/Zodrow (1998), S. 10 und Endnote 30).

[361] Vgl. McLure/Zodrow (1998), S. 6 und Endnote 30. Eine überhöhte Abschreibung mindert den Barwert der Steuerbelastung. Ein Unternehmen hat also durch verkürzte Abschreibungszeiträume einen Zinsgewinn infolge einer verzögerten Steuerbelastung. Die Anrechnung einer mit überhöh-

wortern der Konsumsteuerreform mit dem Argument gefordert, dass bei einer Anrechnungsverweigerung die internationale Kapitalallokation verzerrt wird.[362] Aus der Sicht des C-Landes erscheint diese Argumentation durchaus plausibel. Allerdings kann aus Sicht des Y-Landes argumentiert werden, dass auch das C-Land (bei Umsetzung der erweiterten oder eingeschränkten Sitzortbesteuerung) gegen Direktinvestitionen der C-Inländer im Y-Land diskriminiert. Eher politischer Natur ist ein drittes Argument,[363] wonach mit der Androhung der Anrechnungsverweigerung die Reformbemühungen potentieller Konsumsteuerländer unterdrückt werden. Ferner wird von den Befürwortern der Konsumsteuern deklariert, dass Konsumsteuern nur einen Teil des Kapitaleinkommens (den inframarginalen Kapitalertrag) erfassen, und daher das Anrechnungsvolumen bzw. die fiskalische Belastung für das Y-Land im Vergleich zur indirekten Anrechnung einer Einkommensteuer ohnehin sinkt.[364] Allerdings wird dabei verkannt, dass infolge der Verengung der Bemessungsgrundlage inframarginale Renditen höher belastet sind. Wenngleich im individuellen Fall die Anrechnungsansprüche tatsächlich sinken können, gilt dies nicht aus gesamtwirtschaftlicher Sicht im Fall einer sektoral aufkommensneutralen Ausgestaltung der Steuerreform. Und auch das Argument, dass aufgrund einer engen steuersystematischen Verwandtschaft zwischen Einkommen- und Konsumsteuer eine indirekte Anrechnung zu gewährleisten ist,[365] erscheint angesichts der gezeigten systematischen Unterschiede zwischen den Besteuerungskonzepten bzw. Bemessungsgrundlagen ungerechtfertigt.

Dass die Befürworter der Einkommensteuer die indirekte Anrechnung von Konsumsteuern ablehnen, die Befürworter von Konsumsteuern diese jedoch befürworten, ist aufgrund der unterschiedlichen Interessenlagen verständlich.[366] Ein abschließendes Urteil bleibt angesichts der nicht zweifelsfreien Sachlage dennoch schwierig, zumal auch andere (wie z.B. politische) Faktoren Einfluss auf die

---

ten Abschreibungen verbundenen Einkommensteuer führt deshalb zu einer Umverteilung zulasten des anrechnenden Fiskus.

362 Vgl. McLure/Zodrow (1998), S. 5; Shome/Schutte (1993), S. 657. Offenbar wird damit auf die der Nichtanrechnung folgende Doppelbesteuerung (s.u. Kapitel C.2.2.2.2.3) angespielt.

363 Vgl. Shome/Schutte (1993), S. 657 und Sunley (1989).

364 Vgl. McLure/Zodrow (1996c), S. 829; McLure/Zodrow (1998), S. 7f. und Endnote 29; Shome/Schutte (1993), S. 657; McLure (1991), S. 20 und Hines (1996), S. 485.

365 McLure/Zodrow (1998), Endnote 9 sieht diese Ähnlichkeit bei der CFS, das IFS (vgl. IFS (1994), S. 48 und IFS (1991), S. 36) bei der ACE. Für Lammersen (1999), S. 137 ergibt sich die Anrechenbarkeit der ACE daraus, dass sie begrifflich auf „Einkommen" und „Gewinn" zurückgreift („zinsbereinigte Gewinnsteuer"). Eine solche Argumentation erscheint äußerst kurzsichtig.

366 Vor allem McLure und Zodrow (vgl. McLure/Zodrow (1998), S. 2/11f.; McLure/Zodrow (1996c), S. 829; McLure (1991), S. 20) äußern sich optimistisch, während andere (vgl. Shay/Summers (1997), S. 1070/1074 und Avi-Yonah (1995), S. 1451 für die CFS; Isaac (1997), S. 316 für die ACE) davon ausgehen, dass eine Konsumsteuer nicht in den Genuß der indirekten Anrechnung gelangen wird.

durch das Y-Land zu treffende Entscheidung haben werden.[367] Daher sollen im folgenden die Auswirkungen einer Anrechnungsverweigerung für die Steuerbelastung von Gewinnen aus Direktinvestitionen im C-Land durch eine Muttergesellschaft mit Sitz im Y-Land analysiert werden. Aus dem Vergleich mit anderen Besteuerungsszenarien soll geschlussfolgert werden, ob die Nichtanrechnung aus Sicht des Y-Landes eine geeignete Reaktion auf eine unilaterale Konsumsteuerreform in dem Sinne darstellt, Tendenzen zur Verlagerung von Direktinvestitionen in das C-Land vorzubeugen.

Grundsätzlich kommt im Fall der Anrechnungsverweigerung die Abzugsmethode zur Anwendung. Hierbei können die im C-Land gezahlten Steuern im Rahmen der Sitzortbesteuerung von der Bemessungsgrundlage abgezogen werden. Im Y-Land wird damit der aus dem C-Land zufließende Nettogewinn besteuert. Im Vergleich zur Anrechnungs- bzw. Freistellungsmethode ergibt sich aus Sicht einer Muttergesellschaft mit Sitz im Y-Land folgende Steuerbelastung der aus Direktinvestitionen im C-Land resultierenden Gewinne:

	Freistellung	Anrechnungs-methode	Abzugsmethode
Steuerbe-lastung	$\tau^i_{CCT}(r^*-i)$	$t^a_{CIT}r^*$	$\tau^i_{CCT}(r^*-i)+t^a_{CIT}(r^*-\tau^i_{CCT}(r^*-i))$ $= t^a_{CIT}i + (r^*-i)[\tau^i_{CCT}+t^a_{CIT}(1-\tau^i_{CCT})]$[368]
Belastungs-vergleich		$t^a_{CIT}r^* = \tau^i_{CCT}(r^*-i)+t^a_{CIT}(r-\tau^i_{CCT}(r^*-i))$ $0 = \tau^i_{CCT}(r^*-i)(1-t^a_{CIT})$ bzw. $i=r^*$ für $\tau^i_{CCT}\neq 0$ und $t^a_{CIT}\neq 0$.	

Tabelle 14: Vergleich von Anrechnungs- und Abzugsmethode aus Sicht der Muttergesellschaft mit Sitz im Y-Land

Die Freistellung impliziert eine der Konsumsteuersystematik entsprechende Reingewinnbesteuerung, während im Rahmen der Anrechnungsmethode (Anrechnungsüberhänge werden hier vernachlässigt) die gesamte Kapitalrendite der Körperschaftsteuer des Y-Landes unterliegt. Im Fall der Abzugsmethode ist der marginale Kapitalertrag [i] mit der Körperschaftsteuer des Y-Landes, der inframarginale Kapitalertrag [r*-i] mit der Reingewinnsteuer und der um die Reingewinnsteuer geminderte inframarginale Kapitalertrag zusätzlich mit der Körperschaftsteuer belastet.[369] Eine gleich hohe Steuerbelastung der Gewinne aus dem

[367] Ob sich die Anrechnung allein durch „Sachkenntnis und ... Formulierungsgeschick" (vgl. McLure/Zodrow (1991), S. 134; ähnlich bei Bird/McLure (1990), S. 246) bei den bilateralen Verhandlungen durchsetzen lässt, ist dennoch fraglich.

[368] Zwischenschritte: $\tau^i_{CCT}(r^*-i)+t^a_{CIT}(r^*-\tau^i_{CCT}(r^*-i)) = \tau^i_{CCT}(r^*-i)+t^a_{CIT}r^*-t^a_{CIT}\tau^i_{CCT}(r^*-i)+t^a_{CIT}i-t^a_{CIT}i$ $= \tau^i_{CCT}(r^*-i)+t^a_{CIT}(r^*-i)-t^a_{CIT}\tau^i_{CCT}(r^*-i)+t^a_{CIT}i$.

[369] Resultat ist also nicht eine Doppelbelastung des Gewinns (wie McLure (1996), S. 514 konstatiert), sondern des Reingewinns. Ein Vergleich der Nettorenditen (vgl. Shome/Schutte (1993), S. 657f. und Fußnote 29, Grubert/Newlon (1997), S. 17ff. sowie McLure/Zodrow (1998), S. 5) führt zu einem entsprechenden Ergebnis. - Im übrigen gilt dieses Ergebnis der Abzugsmethode auch

Y-Land und aus dem C-Land, bzw. eine Äquivalenz von Anrechnungs- und Abzugsmethode, ergibt sich nur im Fall [r* = i]. Dies ist insofern plausibel, als dann im C-Land keine materielle Steuerbelastung erfolgt und damit weder eine anrechenbare noch eine abzugsfähige Steuer existiert. Für den Fall [r* > i] führt die Abzugsmethode zu einer höheren Steuerbelastung als die Anrechnung.[370] Umgekehrt impliziert die Abzugsmethode im Fall [r* < i] eine geringere Belastung als die Anrechnungsmethode, da im C-Land eine Steuerrückerstattung gewährt und diese im Rahmen der Abzugsmethode nicht vollständig neutralisiert wird.[371]

Die Abzugsmethode ist also für jene Unternehmen mit einer höheren Steuerbelastung als die Anrechnungsmethode verbunden, welche im C-Land inframarginale Renditen erwirtschaften. Es stellt sich nun die Frage, wie diese Unternehmen auf die Strategie des Y-Landes, die Anrechnung der direkten Konsumsteuern zu verweigern und zur Abzugsmethode überzugehen, reagieren werden. Offenbar sind die Reaktionen von der Reichweite der restriktiven Sitzortbesteuerung abhängig:

Ist die Anwendung der Abzugsmethode auf ausgeschüttete Gewinne beschränkt und bleiben die im C-Land thesaurierten Gewinne im Y-Land steuerfrei, so werden die Gewinne auf Ebene der Tochterkapitalgesellschaft verstärkt thesauriert.[372] Die Doppelbesteuerung lässt sich zwar durch eine zeitliche Ausschüttungsverzögerung nicht vermeiden, allerdings wird zumindest eine Steuerstundung erreicht. Gänzlich umgehen lässt sich die Doppelbesteuerung hingegen, wenn Veräußerungsgewinne im C-Land nicht besteuert werden. Die Muttergesellschaft verzichtet dann vollständig auf Gewinnausschüttungen durch die Tochterkapitalgesellschaft und realisiert die thesaurierten inframarginalen Gewinne in Form von steuerfreien Veräußerungsgewinnen.

Um diese Lücken zu schließen, muss die Sitzortbesteuerung in Verbindung mit der Abzugsmethode auch für thesaurierte und Veräußerungsgewinne angewendet werden. Setzt das Y-Land diese Regelungen durch, kann die Doppelbesteuerung der inframarginalen Gewinne nur noch durch eine Gewinnverlagerung in das Y-

---

dann, wenn das C-Land eine nach dem Ursprungslandprinzip erhobene Umsatzsteuer anwendet und diese auf die Kapitalanbieter überwälzt wird (vgl. den Hinweis in Fußnote 301).

370 Die Behauptung (vgl. IFS (1991), S. 59), dass die Abzugsmethode ein entscheidungsneutrales Ergebnis herbeiführt, ist insofern nicht allgemein, sondern nur für den Fall [r*=i] gültig.

371 Ein Unternehmen, welches eine unterhalb der Kapitalkosten liegende Rendite erwirtschaftet, wird sich langfristig nicht am Markt behaupten können, so dass die Bedeutung dieser Konstellation zu relativieren ist. Allerdings eröffnet die Abzugsmethode die Möglichkeit, durch eine entsprechende Verrechnungspreisgestaltung Gewinne *steuermindernd* in das Y-Land zu verlagern und damit die Konzernsteuerbelastung zu reduzieren (vgl. dazu das Beispiel in Anhang C2-8).

372 Vgl. Vogel (1991), S. 573; Shome/Schutte (1993), S. 655

Land vermieden werden.[373] Allerdings ist zu berücksichtigen, dass einer Gewinnverlagerung durch die konzerninterne Verrechnungspreisgestaltung bzw. Fremdfinanzierung angesichts der fiskalischen Interesse des C-Landes Grenzen gesetzt sind. Ferner unterliegen überhöhte Zinsen bei der R-CFS einer nicht-anrechenbaren Quellenbelastung, so dass die Doppelbesteuerung auf diesem Weg nicht zu vermeiden ist.

Sind die Gestaltungsfreiräume zur Vermeidung der Doppelbelastung inframarginaler Gewinne aus dem C-Land vollständig ausgeschöpft, wird die Anrechnungsverweigerung bzw. Abzugsmethode also eine höhere Belastung inframarginaler Renditen implizieren. Einen Einfluss auf Standortentscheidungen der Muttergesellschaften mit Sitz im Y-Land in bezug auf Direktinvestitionen im C-Land hat dies allerdings nur dann, wenn es sich um nicht-ortsgebundene Reingewinne handelt. Denn die Belastung ortsgebundener Reingewinne ist für Standortentscheidungen irrelevant, sofern die Gesamtsteuerbelastung des Reingewinns kleiner ist als 100%. Da selbst bei Anwendung der Abzugsmethode eine „Übersteuerung" der Überrendite ausgeschlossen ist,[374] wird der Strategiewechsel Standortentscheidungen zugunsten des C-Landes nicht unterbinden. Denn ein Verzicht auf die Direktinvestition käme einem Verzicht auf die Abschöpfung inframarginaler Gewinnerzielungsmöglichkeiten gleich.

Es lässt sich festhalten: Die Anrechnungsverweigerung ist systematisch allein in bezug auf die direkten Unternehmenskonsumsteuern gerechtfertigt. Die Abzugsmethode impliziert im Vergleich zur Anrechnungsmethode eine übermäßige Besteuerung inframarginaler Renditen. Die Standortentscheidung der Muttergesellschaften mit Sitz im Y-Land in bezug auf Direktinvestitionen tangiert dies allerdings nur dann, wenn es sich um nicht-ortsgebundene Reingewinne handelt, die Möglichkeiten der Gewinnverlagerung ausgereizt sind und die Abzugsmethode nicht nur für ausgeschüttete Gewinne, sondern auch für thesaurierte und Veräußerungsgewinne zur Anwendung kommt. Unter diesen Voraussetzungen stellt die Drohung einer Anrechnungsverweigerung aus Sicht des C-Landes ein ernstes Problem dar.[375] Denn damit erhärtet sich die bereits geäußerte Feststellung, dass das Y-Land für Investitionen mit nicht-ortsgebundenen inframarginalen Gewinn-

---

[373] Vgl. Avi-Yonah (1995), S. 1451.

[374] Der Vergleich der Nettorenditen ergibt sich im Fall ortsgebundener Renditepotentiale im C-Land gemäß $i(1-t^{a}_{CIT}) = \tau^{i}_{CCT}(r^*-i)+t^{a}_{CIT}(r^*-\tau^{i}_{CCT}(r^*-i))$, bzw. $i = r^*-\tau^{i}_{CCT}(r^*-i)$. Für $r^*>i$ und $\tau^{i}_{CCT}<100\%$ verbleibt aus der Investition im C-Land regelmäßig eine Nettorendite, welche die Nettorendite aus einer alternativen marginalen Investition im Y-Land übersteigt.

[375] Dies bestätigen Beobachtungen in potentiellen Reformländern: So hat Bolivien vor dem Hintergrund einer drohenden Anrechnungsverweigerung der RF-CFS durch die USA von der geplanten Steuerreform Abstand genommen (vgl. McLure/Zodrow (1996b), S. 97; McLure/Zodrow (1996c), S. 825; McLure/Zodrow (1998), S. 25). Gleiches gilt für Reformüberlegungen in Kanada, Mexiko, Schweden und Kolumbien (vgl. Shome/Schutte (1993), S. 653).

aussichten relative Standortvorteile bietet. Ein Land, welches die Einführung einer Konsumsteuer plant, sollte deshalb die Verweigerung der Steueranrechnung durch das Y-Land einkalkulieren bzw. nicht riskieren.[376]

C.2.2.2.3 Gegenmaßnahmen im Kontext der internationalen Mobilität von Haushalten und Unternehmen

Bisher wurden Steuersenkungen sowie die forcierte Umsetzung der Wohnsitz- bzw. Sitzortbesteuerung dahingehend beurteilt, wie sie die Faktorallokationsentscheidungen der im Hinblick auf ihren Wohn- bzw. Sitzort *immobilen* Haushalte bzw. Unternehmen aus dem Y-Land und C-Land beeinflussen. Unter bestimmten Bedingungen sind diese Gegenmaßnahmen zum Teil auch erfolgreich. Allerdings entbehrt die Annahme einer diesbezüglichen Immobilität von Unternehmen und Haushalten jeglicher Realität. Auch wenn der Mobilitätsgrad von Unternehmen (im Sinne von Muttergesellschaften) und Haushalten im Vergleich zur Mobilität von Faktoren (insbesondere Kapital) als relativ gering einzuschätzen ist, so sollte das Einkommensteuersystem nicht nur ein aus Sicht der C-Inländer und Y-Inländer im Hinblick auf internationale Faktorallokationsentscheidungen attraktives Steuerumfeld gewährleisten, sondern auch attraktive Rahmenbedingungen für die Ansiedlung mobiler Unternehmen und Haushalte bieten. Die bisher vorgestellten Maßnahmen zur Förderung der Standortattraktivität sind unter diesem Gesichtspunkt nochmals zu beurteilen.

Maßgeblich ist in diesem Zusammenhang die Tatsache, dass die Einkommensteuer eine territorialbasierte Steuer darstellt. Sie diskriminiert damit gegen den Wohn- und Sitzort immobiler Haushalte bzw. Unternehmen, wenn erstens die Steuerbelastung inländischer Sachverhalte das Belastungsniveau im anderen Land übersteigt, und wenn zweitens grenzüberschreitende Sachverhalte in die Bemessungsgrundlage integriert und demzufolge ein zugunsten des anderen Landes bestehendes Belastungsgefälles neutralisiert wird. Vor diesem Hintergrund muss der Nutzen einer forcierten Umsetzung des Welteinkommensprinzips (vgl. Kapitel C.2.2.2.2.2), möglicherweise kombiniert mit einer Verweigerung der Steueranrechnung (vgl. Kapitel C.2.2.2.2.3), bezweifelt werden. Wenngleich sich auf diese Weise reformbedingte Faktorallokationsentscheidungen der Y-Inländer zugunsten des C-Landes wirkungsvoll unterbinden lassen, droht mittel- bis langfristig eine Abwanderung der betroffenen Haushalte und Unternehmen in das C-Land. Um nicht weitere Standortnachteile im Vergleich zum C-Land (welches Kapitaleinkommen steuerlich begünstigt und je nach Konsumsteuersystem auf eine weltkon-

[376] Anderer Auffassung sind Hines (1996), S. 485; McLure/Zodrow (1998), Endnote 5; McLure (1996), S. 514; Grubert/Newlon (1997), S. 18f. Zodrow/McLure (1991), S. 454 stellen fest, der Verlust der Anrechenbarkeit „... may not be the ‚show stopper' for the consumption tax...". Diese Auffassung kann aufgrund der gewonnenen Ergebnisse nicht geteiligt werden.

sumbasierte Besteuerung verzichtet) zu vermeiden, sollte das Y-Land auf eine derart restriktive Inländerbesteuerung verzichten.[377]

Selbst dieser Verzicht auf einen elementaren Bestandteil des Einkommensteuersystems kann sich aber als unzureichend erweisen, weil dadurch lediglich die bereits beschriebenen Faktorallokationsentscheidungen der Y-Inländer zugunsten des C-Landes ausgelöst werden. Ferner tangiert der Wechsel vom Wohnsitz- zum Quellenlandprinzip nicht die internationalen Faktorallokationsentscheidungen der C-Inländer. Vielmehr betont die Tatsache, dass die Einkommensteuer als territoriale Steuer die inländische Einkommensentstehung belastet, die Bedeutung allgemeiner Steuersenkungen für die Verbesserung der Standortattraktivität. Diese Steuersenkungen müssen so weitreichend sein, dass die Netto- bzw. Realeinkommen im Y-Land höher sind als im C-Land. In einzelwirtschaftlicher Hinsicht lässt sich dieses Ziel angesichts der systematischen Unterschiede zwischen Einkommen- und Konsumsteuer nicht immer erreichen. Die Standort- bzw. Wohnortwahl international mobiler Unternehmen bzw. Haushalte wird deshalb weiterhin durch deren Einkommensstruktur und Einkommensverwendungspräferenzen determiniert. Gesamtwirtschaftlich lässt sich durch Steuersenkungen die Standortattraktivität angesichts der aufkommensneutral ausgestalteten Reform im C-Land allerdings durchaus verbessern. Fraglich ist nur, wie das C-Land auf all diese Bemühungen des Y-Landes reagiert.

C.2.2.3 Reaktionen des C-Landes

Bisher wurde festgestellt, dass das Y-Land durch Steuersenkungen bzw. Änderungen im Rahmen der beschränkten und unbeschränkten Steuersystematik seine Standortattraktivität in bezug auf international mobile Faktoren bzw. Haushalte und Unternehmen zum Teil verbessern kann. Dies gefährdet die steuerpolitischen und insbesondere die mit der Konsumsteuerreform verbundenen Ziele des C-Landes. Daher muss das Y-Land seinerseits mit Gegenmaßnahmen durch das C-Land rechnen. Denn auch diesem bieten sich Möglichkeiten zur Umgestaltung der nationalen und eventuell auch der internationalen Konsumsteuersystematik:

Zum einen kann sich eine nur unvollständige Umsetzung der Wohnsitz- bzw. Sitzortbesteuerung von Haushalten und Unternehmen als nachteilig erweisen. Denn dann impliziert eine relativ niedrigere Besteuerung bzw. eine reformbedingte Steuersenkung im Y-Land Faktorreallokationsentscheidungen der C-Inländer zugunsten des Y-Landes. Durch eine forcierte Inländerbesteuerung in bezug auf grenzüberschreitende Sachverhalte kann das C-Land dieser Entwicklung begegnen, sofern die Konsumsteuer derartige Maßnahmen zulässt.

---

377 Zu dieser Vermutung vgl. McLure/Zodrow (1998), Endnote 5 und Avi-Yonah (1995), S. 1449.

Als nachteilig erweist sich in diesem Sinne die nach dem Ursprungslandprinzip[378] erhobene Umsatzsteuer. Denn in bezug auf grenzüberschreitende Faktoreinkommen gilt zwingend die Freistellungsmethode, so dass ein zugunsten des Y-Landes bestehendes Belastungsgefälle in bezug auf Arbeits- und inframarginale Kapitaleinkommen nicht ausgeglichen werden kann. Die Erfassung der Weltkonsumleistungsfähigkeit ist bei diesem Konsumsteuersystem ausgeschlossen.

Bei Anwendung direkter Haushaltskonsumsteuern kann das C-Land im Bereich der Arbeitseinkommensbesteuerung von der Freistellungsmethode zum Wohnsitzprinzip übergehen. Denn abgesehen von der Tatsache, dass bereits infolge der notwendigen Steuererhöhungen aus Sicht der C-Inländer Anreize zur Verlagerung des Arbeitsortes in das Y-Land induziert werden, verstärken zusätzliche Steuersenkungen im Y-Land diese Tendenz. Durch eine – steuersystematisch allerdings nicht zu rechtfertigende - Anrechnungsverweigerung in bezug auf die im Y-Land anfallende Lohnquellensteuer kann zudem wirkungsvoll gegen Arbeitseinkommen aus dem Y-Land diskriminiert werden, was entsprechende Reallokationsentscheidungen der C-Inländer zugunsten des C-Landes zur Folge hätte.

In bezug auf die Kapitalbesteuerung erscheint sowohl bei der ITP als auch bei der ICF eine strikte welteinkommensbasierte Besteuerungssystematik für nicht qualifizierte Kapitaleinkommen dringlich. Ferner könnte das C-Land sowohl für qualifizierte als auch für nicht-qualifizierte Kapitaleinkommen die Anrechnung von Zins- und Dividendenquellensteuern des Y-Landes verweigern. Eine massive Diskriminierung der internationalen Kapitalallokation ergibt sich, wenn anstatt der uneingeschränkten die beschränkte Inländerlösung zur Anwendung kommt. Die Konsumsteuersystematik (Freistellung der marginalen Rendite) bliebe dann auf inländische Kapitaleinkommen beschränkt, während sämtliche Kapitaleinkommen aus dem Y-Land der Einkommensteuersystematik unterliegen.[379]

Im Hinblick auf die Unternehmensbesteuerung ergeben sich ähnliche Überlegungen wie aus Sicht des Y-Landes. Demnach kann sich die Gewährung der Freistellungsmethode im Rahmen der Konzernbesteuerung als nachteilig erweisen, wenn das Y-Land Gewinne niedriger besteuert bzw. die Steuerbelastung weiter senkt. Denn dann muss das C-Land mit einer Verlagerung derjenigen Direktinvestitionen rechnen, die mit nicht-ortsgebundene inframarginalen Gewinnen verbunden sind. Die Umsetzung der (erweiterten oder eingeschränkten) Sitzortbe-

---

[378] Bei einer Konsumbesteuerung auf Basis der nach dem Bestimmungsland- bzw. Mischprinzip erhobenen Umsatzsteuer unterliegen Faktoreinkommen keiner direkten Besteuerung. Faktorallokationsentscheidungen zugunsten des Y-Landes sind insofern nicht zu erwarten. Nach Einführung des Mischprinzips kann sich das C-Land möglicherweise gezwungen sehen, das Bestimmungslandprinzip auch für nicht-gewerbliche Umsätze durchzusetzen, um Verlagerungen des Einkaufsortes vorzubeugen.

[379] Vgl. zu diesen Überlegungen nochmals Kapitel C.1.3.3.3.2.

steuerung wirkt dem entgegen. Allerdings steht diese internationalen Besteuerungssystematik nur bei der ACE und der RF-CFS, nicht jedoch bei der R-CFS, zur Verfügung. Ferner ist zu berücksichtigen, dass diese restriktive Besteuerung von Muttergesellschaften mit Sitz im C-Land nur dann ihre Wirkung entfaltet, wenn das Sitzortprinzip nicht auf ausgeschüttete Gewinne beschränkt bleibt, sondern auf thesaurierte und möglichst auch auf Veräußerungsgewinne ausgedehnt wird. Ansonsten werden die Unternehmen mit Anpassungen im Bereich der Gewinnzuordnung und –verwendung reagieren.

Darüber hinaus kann das C-Land im Rahmen der Sitzortbesteuerung (wie auch das Y-Land) eine Anrechnungsverweigerung in bezug auf die im Y-Land anfallende Körperschaftsteuer in Erwägung ziehen. Dies impliziert im Rahmen der erweiterten oder eingeschränkten Sitzortbesteuerung im Vergleich zur Freistellungsmethode folgende Steuerbelastung von Gewinnen aus dem Y-Land:

	Freistellung	Eingeschränkte Sitzortbesteuerung		Erweiterte Sitzortbesteuerung	
		Anrechnung	Abzug	Anrechnung	Abzug
Steuerbelastung	$t^a_{CIT}r^*$	$\tau^i_{CCT}(r^*-i)+ t^a_{CIT}i$	$t^a_{CIT}r^*+\tau^i_{CCT}(r^*-i-t^a_{CIT}(r^*-i))$[380]	$\tau^i_{CCT}r^*$	$t^a_{CIT}r^*+\tau^i_{CCT}(r^*-t^a_{CIT}r^*)$
Vergleich		$\tau^i_{CCT} < 1$		$t^a_{CIT}>0$	

Tabelle 15: Vergleich von Anrechnungs- und Abzugsmethode aus Sicht der Muttergesellschaft mit Sitz im C-Land

Der Vergleich verdeutlicht, dass die Abzugsmethode im Rahmen der erweiterten Sitzortbesteuerung, bei dem im C-Land die gesamte Kapitalrendite besteuert wird, gegenüber der Anrechnungsmethode immer dann zu einer höheren Steuerbelastung führt, wenn das Y-Land eine Steuer auf den Gewinn erhebt. Im Rahmen der eingeschränkten Sitzortbesteuerung, also bei einer auf den inframarginalen Kapitalertrag beschränkten Besteuerung, führt die Abzugsmethode zu einer relativ höheren Steuerbelastung, wenn der Gewinnsteuersatz geringer als 100% ist.[381] Da beide Bedingungen als erfüllt anzusehen sind, stellt die Abzugsmethode eine im Vergleich zur Anrechnungsmethode stärkere Diskriminierung gegen Gewinne aus dem Y-Land her. Die Strategie der Anrechnungsverweigerung stellt daher aus Sicht des C-Landes einen Weg dar, die durch die Reform bzw. Gegenmaßnahmen

---

[380] Die Systematik der eingeschränkten Sitzortbesteuerung erfordert, dass lediglich die auf der *inframarginalen* Rendite ruhende Körperschaftsteuer des Y-Landes abzugsfähig ist. Ein Abzug der gesamten (also auch der auf dem *marginalen* Kapitalertrag ruhenden) Körperschaftsteuer würde zu unsystematischen Ergebnissen führen (vgl. dazu Anhang C2-9).

[381] Bei einem Steuersatz $\tau > 100\%$ würde der Abzugsbetrag den Anrechnungsbetrag übersteigen, da eine höhere als die tatsächlich gezahlte Körperschaftsteuer berücksichtigt werden würde.

des Y-Landes induzierten Direktinvestitionsentscheidungen zugunsten des Y-Landes zu neutralisieren.[382]

Es lässt sich festhalten: Eine restriktive Inländerbesteuerung, die auf dem Weltkonsumprinzip beruht bzw. infolge einer einkommensbasierten Besteuerung internationaler Kapitaleinkommen und infolge der Anrechnungsverweigerung darüber hinaus geht, stellt aus Sicht des C-Landes eine Methode dar, um die Allokationsentscheidungen der C-Inländer zugunsten des C-Landes zu unterbinden. Allerdings ist eine Integration grenzüberschreitender Sachverhalte in die Besteuerung nicht bei allen Steuern möglich. Die ITP, die nach dem Ursprungslandprinzip erhobenen Umsatzsteuer sowie die R-CFS sind insofern kritisch zu beurteilen.

Allerdings ist eine forcierte konsumbasierte Inländerbesteuerung mit ähnlichen Problemen verbunden wie die Umsetzung des Wohnsitzprinzips bei der Einkommensteuer. Denn auch hier wird gegen den Wohn- und Sitzort international mobiler Haushalte bzw. Unternehmen diskriminiert. Um als Standort für international agierende Unternehmen und Haushalte attraktiv zu sein, muss das C-Land nicht nur auf eine restriktive Besteuerung grenzüberschreitender Sachverhalte verzichten. Vielmehr muss auch im Hinblick auf die Besteuerung inländischer Sachverhalte (Konsum, Arbeits- und inframarginale Kapitaleinkommen) ein Belastungsniveau bestehen, welches gegenüber dem Steuerbelastungsniveau im Y-Land konkurrenzfähig ist. Insofern können sich allgemeine Steuersenkungen auch aus Sicht des C-Landes als notwendig erweisen. Dies gilt insbesondere bei den territorialen Konsumsteuern. Aber auch die zu hohe Belastung des Inlandskonsums bei der nach dem Bestimmungslandprinzip erhobenen Umsatzsteuer kann sich als nachteilig erweisen. Grundsätzlich befindet sich das C-Land hinsichtlich der Abwägung zwischen fiskalischen und allokativen Besteuerungszielen in einem ähnlichen Dilemma wie das Y-Land.

C.2.2.4 Fazit: Erfolgsaussichten der Gegenmaßnahmen

Die Ausführungen lassen erkennen, dass das Y-Land mit den Gegenmaßnahmen eine Gratwanderung vollzieht. Einerseits kann durch eine restriktivere Besteuerung der Y-Inländer und Steuersenkungen der Anreiz zu Allokationsentscheidungen zugunsten des C-Landes teilweise unterbunden, durch Steuersenkungen und einen Verzicht auf die Umsetzung des Wohnsitzlandprinzips die Standortattraktivität für international mobile Haushalte und Unternehmen verbessert werden. Andererseits ist der Konflikt zwischen allokativen, distributiven und fiskalischen Besteuerungszielen unverkennbar. Ferner sind manche der im C-Land gewährten Steuervergünstigungen mit der Einkommensteuersystematik nicht vereinbar. Zu-

[382] Dieses Ergebnis ist vergleichbar mit der Bedeutung der Abzugsmethode aus Sicht des Y-Landes. Insofern besteht durchaus ein beidseitiges Interesse zur Vereinbarung einer gegenseitigen indirekten Steueranrechnung im Rahmen der Unternehmensbesteuerung.

dem muss mit Reaktionen des C-Landes gerechnet werden, welches aber ebenfalls angesichts der Mobilität von Faktoren, Haushalten und Unternehmen zwischen einer forcierten Inländerbesteuerung und Steuersenkungen abwägen muss.

Wohin die Reaktionen des Y-Landes auf die unilaterale Reform im C-Land letztlich führen, ist nicht eindeutig erkennbar. Sicherlich kann ein großes Y-Land einem kleinen C-Land deutlich schaden, was die Risiken einer unilateralen Konsumsteuerreform durch ein kleines C-Land erneut betont.[383] Ein Scheitern der Konsumsteuerreform ist nicht auszuschließen (*worst case*). Hält das Reformland an der Konsumsteuer und das Y-Land an der Einkommensteuer fest (*Koexistenzmodell mit aneutralem Ausland*), erhält die Reform aufgrund der aus den Gegenmaßnahmen resultierenden Besteuerungsergebnisse einen über die grundsätzlichen Kompatibilitätsprobleme hinausgehenden negativen Beigeschmack. Weder ein zunehmender Steuerwettbewerb noch ein höheres Maß an gegenseitiger Diskriminierung im Rahmen der internationalen Besteuerung ist auszuschließen.[384]

Denkbar ist auch ein Szenario, wonach das Y-Land seine Position im internationalen Standortwettbewerb selbst durch die hier dargestellten Gegenmaßnahmen nicht ausreichend verbessern kann. In diesem Fall steht das Einkommensteuersystem grundsätzlich zur Disposition. Das Y-Land wird vielleicht eine Konsumsteuerreform erwägen bzw. durchführen. Auf diesem Weg kann sich das im folgenden Kapitel betrachtete Szenario einer bilateralen Konsumbesteuerung ergeben.

C.3 Bilaterale Anwendung der Konsumsteuer (Harmoniefall)

Im folgenden wird angenommen, dass im Zwei-Länder-Fall beide Länder eine Konsumsteuer des *gleichen* Typs erheben.[385] Wie bei der Betrachtung des Kollisionsfalls werden die zu erwartenden Allokationsentscheidungen der Unternehmen und Haushalte analysiert. Anschließend erfolgt ein Vergleich der Ergebnisse mit dem Fall der bilateralen Einkommens- bzw. der unilateralen Konsumbesteuerung.

---

[383] Vgl. nochmals den Fall Boliviens (vgl. Fußnote 360).

[384] Diese Gefahr sieht auch Avi-Yonah (1995), S. 1458.

[385] Es wird nicht differenziert, ob sich der Harmoniefall durch eine koordinierte Steuerreform beider Länder oder infolge einer steuerpolitischen Gegenreaktion des Y-Landes auf die unilaterale Konsumsteuerreform im C-Land ergibt. Beide Fälle sind denkbar (vgl. z.B. Avi-Yonah (1996b), S. 1347 und 1353; Krause-Junk (1999a), S. 140; Musgrave, P. B. (1992), S. 183).

Keineswegs zwingend ist, dass beide Länder die gleiche Konsumsteuer erheben. Allerdings würde die Betrachtung von Konstellationen, wo beide Länder unterschiedliche Konsumsteuersysteme anwenden, den Rahmen der Arbeit sprengen (vgl. auch die Prämissenkritik in Kapitel D.2).

C.3.1 Neuordnung der internationalen Steuersystematik und einzelwirtschaftliche Allokationsentscheidungen

Wie bereits erläutert wurde, werden die grenzüberschreitenden Allokationsentscheidungen der In- und Ausländer in einer offenen Volkswirtschaft durch die Besteuerungssystematik des Quellenlandes und des Wohnsitz- bzw. Sitzlandes der Haushalte und Unternehmen determiniert. Im Unterschied zum Kollisionsfall erfolgt im Harmoniefall auch die nationale und internationale Besteuerung der Ausländer sowie die Quellenbesteuerung der Inländer im Ausland nach konsumsteuerlichen Regeln. Daraus ergeben sich andere Steuerbelastungen für die nationalen und grenzüberschreitenden Sachverhalte als im Kollisionsfall (vgl. Anhang C3-1a, C3-1b und C3-1c für die Umsatzsteuer, C3-2 für die direkte Unternehmenssteuer, C3-5 für die persönliche Konsumsteuer). Die Belastungsunterschiede sind anders als im Kollisionsfall nicht auf systematische sondern i.d.R. lediglich auf tarifäre Unterschiede zwischen In- und Ausland zurückzuführen. Diesbezüglich ist davon auszugehen, dass ein im Rahmen der bilateralen Einkommensbesteuerung bestehendes Belastungsgefälle bei einer in beiden Ländern aufkommensneutral ausgestalteten Steuerreform auch bei bilateraler Konsumbesteuerung bestehen bleibt. Von Interesse ist daher im folgenden insbesondere die Beantwortung der Frage, welche Bedeutung ein bilaterales Belastungsgefälle bei bilateraler Konsumbesteuerung auf Basis gleicher Konsumsteuersysteme im Vergleich zum Fall der bilateralen Einkommensbesteuerung für Allokationsentscheidungen hat.

C.3.1.1 Haushalte

Aus Sicht der Haushalte ist wiederum der Einfluss der Besteuerung auf die Entscheidung über den Kapitalanlage-, Arbeits- und Konsumort bei Wohnortimmobilität sowie (unter der Annahme einer entsprechenden Mobilität) auf die Entscheidung über den Wohnort zu analysieren.[386]

C.3.1.1.1 Entscheidungen bei gegebenem Wohnort

C.3.1.1.1.1 Kapitalallokation

Bei bilateraler Konsumbesteuerung werden marginale Kapitalrenditen weder im In- noch im Ausland besteuert. Insofern hat die Besteuerung keinen Einfluss auf das Kapitalangebot der In- und Ausländer. Unter der Annahme eines zinselastischen Kapitalangebots steigt infolge einer bilateralen Reform (Abschaffung der Doppelbelastung) das gesamtwirtschaftliche Kapitalangebot in beiden Ländern (Zeichnung 7):

---

[386] Die in Kapitel C.2.1.1.1 diskutierten Auswirkungen auf Arbeits- und Kapitalangebot bzw. Konsumnachfrage werden hier nicht wieder aufgegriffen, sie gelten im Harmoniefall sowohl aus Sicht der In- als auch der Ausländer.

Der Angebotseffekt fällt unter der Voraussetzung äquivalenter Angebotselastizitäten in dem Land mit dem höheren Einkommensteuersatz höher aus. Bestanden im Ausgangspunkt der bilateralen Einkommensbesteuerung ausgeglichene Kapitalsalden (K_{IT}), dann erfolgt nun eine Kapitalexport vom relativen Hoch- in das relative Niedrigsteuerland (also vom Inland in das Ausland). In der Folge sinkt der Brutto-Gleichgewichtszins (von i^b_{IT} auf i^b_{CT}). Die Kapitalakkumulation steigt in beiden Ländern um den gleichen Betrag (von K_{IT} auf K_{CT}), wenn (wie hier) ein gleicher Verlauf der zinsabhängigen Kapitalnachfragekurve unterstellt wird.[387]

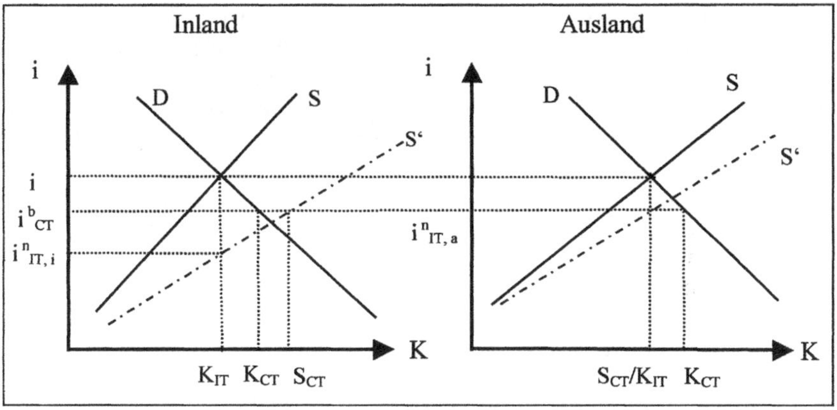

Zeichnung 7: Bilaterale Konsumsteuerreform und Kapitalakkumulationseffekt

Eine derart steuerlich nicht verzerrte grenzüberschreitende Kapitalallokation ist aber nur dann zu erwarten, wenn marginale (und damit steuerfreie) Kapitalrenditen im In- und Ausland gleich hoch sind und keine Quellensteuern erhoben bzw. diese angerechnet werden. Beide Voraussetzungen sind nur bei einer auf der Umsatzsteuer bzw. auf der CFS mit innerperiodischem Verlustausgleich basierenden Konsumbesteuerung systeminhärent erfüllt. Hingegen sind bei der CFS mit interperiodischem Verlustausgleich und bei der ACE die steuerfreien marginalen Zinsen exogene Größen, so dass eine entsprechende internationale Abstimmung hinsichtlich des anzuwenden Verlustvortragszinses bzw. „Schutzzinses" erforderlich ist. Denn aus Sicht der Kapitalanbieter würden derartige Differenzen entweder nicht (bei Anwendung der ITP) oder zu dessen Lasten (bei Anwendung der ICF) neutralisiert.[388] Ferner kann eine barwertäquivalente Anrechnung von ausschüt-

[387] Unterscheiden sich die Zinselastizitäten der Kapitalnachfrage in beiden Ländern, bedingt die Reform einen zusätzlichen positiven Akkumulationseffekt im Land mit der höheren Zinselastizität.

[388] Zu beachten ist, dass ausländische Unternehmenssteuern auf Haushaltsebene im Rahmen der ICF nicht anrechenbar sind. Besteuert das Quellenland einen Ertragsanteil, der aus Sicht des Haushalts teilweise die marginalen Kapitalkosten widerspiegelt, so hat diese Belastung abgeltende

tungsbedingten Quellensteuern sowohl bei der ITP als auch bei der ICF scheitern. Sofern lediglich die Anrechnung inländischer Quellensteuern gewährleistet ist bzw. gegenüber Inländern keine Quellensteuern erhoben werden, wird gegen die grenzüberschreitende Kapitalallokation diskriminiert.[389] Und im Hinblick auf die der Einkommensbesteuerung unterliegenden nicht-qualifizierten Kapitaleinkommen bestehen die bekannten Probleme fort.

Orientiert der Haushalt seine Allokationsentscheidung im Sinne einer Ertragsmaximierung an der Höhe des Reingewinns, so kann die internationale Kapitalallokation selbst bei übereinstimmenden steuerfreien marginalen Renditen im In- und Ausland verzerrt sein. Denn während eine unterschiedlich hohe Besteuerung ortsgebundener Reingewinne die Kapitalallokationsentscheidung nicht beeinflusst, bedingt eine unterschiedlich hohe Besteuerung nicht-ortsgebundener Reingewinne Allokationsentscheidungen zugunsten des relativen Niedrigsteuerlandes. Ursache derartiger Belastungsdifferenzen kann einerseits eine Tarifdifferenz bei den in die Kapitalrendite überwälzten territorialbasierten Konsumsteuern auf Unternehmensebene sein. Denn diese Belastung hat bei Kombinationen mit der ITP abgeltende Wirkung bzw. begründet bei Kombinationen mit der ICF keine Anrechnungsansprüche. Zum anderen impliziert ein auf inländische Dividenden beschränktes Vollanrechnungssystem im Rahmen der ICF eine doppelte Belastung ausländischer inframarginaler Dividenden.

Es lässt sich festhalten, dass selbst bei bilateraler Freistellung des marginalen Kapitalertrags die internationalen Kapitalallokationsentscheidungen der Haushalte verzerrt sein können, was entsprechende Allokationsentscheidungen infolge der Reform implizieren wird. Darüber hinaus ist aber auch ein Einfluss der Besteuerung auf die internationale Kapitalangebotsstruktur nicht ausgeschlossen, da die Belastung zwischen Zins- und Gewinneinkommen divergieren kann.[390]

Ausschließen lässt sich dieses Problem bei Anwendung der *Umsatzsteuer* sowie bei ihrer Kombination mit der ITP. Denn unabhängig von der Richtung der Steuerüberwälzung unterliegen sowohl marginale als auch überhöhte Zinsen bzw. Gewinne einer symmetrischen und abgeltenden Quellenbelastung. Wird die Umsatzsteuer mit der ICF kombiniert, dann ist die (im Fall der Rücküberwälzung) auf der inframarginalen Rendite ruhende Umsatzsteuer nicht anrechenbar. Eine Be-

---

Wirkung und verzerrt zulasten der internationalen Kapitalallokation. Wird umgekehrt im Quellenland ein höherer Kapitalertrag steuerfrei gestellt, wird dieser Besteuerungsverzicht im Rahmen der Haushaltsbesteuerung kompensiert. Eine Doppelbesteuerung ist jedoch ausgeschlossen.

[389] Dies betont erneut die Bedeutung der bereits formulierten Forderung (vgl. Kapitel C.1.3.3.1, aber auch Kapitel C.6.3), auf die Erhebung von Quellensteuern zu verzichten.

[390] Vgl. nochmals die Überlegungen im Hinblick auf die inländische Kapitalangebotsstrukturentscheidung der C-Inländer im Kollisionsfall (Kapitel C.2.1.1.1.1). Die dort ermittelten Ergebnisse können weitgehend auf die Frage der internationalen Kapitalangebotsstruktur übertragen werden.

günstigung der (inländischen sowie internationalen) Gewinneinkommen bzw. des Eigenkapitalangebots resultiert aus der Tatsache, dass Gewinne thesauriert werden können und Veräußerungsgewinne möglicherweise nicht steuerpflichtig sind.

Auch die *R-CFS* gewährleistet eine symmetrische Quellenbelastung der inframarginalen Dividenden und überhöhten Zinsen. Sofern keine unterschiedlichen Quellensteuern auf Zinsen und Dividenden erhoben werden bzw. diese Quellensteuern angerechnet werden können, resultiert aus der Kombination mit der ITP keine Verzerrung der grenzüberschreitenden Kapitalangebotsstruktur. Gleiches gilt bei einer Kombination mit der ICF für den Fall der Gewinnausschüttung. Denn infolge der Anrechnungsverweigerung im Hinblick auf die ausländische Unternehmenssteuer unterliegen sowohl überhöhte Zinsen als auch inframarginale Gewinne einer doppelten Besteuerung mit Unternehmens- und Haushaltskonsumsteuer. Allerdings begünstigt die Möglichkeit zur Gewinnthesaurierung bzw. die möglicherweise gewährte Steuerfreiheit von Veräußerungsgewinnen (wie auch im Rahmen der Einkommensteuer) das Eigenkapitalangebot bzw. Gewinn- gegenüber Zinseinkommen.[391]

Im Gegensatz zur R-CFS und Umsatzsteuer unterliegen überhöhte Zinsen und inframarginale Dividenden bei der *RF-CFS* und der *ACE* keiner symmetrischen Quellenbelastung. Denn Zinsen sind auf Unternehmensebene abzugsfähig. In Kombination mit der ITP bleiben insofern selbst überhöhte Zinsen steuerfrei, während inframarginale Gewinne mit der Unternehmenskonsumsteuer des Quellenlandes belastet sind. Damit wird nicht nur bei inländischen, sondern auch bei grenzüberschreitenden Kapitalallokationsentscheidungen zugunsten von Fremdkapital diskriminiert. Bei einer Kombination mit der ICF unterliegen überhöhte Zinsen lediglich der persönlichen Konsumsteuer. Das klassisches System der Dividendenbesteuerung diskriminiert dann (ähnlich wie bei der Einkommensteuer) grundsätzlich zugunsten des (grenzüberschreitenden) Fremdkapitalangebots, sofern inframarginale Renditen erzielt und an die Haushalte ausgezahlt werden. Durch die Möglichkeit der Gewinnthesaurierung und insbesondere bei Steuerfreiheit von Veräußerungsgewinnen wird dieser Nachteil kompensiert.

Es lässt sich zusammenfassen: Ein auf eine positive Zinselastizität zurückzuführender positiver Kapitalangebotseffekt führt zu einer steigenden Kapitalakkumulation in beiden Ländern und zu einem Kapitalexport in das relative Niedrigsteuerland. Die internationalen Kapitalallokationsentscheidungen werden in quantitativer Hinsicht steuerlich verzerrt, wenn die Höhe der steuerfreien marginalen Zinsen zwischenstaatlich divergiert, Quellensteuern nicht angerechnet oder nichtortsgebundene Überrenditen unterschiedlich hoch besteuert werden. Die Kapital-

391 Zudem impliziert ein auf inländische Dividenden beschränktes Vollanrechnungssystem eine Diskriminierung zugunsten von Eigenkapital.

angebotsstruktur wird verzerrt, wenn keine symmetrische Belastung inframarginaler Gewinne (unabhängig von der Gewinnverwendung) und überhöhter Zinsen im Wohnsitzland durchgesetzt wird. Da auch bei bilateraler Einkommens- bzw. unilateraler Konsumbesteuerung unterschiedliche Verzerrungen bestehen, sind infolge einer bilateralen Steuerreform einzelwirtschaftliche Anpassungsreaktionen nicht auszuschließen.

C.3.1.1.1.2 Arbeitsallokation

Bereits bei der Analyse der bilateralen Einkommens- und der unilateralen Konsumbesteuerung hat sich gezeigt, dass Steuern (unter der Annahme gleicher Bruttolöhne im In- und Ausland und bei gegebenem Wohnsitz) keinen Einfluss auf die internationale Arbeitsallokation haben, wenn entweder kein Belastungsgefälle besteht oder dieses durch Umsetzung des Wohnsitzlandprinzip neutralisiert wird.

Der erste Fall kommt bei der nach dem Bestimmungslandprinzip erhobenen *Umsatzsteuer* zum Tragen. Denn unter der Annahme einer vollständigen Preisüberwälzung impliziert selbst ein bilaterales Tarifgefälle bei gleichzeitiger Anwendung der Freistellungsmethode für internationale Besteuerungssachverhalte keine unterschiedliche Steuerbelastung in- und ausländischer Arbeitseinkommen. Insofern ist der Haushalt tatsächlich indifferent zwischen einem in- und ausländischen Arbeitsangebot.

Die nach dem Ursprungslandprinzip erhobene Umsatzsteuer belastet hingegen den inländischen Mehrwert. Wird die Steuer in die Faktorentgelte überwälzt, äußert sich ein bilateraler Tarifunterschied in unterschiedlich hohen Bruttolöhnen. Bei einer Überwälzung der Steuer in die Güterpreise in Verbindung mit einer gegenseitigen Abwertung der Währungen haben Tarifunterschiede einen Einfluss auf den realen Wert der ausländischen Arbeitseinkommen gemessen in der Währung des Wohnsitzlandes. Aufgrund der auch hier zur Anwendung kommenden Freistellungsmethode ist die Quellenbelastung abgeltend. Damit wird die Arbeitsangebotsentscheidung in beiden Fällen zugunsten des relativen Niedrigsteuerlandes verzerrt. Eine Doppelbesteuerung internationaler Arbeitseinkommen ist allerdings ausgeschlossen.

ITP und *ICF* gleichen in ihrer Systematik der beschränkten und unbeschränkten Steuerpflicht der Einkommensteuer. Eine steuerlich unverzerrte Entscheidung hinsichtlich der internationalen Arbeitsallokation ist im Fall einer von der inländischen Belastung divergierenden Quellenbelastung internationaler Arbeitseinkommen an die Umsetzung des Weltkonsumprinzips geknüpft. Die Anwendung der Freistellungsmethode sowie eine Verweigerung des Ausgleichs von Anrechnungsüberhängen würden hingegen Angebotsentscheidungen zugunsten des relativen Niedrigsteuerlandes bedingen. Insofern bleiben die aus der Einkommensteuer bekannten Probleme bestehen. Darüber hinaus können (wie auch im Kollisionsfall) Konflikte im Zusammenhang mit den qualifizierten Konten entstehen. Denn im Rahmen der ICF muss eine vorgelagerte Entlastung, im Rahmen der ITP eine vorgelagerte Belastung der Einzahlungen in die qualifizierten Konten gewährleistet werden. Sofern dabei die im Ausland gezahlten Steuern auf Arbeitseinkommen nicht vollständig berücksichtigt werden, resultiert daraus eine doppelte Belastung qualifizierter Kapitaleinkommen. Indirekt wird damit gegen grenzüberschreitende Arbeitseinkommen bzw. ein grenzüberschreitendes Arbeitsangebot diskriminiert. Dies betont erneut die Notwendigkeit, auf eine quellenbasierte (Arbeits-) Einkommensbesteuerung zu verzichten.

Insgesamt wird im Hinblick auf die internationale Arbeitsallokationsentscheidung deutlich, dass die territorialen Konsumsteuern – also die ICF, die ITP und die nach dem Ursprungslandprinzip erhobene Umsatzsteuer – ähnliche Probleme aufweisen wie die Einkommensteuer. Um Arbeitsallokationsentscheidungen zugunsten des relativen Niedrigsteuerlandes zu unterbinden, ist die Umsetzung des Wohnsitzlandprinzips, hier in Form des Weltkonsumprinzips, erforderlich. Allerdings entfällt diese Option bei der Umsatzsteuer, bei den direkten Konsumsteuern möglicherweise im Zusammenhang mit den qualifizierten Konten. Einzelwirtschaftliche Anpassungsreaktionen lassen sich deshalb ausgehend von der bilateralen Einkommens- bzw. unilateralen Konsumbesteuerung nicht ausschließen, insbesondere wenn mit der Reform ein Wechsel in der internationalen Besteuerungsmethode verbunden ist.

C.3.1.1.1.3 Entscheidung über den Konsum-/Einkaufsort

Wie bereits für den Kollisionsfall festgestellt wurde, haben die *direkten Konsumsteuern* sowie die nach dem Ursprungslandprinzip erhobene *Umsatzsteuer*[392] keinen Einfluss auf die Entscheidung über den Konsumort. Nicht der Ort der Einkommensverwendung, sondern der Ort der Einkommensentstehung – bzw. bei Umsetzung des Weltkonsumprinzips der Wohnort des Konsumenten – ist für die Steuerbelastung des Konsums entscheidend. Entsprechende Reallokationsentscheidungen der Haushalte im Sinne einer Verlagerung des Konsum- bzw. Einkaufsortes sind daher weder ausgehend von der bilateralen Einkommensteuer noch ausgehend vom Kollisionsfall zu erwarten.

---

[392] Bei einer bilateralen Anwendung der in die Güterpreise überwälzten Umsatzsteuer nach dem Ursprungslandprinzip werten beide Währungen gegeneinander ab. Der in Inlandswährung ausgedrückte Wechselkurs steigt um die inländische Umsatzsteuer und fällt um die ausländische Umsatzsteuer: $e_{VAT}=e_{IT}(1+\tau^{i}_{VAT})/(1+\tau^{a}_{VAT})$. Ist z.B. der Wechselkurseffekt im Ausgangspunkt der bilateralen Einkommensbesteuerung 1:1, und führt das Inland eine Umsatzsteuer i.H.v. $\tau^{i}_{VAT}=40\%$, das Ausland i.H.v. $\tau^{a}_{VAT}=25\%$ ein, dann steigt der Wechselkurs auf $e_{VAT}=1(1+0{,}4)/(1+0{,}25)=1{,}12$, also 1,12:1. Um eine Geldeinheit real zu konsumieren, muss der Inländer sowohl im Inland als auch im Ausland (1,12*1,25=) 1,4 Geldeinheiten aufwenden. Umgekehrt muss der Ausländer für den realen Konsum einer Geldeinheit im Ausland und Inland (1,4/1,12=) 1,25 Geldeinheiten aufwenden.

Anders ist dies bei einer nach dem Bestimmungslandprinzip bzw. einer nach dem Mischprinzip erhobenen Umsatzsteuer. Hier wird der Konsum unabhängig vom Herkunftsland des Konsumenten bzw. des konsumtiv verwendeten Einkommens mit dem Steuertarif des Konsum- bzw. Einkaufslandes belastet. Im Fall internationaler Tarifunterschiede weist das relative Niedrigsteuerland gegenüber dem relativen Hochsteuerland daher einen Standortvorteil als Konsum- bzw. Einkaufsland für international mobile Konsumenten auf. Ausgehend von einer diesbezüglich nicht verzerrenden Einkommensteuer ist daher eine Verlagerung von Konsum bzw. Umsätzen an Endverbraucher in das relative Niedrigsteuerland zu erwarten.[393] Im Vergleich zum Kollisionsfall ist das Ausmaß der Verzerrung geringer, wenn die Höhe der Tarifdifferenz zwischen In- und Ausland sinkt.

C.3.1.1.2 Entscheidung über den Wohnort

Auch bei bilateraler Konsumbesteuerung mit unterschiedlichen Tarifen ergibt sich ein Einfluss auf die Wohnortwahl international mobiler Haushalte entweder aus der Tatsache, dass steuerrelevante Sachverhalte untrennbar mit dem Wohnort verbunden sind oder aus der Tatsache, dass grenzüberschreitende Sachverhalte im Wohnsitzland besteuert werden. In beiden Fällen kann der Haushalt nur dann vom zwischenstaatlichen Belastungsgefälle profitieren, wenn er seinen Wohnort in das relative Niedrigsteuerland verlagert. Allerdings muss auch hier der Einfluss von Migrationssteuern auf die Wohnortentscheidung berücksichtigt werden.

Die nach dem Bestimmungslandprinzip erhobene *Umsatzsteuer* belastet den Binnenkonsum der In- und Ausländer. Obwohl Faktoreinkommen keiner direkten Besteuerung unterliegen, kann der Haushalt einer relativ höheren Konsumbesteuerung am Wohnort nur bedingt ausweichen, da die konsumtive Verwendung des Einkommens in hohem Maße an den Wohnort gebunden und eine Verlagerung des Konsumortes kaum möglich ist. Der Migrationsanreiz ergibt sich insofern aus der geringeren Besteuerung des Konsums im relativen Niedrigsteuerland. Da die Steuerbelastung eines Haushalts absolut mit den Konsumausgaben sowie in bezug auf das Haushaltseinkommen mit zunehmender Konsumquote steigt, ergeben sich Migrationsanreize sowohl für Haushalte mit absolut hohen Konsumausgaben als auch für Haushalte mit hohen Konsumquoten. Eine Migrationsteuer auf das steuerfrei akkumulierte Vermögen kann lediglich die für vermögende Haushalte bestehenden Migrationsanreize neutralisieren.[394] Denn die Steuerbelastung des aus

---

[393] Vgl. Genser, B. (1999), S. 13; Krause-Junk (1990a), S. 258. Theoretisch würden die Verlagerungen des Einkaufs- bzw. Konsumortes eine vollständige Steueraufkommensumverteilung zugunsten des relativen Niedrigsteuerlandes implizieren. Die im Zusammenhang mit der Verlagerung des Einkaufs- bzw. Konsumortes verbundenen Transaktionskosten stehen dem allerdings entgegen (vgl. Krause-Junk (1990a), S. 258f., Fußnote 9). Andererseits besteht die Gefahr, dass die Transaktionskosten durch fiktive Handelsumlenkungen zumindest im Rahmen des Mischprinzips weitestgehend vermieden werden können (vgl. dazu Kapitel C.6.4.2).

[394] Auch an dieser Stelle sei darauf hingewiesen, dass eine derartige Migrationssteuer angesichts

diesen Einkommen finanzierten Konsums ergibt sich dann aus dem im Emigrationsland angewendeten Konsumsteuertarif. Verweigert das Immigrationsland die Erstattung der Emigrationssteuer, dann wird infolge der Doppelbesteuerung des Konsums gegen die Migration diskriminiert.

Wird die Umsatzsteuer bilateral nach dem *Mischprinzip* erhoben, dann orientiert sich die Steuerbelastung des Haushalts am Tarifniveau des Einkaufsortes. Da eine Verlagerung des Einkaufsortes bzw. seine Abkopplung vom Wohnort leichter zu vollziehen ist als eine Verlagerung des Konsumortes, werden die Migrationsanreize trotz eines bilateralen Belastungsgefälles allerdings geringer ausgeprägt sein als bei einer nach dem Bestimmungslandprinzip erhobenen Umsatzsteuer. In bezug auf die Migrationsbesteuerung ergeben sich die gleichen Überlegungen wie beim Bestimmungslandprinzip: Die (systematisch ohnehin nicht gerechtfertigte) Migrationsteuer auf das steuerfrei akkumulierte Vermögen neutralisiert lediglich die aus Sicht vermögender Haushalte bestehenden Anreize zur Verlagerung des Wohnortes in das relative Niedrigsteuerland.

Bei der nach dem *Ursprungslandprinzip* erhobenen Umsatzsteuer ergibt sich die persönliche Steuerbelastung aufgrund des territorialen Charakters nicht in Abhängigkeit vom Konsumort, sondern in Abhängigkeit vom Ort der Einkommenserzielung. Für grenzüberschreitende Einkommen gilt ferner die Freistellungsmethode, so dass zwischenstaatliche Belastungsdifferenzen nicht neutralisiert werden. Angesichts der Tatsache, dass Kapital international vollkommen mobil und damit unabhängig vom Wohnort alloziierbar ist, wird selbst bei einer Rücküberwälzung der im In- und Ausland unterschiedlich hohen Umsatzsteuer in die Kapitalrendite kein Anreiz zur Verlagerung des Wohnortes induziert. Der Migrationsanreiz resultiert im Fall eines bilateralen Tarifgefälles vielmehr allein aus der engen Bindung von Arbeits- und Wohnort und ist insbesondere bei jenen Haushalten relativ stark ausgeprägt, die relativ hohe Arbeitseinkommen verdienen bzw. einen hohen Anteil ihrer Konsumausgaben aus Arbeitseinkommen bestreiten. Da sich eine Migrationsteuer nur auf das bereits akkumulierte Vermögen (und nicht auf Einkommen) beziehen kann, können die bestehenden Migrationsanreize zugunsten des relativen Niedrigsteuerlandes wiederum nur gegenüber vermögenden Haushalten neutralisiert werden. Für vermögensarme Haushalte wäre die Migrationsteuer hingegen von relativ geringer Bedeutung.[395]

der Zielsetzung einer Belastung des Binnenkonsums systematisch nicht gerechtfertigt ist (vgl. Kapitel C.1.3.2.2). Zudem wirkt sie gerade nur für jene Haushalte, aus deren Sicht Migrationsanreize i.d.R. gering ausgeprägt sind (vermögende Haushalte mit geringen Konsumquoten). Eine andere Form der Migrationsbesteuerung (wie die erweiterte beschränkte bzw. unbeschränkte Steuerpflicht) scheidet bei der Umsatzsteuer von vornherein aus.

[395] Nochmals sei darauf hingewiesen, dass bei Anwendung des Ursprungslandprinzips eine Migrationsbesteuerung steuersystematisch ohnehin nicht gerechtfertigt ist, da nicht auf die Besteuerung des Binnenkonsums abgestellt wird und das Vermögen bereits steuerbelastet ist (vgl. Kapitel

Auch bei einer Haushaltskonsumbesteuerung auf Basis der *ITP* sind internationale Belastungsunterschiede im Bereich der Kapitalbesteuerung angesichts der Nichterfassung von Kapitaleinkommen auf Haushaltsebene für die Wohnortwahl international mobiler Haushalte irrelevant. In bezug auf die Arbeitseinkommensbesteuerung im In- und Ausland gelten hingegen die gleichen Argumente wie bei der Einkommensteuer: Gewährt das Wohnsitzland des Haushalts die Freistellungsmethode für internationale Arbeitseinkommen, erwächst der Migrationsanreiz aus einer transaktionskosten-bedingten Bindung zwischen Wohn- und Arbeitsort. Kommt hingegen das Wohnsitzprinzip zur Anwendung, resultiert der Migrationsanreiz aus der Neutralisierung eines bestehenden Belastungsgefälles. Migrationssteuern sind in diesem Fall beschränkt wirksam. Denn in bezug auf das qualifizierte Vermögen hat das Emigrationsland seinen Besteuerungsanspruch bereits durchgesetzt.[396] Und die erweiterte beschränkte Besteuerung des inländischen Arbeitseinkommens läuft angesichts der mit der Wohnortverlagerung verbunden Verlagerung des Arbeitsortes (als Auslöser der Migration) ins Leere. Neutralisierend wirkt hingegen die Umsetzung der erweiterten unbeschränkten Steuerpflicht in bezug auf Arbeitseinkommen.

Die *ICF* weist im Vergleich zu den anderen Konsumsteuern die umfangreichste Bemessungsgrundlage auf. Denn neben Arbeitseinkommen unterliegen auch inframarginale Kapitaleinkommen der Besteuerung. Die Systematik ist insofern (abgesehen von der steuerlichen Behandlung des marginalen Kapitalertrags) weitestgehend mit der Einkommensteuer vergleichbar. Im Hinblick auf die international divergierende Belastung von Arbeitseinkommen erwächst der Migrationsanreiz entweder aus der (transaktionskosten-bedingt) engen Bindung von Wohn- und Arbeitsort oder aus der Umsetzung des Wohnsitzlandprinzips. Im Hinblick auf die Kapitalbesteuerung ist entscheidend, dass durch die Umsetzung des Wohnsitzprinzips (kombiniert mit einer Anrechnungsverweigerung in bezug auf die ausländische Umsatzsteuer bzw. Unternehmenssteuer) für qualifizierte und nichtqualifizierte Kapitaleinkommen ein bestehendes zwischenstaatliches Belastungsgefälle neutralisiert wird. Die daraus resultierenden allokativen Verzerrungen sind vergleichbar mit denen im Fall der bilateralen Einkommensbesteuerung. Das Emigrationsland kann dem daraus resultierenden Migrationsanreiz allerdings durch die restriktive Besteuerung des qualifizierten Vermögens, durch die Besteuerung der im Emigrationsland verbleibenden Einkommensquellen (erweiterte beschränkte Steuerpflicht) und durch die Besteuerung der Einkommen im Immigrationsland (erweiterte unbeschränkte Steuerpflicht) wirkungsvoll begegnen. Sofern das Immigrationsland derartige Steuern seinerseits im Rahmen der Umsetzung des

C.1.3.2.2).

[396] Vgl. dazu nochmals Kapitel C.1.3.3.3.3. Lediglich in bezug auf das nicht-qualifizierte Vermögen kann die erweiterte beschränkte oder unbeschränkte Steuerpflicht umgesetzt werden.

Weltkonsumprinzips nicht berücksichtigt, wird gegen die internationale Migration von Haushalten diskriminiert.

Es lässt sich zusammenfassen, dass auch bei bilateraler Konsumbesteuerung ein zwischenstaatliches Belastungsgefälle die Wohnortentscheidung international mobiler Haushalte tangiert. Diese Migrationsanreize haben zum Teil andere Ursachen als im Rahmen der bilateralen Einkommensbesteuerung. Denn für die Steuerbelastung eines Haushalts ist je nach Konsumsteuer nicht nur der Wohnort, sondern auch der Herkunftsort der Einkommen, die Einkommensstruktur und die Einkommensverwendung ausschlaggebend. Wenngleich zumindest bei einigen Konsumsteuerbausteinen Migrationssteuern ein wirkungsvolles Instrument zur Neutralisierung dieser Migrationsanreize darstellen, betont diese Tatsache der verzerrten Wohnortentscheidung die Bedeutung der Steuerharmonisierung auch im Fall der bilateralen Konsumbesteuerung. Andernfalls sind ausgehend vom Kollisionsfall bzw. von der bilateralen Einkommensbesteuerung einzelwirtschaftliche Anpassungsreaktionen zu erwarten.

C.3.1.2 Unternehmen

Im Hinblick auf die unternehmerischen Entscheidungen wird wie für den Kollisionsfall der Einfluss der Besteuerung auf die Standortwahl, die Finanzierung grenzüberschreitender Direktinvestitionen, die konzerninterne Leistungsverrechnung und die Gewinnverwendung analysiert.

C.3.1.2.1 Standortwahl

Bei der Betrachtung der Standortentscheidung ist wiederum zwischen der Standortwahl von Einzelunternehmen und in bezug auf Direktinvestitionen zu unterscheiden. Ferner ist zu differenzieren, ob marginale oder (ortsungebundene bzw. ortsgebundene) inframarginale Renditen erzielt werden, ob sich die Standortentscheidung an der marginalen oder durchschnittlichen Steuerbelastung orientiert und wie ausgeschüttete Gewinne auf der Ebene der Haushalte besteuert werden. Darüber hinaus ist im Harmoniefall zu berücksichtigen, dass die steuerfreien marginalen Zinsen differieren.

Zunächst wird der Fall des *Einzelunternehmens* betrachtet. Die internationale Konsumsteuersystematik ist hier angesichts einer Finanzierung der Investition durch eine Eigenkapitalaufnahme im Domizilland ohne Bedeutung. Wird unterstellt, dass die Haushalte im In- und Ausland gleiche Zeitpräferenzraten haben, und eine Investition lediglich eine *marginale* Kapitalrendite aufweist, dann ist die Standortentscheidung nicht verzerrt, wenn sich der marginale steuerfreie Zins im Rahmen der Unternehmenskonsumbesteuerung inhärent ergibt. Dies gewährleisten die Umsatzsteuer sowie die CFS mit innerperiodischem Verlustausgleich. Bei einer Konsumbesteuerung auf Basis der ACE bzw. CFS mit verzinslichem Verlustvortrag ist allerdings eine bilaterale Abstimmung erforderlich. Denn ein von der Zeitpräferenzrate abweichender steuerfreier marginaler Zins würde bedeuten, dass Teile der marginalen Kapitalkosten besteuert oder Teile des inframarginalen Kapitalertrags nicht besteuert werden. Die Standortentscheidung in bezug auf eine Investition mit marginalen Renditen ist dann zulasten desjenigen Landes verzerrt, welches infolge einer zu niedrigen Bemessung des steuerfreien Zinses Teile der Kapitalkosten besteuert.[397]

Werden hingegen inframarginale Renditen erwartet, so kann deren unterschiedlich hohe Besteuerung durchaus einen Einfluss auf die Standortentscheidung international mobiler Unternehmen haben. Von vornherein ausgeschlossen ist dies in zwei Fällen: Sofern die auf inframarginale Renditen anfallende Steuer vollständig in die Güterpreise überwälzt werden kann, was bei der nach dem Bestimmungslandprinzip bzw. Ursprungslandprinzip (mit Wechselkurseffekt) erhobenen Umsatzsteuer angenommen werden kann, ist die Tarifbelastung für die Unternehmen ohne Bedeutung. Denn dann wird die Konsumsteuer von den Konsumenten getragen. Ferner hat auch eine unterschiedlich hohe Besteuerung inframarginaler ortsgebundener Renditen keinen Einfluss auf die Standortentscheidung. Denn ein Verzicht auf die Investition würde einem Verzicht auf die Realisierung der Reingewinne gleichkommen.[398] Investitionen, welche ortsgebundene Reingewinne erwirtschaften, können also (anders als im Rahmen der Einkommensbesteuerung) nahezu beliebig hoch besteuert werden.[399]

Anderes gilt für den Fall, dass *nicht-ortsgebundene* Reingewinne verdient werden und die darauf anfallende Steuer von den Kapitalanbietern infolge einer Rücküberwälzung der Steuer in die Kapitalrendite getragen wird (direkte Konsumsteuern, Umsatzsteuer nach dem Ursprungslandprinzip ohne Wechselkurseffekt). Wird die Annahme aufrecht erhalten, dass sich die marginalen steuerfreien Zinsen im In- und Ausland entsprechen, resultiert aus einem zwischenstaatlichen Tarifgefälle eine unterschiedliche marginale Belastung der inframarginalen Gewinne[400]

[397] Sollten die in- und ausländischen Haushalte unterschiedliche Zeitpräferenzraten aufweisen, so muss sich dies auch bei der exogenen Festlegung des steuerfreien marginalen Zinssatzes widerspiegeln.

[398] Unter der Annahme gleicher marginaler steuerfreier Zinsen ist eine Investition im Land mit den inframarginalen Renditeaussichten vorteilhaft, wenn die Bedingung $i < r^* - \tau_{CCT}(r^* - i)$ (Vergleich der Nettorenditen) erfüllt ist. Für $r^* > i$ ist diese Bedingung erfüllt. Bei der Einkommensteuer können hingegen selbst ortsgebundene Reingewinne nicht beliebig hoch besteuert werden, weil auch die marginalen Kapitalkosten belastet werden und steigen (vgl. dazu bereits Kapitel C.2.1.2.1).

[399] Der Steuersatz muss allerdings geringer als 100% sein. Ferner wird damit unterstellt, dass die Belastung der Reingewinne das Investitionsverhalten und die Kapitalnachfrage der Unternehmen nicht beeinflußt (vgl. dazu nochmals kritisch Kapitel C.2.1.2.1, insbesondere Zeichnung 6).

[400] In diesem Zusammenhang ist zu berücksichtigen, dass die Steuersatzdifferenzen steigen, wenn die Reform in beiden Ländern aufkommensneutral ausgestaltet werden: Bei einer gesamtwirtschaftlichen Kapitalgrenzproduktivität i.H.v. r=15% und einer marginalen Rendite i.H.v. i=5%

und auch eine unterschiedliche durchschnittliche Steuerbelastung des gesamten Gewinns. Das relative Niedrigsteuerland weist deshalb einen Standortvorteil auf. Sofern Standortentscheidungen vom Ziel der Steuerlastminimierung bzw. Ertragswertmaximierung determiniert werden, verzerrt ein tarifbedingtes Belastungsgefälle auch die Standortentscheidung international mobiler Unternehmen. Dies begründet einen Bedarf an Steuerharmonisierung. Zusätzliche Probleme ergeben sich für den Fall, dass die Haushalte der ICF unterliegen. Denn die Endbelastung inframarginaler Gewinne wird durch die Integrationsform zwischen Unternehmens- und Haushaltsbesteuerung (Vollanrechnungs- vs. klassisches System) determiniert, was auch in dieser Hinsicht eine Abstimmung erfordert.

Zusätzliche Probleme sind zu erwarten, wenn sich der steuerfreie marginale Zinssatz nicht an den (im In- und Ausland übereinstimmenden) Opportunitätskosten der Kapitalanbieter orientiert (ACE bzw. CFS mit verzinslichem Verlustvortrag ohne Abstimmung). Bemerkenswert ist in diesem Zusammenhang, dass die Höhe des steuerfreien Zinses und des Steuertarifs einen gegenläufigen Einfluss auf das erzielbare Steueraufkommen haben. Im Rahmen einer aufkommensneutralen Reform kann sich das Land, welches einen geringeren steuerfreien Zinssatz wählt, insofern auch einen geringeren Unternehmenssteuersatz „leisten“ (s.u.). Dies impliziert einerseits zwar eine Belastung der Kapitalkosten, beinhaltet andererseits aber die Möglichkeit, inframarginale Gewinne im Vergleich zum anderen Land relativ niedrig zu belasten. Sofern die Standortentscheidung also durch die marginale Belastung inframarginaler Rendite, d.h. die Höhe des Steuertarifs determiniert wird, kann sich ein Konsumsteuerland durch eine - der Konsumsteueridee widersprechende - Verbreiterung der Bemessungsgrundlage einen Standortvorteil verschaffen.[401] Allerdings bleibt dieser Einfluss der Besteuerung i.d.R. auf jene Fälle beschränkt, in denen die Reingewinne nicht ortsgebunden sind. Denn bei ortsgebundenen Reingewinne ist die Höhe des Steuertarifs für Standortentscheidungen nicht maßgeblich. Es ist jedoch zu berücksichtigen, dass bei einer unzureichenden Bemessung des steuerfreien Zinses auch Teile der Kapitalkosten belastet werden. Der aus der Belastung der Kapitalkosten resultierende Nachteil kann dabei den Vorteil eines geringeren Steuertarifs auf den ortsgebundenen Reingewinn überwiegen.[402]

---

ergibt sich der Konsumsteuersatz aus dem 1,5-fachen des Einkommensteuersatzes. Aus einem bisherigen Verhältnis von In- und Auslandssteuersatz von 40% zu 30% resultiert nun ein Verhältnis von 60% zu 45%.

[401] Die daraus resultierende Unternehmenssteuerbelastung hätte allerdings nur bei Kombinationen mit der ITP abgeltende Wirkung. Bei Kombinationen mit der ICF impliziert das Vollanrechnungssystem im Fall der Gewinnausschüttung eine Freistellung der marginalen Rendite und eine Belastung der inframarginalen Rendite mit dem persönlichen Konsumsteuersatz. Beim klassischen System würde die Unternehmensbesteuerung in die Gesamtbelastung der Kapitalrenditen einfließen.

[402] Vgl. zu diesem vergleichbaren Problem im Rahmen der Einkommensteuer nochmals Kapitel

Wenn sich die Standortentscheidung an der durchschnittlichen Steuerbelastung des Gewinns orientiert, ist der gegenläufige Effekt von Steuertarif und steuerfreiem marginalen Zinssatz auf die Durchschnittsbelastung von Bedeutung:

> Die Steuerpflicht im Inland ergibt sich gemäß $\tau^{i}_{CCT}(r^*-i^{i})$, im Ausland gemäß $\tau^{a}_{CCT}(r^*-i^{a})$. Eine gleiche durchschnittliche Belastung erfordert die Erfüllung der Bedingung $\tau^{i}_{CCT}(r^*-i^{i})/r^* = \tau^{a}_{CCT}(r^*-i^{a})/r^*$ bzw. $\tau^{i}_{CCT}/\tau^{a}_{CCT}=(r^*-i^{a})/(r^*-i^{i})$. Ein tarifbedingter Nachteil des Inlands ($\tau^{i}_{CCT} > \tau^{a}_{CCT}$) kann also durch die Gewährung eines höheren steuerfreien Zinses ($i^{i} > i^{a}$) kompensiert werden (vgl. Anhang C3-3).[403]

Sofern Standortentscheidungen also an der zu erwartenden *durchschnittlichen* Steuerbelastung des Gewinns festgemacht werden, müssen nicht nur die Steuertarife, sondern auch die Modalitäten zur Ermittlung der Bemessungsgrundlage miteinander verglichen werden. Beides kann die Standortentscheidung verzerren. Nur wenn marginale oder ortsgebundene inframarginale Kapitalrenditen erwartet werden, sind derartige Überlegungen für die Standortentscheidung irrelevant.[404]

Im Hinblick auf die Standortentscheidung eines *Einzelunternehmens* lässt sich insofern zusammenfassen, dass ein durch Unterschiede in den Steuertarifen, in der Bemessungsgrundlage und in der Integration von Unternehmens- und Haushaltsbesteuerung verursachtes internationales Belastungsgefälle diese unternehmerische Entscheidung selbst im Fall einer bilateraler Reingewinnbesteuerung beeinflussen kann. Ausgeschlossen sind derartige Probleme i.d.R. nur, wenn lediglich marginale oder ortsgebundene inframarginale Renditen erwirtschaftet werden, bzw. wenn die Steuer in die Konsumgüterpreise überwälzt wird. Ortsgebundene Reingewinne können dann beliebig besteuert werden, wenn die Steuerfreiheit der marginalen Rendite gewährleistet ist. In jedem Fall sind Reallokationsentscheidungen zu erwarten.

Bei Standortentscheidungen in bezug auf *Direktinvestitionen* ist neben der Quellenbesteuerung der Tochterkapitalgesellschaft im Domizilland die Sitzortbesteuerung der Muttergesellschaft sowie die Besteuerung der Haushalte in ihrer Funktion als Anteilseigner an der Muttergesellschaft zu berücksichtigen. Zunächst wird wiederum unterstellt, dass sich die marginalen steuerfreien Zinsen im In- und

---

C.2.1.2.1, insbesondere Fußnote 269.

[403] Entgegen der Behauptung von Musgrave, P. B. (1991), S. 561 wird die Durchschnittsbelastung der Rendite keineswegs weniger differieren als bei bilateraler Einkommensbesteuerung. Denn die Entlastung der marginalen Rendite wird durch eine höhere Belastung des Reingewinns kompensiert.

[404] Diese Tatsache wird die Standortüberlegungen international mobiler Unternehmen erschweren, weil angesichts der nicht eindeutig prognostizierbaren Rendite die durchschnittliche Steuerbelastung ebenfalls nicht zu ermitteln ist. Im Rahmen der Einkommensteuer ist dieser Aspekt irrelevant, weil der Tarif sowohl die marginale als auch die durchschnittliche Steuerbelastung widerspiegelt (vgl. dazu auch Kapitel C.6.4).

Ausland entsprechen. Werden lediglich marginale Renditen erwirtschaftet, wird die Standortentscheidung durch die Konsumbesteuerung selbst im Fall eines bilateralen Tarifunterschiedes nicht tangiert. Denn weder im Domizilland der Tochtergesellschaft noch im Sitzland der Muttergesellschaft fallen (unabhängig von der internationalen Konsumsteuersystematik) Steuern an. Selbst bei Ausschüttungen an die Haushalte entsteht keine Steuerbelastung, da Kapitaleinkommen entweder nicht besteuert werden (ITP) oder marginale Renditen infolge der vorgelagerten Entlastung (ICF) freigestellt sind. Gleiches gilt für den Fall, dass inframarginale Renditen erwirtschaftet werden und die Konsumsteuer in die Konsumgüterpreise überwälzt wird (Umsatzsteuer nach dem Bestimmungslandprinzip, möglicherweise Ursprungslandprinzip mit Wechselkurseffekt). Bei Kombinationen mit der ICF erfolgt die ergänzende Reingewinnbesteuerung unabhängig vom Herkunftsort der Kapitaleinkommen.

Werden hingegen inframarginale Renditen erwirtschaftet und wird die darauf anfallende Steuer in die Kapitalrendite überwälzt, so kommt es wiederum maßgeblich auf die Qualität dieser Reingewinne an: Handelt es sich um *ortsgebundene* Reingewinne, so fällt die Standortentscheidung für die Direktinvestition zwingend zugunsten des betreffenden Landes aus. Dies gilt unabhängig davon, ob die Gewinne letztlich niedriger (Gewährung der Freistellungsmethode auf Unternehmensebene und Kombinationen mit der ITP) oder möglicherweise höher (Beschränkung der Anrechnung auf inländische Unternehmenskonsumsteuer im Rahmen der ICF) belastet sind als inländische inframarginale Gewinne. Denn ein Verzicht auf die Direktinvestition würde einen Verzicht auf die Realisierung dieser inframarginalen Gewinne implizieren. Die Nettorendite aus der Direktinvestition übersteigt zwingend die alternative steuerfreie inländische Marginalrendite.[405]

Für den Fall *nicht-ortsgebundener* Reingewinne sind diese Ergebnisse allerdings zu modifizieren: Zunächst ist es anders als im Kollisionsfall unerheblich, ob sich die Standortentscheidung an der marginalen oder durchschnittlichen Steuerbelastung orientiert. Denn unter der Annahme gleich hoher marginaler steuerfreier Zinsen im In- und Ausland bedingt ein Tarifgefälle sowohl eine geringere marginale als auch geringere durchschnittliche Steuerbelastung des Gewinns (s.o.). Jedoch gewinnt die internationale Konsumsteuersystematik an Bedeutung. So wird ein zum relativen Niedrigsteuerland bestehendes Belastungsgefälle im Rahmen der Freistellungsmethode (wie sie zwingend bei der Umsatzsteuer und der R-CFS, möglicherweise aber auch bei der RF-CFS und ACE zur Anwendung kommt) zumindest auf Unternehmensebene nicht neutralisiert. Belastungsdifferenzen zwischen In- und Ausland haben insofern einen Einfluss auf die unternehmerische Standortentscheidung. Diese Ergebnisse gelten selbst unter Berücksichtigung der

[405] Der aus Sicht eines international mobilen Einzelunternehmens angestellte Vergleich der Nettorenditen (vgl. Fußnote 398) gilt hier entsprechend.

Gewinnausschüttung an den Haushalt, wenn dieser keiner weiteren Besteuerung unterliegt (Umsatzsteuer als Alleinsteuersystem, Kombinationen mit der ITP). Denn die Unternehmensbesteuerung hat in diesen Fällen abgeltende Wirkung. Auch wenn auf Haushaltsebene die ICF zur Anwendung kommt und die Anrechnung der auf Unternehmensebene angefallenen Reingewinnsteuer generell ausgeschlossen ist (Kombinationen mit der Umsatzsteuer, klassisches System bei Kombinationen mit den direkten Unternehmenskonsumsteuern), ist eine Standortentscheidung zugunsten des relativen Niedrigsteuerlandes unter steuerlichen Gesichtspunkten rational. Hingegen wird durch ein auf inländische Gewinne beschränktes Vollanrechnungssystem (wie im Rahmen der bilateralen Einkommensbesteuerung) gegen Auslandsinvestitionen diskriminiert. Denn dann unterliegen ausländische Reingewinne im Unterschied zu inländischen Reingewinnen einer doppelten Belastung mit ausländischer und inländischer Konsumsteuer.

Neben der Freistellungsmethode kann aber (bei einer Konsumsteuerreform auf Basis der RF-CFS bzw. ACE) auf Unternehmensebene auch die (eingeschränkte)[406] Sitzortbesteuerung zur Anwendung kommen. Bei isolierter Betrachtung der Unternehmensebene wird ein zugunsten des anderen Landes bestehendes (tarifbedingtes) Belastungsgefälle vollständig neutralisiert. Besteuert wird (unter Anrechnung der darauf ruhenden Steuer) der Reingewinn (vgl. Anhang C3-4a und 4b).[407] Aus Sicht einer inländischen Muttergesellschaft stellt sich dies wie folgt dar:

> Der Quellenbelastung $[\tau^a_{CCT}(r^*-i^a)]$ steht eine fiktive inländische Steuerpflicht i.H.v. $[\tau^i_{CCT}(r^*-i^i)]$ gegenüber. Unter der Annahme $[i^a = i^i]$ ergibt sich die Differenzbesteuerung im Sitzland der Muttergesellschaft gemäß $[(r^*-i^i)(\tau^i_{CCT}-\tau^a_{CCT})]$. Sofern keine Anrechnungsüberhänge bestehen ergibt sich die Gesamtbelastung gemäß $[\tau^i_{CCT}(r^*-i^i)]$. Für den Fall von Anrechnungsüberhänge beträgt die Steuerbelastung $[\tau^a_{CCT}(r^*-i^a)]$.

Insofern gelten die im Rahmen der Einkommensteuer geltenden Aussagen äquivalent: Bestehen Anrechnungsüberhänge, wird (wie auch im Rahmen der Freistellungsmethode) gegen Auslandsdirektinvestitionen diskriminiert. Bestehen hingegen keine Anrechnungsüberhänge, wird die Standortentscheidung durch die Besteuerung nicht tangiert. Allerdings ist auch hier zu berücksichtigen, dass Ge-

---

[406] Im Unterschied zum Kollisionsfall werden hier weder die Abzugsmethode noch die erweitere Sitzortbesteuerung berücksichtigt. Deren Anwendung ist im Harmoniefall nicht gerechtfertigt.

[407] Wie für den Kollisionsfall wird unterstellt, dass die Umsetzung der eingeschränkten Sitzortbesteuerung auf dem Gewinnzerlegungsansatz basiert, wobei der auch für den inländischen Verlustvortrag bzw. ACE-Abzug verwendete steuerfreie Zins zugrunde gelegt wird. Dies ist aber nicht zwingend, woraus sich ein Instrument zur Steuerung des Investitionsverhaltens ergibt: Direktinvestitionen können durch eine im Vergleich zum inländischen steuerfreien Zins relativ niedrige (hohe) Bemessung des steuerfreien Zinses diskriminiert (begünstigt) werden (vgl. Kapitel C.6.1.3).

winne thesauriert oder in Form von steuerfreien Veräußerungsgewinnen realisiert und daher der Besteuerung im Sitzland der Muttergesellschaft zumindest temporär entzogen werden können. Ein Standortvorteil des relativen Niedrigsteuerlandes bleibt insofern teilweise bestehen.[408] Diese Ergebnisse gelten auch unter Berücksichtigung der Haushaltsbesteuerung, wenn auf Haushaltsebene infolge der Kombination mit ITP Kapitaleinkommen nicht zu besteuern sind. Ein bei der ICF auf inländische Dividenden beschränktes Vollanrechnungssystem diskriminiert weiterhin grundsätzlich gegen Auslandsdirektinvestitionen mit inframarginalen Renditeerwartungen.

Abschließend ist der Fall zu berücksichtigen, dass sich die steuerfreien marginalen Zinsen im In- und Ausland unterscheiden. Diese Konstellation tritt ein, wenn sich beide Länder bei Anwendung der ACE bzw. CFS mit interperiodischem Verlustausgleich nicht auf einen gemeinsamen „Schutzzins" bzw. Verlustvortragszins einigen:

Sofern die Freistellungsmethode zur Anwendung kommt, hat die Quellenbesteuerung abgeltende Wirkung. Ein Land, welches infolge einer relativ niedrigen Bemessung des steuerfreien Zinses Renditeanteile besteuert, die aus Sicht des anderen Landes marginale Kapitalkosten darstellen, wird in diesem Fall weniger Direktinvestitionen aus dem anderen Land attrahieren, als dies bei übereinstimmenden Marginalzinsen der Fall wäre. Vor allem für Investitionen mit marginalen Renditen bzw. geringen Übergewinnquoten ergibt sich eine höhere durchschnittliche Steuerbelastung, so dass das betreffende Land selbst ortsgebundene Reingewinne nicht beliebig besteuern kann. Sollte das betreffende Land jedoch einen relativ geringen Tarif anwenden, dann ergeben sich Standortvorteile gegenüber dem anderen Land, wenn sich die Standortentscheidung an der marginalen Belastung inframarginaler Renditen orientiert bzw. wenn hohe Übergewinnquoten (mit der Folge einer geringeren Durchschnittsbelastung) erzielt werden. Umgekehrt wird ein Land, welches einen hohen marginalen Zins freistellt, Direktinvestitionen attrahieren, die eine marginale Rendite bzw. geringe Übergewinnquoten erwirtschaften. Der Standortnachteil ergibt sich insbesondere für Investitionen mit hohen Übergewinnquoten, sofern der Steuersatz höher ist als im Land der Muttergesellschaft. Die vor diesem Hintergrund zu treffende Standortentscheidung der Muttergesellschaft ist auch aus Sicht ihrer Anteilseigner rational, wenn auf Haushaltsebene die ITP zur Anwendung kommt. Die auf inländische Dividenden beschränkten Anwendung des Vollanrechnungssystems (ICF, nicht-qualifizierte Kapitaleinkommen) impliziert auch in diesem Fall eine grundsätzlich diskriminierende Wirkung gegen grenzüberschreitende Direktinvestitionen.

[408] Durch die Besteuerung von Veräußerungsgewinnen bzw. die Anwendung des Jährlichkeitsprinzips (Beschränkung der Steueranrechnung auf periodengleiche Steuern), wird dieser Belastungsvorteil eliminiert bzw. gemildert (vgl. auch die Gewinnverwendungsentscheidung, Kapitel C.3.1.2.4).

Sofern die eingeschränkte Sitzortbesteuerung zur Anwendung kommt, wird ein Belastungsgefälle zugunsten des anderen Landes neutralisiert. Umgekehrt bleibt ein Belastungsgefälle zulasten des anderen Landes bestehen, da Anrechnungsüberhänge nicht ausgeglichen werden. Entsprechend einkommensteuerlichen Regelungen ist zu unterstellen, dass sich die Besteuerung der ausländischen Gewinne bei der Muttergesellschaft am Steuerrecht des Sitzlandes der Muttergesellschaft orientiert. Im Rahmen der Gewinnzerlegung wird also derjenige steuerfreie Marginalzins zugrunde gelegt, der auch für Gewinne aus dem Sitzland der Muttergesellschaft zur Anwendung kommt. Aus Sicht einer inländischen Muttergesellschaft stellt sich die daraus resultierende Steuerbelastung der ausländischen Gewinne wie folgt dar (Anhang C3-4c):

> Der Quellenbelastung $[\tau^a_{CCT}(r^*-i^a)]$ steht eine fiktive inländische Steuerpflicht i.H.v. $[\tau^i_{CCT}(r^*-i^i)]$ gegenüber. Die Differenz zwischen Sitzort- und Quellenbelastung ergibt sich gemäß $[\tau^i_{CCT}(r^*-i^i)-\tau^a_{CCT}(r^*-i^a)]$. Eine tatsächliche Differenzbesteuerung erfolgt nur für den Fall, dass $[\tau^i_{CCT}/\tau^a_{CCT} \geq (r^*-i^a)/(r^*-i^i)]$ erfüllt ist. (Anrechnungsüberhänge können offenbar nur dann bestehen, wenn einem - im Vergleich zum Inland relativ - hohen (geringen) Steuertarif im Ausland ein geringer (hoher) steuerfreier marginaler Zins gegenüber steht.) Die Definitivbelastung der ausländischen Gewinne ergibt sich entweder gemäß $[\tau^i_{CCT}(r^*-i^i)]$ (keine Anrechnungsüberhänge) oder gemäß $[\tau^a_{CCT}(r^*-i^a)]$ (Anrechnungsüberhänge). Unabhängig davon, ob eine niedrigere Steuerbelastung an der Quelle aus einem geringeren Tarif oder einer schmaleren Bemessungsgrundlage resultiert, wird dieser Belastungsvorteil im Rahmen der eingeschränkten Sitzortbesteuerung neutralisiert. Anrechnungsüberhänge bleiben hingegen bestehen.[409]

Die eingeschränkte Sitzortbesteuerung bewirkt also eine mindestens genauso hohe Steuerbelastung der ausländischen wie der inländischen Gewinne. Die Muttergesellschaft ist demzufolge bei der Standortwahl in bezug auf Direktinvestitionen indifferent (keine Anrechnungsüberhänge), oder die Entscheidung fällt zugunsten des Inlands aus (Anrechnungsüberhänge). Allerdings ist dieses Ergebnis zu relativieren: Erstens bewirkt eine auf inländische Dividenden beschränkte Anwendung des Vollanrechnungssystems (ICF, nicht-qualifizierte Kapitaleinkommen) trotz Sitzortbesteuerung eine Diskriminierung gegen grenzüberschreitende Direktin-

[409] Würden allein tarifäre Differenzen berücksichtigt und Unterschiede des steuerfreien Zinses vernachlässigt, ergibt sich folgendes Bild: Angerechnet würden die Auslandssteuern, wenn $[\tau^a_{CCT} < \tau^i_{CCT}]$. Die Gesamtbelastung ergäbe sich aus der Summe der Quellenbelastung im Ausland und der Differenzbelastung im Inland, also $[\tau^a_{CCT}(r^*-i^a)+[\tau^i_{CCT}(r^*-i^i)-\tau^a_{CCT}(r^*-i^i)]]$ bzw. $[\tau^i_{CCT}(r^*-i^i)+\tau^a_{CCT}(i^i-i^a)]$. Auf dem Kapitalertrag, der nach dem Steuerrecht des Inlandes, nicht aber nach dem Recht des Auslands marginal und damit steuerfrei ist, ruht die Reingewinnsteuer des Auslandes, womit gegen Auslandsinvestitionen diskriminiert wird. Umgekehrt ergibt sich im Fall eines tarifär bedingten Anrechnungsüberhanges $[\tau^a_{CCT} > \tau^i_{CCT}]$ die Steuerbelastung der Auslandsgewinne gemäß $[\tau^a_{CCT}(r^*-i^a)]$. Dies muss aber nicht bedeuten, dass die Gewinne im Ausland tatsächlich höher belastet sind als Inlandsgewinne. Ein Belastungsgefälle kann insofern nicht neutralisiert werden. Daher ist diese Form der Sitzortbesteuerung mit partieller Steueranrechnung unsachgemäß.

vestitionen mit inframarginalen Renditen. Zweitens bleibt die Sitzortbesteuerung möglicherweise auf ausgeschüttete Gewinne beschränkt, während für Veräußerungs- und thesaurierte Gewinne die Freistellungsmethode gewährt wird. Die Standortentscheidung bliebe dann zugunsten des relativen Niedrigsteuerlandes verzerrt. Und drittens hat die neutralisierende Wirkung der Sitzortbesteuerung keinen Einfluss auf die Standortentscheidung, wenn mit der Investition ortsgebundene Reingewinne verbunden sind.

Zusammenfassend lässt sich feststellen, dass selbst bei einer auf Reingewinne beschränkten Besteuerung ein bilaterales Belastungsgefälle i.d.R. nicht ohne Einfluss auf die Standortentscheidung international mobiler Unternehmen ist. Ohne Bedeutung sind Belastungsdifferenzen nur dann, wenn marginale steuerfreie Renditen erwirtschaftet werden oder selbst die auf inframarginale Gewinne anfallende Steuer auf die Konsumenten überwälzt wird. Sofern sich die Richtlinien zur Ermittlung der Bemessungsgrundlage unterscheiden bzw. inframarginale Renditen nicht ortsgebunden sind, haben Konsumsteuern einen ähnlichen Einfluss auf die Standortentscheidung wie die Einkommensteuer. Im ersten Fall können selbst ortsgebundene Reingewinne nicht beliebig besteuert werden. Und im zweiten Fall bedingt die Freistellungsmethode eine Standortentscheidung zugunsten des relativen Niedrigsteuerlandes, während im Rahmen des Sitzortprinzips lediglich ein Belastungsgefälle *zugunsten* des Quellenlandes neutralisiert wird. Zudem wird durch Umsetzung des Sitzortprinzips gegen die Standortentscheidung von Muttergesellschaften mit internationalen Beteiligungsstrukturen diskriminiert. Eine ergänzende Haushaltsbesteuerung verschärft diese Probleme zusätzlich, so dass Anpassungsreaktionen zu erwarten sind.

C.3.1.2.2 Verrechnungspreisgestaltung

Verrechnungspreise verlieren ihre Bedeutung als ein Instrument zur Absenkung der Gesamtsteuerbelastung international verbundener Unternehmen dann, wenn die gesamte Konsumsteuer in die Güterpreise und damit auf die Konsumenten überwälzt wird (*Umsatzsteuer* nach dem Misch- bzw. Bestimmungslandprinzip). Da sich die Steuerbelastung der Konsumgüter nach dem Einkaufs- bzw. Konsumort richtet, haben Unternehmen kein steuerlich[410] begründetes Interesse an einer Manipulation der konzerninternen Leistungsverrechnung.[411] Da (inframarginale)

[410] Verwiesen sei nochmals auf die nicht-steuerlichen Einflussfaktoren (vgl. oben Fußnote 307).

[411] Auch für die Fiski sind die Verrechnungspreise ohne Bedeutung, sofern der Grenzausgleich zur Umsetzung des Bestimmungslandprinzips durch eine vollständige Entlastung der Exporte in Kombination mit einer Belastung der Importe umgesetzt wird. Basiert der Grenzausgleich hingegen auf dem grenzüberschreitenden Vorsteuerabzug, was bei bilateraler Anwendung anders als im Kollisionsfall möglich ist, wird das nationale Steueraufkommen auch durch die Verrechnungspreise determiniert. Denn besteuert wird der Binnenkonsum zzgl. der Nettoexporte. Aufgrund der unvermeidbaren Ungenauigkeiten im Zusammenhang mit dem Clearing der Vorsteuerbeträge hat jedes Land das Ziel, einen möglichst hohen Anteil am Mehrwert eines Konsumgutes bereits an der

Gewinne bei Ausschüttung entweder keiner (Umsatzsteuer als Alleinsteuersystem, Kombinationen mit der ITP) oder unabhängig vom Entstehungsort einer Besteuerung unterliegen (ICF, nicht-qualifizierte Einkommen), gilt dieses Kalkül auch aus Sicht der Haushalte.

Hingegen stellt die nach dem Ursprungslandprinzip erhobene *Umsatzsteuer* eine Belastung des inländischen Mehrwerts her. Da Verrechnungspreisvariationen eines einzelnen Unternehmens keinen Wechselkurseffekt auslösen werden, tangieren derartige Maßnahmen unabhängig vom Wechselkurssystem die Kapitalrendite. Verrechnungspreise können insofern genutzt werden, um zum einen den Spielraum in bezug auf marginale steuerfreie Gewinnerzielung im In- und Ausland vollständig auszunutzen (Vernichtung steuerlicher Bemessungsgrundlage) und zum anderen inframarginale Gewinne in das Land mit dem relativ geringen Steuersatz zu verlagern. Da für grenzüberschreitende Gewinne zwingend die Freistellungsmethode zur Anwendung kommt, ist diese Gewinnverlagerung selbst bei späteren Gewinnausschüttungen von der Tochterkapitalgesellschaft an die Muttergesellschaft definitiv.[412] Die unternehmerischen Bestrebungen zur Steuerlastminimierung entsprechen auch hier den Präferenzen des Haushalts, da Kapitaleinkommen entweder nicht besteuert werden (ITP) oder eine Anrechnung der Umsatzsteuer generell ausgeschlossen ist (ICF).

Auch bei Anwendung der *direkten Konsumsteuern* bleiben Probleme der konzerninternen Leistungsverrechnung prinzipiell bestehen. Denn wie im Rahmen der Einkommensteuer erfolgt eine territorialbasierte Besteuerung, wenngleich sich diese auf Reingewinne beschränkt. Im Vergleich zu der nach dem Ursprungslandprinzip erhobenen Umsatzsteuer sind drei Besonderheiten zu berücksichtigen: Erstens können die steuerfreien marginalen Zinsen international divergieren, wenn die Verlustvortragszinsen bei der CFS bzw. die „Schutzzinsen" bei der ACE nicht international abgestimmt werden. Daraus ergeben sich zusätzliche Anreize und Spielräume zur Gewinnverlagerung (in das Land mit dem höheren steuerfreien Zins). Zweitens können Muttergesellschaften im Hinblick auf ihre Auslandseinkommen bei Anwendung der RF-CFS bzw. ACE der eingeschränkten Sitzortbesteuerung unterliegen. Mit dieser Methode lässt sich eine Gewinnverlagerung zugunsten der Tochterkapitalgesellschaft mit Sitz im relativen Niedrigsteuerland im Hinblick auf die Konzernsteuerbelastung[413] nachträglich zumindest

Quelle besteuern zu können. Besteuerungskonflikte sind die unvermeidbare Folge.

412 Dies impliziert im Vergleich zur Einkommensteuer, wo Gewinnverlagerungen nachträglich im Rahmen der Sitzortbesteuerung zumindest teilweise neutralisiert werden können, zusätzliche Anforderungen an den Fiskus, die Angemessenheit der Verrechnungspreise angesichts der Bedeutung für das nationale Steueraufkommen zu überprüfen (vgl. Kapitel C.6.4.3).

413 Im Hinblick auf das Steueraufkommen führen Verrechnungspreisgestaltungen zulasten des relativen Hochsteuerlandes dort zu definitiven Einbußen.

teilweise kompensieren, da ausgeschüttete (möglicherweise auch thesaurierte und Veräußerungsgewinne) bei der Muttergesellschaft besteuert werden. Drittens ist die Unternehmensbesteuerung aus Sicht der Haushalte nur bei Kombinationen mit der ITP abgeltend, während bei einer Kombination mit der ICF zumindest die inländische Unternehmenssteuer im Rahmen eines Vollanrechnungssystems anrechenbar sein kann. Die aus der klassischen Besteuerung resultierende doppelte Belastung der ausländischen inframarginalen Gewinne impliziert dann eindeutige Anreize zur Gewinnverlagerung in das Sitzland der Muttergesellschaft bzw. das Wohnsitzland des Anteilseigners. Gilt hingegen auch für inländische Gewinnausschüttungen die klassische Besteuerungsmethode, dann bleibt eine Gewinnverlagerung zugunsten des relativen Niedrigsteuerlandes rational.

Vor diesem Hintergrund muss bezweifelt werden, dass konzerninterne Verrechnungspreise im Zuge einer bilateralen Konsumsteuerreform ihre Bedeutung als unternehmerisches Gestaltungselement verlieren. Allein bei einer Besteuerung des Binnenkonsums (d.h. bei Anwendung einer Umsatzsteuer nach dem Bestimmungslandprinzip) sowie im Fall marginaler Renditen sind Verrechnungspreise für die Steuerbelastung eines international agierenden Konzerns bedeutungslos. Die bilateral unterschiedlich intensive Belastung inframarginaler Renditen durch territoriale Konsumsteuern, je nach Konsumsteuersystem möglicherweise verbunden mit einer (temporären) Freistellung grenzüberschreitender Besteuerungssachverhalte, wird die Anfälligkeit der Verrechnungspreise für unternehmerische Gestaltungsziele tendenziell erhöhen.[414]

Dieses Ergebnis lässt noch zwei weitere Schlussfolgerungen zu: Zum einen muss ein relatives Hochsteuerland trotz fehlender Ortsbindung der inframarginalen Gewinnerzielungsmöglichkeiten keinen Verlust an Direktinvestitionen in das relative Niedrigsteuerland befürchten, sofern es gleichzeitig eine Gewinnverlagerung in das relative Niedrigsteuerland zulässt. Wie im Rahmen der Einkommensteuer besteht also der grundsätzliche Konflikt zwischen den Zielen, einerseits Steueraufkommen zu erzielen und andererseits für international mobile Unternehmen attraktive Standortbedingungen zu offerieren. Zum anderen kann ein Konsumsteuerland selbst ortsgebundene Renditen nicht beliebig hoch besteuern. Zwar ist nicht mit einer Standortverlagerung in das andere Land zu rechnen, denn dies würde einen Verzicht auf die Abschöpfung inframarginaler Gewinnerzielungsmöglichkeiten bedeuten. Wohl aber werden die Unternehmen versuchen, die Steuerbemessungsgrundlage mittels Verrechnungspreisen in das andere Land zu verlagern um auf diesem Wege die Belastung des Konzerns zu senken. Ein Verlust an Steueraufkommen wäre die Folge.

---

[414] So auch Jacobs/Spengel (1996), S. 115. Nochmals ist darauf hinzuweisen, dass die Tarifdifferenzen im Vergleich zur Einkommensteuer zunehmen (vgl. dazu Fußnote 400).

C.3.1.2.3 Finanzierung von Direktinvestitionen

Wie auch im Kollisionsfall haben Steuern einen Einfluss auf die Finanzierung von Direktinvestitionen,[415] wenn Zinsen auf der einen bzw. Dividenden und Veräußerungsgewinne auf der andere Seite unter der Berücksichtigung der Behandlung auf Ebene der Tochterkapitalgesellschaft, der Muttergesellschaft und des Haushalts einer unterschiedlich hohen Steuerbelastung unterliegen.

Derartige Belastungsunterschiede sind bei einer bilateralen Konsumbesteuerung auf Basis der *Umsatzsteuer* ausgeschlossen. Denn diese impliziert unabhängig von der Überwälzungsrichtung eine symmetrische Behandlung von Zinsen und Gewinnen an der Quelle, inframarginale Renditen sind also entweder steuerfrei oder mit dem Umsatzsteuersatz des Quellenlandes belastet. Und da bei grenzüberschreitenden Zins- und Dividendenzahlungen infolge der Umsatzsteuersystematik die Freistellungsmethode zur Anwendung kommt, bleibt diese einheitliche Quellenbelastung auch bei Auszahlungen an die Muttergesellschaft erhalten. Selbst bei Weiterreichung ausländischer Kapitalerträge an die inländischen Haushalte erfolgt eine symmetrische Behandlung beider Einkunftsarten. Denn im Rahmen der ITP werden Kapitaleinkommen nicht besteuert, und im Rahmen der ICF werden inframarginale Renditen ohne Anrechnung der möglicherweise darauf ruhenden Umsatzsteuer besteuert.

Die Voraussetzung einer symmetrischen Quellen- und Sitzortbelastung inframarginaler Gewinne und überhöhter Zinsen ist auch bei bilateraler Anwendung der *R-CFS* erfüllt (territoriale Besteuerung in Kombination mit der Freistellung). Da Kapitalerträge aus grenzüberschreitenden Direktinvestitionen entweder nicht (Kombination mit der ITP) oder unter Verweigerung der Steueranrechnung (Kombination mit der ICF) besteuert werden, ist auch der Haushalt in seiner Funktion als Kapitalgeber für die Muttergesellschaft indifferent zwischen Zins- und Gewinneinkommen.[416]

RF-CFS und *ACE* gleichen in ihrer internationalen Steuersystematik (abgesehen von der Freistellung marginaler Renditen) der Einkommensteuer und unterscheiden sich entsprechend von der R-CFS und der Umsatzsteuer. Denn Fremdkapitalzinsen mindern beim Schuldner die Bemessungsgrundlage und sind beim Gläubiger im Sinne der eingeschränkten Sitzortbesteuerung zu versteuern. Hingegen gilt für Gewinneinkommen entweder die Freistellungsmethode oder die eingeschränkte Sitzortbesteuerung. Im Fall eines bilaterales Belastungsgefälles ergibt sich insofern (ähnlich wie bei der Einkommensteuer) die Möglichkeit, durch eine

[415] Im Hinblick auf die Finanzierung inländischer Investitionen vgl. Kapitel C.2.1.2.3.

[416] Gleiches gilt auch für nicht-qualifizierte Kapitaleinkommen. – Mit einem auf inländische Gewinne beschränkten Vollanrechnungssystem im Rahmen der ICF wird insofern grundsätzlich gegen Auslandsinvestitionen diskriminiert.

Fremdfinanzierung von Direktinvestitionen im relativen Hochsteuerland die steuerliche Bemessungsgrundlage in das relativ niedrig besteuerte Sitzland der Muttergesellschaft zu verlagern. Umgekehrt impliziert die Abschottung der Tochterkapitalgesellschaft bzw. die Freistellung der ausgeschütteten und der Veräußerungsgewinne einen Anreiz, Direktinvestitionen im relativen Niedrigsteuerland durch Eigenkapital zu finanzieren. Steuerwirksam sind solche Maßnahmen freilich erst dann, wenn inframarginale Renditen erwirtschaftet werden. Um eine unverzerrte Finanzierungsentscheidung herbeizuführen, müssten bei divergierender Steuerbelastung die Abschottungswirkung der Kapitalgesellschaft durchbrochen, die Anrechnung sämtlicher Steuern des Domizillandes und der Ausgleich von Anrechnungsüberhängen sichergestellt werden. Vom unternehmerischen Kalkül abweichende Präferenzen des Haushalts ergeben sich nur bei Kombinationen mit der ICF. So wird bei einer auf inländische Unternehmenssteuern beschränkten Vollanrechnung grundsätzlich die Fremdfinanzierung von Auslandsinvestitionen präferiert, sofern inframarginale Renditen erwartet werden. Auch in bezug auf nicht-qualifizierte Kapitaleinkommen bleiben die aus der Einkommensteuer bekannten und mit der ICF vergleichbaren Probleme bestehen.

Zusammenfassend lässt sich feststellen, dass bilaterale Belastungsdifferenzen bei jenen Konsumsteuersystemen die Finanzierungsentscheidungen im Hinblick auf Direktinvestitionen verzerren, deren internationale Systematik derjenigen der Einkommensteuer entspricht (Kombinationen der CFS bzw. ACE mit der ICF). Im Falle einer symmetrischen Quellenbelastung und Sitzortbesteuerung von Zinsen und Gewinnen (Umsatzsteuer, R-CFS sowie ihre Kombinationen mit der ITP) haben internationale Belastungsunterschiede keinen Einfluss auf die Finanzierungsentscheidung. In beiden Fällen sind ausgehend von der unilateralen Konsum- bzw. bilateralen Einkommensbesteuerung Anpassungen zu erwarten.

C.3.1.2.4 Gewinnverwendung

Im Hinblick auf die Gewinnverwendungsentscheidung ist zwischen der Gewinnverwendung der Tochterkapitalgesellschaft gegenüber der Muttergesellschaft und der Verwendung dieser Gewinne durch die Muttergesellschaft gegenüber den Haushalten zu differenzieren.[417] Die Gewinnausschüttung von der Tochterkapitalgesellschaft an die Muttergesellschaft wird aus steuerlichen Gründen immer dann unterlassen, wenn ein zugunsten des Quellenlandes bestehendes Belastungsgefälle durch Anwendung der auf Ausschüttungen beschränkten Sitzortbesteuerung neutralisiert wird. Die Weiterreichung dieser Gewinne an den inländischen Haushalt wird unterbleiben, wenn damit eine erneute Besteuerung verbunden ist.

Ausgeschlossen ist ein Einfluss der Besteuerung auf diese Entscheidungen wiederum bei Anwendung der *Umsatzsteuer*. Denn einerseits unterliegen thesaurierte,

[417] Zur Frage der Verwendung inländischer Gewinne vgl. Kapitel C.2.1.2.4.

ausgeschüttete und Veräußerungsgewinne (unabhängig von der Überwälzungsrichtung) einer symmetrischen Quellenbehandlung sowie der Freistellungsmethode auf der Ebene der Muttergesellschaft. Und sofern die Umsatzsteuer als Alleinsteuer erhoben bzw. mit der ITP kombiniert wird, ist auch die Gewinnverwendungsentscheidung gegenüber Haushalten steuerlich nicht verzerrt. Bei einer Kombination mit der ICF wird jedoch generell gegen die Ausschüttung inframarginaler Gewinne diskriminiert, weil damit eine zusätzliche Steuerbelastung verbunden ist.[418] Insofern sind entsprechende Reallokationsentscheidungen der Einzelwirtschaften zu erwarten.

Eine symmetrische Quellen- und Sitzortbesteuerung sämtlicher Gewinne gewährleistet i.d.R. auch die *R-CFS*. Lediglich ausschüttungsbedingte Quellensteuern, die auf der Ebene der Muttergesellschaft nicht anrechenbar sind, implizieren eine Diskriminierung gegen Gewinnausschüttungen durch die Tochterkapitalgesellschaft. Bei einer Kombination der R-CFS mit der ITP wird die Weiterausschüttung der Auslandsgewinne an den Haushalt – wiederum abgesehen von nicht-anrechenbaren Quellensteuern - steuerlich nicht behindert. Hingegen treten bei der Kombination mit der ICF (beschränkt auf inframarginale Renditen) ähnliche Probleme wie bei der Einkommensteuer auf: Bei klassischer Besteuerung kann die drohende Doppelbelastung inframarginaler Renditen durch Thesaurierung auf Ebene der Muttergesellschaft zumindest hinausgezögert, bei Steuerfreiheit der Veräußerungsgewinne durch eine entsprechende Gewinnrealisierung gänzlich vermieden werden. Und bei einer auf inländische Dividenden beschränkten Anwendung des Vollanrechnungssystems werden die ausländischen Gewinne nicht direkt, sondern lediglich die daraus erzielten inländischen Kapitaleinkommen an die Haushalte ausgeschüttet.[419]

Die gleichen Ergebnisse gelten für die *ACE* und die *RF-CFS*, sofern für ausgeschüttete Gewinne bei der Muttergesellschaft die Freistellungsmethode zur Anwendung kommt. Die eingeschränkte Sitzortbesteuerung würde in Kombination mit der Abschottungswirkung (und insbesondere der Steuerfreiheit von Veräußerungsgewinnen) die Thesaurierung derjenigen Gewinne im relativen Niedrigsteuerland begünstigen, die aus Sicht der Muttergesellschaft inframarginale Gewinne darstellen. Das Jährlichkeitsprinzips sowie die Besteuerung von Veräußerungsgewinnen wirkt diesem Anreiz entgegen. Vollkommen indifferent zwischen Thesaurierung und Gewinnausschüttung ist das Unternehmen aber nur dann, wenn entweder die Freistellungs- oder die Sitzortbesteuerung uneingeschränkt gilt. In bezug auf die Haushaltsbesteuerung gelten die gleichen Aussagen wie zur R-CFS.

[418] Die Thesaurierung ist dann zumindest mit einer Steuerstundung verbunden. Auch im Hinblick auf die der Einkommensteuer unterliegenden nicht-qualifizierten Kapitaleinkommen wird steuerlich gegen die Ausschüttung von (in- und ausländischen) Gewinnen an den Haushalt diskriminiert.

[419] Zu diesem Phänomen des sog. „Siemens-Effektes" vgl. nochmals Fußnote 327.

Konsumsteuern mit einer der Einkommensteuer vergleichbaren internationalen Besteuerungssystematik (RF-CFS, ACE, ICF) implizieren damit (im Hinblick auf inframarginale Renditen) ähnliche Verzerrungen in bezug auf die Gewinnverwendung. Konsumsteuern, bei denen grenzüberschreitende Gewinne nicht steuerpflichtig sind (R-CFS, Umsatzsteuer, ITP) verzerren die Entscheidung nicht. In beiden Fällen sind infolge der Reform Anpassungsreaktionen zu erwarten.

C.3.2 Vergleich mit der unilateralen Konsum- bzw. bilateralen Einkommensbesteuerung

Die Darstellungen verdeutlichen, dass auch bei bilateraler Konsumbesteuerung auf der Grundlage gleicher Konsumsteuermodelle ein zwischenstaatliches Steuerbelastungsgefälle i.d.R. nicht ohne Einfluss auf die einzelwirtschaftlichen Allokationsentscheidungen ist. Dient allein die standortbezogene Steuerbelastung als Grundlage einzelwirtschaftlicher Entscheidungskalküle, so weist das relative Hochsteuerland gegenüber dem relativen Niedrigsteuerland unbestreitbare Standortnachteile auf. Je nach Konzeption der Konsumsteuer führt das zu unterschiedlichen Anpassungsreaktionen zugunsten des relativen Niedrigsteuerlandes. Von daher bestehen zur Konstellation einer bilateralen Einkommensbesteuerung bemerkenswerte Parallelitäten. Zwar werden einige Probleme gelöst (vor allem im Bereich der Kapitalallokation bei marginalen Renditeaussichten), andererseits bleiben bekannte Probleme (wie etwa im Bereich der Arbeitsallokation und der Diskriminierung gegen den Wohn- und Sitzort international mobiler Haushalte bzw. Unternehmen) bestehen. Zudem gewinnt das internationale Tarifgefälle bei der Besteuerung von Arbeits- und inframarginalen Kapitaleinkommen bzw. des Konsums angesichts der gegenüber der Einkommensteuer verengten Bemessungsgrundlage an Bedeutung. In diesem Zusammenhang kann es sich als nachteilig erweisen, dass im Rahmen einiger Konsumsteuerbausteine internationale Sachverhalte nicht in die Bemessungsgrundlage integriert und damit Allokationsanreize zugunsten des relativen Niedrigsteuerlandes nicht neutralisiert werden können. Weniger bedeutend ist dies (aufgrund der relativ geringen Mobilität von Haushalten bzw. Konsumenten) bei einer unterschiedlichen Besteuerung des Konsums, gravierender jedoch bei den territorialen Konsumsteuern. Denn insbesondere Kapital gilt im Vergleich zum Konsum als international relativ mobil.

Zum Kollisionsfall ergeben sich bei bilateraler Konsumbesteuerung insofern Unterschiede, als Kompatibilitätsprobleme vermieden werden. Ein bilaterales Belastungsgefälle ruft bei weitem nicht die Verzerrungen hervor wie im Kollisionsfall. Aufgrund vergleichbarer Bemessungsgrundlagen sind Einkommensstruktur und Einkommensverwendungspräferenzen für die internationalen Allokationsentscheidungen weitestgehend irrelevant. Durch eine weitreichende Tarifharmonisierung ließen sich bei bilateraler Anwendung der Konsumsteuern Verzerrungen in bezug auf *internationale* Allokationsentscheidungen vermeiden.

C.4 Zwischenbilanz

Im bisherigen Verlauf wurden die Auswirkungen einer Konsumbesteuerung in der offenen Volkswirtschaft unter Berücksichtigung folgender Szenarien analysiert:

Den Ausgangspunkt bildete eine unilaterale Reform, in deren Rahmen das andere Land die Einkommensteuer beibehält. Selbst wenn das Y-Land die Reform toleriert und keine Gegenmaßnahmen durchführt, ist die Reform aus Sicht des C-Landes nicht zwingend mit einem positiven Resultat verbunden. Denn die mit dem Systemwechsel verbundene Verengung der Bemessungsgrundlage auf Arbeits- und inframarginale Kapitalrenditen bzw. den (Binnen-)Konsum erfordert bei einer aufkommensneutralen Reform eine Anhebung der Steuertarife. Das aber bleibt nicht ohne Einfluss auf die im Hinblick auf ihre Allokationsentscheidungen international mobilen Haushalte und Unternehmen. Die Internationalisierung einzelwirtschaftlicher Entscheidungen im Zuge der Globalisierung ist für das C-Land deshalb von nicht zu unterschätzender Bedeutung. Letztlich ist selbst ein Scheitern der Reform nicht auszuschließen. Auf der anderen Seite kann die Reform aus Sicht des C-Landes aber auch erfolgreich verlaufen („Koexistenzmodell mit neutralem Y-Land"). Die einzelwirtschaftlichen Allokationsentscheidungen werden dabei maßgeblich durch die Steuersensitivität, durch die grenzüberschreitende Mobilität der Einzelwirtschaften und durch die Ausgestaltung der nationalen und internationalen Steuersystematik des Y-Landes und des C-Landes determiniert.

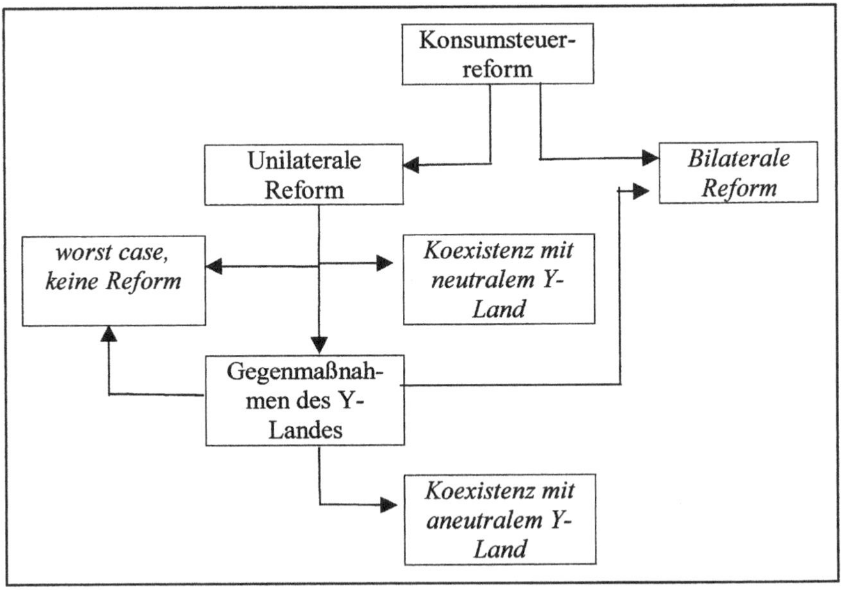

Abbildung 2: Reformszenarien in offenen Volkswirtschaften

Sind die Voraussetzungen einer steuerpolitischen Neutralität des Y-Landes nicht gegeben, muss das C-Land mit Gegenmaßnahmen rechnen. Diesen Gegenmaßnahmen liegen unterschiedliche Zielsetzungen zugrunde, wobei insbesondere einzelwirtschaftliche reformbedingte Allokationsentscheidungen zugunsten des C-Landes sowie eine Erosion des Steueraufkommens vermieden werden sollen. Wenngleich das Y-Land eine Gratwanderung zwischen fiskalischen und Standortzielen vollziehen muss und die in der Konsumsteuersystematik begründete Belastungskonzeption im Rahmen der Einkommensteuer teilweise nicht nachzuvollziehen ist, kann das Y-Land dem C-Land möglicherweise in erheblichem Umfang Schaden zufügen, indem die durch das Konsumsteuersystem gewährten Vorzüge konterkariert werden. Je nach Konsumsteuersystem bieten sich aber auch dem C-Land Reaktionsmöglichkeiten, um die Wirkung dieser Gegenmaßnahmen des Y-Landes abzuschwächen oder um dem Y-Land Zugeständnisse im Hinblick auf die Ausgestaltung der beschränkten und unbeschränkten Steuerpflicht abzuringen. Der Ausgang dieser Entwicklung ist keineswegs eindeutig - sowohl die Koexistenz von Konsum- und Einkommensteuersystem („Koexistenz bei aneutralem Y-Land"), gekennzeichnet durch ein mehr oder minder hohes Maß an Steuerwettbewerb und gegenseitiger Diskriminierung, als auch ein Scheitern der Konsumsteuerreform („worst case") erscheinen plausibel.

Infolge der steuerpolitischen Gegenstrategie des Y-Landes, aber auch als Ergebnis internationaler Koordination, kann sich die Konstellation einer bilateralen Konsumbesteuerung (Harmoniefall) ergeben. Die im Kollisionsfall aus der systematischen Inkompatibilität von Einkommen- und Konsumsteuer resultierenden Probleme sind in diesem Fall obsolet. Gleichwohl verlieren Steuerbelastungsdifferenzen nicht ihre Bedeutung für einzelwirtschaftliche Allokationsentscheidungen.

Bevor die mit der unilateralen bzw. bilateralen Konsumbesteuerung verbundene internationale Steuersystematik unter Verwendung fundamentaler Bewertungskriterien einer eingehenderen Beurteilung unterzogen wird (vgl. dazu Kapitel C.6), sollen im nun folgenden Kapitel die mit der Reform verbundenen Übergangsprobleme analysiert werden. Auch sie haben maßgeblichen Einfluss auf die zentrale Frage, ob eine Konsumsteuerreform sinnvoll bzw. welches der hier vorgestellten Konsumsteuersysteme letztlich zu präferieren ist.

C.5 Übergangsprobleme

Bei der bisherigen Analyse der reformbedingten systematischen Änderungen und einzelwirtschaftlichen Anpassungsreaktionen wurden die mit dem Systemwechsel von der Einkommen- zur Konsumsteuer verbundenen Übergangsprobleme ausgeblendet. Diese sollen im folgenden dargestellt werden.[420] Einem Problemaufriss

[420] Die Bewertung der Übergangsprobleme erfolgt in Kapitels C.6.5.

(Kapitel C.5.1) folgt eine Betrachtung der Übergangsprobleme auf Unternehmensebene (Kapitel C.5.2) bzw. Haushaltsebene (Kapitel C.5.3).

C.5.1 Problemaufriss

Übergangsprobleme sind im Rahmen eines Steuersystemwechsel insofern zu erwarten, als steuerrelevante Sachverhalte im alten Steuersystem anders behandelt werden als im neuen. Da sich Konsumsteuern von der Einkommensteuer in steuersystematischer Hinsicht nur in der steuerlichen Behandlung des marginalen Kapitalertrags unterscheiden (vgl. Kapitel B.4), sind Übergangsprobleme ausschließlich[421] im Bereich der Kapitalbesteuerung - also im Zusammenhang mit dem Altkapital, welches im Zeitpunkt der Reform den Kapitalstock des Reformlandes bzw. der im Reformland ansässigen Kapitaleigentümer bildet - zu erwarten.[422]

Kapital ist allerdings kein homogener Faktor, sondern zeichnet sich je nach Herkunfts- und Verwendungsform durch unterschiedliche Merkmale aus. Dies verdeutlichen folgende (vereinfachte) Unternehmens- und Haushaltsbilanzen:

Aktivseite	Passivseite
Realinvestitionen Beteiligungsvermögen Kredite (Gläubigerposition) Liquidität	Eigenkapital Kredite (Schuldnerposition)

Tabelle 16: Unternehmensbilanz

Demnach verwenden Unternehmen den vorhandenen Eigen- und Fremdkapitalbestand für Realinvestitionen (Produktionsanlagen), für den Erwerb von Beteiligungen an anderen Unternehmen, für Kredite an Haushalte und andere Unternehmen sowie in Form einer Liquiditätsreserve. Hingegen erwerben Haushalte mittels des zur Verfügung stehenden Eigen- und Fremdkapitals Unternehmensbeteiligungen (Aktien), ferner vergeben sie Kredite und halten Bankeinlagen sowie Bargeld:[423]

---

[421] Übergangsprobleme im Zusammenhang mit der *Arbeitseinkommensbesteuerung* treten nicht auf, weil sowohl im Rahmen der Einkommen- als auch der Konsumsteuer eine cash-flow-basierte Besteuerung erfolgt. Die aus der Verengung der Bemessungsgrundlage resultierende Notwendigkeit zur Erhöhung der Steuerbelastung von Arbeitseinkommen stellt kein Übergangsproblem im eigentlichen Sinne dar, weil diese Änderungen allein die nach der Reform verdienten Arbeitseinkommen betrifft. Institutionelle Probleme bereitet möglicherweise die nach dem Ursprungslandprinzip erhobene Umsatzsteuer bei fixen Wechselkursen – hier muss das Bruttolohnniveau sinken.

[422] Die Aussagen zu den kapitalbezogenen Allokationsentscheidungen bei uni- und bilateraler Reform (vgl. Kapitel C.2.1 und Kapitel C.3.1) beziehen sich insofern nur auf das nach der Reform akkumulierte „Neukapital".

[423] Weitere Vermögenspositionen (wie etwa langlebige Konsumgüter) werden hier vernachlässigt. In der US-amerikanischen Reformdiskussion werden ferner Übergangsprobleme im Zusammen-

Aktivseite	Passivseite
Beteiligungsvermögen (Aktien) Kredite (Gläubigerposition) Bankeinlagen und Bargeld	Eigenkapital (Nettovermögen) Kredite (Schuldnerposition)

Tabelle 17: Haushaltsbilanz

Für diese „Bilanzpositionen" bzw. die damit verbundenen Kapitalströme kommen im Rahmen der einzelnen Steuersysteme unterschiedliche Regelungen zur Anwendung:[424] Im Rahmen der Einkommensteuer, also dem Ausgangspunkt der Konsumsteuerreform, wird i.d.R. Vermögen aus versteuertem Einkommen akkumuliert, unterliegen Realinvestitionen einer ertragswertorientierten Abschreibung, sind Schuldzinsen abzugsfähig und (internationale) Kapitaleinkommen steuerpflichtig.[425]

Konsumsteuern sind hingegen durch die Einmalbesteuerung des Kapitals gekennzeichnet, wobei dies durch die Kombination einer vorgelagerten Belastung (Entlastung) mit einer nachgelagerten Steuerfreistellung (Belastung) sichergestellt wird. Darüber hinaus sind für den Fall einer Konsumsteuerreform weitere systematische Änderungen im Bereich der Kapitalbesteuerung zu beachten:

Bei der *Umsatzsteuer* sind weder Schuldzinsen abzugsfähig, noch sind Kapitaleinkommen steuerpflichtig. Realinvestitionen unterliegen der Sofortabschreibung. Haushalte fungieren lediglich als Steuerdestinatare. Wird die Umsatzsteuer in die Preise überwälzt, erfolgt die Kapitalakkumulation aus steuerfreien Einkommen, Konsumenten tragen die Steuer indirekt über höhere Güterpreise. Wird die Umsatzsteuer jedoch in die Faktorentgelte überwälzt, belastet die Steuer neben Arbeitseinkommen auch Reingewinne. Kapitalvermögen wird dann aus versteuerten Einkommen akkumuliert. Grenzüberschreitend gilt zwingend die Freistellungsmethode. Ferner ist der mit der Einführung einer nach dem Ursprungslandprinzip erhobenen Umsatzsteuer möglicherweise verbundene Wechselkurseffekt zu berücksichtigen.

hang mit der Immobilienfinanzierung intensiv diskutiert. Hintergrund ist die Tatsache, dass der bislang auch auf Haushaltsebene gewährte Schuldzinsabzug bei der Ermittlung der Einkommensteuerschuld mit einem Wechsel zur Konsumsteuer entfallen könnte (vgl. z.B. Hall/Rabushka (1996), S. 42f.).

424 Zum Vergleich der Bemessungsgrundlagen siehe nochmals Kapitel B, vor allem Anhang B-7.

425 Von diesem Ideal gibt es in der Praxis freilich zahlreiche Ausnahmen: So erfolgt die Kapitalakkumulation teilweise aus steuerfreiem Einkommen, während andere Kapitaleinkommen aufgrund von Freibetragsregelungen bzw. infolge der (internationalen) Methodik zur Vermeidung der Doppelbesteuerung nicht besteuert werden. Ferner ist der Schuldzinsabzug auf Haushaltsebene verwehrt, und geringwertige Wirtschaftsgüter unterliegen der Sofortabschreibung.

Die *R-CFS* ähnelt weitgehend der Umsatzsteuer: Schuldzinsen sind nicht abzugsfähig, Einkommen aus Krediten und Beteiligungen an anderen Unternehmen sind nicht steuerpflichtig. Realinvestitionen unterliegen der Sofortabschreibung, für grenzüberschreitende Einkünfte gilt die Freistellungsmethode. Hingegen wird bei der *RF-CFS* ein Schuldzinsabzug gewährt, und Zinseinnahmen sind steuerpflichtig. Zusätzlich werden aber auch Tilgungsleistungen und die Kreditzahlung selbst steuerlich berücksichtigt. Für grenzüberschreitende Beteiligungseinkommen kann neben der Freistellungsmethode die (eingeschränkte, im Kollisionsfall auch die erweiterte) Sitzortbesteuerung zur Anwendung kommen. Bei der *ACE* werden sämtliche einkommensteuerlichen Regelungen (in bezug auf die Abschreibungsregelungen sowie die Besteuerung von Kredittransaktionen und internationalen Gewinneinkünften) übernommen, die Bemessungsgrundlage wird lediglich um den ACE-Abzug ergänzt.

Im Rahmen der konsumbasierten Haushaltsbesteuerung zeichnet sich die *ICF* durch eine Sofortabschreibung des Sparens in Kombination mit einer Desinvestitionsbesteuerung qualifizierter Kapitalvermögen aus. Zinseinkommen bleiben steuerpflichtig, im Gegensatz zur Einkommensteuer sind aber Zins- und Tilgungsleistungen beim Schuldner abzugsfähig, der Gläubiger muss die Kreditaufnahme versteuern. I.d.R. sind auch Veräußerungsgewinne zu besteuern. Bei der *ITP* wird Kapital aus versteuertem Einkommen akkumuliert, Kapitaleinkommen sind nicht steuerpflichtig. Auch Kredite werden bei der Ermittlung der Bemessungsgrundlage vernachlässigt.[426]

Die Unterschiede zur Einkommensteuer sind offensichtlich. Aufgrund der daraus resultierenden mangelnden Kompatibilität im Bereich der Kapitalbesteuerung entfaltet die Steuerreform eine *retroaktive* Wirkung.[427] Denn die Rahmenbedingungen, unter denen Vermögen im Einkommensteuersystem akkumuliert und zwischen den Verwendungsalternativen alloziiert wurde, verlieren mit der Reform ihre Gültigkeit. Darin ist die Ursache der Übergangsprobleme zu sehen.

Die Änderungen im Bereich der Kapitalbesteuerung und die daraus resultierende unterschiedliche Behandlung von Alt- und Neukapital haben zwei Auswirkungen: Einerseits werden die betroffenen Unternehmen und Haushalte Ausweichreaktionen vollziehen, um einer zusätzlichen Steuerbelastung zu entgehen bzw. in den Genuss einer steuerlichen Vergünstigung zu kommen. Solche Ausweichreaktionen bzw. Substitutionseffekte sind vor allem dann nicht ausgeschlossen, wenn die Reform antizipiert wird, die mit ihnen verbundenen Transaktionskosten nicht prohibitiv hoch sind und keine Gegenmaßnahmen durch den Gesetzgeber getroffen

---

[426] Wie Für nicht-qualifizierte Kapitaleinkommen gelten weiterhin einkommensteuerliche Regelungen, so dass Übergangsprobleme nicht zu erwarten sind.

[427] Vgl. Goode (1987), S. 159.

werden.[428] Finden andererseits keine Ausweichreaktionen statt (weil die Reform rückwirkend umgesetzt oder infolge eines Informationsdefizits auf Seiten der Steuerdestinatare nicht antizipiert wird, weil die Transaktionskosten prohibitiv hoch sind, oder weil der Gesetzgeber durch verschärfte Kontrollmaßnahmen und Strafandrohung Vorsorge getroffen hat), dann werden die Besitzer von Altkapital (bzw. bei entsprechender Steuerüberwälzung auch andere Wirtschaftssubjekte) in unterschiedlicher Form be- und entlastet. Neben den Auswirkungen für das Steueraufkommen sind in Abhängigkeit von der Vermögensverteilung und –zusammensetzung interpersonelle, intergenerationale und auch internationale Umverteilungseffekte zu erwarten.

Derartige Ausweichreaktionen bzw. Steueraufkommens- und Umverteilungseffekte sind in dieser Form aber nur dann zu erwarten, wenn der Systemwechsel ohne Ausgleichsmaßnahmen vollzogen wird (*cold turkey / over night approach*).[429] Dies kann insofern unerwünscht sein, als eine Anforderung an ein Steuersystem darin gesehen wird, gegenüber den Steuerpflichtigen Verlässlichkeit zu gewährleisten.[430] Die Substitutions- bzw. Umverteilungseffekte widersprechen möglicherweise auch dem Ziel einer effizienten und gerechten Ausgestaltung des Systemwechsels.[431]

Aus diesen potentiellen Komplikationen erwächst der Bedarf an Ausgleichsmaßnahmen zur Berücksichtigung der Änderungen im Bereich der steuerlichen Bemessungsgrundlage. Diese Maßnahmen können unterschiedlich ausgestaltet sein:[432] Im Fall einer vorzeitigen Ankündigung der Reform (*delayed effective date*) können sich die Einzelwirtschaften langfristig auf die systematischen Änderungen einstellen, Ausweichreaktionen werden entsprechend unterstützt. Durch eine schrittweise Substitution der Einkommensteuer durch das neue Konsumsteuersystem (*phasing in*) bzw. eine (möglicherweise zeitlich begrenzte) Anwendung einkommensteuerlicher Regelungen für Altkapital und die damit verbundenen Finanzströme (*grandfathering*) können Übergangsprobleme gemildert werden. Letztlich ist auch eine *Kompensation* derjenigen Wirtschaftssubjekte denkbar, die durch die Reform verlieren.

---

[428] Vgl. Hall (1997), S. 149

[429] Vgl. Bach (1993), S. 133ff.; Bach (1999), S. 107; Metcalf (1996), S. 92 und 102f.; Shome/Schutte (1993), S. 645; IFS (1991), S. 81.

[430] Vgl. Pearlman (1996), S. 398 („reliance claim") und Goode (1987), S. 160 („vested interests").

[431] Goode (1987), S. 162ff. lehnt Ausgleichsmaßnahmen ab, sofern durch die Reform bestehende systematische Lücken geschlossen werden und nur geringfügige Einkommens- bzw. Umverteilungseffekte eintreten. Diese Voraussetzungen sind – wie zu zeigen sein wird – hier nicht erfüllt.

[432] Vgl. zu diesen Möglichkeiten Pearlman (1996), S. 404; Goode (1987), S. 165f. Graetz (1979), S. 1659; Sarkar/Zodrow (1993), S. 365ff. Auch die rückwirkende Umsetzung des Systemwechsels (s.o.) kann als Ausgleichsmaßnahme interpretiert werden, vgl. dazu unten.

Im folgenden werden nun die für die erwähnten Bilanzpositionen auf Haushalts- und Unternehmensebene zu erwartenden Übergangsprobleme sowie denkbare Ausgleichsmaßnahmen dargestellt.[433] Entsprechend der Aufgabenstellung sind wiederum internationale Aspekte besonders zu berücksichtigen. In diesem Zusammenhang ist zu analysieren, ob die Übergangsprobleme auch im Hinblick auf grenzüberschreitende Sachverhalte eintreten, also die Auslandstatbestände der Inländer sowie die Inlandstatbestände der Ausländer tangieren.

C.5.2 Unternehmensebene

C.5.2.1 Realinvestitionen

Realinvestitionen werden bei der Einkommensteuer nutzungsbedingt abgeschrieben. Bei der *CFS* und der *Umsatzsteuer* unterliegen Investitionen hingegen der Sofortabschreibung. Hier stellt sich die Frage nach der Behandlung noch nicht umgesetzter Abschreibungen bzw. nicht eingelöster Abschreibungsansprüche. Zum einen wäre es möglich, dass diese verloren gehen. Ein solcher *Übergang ohne Ausgleichsmaßnahmen* hätte eine Substanzbelastung der aktivierten, d.h. bislang nur unvollständig abgeschriebenen Wirtschaftsgüter zur Folge, sofern diese aus versteuertem Einkommen finanziert wurden. Denn der im Rahmen der CFS und Umsatzsteuer erfolgenden Desinvestitionsbesteuerung hat im Zeitpunkt der Investition keine vorgelagerte Steuerentlastung gegenübergestanden.[434]

Aus der Substanzbesteuerung des Altkapitals ergeben sich zusätzliche Steuereinnahmen für den Fiskus. Das betroffene Unternehmen wird die Steuer überwälzen, da es als Destinatar nicht in Frage kommt. Je nach Angebots- und Nachfrageelastizität können die Haushalte in ihrer Funktion als Kapital- und Arbeitsanbieter bzw. als Konsumenten letzte Träger dieser Substanzsteuer sein:

Die Konsumenten werden belastet, sofern die Substanzsteuer in die *Güterpreise* überwälzt wird. Plausibel erscheint diese Überwälzungsrichtung – äquivalent zu den Annahmen der laufenden Steuerüberwälzung (vgl. Kapitel C.1.3.2.1.3) - im Fall der Umsatzsteuer nach dem Bestimmungslandprinzip und dem Ursprungslandprinzip mit Wechselkurseffekt, sie ist aber auch bei der CFS und der nach dem Ursprungslandprinzip erhobenen Umsatzsteuer ohne Wechselkurseffekt nicht ausgeschlossen. Da infolge der Überwälzung die Konsumgüterpreise steigen bzw.

433 Dabei wird i.d.R. nicht zwischen dem Fall der unilateralen und bilateralen Reform differenziert. Erforderlich ist dies nur, wenn die Art der Übergangsprobleme durch die internationale Einkommens- und Konsumsteuersystematik unterschiedlich ausfällt. Maßgeblich ist im folgenden i.d.R. die Betrachtung aus Sicht des „Inlands".

434 Vgl. Sarkar/Zodrow (1993), S. 352; Bradford (1996), S. 134. Das Problem lässt sich anhand eines Händlers verdeutlichen, der vor der Steuerreform Vorleistungen eingekauft hat und diese nach Einführung der Umsatzsteuer weiter veräußert. Da auf den Umsatz Umsatzsteuer fällig wird, ohne dass Vorsteuern geltend gemacht wurden, unterliegt der Nettopreis einer einmaligen Steuer.

das für Konsumzwecke verwendete Einkommen real entwertet wird, sind sowohl interpersonelle als auch intergenerationale Umverteilungen zu erwarten. Denn ein Haushalt wird um so stärker belastet, je höher sein absoluter bzw. im Vergleich zum Einkommen relativer Konsum ist.[435] Das Konzept einer Belastung der konsumtiven Einkommensverwendung kommt unmittelbar auch für die Substanzsteuer zum Ausdruck.[436]

Internationale Umverteilungen resultieren aus dem territorialen Charakter der Konsumsteuer: Beim Bestimmungslandprinzip im Rahmen der Umsatzbesteuerung werden der aus In- und Auslandsvermögen finanzierte Inlandskonsum, beim Mischprinzip die Inlandseinkäufe der In- und Ausländer belastet. Aufgrund der örtlichen Bindung von Wohn- und Konsum- bzw. Einkaufsort trifft die Substanzsteuer vor allem Inländer, in weit geringerem Maße ausländische Haushalte.

Basiert die Konsumbesteuerung hingegen auf der nach dem Ursprungslandprinzip erhobenen Umsatzsteuer und sind die Wechselkurse flexibel,[437] dann wird unabhängig vom Ort der konsumtiven Einkommensverwendung das inländische Kapitalvermögen mit der Substanzsteuer belastet. Denn einerseits steigen die inländischen Güter- und (nominalen) Importpreise, andererseits wertet die Inlandswährung ab. Es erfolgt also eine Umverteilung zulasten der In- und Ausländer im Hinblick auf ihr Inlandsvermögen. Das Auslandsvermögen der In- und Ausländer wird von der Substanzbesteuerung hingegen nicht tangiert. Der Transfer vom Ausland an das Inland ist dabei um so größer, je höher das von Ausländern gehaltene inländische Vermögen ist. - Wertet die inländische Währung hingegen nicht ab (CFS, Umsatzsteuer nach dem Ursprungslandprinzip im System fixer Wechselkurse), impliziert die Substanzbesteuerung höhere Exportpreise. Belastet würden im Fall einer preisunelastischen Nachfrage[438] nach Inlandsgütern die in- und ausländischen Konsumenten dieser Produkte, nicht jedoch die Konsumenten ausländischer Konsumgüter. Der Transfer vom Ausland an das Inland wird durch den Wert der exportierten Güter determiniert.

Denkbar ist aber auch eine Überwälzung der Substanzsteuer in die *Arbeitseinkommen*, da der Mobilitätsgrad sowohl von Konsumenten als auch Arbeitskräften ähnlich gering ausgeprägt ist. Für den Zeitraum der Amortisation des Altkapitals

---

[435] Vgl. Metcalf (1996), S. 103.

[436] Verwendet der Konsument Altkapital zum Erwerb der mit Substanzsteuer belasteten Konsumgüter, resultiert daraus eine Mehrfachbelastung des Konsums, wenn das Kapital aus versteuertem Einkommen gespart wurden. Aber auch der Konsument, der für den Erwerb das nach der Reform verdiente Einkommen bzw. akkumulierte Kapital verwendet, wird mit der Substanzsteuer belastet.

[437] Vgl. Krause-Junk (1991), S. 150; Avi-Yonah (1996b), S. 1342. Die Substanzbesteuerung hätte einen zusätzlichen Abwertungseffekt zur Folge, wobei nach Abzahlung der Substanzsteuer das Preisniveau sinken und damit die Inlandswährung wieder aufwerten würde.

[438] Andernfalls ist eine Überwälzung in die Güterpreise ausgeschlossen.

müssen dann die Bruttolöhne sinken bzw. langsamer wachsen als die Produktivität. Umverteilungen zulasten der Arbeitsanbieter (in Relation zu den Kapitalanbietern) wären die Folge. Im Unterschied zu jenem Fall, in dem die Substanzsteuer in die Konsumgüterpreise vorgewälzt wird, ist die zusätzliche Steuerbelastung nicht vom haushaltsspezifischen Konsumverhalten sondern vom Arbeitsangebot und vom Anteil der Arbeits- am Gesamteinkommen abhängig. In internationaler Hinsicht würden sowohl In- als auch Ausländer im Hinblick auf ihr inländisches Arbeitsangebot getroffen. Aufgrund einer engen Bindung von Wohn- und Arbeitsort wird die Steuer aber hauptsächlich von Inländern getragen. Ausländer könnten der zusätzlichen Belastung relativ leicht durch eine Verlagerung des Arbeitsortes in das Ausland entgehen.

Weitaus überzeugender als eine Überwälzung der Substanzsteuer in die Güterpreise bzw. in die Arbeitseinkommen ist jedoch eine Überwälzung auf die Kapitalanbieter bzw. in die *Kapitalrendite*. Denn das Altkapital ist im Unternehmen „gefangen“: Während Arbeitsanbieter bzw. Konsumenten einer drohenden zusätzlichen Besteuerung ausweichen können, indem sie den Konsum- bzw. Arbeitsort verlagern bzw. die Konsumnachfrage und das Arbeitsangebot einschränken, gilt dies nicht für die Anteilseigner von betroffenen Unternehmen. Denn in dem Moment, in dem der Markt die drohende Substanzsteuer antizipiert, lassen sich Unternehmensanteile nur mit einem Preisabschlag veräußern, der den durch die Substanzbesteuerung bewirkten Wertverlust widerspiegelt. Der Marktwert der betroffenen inländischen Unternehmen sinkt also, bevor die Substanzbesteuerung ihre fiskalische Wirkung entfaltet.[439] Durch diesen Wertverlust stellt der Markt die Differenzierung zwischen dem mit der Substanzsteuer belasteten Altkapital und dem unbelasteten Neukapital, welches nach der Reform akkumuliert wird, her. Besitzer von Altkapital werden dabei unabhängig von der Verwendung der Kapitaleinkommen für Konsum- oder Sparzwecke mit der Substanzsteuer belastet. Der Fiskus beteiligt sich an den Verlusten nur dann, wenn Kapitaleinkommen auf Haushaltsebene besteuert werden (also bei der ICF bzw. bei einer einkommensteuerlichen Behandlung nicht-qualifizierter Kapitaleinkommen). Interpersonelle Umverteilungen resultieren aus der Tatsache, dass Vermögen ungleich verteilt sind. Denn betroffen sind nur vermögende Haushalte. Deshalb sind auch intergenerationale Umverteilungseffekte (zu lasten der alten Generation) nicht auszuschließen. Auch die Vermögensstruktur ist von Bedeutung,[440] sofern für Fremdkapital (vgl. Kapitel C.5.3.3) andere Übergangsszenarien gelten.

---

[439] Da die Höhe der Substanzsteuer davon abhängt, wie hoch die Anlageinvestitionen sind bzw. welchen Wert die aktivierten Wirtschaftsgüter haben, sind Verschiebungen im relativen Marktwert einzelner Unternehmen zu erwarten (vgl. Bach (1999), S. 109). Unternehmen mit kapitalintensiver Produktion und langfristigen Investitionsprojekten werden stärker getroffen als Unternehmen mit arbeitsintensiver Produktion und kurzlebigen Investitionsgütern.

[440] Vgl. Bradford (1996), S. 136. Wird unterstellt, dass die alte Generation wegen höherer Risiko-

Was die internationalen Umverteilungseffekte anbelangt, ist die auf inländische Unternehmen begrenzte Wirkung des Systemwechsels zu berücksichtigen. Denn Finanzströme im Zusammenhang mit grenzüberschreitenden Beteiligungen werden weder bei der Umsatzsteuer noch bei der CFS in die Systematik der Sofortabschreibung integriert. Die inländische Substanzsteuer wird aber sowohl von In- als auch von Ausländern in bezug auf ihr *Inlands*vermögen getragen.[441] Das Auslandsvermögen (der In- und Ausländer) wird hingegen nicht tangiert. Der Transfer vom Ausland an das Inland ist um so höher, je mehr Inlandsvermögen durch Ausländer gehalten wird. Orientiert sich die Besteuerung der Anteilseigner am Wohnsitzlandprinzip (Einkommensbesteuerung der ausländischen Haushalte und Unternehmen im Kollisionsfall, ICF bzw. Sitzortprinzip im Rahmen der RF-CFS im Harmoniefall), beteiligt sich auch der ausländische Fiskus an dieser Zusatzbelastung von Unternehmen und Haushalten. Unabhängig von dieser Verteilungswirkung zwischen Anteilseignern und Fiskus profitieren Nettokapitalimportländer von der Durchsetzung einer Substanzsteuer, während Nettokapitalexportländer (im Harmoniefall) verlieren.

Es lässt sich damit festhalten, dass ein Verlust an Abschreibungsmöglichkeiten im Zuge der Einführung einer nachgelagerten Konsumsteuer eine Substanzbesteuerung des Altkapitals zur Folge hat, die von Konsumenten, Arbeitsanbietern oder Anteilseignern des betroffenen Unternehmens getragen wird. Da das Unternehmen im Hinblick auf die Umsatz- und Cash-Flow-Steuer steuerpflichtig ist, müssen Ausweichreaktionen zur Vermeidung der Substanzbesteuerung auf Unternehmensebene erfolgen. Und weil sich die Bemessungsgrundlage der Substanzsteuer aus den inländischen - noch nicht abgeschriebenen - Realinvestitionen ergibt, besteht die unternehmerische Strategie im Fall einer rechtzeitig antizipierten Reform in einer Reduktion des Realvermögens. Denn somit lässt sich der Betrag der potentiellen Abschreibungsverluste reduzieren. Erstens können bisher ungenutzte Abschreibungsspielräume (z.B. durch einen Wechsel zur degressiven Abschreibung) wahrgenommen werden, um den steuerlich relevanten Buchwert der Altinvestitionen noch zu reduzieren. Zweitens können innerhalb einen Konzerns Vermögenswerte zwischenzeitlich an verbundene Unternehmen im Ausland (im Kollisionsfall) bzw. das Land mit dem niedrigeren Steuertarif (im Harmoniefall) veräußert werden. Drittens besteht die Möglichkeit, geplante Investitionsvorhaben bis auf den Zeitpunkt nach der Steuerreform zu verschieben.[442] Viertens kommt

aversion weniger Beteiligungsvermögen hält als die junge Generation und Fremdkapital keiner Substanzsteuer unterliegt, wird der Verteilungseffekt zulasten der alten Generation abgeschwächt.

[441] Vgl. Bach (1993), S. 134 und 137.

[442] Vgl. Bach (1993), S. 134; Bradford (1996), S. 144. Dies führt zu einer höhere Liquiditätshaltung inländischer Unternehmen. Eine Minderung der Substanzsteuerbelastung impliziert diese Strategie, weil liquides Vermögen durch die Umsatzsteuer bzw. CFS nicht erfaßt wird (vgl. Kapitel C.5.2.4).

eine Liquidisierung von Investitionsgütern in Betracht. Allerdings ist eine derartige Vermeidungsstrategie insbesondere im Harmoniefall i.d.R. nicht erfolgversprechend, dass da ein potentieller Käufer die drohende Substanzsteuer antizipieren und lediglich zur Zahlung eines reduzierten Kaufpreises bereit sein wird. Im Kollisionsfall, in dem das Auslandsvermögen nicht mit der Substanzsteuer belastet wird, sind jedoch Verkäufe an ausländische Unternehmen denkbar. Insgesamt ist das Unternehmen im Hinblick auf das Ziel einer Minderung der Substanzsteuerbelastung also nicht chancenlos. Vollständig lässt sie sich durch derartige Ausweichreaktionen freilich nicht vermeiden.

Der Fiskus kann die Umverteilungs- und Substitutionseffekte durch unterschiedliche Ausgleichsmaßnahmen beeinflussen: Soll eine Substanzbesteuerung des Altkapitals weitgehend durchgesetzt werden, sind Ausweichreaktionen zu unterbinden. Insbesondere eine *rückwirkende Umsetzung* des Systemwechsel ist in Betracht zu ziehen. Wird hingegen eine Vermeidung der interpersonellen und internationalen Umverteilungseffekte angestrebt, könnten die beschriebenen Ausweichreaktionen durch eine frühzeitige Ankündigung des Systemwechsels (*delayed effective date*) unterstützt werden. Möglicherweise wird sich dies als unzureichend erweisen. Vor allem ex post kann die Substanzbelastung verhindert werden: Eine vollständige Vermeidung erfolgt durch die *Entlastungslösung*.[443] Bei diesem Übergangsszenario können die Restbuchwerte, d.h. die noch nicht wahrgenommenen Abschreibungen aktivierter Wirtschaftsgüter, steuerlich eingelöst werden. Für die Unternehmen ergibt sich dann ein Steuerrückerstattungsanspruch als Produkt von Konsumsteuersatz und Restbuchwert des im Unternehmen gebundenen Kapitals. Angesichts der fiskalischen Kosten einer sofortigen Rückerstattung kann auch ein (verzinslicher) Vortrag der Rückerstattungsansprüche erfolgen. Im Endeffekt wird eine steuerliche Gleichstellung von Alt- und Neukapital erreicht. Aber auch ein *grandfathering* erscheint möglich. Bei diesem Ansatz wird die Systematik der Sofortabschreibung auf Neuinvestitionen beschränkt, während Altinvestitionen weiterhin planmäßig abgeschrieben werden.[444] Da Erträge aus Altkapital letztlich einer einkommensteuerlichen Belastung unterliegen (wobei der mit der Reform verbundene Anstieg des Steuertarifs zu beachten ist), ist eine Diskriminierung zulasten des Altkapital unvermeidbar. Da die Zusatzbelastung aber nicht so hoch ist wie bei einer Reform ohne Ausgleichsmaßnahmen, stellt das *grandfathering* einen Kompromiss zwischen der Entlastungs- bzw. der Belastungslösung (Übergang ohne Ausgleichsmaßnahmen) dar. Ein ähnlicher Effekt wird durch eine schrittweise Verkürzung der Abschreibungszeiträume (*phasing in*) bis hin zur Sofortabschreibung erzielt. Auch eine *Kompensation* der Unter-

---

[443] Vgl. Bach (1999), S. 107f.; Bradford (1996), S. 142f.; Bach (1993), S. 44 und 125ff.

[444] Hier ist auch von der "Abschreibungslösung" die Rede. Vgl. Bach (1993), S. 43f. und 128ff.; Bach (1999), S. 108; ebenso Bradford (1996), S. 142f. und Sunley (1989), S. 23.

nehmen ist denkbar. Der Fiskus kann dabei die aus der Substanzbesteuerung resultierenden Steuermehreinnahmen auf die betroffenen Unternehmen umverteilen.

Abgesehen von der Strategie einer rückwirkenden Einführung laufen die Ausgleichsmaßnahmen auf eine geringere Steuerbelastung der Unternehmen bzw. geringere Steuereinnahmen auf Seiten des Fiskus hinaus. Für den inländischen Fiskus ist der Verzicht auf das Steueraufkommen aus der Substanzsteuer nur in bezug auf das im Besitz von ausländischen Anteilseignern befindliche inländische Realvermögen definitiv.[445] Die Entlastung der inländischen Bezieher von Kapitaleinkommen wird zum Teil kompensiert, wenn Kapitaleinkommen steuerpflichtig sind (wie im Rahmen der ICF) bzw. der Konsum belastet wird (wie im Rahmen der in die Güterpreise überwälzten Umsatzsteuer). Denn es ist zu unterstellen, dass die Steuerentlastung der Unternehmen den Anteilseignern in Form von Wertsteigerungen bzw. höheren Dividendenzahlungen und Sonderausschüttungen zugute kommt.[446] Demzufolge sind im Vergleich zur oben charakterisierten Substanzbelastung gegenteilige Umverteilungswirkungen zu erwarten: Zum einen profitiert der in- und ausländische Besitzer inländischen Realkapitalvermögens,[447] zum anderen die vermögendere (d.h. i.d.R. die ältere) Generation.

All diese Probleme lassen sich weitestgehend vermeiden, wenn eine *ACE* eingeführt wird. Denn dieser Konsumsteuerbaustein beinhaltet wie die Einkommensteuer eine Ertragswertabschreibung von Investitionsgütern. Insofern gehen bestehende Abschreibungsansprüche nicht verloren, Abschreibungspläne können übernommen werden.[448] Schwierigkeiten wird allerdings die für die erstmalige Bemessung des SFA-Wertes notwendige Eingangsbewertung des Vermögens bereiten. Eine ungenaue Ermittlung würde implizieren, dass in den Folgejahren entweder Teile der Kapitalkosten besteuert oder Teile der inframarginalen Gewinne, die aus dem Altkapitalstock generiert werden, nicht besteuert werden. Diese Abweichungen würden aufgrund des territorialen Charakters der ACE (Inlandslösung bei der konsumbasierten Unternehmensbesteuerung) sowohl die in- als auch die ausländischen Anteilseigner des betreffenden inländischen Unternehmens tangieren, wenn sich die geringere bzw. höhere Steuerbelastung in der Kapitalrendite bzw. im Anteilswert widerspiegelt. Entsprechend den Darstellungen zur CFS und Umsatz-

[445] Von diesem grenzüberschreitenden Transfer wird zunächst der Anteilseigner mit Sitz im Ausland profitieren. Unterliegen Kapitaleinkommen der Besteuerung (Einkommensbesteuerung der Haushalte bzw. Sitzortprinzip auf Unternehmensebene im Kollisionsfall, ICF im Harmoniefall in Abhängigkeit vom Übergangsszenario – vgl. Kapitel C.5.3 -, eingeschränkte Sitzortbesteuerung der Unternehmen) profitiert auch der ausländische Fiskus von diesen Entlastungsmaßnahmen.

[446] Dass die Unternehmen die Steuerminderungen zur Zahlung höherer Löhne oder zur Senkung der Preise für ihr Güterangebot nutzen, erscheint hingegen weniger plausibel.

[447] Vgl. Auerbach (1997), S. 144.

[448] Vgl. IFS (1991), S. 81f. Die mit der Reform möglicherweise verbundene Tariferhöhung impliziert allerdings zusätzliche Steuerausfälle bzw. höhere Entlastungen der Unternehmen.

steuer wäre aber (insbesondere bei einer zusätzlichen Belastung des Unternehmens) auch eine Überwälzung in die Güterpreise bzw. auf die Arbeitsanbieter denkbar. Ein Reformland steht angesichts dieser Übergangswirkungen vor der Alternative, das Altkapital großzügig oder nur eingeschränkt in die erstmalige Ermittlung des ACE-Abzugs einfließen zu lassen.

C.5.2.2 Beteiligungsvermögen

Beteiligungsinvestitionen werden bei der Muttergesellschaft steuerlich insofern nicht berücksichtigt, als eine Sofortabschreibung (im Rahmen der CFS und der Umsatzsteuer) bzw. ein ACE-Abzug für die Investitionsausgaben weder im Kollisions- noch im Harmoniefall gewährt wird. Im Gegenzug bleiben Einnahmen aus *inländischen* Beteiligungen steuerfrei. Aus Sicht der Muttergesellschaft ist deshalb die Wertentwicklung einer zum Zeitpunkt der Reform gehaltenen inländischen Beteiligung zu berücksichtigen. Im ungünstigsten Fall (Substanzbesteuerung und Überwälzung der Substanzsteuer in die Kapitalrendite) ergeben sich für die Muttergesellschaft reformbedingte Verluste. Bei einer Reform auf Basis der ACE werden diese Probleme weitgehend vermieden.

In bezug auf *grenzüberschreitende* Beteiligungen ist zu berücksichtigen, dass im Kollisionsfall lediglich inländische Beteiligungen von der drohenden Substanzbesteuerung betroffen sind, während im Harmoniefall bei bilateraler Koordination hinsichtlich des Übergangsszenarios[449] die bestehenden Steuersatzdifferenzen ausschlaggebend sind. Die internationale Beteiligungsstruktur einzelner Unternehmen hat also ebenfalls Bedeutung für das Ausmaß der Übergangsprobleme und determiniert entsprechende Umverteilungseffekte, sofern die Substanzsteuer tatsächlich in die Kapitalrendite überwälzt wird. Die Fiski beteiligen sich nur im Rahmen der Sitzortbesteuerung (Sitzortprinzip im Y-Land im Kollisionsfall, erweiterte und eingeschränkte Sitzortbesteuerung bei Anwendung der RF-CFS) an den Verlusten infolge der Substanzbesteuerung. Im Fall der Freistellung (zwingend bei R-CFS und Umsatzsteuer) geht die Substanzsteuer vollständig zulasten der Muttergesellschaft.

Sofern die drohende Substanzbesteuerung infolge der Überwälzung in die Kapitalrendite Unternehmen mit Beteiligungsvermögen negativ tangiert, resultieren daraus im Vorfeld einer antizipierten Reform Anreize zur Anpassung der Beteiligungsstruktur. Bei unilateraler Reform werden inländische Investitionen durch Beteiligungen im Ausland substituiert, im Harmoniefall werden Investitionen im relativen Hochsteuerland zugunsten von Investitionen im relativen Niedrigsteuerland abgebaut. Auch hier ist der unternehmerische Handlungsspielraum jedoch eingeschränkt, weil der Markt im Fall einer antizipierten Reform (und dies ist eine

[449] Dies ist freilich nicht zwingend, soll hier aber vereinfachend unterstellt werden.

Voraussetzung für derartige Ausweichreaktionen) die drohende Substanzbesteuerung vorwegnimmt und eine Preisanpassung auf dem Markt für Unternehmensbeteiligungen herbeiführt. Damit ist wie in bezug auf Realvermögen das Altkapital „gefangen" und kann der Substanzbesteuerung nicht oder nur bedingt ausweichen.

Wie auch in bezug auf Realinvestitionen begründen diese Übergangsprobleme möglicherweise einen Bedarf an Ausgleichsmaßnahmen. Einerseits können durch eine rechtzeitige Ankündigung der Reform (*delayed effective date*) die Ausweichreaktionen unterstützt werden. Der Erfolg erscheint allerdings zweifelhaft. Vielmehr ist zu berücksichtigen, dass auch Unternehmen im Hinblick auf ihr Beteiligungsvermögen bzw. in ihrer Funktion als Anteilseigner von den beschriebenen Ausgleichsmaßnahmen zur nachträglichen Minderung oder Vermeidung der Substanzbelastung (*Abschreibungslösung, Entlastungslösung, Kompensation*) auf Ebene der Tochterkapitalgesellschaft profitieren. Entsprechende Ausgleichsmaßnahmen erscheinen ausreichend. Diese hätten aufgrund ihrer territorial beschränkten Wirkung wiederum internationale Transfers zur Folge. Bei der Sitzortbesteuerung von Muttergesellschaften profitiert auch der Fiskus des anderen Landes von den Entlastungsmaßnahmen.

C.5.2.3 Kredite

Bei einem Wechsel von der Einkommensteuer zur ACE wird die Kombination aus dem Abzug von Schuldzinsen und der Steuerpflicht in bezug auf Zinseinkommen sowohl für inländische als auch für grenzüberschreitende Kreditbeziehungen beibehalten. Aus Sicht des Gläubigers ist jedoch zu berücksichtigen, dass (in bezug auf inländische Kredite, im Harmoniefall und möglicherweise auch im Kollisionsfall in bezug auf grenzüberschreitende Kredite) lediglich überhöhte Zinsen besteuert werden. Erreicht wird dies durch eine Kombination der Zinsbesteuerung mit einem ACE-Abzug für die aus Eigenkapital finanzierten Kredite. Wird nun der ACE-Abzug auf das in Neukrediten gebundene Eigenkapital beschränkt (Reform ohne Ausgleichsmaßnahmen), impliziert dies (aufgrund der einkommensteuerlichen Behandlung der Altkredite) eine Diskriminierung gegen die Gläubiger von Altkrediten. Entsprechende Umverteilungseffekte zwischen den Unternehmen wären die Folge.

Sofern diese Änderungen antizipiert werden, wird das Kreditangebot im Vorfeld der Reform sinken. Nur wenn damit ein entsprechender Zinsanstieg verbunden ist (Reform in einer geschlossenen Volkswirtschaft bzw. in einem großen Land), wird der Gläubiger für die zu erwartende Diskriminierung kompensiert. Durch eine vorzeitige Ankündigung der Reform (*delayed effective date*) können diese Ausweichreaktionen unterstützt, durch eine *rückwirkende Umsetzung* des Systemwechsels können sie vermieden werden. Ferner werden Gläubiger von Altkrediten eine Umschuldung anstreben. Da der Systemwechsel aus Sicht der Schuldner neutral ist (Beibehalt des Schuldzinsabzugs) und die Umschuldung auf einer höheren Nominalzinsvereinbarung basieren würde, wird dieses Bestreben nicht erfolgreich sein. Um Verteilungseffekte zulasten der Gläubiger zu vermeiden, müsste dem Gläubiger nachträglich ein ACE-Abzug für die bestehenden Altkredite gewährt wird (*Entlastungslösung*).

Eine Konsumsteuerreform auf Basis der *R-CFS* bzw. *Umsatzsteuer* ist infolge eines Wegfalls der Zinsabzugsberechtigung auf Seiten des Schuldners mit gravierenden Übergangsproblemen verbunden. Bei einer nominalen Zinsvereinbarung würde ein Systemwechsel ohne Ausgleichsmaßnahmen den Schuldner zusätzlich belasten, da die Zinsverpflichtungen aus versteuerten Erträgen zu leisten sind. Umverteilungen zwischen Unternehmen mit einer Nettoschuldner- bzw. Nettogläubigerposition wären die Folge. In fiskalischer Hinsicht ist die Änderung bedeutungslos, wenn es sich um einen *Kredit zwischen Inländern* handelt, da auch die Zinsbesteuerung entfällt.

Im Vorfeld einer antizipierten Reform wird die Nachfrage nach Krediten sinken und das Angebot steigen. Nur wenn daraus ein geringeres Zinsniveaus resultiert,[450] wird der Schuldner für den zu erwartenden Wegfall des Zinsabzugs kompensiert. Durch eine *frühzeitige Ankündigung* der Reform kann der Fiskus auch hier derartige Ausweichreaktionen unterstützen. Ferner wird der Schuldner für bestehende Altkredite eine vorzeitige Kündigung bzw. eine Minderung des Schuldzinses anstreben. Da diese Umschuldung für den Gläubiger nicht sinnvoll ist (Neukredite werden auf einer geringeren Nominalzinsvereinbarung basieren), wird sie kaum zustande kommen.

Um die Umverteilungen zulasten des Schuldners ex post zu vermeiden,[451] sind Ausgleichsmaßnahmen erforderlich und möglich: Vor allem ein *grandfathering*, wonach der Schuldzinsabzug für Altkredite auch nach der Reform beibehalten bleibt, ist in Betracht zu ziehen.[452] Ergänzend muss in diesem Fall allerdings die Belastung des Gläubigers im Hinblick auf dessen Zinseinkommen durchgesetzt werden.[453] Die Systematik der Konsumbesteuerung wird damit in zweifacher

---

[450] Ausgehend von einem Einkommensteuersatz i.H.v. 40% und einer nominalen Zinsvereinbarung i.H.v. 10% ist der Schuldner aufgrund der Abzugsfähigkeit mit einem Nettozins i.H.v. 6% belastet, während der Gläubiger infolge der Zinseinkommensteuer netto 6% erzielt. Infolge des Systemwechsels ist der Schuldner mit 10% belastet, der Gläubiger verdient 10% netto. Durch eine Anpassung des nominalen Kreditzinses auf 6% wird der bisherige Zustand wieder hergestellt. In einer offenen Volkswirtschaft ist eine Anpassung des Zinsniveaus freilich nicht zu erwarten (s.u.).

[451] Umgekehrt ließe sich die Mehrbelastung des Schuldners von Altkrediten durch eine rückwirkende Umsetzung des Systemwechsels leicht durchsetzen.

[452] Vgl. Bradford (1996), S. 143; Hall/Rabushka (1996), S. 43.

[453] Dies gilt nicht nur für Unternehmen, sondern auch für Haushalte, sofern diese der Gläubiger

Weise durchbrochen. Ein *phasing in*, bei dem der Schuldzinsabzug schrittweise eingeschränkt wird,[454] wird die Umverteilungseffekte hingegen nicht vermeiden. Denn damit werden die Anreize zum Umschulden der Altkredite beim Schuldner, der ohnehin einen Anreiz dazu hat, und nicht beim Gläubiger induziert. Denkbar wäre eine *Kompensation* der Schuldner, finanziert durch eine Sonderbesteuerung der Gläubiger von Altkrediten.[455]

Zusätzliche Probleme sind im Falle internationaler Kreditbeziehungen zu erwarten: Im Kollisionsfall bleiben Schuldzinsen im Y-Land abzugsfähig und Zinseinkommen steuerpflichtig, während im C-Land sowohl die Steuerpflicht als auch die Abzugsfähigkeit von Schuldzinsen entfällt. Von diesen Änderungen wird ein inländischer Gläubiger ausländischer Schulden profitieren. Denn ohne dass der Schuldner im Y-Land zusätzlich belastet wird, kann der inländische Gläubiger marginale und überhöhte Zinsen steuerfrei vereinnahmen. Umgekehrt ergibt sich für den inländischen Schuldner eine zusätzliche Belastung, ohne dass der ausländische Gläubiger entlastet wird. Denn der fehlenden Abzugsmöglichkeit im C-Land steht nach wie vor die Steuerpflicht im Y-Land gegenüber. Für den inländischen Fiskus ergeben sich Steueraufkommenseffekte in Abhängigkeit von der Nettoauslandsposition inländischer Unternehmen: Im Fall einer Nettoauslandsverschuldung wiegt das Abzugsverbot von Schuldzinsen fiskalisch schwerer als der Verzicht auf die Zinseinkommensbesteuerung, das Steueraufkommen steigt. Besteht eine Nettoforderung gegenüber ausländischen Unternehmen, sinkt das Steueraufkommen des inländischen Fiskus.

Vor diesem Hintergrund haben inländische Unternehmen im Vorfeld einer antizipierten Reform einen Anreiz, das Kreditangebot im Y-Land auszudehnen und die internationale Kreditnachfrage einzuschränken.[456] Resultiert daraus eine Zinssenkung (Reform in einem großen Land), wird der Schuldner im Hinblick auf die drohende Zusatzbelastung kompensiert, der Gläubiger erfährt im Hinblick auf den erwarteten Gewinn Einbußen. Ist das veränderte Nachfrage- und Angebotsverhalten hingegen ohne Einfluss auf den Gleichgewichtszins (Reform in einem kleinen Land), ergeben sich Mitnahmeeffekte für den Gläubiger. Letzteres sollte nicht zusätzlich durch eine vorzeitige Ankündigung der Reform unterstützt werden.

---

eines Altkredits sind (s.u.). Altkredite wären insofern als nicht-qualifiziert einzustufen, was deren einkommensteuerliche Behandlung zur Folge hätte.

[454] Vgl. Sarkar/Zodrow (1993), S. 365; Hall/Rabushka (1996), S. 42f.

[455] Auch Bach (1993), S. 133f. fordert eine Vermögensteuer auf Zinszahlungen bei Altkrediten, die jedoch beim Schuldner erhoben werden soll. Eher angebracht ist eine Besteuerung des Gläubigers.

[456] Dies ist vergleichbar mit dem Anreiz, im Kollisionsfall Investitionen im Y-Land zunehmend durch Fremdkapital zu finanzieren, wenn die Konsumsteuerreform auf der Umsatzsteuer bzw. der R-CFS basiert (vgl. dazu Kapitel C.2.1.2.3).

Ferner werden Schuldner eine vorzeitige Kündigung der Altkredite bzw. eine Umschuldung auf Basis eines niedrigeren Zinssatzes anstreben. Ein Gläubiger mit Wohnsitz bzw. Sitzort im Y-Land wird dem angesichts einer auch weiterhin bestehenden Zinseinkommensteuerpflicht nicht zustimmen. Zur Vermeidung der insofern zu erwartenden Umverteilungswirkungen zulasten der Schuldner sind Ausgleichsmaßnahmen erforderlich: Einerseits könnte das Inland Schuldner *kompensieren*. Denkbar ist auch hier die Fortschreibung einkommensteuerlicher Regelungen (*grandfathering*), wonach Zinszahlungen an das Y-Land abzugsfähig, Zinseinkommen aus dem Y-Land steuerpflichtig bleiben. Sofern gegenüber dem Y-Land eine Nettoforderung (Nettoschuld) besteht, ist dies mit einem positiven (negativen) Steueraufkommenseffekt für das C-Land verbunden.

Im Harmoniefall sind im Zusammenhang mit grenzüberschreitenden Krediten ähnliche Umverteilungs- und Steueraufkommenseffekte sowie Ausweichreaktionen zu erwarten wie im Hinblick auf inländische Kredite im Kollisionsfall. Um Umverteilungseffekte in bezug auf das nationale Steueraufkommen (zulasten des Nettogläubigerlandes) zu vermeiden, sollte auch hier ein *grandfathering* (Fortbestand einkommensteuerlicher Regelungen) vorgesehen werden. Eine nachträgliche *Kompensation* des Gläubigerlandes durch das Nettoschuldnerland ist nicht ernsthaft zu erwarten.

Wird eine nach dem Ursprungslandprinzip erhobene *Umsatzsteuer* eingeführt und ist damit ein Wechselkurseffekt verbunden, ergeben sich im Hinblick auf grenzüberschreitende Kredite zusätzliche Übergangsprobleme: So wird im Kollisionsfall ein auf der Währung des Y-Landes basierender Kredit den inländischen Schuldner (neben dem Verlust der Zinsabzugsfähigkeit) zusätzlich belasten, dem inländischen Gläubiger (neben dem Wegfall der Zinsbesteuerung) hingegen einen zusätzlichen Gewinn verschaffen. Umgekehrt wird ein auf der Währung des C-Landes basierender Kredit den ausländischen Schuldner entlasten und für den ausländischen Gläubiger Verluste zur Folge haben.[457] Im Fall einer antizipierten Reform wird das Kreditangebot der Inländer auf Basis der Währung des Y-Landes steigen, die Nachfrage nach Krediten auf Basis der Währung des C-Landes hingegen sinken. Der relative Nachfrageanstieg nach der Währung des Y-Landes wird den Wechselkurseffekt zum Teil vorwegnehmen, andernfalls Mitnahmeeffekte bewirken. Eine Ausgleichsmaßnahme im Sinne des *delayed effective date* (vorzeitige Ankündigung) erscheint deshalb nicht geeignet, die Übergangsprobleme zu mildern. Selbst ein *grandfathering* würde den Schuldner eines Kredits auf der Basis der Währung des Y-Landes nur unzureichend kompensieren, weil der Wechselkurseffekt dabei keine Berücksichtigung findet. Dementsprechend würde

[457] Der Fiskus des Y-Landes würde im aufgrund der Einkommensteuersystematik (Zinssteuerpflicht und Zinsabzugsrecht) an diesen Wechselkurseffekten sowohl im positiven als auch im negativen Sinne partizipieren.

der Gläubiger eines Kredits auf Basis der Währung des Y-Landes trotz Zinseinkommensbesteuerung profitieren. Daher sollten zusätzlich die Wechselkursgewinne beim Gläubiger abgeschöpft und mit den daraus resultierenden Mehreinnahmen die Schuldner kompensiert werden (*Kompensationslösung*). Weist das C-Land in bezug auf die Altkredite auf Basis der Währung des Y-Landes eine Nettoschuldnerposition (Nettogläubigerposition) auf, sind mit dieser Maßnahme fiskalische Einbußen (Mehreinnahmen) verbunden. Für den Harmoniefall gelten diese Aussagen sinngemäß, wobei das relative Hochsteuerland (aufgrund der aus seiner Sicht zu erwartenden Abwertung seiner Währung) die gleichen Auswirkungen zu verzeichnen hat wie das C-Land im Kollisionsfall.

Auch mit dem Übergang zur *RF-CFS* sind Änderungen im Hinblick auf die Besteuerung von Gläubigern und Schuldnern verbunden. Während Schuldzinsabzug und Zinseinkommensteuerpflicht im Unterschied zur R-CFS und Umsatzsteuer erhalten bleiben, wird die Bemessungsgrundlage gegenüber der einkommensteuerlichen Regelung um die zugrundeliegenden Kredit- und Tilgungszahlungen erweitert. Eine Anwendung dieser Systematik für Altkredite (*Reform ohne Ausgleichsmaßnahmen*) würde den Schuldner eines Kredits aufgrund der Abzugsfähigkeit der Tilgungsleistungen zusätzlich entlasten, den Gläubiger wegen der zu versteuernden Tilgungszahlungen zusätzlich belasten. Denn bei Altkrediten ist der anfängliche Kredittransfer steuerlich nicht berücksichtigt worden, führte also beim Schuldner nicht zu einer Steuerzahlung und beim Gläubiger nicht zu einer Steuererstattung.

Während auch hier der systematische Wechsel fiskalisch ohne Bedeutung ist, sofern es sich um ein Kreditgeschäft zwischen inländischen Unternehmen handelt, so kommt es doch zu einer Umverteilung zwischen Gläubiger und Schuldner zugunsten des Schuldners.[458] Das wird einerseits im Vorfeld der Reform zu einer steigenden Kreditnachfrage (in Erwartung absetzbarer Tilgungsleistungen) und einem sinkenden Kreditangebot (in Erwartung der zu versteuernden Tilgungsbeiträge) führen. Der daraus resultierende Anstieg des Kreditzinses wird die zu erwartende Entlastung (Belastung) des Schuldners (Gläubigers) kompensieren.[459]

Andererseits hat der Gläubiger ein Interesse, einen bestehenden Kredit im Vorfeld der Reform zu kündigen. Dem wird der Schuldner freilich nicht zustimmen, da er von der systematischen Änderung profitiert. Wie auch bei den anderen Konsumsteuerbausteinen stehen einer Umschuldung also diametrale Interessen beider Kreditparteien entgegen. Eine Ausgleichsmaßnahme im Sinne des *delayed effective date* wäre insofern wirkungslos. Um die Umverteilungswirkungen zugunsten

---

[458] Vgl. Sunley (1989), S. 25.

[459] Die Vermutung (vgl. Kaiser (1992), S. 196), dass im Vorfeld der antizipierten Reform verstärkt Kredite aufgenommen werden, ist insofern unbegründet.

der Nettoschuldner und zulasten der Nettogläubiger zu vermeiden, wäre auch hier eine Ausgleichsmaßnahme im Sinne des *grandfathering* notwendig. Ferner können durch ein *phasing in* (schrittweise Einschränkung des Schuldzinsabzugs) wirkungsvolle Anreize zur Umschuldung von Altkrediten geschaffen werden. Auch eine *Kompensation* des Gläubigers in Kombination mit einer Besteuerung der Schuldner wäre denkbar.

Zusätzliche Probleme entstehen im Hinblick auf grenzüberschreitende Kreditgeschäfte: So bleibt im Kollisionsfall die Berücksichtigung der Kredit- und Tilgungszahlungen auf das C-Land beschränkt. Während inländische Gläubigerunternehmen einer zusätzlichen Belastung und inländische Schuldner einer zusätzlichen Entlastung unterliegen, werden Schuldner und Gläubiger aus dem Y-Land von der Reform nicht tangiert. Im Fall einer Nettogläubigerposition (Nettoschuldnerposition) gegenüber dem Y-Land ist ein Übergang ohne Ausgleichsmaßnahmen mit zusätzlichen (geringeren) Steuereinnahmen verbunden. Ferner sind Anpassungsreaktionen der Kreditparteien zu erwarten: Unternehmen mit Sitz im C-Land haben einen Anreiz, im Vorfeld einer antizipierten Reform (in Erwartung absetzbarer Tilgungszahlungen) zusätzliche Kredite im Y-Land aufzunehmen bzw. das Kreditangebot gegenüber dem Y-Land (in Erwartung zu versteuernder Tilgungsbeiträge) einzuschränken. Sofern dies keinen Einfluss auf den Gleichgewichtszins hat, ergeben sich für die Schuldner im C-Land Mitnahmeeffekte zulasten des inländischen Steueraufkommens.[460] Eine schrittweise Einschränkung der Abzugsfähigkeit von Schuldzinsen (*phasing in*) wäre aus Sicht des C-Landes (angesichts der Steueraufkommenseinbußen) eine unzureichende Lösung. Deshalb sollten auch hier einkommensteuerliche Regelungen für Altkredite beibehalten werden (*grandfathering*).

Im Harmoniefall bewirken der Abzug bzw. die Besteuerung von Tilgungsleistungen bei Altkrediten neben den Umverteilungseffekten zwischen Schuldnern und Gläubigern einen Transfer von Steueraufkommen zugunsten Nettogläubigerlandes. Darüber hinaus bestehen für verbundene Unternehmen im Vorfeld einer antizipierten Reform Anreize, die Kreditnachfrage im relativen Hochsteuerland auszudehnen. Denn die Steuerersparnis infolge der Absetzung von Zins- und Tilgungsleistungen übersteigt die Steuerverpflichtung im Gläubigerland, wenn dort ein geringerer Steuersatz zur Anwendung kommt. Dies hätte negative Steueraufkommenseffekte für das relative Hochsteuerland zur Folge und betont auch hier die Notwendigkeit von Ausgleichsmaßnahmen. Umverteilungs- und Steueraufkommenseffekte sowie entsprechende internationale Transfers ließen sich nur durch ein *grandfathering* unterbinden.[461]

---

460 Ein durch das veränderte Angebots- und Nachfrageverhalten bedingter Zinsanstieg (Reform in einem großen Land) kompensiert teilweise die Vorteile für den Schuldner.

461 Durch ein *phasing in* (schrittweise Einschränkung des Schuldzinsabzugs), oder eine rückwir-

Es lässt sich festhalten, dass sowohl bei der uni- als auch bei der bilateralen Reform im Zusammenhang mit Altkrediten zahlreiche Übergangsprobleme auftreten. Darüber hinaus sind zusätzliche Komplikationen zu erwarten, wenn die betroffenen Unternehmen Beteiligungen und Realinvestitionen durch Fremdkapital finanziert haben. Denn für den Schuldner eines Kredits können sich je nach Systematik zusätzliche Belastungen (Wegfall des Zinsabzugs bei der R-CFS und der Umsatzsteuer, Aufwertung der Schuldnerwährung bei der Umsatzsteuer) ergeben. In Kombination mit einer vollständigen oder teilweisen Substanzbesteuerung des Beteiligungs- und Realvermögens impliziert dies möglicherweise eine existenzgefährdende Zusatzbelastung für ein hoch verschuldetes Unternehmen. In anderen Fällen bewirken Steuerentlastungen im Zusammenhang mit Krediten (bei der RF-CFS) in Kombination mit der Substanzbelastung des Real- und Beteiligungsvermögens eine sich gegenseitig kompensierende Wirkung.[462] Aber auch Fälle von windfall gains sind denkbar, wenn Beteiligungs- und Realvermögen fremdfinanziert wurde, und die RF-CFS in Kombination mit der Entlastungslösung eingeführt wird. Die damit verbundenen internationalen Umverteilungseffekten und Steuertransferwirkungen betonen den Bedarf an Ausgleichsmaßnahmen. Ein *grandfathering* erscheint in den meisten Fällen am besten geeignet, derartige Übergangsprobleme zumindest abzumildern.

C.5.2.4 Liquidität

Weder bei der Einkommen- noch bei der Cash-Flow- und Umsatzsteuer ist das liquide Vermögen Teil der Steuerbemessungsgrundlage. Daher bestehen im Zusammenhang mit der Liquiditätsposition inländischer Unternehmen keine direkten Übergangsprobleme. Die Tatsache der fehlenden Besteuerung korrespondiert allerdings mit der Feststellung, dass Unternehmen in Erwartung eines Systemwechsels geplante Investitionen hinauszögern, bestehende Investitionsgüter und Beteiligungen (zwischenzeitlich) liquidisieren und Engagements am Kreditmarkt verschieben, um die möglicherweise eintretenden zusätzlichen Steuerbelastungen zu vermeiden. Wenngleich derartige Ausweichreaktionen nur eingeschränkt möglich sind, steht diese „Flucht in Liquidität" im Fall einer antizipierten Reform dem möglicherweise gesetzten Ziel entgegen, eine Substanzbelastung des Kapitalstocks durchzusetzen bzw. reformbedingte Störungen auf dem Beteiligungs-, Investitionsgüter- und Kreditmarkt zu vermeiden. Sofern eine rückwirkende Umsetzung der Reform nicht möglich ist, bietet sich als Ausgleichsmaßnahme eine Vermögen- bzw. Substanzsteuer auf das liquide Vermögen an. Diese Steuer würde sowohl In- als auch Ausländer in bezug auf ihr Inlandsvermögen treffen.

---

kende Einführung ließen sich die Steueraufkommenseffekte nicht vollständig unterbinden. Eine *Kompensation* des Nettoschuldnerlandes durch das Nettogläubigerland ist ferner nicht zu erwarten.

[462] So auch Bach (1993), S. 59.

Abgesehen von der politischen Brisanz eines solchen Vorgehens sind aber weitere Komplikationen vorprogrammiert. Denn die Unternehmen könnten der liquiditätsbezogenen Vermögensbesteuerung möglicherweise durch Sonderausschüttungen an die Haushalte (Anteilseigner) entgehen.[463] Auch ein Transfer des Vermögens auf verbundene Unternehmen im Y-Land (im Kollisionsfall) bzw. im relativen Niedrigsteuerland (Harmoniefall) wäre denkbar. Vor diesem Hintergrund erscheint es fraglich, ob sich eine Substanzbelastung des Altkapitals vollständig durchsetzen lässt. Ein Systemwechsel mit Ausgleichsmaßnahmen zur Minderung oder Vermeidung jeglicher Substanzbelastung wäre daher vorzuziehen.

Ein spezielles Übergangsproblem in bezug auf das liquide Vermögen ergibt sich im Zusammenhang mit der Einführung einer nach dem Ursprungslandprinzip erhobenen *Umsatzsteuer* bei flexiblen Wechselkursen. Denn die Abwertung beschränkt sich auf das in der Währung des C-Landes gehaltene liquide Vermögen. Abgesehen von den Verteilungseffekten impliziert dies im Fall einer antizipierten Reform einen Anreiz, Liquidität in die Währung des Y-Landes (im Kollisionsfall) bzw. des relativen Niedrigsteuerlandes (im Harmoniefall) umzutauschen.[464] Zwar werden die erwarteten Währungsgewinne infolge des veränderten Nachfrage- und Angebotsverhaltens in bezug auf die in- und ausländische Währung abschmelzen, vermeiden ließen sie sich aber nur durch eine Einschränkungen des Kapitalverkehrs im Vorfeld der Reform. Möglicherweise sollten die Wechselkursgewinne besteuert werden.

Eine andere Bedeutung kommt dem liquiden Vermögen bei der Einführung der *ACE* zu. Denn hier fließt das gesamte im Unternehmen gebundene Eigenkapital in die Berechnung des SFA-Wertes, der den Ausgangspunkt für die Bemessung des ACE-Abzugs darstellt, ein. Um die Einmalbesteuerung des Altkapitals zu gewährleisten,[465] sollte dabei nur jenes Altkapital berücksichtigt werden, welches aus versteuerten Einkommen akkumuliert wurde. Die Unternehmen können jedoch, sofern sie die nur teilweise Berücksichtigung des Altkapitals zur erstmaligen Ermittlung des ACE-Abzugs antizipieren, liquides Vermögen an die Anteilseigner ausschütten (s.o.) bzw. (im Kollisionsfall) an ausländische verbundene Unternehmen transferieren und nach der Reform (steuerwirksam) wieder einsammeln. Ein sachgerechter Systemwechsel erfordert insofern nicht nur eine genaue Differenzierung zwischen zu berücksichtigendem und nicht zu berücksichtigendem Altkapital, sondern auch eine Kontrolle der unternehmerischen Liquiditätstransaktionen im zeitlichen Umfeld der Reform. Eine rückwirkende Umsetzung des Systemwechsels, bei dem für die erstmalige Bemessung des ACE-Abzugs der

[463] Ob dies zum Erfolg führt, hängt maßgeblich vom Übergangsszenario der Haushaltsbesteuerung sowie von der Erfaßbarkeit des Vermögens der Haushalte ab (vgl. Kapitel C.5.3.2).

[464] Im Harmoniefall wertet die Währung des relativen Hochsteuerlandes relativ stärker ab.

[465] Vgl. Devereux/Freeman (1991), S. 9; IFS (1991), S. 81f.; Kaiser (1992), S. 196.

Buchwert des Eigenkapitals aus der vorangehenden Besteuerungsperiode verwendet wird, ist diesem Verfahren möglicherweise überlegen.

C.5.3 Haushaltsebene

C.5.3.1 Beteiligungsvermögen

Sofern Haushalte ihr Vermögen zum Zeitpunkt des Systemwechsels in Form von Unternehmensbeteiligungen (Aktien) halten, werden sie möglicherweise mit den dargestellten Übergangsproblemen auf Unternehmensebene konfrontiert. Dies ist immer dann der Fall, wenn Unternehmen im Hinblick auf ihr Real-, Beteiligungs-, Kredit- und liquides Vermögen vom Systemwechsel tangiert werden und die damit verbunden Zusatzbelastung oder Entlastungen an die Anteilseigner (und nicht an die Konsumenten bzw. Arbeitsanbieter) weiterreichen. Die damit verbundenen interpersonellen Verteilungseffekte sind von der Einkommens- und Vermögensstruktur der Haushalte abhängig.

Obwohl derartige Übergangsprobleme unmittelbar auf Unternehmensebene entstehen und ihnen im Fall einer antizipierten Reform auch auf Unternehmensebene begegnet werden sollte, können auch die Anteilseigner auf die erwartenden Übergangsprobleme reagieren. So können die Haushalte ihr Beteiligungsportfolio umstrukturieren, etwa durch eine Substitution von inländischen Beteiligungen durch ausländische Beteiligungen (im Kollisionsfall), von Unternehmen mit kapitalintensiver zu Unternehmen mit arbeitsintensiver Wertschöpfung, von Beteiligungen an hoch verschuldeten zu weniger verschuldeten Unternehmen oder auch durch eine Liquidisierung des Beteiligungsvermögens. Der Handlungsspielraum wird aber auch hier dadurch eingeschränkt, dass bei vollkommener Information auf den Kapitalmärkten derartige Zusatzbelastungen und Entlastungen unmittelbar eingepreist werden. Erneut wird damit deutlich, dass das Altkapital selbst bei einer antizipierten Reform „gefangen" ist. Durch Ausgleichsmaßnahmen im Sinne des *delayed effective date* können die zu erwartenden Umverteilungseffekte daher nicht vermieden werden.

Besteht jedoch keine vollkommene Information auf den Kapitalmärkten, so können Mitnahmeeffekte bzw. Turbulenzen an den Aktienmärkten durch eine *rückwirkende Umsetzung* des Systemwechsel bzw. eine zeitlich befristete Einschränkung der Kapitalverkehrsfreiheit verhindert werden. Darüber hinausgehende Ausgleichsmaßnahmen auf Haushaltsebene (wie etwa eine *Kompensation* oder *Substanzbesteuerung*) erscheinen allerdings nicht angebracht, weil die Übergangsprobleme ihren Ursprung auf Unternehmensebene haben. Zum einen sind angesichts unterschiedlicher Überwälzungsmöglichkeiten Auswirkung auf die Kapitalanbieter gar nicht zwingend. Zum anderen müsste das Inland auch ausländische Haushalte in die Ausgleichsmaßnahmen einbeziehen, um eine international gerechte Lösung herbeizuführen. Dies erscheint nicht praktikabel. Eine Anknüpfung von Ausgleichsmaßnahmen an die Ursachen (Systemwechsel auf Unternehmensebene) ist einer Anknüpfung an die Symptome (Auswirkungen auf Anteilseigner) daher vorzuziehen.

C.5.3.2 Bankeinlagen und Bargeld

Inwiefern das in Form von Bankeinlagen[466] und Bargeld gehaltene Altvermögen durch die Steuerreform tangiert wird, wird maßgeblich durch das Konsumsteuersystem determiniert: So ist im Rahmen der *Umsatzsteuer* der Haushalt nicht steuerpflichtig, wohl aber Steuerdestinatar. Wird die Umsatzsteuer in die Preise überwälzt, sinkt die Kaufkraft des Altvermögens infolge des mit der Reform verbundenen Preisanstiegs.[467] Die Folge ist eine Umverteilung zulasten der Eigentümer von Altkapital.

In internationaler Hinsicht sind die Umverteilungseffekte von der internationalen Systematik der Umsatzsteuer abhängig: Bei einer Reform auf der Basis des *Bestimmungslandprinzips* wird lediglich das inländische Preisniveau tangiert. Denn Exporte sind von der Umsatzsteuer ausgenommen, während Importe steuerpflichtig sind. Insofern werden von dem Preisanstieg sowohl In- als auch Ausländer im Hinblick auf ihr In- und Auslandsvermögen tangiert, sofern dieses für inländischen Konsum (bzw. beim Mischprinzip für inländische Einkäufe) verwendet wird. Der Steuerlastexport bzw. eine internationale Umverteilung sind nur begrenzt zu erwarten, da der Konsum- bzw. Einkaufsort eng an den Wohnort gebunden ist. Sowohl eine Gleichbehandlung der Inländer (unabhängig vom Anlageort) als auch ein Ausschluss der Ausländer von den Übergangsproblemen ist weitgehend gewährleistet.

Insbesondere aus Sicht der inländischen Haushalte ist daher mit Ausweichreaktionen zu rechnen. Wird der reformbedingte nominale Preisanstieg antizipiert, kann die drohende reale Entwertung des Altvermögens durch eine zeitliche Vorwegnahme geplanter Konsumausgaben vermieden werden. Eine nachträgliche Umgehung der Umsatzsteuer durch eine Verlagerung des Konsum- bzw. Einkaufsortes in das Y-Land (im Kollisionsfall) bzw. in das relative Niedrigsteuerland (im Harmoniefall) ist nur bedingt möglich.[468] Zudem wird die höhere Nachfrage insbe-

[466] Sofern Beteiligungen an Unternehmen durch Finanzintermediäre kontenmäßig verwaltet (Depot bei der Bank) und nicht zu Hause aufbewahrt werden, sind auch diese Vermögenswerte als Bankeinlagen (im Sinne von institutionell verwaltetem Vermögen) zu klassifizieren. Die Übergangsprobleme können sich insofern potenzieren (vgl. Fußnote 473).

[467] Dieser preisbedingte Kaufkraftverlust ist strikt zu trennen von der mit der Umsatzsteuereinführung verbundenen Substanzbesteuerung auf Unternehmensebene. Sofern die Substanzsteuer zu einer Entwertung des Beteiligungsvermögens der Haushalte führt, werden diese Haushalte in bezug auf dieses Altvermögen von der Konsumsteuerreform doppelt getroffen.

[468] Bei enger Bindung von Wohn- und Konsumort werden Anreize zur Wohnortverlagerung in das relative Niedrigsteuerland für Haushalte mit hohen Konsumausgaben bzw. –quoten induziert.

sondere nach hochwertigen Konsumgütern einen Preisanstieg herbeiführen. Wiederum zeigt sich also, dass das Altkapital der mit der Reform verbundenen Entwertung praktisch kaum entgehen kann. Um den Haushalten auch diese rudimentären Ausweichmöglichkeiten zu nehmen und eine möglichst lückenlose Substanzbesteuerung des Altkapitals durchzusetzen, müsste das gesamte Altkapital erfasst und möglicherweise einer Sonderbesteuerung unterworfen werden.[469] Soll umgekehrt die Substanzbelastung des Geldkapitals vermieden oder gemindert werden, kommt insbesondere ein *phasing in* (schrittweise Anhebung des Umsatzsteuertarifs) bzw. eine vorzeitige Ankündigung der Reform (*delayed effective date*) in Betracht. Eine nachträgliche *Kompensation* der Haushalte ist bereits aus praktischen Gründen kaum durchführbar. Insgesamt erscheinen Umverteilungseffekte zulasten der Altkapitalbesitzer unvermeidbar.

Mit der Einführung der Umsatzsteuer ist auch dann ein Preisanstieg verbunden, wenn das *Ursprungslandprinzip* angewendet wird und Wechselkurse flexibel sind. In nationaler Hinsicht ergeben sich dann die auch im Fall der nach dem Bestimmungslandprinzip erhobenen Umsatzsteuer eintretenden interpersonellen Umverteilungseffekte zulasten der Besitzer von Altkapital. Anders ist die Situation im Hinblick auf internationale Umverteilungswirkungen: Der reale Kaufkraftverlust betrifft infolge der Abwertung der Inlandswährung das Inlandsvermögen der In- und Ausländer, nicht aber das Auslandsvermögen der In- und Ausländer. Sofern die Reform nicht antizipiert wird, erfolgt also (unabhängig vom Wohnort) eine Umverteilung zulasten der Haushalte, die Altkapital in inländischer Währung (im Harmoniefall in der Währung des relativen Hochsteuerlandes) halten. Ein Steuerlastexport ist nicht zu vermeiden, da das Inland die Ausländer in bezug auf ihr Inlandsvermögen belastet.[470]

In Erwartung des Wechselkurseffektes werden die Haushalte verstärkt die Währung des Y-Landes (im Kollisionsfall) bzw. des relativen Niedrigsteuerlandes (im Harmoniefall) nachfragen bzw. Konsumausgaben zeitlich vorverlagern. Anders als bei der nach dem Bestimmungslandprinzip erhobenen Umsatzsteuer ist eine Verlagerung des Konsumortes aber steuerlich irrelevant. Wie bei den anderen territorialen Konsumsteuern sind die Möglichkeiten zur Vermeidung der Substanzbesteuerung beschränkt, weil durch die veränderte Angebots- und Nachfragerelationen auf den Devisenmärkten der zu erwartende Wechselkurseffekt teilweise vorweggenommen wird. Ausgleichsmaßnahmen zur Unterstützung derartiger Ausweichreaktionen (*delayed effective date, phasing in*) und zur Milderung der Umverteilungseffekte zulasten der Altkapitalbesitzer sind deshalb nicht zu

---

[469] Eine rückwirkende Umsetzung des Systemwechsel scheidet hingegen aus.

[470] Im Kollisionsfall beteiligt sich der Fiskus des Y-Landes an den Wechselkursverlusten der Y-Inländer im Rahmen der Umsetzung des Welteinkommensprinzips. Das C-Land kann Wechselkursgewinne der C-Inländer nur bei Kombination der Umsatzsteuer mit der ICF besteuern.

empfehlen. Eine *Kompensation* der Altkapitalbesitzer wäre sicherlich schwierig, zumal auch ausländische Haushalte in bezug auf ihr Inlandskapital in diese Maßnahme einbezogen werden müssten. Insofern ist auch wie bei der nach dem Bestimmungslandprinzip erhobenen Umsatzsteuer eine Umverteilung zulasten der Altkapitalbesitzer unvermeidbar. Um Mitnahmeeffekte zu vermeiden und die Substanzbelastung des Inlandskapitals vollständig durchzusetzen, können Wechselkurse zeitlich beschränkt eingefroren werden.

Wird eine Umsatzsteuer nach dem *Ursprungslandprinzip* eingeführt und wird diese aufgrund fixierter Wechselkurse in die Faktorentgelte überwälzt, so ergeben in bezug auf das in Form von Bargeld und Bankeinlagen gehaltene Altkapital keine Übergangsprobleme. Denn selbst wenn das Altvermögen für Konsumzwecke verwendet wird, unterliegt es angesichts eines fehlenden Preiseffektes keiner zusätzlichen Umsatzbesteuerung.[471] Insofern sind hier keine Umverteilungseffekte und Ausweichreaktionen zu erwarten. Ausgleichsmaßnahmen sind nur dann erforderlich, wenn das Altkapital aus steuerfreien Einkommen akkumuliert wurde (Substanzbesteuerung).

Eine Konsumsteuerreform auf Basis der *ITP* bietet hinsichtlich potentieller Übergangsprobleme gegenüber der Umsatzsteuer zunächst den Vorteil, dass Haushalte nicht nur Steuerdestinatare sondern auch steuerpflichtig sind. Grundsätzlich werden Kapitaleinkommen bei der ITP nicht besteuert, wobei diese Systematik auf qualifizierte Kapitaleinkommen beschränkt werden kann. Die Steuerfreiheit des Altkapitals bzw. der daraus zukünftig erzielten Einkommen wäre allerdings nur dann gerechtfertigt, wenn dieses Vermögen aus versteuertem Einkommen akkumuliert wurde. Hingegen bliebe das aus steuerfreien Einkommen akkumulierte Altkapital bei einem Systemwechsel ohne Ausgleichsmaßnahmen endgültig unbesteuert.[472] Damit verbunden wären ein ungerechtfertigter Steuerausfall sowie eine Umverteilung zugunsten derjenigen Haushalte, die Kapital im Rahmen der Einkommensteuer steuerfrei akkumuliert haben. Da das C-Land abgesehen von Quellensteuern auf eine Besteuerung der Ausländer verzichtet, würde daraus auch eine Umverteilung zugunsten der ausländischen Kapitaleigentümer (bzw. des Fiskus im Y-Land im Kollisionsfall infolge des Welteinkommensprinzips) resultieren.

Ferner wird die zu erwartende „Steueramnestie" für Altkapital im Vorfeld einer antizipierten Reform die Nachfrage nach solchen Anlageformen steigern, die im Rahmen der Einkommensteuer anhand des nachgelagerten Verfahrens besteuert werden. Auch ist mit einer zunehmenden Steuerhinterziehung zu rechnen. Eine differenzierte Behandlung des Altkapitals erscheint deshalb unerlässlich. In Be-

[471] Allerdings sind auch hier die im Zusammenhang mit dem Systemwechsel auf Unternehmensebene auftretenden Übergangsprobleme (Substanzbesteuerung) zu berücksichtigen.

[472] Vgl. Zodrow/McLure (1991), S. 462.

tracht zu ziehen ist insbesondere das *grandfathering*, wonach für Altkapital auch nach der Reform weiterhin die Einkommensteuersystematik zur Anwendung kommt. Dieses Verfahren bietet sich dann an, wenn die vorgelagerte Besteuerung auf qualifizierte Vermögen beschränkt bleibt. Dann würde das Altkapital vollständig bzw. zum Teil als unqualifiziert eingestuft. Eine einkommensteuerliche Behandlung der aus versteuerten Einkommen akkumulierten Vermögen ist hingegen zu vermeiden, weil damit die Kapitalkosten belastet werden und zulasten des Altkapitals diskriminiert wird. Die Alternative einer einmaligen Substanzbesteuerung des Altkapitals ist aufgrund der allgemeinen Wirkung problematisch. Eine Sonderbesteuerung der Ausländer in bezug auf ihr Inlandskapital könnte in Form höherer Quellensteuern durchgesetzt werden.

Bei der *ICF* ergeben sich Übergangsprobleme im Vergleich zur ITP im umgekehrten Sinne. Denn qualifiziertes Kapital wird aus steuerfreien Einkommen akkumuliert und im Fall der konsumtiven Verwendung inklusive der erzielten Kapitaleinkommen besteuert. Eine Reform ohne Ausgleichsmaßnahmen, bei welcher selbst das Altkapital als qualifiziert eingestuft wird, würde also eine Doppelbesteuerung des Altkapitals zur Folge haben, sofern dieses aus versteuerten Einkommen akkumuliert wurde.[473] Da bei der ICF die Inländerlösung zur Anwendung kommt, qualifizierte Konten also nur durch Inländer eingerichtet werden können, bezieht sich dieses Problem auf das In- und Auslandsvermögen der Inländer, nicht aber auf das Vermögen der Ausländer. Neben einem positiven Steueraufkommenseffekt wäre eine Umverteilung zu lasten der inländischen Besitzer von Altkapital die Folge.

Für die Inländer ergeben sich verschiedene Möglichkeiten, der drohenden Substanzbelastung des Altkapitals zu entgehen: Da die ICF anders als die ITP den Periodenkonsum belastet, kann (wie bei der in die Güterpreise überwälzten Umsatzsteuer) die Anschaffung hochwertiger Konsumgüter zeitlich vorgezogen werden.[474] Darüber hinaus können die Haushalte nicht-qualifizierte Vermögensbestände aufbauen. Denn die Systematik der nachgelagerten Besteuerung beschränkt sich auf die erfassten bzw. erfassbaren Vermögen.[475] Neben einer erhöhten Bargeldhaltung bietet sich in diesem Sinne eine Übertragung auf ausländische Kreditinstitute, im Kollisionsfall auch die Vermögensübertragung auf ausländische Haushalte an. Nach der Einführung der ICF können diese nicht-qualifizierten

---

[473] Vgl. Zodrow/McLure (1991), S. 462; Kaiser (1992), S. 199; Meade (1978), S. 187 und 191; Sarkar/Zodrow (1993), S. 363f.; Goode (1980), S. 67. Im übrigen entspricht dies der Substanzbelastung des Altkapitals im Rahmen der Umsatzsteuer bzw. CFS. Die Kombination der CFS bzw. Umsatzsteuer mit der ICF hätte daher eine doppelte Substanzbelastung des Altkapitals zur Folge.

[474] Vgl. Bradford (1996), S. 144.

[475] Vgl. Peffekoven (1980), S. 426; Graetz (1979), S. 1658; Meade (1978), S. 188f.

Vermögen dann für Einzahlungen in qualifizierte Konten bzw. zum Aufbau qualifizierter Vermögen genutzt werden.[476]

Das Reformland kann derartige Ausweichreaktionen kaum verhindern, da die Möglichkeit einer vollkommenen Kontrolle des Privatvermögens der Haushalte praktisch nicht gegeben ist. Die Substanzbesteuerung des Altvermögens, welches nicht in Unternehmen investiert ist, lässt sich insofern im Fall einer antizipierten Reform nicht lückenlos durchsetzen. Denkbar wäre eine *rückwirkende Umsetzung* des Systemwechsels, allerdings würde auch dann lediglich das auf Konten verwaltete Vermögen erfasst.[477] Soll hingegen die Substanzbelastung des Altvermögens vermieden werden (was insbesondere für das aus versteuerten Einkommen akkumulierte Kapital gelten sollte), bestehen verschiedene Möglichkeiten: Erstens könnte den (inländischen) Haushalten durch eine frühzeitige Ankündigung der Reform (*delayed effective date*) ein Spielraum gegeben werden, die Substanzbesteuerung durch eine Vorverlagerung von Konsum zu vermeiden. Zweitens könnte Altkapital als nicht-qualifiziert eingestuft werden. Daraus ergibt sich allerdings ein Folgeproblem, weil das System der qualifizierten Konten nur dann funktioniert, wenn für nicht-qualifizierte Kapitaleinkommen die Einkommensteuersystematik zur Anwendung kommt (*grandfathering*). Eine generelle Diskriminierung gegen Altkapital wäre die Folge. Drittens kann auf eine Besteuerung der Erträge aus Altkapital verzichtet werden. Allerdings bedarf es eines Sonderkontos für Altvermögen, um dieses sachgerecht gegenüber Neukapital abzugrenzen.[478] Eine vierte Möglichkeit, die nachgelagerte Steuer schrittweise einzuführen (*phasing in*),[479] indem die Steuerpflicht zu einem jährlich sinkenden Anteil gemäß der Einkommensteuerrechnung und zu einem steigenden Anteil gemäß der Konsumsteuerrechnung ermittelt wird, stellt einen Mittelweg zwischen der Substanzbesteuerung und der Gewährung genereller Steuerfreiheit für Erträge aus Altkapital dar. Nicht vertretbar erscheint die Variante, die auf dem Altkapital ruhende Ein-

---

[476] Vgl. Sarkar/Zodrow (1993), S. 364; Seidl (1990), S. 440. Es ist aber zu berücksichtigen, dass steuerfreies Vermögen nur insoweit akkumuliert werden kann, als verrechenbare andere Steuerpflichten bestehen. Denn Steuerrückerstattungen werden nicht geleistet. Insofern ist es nicht notwendig (wie Weidenbaum (1996), S. 55 behauptet), Einzahlungen auf qualifizierte Konten zu limitieren.

[477] Vgl. in diesem Zusammenhang nochmals das unternehmerische Kalkül, liquides Vermögen an Haushalte auszuschütten (Kapitel C.5.2.4, vor allem Fußnote 463). Diese Strategie funktioniert daher auch bei Kombinationen mit der ITP und der in die Faktorentgelte überwälzten Umsatzsteuer. Ist die Reform mit einem Preisanstieg (Umsatzsteuer nach dem Bestimmungslandprinzip / Ursprungslandprinzip mit Abwertung) verbunden, ist die Substanzbelastung des Altkapitals aber unvermeidbar.

[478] Vgl. Sarkar/Zodrow (1993), S. 364; Bach (1993), S. 144. Eine generelle Entscheidungsfreiheit zwischen vor- und nachgelagerter Besteuerung würde – wie bereits dargestellt – das System der qualifizierten Konten aushebeln.

[479] Vgl. Meade (1978), S. 188; Sunley (1989), S. 22.

kommensteuer zu erstatten und das dann steuerfreie Vermögen als qualifiziert einzustufen (*Kompensationslösung*).[480]

C.5.3.3 Kredite

Übergangsprobleme im Zusammenhang mit Altkrediten sind auch auf Haushaltsebene zu erwarten, da in jedem Fall ein systematischer Wechsel bei der Behandlung der mit einem Kredit zusammenhängenden Zins- und Tilgungszahlungen verbunden ist. Im Vergleich zu den Übergangsproblemen auf Unternehmensebene ist jedoch zu berücksichtigen, dass im Rahmen der Einkommensteuer auf Haushaltsebene kein Schuldzinsabzug gewährt wird.

Im Rahmen der *Umsatzsteuer* und der *ITP* wird die Verweigerung des Schuldzinsabzugs mit einer Nichtbesteuerung von Zinseinkommen kombiniert. Während sich für einen Schuldner damit keine zusätzlichen Belastungen im Vergleich zur Einkommensbesteuerung ergeben, entspricht die Steuerfreiheit des Gläubigers der Konsumsteuersystematik. Eine Besteuerung der Zinserträge (*grandfathering*) muss allerdings dann gewährleistet sein, wenn der Kredit aus steuerfreien (z.B. hinterzogenen) Einkommen vergeben wurde, bzw. wenn der Schuldner zum Schuldzinsabzug berechtigt ist. Letzteres ist dann der Fall, wenn es sich beim Schuldner um ein Unternehmen handelt und im Sinne eines *grandfathering* einkommensteuerliche Regelungen fortbestehen.[481] Die Zinseinkommensbesteuerung ließe sich mit dem Umsatzsteuergedanken allerdings systematisch nicht vereinbaren, während bei der ITP die betreffenden Altkredite lediglich als unqualifiziert eingestuft werden müssen. Sollte die Besteuerung nicht durchgesetzt werden, sind Verteilungseffekte und Steuerausfälle die Folge. Internationale Konflikte sind ausgeschlossen, weil sich die Anwendung der Konsumsteuersystematik hier auf Inländer beschränkt.

Internationale Probleme ergeben sich aber (wie auch für Unternehmen) für den Fall, dass die Einführung einer nach dem Ursprungslandprinzip erhobenen Umsatzsteuer mit einer Abwertung der Inlandswährung verbunden ist. Dieser Wechselkurseffekt belastet bei einer nominalen Zinsvereinbarung den inländischen Schuldner und begünstigt den inländischen Gläubiger eines Kredits auf Basis der Auslandswährung im Kollisionsfall bzw. auf der Basis der Währung des relativen Niedrigsteuerlandes im Harmoniefall. Umgekehrt erleidet der ausländische Gläubiger eines auf der inländischen Währung im Kollisionsfall bzw. auf der Währung des relativen Hochsteuerlandes im Harmoniefall lautenden Kredits einen Ver-

480 Vgl. zu diesem Vorschlag Kaiser (1992), S. 199f.; Seidl (1990), S. 440. Vor allem wird diese Option scheitern, weil die steuerliche Vorbelastung des Altkapitals nicht feststellbar ist.

481 Auch ein Unternehmen mit Sitz im Y-Land ist weiterhin zum Schuldzinsabzug berechtigt. Allerdings ist dies kein spezielles Übergangsproblem, sondern verdeutlicht lediglich die Diskriminierung von Fremdkapital- gegenüber Eigenkapitaleinkommen (vgl. dazu Kapitel C.2.1.1.1.1).

lust,[482] während der ausländische Schuldner profitiert. Sowohl im Kollisionsfall als auch (bei divergierenden Steuersätzen) im Harmoniefall sind internationale Umverteilungseffekte die Folge.[483]

Sofern die Reform bzw. der damit verbundene Wechselkurseffekt antizipiert wird, sind die bereits für die Unternehmen dargestellten Anpassungsreaktionen zu erwarten: Die in- und ausländischen Haushalte werden sich in der Währung des C-Landes (im Kollisionsfall) bzw. des relativen Hochsteuerlandes (im Harmoniefall) verschulden, um gleichzeitig Vermögen in der Währung des Y-Landes bzw. des relativen Niedrigsteuerlandes zu erwerben bzw. um Kredite in diesem Land zu vergeben. Der mit dem veränderten Währungsangebots- und –nachfrageverhalten verbundene Wechselkurseffekte wird die zu erwartende Abwertung zum Teil vorwegnehmen.

Zur Vermeidung der interpersonellen Umverteilungseffekte und der Mitnahmeeffekte kommt insbesondere eine *Kompensation* der Verlierer zulasten der Gewinner des Wechselkurseffektes in Frage. Dies würde allerdings eine Erfassung der Altkredite voraussetzen, was im Vergleich zur Unternehmensbesteuerung erheblich schwieriger ist. Je nach Kreditposition gegenüber dem Ausland und Struktur der zugrunde liegenden Währungen kann sich für ein Reformland sowohl eine zusätzliche Belastung als auch ein zusätzliches Steueraufkommen ergeben. Dieser Begleiteffekt ließe sich nur durch internationale Transfers zwischen In- und Ausland vermeiden.

Erfolgt die Konsumbesteuerung hingegen auf Basis der *ICF*, bleibt ausgehend von der Einkommensbesteuerung die Zinseinkommensteuerpflicht erhalten. Darüber hinaus sind sowohl Zinsen als auch die Kreditauszahlung und Tilgungsraten abzugsfähig, während beim Gläubiger auch eingehende Tilgungsleistungen steuerpflichtig sind. Würde dieses Systematik auch für bestehende Altkredite zur Anwendung kommen (Einstufung als qualifizierter Kredit), sind Umverteilungseffekte zugunsten der Schuldner und zulasten der Gläubiger die Folge.[484]

Aufgrund der Inländerlösung bei der Anwendung der ICF bleiben die Übergangsprobleme auf Inländer beschränkt. Ferner würde aufgrund der uneingeschränkten

---

[482] Im Kollisionsfall würde der Fiskus des Y-Landes an diesen Wechselkursverlusten und -gewinnen im Rahmen der Zinseinkommensbesteuerung des Y-Inländers partizipieren.

[483] Hat ein Inländer den Erwerb von Unternehmensbeteiligungen durch einen Kredit auf Basis der Auslandswährung finanziert, impliziert dies eine zusätzliche Belastung. Für den Inländer, der Investitionen in Unternehmen aus dem relativen Niedrigsteuerland bzw. aus dem Y-Land durch einen Kredit auf Basis der Inlandswährung finanziert hat, ergibt sich ein doppelter windfall gain.

[484] Vgl. Sarkar/Zodrow (1993), S. 364. Wurde mit dem Kredit der Erwerb von Beteiligungsvermögen finanziert und unterliegen Unternehmen einer Substanzbesteuerung im Rahmen der Umsatzsteuer oder der CFS, dann wirkt diese Entlastung der Substanzbesteuerung entgegen.

Inländerlösung nicht zwischen In- und Auslandskrediten der Inländer differenziert. Allerdings wäre der systematische Wechsel anders als auf Unternehmensebene selbst in bezug auf inländische Kreditgeschäfte nicht aufkommensneutral. Denn zum einen können Gläubiger und Schuldner einer unterschiedlichen tarifären Belastung unterliegen. Und zum anderen impliziert der gegenüber der Einkommensteuer zu gewährende Abzugs der Schuldzinsen eine geringere Steuerbemessungsgrundlage.

Die drohende Zusatzbelastung des Gläubigers bzw. Entlastung des Schuldners wird zu einer steigenden Nachfrage nach Krediten und zu einem sinkenden Angebot an Krediten führen. Dabei wird der Nachfrageeffekt (infolge der im Vergleich zur Einkommensteuer zusätzlichen Abzugsfähigkeit der Schuldzinsen) anders als bei Einführung der RF-CFS auf Unternehmensebene (vgl. Kapitel C.5.2.3) höher ausfallen als der Angebotseffekt. Demzufolge würde das gesamtwirtschaftliche Kreditvolumen steigen. Infolge der Zinsabzugsfähigkeit würde das Steueraufkommen sinken. Zusätzliche Probleme ergeben sich im Zusammenhang mit internationalen Kreditgeschäften: Im Kollisionsfall wird der inländische Schuldner (Gläubiger) zusätzlich entlastet (belastet), ohne dass der ausländische Gläubiger (Schuldner) einer äquivalenten zusätzlichen Belastung (Entlastung) unterliegt. Daher werden sich die Haushalte des C-Landes verstärkt im Y-Land verschulden. Zusätzliche Steuerausfälle im C-Land wären die Folge. Die erzielte Steuerereinsparung könnten sich Gläubiger und Schuldner teilen. Im Harmoniefall wird die Verschuldung im relativen Hochsteuerland im Vorfeld der antizipierten Reform steigen, im relativen Niedrigsteuerland hingegen sinken. Die Reform impliziert dann Steueraufkommenstransfers zulasten des Nettoschuldnerlandes (d.h. des relativen Hochsteuerlandes).

Um diese Verteilungs- und Mitnahmeeffekte zu vermeiden, bieten sich verschiedene Ausgleichsmaßnahmen an: Erstens könnten gemäß dem *grandfathering* Altkredite weiterhin nach einkommensteuerlichen Regelungen behandelt werden. Eine Diskriminierung gegen das in Krediten gebundene Altkapital lässt sich so aber nicht vollständig vermeiden, da marginale Zinsen aus Altkapital dann weiterhin besteuert werden. Durch Anreize zur Umschuldung von Altkrediten (z.B. durch eine schrittweise Einschränkung des Schuldzinsabzugs) kann eine langfristig parallele Anwendung konsum- und einkommensteuerlicher Regelungen vermieden werden. Denkbar wäre auch eine *Kompensation* der Gläubiger zulasten der Schuldner. Angesichts der bei internationalen Krediten auftretenden Umverteilungseffekte erscheint dies allerdings schwierig, wenn eine der Kreditparteien ihren Wohnsitz im Ausland hat. Eine *rückwirkende Umsetzung* des Systemwechsels würde zumindest die Mitnahmeeffekte vermeiden, nicht jedoch die Umverteilungseffekte zulasten der Gläubiger.

C.5.4 Fazit

Eine Konsumsteuerreform ist mit unterschiedlichen Übergangsproblemen verbunden. Die Tatsache, dass grenzüberschreitende Sachverhalte bzw. ausländische Unternehmen und Haushalte von der inländischen Steuerreform nicht gleichermaßen wie inländische Sachverhalte bzw. Inländer betroffen sind, zeigt die Bedeutung internationaler Interdependenzen für die mit einem Systemwechsel verbundenen Auswirkungen. Die Gestalt der Übergangsprobleme wird im Kollisionsfall wesentlich durch die Systemunterschiede zwischen Konsum- und Einkommensteuer, im Harmoniefall (bei einem koordinierten Vorgehen beider Länder hinsichtlich der Übergangsszenarien) durch bilaterale Tarifunterschiede geprägt. Für die Art der zu erwartenden Übergangsprobleme ist aber auch die Qualität des Altkapitals entscheidend.

Ein reibungsloser Systemwechsel ist unabhängig davon ausgeschlossen. Ohne begleitende Ausgleichsmaßnahmen sind Einkommens-, interpersonelle und internationale Verteilungseffekte, im Fall einer antizipierten Reform zusätzlich einzelwirtschaftliche Ausweichreaktionen und Mitnahmeeffekte zu erwarten. Kommen hingegen Ausgleichsmaßnahmen zugunsten oder zulasten der Steuerpflichtigen zur Anwendung, erscheint vor allem die sachgerechte Abgrenzung des Anwendungsbereichs schwierig. Denn undifferenzierte Ausgleichsmaßnahmen ohne Rücksicht auf die einkommensteuerliche Vorbelastung des Altkapitals haben ebenfalls interpersonelle und internationale Verteilungseffekte zur Folge. Zudem werden sich nicht alle Besteuerungslücken schließen lassen, abgesehen von einer rückwirkenden Umsetzung des Systemwechsel sind daher zusätzliche Reaktionen der Einzelwirtschaften zu erwarten. Daneben sind die fiskalischen und administrativen Kosten von Ausgleichsmaßnahmen nicht zu vernachlässigen.

Welches Übergangsszenario zur Anwendung kommen sollte, wird maßgeblich durch die mit der Reform verbundenen allokativen, distributiven und administrativen Zielsetzungen bestimmt. Diese Fragen finden im nächsten Kapitel Berücksichtigung.

C.6 Bewertung

Die bisherigen Ausführungen in Kapitel C konzentrierten sich auf die Analyse der mit der Konsumbesteuerung bzw. Konsumsteuerreform in einer offenen Volkswirtschaft verbundenen einzelwirtschaftlichen Allokationsentscheidungen. Im folgenden sollen die im Rahmen der Arbeit berücksichtigten Steuern bzw. die aus ihrer Einführung und Anwendung resultierenden Besteuerungswirkungen einer detaillierteren Beurteilung unterzogen werden. Dabei sind entsprechend der Aufgabenstellung die mit der Besteuerung internationaler Sachverhalte in einer offenen Volkswirtschaft verbundenen Probleme besonders zu berücksichtigen. Die aus der Bewertung resultierenden Ergebnisse dienen im weiteren Verlauf als

Grundlage für die Beantwortung der Frage, welches der vorgestellten Konsumsteuersysteme am ehesten geeignet ist, die Einkommensteuer zu ersetzen (Kapitel C.7), bzw. ob der *Konsum* allgemein eine bessere Bemessungsgrundlage als das *Einkommen* darstellt (Kapitel D.1).

Zunächst stellt sich die Frage nach der Auswahl geeigneter Maßstäbe: Aus der Vielzahl denkbarer Beurteilungskriterien[485] sollen die als fundamental anzusehende *Entscheidungsneutralität*, die *interpersonelle Gerechtigkeit* und die *Praktikabilität* berücksichtigt werden. Daneben findet der Aspekt des *zwischenstaatlichen Interessenausgleichs* hinsichtlich der Steueraufkommensverteilung aufgrund seiner Bedeutung in der Reformdebatte Beachtung. In Anlehnung an das bisherige Vorgehen wird wiederum zwischen der laufenden Besteuerung (Kapitel C.6.1 bis Kapitel C.6.4) und den Übergangsproblemen (Kapitel C.6.5) differenziert.

C.6.1 Besteuerungsneutralität

Bei der Beurteilung der bilateralen Einkommens- und unilateralen bzw. bilateralen Konsumbesteuerung unter dem Gesichtspunkt der Besteuerungs-/ Entscheidungsneutralität kann weitgehend auf die Ausführungen in den Kapiteln C.2.1 und C.3.1 zurückgegriffen werden, wo reformbedingte Reallokationsentscheidungen unter dem Gesichtspunkt der Steuerlastminimierung diskutiert wurden.[486] Daraus ergeben sich Schlussfolgerungen hinsichtlich der nationalen Steuerautonomie und der Entwicklung des Steuerwettbewerbs infolge einer Konsumsteuerreform.

Eine Steuer gilt als neutral, wenn sie keinen Einfluss auf einzelwirtschaftliche Allokationsentscheidungen hat. Die Besteuerungsneutralität ist deshalb eine elementare Norm bzw. Anforderung an ein Steuersystem, weil nur dann die durch einzelwirtschaftliche Entscheidungen gesteuerte Ressourcenallokation auf dem Markt nicht verzerrt wird.[487] Eine solche Verzerrung wäre zumindest dann abzulehnen, wenn das Marktergebnis allokationseffizient ist. In diesem Fall würde eine aneutrale Steuer Zusatzlasten verursachen, indem sie die relativen Marktpreise verändert, an denen Allokationsentscheidungen ausgerichtet werden. Die durch die Preisverzerrung ausgelösten Substitutionseffekte gehen über den primären Besteuerungszweck der Kaufkraftübertragung auf den Staat hinaus und impli-

[485] Vgl. etwa Reding/Müller (1999), S. 229ff. für einen umfassenden Überblick.

[486] Der *positiven* Betrachtung einzelner Entscheidungssachverhalte schließt sich hier insofern eine *normative* Betrachtung an.

[487] Vgl. Bach (1993), S. 216f. Wagner (1989), S. 264 und Ohmer (1997), S. 75 sehen einen weiteren Vorteil einer neutralen Besteuerung darin, dass keine Steuerplanungskosten entstehen. Zwar ist für den Steuerpflichtigen eine Minimierung der Gesamtbelastung (die sich aus der Zahllast, den Deklarations- und Planungskosten zusammensetzt) entscheidend. Dem Kriterium der Neutralität ist aber nicht genüge getan, wenn Ausweichreaktionen allein aufgrund hoher Transaktionskosten ausbleiben.

zieren Wohlfahrtsverluste.[488] Aber selbst wenn der Markt (z.B. infolge positiver oder negativer externer Effekte) kein effizientes Allokationsergebnis herbeiführt, bleibt Entscheidungsneutralität möglicherweise eine fundamentale Anforderung an eine Steuer. Denn eine allokationstheoretisch zu begründende Korrektur eines ineffizienten Marktergebnisses sollte nicht über Steuern erfolgen, da ein „Steuern durch Steuern" i.d.R. unabsehbare Nebeneffekte auslöst.[489]

C.6.1.1 Haushaltsebene

Im Hinblick auf die Allokationsentscheidungen der Haushalte wurde der Einfluss der Besteuerung bzw. der Steuerreform auf Faktorangebot und –allokation, Konsumnachfrage und –allokation sowie auf die Wohnortwahl analysiert.

Was die *Kapitalangebotsentscheidung* anbelangt, so erfordert die allokative Effizienz im Sinne der intertemporalen Neutralität eine Übereinstimmung des Grenzertrags des Kapitals mit der Zeitpräferenzrate der Kapitalanbieter. Eine Steuer darf also den Ertrag einer Grenzinvestition nicht belasten, damit die Grenzinvestition ihre Bedeutung als Maß des optimalen Kapitalangebots bzw. Investitionsvolumens behält. Die Einkommensteuer wird diesem Anspruch nicht gerecht, weil sie den marginalen Kapitalertrag besteuert, die Kapitalkosten verteuert und damit ein suboptimales Kapitalangebotsniveau bedingt. Demgegenüber ist die Konsumsteuer als Steuer auf den Kapitalwert (Freistellung der marginalen Rendite) intertemporal neutral.[490]

Dieses Ergebnis gilt allerdings nicht ohne Einschränkung für sämtliche Konsumsteuern. Denn die intertemporale Einkommensallokation kann durch die Besteuerung beeinflusst werden, wenn die Steuer auf den Periodenkonsum zugreift[491] und intertemporale (diskretionäre bzw. progressionsbedingte) Änderungen des Steuertarifs durch die Kapitalanbieter antizipiert werden. Dies lässt sich anhand des folgenden Beispiels unter Zugrundelegung der ICF verdeutlichen:

---

[488] Vgl. Ohmer (1997), S. 74.

[489] Vgl. zu dieser Position z.B. Schwinger (1994), S. 40. Die Frage, ob es für Korrektur von Marktversagen bessere Instrumente gibt als Steuern, soll hier aber nicht weiter diskutiert werden.

[490] Vgl. von Oehsen (2000), S. 1499f. Schneider (1999), S. 5f. merkt kritisch und zurecht an, dass dies nur dann gilt, wenn der *Konsum* die Zielgröße wirtschaftlichen Handelns ist. Ist jedoch das *Einkommen* Zielgröße wirtschaftlichen Handelns, wäre eine Einkommensteuer effizient!

[491] Vgl. Pollak (1991). Eine Periodenkonsumbesteuerung erfolgt sowohl bei der ICF als auch bei der nach dem Bestimmungslandprinzip erhobenen Umsatzsteuer. - Intertemporale Änderungen im Steuertarif sind auch bei der Einkommensteuer bzw. der ITP nicht ohne Einfluss auf die intertemporalen Allokationsentscheidungen des Haushalts. Da in diesen Fällen das (Arbeits-) Einkommen, und nicht der (Perioden-)Konsum besteuert wird, resultiert daraus jedoch ein Einfluss auf die Arbeits- (s.u.) bzw. auch auf die Kapitalangebotsentscheidung (bei der Einkommensteuer).

> Angenommen ein Steuerpflichtiger verwendet ein Bruttoeinkommen i.H.v. 100 in der Ausgangsperiode für Konsumzwecke. Unterliegt er einer marginalen Steuerbelastung i.H.v. τ=40%, dann beträgt der Realkonsum 60. Der Steuerpflichtige könnte das Einkommen auch Sparen und würde bei einer Verzinsung i.H.d. Zeitpräferenzrate (i=10%) in der Folgeperiode 110 bzw. nach Abzug der Steuern 66 konsumieren. In diesem Fall ist intertemporale Neutralität gewährleistet. Steigt jedoch der Steuersatz zwischenzeitlich auf τ=50%n, verbleiben von den 110 nur 55. Der Steuerpflichtige hätte dann im Fall des Sofortkonsums (60) ein höheres Konsumpotential als bei späterem Konsum (55 bzw. unter Berücksichtigung der Zeitpräferenzrate lediglich 50). Die intertemporale Neutralität ist aus diesem Grund nicht gewährleistet. Sofern der Steuerpflichtige eine Tarifänderung antizipiert, werden die Sparbereitschaft bzw. das Kapitalangebot in Erwartung steigender (sinkender) Steuertarife sinken (steigen).

Weitere Probleme im Zusammenhang mit der intertemporalen Neutralität bestehen bei jenen Konsumsteuerbausteinen, bei denen der steuerfreie marginale Zins exogen festgelegt wird. Ein zu niedrig angesetzter „Schutzzins“ (ACE) bzw. Verlustvortragszins (CFS) impliziert aus Sicht der Kapitalanbieter eine Besteuerung der Kapitalkosten. Umgekehrt begünstigt eine zu hohe Bemessung dieser Zinssätze das Sparen. Neutralität wird deshalb nur zufällig erreicht. Darüber hinaus muss berücksichtigt werden, dass nicht-qualifizierte Kapitaleinkommen bei Anwendung der ITP und der ICF der Einkommensteuersystematik unterliegen. Marginale Renditen unterliegen dann dem persönlichen Konsumsteuertarif, inframarginale (im Kollisionsfall auch marginale ausländische) Gewinneinkommen der doppelten Besteuerung mit Unternehmens- und persönlichen Konsumsteuer. Auch hier wird die Norm der intertemporalen Neutralität verfehlt. Die quantitative Bedeutung dieses Problems wird maßgeblich vom Umfang nicht-qualifizierter Kapitaleinkommen determiniert.

Auch im Zusammenhang mit der *internationalen Kapitalallokation* sind Mängel erkannt worden: Eine effizientes Allokationsergebnis lässt sich weder im Rahmen der (gegenwärtigen) bilateralen Einkommensbesteuerung noch bei unilateraler Konsumbesteuerung erreichen. Bei der Einkommensbesteuerung resultieren die Ineffizienzen aus der inkonsequenten Umsetzung des Wohnsitzlandprinzips, begründet durch die Gewährung der Freistellungsmethode, fehlende Anrechnung und mangelnden Ausgleich von Anrechnungsüberhängen.[492] Im Kollisionsfall werden diese Aneutralitäten aus Sicht des Y-Landes verschärft. Aus Sicht der C-

[492] Die Bedeutung des Wohnsitzlandprinzips als Voraussetzung einer neutralen Kapitalallokation ist nicht unumstritten. Denn ein Investor unterwirft sich infolge einer grenzüberschreitenden Kapitalanlage neben dem Steuersystem auch dem Rechts- und Wirtschaftssystem des Domizillandes. Ein auf steuerliche Differenzen beschränkter Ausgleich durch das Wohnsitzlandprinzip entfaltet insofern eine einseitige Wirkung (vgl. Kapitel D.1.2.1 zu Reformmöglichkeiten im Rahmen der Einkommensteuer).

Inländer geht die intertemporale Neutralität in der Kapitalbesteuerung bei grenzüberschreitenden Anlagen verloren, sofern marginale Renditen im Y-Land besteuert werden. Denn die auf dem marginalen Kapitalertrag ruhenden Gewinn- und Quellensteuern sind i.d.R. nicht anrechenbar. Wenngleich die Ursachen nicht im Konsumsteuersystem liegen, ist das Besteuerungsergebnis ineffizient. Der Kollisionsfall impliziert insofern eine Kapitalmarktspaltung, weil sich die begünstige steuerliche Behandlung des marginalen Kapitalertrags nicht für alle internationale Kapitaleinkommen umsetzen lässt. Im Harmoniefall entfallen zwar diese aus der mangelnden Kompatibilität von Einkommen- und Konsumsteuer resultierenden Probleme. Aber auch hier ist das Kriterium der internationalen Kapitalallokationsneutralität nur dann erfüllt, wenn eine unterschiedlich hohe Quellenbelastung von Kapitaleinkommen entweder irrelevant ist (ortsgebundene Reingewinne) oder gar nicht erst auftritt (Harmonisierung, marginale Renditen, Steuerüberwälzung in die Preise). Eine fehlende Anrechnung von Steuern des Ausland, ein Verzicht auf die Besteuerung nicht-ortsgebundener Reingewinne (ITP) und unterschiedlich hohe steuerfreie Renditen im Rahmen der Unternehmensbesteuerung (ACE, CFS mit Verlustvortrag) führen aus Sicht der Haushalte zu Abweichungen von der Norm einer neutralen Besteuerung internationaler Kapitaleinkommen.

Weitere Aneutralitäten wurden im Hinblick auf die *Kapitalangebotsstrukturentscheidung* der Haushalte aufgedeckt. Kapitalangebotsstruktur-Neutralität ist demnach gegeben, wenn durch die Besteuerung die Entscheidung der Haushalte zwischen einem Angebot an Fremd- und Eigenkapital nicht verzerrt wird. Die Einkommensteuer ist aufgrund einer uneinheitlichen Besteuerung von (inländischen bzw. grenzüberschreitenden) Zinsen, thesaurierten Gewinnen, Dividenden und Veräußerungsgewinnen diesbezüglich weder im Hinblick auf inländische noch im Hinblick auf grenzüberschreitende Allokationsentscheidungen neutral. Die Ursache liegt in der unzureichenden bzw. uneinheitlichen Integration der Unternehmens- und Haushaltsbesteuerung. In bezug auf inländische bzw. bei bilateraler Konsumbesteuerung auch in bezug auf grenzüberschreitende Kapitaleinkommen ergeben sich infolge der Reform tatsächlich allokative Verbesserungen, sofern lediglich marginale Renditen erwirtschaftet werden (und der marginale Zins bilateral übereinstimmt). Werden aber inframarginale Gewinne bzw. überhöhte Zinsen verdient, gewährleisten nur manche Konsumsteuern (wie etwa die Umsatzsteuer bzw. die R-CFS in Kombination mit der ITP) eine symmetrische Behandlung beider Einkunftsarten. In anderen Fällen kann sowohl die Fremdfinanzierung (wie etwa bei der ITP/ACE und der ITP/RF-CFS, Beschränkung des Vollanrechnungssystems bei Kombinationen mit der ICF im Hinblick auf inländische Dividenden) als auch die Eigenkapitalfinanzierung (wie etwa bei der ICF/R unter Verwendung des Vollanrechnungssystems) steuerlich begünstigt sein. Insofern sind Konsumsteuersysteme der Einkommensteuer im allokativen Sinne nicht generell überlegen. Gravierendere Probleme entstehen freilich im Kollisionsfall:

Eine fehlende Kapitalertragsbesteuerung im C-Land (Umsatzsteuer) bzw. die auf Gewinneinkünfte beschränkte Besteuerung marginaler Renditen im Y-Land diskriminiert zugunsten des Fremdkapitalangebots der C-Inländer im Y-Land. Umgekehrt begünstigt eine niedrigere Besteuerung inframarginaler Renditen im Y-Land in Kombination mit der auf Gewinneinkünfte beschränkten Freistellung im C-Land (Veräußerungsgewinne bei der ICF) die Eigenkapitalfinanzierung von Investitionen im Y-Land. Aus Sicht der Y-Inländer bewirkt die fehlende Umsetzung des Welteinkommensprinzips bei Veräußerungs- bzw. thesaurierten Gewinnen eine Präferenz von Gewinneinkommen gegenüber Zinseinkommen (also von Eigen- gegenüber Fremdkapital) aus dem C-Land. Verzerrungen in der internationalen Kapitalangebotsstruktur sind im Kollisionsfall deshalb unvermeidbar. Auch dies ist Zeichen mangelnder Kompatibilität beider Steuersystemkonzeptionen.

In bezug auf die *Arbeitsangebotsentscheidung* der Haushalte sind sowohl Einkommen- als auch Konsumsteuer nicht neutral. Denn im Rahmen beider Steuerkonzepte kann die Freizeit in ihrer Funktion als Substitut eines Arbeitsangebotes nicht direkt besteuert werden. Selbst die Bedeutung der Kapitalbesteuerung für die Arbeitsangebotsentscheidung ist keineswegs eindeutig. Bedingt durch die i.d.R. notwendige höhere Besteuerung von Arbeitseinkommen im Rahmen der Konsumbesteuerung weisen die Konsumsteuersysteme jedenfalls allokative Nachteile gegenüber der Einkommensteuer auf. In diesem Aspekt kann der Preis für eine intertemporal neutrale Konsumsteuer gesehen werden.[493]

In diesem Zusammenhang ist auch zu berücksichtigen, dass eine progressive Besteuerung von Arbeitseinkommen die intertemporale Arbeitsangebotsentscheidung verzerren kann. Denn angesichts der potentiellen Progressionsspitzen besteht aus Sicht des Haushalts ein Anreiz, das Arbeitsangebot gleichmäßiger auf die Lebenszeit zu verteilen als dies ohne Besteuerung der Fall wäre. Eine Reform auf der Basis der ITP würde insofern zusätzliche allokative Verzerrungen hervorrufen, wenn mit der notwendigen höheren Besteuerung von Arbeitseinkommen auch die Progression verschärft wird. Bessere Eigenschaften weist die (nach dem Ursprungslandprinzip erhobene) Umsatzsteuer auf, da sie zwingend einen linearen Tarif auf Arbeitseinkommen beinhaltet. Allerdings können in diesem Fall antizipierte diskretionäre Änderungen des Tarifs die intertemporale Angebotsentscheidung verzerren.[494]

[493] Auch von Oehsen (2000), S. 1633 weist darauf hin, dass die intertemporale Neutralität der Konsumsteuern nicht mit der Gesamteffizienz des Steuersystems zu verwechseln ist. Denn der Fiskus ist letztlich auf die Erhebung aneutraler Steuern (hier also auf das Arbeitseinkommen) angewiesen, um die aus der Freistellung des marginalen Kapitalertrags resultierende Besteuerungslücke zu schließen.

[494] Diese Bedeutung diskretionärer Tarifänderungen und progressiver Tarife für die Arbeitsangebotsentscheidung ist vergleichbar mit dem Einfluss auf die intertemporale Konsumnachfrageentscheidung (ICF, Umsatzsteuer nach dem Bestimmungslandprinzip, vgl. Fußnoten 491

Zusätzliche Probleme treten in bezug auf die *internationale Arbeitsallokationsentscheidung* auf. Faktorexportneutralität erfordert im Fall divergierender Steuersätze die Umsetzung des Wohnsitzprinzips.[495] Bei bilateraler Einkommensbesteuerung ist dessen Umsetzung in Kombination mit einer reduzierten Quellenbesteuerung möglich. Bei einer uni- bzw. bilateralen Anwendung der direkten Konsumsteuern ergeben sich aufgrund der mit der Einkommensteuer vergleichbaren Bemessungsgrundlage ähnliche Probleme – die Umsetzung des Weltkonsumprinzips scheitert an einer mangelnden Durchsetzung der Wohnsitzbesteuerung und dem Ausgleich nicht auszuschließender Anrechnungsüberhänge. Nachteilig wäre eine Regelung, wonach die auf den Arbeitseinkommen ruhenden Quellensteuern nicht bei den im Zusammenhang mit den qualifizierten Konten auftretenden Anrechnungsansprüchen berücksichtigt werden. Weitaus gravierendere Probleme bestehen aber bei einer Konsumbesteuerung auf der Basis der nach dem Ursprungslandprinzip erhobenen Umsatzsteuer. Denn aus Sicht der C-Inländer kommt zwingend die Freistellungsmethode zur Anwendung, so dass Entscheidungsneutralität im Fall eines Tarifgefälles bei uni- oder bilateraler Konsumbesteuerung nicht umsetzbar ist. Im Kollisionsfall ergibt sich aus Sicht der Y-Inländer eine Doppelbesteuerung, wenn Arbeitseinkommen steuerpflichtig sind. Allein bei der nach dem Bestimmungslandprinzip erhobenen Umsatzsteuer sind im Harmoniefall Steuersatzunterschiede für die internationale Arbeitsallokation irrelevant. Im Kollisionsfall besteht aus Sicht der Y-Inländer nicht die Gefahr der Doppelbesteuerung, aus Sicht der C-Inländer wird bei einer einkommensbasierten Quellenbesteuerung aber gegen das Arbeitsangebot im Y-Land verzerrt.

Auch die *Konsumnachfrageentscheidung* hat eine intertemporale und internationale Komponente. Dabei wird die intertemporale Aufteilung der Konsumnachfrage im Kontext der Kapitalangebotsentscheidung getroffen, da das Periodeneinkommen für Konsum- und Sparzwecke verwendet wird. Die Einkommensteuer kann eine solche Neutralität nicht gewährleisten, diskriminiert wird zugunsten des Gegenwartskonsums. Aber auch die auf die Belastung des Periodenkonsums ausgerichteten Konsumsteuern (wie die ICF und die in die Güterpreise überwälzte Umsatzsteuer) sind diesbezüglich nicht neutral, wenn der Tarif (wie bei der ICF) progressiv gestaltet ist[496] bzw. diskretionäre Tarifänderungen antizipiert werden.

und 496). Ist der Konsum in bezug auf Tarifänderungen intertemporal weniger elastisch als das Arbeitsangebot, wäre die Verzerrung gegen die intertemporale Konsumentscheidung (ICF) einer Verzerrung gegen die intertemporale Arbeitsangebotsentscheidung (ITP, Einkommensteuer) vorzuziehen.

[495] Auch hier (vgl. zur Kapitalbesteuerung entsprechend Fußnote 492) lässt sich die Überlegenheit des Wohnsitzlandprinzips damit kritisieren, dass dieses sich auf einen Ausgleich von Steuerbelastungsdifferenzen beschränkt und andere Standortunterschiede (z.B. in bezug auf Rechts- und Sozialsystem) zwischen Wohnsitz- und Quellenland nicht berücksichtigt (vgl. auch Kapitel D.1.2.1).

[496] Im Fall eines progressiven Tarifs wird der Steuerpflichtige bestrebt sein, Schwankungen in der marginalen Steuerbelastung durch eine Glättung der Konsumausgaben zu vermeiden. Auch diese

Neutralität gewährleisten hingegen die ITP sowie die in die Faktorentgelte überwälzte Umsatzsteuer.

Die Entscheidung hinsichtlich des *Konsum-* bzw. *Einkaufsortes* in einer offenen Volkswirtschaft wird allein bei einer nach dem Bestimmungsland- bzw. Mischprinzip erhobenen Umsatzsteuer verzerrt, da die Steuer annahmegemäß in die Güterpreise überwälzt wird. Aneutralität besteht sowohl bei unilateraler Anwendung, als auch bei internationalen Steuersatzdifferenzen im Harmoniefall.[497] Die anderen Konsumsteuern weisen hingegen die gleichen allokativen Eigenschaften (Vorteile) auf wie die Einkommensteuer und verzerren diese Entscheidung der Haushalte nicht.

Neutralität in bezug auf die *Wahl des Wohnortes* international mobiler Haushalte kann keine der hier betrachteten Steuern gewährleisten. Die Ursache für die Aneutralität im Fall internationaler Belastungsdifferenzen ist entweder darin zu sehen, dass das Wohnsitzlandprinzip umgesetzt wird, wie dies bei der Einkommensteuer, der ICF und der ITP (in bezug auf Arbeitseinkommen) der Fall ist. Oder die Ursache liegt darin, dass steuerrelevante und im In- und Ausland unterschiedlich hoch besteuerte Tatbestände nicht vom Wohnort zu trennen sind. Dies betrifft bei der nach dem Bestimmungslandprinzip erhobenen Umsatzsteuer den Konsum sowie bei der Einkommensteuer, der nach dem Ursprungslandprinzip erhobenen Umsatzsteuer, der ICF und der ITP den Arbeitsort. In beiden Fällen kann der Haushalt ein international bestehendes Belastungsgefälle nicht ausnutzen, ohne den Wohnort zu verlagern. Im Kollisionsfall wird dieses Problem insofern verschärft, als zwischen beiden Ländern Unterschiede in der Bemessungsgrundlage bestehen und Arbeits- bzw. Kapitaleinkommen unterschiedlich intensiv besteuert werden. Einkommensstruktur und Einkommensverwendungspräferenzen gewinnen deshalb für die Wohnortentscheidung an Bedeutung. Bei bilateraler Konsumbesteuerung würde eine in bezug auf die Wohnortwahl entscheidungsneutrale Steuerkonstellation wie im Rahmen der bilateralen Einkommensbesteuerung eine Harmonisierung der Steuerbelastung erfordern. Sowohl im uni- als auch im bilateralen Fall der Konsumbesteuerung können Migrationssteuern nur eine

Reaktionen sind Zusatzlasten der Besteuerung. Steuersystematisch Ausgleichsmaßnahmen (vgl. Pollak (1991)) sind nicht unproblematisch: Die parallele Anwendung von ICF und ITP, die Haushalten eine nicht-qualifizierte Kapitalakkumulation ermöglichen würde, wurde bereits aufgrund der mangelnden Systemkonsistenz abgelehnt (vgl. Kapitel B.2.1.1.3). Die kumulative Durchschnittsbesteuerung, bei welcher der marginale Steuersatz unter Berücksichtigung der Einkommens- und Konsumströme mehrerer Perioden ermittelt wird, ist mit erheblichen administrativen Problemen verbunden.

[497] Vgl. Krause-Junk (1990b), S. 504. Wird die nach dem Bestimmungsland- bzw. Mischprinzip erhobene Umsatzsteuer, anders als hier regelmäßig angenommen wurde, nicht in die Güterpreise, sondern in die Faktorentgelte überwälzt, dann wird ebenfalls (allerdings indirekt) gegen den Konsum im relativen Hochsteuerland diskriminiert. Denn die Steuerbelastung der Arbeitseinkommen und inframarginalen Renditen ergibt sich gemäß dem Tarif im Konsumland.

zweitbeste Lösung sein, um Anreize der Haushalte zur Verlagerung des Wohnsitzes in das relativen Niedrigsteuerland zu neutralisieren. Derartige Migrationssteuern wirken ohnehin nur partiell, wenn sie sich auf das bisher akkumulierte Vermögen oder auf das Einkommen im Emigrationsland beziehen.

C.6.1.2 Unternehmensebene

Im Hinblick auf die unternehmerischen Allokationsentscheidungen wurde der Einfluss der Besteuerung bzw. der Steuerreform auf Kapitalnachfrage, Standortwahl, Finanzierung und Gewinnverwendung untersucht.

Die *Investitionsneutralität* auf Unternehmensebene ist das Pendant zur intertemporalen Neutralität auf Haushaltsebene. Investitionsneutralität erfordert zum einen, dass durch die Besteuerung der Umfang des Investitionsvolumens nicht tangiert wird. Darüber hinaus soll auch die Rangfolge zwischen Investitionsalternativen nicht verzerrt werden.[498] Da der Kapitalwert Ausdruck der relativen bzw. absoluten Vorteilhaftigkeit einer Investition ist, erfordert eine investitionsneutrale Besteuerung eine „positiv monotone Transformation“,[499] d.h. eine lineare Kürzung des Kapitalwertes. Die Einkommensteuer wird diesem Anspruch nicht gerecht.[500] Denn zum einen führt die an der Nutzungsdauer eines Wirtschaftsgutes orientierte Abschreibung dazu, dass der Fiskus gemessen in Barwerten in geringerem Maße an den Investitionskosten als an den Investitionserträgen partizipiert, sofern die Kapitalanbieter eine positive Zeitpräferenzrate aufweisen. Die mit der Einkommensteuer verbundene Belastung der marginalen Rendite impliziert eine Erhöhung der Kapitalkosten und damit ein suboptimales Investitionsvolumen. Zum anderen kann infolge einer nicht präzise am Ertragswert orientierten Abschreibung[501] auch die Rangfolgeneutralität verletzt sein.

Im Gegensatz dazu gewährleisten die Konsumsteuern (unter der Voraussetzung eines linearen und zeitlich konstanten Steuersatzes) i.d.R. Investitionsneutrali-

[498] Vgl. Wagner/Wissel (1995), S. 67; Kaiser (1992), S. 99; Gammie (1991), S. 239; Fehr/Wiegard (1999a), S. 70f. Die Definition dieses Kriteriums ist keinesfalls einheitlich. So trennt Bach (1993), S. 241 zwischen Investitionsneutralität im Sinne von Volumen- bzw. intertemporaler Neutralität auf der einen, Kapitalstrukturneutralität im Sinne von Rangfolgeneutralität auf der anderen Seite. Spengel (1998), S. 349 bezieht in dieses Kriterium lediglich die Rangfolgeneutralität ein.

[499] Vgl. Schwinger (1994), S. 41. Auf die sonstigen Voraussetzungen der Investitionsneutralität bei Anwendung des Kapitalwertkriteriums soll nur hingewiesen werden (vgl. von Oehsen (2000), S. 1503): Auf dem Kapitalmarkt besteht ein einheitlicher Marktzins für Kapitalanlagen und Kredite. Verluste können mit Gewinnen verrechnet werden. Der Steuersatz muss linear sein und die Summe der Abschreibungen muss den nominalen Anschaffungskosten einer Investition entsprechen.

[500] Vgl. Wagner/Wissel (1995); Sinn (1989), S. 164; Wenger (1989a), S. 282; Schreiber/Stellpflug (1999), S. 190ff.; Heinhold (1999), S. 81f.; Bach (1993), S. 242ff., Anhang B-15a und B-15b.

[501] Vgl. dazu die Reformvorschläge im Rahmen der Einkommensteuer, die Besteuerung stärker am Ertragswert auszurichten (Kapitel D.1.2.1).

tät.[502] Dies setzt jedoch voraus, dass die tatsächlichen marginalen Kapitalkosten nicht besteuert werden. Eine mangelnde Kenntnis über die Zeitpräferenzrate der Kapitalanbieter und die daraus resultierende Verfehlung des marginalen Zinses bei der CFS mit verzinslichem Verlustvortrag sowie bei der ACE impliziert insofern eine entsprechende Aneutralität.[503] Darüber hinaus wurde bereits bezweifelt, dass die Besteuerung des (nicht funktionslosen) Reingewinns ohne Einfluss auf das Investitionsverhalten der Unternehmen ist,[504] sofern die Steuer vom Kapitalanbieter getragen wird. Die (international differenzierte) Besteuerung des nicht funktionslosen Reingewinns entfaltet dann ähnlich verzerrende Wirkungen wie die Einkommensteuer. Angesichts notwendiger Tariferhöhungen ist dieses allokative Problem keinesfalls zu unterschätzen.

Kritisch zu beurteilende Wirkungen ergeben sich ferner im Hinblick auf die Standortwahl von Einzelunternehmen und Direktinvestitionen. *Standortneutralität* ist dann gegeben, wenn eine Steuer bzw. eine internationale Steuerkonstellation keinen Einfluss auf die Standortentscheidung international mobiler Unternehmen hat.[505] Aus Sicht eines Einzelunternehmens erfordert Standortneutralität gleiche Kapitalgrenzkosten im In- und Ausland, sofern es sich um eine Investition mit marginalen Kapitalerträgen handelt. Werden hingegen nicht ortsgebundene Reingewinne erwirtschaftet, müssen diese einer äquivalenten (durchschnittlichen oder auch marginalen) Steuerbelastung unterliegen. Ortsgebundene Reingewinne können hingegen beliebig besteuert werden, ohne die Standortentscheidung zu beeinflussen. Bei bilateraler Einkommensbesteuerung sind diese Bedingungen im Fall divergierender Tarife aufgrund einer Belastung marginaler Renditen verletzt. Eine zusätzliche Gewinnbesteuerung auf Haushaltsebene verschärft diese Probleme. Im Kollisionsfall kann Standortneutralität nicht gewährleistet werden, weil marginale Kapitalkosten im C-Land freigestellt, inframarginale Renditen hingegen relativ

---

[502] Vgl. die Beispiele aus Kapitel B; Wagner/Wissel (1995); Jacobs (1997), S. 238f.; Wagner (1999), S. 25f. Sinn (1989), S. 162 spricht von *Zielfunktionalität*, weil die Konsumsteuern den Zielwert der Marktwertmaximierung (den Kapitalwert) zur Bemessungsgrundlage haben.

[503] Kritisch zur Investitionsneutralität der CFS äußert sich Rose (1991a), S. 209 und Rose (1991a), S. 208, weil das betriebsnotwendige Kapital (zur Finanzierung des Umlaufvermögens) nicht dem Mechanismus der Sofortabschreibung unterliegt. Bei der ACE wird hingegen das gesamte Eigenkapital bei der Bemessung des SFA-Wertes berücksichtigt. Kritisch zur CFS äußert sich auch Schneider mit Hinweis auf den (allerdings unbegründeten – vgl. Fußnote 74) Kapazitätseffekt (vgl. Schneider (1989), S. 319). Für die ACE verdeutlichen Heinhold (1999) und Heinhold/Hüsing/Pasch (2000), dass bei einer falschen Festlegung des „Schutzzinses“ im Rahmen der ACE die Steuerbelastung durch den Verlauf der Abschreibung beeinflußt wird. Zur Vermeidung von Mitnahmeeffekten sollten Abschreibungspläne festgelegt werden (entsprechendes galt in Kroatien, vgl. dazu Lammersen (1999), S. 66).

[504] Vgl. Devereux (2000), S. 112f. sowie Kapitel C.2.1.2.1 und Zeichnung 6.

[505] Vgl. Peffekoven (1984) , S. 140ff.; Devereux (2000), S. 116; Spengel (1998), S. 349; Seiler (1999), S. 50f. Dass auch nicht-steuerliche Faktoren die Standortentscheidung beeinflussen, ist an dieser Stelle irrelevant (vgl. dazu die Prämissenkritik in Kapitel D.2).

hoch besteuert werden. Die Höhe und Zusammensetzung der Kapitalrendite gewinnt für die Standortentscheidung insofern an Bedeutung. Im Harmoniefall ist eine unterschiedlich hohe Besteuerung nicht-ortsgebundener inframarginaler Renditen für die Standortwahl von Bedeutung, da Unternehmen eine Gewinnmaximierung anstreben. Auch unterschiedlich hohe steuerfreien Marginalzinsen infolge mangelnder Harmonisierung bei der ACE und der CFS mit Verlustvortrag können die Standortentscheidung verzerren. Das aus der Einkommensteuer bekannte Problem mangelnder Standortneutralität verlagert sich im Rahmen der Konsumbesteuerung also auf nicht-ortsgebundene Reingewinne, sofern die Steuer von den Kapitalanbietern getragen wird. Lediglich im Fall einer vollständigen Überwälzung der Steuer in die Konsumgüterpreise haben Tarifdifferenzen keinen Einfluss auf die Standortentscheidung mobiler Unternehmen.

In bezug auf Direktinvestitionsentscheidungen wird die Standortwahl im Fall eines tarif- oder systembedingten internationalen Belastungsgefälles durch eine unzureichende Integration der durch die Tochterkapitalgesellschaft erzielten Gewinne in die Besteuerung auf der Ebene der Muttergesellschaft und auf Ebene der Haushalte in ihrer Funktion als Anteilseigner der Muttergesellschaft tangiert. Im Rahmen der Einkommensbesteuerung verursachen die Abschottungswirkung der Kapitalgesellschaft bzw. die mangelnde Sitzortbesteuerung, aber auch die Verweigerung einer Anrechnung ausländischer Unternehmenssteuern auf Haushaltsebene und der fehlenden Ausgleich von Anrechnungsüberhängen entsprechende Verletzungen des Neutralitätskriteriums.[506] Im Kollisionsfall werden diese Probleme infolge der mangelnden Kompatibilität mit der Konsumsteuersystematik aus Sicht der Muttergesellschaften mit Sitz im Y-Land verschärft, bedingt durch mangelnde Anrechenbarkeit der Konsumsteuer (insbesondere bei der Umsatzsteuer) und die fehlende Besteuerung thesaurierter Gewinne. Auch aus Sicht der Muttergesellschaft mit Sitz im C-Land ist eine faktorexportneutrale Besteuerung faktisch nicht zu erreichen. Denn die auf dem marginalen Gewinn ruhende Gewinnsteuer des Y-Landes ist nicht anrechenbar. In Kombination mit einer möglicherweise geringeren Besteuerung inframarginaler Gewinne im Y-Land und der Freistellungsmethode impliziert der Kollisionsfall eine Marktspaltung, wobei das C-Land die statischen Wirte mit marginalen und das Y-Land die dynamischen Unternehmen mit inframarginalen Ertragsaussichten attrahiert. Weitere Anpassungen, wie etwa die Hinzurechnungs- und Sitzortbesteuerung bzw. die Verweigerung der Steueranrechnung führen kaum zu besseren Ergebnissen, zumal damit wie im Rahmen der Einkommensteuer gegen den Sitzort international mobiler Mutterge-

[506] Betriebswirte (vgl. dazu Schreiber (1992), S. 833f., Jacobs (1999), S. 29f.) sehen umgekehrt gerade im Sitzortprinzip eine Verletzung des Neutralitätskriteriums. Nach ihrer Ansicht erfordert die Wettbewerbsneutralität eine faktorimportneutrale Besteuerung (im Wege der Freistellungsmethode), um ausländische Direktinvestitionen gegenüber den Konkurrenten am Standort nicht zu benachteiligen. Damit wird jedoch die Bedeutung von Opportunitätskosten für Investitionsentscheidungen verkannt.

sellschaften mit internationaler Beteiligungsstruktur diskriminiert wird. Im Harmoniefall können sich die Vorteile der Konsumbesteuerung dann entfalten, wenn die Steuer entweder vollständig auf die Konsumenten überwälzt wird oder nur marginale bzw. ortsgebundene inframarginale Renditen erwirtschaftet werden. Probleme sind aber auch hier unverkennbar: Eine mangelnde Abstimmung über den steuerfreien marginalen Zinsen bzw. eine divergierende Belastung nicht-ortsgebundener Reingewinne impliziert Standortverzerrungen, wenn das Sitzortprinzip nicht durchgesetzt bzw. die vollständige Steueranrechnung im Rahmen der Haushaltsbesteuerung verweigert wird.[507] Ohne weitreichende Harmonisierungsmaßnahmen kann dem Kriterium der Standortneutralität deshalb nicht entsprochen werden.

Ein weiterer Aspekt im Zusammenhang mit der Investitionsentscheidung ist die Wahl der Finanzierungsart. *Finanzierungsneutralität* ist demnach gegeben, wenn die Wahl zwischen Beteiligungs- und Fremdfinanzierung durch die Besteuerung nicht verzerrt wird.[508] Was die Finanzierung inländischer Investitionen anbelangt, kann auf die Entscheidungsneutralität hinsichtlich der Kapitalangebotsstruktur aus Sicht der Haushalte verwiesen werden. Wie im Rahmen des Einkommensteuersystems[509] kann bei Anwendung der Konsumsteuern (sofern die Steuer in die Kapitalrendite überwälzt wird) die Entscheidung sowohl zugunsten der Fremd- (z.B. ITP/ACE) als auch der Eigenkapitalfinanzierung (ICF/R) verzerrt sein. Finanzierungsneutralität ist bei diesen Steuern nur im Fall marginaler Renditeerwartungen gewährleistet.

Die unternehmerische Entscheidung hinsichtlich der Finanzierung grenzüberschreitender Direktinvestitionen wird durch die Besteuerung dann verzerrt, wenn im System der Freistellungsmethode keine einheitliche Quellenbesteuerung von Zinsen und Gewinnen erfolgt bzw. das Welteinkommensprinzip (auch gegenüber den Haushalten) nicht einheitlich umgesetzt wird. Markant sind die Probleme bei der bilateralen Einkommensbesteuerung, bei der Zinseinkommen zwingend dem Sitzortprinzip unterliegen, während (möglicherweise nur thesaurierte) Gewinne freigestellt sind und die Anrechnung von Unternehmenssteuern auf Haushaltsebene versagt wird. Im Kollisionsfall werden diese Probleme dadurch verschärft,

---

[507] Vgl. Musgrave, P. B. (1991), S. 562; Bach (1993), S. 391. Genser (1990), S. 522 stellt treffend fest: „... a deviation from neutrality due to exemption cannot be regarded as a specific expenditure tax problem. It is relevant for income tax systems as well and it will remain if both countries switch to an expenditure tax regime." Der Vorschlag von McLure (1992), S. 149f, bei der Reingewinnbesteuerung zum Quellenlandprinzip zu wechseln, ohne die Steuersätze zu harmonisieren, ist daher problematisch.

[508] Vgl. Seiler (1999), S. 36f.; Kaiser (1992), S. 116; Spengel (1998), S. 349. Die Bedeutung des Kriteriums (vgl. Krause-Junk (1988b), S. 286; Schwinger (1994), S. 48) ergibt sich aus der Tatsache, dass Fremd- und Eigenkapital als nicht vollkommen substituierbar gelten.

[509] Vgl. Seiler (1999), S. 38f.; Spengel (1998); S. 357f.; Bond (2000), S. 165.

dass marginale Renditen im C-Land nicht, inframarginale Gewinne und möglicherweise auch überhöhte Zinsen jedoch im Fall einer Rücküberwälzung der Steuer in die Faktorentgelte höher besteuert werden als im Y-Land. Die unterschiedliche Quellen- und Sitzortbesteuerung von Zinsen und Gewinnen hat (nunmehr unter Berücksichtigung der Höhe der zu erwartenden Renditen) insofern eine Bedeutung für die Finanzierungsentscheidungen. Neutralität ist i.d.R. nicht gewährleistet. Bei bilateraler Konsumbesteuerung ist Finanzierungsneutralität jedoch dann gegeben, wenn lediglich marginale Renditen verdient werden, die gesamte Konsumsteuer auf die Konsumenten überwälzt wird (Umsatzsteuer) oder eine symmetrische Quellenbelastung mit der Freistellungsmethode kombiniert wird (ITP/R). Bei anderen Konsumsteuern, die keine derartige symmetrische Quellen- und Sitzortbesteuerung gewährleisten (ACE, RF-CFS) resultieren aus den bilateralen Tarifunterschieden allerdings die gleichen Probleme wie im Rahmen der Einkommensteuer, sofern nicht nur marginale Renditen erwirtschaftet werden – diskriminiert wird zugunsten der Eigenfinanzierung (Fremdfinanzierung) von Investitionen im relativen Niedrigsteuerland (Hochsteuerland).

Eng mit der Frage der Finanzierung von inländischen und grenzüberschreitenden Investitionen verbunden ist die Entscheidung über die Gewinnverwendung. Das Kriterium der *Gewinnverwendungsneutralität* ist dann erfüllt, wenn zwischen den Alternativen der Thesaurierung und Ausschüttung steuerlich nicht verzerrt wird.[510] Die Einkommensteuer[511] wird auch diesem Kriterium nicht gerecht, sofern das klassische System der Dividendenbesteuerung Anwendung findet. Beim Vollanrechnungssystem ist eine Übereinstimmung von persönlichem Steuersatz und Thesaurierungssatz erforderlich. In bezug auf grenzüberschreitende Direktinvestitionen wird die Entscheidung durch die Abschottungswirkung und die Verweigerung der Anrechnung ausländischer Unternehmenssteuern auf Ebene der Haushalte verzerrt.

Diese Probleme lassen sich durch eine Konsumsteuerreform bedingt lösen. Im Hinblick auf inländische Gewinne ist Verwendungsneutralität dann erfüllt, wenn Kapitaleinkommen auf Haushaltsebene nicht besteuert werden (Umsatzsteuer, Kombinationen mit der ITP). Eine Besteuerung inframarginaler Gewinne (ICF) verursacht hingegen vergleichbare Probleme wie die Einkommensteuer. Darüber hinaus bleiben für nicht-qualifizierte Kapitaleinkommen im Rahmen der ICF und ITP die aus der Einkommensteuer bekannten Probleme bestehen. Im Kollisionsfall wird die Entscheidung aus Sicht der Muttergesellschaft mit Sitz im Y-Land

[510] Vgl. Spengel (1998), S. 349; Krause-Junk (1988b), S. 285f. Die Bedeutung dieses Kriteriums ist zweifelhaft. Einerseits wird mit der Thesaurierung (lock-in) die Marktlenkungsfunktion außer Kraft gesetzt. Allerdings können thesaurierte Gewinne auch außerhalb des Unternehmens investiert werden.

[511] Vgl. Seiler (1999), S. 40.

infolge der unilateralen Freistellung marginaler (und möglicherweise auch inframarginaler) Gewinne bei gleichzeitiger Anerkennung der Abschottungswirkung verzerrt. Und aus Sicht der Muttergesellschaft mit Sitz im C-Land ist insbesondere die Thesaurierung relativ niedrig besteuerter inframarginaler Gewinne im Y-Land rational, sofern für ausgeschüttete Gewinne die (erweiterte oder eingeschränkte) Sitzortbesteuerung zur Anwendung kommt. Gewinnverwendungsneutralität erfordert insofern eine generelle Anwendung der Freistellungsmethode oder Hinzurechnungsbesteuerung. Auch im Harmoniefall verzerrt die auf Ausschüttungen beschränkte Anwendung der Sitzortbesteuerung (ACE, RF-CFS) im Fall eines bilateralen Belastungsgefälles die Entscheidung hinsichtlich der Verwendung inframarginaler Gewinne. Bei Kombinationen mit der ICF wird zudem sowohl im Kollisions- als auch im Harmoniefall gegen die Weiterausschüttung ausländischer Gewinne an Haushalte diskriminiert.

C.6.1.3 Implikationen für die "operationale" Steuerautonomie

Zu recht ist die gegenwärtige Einkommensteuer aufgrund fehlender Besteuerungsneutralität zu kritisieren. Dieses Argument hat in der Steuerreformdebatte große Bedeutung - Konsumsteuerreformen werden von ihren Befürwortern mit dem Hinweis auf die allokativen Vorzüge der Konsumsteuern gegenüber der Einkommensteuer gefordert.[512] Allerdings bestehen angesichts der hier gewonnenen Ergebnisse Zweifel, ob sich im Rahmen der Konsumbesteuerung ein im Hinblick auf die Allokationseffizienz superiores Resultat ergibt. Obwohl in bezug auf einzelne Entscheidungen der Unternehmen und Haushalte Neutralität gewährleistet ist, sind Aneutralitäten und ihre Folgen in anderen Bereichen unverkennbar. Dies gilt für inländische, insbesondere aber auch für grenzüberschreitende Allokationsentscheidungen der in dieser Hinsicht mobilen Haushalte und Unternehmen. Die Ursachen liegen im Kollisionsfall in der mangelnden systematischen Kompatibilität von Einkommen- und Konsumsteuer, im Harmoniefall in einer mangelnden Harmonisierung von Tarifen und Bemessungsgrundlagen.[513] Besteuerungsneutralität bleibt damit auch im Rahmen der Konsumbesteuerung selbst für inländische, insbesondere aber im Hinblick auf grenzüberschreitende Besteuerungssachverhalte weitestgehend Fiktion![514]

---

[512] Vgl. Fußnote 2. Insbesondere wird mit den allokativen Vorzügen auch das Problem mangelnder Verteilungsgerechtigkeit (vgl. dazu Kapitel C.6.2) heruntergespielt. So wird argumentiert, dass sich aufgrund der allokativen Vorzüge Wachstumseffekte ergeben, mit denen der fiskalische Spielraum für Umverteilungsmaßnahmen steigt (vgl. dazu die Prämissenkritik in Kapitel D.2).

[513] Zweitrangig ist, dass im Kollisionsfall eine Reihe von Aneutralitäten nicht auf die Konsumsteuer sondern auf deren mangelnde Kompatibilität mit der Einkommensteuer zurückzuführen sind. Entscheidend ist nicht die Ursache, sondern das Ergebnis fehlender Besteuerungsneutralität.

[514] Unbeantwortet bleiben muss an dieser Stelle die Frage, welche Bedeutung einzelne Aneutralitäten für die gesamten Wohlfahrtseffekte eines Steuersystems haben. Um Konsum- und Einkom-

Allerdings stellt sich die Frage, ob ein neutrales Steuersystem überhaupt wünschenswert ist. Einerseits wird ein „Steuern durch Steuern“ aufgrund der damit verbundenen Zusatzlasten abgelehnt (s.o.). Andererseits implizieren neutrale Steuern aber einen Verlust an nationalstaatlicher Autonomie in dem Sinne, durch Variationen der Steuerbelastung Einfluss auf einzelwirtschaftliche Allokationsentscheidungen zu nehmen und standortbezogene Steuerpolitik betreiben zu können (*operationale Autonomie*). Neutrale Steuern stehen insofern im Widerspruch zum steuerpolitischen Lenkungs- bzw. Autonomieziel souveräner Staaten.[515]

Diese Autonomie birgt allerdings auch ein Risiko. Denn indem die aneutralen Steuern Standortfaktorqualität entfalten, impliziert ihre Erhebung einen internationalen Steuerwettbewerb um international mobile Bemessungsgrundlagen. Dieser - in einen Steuersenkungswettbewerb mündende - Prozess gefährdet aber die Erfüllung der fiskalischen Besteuerungsfunktion und damit die Wahrnehmbarkeit steuerfinanzierter öffentlicher Aufgaben. Die Wahl einer Steuer ist deshalb auch immer eine Entscheidungen zwischen dem Fiskal- und Lenkungsziel:[516] Eine neutrale Steuer kann ohne Einfluss auf einzelwirtschaftliche Entscheidungen nahezu beliebig erhöht werden.[517] Dieser fiskalischen Effizienz steht die Unbrauchbarkeit im Kontext des Steuerwettbewerbs gegenüber. Umgekehrt wird mit einer aneutralen Steuer Einfluss auf Allokationsentscheidungen genommen, was allerdings Abstriche bei der Erfüllung fiskalischer Funktionen erfordert.

Es soll an dieser Stelle nicht beurteilt werden, ob aneutrale Steuern den neutralen Steuern angesichts der unterschiedlichen Implikationen für die fiskalische und operationale Autonomie vorzuziehen wären.[518] Im Zusammenhang mit der hier aufgeworfenen Aufgabenstellung, Einkommen- und Konsumsteuer zu vergleichen, erscheint es aber interessant, die Auswirkungen einer Konsumsteuerreform in der offenen Volkswirtschaft auf den internationalen Steuerwettbewerb zu un-

---

mensteuer im Hinblick auf die Gesamteffizienz des Steuersystems vergleichen zu können, sind quantitative Untersuchungen unter Berücksichtigung der Steuersensibilität von Bemessungsgrundlagen erforderlich.

[515] Vgl. Wagner (1989), S. 265. Peffekoven (1984), S. 140 (steuerpolitischer Souveränität).

[516] Dieser Konflikt bestätigte sich auch im Zusammenhang mit der Ausgestaltung von Gegenmaßnahmen durch das Y-Land auf eine unilaterale Reform im C-Land (vgl. Kapitel C.2.2.2).

[517] Das erklärt auch, warum Steuern, welche auf relativ unelastische Bemessungsgrundlagen zugreifen, fiskalisch an Bedeutung gewinnen (vgl. die nach dem Bestimmungslandprinzip erhobene Umsatzsteuer sowie spezielle Verbrauchsteuern, wie die Mineralöl- und Tabaksteuer).

[518] Die Argumente hinsichtlich der Vor- und Nachteile des Steuerwettbewerbs sind widersprüchlich (vgl. Krause-Junk (1999a), S. 123f.; Huber (1997); Musgrave, P. B. (1991), S. 544): Einerseits begünstigt der Steuerwettbewerb steuerpolitische Vielfalt und zwingt die öffentliche Hand zur Sparsamkeit. Andererseits gefährdet er die Wahrnehmung öffentlicher Aufgaben (z.B. im Bereich der Bereitstellung öffentlicher Güter und der Verteilungspolitik) und führt zu einer unsystematischen Auflösung steuerlicher Bemessungsgrundlagen und damit zu Ineffizienzen.

tersuchen. Es stellt sich also die Frage, ob der Steuerwettbewerb zu- oder abnimmt und auf welche Sachverhalte er sich bezieht:

Bei der *Einkommensteuer* bezieht sich der Steuerwettbewerb infolge des territorialen Charakters entweder auf die international mobilen Haushalte und Unternehmen (bei Umsetzung des Welteinkommensprinzips), oder aber auf die grenzüberschreitend mobilen Faktoren (Arbeit und Kapital)[519] und Direktinvestitionen (bei Anwendung der Freistellungsmethode). Zur Vermeidung eines internationalen Steuerwettbewerbs wäre eine bilaterale Harmonisierung der Steuerbelastung notwendig. Denn ein Steuerbelastungsgefälle, bedingt durch unterschiedliche Tarife und Bemessungsgrundlagen, induziert Anreize zur Faktor- bzw. Wohn- und Sitzortverlagerung in das relative Niedrigsteuerland.[520] Eine Forcierung des Welteinkommensprinzips würde die Intensität des Steuerwettbewerbs möglicherweise mindern, weil die Wohn- bzw. Sitzortmobilität der Haushalte und Unternehmen geringer ist als die Faktormobilität.

Erfolgt die Konsumbesteuerung auf Basis der nach dem Bestimmungslandprinzip erhobenen *Umsatzsteuer*, dann belastet das C-Land lediglich den Binnenkonsum. Da Unternehmen sowie Arbeits- oder Kapitaleinkommen nicht direkt besteuert werden, gibt das C-Land den diesbezüglichen Lenkungsanspruch vollständig auf. Der Steuerwettbewerb beschränkt sich primär auf einen Wettbewerb um Konsumenten. Da jedoch Arbeits- und Wohnort eng an den Konsumort gebunden sind, bezieht sich der Steuerwettbewerb indirekt auch auf international mobile Haushalte. Unter der Annahme, dass Haushalte weniger mobil sind als Kapital und Unternehmen, wird der Wettbewerbsdruck aus Sicht eines Konsumsteuerlandes im Vergleich zur Einkommensteuer sowohl im Kollisions- als auch im Harmoniefall abnehmen. Umgekehrt wächst im Kollisionsfall der Wettbewerbsdruck auf das Y-Land, wobei die Standortnachteile bei einem Festhalten an der Einkommensteuer kaum zu beheben sind.

Geringfügige Unterschiede ergeben sich bei einer Konsumbesteuerung auf der Basis der nach dem Mischprinzip erhobenen *Umsatzsteuer*. Denn hier richtet sich die Steuerbelastung des Haushalts bzw. Konsums nicht nach dem Konsumort

---

[519] Vgl. Windisch (1999), S. 156; Peffekoven (1984); Bird/McLure (1990), S. 237f.; Sörensen (1990); Huber (1997). Dass die Kapitaleinkommensbesteuerung trotz der hohen Mobilität des Faktors noch nicht vollständig entfallen ist, führt Mintz (1994), S. 1477ff. auf allokative (Zusatzlasten bei alternativ höherer Besteuerung des Konsums bzw. der Arbeitseinkommen), politökonomische (Steuerfreiheit von Kapitaleinkommen ist nicht vertretbar), äquivalenztheoretische (Quellenbesteuerung als Ausgleich für die Inanspruchnahme öffentlicher Güter), administrative (Abgrenzung zwischen Kapital- und Arbeitseinkommen) und auch distributive Gründe (Möglichkeit zum Steuerlastexport bei unelastischer Bemessungsgrundlage) zurück.

[520] Wie ernst dieses Problem genommen wird, zeigen die aktuellen Bemühungen zur Vermeidung eines schädlichen Steuerwettbewerbs im Rahmen der Unternehmensbesteuerung (vgl. OECD (1998) und Kommission der Europäischen Gemeinschaften (1997)).

sondern nach dem Einkaufsort. Steuerwettbewerb ist aus Sicht des C-Landes ein Wettbewerb um international mobile „Einkäufer". Und weil der Einkaufsort nicht in dem Maße wie der Konsumort an den Wohnort gebunden ist, ist im Vergleich zu der nach dem Bestimmungslandprinzip erhobenen Umsatzsteuer sowohl im Kollisions- als auch im Harmoniefall ein im Vergleich zum Bestimmungslandprinzip höheres Maß an Steuerwettbewerb zu erwarten.[521]

Hingegen belasten die nach dem Ursprungslandprinzip erhobene *Umsatzsteuer* sowie die *direkten Konsumsteuern* Arbeitseinkommen und inframarginale Kapitalrenditen. Damit ändert sich im Vergleich zur Einkommensbesteuerung prinzipiell nichts am Problem des Steuerwettbewerbs: Bei Anwendung der Freistellungsmethode und daraus resultierender Umsetzung des Quellenlandprinzips attrahiert das relative Niedrigsteuerland international mobile Faktoren (Arbeit und Kapital) bzw. Direktinvestitionen. Bei Durchsetzung des Weltkonsumprinzips (was allerdings nicht bei allen Konsumsteuern möglich ist) bezieht sich der Steuerwettbewerb hingegen auf international mobile Unternehmen mit internationaler Beteiligungsstruktur und Haushalte. Im Kollisionsfall liegt die relative Schwäche des C-Landes gegenüber dem Y-Land in der i.d.R. relativ höheren Besteuerung von Arbeitseinkommen und Reingewinnen. Die mit dem Systemwechsel verbundene Verengung der Bemessungsgrundlage sowie der möglicherweise systematisch bedingte Verzicht auf die Umsetzung des Weltkonsumprinzips kann sich insofern aus Sicht des C-Landes im Kontext des internationalen Steuerwettbewerbs als Nachteil erweisen. Dem Y-Land bieten sich (anders als bei einer Konsumbesteuerung auf Basis der nach dem Bestimmungsland- bzw. Mischprinzip erhobenen Umsatzsteuer) aufgrund der breiteren Bemessungsgrundlage Möglichkeiten, durch Steuersenkungen Standortvorteile zu erlangen bzw. auszubauen. Dies hat auch die Analyse der Gegenmaßnahmen des Y-Landes gezeigt.

Bei bilateraler Konsumbesteuerung auf der Basis der territorialen Konsumsteuern wird der Steuerwettbewerb angesichts der mit dem Systemwechsel verbundenen Verengung der Bemessungsgrundlage wohl um so erbitterter geführt. Dies gilt insbesondere bei jenen Steuern, die grenzüberschreitende Sachverhalte zwingend freistellen (Umsatzsteuer, R-CFS). Und in bezug auf die Kapitalbesteuerung wird sich die Qualität des Steuerwettbewerbs entscheidend ändern. Denn ein Land kann die Kapitalallokationsentscheidungen der Haushalte bzw. die Standortentscheidung international mobiler Unternehmen nur dann beeinflussen, wenn Reingewinne verdient werden. Der Steuerwettbewerb wird sich auf diese dynamischen Unternehmen konzentrieren. Handelt es sich dabei um nicht-ortsgebundene Reingewinne, impliziert eine im Vergleich zum anderen Land relativ geringe Steuerbelastung einen Standortvorteil. Ein Steuersenkungswettlauf wie bei der Ein-

[521] Dieser Aspekt findet auch innerhalb der Europäischen Union Beachtung, indem für bestimmte Konsumgüter (wie z.B. Kraftfahrzeuge) das Bestimmungslandprinzip Anwendung findet.

kommensteuer ist nicht ausgeschlossen. Hingegen können ortsgebundene Reingewinne beliebig besteuert werden, ohne die Standortentscheidung zu beeinflussen. Allerdings ist das „natürliche" Angebot an ortsgebundenen inframarginalen Renditen beschränkt. Ein Konsumsteuerland wird deshalb bestrebt sein, Standortbedingungen zu schaffen, die inframarginale Ertragspotentiale implizieren. Derartige „quasi-ortsgebundene" Reingewinne können z.B. dadurch geschaffen werden, dass die Bildung von Monopolen nicht behindert oder einem Unternehmen im Vorfeld der Standortentscheidung die Bereitstellung sämtlicher Infrastruktur zugesagt wird.[522] Angesichts einer relativ geringen Mobilität von Arbeitskräften können auch Humankapitalinvestitionen zur Bildung derartiger standortgebundener Reingewinne beitragen.

Es lässt sich zusammenfassen, dass internationaler Steuerwettbewerb auch eine Begleiterscheinung der Konsumbesteuerung in der offenen Volkswirtschaft ist. Die mangelnde Kompatibilität von Einkommen- und Konsumsteuer bzw. die mit der Reform verbundene Verengung der Steuerbemessungsgrundlage deuten darauf hin, dass die Wettbewerbsintensität sowohl im Kollisions- als auch im Harmoniefall im Vergleich zur Einkommensteuer zumindest bei Anwendung der ursprungslandbasierten (territorialen) Konsumsteuern zunimmt. Qualitative Unterschiede in der Ausgestaltung des Steuerwettbewerbs sind allerdings unverkennbar. Wenngleich die Standortrelevanz der Besteuerung im Sinne der operationalen Autonomie zu begrüßen ist, sollten die Gefahren für die fiskalische Funktion der Besteuerung nicht unterschätzt werden. Steuerharmonisierung kann sich daher als erforderlich erweisen.

C.6.2 Interpersonelle Besteuerungsgerechtigkeit

Die Gerechtigkeit der Besteuerung gehört heute zu den grundlegenden Anforderungen an ein Steuersystem.[523] Darüber hinaus sind Steuerpflichtige für Verteilungseffekte leichter zu sensibilisieren als für abstrakte Allokationseffekte einer Steuer, womit die Durchführbarkeit einer Steuerreform und die Akzeptanz eines Steuersystems maßgeblich von der daraus resultierenden Steuerlastverteilung abhängig sind.[524] Dieser Aspekt gewinnt im Rahmen der hier betrachteten Konsumsteuerdebatte an Bedeutung, weil Konsum- und Einkommensteuer unterschiedliche Gerechtigkeitskonzepte verfolgen bzw. unterschiedliche Verteilungswirkungen implizieren.

---

522 Vgl. Bond (2000), S. 172; Krause-Junk (1999a), S. 135; Bach (1993), S. 391. Solche Bemühungen zur Unternehmensansiedlung können durchaus wohlfahrtsschädliche Wirkung entfalten.

523 Vgl. Reding/Müller (1999), S. 44ff.; Ohmer (1997), insbesondere S. 68f.

524 Vgl. Goode (1997), S. 36; Bach (1993), S. 361f.; Pollak (1991), S. 377; Genser (1990), S. 528. Lang (1991), S. 306 fordert von einer Steuer ein hohes Maß an "rechtsethischer" Überzeugung.

Die Gerechtigkeit der Besteuerung manifestiert sich in der Berücksichtigung der individuellen *Leistungsfähigkeit* des Steuerpflichtigen.[525] Gerecht ist demnach eine gleich hohe Besteuerung von Individuen mit gleicher Leistungsfähigkeit (Gleichmäßigkeit der Besteuerung) sowie eine höhere Besteuerung von Individuen mit höherer Leistungsfähigkeit (Verhältnismäßigkeit). Dabei ist nicht zwischen inländischen und grenzüberschreitenden Sachverhalten zu differenzieren.[526]

Die individuelle Steuerbelastung ergibt sich anhand der Bemessungsgrundlage als Indikator der Leistungsfähigkeit und anhand des Tarifs als Indikator der Verhältnismäßigkeit. Als *Indikator* der Leistungsfähigkeit kommen vor allem das Einkommen und der Konsum in Betracht:[527] Eine am Einkommen des Steuerpflichtigen orientierte Besteuerung folgt dem Verfügungsmachtkonzept, d.h. Leistungsfähigkeit äußerst sich im Reinvermögenszugang. Die am Konsum orientierte Besteuerung stellt hingegen auf das Nutzenkonzept ab, wonach Konsum eine Bedürfnisbefriedigung durch die konsumtive Inanspruchnahme des Sozialprodukts ist. Aus Praktikabilitätsgründen ist auf Periodengrößen abzustellen, wenngleich eine lebenszeitbezogene Erfassung der Leistungsfähigkeit angemessener wäre.[528]

Hinsichtlich der Ausgestaltung des *Steuertarifs* liefern die Opfertheorien wichtige Anhaltspunkte: Wird ein mit steigender Bemessungsgrundlage fallender Grenznutzen der als Indikator der Leistungsfähigkeit dienenden Bemessungsgrundlage unterstellt, dann ist im Sinne eines gleichen relativen Opfers eine mit steigender Bemessungsgrundlage ansteigende relative Steuerbelastung – also ein progressiver Tarifverlauf – zu fordern. Diese Vorstellung hat im Vergleich zu anderen Opfertheorien angesichts herrschender Gerechtigkeitsvorstellungen die weitaus größte Bedeutung.[529]

Die *Einkommensteuer* knüpft durch eine Orientierung am Einkommen an das Verfügungsmachtkonzept an – steuerliche Leistungsfähigkeit wird durch Einkom-

---

[525] Das Äquivalenzprinzip als Pendant zum Leistungsfähigkeitsprinzip hat im Zusammenhang mit der gerechten interpersonellen Steuerlastverteilung hingegen keine Bedeutung.

[526] Zwar könnte vermutet werden, dass Auslandstatbestände aufgrund eines höheren Risikos oder höherer Transaktionskosten steuerlich begünstigt werden sollen. Allerdings werden sich derartige Zusatzkosten bei Auslandsaktivitäten im Marktpreis widerspiegeln.

[527] Vgl. Bach (1993), S. 309ff.; Rose (1996), S. 1086f.; Reding/Müller (1999), S. 49ff. Auf die Möglichkeiten der Verwendung von Vermögen bzw. Freizeit als Indikatoren der Leistungsfähigkeit wird hier nicht weiter eingegangen. Sie sind angesichts der hier betrachteten Alternativen der Einkommen- und Konsumsteuer ohnehin bedeutungslos.

[528] Vgl. Ohmer (1997), S. 101ff. Goode (1997), S. 25f. lehnt dagegen eine lebenszeitbezogene Beurteilung der Besteuerungsgerechtigkeit ab. Denn über einen langen Zeitraum ändern sich die Besteuerungsumstände eines Steuerpflichtigen, womit das Maß der Steuergerechtigkeit von Zeit zu Zeit möglicherweise zu korrigieren ist.

[529] Vgl. Reding/Müller (1999), S. 47f. und S. 61ff.; Bach (1993), S. 320f.

menserzielung begründet. Hierbei wird weder sachlich noch örtlich zwischen Einkommen differenziert, Bemessungsgrundlage ist das weltweit erzielte Faktoreinkommen (hier insbesondere Arbeits- und Kapitaleinkommen). Zudem ist der auf Haushaltsebene progressiv gestaltete Steuertarif Zeichen des vertikalen Gerechtigkeitsverständnisses. Diesem formalen Anspruch wird die Einkommensteuer in der Praxis allerdings nur bedingt gerecht. Denn aufgrund systematischer Lücken und administrativer Probleme wird die Bemessungsgrundlage i.d.R. nur unvollständig erfasst. So lässt sich der Reinvermögenszugang aufgrund fehlender Daten über den ökonomischen Gewinn (Abschreibung anhand des Ertragswertes) und über den Einkommenswert unrealisierter Vermögenswertzuwächse nicht ermitteln. Ferner erodiert die Bemessungsgrundlage infolge der (nicht nur bei ausländischen Einkommen) möglicherweise gewährten Freistellung. Die Gerechtigkeit der Besteuerung bezieht sich insofern nicht auf das tatsächliche sondern höchstens auf das erfasste bzw. erfassbare Einkommen.[530]

Nach Auffassung der Konsumsteuerbefürworter scheitert eine gerechte Besteuerung bei der Einkommensteuer jedoch bereits im Ansatz, weil das Einkommen als Indikator der Leistungsfähigkeit nicht brauchbar ist. Vielmehr impliziert die Besteuerung von Kapitaleinkommen und die daraus resultierende sog. „Doppelbelastung“ des Kapitals eine Diskriminierung zulasten derjenigen Haushalte, die Konsum aus Kapitaleinkommen finanzieren. Untermauert wird diese Auffassung durch den Vergleich zweier Haushalte mit unterschiedlichen temporären Einkommensverwendungspräferenzen:[531] Verfügen beide Haushalte anfänglich über ein gleiches Einkommen und wird dieses sofort konsumiert, resultiert aus der Einkommensteuer die gleiche Belastung wie aus der Konsumsteuer. Entscheidet sich ein Haushalt jedoch für einen temporären Konsumverzicht, dann führt die der Einkommensteuer inhärente Kapitaleinkommensbesteuerung in der Folgeperiode zu einer barwertbezogen höheren Belastung des Einkommens als im ersten Fall. Der Haushalt, der Kapital für späteren Konsum akkumuliert, wird daher höher besteuert als der Haushalt, der nicht spart.[532]

---

[530] Zurecht stellt Lang (1991), S. 315 fest, dass die Gerechtigkeit der Einkommensteuer nur noch „auf dem Papier“ steht (zu Reformmöglichkeiten vgl. Kapitel D.1.2.1).

[531] Vgl. für ähnliche Beispiele z.B. Rose (1999a), S. 343f.; Ohmer (1997), S. 132ff.; ifo-Schnelldienst (1999), S. 12 und Schreiber/Stellpflug (1999), S. 187.

[532] Diesen Sachverhalt verdeutlicht auch folgendes Beispiel (vgl. Rose (1992), S. 9): Strebt ein Steuerpflichtiger innerhalb von 40 Jahren ein Sparziel i.H.v. 1000 Geldeinheiten an und wird ein marginaler Sparzins i.H.v. i=8% unterstellt, erfordert dies unter Berücksichtigung der Einkommensbesteuerung (t=40%) der zwischenzeitlich anfallenden Zinsen eine anfängliche Investition i.H.v. 153 Geldeinheiten [153*(1+(0,08*0,6))^40=1000]. Wird hingegen (wie im Rahmen der Konsumbesteuerung) auf eine Zinsbesteuerung verzichtet, bedarf es zur Erreichung des gleichen Sparziels lediglich einer anfänglichen Investition i.H.v. 46 Geldeinheiten [46*(1+0,08)^40=1000]. Bei der Einkommensteuer ist das nach 40 Jahren konsumierte Einkommen daher mit einer Steuer i.H.v. 333% (153/46) belastet.

Die Befürworter der *Konsumsteuern* schlussfolgern daraus, dass Kapitaleinkommen nicht zu besteuern sind. Zinsen sind in den Augen der Konsumsteuerbefürworter kein Einkommen, sondern lediglich eine Prämie für einen zwischenzeitlichen Konsumverzicht bzw. einen temporären Verzicht auf die Inanspruchnahme des Sozialprodukts in Form von Konsum. Die Kapitaleinkommensbesteuerung führt bei einer periodenübergreifenden – hier wird also nicht mehr die periodische Leistungsfähigkeit berücksichtigt - Betrachtung zu einer Ungleichbehandlung von Haushalten mit unterschiedlichen intertemporalen Konsumpräferenzen.[533] Demzufolge sind Arbeits- und Kapitaleinkommen unter steuerlichen Gesichtspunkten nicht gleichwertig, die Bildung einer synthetischen Bemessungsgrundlage wie im Rahmen der Einkommensteuer ist unsachgemäß.[534] Die periodenbezogene Beurteilung der Leistungsfähigkeit bzw. die damit verbundene Kapitaleinkommensbesteuerung führt zwangsläufig zu einem ungerechten Besteuerungsergebnis und zu einer ungleichmäßigen Besteuerung von Haushalten mit unterschiedlichen intertemporalen Konsumpräferenzen. Akzeptabel ist die Einkommensteuer aus Sicht der Konsumsteuerbefürworter nur für den Fall, dass der Haushalt kein Kapital akkumuliert bzw. kein Kapitaleinkommen erzielt.

Diese Sichtweise ist freilich unter einkommensteuerlichen Gesichtspunkten nicht sachgemäß. Denn Kapitaleinkommen stellen Einkommen dar und begründen steuerliche Leistungsfähigkeit.[535] Die Steuerfreiheit der (marginalen) Kapitalzinsen hingegen begünstigt den Bezieher von Kapitaleinkommen gegenüber dem Bezieher von Arbeitseinkommen. Dies gilt einerseits im Sinne der horizontalen Gerechtigkeit, denn die Steuerbelastung richtet sich nicht nur nach der Höhe, sondern auch nach der Zusammensetzung des Gesamteinkommens aus Arbeits- und Kapitaleinkommen. Und wenn zudem eine mit steigendem Einkommen fallende Konsumquote unterstellt wird, kann eine Konsumsteuer auch der vertikalen Gerechtigkeitsnorm im einkommensteuerlichen Sinne (ansteigende relative Steuerbelastung mit steigendem Einkommen) nicht entsprechen.[536]

Die Beurteilung der Konsumsteuer unter einkommensteuerlichen Maßstäben bzw. eine Beurteilung der Einkommensteuer und konsumsteuerlichen Maßstäben imp-

---

[533] Vgl. Ohmer (1997), S. 345; Hardorp (1991), S. 102ff.; Peffekoven (1980), S. 430f.; McLure (1988), S. 312f.

[534] Rose (1996), S. 1087ff. spricht in bezug auf die Zinsbesteuerung von einer Form „fiskalischen Raubrittertums". Nach Ansicht der Konsumsteuerbefürworter kann eine Steuer gar nicht gerecht sein, wenn sie intertemporal aneutral ist (vgl. Bach (1993), S. 314). Diese Verknüpfung von Effizienz- und Gerechtigkeitsüberlegungen erscheint allerdings nicht gerechtfertigt.

[535] Vgl. z.B. Krause-Junk/Müller (1999).

[536] Offensichtlich ist dies bei der mit einem linearen Tarif ausgestatteten Umsatzsteuer (vgl. zur sog. „Regressivwirkung" Bach (1993), S. 324f.; Metcalf (1995), S. 133; Pohmer (1980), S. 706; kritisch Metcalf (1996), S. 100f.). Ob dieser Effekt auch bei einer progressiven Konsumsteuer wie der ICF auftritt, hängt maßgeblich von der Ausgestaltung der Progression ab.

liziert damit eindeutige Ergebnisse hinsichtlich der Gerechtigkeitsnorm: Die Einkommensteuer ist im Kontext des konsumsteuerlichen Gerechtigkeitskonzepts abzulehnen, während die aus der Konsumsteuer resultierende Verteilungswirkung unter einkommensteuerlichen Gesichtspunkten inakzeptabel ist.[537]

Zum einen lässt sich daraus schlussfolgern, dass eine von der Einkommensbesteuerung ausgehende Konsumsteuerreform einen radikalen steuerpolitischen Umbruch bedeutet. Abgesehen davon, dass mit dem Systemwechsel eine Umverteilung zugunsten der Kapitaleinkommensbezieher verbunden ist,[538] erfordert die Reform auch einen grundlegenden Bewusstseinswandel hinsichtlich des gegenwärtig durch einkommensteuerliche Paradigmen geprägten Gerechtigkeitsverständnisses.[539]

Zum anderen ist anzuerkennen, dass Konsum- und Einkommensteuer im Hinblick auf Gerechtigkeitsüberlegungen schwerlich zu vergleichen sind. Eine Konsumsteuerreform mit dem Hinweis auf fehlende Besteuerungsgerechtigkeit abzulehnen, wäre insofern zu kurz gegriffen. Denn jede Gerechtigkeitsnorm ist wertbehaftet. So lässt sich die aus der Konsumbesteuerung resultierende Steuerbelastung bzw. interpersonelle Steuerlastverteilung sowie die differenzierte Behandlung von Arbeits- und Kapitaleinkommensbeziehern durchaus rechtfertigen, eben mit einer anderen Norm.

Aus diesem Grund soll diese (gleichwohl im Rahmen der Reformdebatte zentrale Frage) nicht weiter vertieft werden – ein abschließendes und eindeutiges Ergebnis kann ohnehin nicht erwartet werden. Im folgenden soll vielmehr vor dem Hinter-

---

[537] Befürworter der Konsumbesteuerung (vgl. z.B. Schwinger (1994), S. 45) lehnen eine derartige Beurteilung der Konsumsteuer unter einkommensteuerliche Maßstäben von vornherein ab. Gleichzeitig wird es aber nicht unterlassen, die Einkommensteuer unter Verwendung konsumsteuerlicher Wertmaßstäbe zu kritisieren. Insofern sollten Konsumsteuerbefürworter sich auch dieser Kritik an der Konsumsteuer stellen.

[538] So ermitteln Gale/Houser/Scholz (1996) für den Fall der Substitution der Einkommensteuer durch die Flat Tax (ITP/R, vgl. Kapitel B.3.2.1.1) eine Umverteilung zulasten unterer Einkommensklassen. – Und selbst wenn infolge positiver Wachstumsimpulse (vgl. Kapitel D.2) langfristig auch die Nettoeinkommen der Arbeitsanbieter steigen, ändert dies nichts an der Umverteilung zugunsten der Bezieher von Kapitaleinkommen. Im Gegenteil: Die Verteilungsprobleme werden sich möglicherweise verschärfen, weil das Akkumulationspotential der unteren und mittleren Einkommensschichten sinkt.

[539] Vgl. Lang (1991), S. 319. Die Aussichten für die Durchführbarkeit einer Konsumsteuerreform sind deshalb unter Annahme einer ungleichen Vermögensverteilung in einer Demokratie nicht vielversprechend. Möglicherweise lässt sich aber der durchaus bestehende Unmut hinsichtlich der Divergenzen zwischen formaler und materieller Steuerlastverteilung im Rahmen der gegenwärtigen Einkommensteuer zugunsten eines Systemwechsels ausnutzen (vgl. Lang (1991), S. 308). Dem ist allerdings zu entgegnen, dass die infolge einer inkonsistenten Umsetzung der Einkommensteuer bestehende Besteuerungslücke zugunsten der Bezieher von Kapitaleinkommen infolge der Reform lediglich zum Gesetz wird und das bemängelte Gerechtigkeitsproblem gar nicht löst.

grund der hier aufgeworfenen Fragestellung geprüft werden, ob die Konsumsteuern dem konsumsteuerlichen Gerechtigkeitsmaßstab (auch unter Berücksichtigung der in einer offenen Volkswirtschaft auftretenden Besteuerungsprobleme) gerecht werden können. Die konsumsteuerliche Steuergerechtigkeit erfordert dabei eine progressive Besteuerung der Inländer in bezug auf deren Weltkonsum. Die Forderung nach einer progressiven Besteuerung erwächst aus der Tatsache, dass der Grenznutzen des Konsums mit zunehmenden Konsumausgaben abnimmt. Und eine geringere oder höhere Besteuerung des ausländischen Konsums bzw. des aus Auslandseinkommen finanzierten Konsums wäre genauso wenig zu rechtfertigen, wie eine unterschiedliche Besteuerung in- und ausländischer Einkommen im Rahmen der Einkommensteuer.[540]

Unter diesen Gesichtspunkten weist die *Umsatzsteuer* gravierende Nachteile auf. Denn zum einen ist infolge des linearen Tarifs und der Verlagerung der Steuerpflicht auf die Unternehmensebene eine Personifizierung der Steuerbelastung unmöglich. Der lineare Tarif impliziert eine von der Höhe der Konsumausgaben unabhängige Steuerbelastungsquote, womit die Umsatzsteuer zwar der horizontalen Gerechtigkeit, nicht aber dem Kriterium der vertikalen Gerechtigkeit genügt.[541] Zum anderen sind die im Zusammenhang mit der Besteuerung internationaler Sachverhalte auftretenden Probleme unverkennbar: So wird bei der nach dem Bestimmungslandprinzip erhobenen Umsatzsteuer der in- und ausländische Konsum unterschiedlich hoch besteuert: Im Kollisionsfall ist der aus Inlandseinkommen finanzierte Auslandskonsum steuerfrei, während der aus Auslandseinkommen finanzierte Inlandskonsum möglicherweise doppelt belastet ist. Und im Harmoniefall impliziert ein zwischenstaatliches Tarifgefälle ebenfalls eine ungleiche Steuerbelastung von Haushalten mit gleichen Konsumausgaben, wenn sich der Konsum unterschiedlich auf In- und Ausland verteilt. Bei Anwendung des Mischprinzips sind die Probleme ähnlich, wobei Gerechtigkeitslücken bereits aus einer Verlagerung des Einkaufsortes resultieren.

Anders ist der Sachverhalt bei einer nach dem Ursprungslandprinzip erhobenen Umsatzsteuer, denn hier bestimmt sich die persönliche Belastung weder nach dem Wohn- noch Konsumort, sondern allein nach dem Ort der Einkommensentstehung. Es kommt also das Quellenlandprinzip zur Anwendung. Demzufolge ist der aus inländischen Einkommen finanzierte In- und Auslandskonsum mit der Steuer des Inlands belastet, womit dem Weltkonsumprinzip entsprochen wird. Hingegen ist der aus Auslandseinkommen finanzierte In- und Auslandkonsum mit den Steu-

---

[540] Auch Musgraves (1992), S. 182 vertritt die Auffassung, dass im Rahmen der Konsumbesteuerung nicht auf die Umsetzung des Wohnsitzlandprinzips verzichtet werden kann.

[541] Darin ist der Preis für eine unter administrativen Gesichtspunkten sicherlich positiv zu beurteilende Objektsteuer zu sehen (vgl. dazu Kapitel C.6.4.1). Es sei an dieser Stelle dahingestellt, ob sich die Umverteilungswirkungen durch Transfermaßnahmen außerhalb des Steuersystems korrigieren lassen.

ern des Auslands belastet. Dies widerspricht dem Weltkonsumprinzip und ist unter distributiven Gesichtspunkten nicht zu rechtfertigen. Denn sowohl im Kollisions- als auch im Harmoniefall ergeben sich infolge eines zwischenstaatlichen Belastungsgefälles sachverhaltsbezogene Steuerbelastungsunterschiede zwischen in- und ausländischen Einkommen aus Kapital- und Arbeitseinsatz.

Die *direkten Konsumsteuern* knüpfen durch die direkte Besteuerung von Arbeitseinkommen und inframarginalen Kapitalrenditen nur indirekt an die konsumtive Einkommensverwendung an. Die daraus resultierende Möglichkeit der Personifizierung der Steuerbelastung mittels eines progressiven Tarifs stellt einen wesentlichen Vorteil gegenüber der Umsatzsteuer dar.[542] Allerdings ist zu berücksichtigen, dass im Rahmen der ITP lediglich Arbeitseinkommen progressiv besteuert werden können, während (qualifizierte inframarginale) Kapitalrenditen einer abgeltenden Besteuerung auf Unternehmensebene unterliegen. Kritisch ist auch die Anwendung des klassischen Systems im Rahmen der ICF zu sehen, weil damit eine doppelte Belastung inframarginaler Renditen verbunden ist.[543] Vollkommen wirkt in diesem Sinne lediglich das Vollanrechnungssystem im Rahmen der ICF.[544] Vor allem wird dem konsumsteuerlichen Gerechtigkeitskriterium angesichts der einkommensteuerlichen Behandlung nicht-qualifizierter Kapitaleinkommen widersprochen.

Des weiteren unterscheiden sich ITP und ICF in ihrer Belastungskonzeption derart, dass durch die ICF der Periodenkonsum, bei der ITP jedoch der Lebenskonsum besteuert wird. Beides hat seine Nachteile: Im Falle eines progressiven Tarifs wird die periodenübergreifend betrachtete Steuerbelastung bei der ITP durch die intertemporale Verteilung der Arbeitseinkommen determiniert. In Relation zum Periodenkonsum kann die individuelle Steuerbelastung also überdurchschnittlich (in Zeiten positiver Sparquoten) und unterdurchschnittlich (in Zeiten des Entsparens) ausfallen. Demgegenüber spiegelt sich infolge einer unmittelbaren Anknüpfung an den Periodenkonsum das Konsumsteuerkonzept im Rahmen der ICF deutlicher wider.[545] Insofern wäre die ICF der ITP vorzuziehen. Allerdings ist auch die

---

[542] Vgl. Zodrow (1995), S. 258; Lang (1991), S. 321ff.; McLure (1993), S. 354. Dieser Aspekt ist entscheidend für das wachsende Interesse an den direkten Konsumsteuern (vgl. Zodrow/McLure (1991), S. 407; Graetz (1979), S. 1579).

[543] Vgl. Meade (1978), S. 177; Graetz (1979), S. 1600. Die übermäßige Besteuerung der Reingewinne infolge eines relativ hohen Unternehmenssteuertarifs (bei der ITP) oder infolge des klassischen Systems bei der ICF kann als positive Verteilungskomponente zugunsten der Bezieher von Arbeitseinkommen interpretiert werden (vgl. Hubbard (1997), S. 141). Bei Kombinationen mit der ITP sollte der Unternehmenssteuertarif keinesfalls geringer sein als der Haushaltstarif.

[544] Vgl. Seidman (1997), S. 35; Graetz (1979), S. 1581.

[545] Aus Sicht des Steuerpflichtigen erscheint die Belastungskonzeption der ITP nicht transparent. Musgrave, R. A. (1991), S. 43 meint entsprechend, dass sich eine *Konsum*steuer (wie die ICF) unter politökonomischen Gesichtspunkten besser „verkaufen“ lässt als eine *Lohn*steuer (wie die

vom Periodenkonsum abhängige marginale Steuerbelastung im Kontext der lebenszeitbezogenen Besteuerungsgerechtigkeit nicht unkritisch zu sehen.[546]

Im Hinblick auf die in einer offenen Volkswirtschaft auftretenden Besteuerungsprobleme weisen die direkten Konsumsteuern einen weiteren Vorteil gegenüber der Umsatzsteuer auf. Denn durch die Möglichkeit, das Weltkonsumprinzip umzusetzen, ist die Steuerbelastung (anders als bei der nach dem Bestimmungslandprinzip erhobenen Umsatzsteuer) nicht vom Ort der Einkommensverwendung und auch nicht (wie in bestimmten Fällen bei der Einkommensteuer und bei der nach dem Ursprungslandprinzip erhobenen Umsatzsteuer) vom Ort der Einkommensentstehung abhängig. Allein entscheidend ist im Idealfall der Wohnort des Steuerpflichtigen. Bei Durchsetzung des Wohnsitzprinzips im Sinne des Weltkonsumprinzips ist der In- und Auslandskonsum eines Inländers gleich hoch besteuert.

Allerdings sind auch hier mehrere Einschränkungen zu erwähnen. So beschränkt sich die Umsetzung des Wohnsitzlandprinzips bei der ITP auf Arbeitseinkommen. Darüber hinaus bleiben die aus der Einkommensteuer bekannten Probleme bestehen: Die unvollständige Erfassung ausländischer Einkommen infolge der Freistellung oder infolge von Erfassungslücken, die Verweigerung der Steueranrechnung (insbesondere der Unternehmenssteuer im Rahmen der ICF und der Quellensteuern im Rahmen der ITP) und die Verweigerung des Ausgleichs von Anrechnungsüberhängen haben zur Folge, dass der aus Auslandseinkommen finanzierte In- und Auslandskonsum der Inländer sowohl im Kollisions- als auch (bei einem internationalen Belastungsgefälle) im Harmoniefall niedriger oder höher besteuert sein kann als der aus Inlandseinkommen finanzierte Weltkonsum des Inländers. Das Weltkonsumprinzip kann daher selbst bei Anwendung direkter Konsumsteuern nicht immer durchgesetzt werden.

Im Hinblick auf die Besteuerungsgerechtigkeit lässt sich zusammenfassend feststellen: Da Konsum- und Einkommensteuer ein unterschiedliches Gerechtigkeitskonzept verfolgen, sind beide Systeme unter diesem Gesichtspunkt nicht miteinander zu vergleichen. Eine von der Einkommensteuer ausgehende Konsumsteuerreform würde einen grundlegenden Wertewandel hinsichtlich der Definition steuerlicher Leistungsfähigkeit erfordern. Aber selbst wenn die der Konsumsteuer zugrundeliegende Gerechtigkeitskonzeption akzeptiert wird, bleibt eine interper-

---

ITP). Homburg (1997), S. 112 stellt zur ITP treffend fest, man könne „...dem Arbeitnehmer ... kaum erklären, dass die jährlichen Zinseinnahmen ... in Wirklichkeit ja kein Einkommen sind“ und daher im Rahmen der ITP steuerfrei bleiben. Das Problem „steuerlicher Umweltverschmutzung”, wie sie Hardorp (1991), S. 93 aufgrund mangelnder Transparenz bei der Einkommensteuer kritisiert, ist insofern auch bei manchen Konsumsteuern, wo nicht direkt an die Konsumausgaben angeknüpft wird, evident.

[546] Vgl. Goode (1990), S. 92 und Fußnote 528. Die unvermeidbaren Progressionsspitzen haben insofern nicht nur allokative (vgl. oben Kapitel C.6.1.1), sondern auch distributive Bedeutung.

sonell gerechte Besteuerung i.d.R. Fiktion. Dies gilt offensichtlich bei der Umsatzsteuer, bei der eine vertikal gerechte Besteuerung unmöglich ist. Eine synthetische Besteuerung von Arbeits- und inframarginalen Kapitaleinkommen stößt aber auch bei Anwendung direkter Konsumsteuern an Grenzen. Und in der offenen Volkswirtschaft lässt sich eine weltkonsumbasierte Inländerbesteuerung ebenfalls nicht immer umsetzen – interpersonelle Gerechtigkeit scheitert hier an ähnlichen Problemen wie die Einkommensteuer. Dies gilt sowohl im Kollisionsfall[547] als auch bei divergierenden Steuertarifen im Harmoniefall. Insofern weist die Konsumsteuer im Hinblick auf die Erfüllung der interpersonellen Gerechtigkeitsnorm keine erkennbaren Vorteile gegenüber der sicherlich ebenfalls nicht befriedigenden Einkommensteuer auf.

C.6.3 Gerechtigkeit in der zwischenstaatlichen Verteilung des Steueraufkommens

Ungeachtet der Tatsache, dass mit einer entsprechenden Ausgestaltung der Konsumsteuertarife die Konsumsteuerreform steueraufkommensneutral umgesetzt werden kann,[548] wird die Reform mit einer zwischenstaatlichen Umverteilung des aus der Besteuerung internationaler Sachverhalte erzielten Steueraufkommens verbunden sein. Denn Einkommen- und Konsumsteuer greifen auf unterschiedliche Bemessungsgrundlagen zu. Offensichtlich ist dies bei der nach dem Bestimmungslandprinzip erhobenen Umsatzsteuer – im Vergleich zur Einkommensteuer verzichtet das Reformland auf die direkte Besteuerung internationaler Einkommen (unbeschränkte Steuerpflicht) sowie auf die Quellenbelastung der an Ausländer fließenden Einkommen (beschränkte Steuerpflicht). Im Gegenzug erfolgt eine Besteuerung des Binnenkonsums unabhängig vom Herkunftsort des Konsumenten und der für Konsumzwecke verwendeten Einkommen.[549] Weniger eindeutig sind die Effekte bei einem Wechsel von der Einkommensteuer zu einer territorialbasierten Konsumsteuer (direkte Konsumsteuern sowie die nach dem Ursprungslandprinzip erhobene Umsatzsteuer). Im Hinblick auf die beschränkte Steuerpflicht verzichtet das Konsumsteuerland im Vergleich zur Einkommensteuer auf

---

[547] Bemerkenswert ist, dass aus Sicht des Y-Landes die Durchsetzung einer interpersonell gerechten Welteinkommensbesteuerung der Y-Inländer im Kollisionsfall zum Teil erheblich erschwert wird. Die Ursachen sind darin zu sehen, dass Konsumsteuern entweder nicht anrechenbar sind (wie etwa bei der nach dem Ursprungslandprinzip erhobenen Umsatzsteuer), Einkommen aus dem C-Land freigestellt (Abschottungswirkung der Kapitalgesellschaft) und nicht erfaßt (Anreize zur Steuerhinterziehung nehmen zu) werden, oder das Welteinkommensprinzip im Kontext der Gegenmaßnahmen bei unilateraler Reform aufgeweicht wird (vgl. Kapitel C.2.2.2.3).

[548] Vgl. nochmals die Überlegungen in Kapitel B.4 sowie Anhang B-16a und B-16b.

[549] Vgl. Avi-Yonah (1997), S. 1089. Insbesondere für Entwicklungsländer, die im Rahmen der bilateralen Einkommenssteuer von der Quellenbesteuerung (und von der fiktiven Anrechnung in den Industrieländern) profitieren, dürfte aufgrund der geringen Inländereinkommen ausgehend von der einkommensbasierten Quellenbesteuerung ein Steueraufkommensverlust resultieren.

die Belastung des marginalen Kapitalertrags, während Arbeits- und inframarginale Kapitaleinkommen höher belastet werden. In bezug auf die unbeschränkte Steuerpflicht kann das Reformland seinen Zugriff sowohl ausweiten (konsequenter Wechsel zum Wohnsitz- bzw. Sitzortprinzip, erweitere Sitzortbesteuerung oder Abzugsmethode im Rahmen der RF-CFS und ACE), andererseits besteht in anderen Fällen aufgrund der Konsumsteuersystematik keine Möglichkeit eines Zugriffs auf internationale Sachverhalte (Umsatzsteuer, R-CFS, ITP in bezug auf qualifizierte Kapitaleinkommen). Ob das Reformland aus der Besteuerung internationaler Sachverhalte letztlich ein geringeres oder höheres Steueraufkommen erzielen kann, ist deshalb nicht eindeutig und darüber hinaus von den einzelwirtschaftlichen Anpassungsreaktionen abhängig. Eine zusätzliche Modifikation der Konsumsteuertarife kann sich daher als notwendig erweisen.

Diese Frage soll nicht näher verfolgt werden, zumal ihre Beantwortung quantitative Analysen voraussetzt. Vielmehr ist (im qualitativen Sinne) von Interesse, ob die aus der internationalen Konsumsteuersystematik bzw. aus der Besteuerung grenzüberschreitender Sachverhalte resultierende Steueraufkommensverteilung zwischen beiden Ländern als gerecht angesehen werden kann.

Ausgangspunkt für diesbezügliche Überlegungen ist die Tatsache, dass das Quellen- bzw. Domizilland im Hinblick auf grenzüberschreitende Besteuerungssachverhalte die primäre Besteuerungsmöglichkeit hat. Dem Wohnsitzland eines Steuerpflichtigen kommt hingegen lediglich ein residuales Besteuerungsrecht zu, welches im Kontext anderer Besteuerungsziele (wie Effizienz, interpersonelle Gerechtigkeit und Einfachheit) nicht oder möglicherweise nur eingeschränkt wahrgenommen wird. Infolge dieses Besteuerungskonflikts zwischen Quellen- und Wohnsitzland sowie aus der Tatsache, dass bei wechselseitigen Wirtschaftsbeziehungen jedes Land sowohl Quellen- als auch Wohnsitzland ist, resultiert ein beidseitiges Interesse an einer bilateralen Koordination der Besteuerungsrechte.[550] Denn nur so lässt sich ein übermäßiger Steuerlastexport - welcher immer dann vorliegt, wenn ein Land Steueraufkommen erzielt und die Steuerbelastung nicht von Inländern getragen wird - vermeiden.

Infolge der primären Besteuerungsmöglichkeiten des Quellenlandes müssen derartige Bemühungen an der Festlegung von Quellenbesteuerungsrechten ansetzen: Gemäß dem Kriterium der *inter-nation equity*[551] sollte dem Quellenland ein genau bestimmtes Steueraufkommen zufließen. Objektartige, also nicht personifizierbare Steuern sind für diesen Zweck besonders geeignet. Da das Steueraufkommen (*tax*

[550] Vgl. Musgrave, P. B. (2000a), S. 79ff.; Peffekoven (1984), S. 148; zu den Schlußfolgerungen hinsichtlich des daraus resultierenden bilateralen Abstimmungsbedarfs vgl. Kapitel C.6.4.3.

[551] Vgl. Musgrave, R. A./Musgrave, P. B. (1972); Musgrave, P. B. (1991), S. 539; Musgrave, P. B. (1992), S. 182; Musgrave, P. B. (2000b), S. 46ff.

share) das Produkt aus Steuertarif und Bemessungsgrundlage (*base share*) darstellt, müssen beide Größen bei der Festlegung des Quellenbesteuerungsrechts definiert werden. Der Steuertarif sollte dabei ohne Zweifel bilateral abgestimmt werden. Was die Wahl einer geeigneten *Bemessungsgrundlage* zur Durchsetzung des Quellenbesteuerungsrechts anbelangt, so bietet sich (entsprechend den Überlegungen zur interpersonellen Gerechtigkeit) sowohl der Konsum als auch das Einkommen an:

Die Befürworter der Einkommensteuer sehen demnach im *Einkommen* auch einen geeigneten Maßstab zur Durchsetzung der Quellenbesteuerung. Die einkommensbasierte Quellenbesteuerung wird dabei im Sinne des Äquivalenzprinzips als Ausgleich für die Nutzung der im Quellenland bereitgestellten Produktionsfaktoren (insbesondere Infrastruktur), ohne die eine Einkommenserzielung nicht möglich wäre, gesehen.[552] Bei der Anwendung von *Konsumsteuern* wäre eine einkommensbasierte Quellenbesteuerung allerdings nicht vertretbar. Denn die Idee der Konsumbesteuerung erwächst u.a. aus der Forderung, nicht (wie im Rahmen der Einkommensteuer) den Beitrag eines Steuerpflichtigen zum Sozialprodukt zu besteuern, sondern den Verbrauch bzw. die Inanspruchnahme des Sozialprodukts im Sinne des Konsums. Und wenn diese Vorstellung die Grundlage für die Ableitung der Norm einer interpersonell gerechten Besteuerung darstellt, sollte sie auch als Grundlage für die zwischenstaatliche Steueraufkommensverteilung zur Anwendung kommen. Jede andere Vorgehensweise wäre sicherlich unsachgemäß.[553]

Offenbar wird die nach dem Bestimmungslandprinzip erhobene Umsatzsteuer diesem Anspruch unmittelbar gerecht. Denn ohne Rücksicht auf die Herkunft der Einkommen, der Einkommensbezieher und der Konsumenten wird allein der inländische Konsum besteuert. Auch die Besteuerung ausländischer Haushalte durch das Inland erstreckt sich ausschließlich auf deren Inlandskonsum. Die Steueraufkommensverteilung richtet sich nicht wie bei der Einkommensteuer nach der zwischenstaatlichen Verteilung der Einkommensentstehung, sondern sachgemäß nach der Verteilung der Einkommensverwendung. Da der Konsumort in hohem Grade an den Wohnort gebunden ist, gelingt dem Inland nur in Grenzfällen ein Steuerlastexport.[554] Dem Kriterium der *inter-nation equity* wird also entsprochen.

---

[552] Vgl. Musgrave, R. A./Musgrave, P. B. (1972); Musgrave, P. B. (1991), S. 539 und 561; Musgrave, P. B. (1992), S. 181; Peffekoven (1984) , S. 146ff.; Musgrave, P. B. (2000a), S. 78f. Angesichts dieser Rechtfertigung wird die Zuordnung von Quellenbesteuerungsrechten im Rahmen der gegenwärtigen internationalen Einkommensteuersystematik verständlich. Demnach ist das Quellenbesteuerungsrecht bei aktiven Einkommen (insbesondere Gewinne und Arbeitseinkommen) stärker ausgeprägt als bei passiven Einkommen (insbesondere Portfoliokapitaleinkommen).

[553] Forderungen (vgl. z.B. Musgrave, P. B. (1991), S. 561 und Jacobs/Spengel (1996), S. 116), Konsumsteuern zur Durchsetzung einer einkommensteuerlichen Quellenbelastung um einkommensbasierte Quellensteuern zu ergänzen, stellen insofern einen steuersystematischen Irrtum dar.

[554] Ein Steuerlastexport ist freilich nicht vollkommen auszuschließen. Er tritt auf, wenn ein Aus-

Hingegen steht das nationale Steueraufkommen beim *Mischprinzip* aufgrund der auf Direktumsätze beschränkten Anwendung des Ursprungslandprinzips nicht in Beziehung zum Binnenkonsum. Das Inland besteuert neben dem Binnenkonsum auch die zum Verbrauch im Ausland bestimmten Direktumsätze der Haushalte. Umgekehrt wird der inländische Verbrauch der durch Haushalte importierten Konsumgüter nicht durch das Inland belastet. Die Umsatzsteuer degeneriert zur „Einkaufslandsteuer". Die daraus resultierende zwischenstaatliche Steueraufkommensverteilung ist mit dem Kriterium der *inter-nation equity* nicht vereinbar. Sofern der Einkaufsort vom Wohn- bzw. Konsumort divergiert, erfolgt ein grenzüberschreitender Steuerlastexport. Dieser ist hier eher zu erwarten als beim reinen Bestimmungslandprinzip. Denn der Einkaufsort ist nicht in dem Maße an den Wohnort gebunden wie der Konsumort.

Bei den *direkten Konsumsteuern* erfolgt die Erfassung des Konsums auf indirektem Wege, da steuerlich an der Einkommensentstehung angeknüpft wird. Angesichts der Forderung, nicht den Beitrag eines Steuerpflichtigen zum Sozialprodukt, sondern dessen Verbrauch zu besteuern, sind sämtliche Elemente der beschränkten Steuerpflicht kritisch zu beurteilen.[555] Denn die Quellenbesteuerung der Faktorerträge stellt aus Sicht des Auslands bzw. der Ausländer eine unwiderrufliche Belastung dar.[556] Unmittelbare Folge ist – im Sinne der Konsumsteuersystematik - ein Steuerlastexport, weil der Beitrag des Ausländers zum inländischen Sozialprodukt belastet wird.

Insbesondere gilt dies in bezug auf die ausschüttungsbedingten Quellensteuern.[557] Denn diese beschränken sich nicht auf eine Besteuerung des inframarginalen Kapitalertrags, sondern belasten auch den marginalen Zins bzw. Gewinn. Damit wird nicht nur gegen das Kriterium der *inter-nation equity*, sondern auch gegen die

länder im Inland konsumiert. Musgraves Behauptung (vgl. Musgrave, P. B. (1991), S. 550), dass jedes Land bei einer nach dem Bestimmungslandprinzip erhobenen Umsatzsteuer die selbst auferlegte Steuer auch selbst trägt, ist daher nicht allgemein, wohl aber in den meisten Fällen gültig. - Allerdings muss zur Vermeidung eines Steuerlastexportes die Freistellung der Exporte gewährleistet werden. Beim grenzüberschreitenden Vorsteuerabzugsverfahrens ist insofern ein Clearingsystem zu installieren, mit dem die im Exportland anfallenden Vorsteuerbeträge zugunsten des Importlandes verteilt werden.

[555] Vgl. zu dieser Feststellung bereits die Ausführungen in Kapitel C.1.3.3.1. Sofern ein äquivalenztheoretisch begründbarer Besteuerungsanspruch des Quellenlandes besteht (weil Einkommen unter Inanspruchnahme öffentlicher Vorleistungen entstanden sind, vgl. Fußnote 179) sollte dieser nicht pauschal mit Konsumsteuern, sondern z.B. mit Nutzungsgebühren durchgesetzt werden.

[556] Zwar werden die Steuern bei manchen Konsumsteuern (CFS, Umsatzsteuer) im Fall der Reinvestition erstattet. Spätestens bei Ausschüttung wird die Quellenbelastung jedoch definitiv. Im Rahmen der Freistellungsmethode hat die Quellenbelastung dabei abgeltende Wirkung. Im Rahmen Anrechnungsmethode geht die Quellenbelastung zulasten des Fiskus im Wohnsitzland.

[557] Quellensteuern fallen vor allem bei Dividenden- und Zinszahlungen an Haushalte an. Auf Unternehmensebene ist ein Verzicht auf Quellensteuern eher denkbar (vgl. Kapitel C.1.3.3.2.1).

Konsumsteuersystematik im allgemeinen verstoßen.[558] Im Hinblick auf die quellenbasierte Reingewinnbesteuerung wird von Befürwortern der territorialen Konsumsteuern auf die äquivalenztheoretische Überlegung verwiesen, wonach dem Quellenland ein Recht zur Besteuerung der auf standortspezifische Faktoren zurückzuführenden Einkommensanteile zusteht.[559] Allerdings ändert auch dieses Argument nichts an der Tatsache, dass letztlich der Beitrag des Faktoranbieters zum inländischen Sozialprodukt besteuert wird.[560] Selbst eine quellenbasierte Arbeitseinkommensbesteuerung wie bei der ITP und ICF verliert unter diesem Blickwinkel ihre Rechtfertigung.[561]

Diese Überlegungen zeigen einmal mehr, dass eine indirekte Konsumbesteuerung mittels direkter Steuern in einer offenen Volkswirtschaft erhebliche Probleme aufwirft. Denn das primäre Besteuerungskonzept, die konsumtive Einkommensverwendung zu belasten, spiegelt sich in der Bemessungsgrundlage nicht unmittelbar wider. Allerdings ist dies kein spezifisches Problem der direkten, sondern ein Problem der territorialen Konsumsteuern. Denn auch die nach dem Ursprungslandprinzip erhobene *Umsatzsteuer* greift auf Quellentatbestände der Ausländer zu. Im Gegensatz zu den direkten Konsumsteuern entfällt lediglich das Problem der Quellensteuern auf Zinsen und Dividenden, da diese im Rahmen der Umsatzbesteuerung nicht erhoben werden. Arbeits- und inframarginale Kapitaleinkommen bilden hingegen eine synthetische Bemessungsgrundlage. Offensichtlich ist die aus der Besteuerung resultierende Quellenbelastung bei einer Überwälzung der Umsatzsteuer in die Faktorentgelte, wodurch die Steuererhöhung eine geringere Bruttorendite (im Fall inframarginaler Renditen) sowie einen geringeren Bruttolohnsatz impliziert. Und auch im Fall einer Überwälzung in die Güterpreise sind die an ausländische Bezieher fließenden inländischen Faktoreinkommen (infolge des Wechselkurseffektes) mit dem Umsatzsteuertarif des Inlandes belastet, wenngleich damit kein direkter Beitrag zum Steueraufkommen des Inlandes verbunden ist.[562] Insgesamt kann daher auch die nach dem Ursprungslandprinzip

---

558 So räumt auch Musgrave, P. B. (2000a), S. 92 ein, die Erhebung von Quellensteuern „... would represent a cumbersome combination of consumption and income tax bases...“.

559 Vgl. McLure (1992), S. 149f.

560 Zudem kann nicht sachgemäß zwischen ortsgebundenen und nicht-ortsgebundenen inframarginalen Renditen differenziert werden (vgl. dazu Musgrave, P. B. (1992), S. 181; Musgrave, P. B. (1991), S. 561). Letztlich belastet die Reingewinnsteuer auch nicht-ortsgebundene Reingewinne.

561 Wie im Hinblick auf die Kapitalbesteuerung könnte argumentiert werden, dass zumindest der inframarginale ortsgebundene Lohnanteil zu besteuern ist (vgl. Musgrave, P. B. (1992), S. 181). Weder der inframarginale Lohn noch der ortsgebundene Anteil wird sich aber erfassen lassen.

562 Steueraufkommen erzielt das Inland erst, wenn die Ausländer inländische Produkte kaufen. Allerdings impliziert dies keine direkte Belastung, wie Musgrave, P. B. (1991), S. 551 meint. Denn der Preiseffekt wird durch die relative Aufwertung der ausländischen Währung kompensiert.

erhobene Umsatzsteuer aufgrund des unvermeidbaren Steuerlastexportes dem Kriterium der *inter-nation equity* nicht genügen.[563]

Es lässt sich zusammenfassen: Die im Rahmen der Einkommensteuer am Äquivalenzprinzip orientierte Rechtfertigung von Quellenbesteuerungsrechten ist im Rahmen der Konsumbesteuerung, bei der auf eine Besteuerung des Verbrauchs inländischen Sozialprodukts abgestellt wird, nicht angemessen. Dem Kriterium der zwischenstaatlichen Steueraufkommensverteilungsgerechtigkeit im konsumsteuersystematischen Sinne kann nur die nach dem Bestimmungslandprinzip erhobene Umsatzsteuer vollkommen genügen. Die direkten Konsumsteuern und die nach dem Ursprungslandprinzip erhobene Umsatzsteuer implizieren hingegen eine Quellenbelastung der Ausländer im Hinblick auf deren Beitrag zum inländischen Sozialprodukt. Die Folge ist ein nicht zu rechtfertigender Steuerlastexport zulasten des Konsumlands, in dem die Güter konsumiert werden.

C.6.4 Administration

Die Eignung einer Steuer wird maßgeblich dadurch bestimmt, wie hoch der mit ihrer Erhebung verbundene Verwaltungsaufwand ist. Denn die über die Zahllast hinausgehenden Kosten für den Steuerpflichtigen bzw. die auf Seiten des Fiskus anfallenden Verwaltungskosten laufen dem primären Zweck der Steueraufkommenserzielung entgegen. Ein Steuersystem bzw. eine internationale Steuersystemkonstellation sollte sich insofern durch eine Minimierung dieser Zusatzkosten auszeichnen.[564]

Bei der Beurteilung der Einkommensteuer bzw. der Konsumsteuerbausteine unter dem Gesichtspunkt der Steueradministration sind drei Aspekte zu berücksichtigen: Zunächst werden die Steuern im Hinblick auf die Komplexität im Zusammenhang mit der *Ermittlung der Steuerbemessungsgrundlage* verglichen (Kapitel C.6.4.1). Denn eine einfach zu erfassende Bemessungsgrundlage ist Voraussetzung für eine praktikable Steuer. Zweitens wird analysiert, in welchem Rahmen die einzelnen Steuern *Umgehungsmöglichkeiten* bieten (Kapitel C.6.4.2). Denn der daraus resultierende Kontrollaufwand impliziert für den Fiskus einen im Vergleich zum tatsächlichen Steueraufkommen geringeren Nettoerlös. Und drittens soll der im Zusammenhang mit der Umsetzung der nationalen und internationalen Steuersystematik verbundene *zwischenstaatliche Koordinationsbedarf* beurteilt werden, woraus sich Implikationen für die nationale administrative Autonomie ergeben (Kapitel C.6.4.3).

---

[563] Die gegensätzliche Auffassung von Musgrave, P. B. (2000a), S. 92 wird insofern nicht geteilt.

[564] Die Bedeutung dieser Besteuerungsnorm ist im Kontext anderer Besteuerungsziele durchaus zu relativieren - im Sinne der Besteuerungsneutralität und interpersonellen Gerechtigkeit ist ein höheres Maß an (theoretisch vermeidbarer) Komplexität durchaus zu rechtfertigen.

C.6.4.1 Einfachheit und Praktikabilität

Im Zusammenhang mit der Ermittlung der Steuerbemessungsgrundlage entstehen dem Steuerpflichtigen Informations-, Planungs- und Deklarationskosten. Der Fiskus muss die Grundsätze und Regeln für die Ermittlung der Bemessungsgrundlage definieren und die Deklarationen der Steuerpflichtigen kontrollieren. Im Sinne der „administrativen Effizienz"[565] sollte die Bemessungsgrundlage einer Steuer einfach zu ermitteln sein, um diese Zusatzkosten der Besteuerung zu minimieren.

Die *Einkommensteuer* ist unter diesem Gesichtspunkt sicherlich zu kritisieren. Probleme ergeben sich einerseits aus dem Bedarf, sämtliche Einkommen eines Steuerpflichtigen zur Bildung einer synthetischen Bemessungsgrundlage zu erfassen. Dies betrifft nicht nur die in- und ausländischen realisierten, sondern (idealerweise) auch die nicht realisierten Einkommen.[566] Ferner lassen sich die mit der (auf der Basis eines Vermögensvergleichs erfolgenden) Ermittlung von Gewinneinkünften verbundenen Abgrenzungs- und Bewertungsfragen nicht befriedigend lösen.[567] Nicht zuletzt wird die auf punktuelle Eingriffe zurückzuführende Komplexität gegenwärtiger Einkommensteuersysteme beklagt. Dem Anspruch der Einfachheit wird die Einkommensteuer daher keineswegs gerecht.[568]

Insbesondere die im Zusammenhang mit der Gewinnermittlung auftretenden Probleme sind für die Kritiker der Einkommensteuer ein zentrales Argument, den Konsum anstatt des Einkommens als Steuerbemessungsgrundlage zu wählen.[569] So sind Wertermittlungsfragen bei Anwendung der Sofortabschreibung (CFS, Umsatzsteuer) tatsächlich hinfällig. Trotzdem ist zu bezweifeln, dass mit einem Systemwechsel diese Probleme der Einkommensteuer gelöst werden. Hingewiesen sei zum einen auf die Tatsache, dass die Wahl der Abschreibungsmethode bei der CFS mit verzinslichem Verlustvortrag sowie bei der ACE einen Einfluss auf die barwertmäßige Steuerbelastung des Unternehmens hat, sofern der steuerfreie

---

565 Vgl. Kaiser (1992), S. 9.

566 Ausnahmen, wie etwa Freibetragsregelungen und die Freistellung ausländischer Einkünfte, vereinfachen zwar die Bemessungsgrundlage, sind aber aufgrund der Auflösung der synthetischen Bemessungsgrundlage unter allokativen und distributiven Gesichtspunkten negativ zu beurteilen.

567 Vgl. z.B. Wagner (1999), S. 15ff. Auch hier gehen Vereinfachungen (wie z.B. pauschalierte Abschreibungsregelungen) zulasten der Systemkonsistenz. - Bei Arbeitseinkommen treten insofern keine Bewertungsfragen auf, als diese auf Basis der Cash-Flow-Steuer-Systematik besteuert werden. Die Bemessungsgrundlage ermittelt sich aus den Überschüssen der Einkünfte über die (allerdings ebenfalls nicht einfach abzugrenzenden) Werbungskosten (vgl. Wenger (1999)).

568 Vgl. Wenger (1999); McLure/Zodrow (1991), S. 125, Kirchhof u.a. (2001), S. 18f. So verwundert es nicht, dass die Verwaltungskosten einen nicht erheblichen Anteil an den Steuereinnahmen ausmachen. Blumenthal/Slemrod (1995) beziffern diesen Anteil in den USA auf bis zu 7%.

569 Vgl. McLure/Zodrow (1996b), S. 100f.; McLure/Zodrow (1991), S. 125; Bach (1999), S. 105; Sunley (1989), S. 13f.

Kapitalzins nicht die tatsächlichen Kapitalkosten widerspiegelt. Zum anderen muss berücksichtigt werden, dass Unternehmen (anders als Haushalte)[570] im Rahmen der Konsumbesteuerung auf die Ermittlung des Gewinns nicht verzichten können. Denn der Gewinn dient keinesfalls nur als Steuerbemessungsgrundlage (einer Einkommensteuer), sondern auch der Berichterstattung an Anteilseigner, der internen Rentabilitätskontrolle, als Grundlage für die Ermittlung gewinnabhängiger Arbeitsentgelte und als Ausgangspunkt einer Bonitätsprüfung durch Kreditgeber. Diese Funktionen würde der Gewinn unabhängig vom Steuersystem behalten, weil der Cash-Flow, der zinsbereinigte Gewinn oder die Umsatzsteuerzahllast diese Aussagekraft nicht besitzen. Zudem besteht für Tochterkapitalgesellschaften im Kollisionsfall eine gewinnbasierte Deklarationspflicht gegenüber dem Fiskus des Y-Landes. Die insofern notwendige parallele Ermittlung beider Bemessungsgrundlagen bedeutet für die Unternehmen keine Vereinfachung, sondern eine reformbedingte zusätzliche Belastung.

Ganz davon abgesehen ist auch die Ermittlung der Bemessungsgrundlage der Konsumsteuern nicht ohne Probleme. Die einzelnen Konsumsteuerbausteine weisen allerdings Unterschiede auf: Vorteilhaft erscheint die *Umsatzsteuer*, da (mit dem Wegfall der Steuerveranlagung von Haushalten) die Zahl der Steuerpflichtigen im Vergleich zur Einkommensteuer erheblich (und zudem auf buchführungspflichtige Einzelwirtschaften) reduziert wird. Allerdings sind die Probleme nicht zu übersehen, hinzuweisen ist nur auf den Bedarf einer sachgemäßen Abgrenzung steuerbarer und nicht steuerbarer Umsätze sowie abzugsfähiger und nicht abzugsfähiger Vorleistungen.[571] Und im Zusammenhang mit der Umsetzung des Vorsteuerabzugs entstehen auf Seiten der Unternehmen umfangreiche Belegpflichten.

Zusätzliche Probleme treten bei grenzüberschreitenden Umsätzen auf, obwohl internationale Einkommen nicht berücksichtigt werden. Beim Bestimmungslandprinzip ist der Verbrauchsort eindeutig zu definieren, weil sich daraus die Steuerpflicht und die internationale Steueraufkommensverteilung ergibt. Die mit der Entlastung der Exporte und der Belastung der Importe verbundenen Belegpflichten und Kontrollaufwendungen fallen je nach Grenzausgleichssystem bei Fiskus

---

[570] Aaron (1990), S. 392 und Kaiser (1992), S. 208 vertreten die Auffassung, Haushalte müßten auch im Rahmen der Konsumbesteuerung ihr Einkommen zur Ermittlung von Sozialtransferverpflichtungen bzw. -ansprüchen deklarieren. Allerdings würde das dem Grundgedanken der Konsumbesteuerung widersprechen. Im Konsumsteuersystem sollten sich auch Transferleistungen an der Konsumleistungsfähigkeit orientieren! Marginale Kapitaleinkommen bleiben dann unberücksichtigt.

[571] Daneben treten Fragen über den Lieferungsort und –zeitpunkt (als Auslöser der Steuerpflicht) auf (zu zahlreichen weiteren Detailproblemen vgl. z.B. Völkel/Karg (2001)). Slemrod (1996), S. 370ff. geht davon aus, dass im Zusammenhang mit der Steuererhebung bis zu 5% der Steuereinnahmen verloren gehen. Diese Verwaltungskosten sind damit nicht wesentlich geringer als bei der Einkommensteuer, was auch Studien über die europäische Umsatzsteuer (vgl. dazu Slemrod (1996), S. 373) belegen.

und Unternehmen an. Möglicherweise wird ein gewerblicher Lieferant im Bestimmungsland steuerpflichtig, wenn der Empfänger nicht der Umsatzsteuer unterliegt. Auch dem Haushalt können im Zusammenhang mit Direktimporten Deklarationspflichten auferlegt werden. Und bei Anwendung des grenzüberschreitenden Vorsteuerabzugs entstehen Aufwendungen im Zusammenhang mit dem Clearingverfahren, mit dem eine am Bestimmungslandprinzip orientierte Steueraufkommensverteilung sichergestellt werden soll. Belastungen für die Unternehmen sind unvermeidbar, wenn das Clearing auf mikroökonomischen Daten (Nachweis über Im- und Exporte) basiert. Beim Ursprungslandprinzip entfallen zwar die mit dem Grenzausgleich verbundenen Probleme – grenzüberschreitende Umsätze sind wie Inlandsumsätze zu handhaben. Abgrenzungsfragen ergeben sich hier jedoch in bezug auf die sachgemäße Festlegung bzw. Ermittlung des Ursprungsortes. Ferner haben konzerninterne Verrechnungspreise für die Steuerbelastung und Steueraufkommensverteilung Bedeutung, was sowohl Steuerplanungs- als auch Kontrollkosten verursacht. Beim Mischprinzip potenzieren sich die Probleme. Denn neben den mit der Umsetzung des Ursprungs- bzw. Bestimmungslandprinzips verbundenen Problemen muss der Anwendungsbereich beider Prinzipien eindeutig festgelegt werden.[572]

Bei den *direkten Unternehmenskonsumsteuern* überzeugt unter dem Gesichtspunkt der Einfachheit auf den ersten Blick insbesondere die R-CFS aufgrund der auf realwirtschaftliche Zahlungsströme beschränkten Bemessungsgrundlage.[573] Hingegen zeichnet sich die RF-CFS durch eine gegenüber der Einkommensteuer und der R-CFS erweiterte Bemessungsgrundlage aus, indem im Zusammenhang mit Krediten auch die Kredittransaktion und die Tilgungsleistungen steuerlich berücksichtigt werden. Möglicherweise ist dies aus Sicht der Unternehmen nicht gravierend, da sie ohnehin zur Buchführung verpflichtet sind. Mit der ACE wird im wesentlichen an einkommensteuerliche Ermittlungsvorschriften angeknüpft, der einzige Unterschied betrifft die Integration des ACE-Abzugs. Eine nennenswerte Mehrbelastung ist auch hier nicht zu erwarten. Sofern für alle Unternehmen ein gemeinsamer Verlustvortragszins (CFS) bzw. „Schutzzins“ (ACE) gilt, halten sich auch die Mehraufwendungen auf Seiten des Fiskus in Grenzen.[574]

Elementare Unterschiede zwischen den direkten Unternehmenskonsumsteuern bestehen im Hinblick auf die Besteuerung internationaler Sachverhalte. Die R-

[572] Einen Einblick in die Komplexität der mit dem Mischprinzip verbundenen Probleme bzw. des durch eine Verlagerung des Grenzausgleichs in die Unternehmen umgesetzten Bestimmungslandprinzips geben IDW (1997) und Birkenfeld (2001) am Beispiel des in der Europäischen Union zur Anwendung kommenden Umsatzsteuersystems.

[573] Vgl. Zodrow (1997), S. 48; Slemrod (1996), S. 374f.

[574] Anders wäre dies, wenn sich der Fiskus um eine Berücksichtigung unternehmensspezifischer Kapitalkosten bemühen würde. Derartige Erhebungskosten wären wohl kaum zu vertreten.

CFS überzeugt in dieser Hinsicht aufgrund der konsequenten Anwendung der Freistellungsmethode. Im Vergleich zur Einkommensteuer wird das internationale Steuerrecht damit erheblich vereinfacht. Allerdings gewinnt die Verrechnungspreisproblematik für eine sachgerechte Zuordnung der Wertschöpfungsanteile bei mehrstufigen internationalen Produktionsprozessen an Bedeutung. Bei der RF-CFS und der ACE unterliegen wie bei der Einkommensteuer Zinseinkommen zwingend der Sitzortbesteuerung. Für Gewinneinkommen kann neben der Sitzortbesteuerung auch die Freistellungsmethode zur Anwendung kommen, wobei möglicherweise zwischen Veräußerungs-, thesaurierten und ausgeschütteten Gewinnen differenziert wird. Zusätzlich muss (im Kollisionsfall) zwischen der eingeschränkten und erweiterten Sitzortbesteuerung differenziert werden. Die mit der Besteuerung internationaler Sachverhalte verbundenen Probleme (Erfassung der steuerrelevanten Sachverhalte, Anrechnung ausländischer Steuern) bleiben alles in allem bestehen. Vor allem der Kollisionsfall wird die Komplexität des internationalen Steuerrechts zunehmen.

Bei den *direkten Haushaltskonsumsteuern* ist die ITP der ICF bzw. der Einkommensteuer insofern überlegen, als die Bemessungsgrundlage auf Arbeitseinkommen verkürzt wird.[575] Ausgehend von der Einkommensteuer entfällt damit eine gesamte Einkommensart. Im Hinblick auf die Besteuerung von Arbeitseinkommen ergeben sich hingegen keine systematischen Änderungen. Nicht zu übersehen ist das an Bedeutung gewinnende Problem einer sachgemäßen Differenzierung zwischen (steuerpflichtigen) Arbeitseinkommen und (steuerfreien) Kapitaleinkommen. Soll die Systematik der vorgelagerten Besteuerung auf qualifizierte Vermögen beschränkt werden, um die vorgelagerte Besteuerung des Kapitals sicherzustellen, sind weitere Komplikationen vorprogrammiert. Denn dann unterliegen nicht-qualifizierte Kapitaleinkommen der Einkommensbesteuerung und das Steuerrecht wird letztlich um die Einkunftsart der (wenn auch steuerfreien) qualifizierten Kapitaleinkommen erweitert. Die daraus resultierenden Probleme sind vergleichbar mit jenen, die aus den Freibetragsregelungen im Rahmen der Einkommensteuer resultieren. Den Haushalten entstehen hier zusätzliche Belegpflichten, die sich nur durch eine allgemeine Anwendung der vorgelagerten Methode der Kapitalbesteuerung vermeiden ließen.

Die ICF unterscheidet sich von der ITP insofern, als die Anwendung der qualifizierten Konten zwingend ist. Die Haushalte müssen neben Arbeits- auch nicht-qualifizierte (d.h. der Einkommensteuersystematik unterliegende) Kapitaleinkommen sowie sämtliche Transaktionen im Zusammenhang mit den qualifizierten Konten deklarieren. Im Unterschied zur ITP sind zudem sämtliche Kredittransak-

[575] Vgl. McLure/Zodrow (1991), S. 134f.; Zodrow (1997), S. 47; Musgrave, P. B. (1991), S. 556; Rose (1998b), S. 103f. Diese Vereinfachung ist allerdings im Kontext des Konsumsteuerkonzepts, wonach lediglich marginale Kapitaleinkommen steuerfrei zu stellen sind, kritisch zu sehen.

tionen zu erfassen.[576] Die Komplexität des persönlichen Steuerrechts wird daher zunehmen.

Weitere (allerdings auch im Rahmen der Einkommensteuer bekannte) Probleme treten im Zusammenhang mit der Besteuerung internationaler Sachverhalte auf: So sollte im Bereich der Arbeitseinkommensbesteuerung das Wohnsitzprinzip (im Sinne des Weltkonsumprinzips) umgesetzt werden. Das Problem der Einkommenserfassung und der Anrechnung der darauf ruhenden Steuern bleibt insofern im Vergleich zur Einkommensteuer bestehen. Wird im Rahmen der ITP generell auf die Besteuerung von Kapitaleinkommen verzichtet, impliziert dies nicht automatisch einen Verzicht auf die Erfassung dieser Einkommen. Denn sofern das andere Land (insbesondere im Kollisionsfall) Quellensteuern erhebt und diese im Sinne einer allokativ effizienten und interpersonell gerechten Besteuerung angerechnet werden sollen, ist die Erfassung der zugrunde liegenden Kapitaleinkommen erforderlich. Bleibt das System der Konsumbesteuerung jedoch auf qualifizierten Kapitaleinkommen beschränkt (möglicherweise bei der ITP, zwingend bei der ICF), bestehen die einkommensteuerlichen Regelungen auch für nicht-qualifizierte internationale Kapitaleinkommen fort. Kapitaleinkommen sind zu erfassen und zumindest die Quellensteuern sind anzurechnen. Vereinfachungen gegenüber der Einkommensteuer sind nicht erkennbar. Gleiches gilt für die qualifizierten Kapitaleinkommen im Rahmen der ICF. Zusätzliche Probleme entstehen gegenüber der Einkommensteuer im Hinblick auf die Berücksichtigung ausländischer Steuern im Zusammenhang mit der vorgelagerten Ent- bzw. Belastung der qualifizierten Kapitalakkumulation.

Wie sich also zeigt, sind die Konsumsteuern der Einkommensteuer im Hinblick auf die Praktikabilität bei der Ermittlung der Steuerbemessungsgrundlage nicht überlegen. Wenngleich zunächst zu vermuten ist, dass mit einem Wechsel zur Konsumsteuer die der Einkommensteuer inhärenten Probleme im Zusammenhang mit der Gewinnermittlung entfallen, so erweist sich doch selbst dieser Aspekt als Fiktion. Darüber hinaus kann die Ermittlung und Erfassung des Konsums bzw. der Arbeits- und inframarginalen Kapitaleinkommen keineswegs als einfach bezeichnet werden. Infolge der Reform ergeben sich lediglich andere Abgrenzungs- und Erfassungsprobleme.[577] Auch im Bereich der internationalen Besteuerung sind Vereinfachungen nicht zu erwarten.[578] Sofern die Steuersystematik derartige

[576] Vgl. Goode (1997), S. 30; Slemrod (1996), S. 376f.; Graetz (1979), S. 1595ff.; McLure/Zodrow (1991), S. 134f.; Kaiser (1992), S. 208; Zodrow/McLure (1991), S. 458. Der Vorschlag von Aaron/Galper (1985), S. 74f., geringfügige Kredite nicht in die nachgelagerte Systematik einzubeziehen, ist kaum befriedigend, weil dies nur neue Abgrenzungs- und Erfassungsprobleme hervorruft.

[577] Es sollte berücksichtigt werden, dass hier keine Details, sondern nur die Grundzüge der bei der Ermittlung der Bemessungsgrundlage auftretenden Fragen angesprochen wurden.

[578] Ferner ist anzumerken, dass die im Kollisionsfall auftretenden Probleme auch aus Sicht des Y-Landes eine zunehmende Komplexität des nationalen und internationalen Steuerrechts implizieren.

Vereinfachungen (insbesondere in Form eines Besteuerungsverzichts) vorsieht, sind diese im Kontext der Besteuerungseffizienz und –gerechtigkeit kritisch zu sehen. Ferner ist zu berücksichtigen, dass auch den Konsumsteuern mit der Zeit eine Überfrachtung mit nicht-fiskalischen Aufgaben droht. Punktuelle Eingriffe und Ausnahmeregelungen implizieren dann die gleiche Komplexität, wie sie derzeit bei der Einkommensteuer zu beobachten ist. Die Auffassung der Konsumsteuerbefürworter, durch eine Konsumsteuerreform ließe sich der Verwaltungsaufwand für den Fiskus und für die Steuerpflichtigen reduzieren,[579] ist daher nicht gerechtfertigt. Offenbar bleibt ein einfaches Steuersystem in einer komplexen Umwelt Wunschdenken. Zumindest ist eine derartige Komplexität keine Frage der Steuerbemessungsgrundlage.

C.6.4.2 Ausgewählte Steuergestaltungsmöglichkeiten

Bei der Analyse der einzelwirtschaftlichen Allokationsentscheidungen wurde bisher angenommen, dass sämtliche steuerrelevanten Sachverhalte erfasst und besteuert werden. Jedes Steuersystem bzw. jede Systemkonstellation eröffnet allerdings Möglichkeiten der Steuerumgehung mit dem Ziel der Steuerlastminimierung. Hierbei kann zwischen folgenden Varianten differenziert werden (vgl. Abbildung 3):[580]

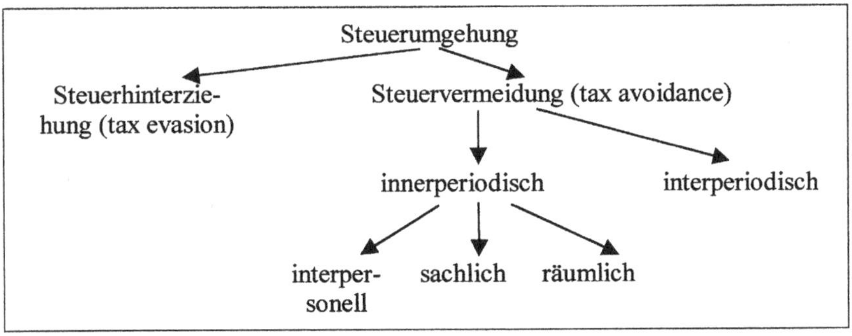

Abbildung 3: Strategien der Steuerumgehung

Der Tatbestand der Steuerhinterziehung ist dadurch gekennzeichnet, dass ein steuerrelevanter Sachverhalt vom Steuerpflichtigen nicht deklariert wird. Demgegenüber zeichnet sich die Steuervermeidung durch die Umqualifizierung eines steuerrelevanten Sachverhaltes aus. Dies geschieht innerhalb der gleichen Periode durch Ausnutzung interpersoneller, sachlicher oder räumlicher Belastungsunter-

[579] Für eine derartige optimistischere Beurteilung vgl. Hall/Rabushka (1996), S. 31ff.; Zodrow/McLure (1991), S. 429; McLure/Zodrow (1991), S. 145f. und Genser (1990), S. 524.

[580] Vgl. ähnlich Stiglitz (1985).

schiede. Im Rahmen der interperiodischen Steuervermeidung resultiert die Belastungsminderung aus der Ausnutzung von Belastungsunterschieden in unterschiedlichen Perioden.

Unter ökonomischen Gesichtspunkten[581] ist die Steuerumgehung kritisch zu beurteilen: Erstens wird die Erfüllung der fiskalischen Besteuerungsfunktion gefährdet. Zweitens wird durch eine ungleiche Belastung gleichwertiger Tatbestände ein ineffizientes und interpersonell ungerechtes Besteuerungsergebnis hervorgerufen. Die notwendige höhere Besteuerung der verbleibenden erfassbaren Bemessungsgrundlage verschärft diese Probleme. Und drittens verursacht die Existenz von Steuerumgehung bzw. entsprechenden Möglichkeiten Kontroll- und Erfassungskosten auf Seiten des Fiskus sowie Steuerplanungskosten auf Seiten der Steuerpflichtigen.[582] Daher sollte sich ein Steuersystem bzw. eine internationale Steuersystemkonstellation dadurch auszeichnen, dass den Steuerpflichtigen bzw. Steuerdestinataren möglichst wenige Umgehungsmöglichkeiten geboten werden. Denn nur so lässt sich ein zielkonformes Besteuerungsergebnis erreichen. Im folgenden ist zu beurteilen, ob eine Konsumsteuerreform in dieser Hinsicht Verbesserungen mit sich bringt.

Bei der *Einkommensteuer* ist die Steuerumgehung ein allgegenwärtiges Problem. Die Steuerhinterziehung, also die Nichtdeklaration von Einkommen, ist ein insbesondere im Zusammenhang mit internationalen Portfoliokapitaleinkommen zu beobachtendes Phänomen. Eine Steuerersparnis durch interpersonelle Einkommensverlagerungen ergibt sich z.B. durch eine Übertragung von Kapitalvermögen auf Steuerpflichtige mit einem geringeren marginalen Steuersatz. Sachlich bedingte Steuervermeidungsstrategien resultieren aus Lücken in der synthetischen Bemessungsgrundlage. So ist es möglicherweise sinnvoll, Arbeitseinkommen (zur Ausnutzung bestehender Freibeträge) in Kapitaleinkommen zu transformieren, Gewinne nicht in Form von Dividenden auszuschütten sondern als (steuerfreie) Veräußerungsgewinne zu realisieren, bestimmte Investitionsprojekte aufgrund günstiger Abschreibungsregelungen vorzuziehen oder die Kapitalakkumulation auf steuerbegünstigte Sparformen zu beschränken. Zwischenstaatliche Belastungsunterschiede lassen sich durch gezielte Einkommensverlagerungen in das relative Niedrigsteuerland ausnutzen, sofern das Wohnsitzprinzip nicht lückenlos durchgesetzt wird. Gelten für unterschiedliche Einkommensarten verschiedene

[581] Steuerumgehungsmöglichkeiten sind möglicherweise damit zu rechtfertigen, dass sich der Steuerpflichtige vor einem übermäßigen Zugriff des Staates auf das persönliche Einkommen und Vermögen schützen kann. Steuersystematisch überzeugt diese Sichtweise allerdings nicht.

[582] Ob die Steuerumgehung legal oder illegal ist, ist hier von zweitrangiger Bedeutung und letztlich eine Frage der Ausgestaltung des Steuergesetzes. In ökonomischer Hinsicht ist entscheidend, dass jede Vermeidungsstrategie aufgrund der verursachten Wohlfahrtseffekte unerwünscht ist. Die Illegalisierung von Vermeidungsstrategien hat den Vorteil, dass das Ausmaß der Steuerumgehung möglicherweise sinkt und eine breitere Steuerbemessungsgrundlage zur Verfügung steht.

internationale Besteuerungsprinzipien, wirken zudem Umqualifizierungsmaßnahmen (z.B. in bezug auf Zinsen und Dividenden) steuermindernd. - Insgesamt ist die Einkommensteuer unter dem Aspekt der sich bietenden Steuerumgehungsmöglichkeiten sicherlich negativ zu beurteilen. Da sich im Kollisionsfall infolge der mangelnden Kompatibilität mit der Konsumsteuersystematik weitere Besteuerungslücken ergeben, wird das Problem der Steuerumgehung infolge der unilateralen Reform aus Sicht des Y-Landes zudem an Bedeutung gewinnen.

Bei einer Konsumbesteuerung auf Basis der *Umsatzsteuer* werden die Möglichkeiten zur Steuerhinterziehung bereits durch die fehlende Steuerpflicht der Haushalte eingeschränkt. Allerdings können die Unternehmen eine aktive Steuerhinterziehung betreiben. Diese basiert auf einer Nichtdeklaration steuerpflichtiger Umsätze bzw. auf der Wahrnehmung des Vorsteuerabzugs ohne Besteuerung der Umsatzerlöse. Wenngleich das System des Vorsteuerabzugs als Kontrollmechanismus fungiert, weil jedem Vorsteuerabzug beim Käufer eine Steuerpflicht des Verkäufers gegenübersteht, so sind entsprechende Manipulationen (insbesondere auch bei grenzüberschreitenden Umsätzen) doch nicht gänzlich auszuschließen.[583] Zusätzliche Probleme entstehen im Zusammenhang mit der Besteuerung von Umsätzen an Endverbraucher, da in diesem Fall der Kontrollmechanismus des Vorsteuerabzugs versagt. Verzichtet der Empfänger einer Leistung auf eine Rechnung, kann der Lieferant die Umsatzsteuer leicht hinterziehen.

Im Vergleich zur Einkommensteuer sind die Möglichkeiten zur Steuervermeidung eingeschränkt. Denn aufgrund des linearen Steuertarifs haben sachliche (Umqualifizierung von Besteuerungssachverhalten) und interpersonelle Vermeidungsstrategien keine Bedeutung für die Belastung des Konsums. Gleiches gilt (unter der Voraussetzung eines zeitlich konstanten Steuertarifs) auch in bezug auf die interperiodische Steuervermeidung. Evident sind jedoch die bereits besprochenen Anreize zur Verlagerung des Konsum- bzw. Faktoreinsatzort in das relative Niedrigsteuerland. Ein internationales Belastungsgefälle beinhaltet im Rahmen des Mischprinzips (parallele Anwendung von Bestimmungslandprinzip für gewerbliche Umsätze und des Ursprungslandprinzips für nicht-gewerbliche Umsätze) eine Umgehungsmöglichkeit, indem Umsätze in das relativen Niedrigsteuerland als gewerblich, Umsätze in das relative Hochsteuerland als nicht-gewerblich deklariert werden. Fehlende Grenzkontrollen ermöglichen eine Fingierung des Umsatzes, womit dieser lediglich „auf dem Papier" und nicht real stattfinden muss.

Bei den direkten Unternehmenskonsumsteuern zeichnet sich die *ACE* durch eine enge Verwandtschaft mit der Körperschaftsteuer aus. Die bereits genannten Prob-

[583] Zum Problem des Vorsteuerabzugsbetrugs (Abzug der Vorsteuer ohne Abführung der Umsatzsteuer), auch in Verbindung mit Karussellgeschäften, vgl. Ammann (2001) und Mittler (2001). Das Problem ist vor allem darin zu sehen, dass die Inanspruchnahme des Vorsteuerabzugs und die Veranlagung zur Umsatzsteuer nicht zeitgleich erfolgen.

leme, wie etwa die Hinterziehung durch Nichtdeklaration von Einkünften und die Steuervermeidung durch internationale Gewinnverlagerung via Verrechnungspreise und Gesellschafterfremdfinanzierung, bleiben insofern bestehen. Vielschichtiger sind die Probleme bei Erhebung einer *R-CFS*. Denn diese ist durch eine auf realwirtschaftliche Zahlungsströme beschränkte Bemessungsgrundlage gekennzeichnet. Eine Steuerhinterziehung wird (wie auch im Rahmen der Umsatzsteuer) durch eine Überbewertung der Vorleistungsausgaben bzw. eine Unterbewertung und Nichtdeklaration von realwirtschaftlichen Umsatzerlösen ermöglicht. Möglichkeiten zu einer Steuervermeidung im interperiodischen Sinne erwachsen aus der Tatsache, dass bei antizipierten Tarifänderungen Investitions- bzw. Desinvestitionsmaßnahmen zeitlich verlagert werden können. Bereits hingewiesen wurde auf die Bedeutung eines internationalen Steuerbelastungsgefälles. Die Steuervermeidung durch räumliche Verlagerung von Bemessungsgrundlagen mit Hilfe von Verrechnungspreisen und Anpassungen in der Finanzierungsstruktur ist durch entsprechende Regelungen zu verhindern.

Eine sachliche Vermeidungsstrategie eröffnet sich bei der R-CFS aus der Tatsache, dass Kredittransaktionen bei der Ermittlung der steuerlichen Bemessungsgrundlage nicht berücksichtigt werden. Werden nun steuerpflichtige reale Umsatzerlöse in steuerfreie Zinserträge bzw. nicht-absetzbare Zinskosten in absetzbare reale Vorleistungskosten transformiert, sinkt die Steuerbemessungsgrundlage des betreffenden Unternehmens. Steuermindernd sind derartige Praktiken allerdings nur bei Geschäften mit Wirtschaftssubjekten, die nicht der R-CFS unterliegen. Der Geschäftspartner muss also in seiner Funktion als Lieferant oder Abnehmer von Leistungen bzw. als Gläubiger oder Schuldner in steuerlicher Hinsicht indifferent zwischen realen und finanziellen Erträgen bzw. Aufwendungen sein. Diese Voraussetzung trifft im Kollisionsfall für Unternehmen und Haushalte mit Sitz bzw. Wohnort im Y-Land zu, aber auch für die der ITP (vgl. dazu das Beispiel in Anhang C6-1) unterliegenden Haushalte mit Wohnort im In- (Kollisionsfall) bzw. Ausland (Harmoniefall).[584]

Bei einer Reingewinnbesteuerung auf Basis der *RF-CFS* bestehen im Hinblick auf die interperiodische Steuervermeidung keine Unterschiede zur R-CFS. Bei antizipierten Tarifänderungen bzw. einem von den tatsächlichen Kapitalkosten abweichendem Verlustvortragszins werden Anreize zur intertemporalen Verlagerung steuerpflichtiger bzw. abzugsfähiger Sachverhalte induziert. Wenngleich die Bemessungsgrundlage erweitert wird, sind Steuerhinterziehungen (etwa durch Nichtdeklaration der Kreditaufnahme) angesichts der Buchführungspflicht von Unternehmen kaum in stärkerem Maße zu erwarten als im Rahmen der Einkommensteuer. Steuervermeidung durch räumliche Verlagerung von Bemessungs-

---

[584] Vgl. Kaiser (1992), S. 181; Grubert/Newlon (1997), S. 30; McLure (1991), S. 20; McLure/Zodrow (1996a), S. 76f.

grundlagen in das relative Niedrigsteuerland behalten freilich ihre Bedeutung, zumal für Gewinne und Zinsen unterschiedliche Besteuerungsmethoden zur Anwendung kommen können. Eine Vermeidungsmöglichkeit durch sachliche Umqualifizierung steuerrelevanter Sachverhalte ergibt sich daraus, dass Dividendenzahlungen anders als Zinsen nicht abzugsfähig sind. Indem also Dividenden in Zinsen umqualifiziert werden (ein Anteilseigner z.B. auf Dividenden verzichtet und gleichzeitig höhere Zinsen für das gleichzeitig bereitgestellte Fremdkapital beansprucht),[585] sinkt die Steuerpflicht des Unternehmens. Für den Kapitalanbieter hat dies einen höheren Nettoertrag zur Folge, wenn Kapitaleinkommen entweder nicht (wie im Rahmen der ITP) besteuert werden oder die Anwendung der klassischen Besteuerungsmethode auf inframarginale Gewinne (wie möglicherweise im Rahmen der ICF, insbesondere grenzüberschreitend) beschränkt ist. Eine ähnliche Strategie besteht (sowohl bei Kombinationen mit der RF-CFS als auch der ACE) darin, niedrigere Löhne zugunsten höherer Zinszahlungen auf gleichzeitig gewährte Kredite an den Arbeitgeber zu vereinbaren.[586] Denn dies reduziert die Steuerbelastung der Haushalte.

Bei einer Konsumbesteuerung auf Basis der *ICF* bleiben die aus der Einkommensteuer bekannten Probleme im Zusammenhang mit der Besteuerung von Arbeits- und nicht-qualifizierten Kapitaleinkommen, welche der Einkommensteuer unterliegen, bestehen. Die Steuerhinterziehung in bezug auf qualifizierte Vermögen bzw. die daraus erzielten Einkommen dürfte bedeutungslos sein, weil der Steuerpflichtige die Transaktionen mit dem qualifizierten Konto zur Feststellung des Konsums periodisch deklarieren muss.[587] Eine möglicherweise unsymmetrische Besteuerung von Zinsen, Dividenden, Veräußerungsgewinnen und Arbeitseinkommen schafft wie im Rahmen der Einkommensteuer Anreize für entsprechende Umqualifizierungsmaßnahmen. Zu berücksichtigen sind ferner die aus der progressiven Besteuerung des Periodenkonsums resultierenden Anreize, Progressionsspitzen durch eine Glättung der Konsumausgaben zu vermeiden. Zu diesem Zweck wird der Haushalt einen nicht-qualifizierten Kredit aufnehmen und daraus Konsum finanzieren. In der geschlossenen (kaum aber in der offenen) Volkswirtschaft ließe sich diese Lücke durch eine Meldepflicht in bezug auf bestehende Verbindlichkeiten schließen.[588]

---

[585] Vgl. Bach (1993), S. 111f.; McLure/Zodrow (1991), S. 139

[586] Vgl. Wenger (1989a), S. 291. McLure/Zodrow (1996a), S. 81 schlagen vor, die durch Arbeitnehmer an das Unternehmen vergebenen Kredite als Eigenkapital einzustufen. Alternativ sind die vereinbarten Kreditzinsen auf Angemessenheit zu überprüfen. In Kroatien diente der Zins auf Festgeldeinlagen bei Banken als Grundlage für einen Fremdvergleich (vgl. Rose (1998a), S. 365).

[587] Wenngleich von einer freiwilligen Selbstdeklaration durch die Steuerpflichtigen (vgl. Graetz (1979), S. 1595) nicht auszugehen ist, erscheinen Bedenken (wie etwa bei Zodrow/McLure (1991), S. 458ff.; McLure/Zodrow (1991), S. 137; Musgrave, P. B. (1991), S. 555f.) insofern unbegründet.

[588] Vgl. Krause-Junk (1999a), S. 134; McLure/Zodrow (1991), S. 137f. Allerdings ist zu berück-

Die ICF eröffnet ferner Steuervermeidungsmöglichkeiten infolge interpersoneller Belastungsunterschiede. So führt eine Verlagerung steuerlicher Bemessungsgrundlage auf Familienmitglieder oder Bekannte, die einer niedrigeren marginalen Belastung unterliegen, zu einer geringeren Steuerbelastung inframarginaler Kapitaleinkommen. Diese Vermögensübertragung kann einerseits auf dem Weg einer Schenkung erfolgen.[589] Einer Schenkungsteuer könnten die Steuerpflichtigen dadurch entgehen, dass unter der Voraussetzung unterschiedlicher marginaler Steuersätze eine Kreditvergabe zu einem über (unter) der Zeitpräferenzrate liegenden Zins an eine Person mit einem im Vergleich zum Gläubiger relativ hohen (geringen) Steuersatz erfolgt. Dies impliziert in der Summe eine Steuerrückerstattung (vgl. Beispiel im Anhang C6-2).[590] Die Einführung eines Familiensplittings würde diese Vermeidungsstrategien nur teilweise aushebeln. Denn zwischen nicht verwandten Personen sowie zwischen In- und Ausländern ließen sich derartige Kreditgeschäfte kaum unterbinden.

Mit der Verkürzung der steuerlichen Bemessungsgrundlage auf Arbeitseinkommen im Rahmen der *ITP* wird das Steuerumgehungspotential des Haushalts erheblich reduziert. Zumindest gilt dies bei isolierter Betrachtung der Haushaltsbesteuerung, Steuerhinterziehung ist lediglich durch Nichtdeklaration von (in- und ausländischen) Arbeitseinkommen möglich. Zu berücksichtigen ist freilich, dass bei einer auf qualifizierte Konten beschränkten Anwendung der vorgelagerten Besteuerung nicht-qualifizierte Kapitaleinkommen weiterhin der Einkommensteuer mit den daraus resultierenden Umgehungsmöglichkeiten unterliegen. Darüber hinaus ist auf die bereits dargestellten Strategien in Verbindung mit der Unternehmensbesteuerung durch Kuppelgeschäfte (kombiniertes Real- und Kreditgeschäft in Verbindung mit der R-CFS, Umqualifizierung von Arbeitseinkommen in Kapital-, insbesondere Zinseinkommen in Verbindung mit der RF-CFS und der ACE) hinzuweisen.

Diese Darstellung potentieller Steuerumgehungsstrategien im Rahmen der Einkommensteuer bzw. der einzelnen Konsumsteuerbausteine, Konsumsteuersysteme und internationaler Systemkonstellationen erhebt nicht den Anspruch auf Vollständigkeit.[591] Auch so wird aber deutlich, dass das Phänomen der Steuerumge-

---

sichtigen, dass die Zinsen für einen nicht-qualifizierten Kredit entsprechend der Einkommensteuersystematik nicht absetzbar sind. Ähnlich wie eine nicht-qualifizierte Kapitalakkumulation wirkt ein solches Vorgehen daher nur dann steuermindernd, wenn der Zeitraum kurz und die Progression scharf ist.

[589] Vgl. Peffekoven (1980), S. 424; Graetz (1979), S. 1623ff. Dies betont die Bedeutung einer Schenkungsteuer im Rahmen der ICF (vgl. Fußnote 35).

[590] Vgl. Seidl (1990), S. 427; Zodrow/McLure (1991), S. 458; Zodrow (1997), S. 48; McLure/Zodrow (1996a), S. 78; McLure/Zodrow (1991), S. 135.

[591] Steuersparmodelle werden im Zuge einer Konsumsteuerreform nicht lange auf sich warten lassen. Für eine detailliertere Darstellung potentieller Umgehungsstrategien hätte genauer auf die

hung sowie die damit verbundenen Probleme weder bei uni- noch bei bilateraler Erhebung von Konsumsteuern obsolet sind. Wiederum verdienen die in einer offenen Volkswirtschaft auftretenden Komplikationen besondere Beachtung. Die Fiski müssen die Steuerpflichtigen im Hinblick auf ihre internationalen Aktivitäten und ihre Steuerdeklarationen überprüfen. Aus Sicht des Steuerpflichtigen verliert die Steuerplanung nicht an Bedeutung. Derartige Zusatzbelastungen lassen sich also nicht vermeiden.

C.6.4.3 Internationaler Koordinierungsbedarf und Implikationen für die nationale administrative Autonomie

Die Umsetzung nationaler Besteuerungsregelungen ist in einer offenen Volkswirtschaft mit zahlreichen Problemen verbunden. Dies macht eine Zusammenarbeit zwischen Ländern, die jeweils Besteuerungsfunktionen im Bereich der Quellen-/ Wohnsitz- bzw. Sitzortbesteuerung wahrnehmen, unvermeidbar.[592] Erstens besteht der Bedarf an einer *Aufteilung von Besteuerungsrechten* in bezug auf internationale Besteuerungssachverhalte zwischen Quellen- und Wohnsitzland. Zweitens ist für die möglicherweise angestrebte *Umsetzung des Wohnsitzprinzips* die Erfassung sämtlicher internationaler Sachverhalte erforderlich. Hier sowie in Verbindung mit der Migrationsbesteuerung sind Vereinbarungen zur Vermeidung der Doppelbesteuerung zu treffen. Drittens ist ein bilateraler Informationsaustausch angesichts der Möglichkeiten und Anreize zur *Steuerumgehung* unverzichtbar. Und viertens kann sich eine *Steuerharmonisierung* als unerlässlich erweisen, um einen ruinösen Steuerwettbewerb um mobile Faktoren bzw. Haushalte und Unternehmen zu vermeiden.

Der Nutzen einer derartigen zwischenstaatlichen Kooperation ist darin zu sehen, dass auf diesem Weg den fundamentalen Kriterien der allokativen Effizienz, der interpersonellen Besteuerungsgerechtigkeit sowie der zwischenstaatlichen Steueraufkommensverteilungsgerechtigkeit unter Berücksichtigung des primären fiskalischen Besteuerungsziels in höherem Maße entsprochen werden kann, als dies bei fehlender Kooperation der Fall wäre. Andererseits ist zu berücksichtigen, dass Kooperationsmaßnahmen einen zusätzlichen administrativen Aufwand für die Fiski sowie einen Verlust an nationalstaatlicher *administrativer Autonomie*[593] implizieren. Insofern kann eine bilaterale Kooperation zur Lösung internationaler Besteuerungskonflikte, zur Schließung von Besteuerungslücken und zur Vermei-

Ausgestaltung der Konsumsteuerbausteine eingegangen werden müssen. Dies wurde hier bewußt unterlassen.

[592] McLure (1992), S. 150 differenziert zwischen zwei Formen der bilateralen Zusammenarbeit: zwischen der Festlegung allgemeiner Besteuerungsregeln („rules of the game") sowie sachverhaltsbezogener Kooperation („day-to-day-cooperation").

[593] Vgl. McLure (1992), S. 150; bei Cnossen (1996), S. 77 hingegen „operational independence".

dung des Steuerwettbewerbs nur eine zweitbeste Lösung sein. Dem vorzuziehen ist eine internationale Steuersystemkonstellation, bei welcher der Bedarf an zwischenstaatlicher Kooperation auf ein Minimum begrenzt werden kann, ohne andere Besteuerungsnormen zu verletzen.[594]

Die *Einkommensteuer* kann auch in dieser Hinsicht sicherlich nicht befriedigen. Die in Doppelbesteuerungsabkommen verankerten Vereinbarungen im Hinblick auf die Vermeidung der Doppelbesteuerung, die Aufteilung von Besteuerungsrechten und die Verpflichtung zu gegenseitiger Amtshilfe sind Ausdruck dafür, dass ohne eine umfassende internationale Zusammenarbeit die mit der Einkommensteuersystematik verbundenen Besteuerungsziele im Rahmen der beschränkten bzw. unbeschränkten Steuerpflicht nicht zu verwirklichen sind. Letztlich ist eine Harmonisierung der Steuerbemessungsgrundlagen und Tarife notwendig, um eine ineffiziente Faktorallokation (bei Umsetzung des unter Praktikabilitätsgründen sicherlich zu begrüßenden Quellenlandprinzips) bzw. eine Verzerrung gegen die Sitzort- bzw. Wohnortwahl international mobiler Unternehmen und Haushalte (bei Umsetzung des Welteinkommensprinzips) zu vermeiden. Die bilaterale Einkommensbesteuerung erfordert insofern ein hohes Maß an zwischenstaatlicher Kooperation.[595]

Die *Konsumsteuern* sind in dieser Hinsicht allerdings nicht vielversprechender. Konflikte hinsichtlich der Aufteilung von Besteuerungsrechten bei der Besteuerung internationaler Sachverhalte treten bei der nach dem Bestimmungslandprinzip erhobenen Umsatzsteuer im Zusammenhang mit der Festlegung des Verbrauchsortes, bei den territorialen Konsumsteuern (ITP, ICF, CFS, ACE, Umsatzsteuer nach dem Ursprungslandprinzip) im Zusammenhang mit der Festlegung des Ursprungsortes steuerpflichtiger Sachverhalte auf. Wie bei der Einkommensteuer erfordert die territoriale Konsumbesteuerung Vereinbarungen hinsichtlich der Verrechnungspreisregelungen auf Unternehmensebene und hinsichtlich des Umfangs der Quellenbesteuerung im Rahmen der Faktoreinkommensbesteuerung (Quellenbelastung von Arbeits- und inframarginalen Kapitaleinkommen sowie möglicherweise Dividenden- und Zinsquellensteuern). Derartige Besteuerungskonflikte werden durch den Systemwechsel also keinesfalls obsolet.

Ähnlich dem Welteinkommensprinzip bei der Einkommensteuer ergibt sich im Rahmen der Konsumbesteuerung je nach System ein Abstimmungsbedarf zur

---

[594] Im Kontext anderer Besteuerungsnormen ist die Bedeutung der administrativen Autonomie also durchaus zu relativieren (vgl. dazu auch Musgrave, P. B. (1992), S. 182). Denn der Besteuerungseffizienz und -gerechtigkeit wird möglicherweise ein höherer Stellenwert beigemessen.

[595] Im Kollisionsfall ergeben sich aus Sicht des Y-Landes zusätzliche Kooperationserfordernisse infolge der mangelnden Kompatibilität von Einkommensteuer und Konsumsteuern. Dies betrifft Maßnahmen zur Unterbindung der Steuerhinterziehung, zur Reduzierung der Quellenbelastung im C-Land und zur lückenlosen Umsetzung des Welteinkommensprinzips.

Umsetzung des Weltkonsumprinzips. Denn grenzüberschreitende Sachverhalte sind sowohl bei der Arbeitseinkommensbesteuerung (ITP und ICF) als auch bei der Kapitalbesteuerung (ICF, nicht qualifizierte Kapitaleinkommen bei ITP und ICF, Sitzortprinzip im Rahmen der RF-CFS und ACE) zu erfassen. Die bekannten Probleme zur Vermeidung der Doppelbesteuerung und der Vermeidung von Anrechnungsüberhängen bestehen insofern fort. Vereinfachungen versprechen die R-CFS und die nach dem Ursprungslandprinzip erhobene Umsatzsteuer, während beim Bestimmungslandprinzip die Durchsetzung des Grenzausgleichs (zur Vermeidung einer Doppelbelastung international gehandelter Güter) Abstimmungen erforderlich macht.[596]

Wie ferner gezeigt wurde, ist auch die Steuerumgehung ein allgegenwärtiges Problem der Konsumbesteuerung in der offenen Volkswirtschaft. Diese Lücken lassen sich im Sinne eines konsistenten Besteuerungsergebnisses ebenfalls nur durch einen internationalen Informationsaustausch schließen. Zudem kann sich angesichts des drohenden Steuerwettbewerbs um mobile Konsumenten, Faktoren, Haushalte und Unternehmen der Bedarf an Harmonisierungsmaßnahmen im Bereich der Bemessungsgrundlagen und Steuertarife ergeben. Denn wie die entsprechenden Ausführungen gezeigt haben, sind die Konsumsteuern keineswegs vollkommen neutral im Hinblick auf Allokationsentscheidungen.

Alles in allem besteht sowohl im Rahmen der Einkommensteuer als auch bei uni- oder bilateraler Anwendung der Konsumsteuern in der offenen Volkswirtschaft ein Bedarf an bilateraler Kooperation. Administrative Autonomie bleibt, so wünschenswert sie angesichts der damit verbundenen Vereinfachungen ist, trotz der qualitativen Unterschiede zwischen den Besteuerungskonzepten deshalb Fiktion.[597] Sollte sich diese Erkenntnis im Zuge eines Systemwechsel nicht durchsetzen, drohen im Rahmen der Konsumbesteuerung ähnliche Konflikte und Inkonsistenzen, wie sie derzeit im Rahmen der Einkommensteuer zu beobachten sind. Dies würde zulasten der anderen fundamentalen Besteuerungsnormen (Effizienz, Besteuerungsgerechtigkeit) gehen. Besonders deutlich ist dies im Kollisionsfall, bei dem die mangelnde Kompatibilität von Einkommen- und Konsumsteuer selbst durch derartige Kooperationsbemühungen nur schwer zu überbrücken ist. Aber auch im Harmoniefall sind die mit der internationalen Abstimmung verbundenen Verwaltungskosten letztlich unvermeidbar.

---

[596] Der Auffassung (vgl. McLure (1992), S. 511), dass eine Umsatzbesteuerung auf der Basis des Bestimmungslandprinzips nur geringer administrativer Koordination bedarf, ist keineswegs zuzustimmen.

[597] Anders lautende Erwartungen (vgl. z.B. Aaron (1990), S. 393f.) erscheinen insofern unbegründet und basieren auf mangelnder Berücksichtigung hinsichtlich der in einer offenen Volkswirtschaft zu erwartenden Konfliktpotentiale.

C.6.5 Übergangsprobleme und -szenarien

Die Darstellungen in Kapitel C.5 haben gezeigt, dass eine Konsumsteuerreform im Zusammenhang mit dem Kapitalstock zahlreiche Übergangsprobleme impliziert. So droht je nach Kapitalform, Konsumsteuersystem und Übergangsszenario eine durch den Systemwechsel bedingte zusätzliche Belastung oder Entlastung des Altkapitals. Je nach Territorialität, Vermögensverteilung und Überwälzungsstrukturen resultieren daraus unterschiedlichen Ausweichreaktionen sowie interpersonelle und internationale Umverteilungseffekte. Die mit dem Systemwechsel bzw. den Ausgleichsmaßnahmen verbundenen Probleme sollen im folgenden anhand der fundamentalen Besteuerungsnormen beurteilt werden. Dies dient der Beantwortung der Frage, ob der Systemwechsel ohne oder mit Ausgleichsmaßnahmen erfolgen sollte.

Im Hinblick auf die *allokative Effizienz* ist entscheidend, ob eine unsystematische Einbindung des Altkapitals in die neue Konsumsteuersystematik und die damit verbundene Mehr- oder Minderbelastung der Steuerdestinatare Ausweichreaktionen hervorruft oder nicht. Denn Substitutionseffekte stellen Zusatzlasten dar, die es angesichts der daraus resultierenden Wohlfahrtswirkungen zu vermeiden gilt. Unterbleiben werden einzelwirtschaftliche Ausweichreaktionen allerdings nur dann, wenn die Reform nicht antizipiert bzw. rückwirkend umgesetzt wird. Die dann unvermeidlichen Mehr- und Minderbelastungen des Altkapitals stellen aus Sicht der Faktoranbieter bzw. Konsumenten *windfall losses* bzw. *windfall gains* dar, die für die Allokationseffizienz ohne Bedeutung sind.[598] Wird die Reform allerdings antizipiert, sind Ausweichreaktionen zu erwarten. Ausgleichsmaßnahmen zur Vermeidung dieser Substitutionseffekte können sich in diesem Fall als allokativ effizient erweisen.

Zu berücksichtigen sind neben den primären Wohlfahrtseffekten aber auch die fiskalischen Auswirkungen des Systemwechsels. Einerseits sind Zufallsgewinne und –verluste auf Seiten der Unternehmen und Haushalte mit entsprechenden Steuermehreinnahmen bzw. –mindereinnahmen verbunden. Bei einem gegebenen Ausgabenniveau sind im Zusammenhang mit dem Systemwechsel also weitere Tarifanpassungen erforderlich. Da Konsumsteuern keineswegs vollkommen neutral sind, wären niedrige Steuersätze in allokativer Hinsicht vorteilhaft. Ein Reformland sollte daher *windfall gains* besteuern und *windfall losses* keinesfalls ausgleichen.

Ist die Reform andererseits mit Ausweichreaktionen verbunden, sind die mit den Ausgleichsmaßnahmen verbundenen fiskalischen Effekte zu berücksichtigen. Möglicherweise ist es nicht allokationseffizient, Ausweichreaktionen durch fiska-

---

[598] Vgl. Bradford (1996), S. 144; Metcalf (1996) S. 103; Auerbach (1997), S. 144; Sarkar/Zodrow (1993), S. 362f.

lisch aufwendige Maßnahmen (z.B. eine Kompensation) zu unterbinden. Umgekehrt sind die mit einem zusätzlichen Steueraufkommen verbundenen Ausgleichsmaßnahmen zur Vermeidung von Ausweichreaktionen (z.B. Abschreibungslösung im Rahmen der CFS) mit einer „doppelten Dividende“ behaftet. Welches Übergangsszenario gewählt werden sollte, hängt daher nicht nur vom Konsumsteuersystem, sondern auch von den zu erwartenden Ausweichreaktionen und den mit Ausgleichsmaßnahmen verbundenen Steueraufkommenseffekten ab.

Auch im Hinblick auf die *interpersonelle Besteuerungsgerechtigkeit* ruft die Substitution der Einkommensteuer durch eine Konsumsteuer Probleme hervor. Insbesondere eine Überwälzung der drohenden Substanzsteuer auf Arbeitsanbieter und Konsumenten erscheint nicht gerechtfertigt. Denn diese unterliegen – bedingt durch die Verengung der Bemessungsgrundlage - ohnehin einer stärkeren steuerlichen Belastung als im Rahmen der Einkommensteuer. Sofern also eine derartige Querüberwälzung der Substanzsteuer zu befürchten ist, erscheinen Ausgleichsmaßnahmen zulasten der Kapitaleigentümer unter Verteilungsgesichtspunkten erforderlich.

Aber selbst wenn die Übergangsprobleme auf die Kapitaleigentümer beschränkt bleiben, sind die zu erwartenden Umverteilungseffekte zwiespältig zu beurteilen. Eine Substanzbelastung des Altkapitals könnte einerseits mit dem Argument abgelehnt werden, dass damit die an der Einkommensteuer kritisierte Doppelbelastung des Kapitals und die daraus resultierende Diskriminierung zulasten der Bezieher von Kapitaleinkommen bzw. der Sparer zumindest aus Sicht der Besitzer von Altkapital durch die Konsumsteuerreform nicht aufgehoben wird. Andererseits sind es gerade die Bezieher von Kapitaleinkommen, die im System der Konsumsteuer gegenüber den Beziehern von Arbeitseinkommen begünstigt werden.[599] Insofern wäre eine einmalige Zusatzbelastung durchaus gerechtfertigt.[600] Das zusätzliche Steueraufkommen aus der Belastung des Altkapitals eröffnet zudem Verteilungsspielräume zugunsten derjenigen Haushalte, welche durch die Konsumsteuer benachteiligt sind.

Die ebenfalls nicht auszuschließende Steuerfreiheit des aus steuerfreien Einkommen akkumulierten Altkapitals wäre umgekehrt nicht gerechtfertigt. Denn zumindest inframarginale Renditen sollten besteuert werden, andernfalls besteht selbst unter konsumsteuerlichen Bewertungsmaßstäben ein Vorteil für die Eigentümer

---

599 Dieses Argument basiert freilich auf einkommensteuerlichen Überlegungen. Unter Berücksichtigung der Konsumsteuersystematik ist die steuerliche Begünstigung von Kapitaleinkommen gegenüber Arbeitseinkommen unter Verteilungsgesichtspunkten gerade zwingend.

600 Zu berücksichtigen ist freilich, dass sich infolge einer derartigen Substanzbelastung die Vorteile einer konsumsteuerlichen Behandlung von Kapiteleinkommen in bezug auf das Altkapital erst langfristig entfalten, was entsprechende Nachteile für die alte Generation hat (vgl. Pearlman (1996), S. 408; Hall (1997), S. 149; Bradford (1996), S. 146; Sarkar/Zodrow (1993), S. 362).

des Altkapitals. Daher sollte unter Gerechtigkeitsaspekten die Einmalbesteuerung des Altkapitals durch entsprechende Übergangsregelungen unbedingt sichergestellt werden.

Ein weiterer Verteilungsaspekt der Konsumsteuerreform ergibt sich im Hinblick auf die unterschiedlichen Auswirkungen im Bereich der Altkredite. Umverteilungswirkungen zwischen Schuldnern und Gläubigern (abgesehen von der ITP und ACE sind hier alle Konsumsteuerbausteine mit Übergangsproblemen verbunden) sind abzulehnen. Ausgleichsmaßnahmen sind daher unverzichtbar.

Im Hinblick auf die *internationalen interpersonellen Umverteilungseffekte* sind zwei Aspekte zu berücksichtigen: Erstens erscheint eine unterschiedliche Belastung der Inländer in bezug auf ihre in- und ausländischen Vermögen nicht gerechtfertigt. Sofern also die von der inländischen Reform ausgehenden systematischen Änderungen allein das inländische Kapitalvermögen der Inländer betreffen, was vor allem bei den territorialbasierten Konsumsteuern der Fall ist, sind sowohl im Kollisions- als auch im Harmoniefall Ausgleichsmaßnahmen zur Gewährleistung einer steuertechnischen Gleichbehandlung von Inländern in bezug auf ihr Inlands- bzw. Auslandsvermögen erforderlich. Eine Gleichbehandlung ist auch in bezug auf die in- und ausländischen Altkredite der Inländer zu fordern. Praktisch wird sich dies kaum durchsetzen lassen.

Zweitens ist eine Umverteilung zugunsten oder zulasten der Ausländer in bezug auf deren Inlandsvermögen im Sinne der internationalen Verteilungsgerechtigkeit abzulehnen. Die Substanzbesteuerung des im Inland gebundenen Eigen- oder Kreditkapitals ist genauso wenig zu rechtfertigen wie der Verzicht auf die Einmalbesteuerung des aus steuerfreien Einkommen akkumulierten Inlandskapitals. Derartige internationale Umverteilungseffekte sind nicht nur im Hinblick auf die interpersonelle Besteuerungsgerechtigkeit, sondern auch im Hinblick auf die zwischenstaatliche Steueraufkommensverteilungsgerechtigkeit zu vermeiden. Wenngleich unter fiskalischen Gesichtspunkten ein Transfer vom Ausland an das Inland aus Sicht des Inlands durchaus reizvoll ist,[601] würde sich ein solches Szenario nicht ohne internationale Konflikte durchsetzen lassen. Daher sollten Ausgleichsmaßnahmen vorgesehen werden, um die Übergangsprobleme aus Sicht der ausländischen Haushalte und des ausländischen Fiskus bzw. entsprechende internationale Transfers zu vermeiden.

Unter *administrativen Gesichtspunkten* ist der Systemwechsel ohnehin kritisch zu beurteilen: Kommen Ausgleichsmaßnahmen zur Anwendung, sind die mit ihrer Umsetzung verbundenen Kosten unverkennbar. Besonders wird dies für das *grandfathering* und das *phasing in* deutlich, da über einen längeren Zeitraum einkommen- und konsumsteuerliche Regelungen parallel zur Anwendung kommen.

[601] Vgl. Grubert/Newlon (1997), S. 36f.

Auch die *Kompensationslösung* erscheint schwierig, weil es einer sachgerechten Ermittlung der Bemessungsgrundlagen bedarf. Eine *rückwirkende Einführung* der Konsumsteuer würde die nachträgliche Korrektur sämtlicher Steuererklärungen erfordern und insofern sowohl den Fiskus als auch die Steuerpflichtigen belasten.

Aber selbst wenn der Systemwechsel von der Einkommen- zur Konsumsteuer ohne Ausgleichsmaßnahmen umgesetzt wird, sind zusätzliche Verwaltungskosten unvermeidbar. Denn um einzelwirtschaftliche Ausweichreaktionen (insbesondere Mitnahmeeffekte) zu verhindern, ist die Kontrolle im zeitlichen Umfeld des Systemwechsels deutlich zu forcieren.

Insgesamt ergibt sich der Eindruck, dass die mit der Substitution der Einkommensteuer durch eine Konsumsteuer verbundenen *Übergangsprobleme* im Zusammenhang mit der steuerlichen Behandlung des Altkapitals nicht zu unterschätzen sind. Wiederum verdienen die in einer offenen Volkswirtschaft auftretenden Probleme, insbesondere Ausweichmöglichkeiten sowie Verteilungseffekte, besondere Beachtung. Unabhängig davon, welches Übergangsszenario zur Anwendung kommt, sind Effizienzwirkungen und interpersonelle sowie internationale Verteilungseffekte sowie administrative Zusatzbelastungen nicht zu vermeiden. Ob ein Systemwechsel mit oder ohne Ausgleichsmaßnahmen erfolgen sollte, hängt maßgeblich vom Ausmaß und der Struktur internationaler Verflechtungen, von der Gewichtung der Effizienz, der Besteuerungsgerechtigkeit und der Praktikabilität als Normen der Besteuerung sowie von der Leistungsfähigkeit der Steuerverwaltung ab. Die Frage nach dem besten Übergangsszenario ist daher von Fall zu Fall unterschiedlich zu entscheiden.

C.7 Auswertung - Vergleich der Konsumsteuersysteme

In den vorangehenden Kapiteln wurden die mit der uni- und bilateralen Konsumsteuerreform bzw. Konsumbesteuerung in der offenen Volkswirtschaft verbundenen Auswirkungen unter Berücksichtigung *einzelner Besteuerungssachverhalte* analysiert und anhand fundamentaler Besteuerungskriterien beurteilt. Zum Teil wurden dabei gravierende Unterschiede zwischen den berücksichtigten Konsumsteuern offensichtlich. Unter Verwendung dieser Ergebnisse bzw. durch eine Gegenüberstellung der jeweiligen Vor- und Nachteile soll nun eine *sachverhaltsübergreifende Gesamteinschätzung für jede Konsumsteuer* erfolgen. Zunächst erfolgt dies im Hinblick auf die in Kapitel B.1 vorgestellten Konsumsteuerbausteine (Kapitel C.7.1) und anschließend im Hinblick auf die in Kapitel B.3 vorgestellten Konsumsteuersysteme (Kapitel C.7.2). Die Ausführungen enden mit einem Versuch, die Frage nach dem *besten* Konsumsteuersystem zu beantworten (Kapitel C.7.3).

C.7.1 Vorüberlegung: Vergleich der Konsumsteuerbausteine

C.7.1.1 Umsatzsteuer

Die Umsatzsteuer nimmt als indirekte Steuer eine Sonderstellung im Rahmen der hier berücksichtigten Konsumsteuervorschläge ein. Ein genereller Nachteil dieser Konzeption ist darin zu sehen, dass aufgrund des Objektsteuercharakters die Personifizierung der Steuerbelastung nicht möglich ist. Der innerperiodische Verlustausgleich gewährleistet hingegen (möglicherweise anders als bei Anwendung der direkten Konsumsteuern, s.u.) intertemporale Neutralität. Und wenngleich die Erhebung der Umsatzsteuer mit zahlreichen administrativen Problemen verbunden ist, so wird das Steuersystem durch die Entbindung der Haushalte von der Steuerpflicht im Vergleich zur Einkommensteuer doch erheblich vereinfacht.

In der offenen Volkswirtschaft werden die mit der Umsatzsteuer verbundenen Besteuerungswirkungen und Probleme maßgeblich durch deren Territorialität determiniert: Das *Bestimmungslandprinzip* überzeugt im Hinblick auf die Besteuerungskonzeption. Indem der Binnenkonsum belastet wird, kann einer zentralen Anforderung an eine Konsumsteuer – nicht den Beitrag eines Steuerpflichtigen zum Sozialprodukt, sondern den Verbrauch zu besteuern - entsprochen werden. Im Kollisionsfall resultieren daraus freilich zahlreiche unlösbare Probleme. Denn die unilaterale Belastung der Einkommensverwendung (im C-Land) gegenüber einer Besteuerung der Einkommensentstehung (im Y-Land) hat allokative sowie distributive Unzulänglichkeiten aus Sicht der Y-Inländer und der C-Inländer zur Folge. Die exponierte Stellung des Reformlandes im internationalen Steuerwettbewerb um Faktoren und Unternehmen wird massive Gegenreaktionen des Auslands hervorrufen. Im Harmoniefall wird die Bedeutung bilateraler Belastungsunterschiede im Hinblick auf die Allokationseffizienz im Vergleich zur bilateralen Einkommensbesteuerung möglicherweise abnehmen, da der Binnenkonsum (bzw. der Haushalt in bezug auf seinen Wohn- und Konsumort) in geringerem Maße international mobil ist als Kapital und Unternehmen. Die distributiven Unzulänglichkeiten bleiben infolge einer ungleich hohen Besteuerung des In- und Auslandskonsums allerdings bestehen. Unter administrativen Gesichtspunkten ist das Bestimmungslandprinzip sowohl im Kollisions- als auch im Harmoniefall kritisch zu beurteilen, weil der notwendige Grenzausgleichs hohe Zusatzkosten verursacht. Im Hinblick auf die zu erwartenden Übergangsprobleme weist die nach dem Bestimmungslandprinzip erhobene Umsatzsteuer die üblichen Probleme einer auf die Erfassung realer Ströme beschränkten nachgelagerten Konsumsteuer auf (Substanzbesteuerung / Wegfall des Schuldzinsabzug).

Kommt das *Ursprungslandprinzip* zur Anwendung, werden die auf dem Territorium des C-Landes erwirtschafteten Arbeits- und inframarginalen Kapitaleinkommen besteuert. Zum Konsum besteht damit kein unmittelbarer Zusammenhang, was unter dem Gesichtspunkt der zwischenstaatlichen Steueraufkommensverteilungsgerechtigkeit bzw. der Konsumsteuerkonzeption zu kritisieren ist. Allerdings ist dies ein Problem sämtlicher ursprungsbasierter, also auch der direkten Konsumsteuern. Die synthetische Quellenbesteuerung von Arbeits- und inframarginalen Kapitaleinkommen impliziert infolge der mangelnden Anrechenbarkeit im Kollisionsfall bzw. infolge der systematisch bedingten Freistellungsmethode sowohl im Kollisionsfall als auch im Harmoniefall Verzerrungen im Bereich der Faktorallokation, nicht jedoch im Bereich der Einkommensverwendung. Anders als im Rahmen der Einkommensteuer können diese Belastungsdifferenzen nicht durch Umsetzung des Wohnsitzprinzips korrigiert werden, was wiederum mit der Einkommensbesteuerung vergleichbare Verteilungsprobleme (Ungleichbehandlung in- und ausländischer Einkommen) zur Folge hat. Die Steuerharmonisierung gewinnt insofern an Bedeutung. Nicht zu vernachlässigen sind die mit der Einführung des Ursprungslandprinzips verbundenen realen Preisanpassungen. Aufgrund des territorialen Charakters wird auch ein Ausländer in bezug auf sein Inlandskapital, nicht jedoch ein Inländer in bezug auf sein Auslandskapital vom Übergangsszenario tangiert. Die in der Europäischen Union andauernde Diskussion um einen Übergang zum Ursprungslandprinzip[602] verdeutlicht allerdings die im Zusammenhang mit dem Grenzausgleich bestehenden Vorteile gegenüber dem Bestimmungslandprinzip. Denn die dort notwendigen Grenzkontrollen sind weder zeitgemäß noch lückenlos durchzusetzen. Allerdings birgt auch die systematische Gleichstellung inländischer und grenzüberschreitender Umsätze Umgehungsmöglichkeiten und Abgrenzungsprobleme.

Bei der dritten Variante der Umsatzbesteuerung, dem *Mischprinzip*, werden gewerbliche Umsätze nach dem Bestimmungslandprinzip, nicht-gewerbliche Umsätze hingegen nach dem Ursprungslandprinzip besteuert. Diese Kombination kann keinesfalls als ein „goldener Mittelweg" der Umsatzbesteuerung in der offenen Volkswirtschaft angesehen werden. Zwar sinken die im Zusammenhang mit der Durchsetzung des Grenzausgleichs verbundenen Kosten, andererseits entstehen zusätzliche Abgrenzungsfragen, Manipulationsmöglichkeiten und allokative Verzerrungen. Denn die Umsatzsteuer degeneriert in diesem Fall zur Einkaufslandsteuer. Vor diesem Hintergrund sollte eine Randlösung angestrebt werden.

Zusammenfassend lässt sich feststellen, dass eine Konsumbesteuerung auf Basis der Umsatzsteuer sowohl Vor- als auch Nachteile beinhaltet. Die Entscheidung für eine bestimmte internationale Besteuerungssystematik erfordert eine Gewichtung der fundamentalen Besteuerungsnormen. So spricht das Kriterium der Allokationseffizienz für das Bestimmungs- und gegen das Ursprungslandprinzip, das Kriterium der Praktikabilität umgekehrt für das Ursprungs- und gegen das Bestimmungslandprinzip.[603] Verteilungsgerechtigkeit bleibt ohnehin eine Fiktion, da

---

[602] Vgl. zu dieser Diskussion bereits Andel (1965) und auch Andel (1986).

[603] Selbst im Fall weitestgehender Harmonisierung, bei dem die allokativen Probleme des Ur-

eine Personifizierung der Steuerbelastung nicht möglich ist. Dies ist der entscheidende Nachteil einer Steuer, bei der Haushalte lediglich als Steuerdestinatare fungieren. Dem Ziel einer horizontal gerechten Steuer kommt das Bestimmungslandprinzip aufgrund der engen Ortsbindung von Wohn- und Konsumort aber näher als das Ursprungslandprinzip, bei dem der Faktoreinsatzort die Belastung des Konsums determiniert.

C.7.1.2 Direkte Unternehmenskonsumsteuern

Mit der R-CFS, der RF-CFS und der ACE stehen drei Bausteine für die Reingewinnbesteuerung auf Unternehmensebene zur Verfügung. Die *ACE* besticht durch eine enge steuertechnische Verwandtschaft zur Einkommensteuer, was sowohl Vor- als auch Nachteile hat: Mit der Möglichkeit einer Anknüpfung an einkommensteuerliche Regelungen werden sowohl die Übergangsprobleme als auch der Änderungsbedarf im Bereich der laufenden Besteuerung inländischer und grenzüberschreitender Sachverhalte minimiert.[604] Die Bemessungsgrundlage der Körperschaftsteuer muss lediglich um den ACE-Abzug zur Berücksichtigung der Kapitalkosten ergänzt werden. Dieser offensichtliche Vorteil gegenüber der CFS wird allerdings durch zwei entscheidende Nachteile erkauft: Erstens behalten die aus der Einkommensbesteuerung bekannten Probleme im Bereich der nationalen und insbesondere internationalen Besteuerung ihre Bedeutung. Hinzuweisen ist nur auf die Bewertung steuerrelevanter Sachverhalte (Abschreibung), die internationale Aufteilung der Besteuerungsrechte, die Erfassung von Einkommen, die Maßnahmen zur Vermeidung der Doppelbesteuerung sowie die Steuerumgehungsmöglichkeiten. Zweitens muss aufgrund der exogenen Festlegung des "Schutzzinses" auf das investierte Eigenkapital die Erfüllung des Kriteriums intertemporaler Neutralität letztlich scheitern. Einem wesentlichen Ziel der Konsumsteuerreform, die marginalen Kapitalkosten nicht zu besteuern, kann insofern nicht vollkommen entsprochen werden. Vielmehr ist zu erwarten, dass die Höhe der steuerfrei zu stellenden Kapitalgewinne zum Spielball unterschiedlicher Interessen (von Unternehmen, Fiskus und Steuerpolitikern) wird. Der Nutzen einer auf der ACE basierenden Unternehmenssteuerreform muss angesichts der zentralen Zielsetzung, lediglich Reingewinne zu erfassen und die Kapitalakkumulation nicht zu behindern, aus diesem Grund bezweifelt werden.

Ein wesentlicher Vorteil der *CFS* gegenüber der ACE ist darin zu sehen, dass durch die Gewährung eines innerperiodischen Verlustausgleichs (wie auch bei der Umsatzsteuer) die tatsächlichen Kapitalkosten berücksichtigt werden können und

sprungslandprinzips an Bedeutung verlieren, ist das Bestimmungslandprinzip unter administrativen Gesichtspunkten abzulehnen. Denn die Notwendigkeit zur Umsetzung des Grenzausgleichs bleibt bestehen. Zur allgemeinen Bedeutung der Steuerharmonisierung im Zusammenhang mit der Konsumsteuerreform vgl. zusammenfassend Kapitel D.1.3.

[604] Vgl. IFS (1994), S. 48; Rose (1996), S. 1089.

intertemporale Neutralität gewährleistet wird. Wird ein innerperiodischer Verlustausgleich hingegen abgelehnt,[605] dann verliert der Aspekt der intertemporalen Neutralität beim Vergleich von CFS und ACE an Bedeutung. Denn zumindest für jene Unternehmen, die infolge hoher Investitionskosten negative Cash Flows aufweisen, birgt die Tatsache einer exogenen Festlegung des Verlustvortragszinses wie auch bei Anwendung der ACE das Risiko einer nicht adäquaten Berücksichtigung der marginalen Kapitalkosten mit entsprechend negativen Folgen für die Investitionsneutralität. Die RF-CFS weist gegenüber der R-CFS insofern Vorteile auf, als durch die Einbeziehung von Kredittransaktionen negative Cash Flows weniger wahrscheinlich sind.[606]

Ein Nachteil der CFS ist darin zu sehen, dass aufgrund der zahlungsstromorientierten Berechnung der Bemessungsgrundlage eine komplette Abkehr von einkommensteuerlichen Ermittlungsvorschriften erfolgt. Die daraus resultierenden Übergangs- und allgemeinen Anwendungsprobleme sind selbst unter Vernachlässigung internationaler Besteuerungssachverhalte sowohl bei der R-CFS als auch bei der RF-CFS nicht zu übersehen. Besonders deutlich werden die aus der Cash-Flow-Steuer-Systematik resultierenden Probleme aber im Kollisionsfall. Nicht nur die unilaterale Freistellung des marginalen Kapitalertrags, sondern auch die Verweigerung des Schuldzinsabzugs (R-CFS) bzw. die Integration der Kredit- und Tilgungstransaktionen (RF-CFS) implizieren unlösbare zwischenstaatliche Besteuerungskonflikte und allokative Verzerrungen im Hinblick auf die laufende Besteuerung und den Systemwechsel.

In bezug auf die allgemeinen Risiken der Reingewinnbesteuerung weisen die direkten Unternehmenskonsumsteuern gegenüber der nach dem Ursprungslandprinzip erhobenen Umsatzsteuer den grundsätzlichen Vorteil auf, dass ihre Anrechenbarkeit mit dem Y-Land grundsätzlich vereinbart werden kann. Ein Vorteil der RF-CFS und ACE gegenüber der R-CFS ist darin zu sehen, dass internationale Besteuerungssachverhalte auf der Ebene der Muttergesellschaft in die Bemessungsgrundlage integriert werden können. Denn die im Rahmen der R-CFS erzwungene Anwendung der Freistellungsmethode erweist sich angesichts der Tatsache, dass eine bilateral differenzierte Besteuerung nicht-ortsgebundener Reingewinne im Harmoniefall bzw. eine unilaterale Reingewinnbesteuerung im Kollisionsfall Einfluss auf die Standortentscheidung hat, als nachteilig. Die Freistellungsmethode vereinfacht das internationale Steuerrecht freilich erheblich. Daher

[605] Zu begründen wäre dies mit den aus einem innerperiodischen Verlustausgleich resultierenden fiskalischen Risiken (im Sinne der Manipulationsanfälligkeit) und Kosten (vgl. Fußnote 75).

[606] Besonders deutlich wird dieser Effekt, wenn zusätzliche Investitionen durch eine Kreditaufnahme finanziert werden. - Ein weiterer grundlegender Vorteil der RF-CFS gegenüber der R-CFS wird (vor allem in politökonomischer Hinsicht) darin gesehen, dass Finanzintermediäre infolge der Zinsbesteuerung in das Steuersystem integriert werden (vgl. McLure/Zodrow (1996a), S. 74ff.).

erfordert auch die Entscheidung zwischen R-CFS, ACE und RF-CFS eine Gewichtung der Besteuerungsnormen.

C.7.1.3 Direkte Haushaltskonsumsteuern

Mit der ICF und der ITP wurden zwei Bausteine zur Bildung kombinierter Konsumsteuersysteme berücksichtigt, deren Vergleich bereits aufgrund der fehlenden Gleichwertigkeit hinsichtlich ihrer Belastungswirkungen unmöglich ist. Zwar führen beide Steuern in bezug auf die Besteuerung von (inländischen und grenzüberschreitenden) Arbeitseinkommen zum gleichen Besteuerungsergebnis, sie sind freilich auch mit den gleichen Problemen wie die Einkommensteuer verbunden (allokative Verzerrungen im Rahmen des Wohnsitz- bzw. Quellenlandprinzips, Erfassung der Bemessungsgrundlage). Der Systemwechsel würde insofern keine Verbesserungen mit sich bringen, zumal die im allgemeinen notwendige höhere Besteuerung von Arbeitseinkommen im Vergleich zur Einkommensteuer zusätzliche Verzerrungen impliziert.

Im Hinblick auf die Kapitalbesteuerung unterscheiden sich jedoch beide Varianten. So weist die ICF gegenüber der ITP zwei entscheidende Vorteile auf: Zum einen spiegelt sich in der nachgelagerten Besteuerung mit der Belastung des Periodenkonsums die Konsumsteuerkonzeption unmittelbar wider. Zum anderen wird (im Idealfall) eine synthetische Besteuerung von Arbeits- und inframarginalen Kapitaleinkommen gewährleistet, was sowohl im Hinblick auf die Allokationseffizienz als auch im Hinblick auf die Besteuerungsgerechtigkeit zu begrüßen ist. Die unter administrativen Gesichtspunkten auf den ersten Blick vorteilhafte Verkürzung der Steuerbemessungsgrundlage auf Arbeitseinkommen bei der ITP wird durch einen Verlust an steuerlicher Neutralität und Gerechtigkeit in bezug auf die Besteuerung inländischer und grenzüberschreitender Sachverhalte erkauft.

Die Nachteile der ICF resultieren aus der Notwendigkeit qualifizierter Konten. Dies impliziert nicht nur zusätzlichen administrativen Aufwand, sondern hat auch eine einkommensteuerliche Behandlung nicht-qualifizierter Kapitaleinkommen zur Folge. Sollte sich ein Verzicht auf die qualifizierten Konten bei der ITP (angesichts einer lückenlosen Arbeitseinkommensbesteuerung) als vertretbar erweisen, wäre der ITP unter diesem Gesichtspunkt eindeutig der Vorzug zu geben. Andererseits fungiert das System der qualifizierten Konten auch als Kontrollmechanismus, mit dem die Steuerhinterziehung im allgemeinen bzw. speziell im Hinblick auf den Systemwechsel maßgeblich erschwert wird. Sofern qualifizierte Konten auch bei der ITP zur Anwendung kommen müssten, wäre der ICF eindeutig der Vorzug zu geben. Zudem bestehen bei der ITP erhebliche Probleme im Zusammenhang mit der Abgrenzung von steuerpflichtigen Arbeits- und steuerfreien Kapitaleinkommen. Insofern wird (wie bei anderen Steuersystemen auch) die Einfachheit der ITP vor allem durch Zugeständnisse in den Bereichen der Effizienz und Gerechtigkeit erkauft. Welcher der beiden Bausteine zu bevorzugen ist, ist deshalb nicht eindeutig.

C.7.2 Vergleich der Systemvorschläge

C.7.2.1 Umsatzsteuerbasierte Systeme

Die Umsatzsteuer kann, da sie als einzige der hier vorgestellten Konsumsteuerbausteine eine synthetische Besteuerung von Arbeits- und inframarginalen Kapitaleinkommen gewährleistet, als Alleinsteuer zur Anwendung kommen. Ohne Zweifel würde dies einen eleganten Weg der Konsumbesteuerung darstellen, weil sich der Konsum unmittelbar bzw. direkt erfassen lässt.[607] Die Nachteile sind insbesondere in den Implikationen für die Steuerlastverteilung zu sehen, aufgrund der mangelnden Personifizierbarkeit wird gegen die fundamentale Norm der Besteuerungsgerechtigkeit verstoßen. Wenngleich alle Steuern letztlich von Haushalten zu tragen sind, könnte die Befreiung der Unternehmen von direkten Steuerlasten die breite Akzeptanz des Konsumsteuersystems gefährden. Ferner weist ein Alleinsteuersystem den Nachteil auf, dass dort bestehende Steuerlücken nicht geschlossen werden können – gerade in der offenen Volkswirtschaft ist dies ein nicht zu unterschätzendes Problem. Der Vorschlag der Umsatzsteuer als alleinige Konsumsteuer wird daher wohl kaum Zustimmung finden. Dies ist allerdings kein spezifisches Problem einer Besteuerung in einer offenen Volkswirtschaft, das gleiche Urteil würde sich bei einer Abstrahierung von grenzüberschreitenden Zusammenhängen ergeben.

Die mit der Anwendung eines Alleinsteuersystems verbundenen Probleme sowie die mangelnde Verteilungsgerechtigkeit ließen sich mildern, wenn die Umsatzsteuer mit einer direkten Haushaltskonsumsteuer kombiniert wird. Unter allokativen und distributiven Gesichtspunkten wäre dabei der ICF in Kombination mit der nach dem Bestimmungslandprinzip erhobenen Umsatzsteuer der Vorzug zu geben. Zudem wird damit eine kombinierte Besteuerung des Binnen- bzw. Weltkonsums erreicht. Unter administrativen Gesichtspunkten wäre hingegen die Kombination aus ITP (insbesondere bei einem Verzicht auf qualifizierte Konten) und der nach dem Ursprungslandprinzip erhobenen Umsatzsteuer zu präferieren. Durch Anwendung zweier territorialer Konsumsteuern wird allerdings eine doppelte Belastung des inländischen Mehrwerts herbeigeführt, was sich im Hinblick auf den internationalen Steuerwettbewerb als nachteilig erweisen kann. Das grundsätzliche Problem einer fehlenden Unternehmensbesteuerung wird allerdings bei beiden Kombinationen nicht gelöst.

---

[607] So stellt auch Kaiser (1992), S. 32 fest, dass es im Sinne einer „funktionalen Finanzpolitik durchaus zu empfehlen“ wäre, den Konsum unmittelbar über die Umsatzsteuer zu belasten. Sofern die Steuer in die Faktorentgelte rücküberwälzt wird, ist dies allerdings nicht mehr gewährleistet.

C.7.2.2 Systeme auf Basis direkter Konsumsteuern

Systeme auf der Basis direkter Konsumsteuern bieten den Vorteil, dass eine Reingewinnbesteuerung auf Unternehmensebene mit einer personifizierten Steuerbelastung auf Haushaltsebene kombiniert werden kann. Allerdings besteht auch hier ein grundsätzlicher Konflikt zwischen den Normen der Effizienz und Gerechtigkeit auf der einen sowie der Praktikabilität auf der anderen Seite: Der einfachste Weg eines Systemwechsels würde sicherlich mit der *ITP/ACE* beschritten.[608] Ausgehend von der Einkommensteuer ist die Unternehmenssteuer lediglich durch den ACE-Abzug zu ergänzen, während auf Haushaltsebene die Kapitalbesteuerung entfallen kann. Weil zentrale allokationstheoretische Argumente für die Konsumsteuer (Freistellung des marginalen Kapitalertrags und Besteuerung inframarginaler Renditen) missachtet werden, stellt eine derartige Reform allerdings nur einen halbherzigen Versuch dar.

Geradezu vollkommen erscheint im Gegensatz dazu die *ICF/RF-CFS* mit innerperiodischem Verlustausgleich. Denn die daraus resultierende Freistellung der marginalen Kapitalkosten sowie die synthetische Besteuerung der (idealerweise auch grenzüberschreitenden) Arbeitseinkommen, inframarginalen Gewinne und überhöhten Zinsen entspricht der Konsumsteuersystematik. Mangelnde Praktikabilität, gravierende Übergangsprobleme und Komplikationen im Kollisionsfall sind unübersehbare negative Begleiterscheinungen dieser ansonsten überzeugenden Konsumsteuer.

Die anderen Konsumsteuervorschläge (ICF/ACE, ICF/R, ITP/R, ITP/RF) sind zwischen diesen Randlösungen anzusiedeln. Ausgehend von der praktikablen ITP/ACE kann die Bemessungsgrundlage auf Haushaltsebene (hin zur ICF) bzw. auf Unternehmensebene (über die R-CFS bis hin zur RF-CFS) im Sinne eines allokativ bzw. distributiv superioren Besteuerungsergebnisses modifiziert werden.

C.7.3 Ergebnis – Gibt es ein superiores Konsumsteuersystem?

Bevor in Kapitel D.1 die Konsumsteuer im Vergleich zur Einkommensteuer *allgemein* gewürdigt wird, ergibt sich als Abschluss der Detailbetrachtung einzelner Konsumsteuervorschläge die Frage nach dem besten Konsumsteuersystem.

Bei der Analyse und Bewertung der mit der Einführung und Anwendung einzelner Konsumsteuerbausteine und Konsumsteuern verbundenen Auswirkungen wurde deutlich, dass keiner der Vorschläge frei von Problemen ist, und sowohl die Vor- als auch die Nachteile unterschiedlich (intensiv) ausgeprägt sind. Die Bedeutung einzelner Vor- und Nachteile für das Gesamtergebnis wird unter Berück-

[608] Offenbar überwogen auch bei der Reform in Kroatien derartige Überlegungen, zumal in einem solchen Transformationsland die Steuerverwaltung relativ schlecht entwickelt ist.

sichtigung der in offenen Volkswirtschaften auftretenden Komplikationen maßgeblich durch den Grad weltwirtschaftlicher Integration eines potentiellen Reformlandes bestimmt. Die Entscheidung wird dadurch aber keineswegs erleichtert, was erneut die Bedeutung der Globalisierung für die Konsumsteuerdebatte betont.

Unverkennbar ist (wie auch bei der Einkommensteuer) jedoch der unlösbare Konflikt zwischen der allokativen Effizienz bzw. der interpersonellen Besteuerungsgerechtigkeit auf der einen und der Praktikabilität auf der anderen Seite. Vollkommen befriedigend im Kontext fundamentaler Besteuerungsnormen ist insofern keines der hier vorgestellten Konsumsteuersysteme. Die im Vorfeld einer Konsumsteuerreform notwendige Entscheidung zugunsten eines bestimmten Konsumsteuersystems erfordert daher Kompromisse. Nur durch eine Analyse der Rahmenbedingungen und eine Definition der mit der Reform verbundenen Ziele lässt sich für diesen Konflikt eine Lösung finden.

Insofern gibt es keine allgemeine Antwort auf die Frage, welches der hier vorgestellten Konsumsteuersysteme letztlich zu präferieren ist. Dieses Ergebnis ist keinesfalls befriedigend. Es verdeutlicht aber die Komplexität des Entscheidungsraumes, mit der ein Land im Vorfeld eines geplanten Systemwechsels konfrontiert wird. Es verdeutlicht ferner die Tatsache, dass im Hinblick auf den Vergleich alternativer Konzepte der Konsumbesteuerung (auch unter Berücksichtigung der Probleme in der offenen Volkswirtschaft) weiterhin Diskussionsbedarf besteht.

D Konsequenzen und kritische Würdigung

Die gewonnenen Ergebnisse sollen nun abschließend in ihrer Bedeutung für die Steuerreform- bzw. Steuersystemdebatte beurteilt werden. In Kapitel D.1 wird diskutiert, ob der Konsum allgemein bzw. im Vergleich zu anderen Steuersystemen eine geeignete Bemessungsgrundlage darstellt. Darauf aufbauend soll eine Reformstrategie abgeleitet werden. Die kritische Würdigung der Ergebnisse unter Berücksichtigung der zugrunde gelegten Annahmen in Kapitel D.2 rundet die Überlegungen ab.

D.1 Anmerkungen zur Konsumsteuerdebatte

D.1.1 Konsum – eine geeignete Steuerbemessungsgrundlage?

Ihre Befürworter sehen in der Konsumsteuer das Potential, der fiskalischen Besteuerungsfunktion unter Berücksichtigung fundamentaler Besteuerungsnormen gerecht zu werden. Vor dem Hintergrund der gewonnenen Ergebnisse bestehen allerdings Zweifel, ob die Konsumsteuer diesem Anspruch tatsächlich gerecht werden kann. Denn eine entscheidungsneutrale, eine (im Sinne der Konsumleistungsfähigkeit) interpersonell gerechte und zudem einfache Besteuerung erweist sich weitestgehend als Fiktion. Dies gilt selbst unter Abstraktion von internationalen Zusammenhängen, insbesondere aber bei einer Konsumbesteuerung in der offenen Volkswirtschaft. Dass im Kollisionsfall eine Reihe der prognostizierten Probleme auf die Einkommensteuersystematik im Ausland bzw. die Reaktionen des Auslands zurückzuführen ist, erscheint dabei von nachrangiger Bedeutung. Denn entscheidend sind nicht die Ursachen, sondern die Folgen der mangelnden Kompatibilität von Einkommen- und Konsumsteuer. Darüber hinaus hat sich gezeigt, dass selbst im Harmoniefall Verletzungen der fundamentalen Besteuerungsnormen nicht immer zu vermeiden sind. Wenngleich sich die Konsumsteuersysteme in ihren Auswirkungen und in ihrer Beurteilung unterscheiden, so gibt es doch kein Modell, welches sämtlichen hier herangezogenen Beurteilungsmaßstäben vollkommen gerecht werden kann.

Insofern kann die Konsumsteuer sicherlich nicht befriedigen. Allerdings ist es nicht plausibel, diese Konzeption mit einer derartigen Argumentation abzulehnen. Denn eine Steuer muss sich in erster Linie nicht an den Idealen, sondern an ihren Alternativen messen lassen. Maßgeblich für die Gesamtbewertung der Konsumsteueralternative ist daher insbesondere ihr Vergleich mit der Einkommensteuer.

Unter diesem Blickwinkel relativieren sich die hier dargelegten Probleme der Konsumbesteuerung freilich. Denn auch die Einkommenssteuer korrespondiert – auch dies wurde im Rahmen der Ausführungen deutlich - in vielfältiger Hinsicht nicht mit den Anforderungen an ein Steuersystem. Damit stellt sich die Frage, welchem der beiden Besteuerungskonzepte der Vorzug gegeben werden sollte:

Bei einem solchen Vergleich sollte die Norm der interpersonellen *Besteuerungsgerechtigkeit* nicht übermäßig strapaziert werden. Denn Gerechtigkeit ist kein objektives Kriterium und ein Vergleich beider Konzeptionen führt zu widersprüchlichen Ergebnissen. Da sich einkommen- und konsumsteuerliche Gerechtigkeitsgrundsätze konträr gegenüberstehen, jede Steuer sich aber auf der Grundlage ihrer jeweiligen Gerechtigkeitskonzeption rechtfertigen lässt, wird diese Diskussion die Systemdebatte nicht voranbringen.[609] Davon abgesehen wird sich die als ideal angesehene Steuerlastverteilung bei keinem der hier betrachteten Steuersysteme vollständig durchsetzen lassen. Dies gilt insbesondere unter Berücksichtigung der in einer offenen Volkswirtschaft zu berücksichtigenden Besteuerungssachverhalte. Denn sowohl die Einkommensteuer als auch die Konsumsteuern weisen Lücken im Wohnsitzprinzip auf. Insofern ist hier keine der beiden Steuerkonzeptionen eindeutig überlegen.

In bezug auf die *Praktikabilität* ist nicht zu bestreiten, dass die Erfassung der einkommensteuerlichen Bemessungsgrundlage im allgemeinen und insbesondere in der offenen Volkswirtschaft aufwendig und oftmals unmöglich ist. Im Rahmen der Konsumbesteuerung ergeben sich aber ähnliche Abgrenzungs- und Erfassungsprobleme, weil zwischen Konsum und Investitionen bzw. steuerfreien marginalen Kapitaleinkommen und steuerpflichtigen Arbeits- und inframarginalen Kapitaleinkommen differenziert werden muss. Zudem steigt die Komplexität der Konsumbesteuerung bei Berücksichtigung der in der offenen Volkswirtschaft auftretenden Sachverhalte. Letztlich kann sich selbst eine Einkommensberechnung im Rahmen der Konsumbesteuerung weiterhin als notwendig erweisen. Insgesamt sollte daher akzeptiert werden, dass Einfachheit in einer komplexen Umwelt – zumindest ohne Abstriche bei der Erzielung eines effizienten und gerechten Besteuerungsergebnisses – nicht möglich ist. Vorteile der Konsumsteuer gegenüber der Einkommensteuer sind daher auch in dieser Hinsicht nicht erkennbar.

Das entscheidende Argument für eine Konsumsteuerreform ist aus Sicht ihrer Befürworter aber die *Besteuerungsneutralität*. Diesbezügliche Kritik an der Einkommensteuer ist sowohl im Hinblick auf die nationale als auch die internationale Besteuerungssystematik ohne Zweifel gerechtfertigt. Allerdings kann auch eine Konsumsteuer dem Neutralitätskriterium nicht in allen seinen Facetten gerecht werden. Vorteile gegenüber der Einkommensteuer (etwa im Bereich der Kapitalallokation aufgrund der Steuerfreiheit marginaler Kapitalrenditen) werden durch stärkere Verzerrungen in anderen Bereichen (insbesondere in bezug auf die Arbeitsangebotsentscheidung und die Kapitalallokation im Fall inframarginaler Renditeerwartungen) erkauft. In der offenen Volkswirtschaft ist Effizienz im Hinblick auf grenzüberschreitende Allokationsentscheidungen aufgrund der mangeln-

[609] Allein die Umsatzsteuer ist unter diesem Gesichtspunkt abzulehnen, da eine vertikal gerechte Besteuerung selbst bei produktbezogenen Steuersatzdifferenzierungen kaum zu erreichen ist.

den Kompatibilität mit der Einkommensteuer im Kollisionsfall von vornherein ausgeschlossen. Selbst im Harmoniefall verursachen die (aus Unterschieden bei Steuertarifen und Bemessungsgrundlagen resultierenden) bilateralen Belastungsunterschiede Verzerrungen im Rahmen des Quellenlandprinzips bzw. auch des Wohnsitzlandprinzips. Wenngleich sich Qualität und Quantität der Verzerrungen bei Einkommen- und Konsumsteuer voneinander unterscheiden, so ist doch eine umfassende Besteuerungsneutralität mit beiden Systemen nicht erreichbar.[610]

Ein direkter Vergleich von Einkommensteuer und Konsumsteuern verdeutlicht, dass vor dem Hintergrund der fundamentalen Besteuerungsnormen ein vollkommen befriedigendes Besteuerungsergebnis insbesondere in einer offenen Volkswirtschaft mit beiden Besteuerungskonzepten (und wohl auch mit jeder anderen Steuer) nicht zu verwirklichen ist. Diese Tatsache sollte nicht nur bei der Diskussion um die Wahl der Bemessungsgrundlage (vgl. dazu unten Kapitel D.1.3) Berücksichtigung finden, sondern sie verdeutlicht einmal mehr die Bedeutung der bereits getroffenen Feststellung (vgl. Kapitel B.4), dass sich Einkommen- und Konsumsteuer letztlich allein im Hinblick auf die steuerliche Behandlung des marginalen Kapitalertrags unterscheiden. Offenbar erweist sich der Aspekt der intertemporalen Neutralität nicht nur als der einzige systematische sondern auch als der zentrale bewertungsrelevante Unterschied zwischen beiden Systemen.

Unter diesem Blickwinkel verliert der von den Befürwortern der Konsumbesteuerung angestrebte Systemwechsel freilich erheblich an Reiz. Eine *fundamentale* Steuerreform, welche die Substitution der Einkommen- durch eine Konsumsteuer ohne Zweifel darstellen würde, mit dem Hinweis auf allokative Verbesserungen im Bereich der intertemporalen Kapitalallokation zu fordern, erscheint übereilt. Denn angesichts der empirisch nicht hinreichend belegbaren Zinselastizität des Kapitalangebots sollte dem Aspekt der intertemporalen Neutralität keine derart große Bedeutung beigemessen werden. Es wäre geradezu müßig, durch die Konsumsteuerreform eine der Einkommensteuer inhärente Besteuerungssystematik zu korrigieren, die praktisch ohne Bedeutung ist. Sollte sich im Nachhinein herausstellen, dass die Konsumsteuerreform keinen Kapitalangebotseffekt bewirkt, wäre der nicht notwendige Systemwechsel ohne positive Auswirkungen durch eine Reihe von Problemen erkauft worden, die bei einem Beibehalt der Einkommensteuer hätten vermieden werden können.

Diese Überlegungen ändern freilich nichts an der Tatsache, dass die Einkommensteuer (nicht nur unter Berücksichtigung der in der offenen Volkswirtschaft auftretenden Probleme) reformbedürftig ist. Eine solche Reform muss aber kei-

---

[610] Für eine Beurteilung der Gesamteffizienz eines Steuersystems wäre eine Quantifizierung der einzelnen Verzerrungen, etwa auf der Grundlage sachverhaltsbezogener Angebots- und Nachfrageelastizitäten, erforderlich. Eine derartige quantitative bzw. dynamische Analyse von Steuerwirkungen ist im Rahmen dieser Arbeit nicht angestrebt worden (vgl. zur Kritik Kapitel D.2).

nesfalls in eine Konsumsteuer münden. Andere Reformoptionen werden vor einer abschließenden Würdigung der Konsumsteueroption kurz dargestellt.

D.1.2 Weitere Reformstrategien

D.1.2.1 Revitalisierung der Einkommensteuer

Gegenwärtige Einkommensteuersysteme entsprechen aufgrund bestehender Inkonsistenzen nicht dem systematischen Ideal im Sinne einer synthetischen und progressiven Besteuerung sämtlicher in- und ausländischen Einkommen eines unbeschränkt Steuerpflichtigen. Lücken im Rahmen der Kapitaleinkommensbesteuerung lassen das Einkommensteuersystem als hybrides Steuersystem erscheinen, welches Konsum- und Einkommensteuerelemente verbindet.[611] Befürworter der Einkommensteuer behaupten deshalb, dass sich zahlreiche gegenwärtige Probleme der Einkommensteuer durch Reformen am System lösen ließen.[612]

Der Tenor solcher Überlegungen zu Reformen am System der Einkommensteuer ist offenkundig: Die Einkommensteuer ist von sämtlichen Lenkungs- und Interventionstatbeständen zu befreien. Ferner ist eine stärkere Ausrichtung an einkommensteuerlichen Idealen[613] - d.h. dem *Nettoprinzip*, wonach die Differenz von Einnahmen und Ausgaben zu besteuern ist, dem *Syntheseprinzip*, wonach sämtliche Faktoreinkommen zu einer gemeinsamen Bemessungsgrundlage zusammenzufassen sind, und dem *Reinvermögenszugangsprinzip*, wonach alle Einkommen in der Periode ihrer Entstehung zu besteuern sind – anzustreben.

Ein erster Schritt in diese Richtung wäre u.a. durch die Verweigerung einkommensartspezifischer Freibeträge (insbesondere im Rahmen der Kapitalbesteuerung) und die Abschaffung günstiger Abschreibungsregelungen[614] auf Unternehmensebene. Zweitens ließe sich die Integration von Unternehmens- und Haushaltsbesteuerung reformieren. In allokativer und distributiver Hinsicht wäre zweifelsohne das Konzept der Teilhabersteuer,[615] bei dem Unternehmensgewinne dem Haushalt unabhängig von ihrer Verwendung zugerechnet werden, zu begrüßen.

---

[611] Vgl. Gordon (2000), S. 16; Wenger (1989a), S. 289. Daher ist ein Vergleich der *real existierenden* Einkommensteuer mit einer *idealen Konsumsteuer* nicht gerechtfertigt. Denn die Konsumsteuern werden mit der Zeit sicherlich einem ähnlichen Erosionsprozeß ausgesetzt.

[612] Vgl. z.B. Goode (1997), insbesondere S. 40.

[613] Vgl. Homburg (1997), S. 107f.; Kirchhof, u.a. (2001), S. 19; Schneider (1999), S. 10f.

[614] Letztlich müßte die Besteuerung stärker am ökonomischen Gewinn ausgerichtet werden (vgl. Wagner/Wissel (1995), S. 67f.; Kaiser (1992), S. 288ff.; Schwinger (1994), S. 42; Jacobs (1997), S. 238. Ausgangspunkt ist die Ertragswertabschreibung. Die Summe der Abschreibungen entspricht dann nicht den Anschaffungsausgaben, sondern dem Ertragswert der Investition.

[615] Vgl. Engels, W./Stützel, W. (1968). Das neue deutsche Halbeinkünfteverfahren kann vor diesem Hintergrund sicherlich ebenfalls nicht befriedigen.

Insbesondere die damit verbundenen praktischen Probleme werfen aber die Frage nach einer zweitbesten Lösung auf. Dabei ist sicherlich dem Vollanrechnungssystem mit einem Unternehmenssteuersatz i.H.d. höchsten marginalen Haushaltssteuersatzes gegenüber dem klassischen System der Vorrang zu geben.

Besonderer Reformbedarf besteht im Bereich der internationalen Besteuerungssystematik. Das einkommensteuerliche Ideal erfordert eine Umsetzung des Welteinkommensprinzips, also die Integration der ausländischen Einkommen in die Bemessungsgrundlage unter Anrechnung sämtlicher ausländischer Steuern. Nur so kann eine faktorexportneutrale Besteuerung gewährleistet und den Kriterien der allokativen Effizienz und der interpersonellen Gerechtigkeit entsprochen werden.[616] Die gegenwärtigen Einkommensteuersysteme bieten aufgrund der Lücken im Bereich der Unternehmens-, Arbeitseinkommens- und Veräußerungsgewinnbesteuerung verschiedene Ansatzpunkte zur Stärkung des Welteinkommensprinzips. Hier wird in zahlreichen Fällen auf eine wohnsitz- bzw. sitzortbasierte Besteuerung verzichtet und das Quellenlandprinzip angewendet. Zur Umsetzung des Welteinkommensprinzips wäre die Entstehung von Anrechnungsüberhängen (durch eine Reduzierung der Quellenbelastung) zu vermeiden und die Anrechnung internationaler Gewinnsteuern auf Haushaltsebene (im Sinne eines grenzüberschreitenden Vollanrechnungssystems) zu gewährleisten.[617] Ferner muss die Besteuerung der hinterziehungsanfälligen (insbesondere also der internationalen) Einkommen gewährleistet werden.

Allerdings ist auch das Welteinkommensprinzip nicht unkritisch zu sehen. Erstens muss bezweifelt werden, ob die für die Erfassung der ausländischen Einkommen notwendige internationale Kooperationsbereitschaft jemals erreicht wird.[618] Denn

---

[616] Zur Diskussion um die Reform der internationalen Unternehmensbesteuerung vgl. z.B. OECD (1991) und den Vorschlag (vgl. Kommission der Europäischen Gemeinschaften (2001)) einer *unitary tax*, bei der die Ergebnisse von Tochterkapitalgesellschaften auf Ebene der Muttergesellschaft vollständig konsolidiert werden. Auf die Probleme des Wohnsitzlandprinzips (ausschließlicher Ausgleich steuerlicher Differenzen) wurde bereits hingewiesen (vgl. Fußnoten 492 und 495).

[617] Vgl. Krause-Junk (1988b); Krause-Junk/Müller (1997), S. 260ff.; Fuest/Huber (2000); Spengel (1998), S. 359ff.; Jacobs/Spengel (1996), S. 117ff. Das Quellenland könnte im Rahmen eines Clearings an den Kosten der Anrechnung beteiligt werden. Letztlich entspricht auch im Bereich der internationalen Besteuerung allein die Teilhabersteuer den allokativen und distributiven Anforderungen der Einkommensteuer (vgl. Gammie (1992), S. 245f. und 256f.; Cnossen (1996), S. 81f.). Giovannini/Hines (1991)) haben das Konzept der Teilhabersteuer (vgl. Fußnote 615) aufgegriffen und auf dessen internationale Anwendbarkeit hin untersucht. Ihr Vorschlag sieht vor, auf Unternehmensebene eine Besteuerung in Höhe des höchsten marginalen Einkommensteuersatzes vorzunehmen und das Steueraufkommen vollständig zugunsten der Wohnsitzländer der Anteilseigner zu verteilen. Abgesehen davon, dass dieses Vorgehen nicht praktikabel und mit den Vorstellungen einer gerechten Steueraufkommensverteilung kaum zu vereinbaren ist, bleiben die bekannten Probleme der Teilhabersteuer (insbesondere die zeitnahe Zuordnung des Gewinns zum Einkommen des Steuerpflichtigen) bestehen.

[618] Vgl. Cnossen (1996), S. 68; Bird/McLure (1990), S. 242f.; Goode (1997), S. 34f.; Schreiber

ein Land hat letztlich kein Interesse daran, dass die möglicherweise günstigere Quellenbelastung im Rahmen des Wohnsitzlandprinzips durch einen Steuertransfer an das Wohnsitzland und zulasten des Steuerpflichtigen neutralisiert wird. Zudem geht die operationale Autonomie zumindest im Hinblick auf die in bezug auf Wohn- und Sitzort immobilen Haushalte bzw. Unternehmen verloren. Die für eine konsequente Welteinkommensbesteuerung notwendigen Änderungen im Bereich der Unternehmensbesteuerung (insbesondere die Durchbrechung der Abschottungswirkung) widersprechen ferner traditionellen Auffassungen über die internationale Verteilung der Besteuerungsrechte. Auch unter administrativen Gesichtspunkten ist das Wohnsitzlandprinzip kritisch zu sehen, da beim Fiskus höhere Verwaltungsaufwendungen entstehen und dem Steuerpflichtigen zusätzliche Deklarationspflichten auferlegt werden. Vor allem aber ist zu berücksichtigen, dass mit der Umsetzung des Welteinkommensprinzips gegen den Wohn- bzw. Sitzort international mobiler Haushalte und Unternehmen diskriminiert wird – ein Aspekt, der im Zuge der zunehmenden Globalisierung weiter an Bedeutung gewinnen wird. Steuerwettbewerb lässt sich insofern nur durch die internationale Harmonisierung der Steuerbelastung ausschließen.

Aus dieser Kritik am Welteinkommensprinzip lassen sich Argumente für eine stärkere Betonung des Quellenlandprinzips ableiten. Ohne Zweifel wäre dieses aufgrund der direkten Zugriffsmöglichkeiten des Quellenlandes und dem Verzicht auf eine Erfassung der Einkommen im Wohnsitzland des Einkommensempfängers praktikabel.[619] Die damit einhergehende Stärkung der operationalen Autonomie der Quellenländer würde aber ohne ein Mindestmaß an Harmonisierung – welche aufgrund mangelnder Kooperationsbereitschaft der Länder ebenso wenig zu erwarten ist wie eine Zusammenarbeit zur Durchsetzung des Welteinkommensprinzips – den Steuerwettbewerb forcieren.[620] Ferner verstößt das Quellenlandprinzip gegen traditionelle Auffassungen hinsichtlich der steuerlichen Leistungsfähigkeit. Den Kriterien der Faktorexportneutralität und interpersonellen Gerechtigkeit kann bei Umsetzung des Quellenlandprinzips nur im Fall einer bilateralen Harmonisierung der Steuerbelastung und eines Verzicht auf die progressive Tarifgestaltung entsprochen werden.

(1998), S. 54.

[619] Vgl. Blumenthal/Slemrod (1995). Um auch im Rahmen der Zinsbesteuerung zum Quellenlandprinzip übergehen zu können, wäre die Abzugsfähigkeit von Schuldzinsen auf Unternehmensebene abzuschaffen (zum Vorschlag einer solchen Comprehensive Business Income Tax vgl. Bond (2000), S. 166ff.; Cnossen (1996), S. 86f.; Gammie (1992), S. 246f. und Schreiber (1993), S. 522ff.). Steueraufkommensumverteilungseffekte zugunsten des Quellenlandes wären die Folge.

[620] Vgl. z.B. Bird/McLure (1990), S. 243f. Zur Vermeidung des Steuerwettbewerbs erscheint insbesondere im Bereich der Kapitalbesteuerung eine internationale Zusammenarbeit (etwa im Sinne eines „Steuer-GATT“, vgl. Huber (1997), S. 252) dringlich. Krause-Junk (1988b), S. 276f. weist darauf hin, dass eine Harmonisierung nicht bei den Steuersätzen enden darf, vielmehr sind auch die Bemessungsgrundlagen sowie andere Standortsteuern zu vereinheitlichen.

Für Reformen im Rahmen der Einkommensteuer bestehen damit durchaus eine Reihe von Ansatzmöglichkeiten. Wie auch im Rahmen der Konsumbesteuerung besteht ein grundsätzlicher Konflikt zwischen Effizienz- und Gerechtigkeitszielen auf der einen und der Einfachheit und Praktikabilität auf der anderen Seite. Was die Besteuerung in einer offenen Volkswirtschaft anbelangt, muss vor dem Hintergrund einkommensteuerlicher Idealvorstellungen wohl dem Wohnsitzlandprinzip gegenüber dem Quellenlandprinzip der Vorrang gegeben werden.

Davon abgesehen bleiben zwei Probleme ungelöst: So wird es erstens niemals möglich sein, das *Einkommen* als ideale Bemessungsgrundlage der Einkommensteuer zu ermitteln. Denn weder der ökonomische Gewinn von Realinvestitionen noch unrealisierte Vermögenswertzuwächse lassen sich genau bemessen.[621] Die Kritik an der Einkommensteuer,[622] dass ihre Bemessungsgrundlage letztlich nicht zu bestimmen sei, ist insofern gerechtfertigt. Das zweite unlösbare Problem der Einkommensteuer resultiert aus der Besteuerung des marginalen Kapitalertrags und der daraus folgenden *intertemporalen Aneutralität.* Der hier diskutierte Vorschlag einer weiteren Verbreiterung der Bemessungsgrundlage durch Abschaffung kapitaleinkommensbezogener Freibeträge und Verlängerung der Abschreibungsverläufe würde dieses Problem (sofern darin überhaupt ein Problem gesehen wird) verschärfen. Selbst wenn also die angesprochenen Reformen umgesetzt werden können, lässt sich ein Festhalten an der Einkommensteuer angesichts dieser systematischen Probleme durchaus kritisieren.

D.1.2.2 Kombination von Konsum- und Einkommensteuer

Vorläufig lässt sich festhalten, dass sowohl Einkommen- als auch Konsumsteuer im Hinblick auf ihre Ausgestaltung, die Durchsetzung und die aus ihrer Erhebung resultierenden Steuerwirkungen Vor- und Nachteile aufweisen. Damit wird die Frage aufgeworfen, ob durch eine Kombination beider Steuersysteme eine befriedigendere Lösung gefunden werden kann. Eine derartige Kombination ist in drei Varianten vorstellbar: Neben einer parallelen Erhebung von Einkommen- und Konsumsteuer kommen der Einbau von Konsumsteuerelementen in die Einkommensteuer sowie hybride Steuersysteme in Betracht.

D.1.2.2.1 Parallele Erhebung von Konsum- und Einkommensteuer

Sollen sowohl Einkommen- als auch Konsumsteuer zum Gesamtsteueraufkommen beitragen, so bietet sich zunächst die auch gegenwärtig praktizierte Kombination aus Einkommen- und Umsatzsteuer an. Der Vorteil dieser Strategie kann darin gesehen werden, dass sich beide Teilsteuern in ihrer Besteuerungstechnik

---

[621] Letztlich müßten selbst unrealisierte Wertzuwächse aus Humankapitalinvestitionen besteuert werden, indem sie aktiviert und abgeschrieben werden (vgl. Wagner (1999), S. 30).

[622] Vgl. z.B. IFS (1991), S. 24ff.; Wenger (1999), S. 59.

deutlich unterscheiden und damit keine Überschneidungen entstehen. Denn bei der Einkommensteuer handelt es sich um eine direkte, bei der Umsatzsteuer um eine indirekte Steuer.

Es stellt sich allerdings die Frage, welches internationale Besteuerungsprinzip bei der Umsatzsteuer zur Anwendung kommen sollte. Folgt die Besteuerung (wie gegenwärtig in den Ländern der EU) dem Bestimmungsland- bzw. Mischprinzip, dann wird zur territorialbasierten Einkommensteuer ein Gegenpol aufgebaut. Denn die Einkommensteuer belastet das weltweite und territoriale Einkommen, die Umsatzsteuer im wesentlichen den Binnenkonsum. Eine Senkung der Einkommensteuer zugunsten einer höheren Umsatzsteuer impliziert daher eine Verbesserung des steuerlichen Standortklimas. Denn der durch die Umsatzsteuer belastete Binnenkonsum gilt im Vergleich zu den durch die Einkommensteuer belasteten Faktoren als relativ wenig mobil. Darin ist freilich auch eine Gefahr zu sehen, weil die Einkommensteuer und die mit ihr verbundenen Besteuerungsnormen und –ziele langfristig möglicherweise dem Steuerwettbewerb zum Opfer fallen.[623] Diese Entwicklung wäre zu kritisieren, weil die Umsatzsteuer als Alleinsteuersystem (vgl. Kapitel C.7.2.1) abzulehnen ist. Die Kombination einer Steuer auf die inländische Einkommensverwendung (Umsatzsteuer) mit einer territorialbasierten Einkommensteuer ist daher problematisch. Zumindest sollten bei der Umsatzsteuer Höchstsätze fixiert werden.[624]

Anders wäre die Situation bei einer Kombination der Einkommensteuer mit einer nach dem Ursprungslandprinzip erhobenen Umsatzsteuer.[625] Denn diese ist wie die Einkommensteuer territorialbasiert, womit eine Erosion der Einkommensteuer nicht zu erwarten ist. Möglicherweise ergibt sich dann ein stabiles Gleichgewicht hinsichtlich des fiskalischen Beitrags beider Einzelsteuern zum Gesamtsteuerauf-

[623] Diese Tatsache ist sicherlich mitbestimmend dafür, dass die Umsatzsteuer im Vergleich zur Einkommensteuer fiskalisch an Bedeutung gewinnt (vgl. Genser (1990), S. 518; Pola/Rey (1990)). Zudem ist die Präferenz der Steuerpolitik für die Umsatzsteuer wohl auch auf deren fehlende Merklichkeit zurückführen. Denn Haushalte kommen mit der Besteuerung nur mittelbar in Kontakt, während bei der Einkommensteuer eine Deklaration und Veranlagung erfolgt.

[624] Vgl. zu dieser Forderung Krause-Junk (1999b). Im Gegensatz dazu hat sich die Vereinbarung von Mindeststeuersätzen bei der europäischen Umsatzsteuer (als Vorbeugung gegen den Steuerwettbewerb um Konsumenten bzw. "Einkäufer" im Rahmen des Mischprinzips) als bedeutungslos erwiesen. Angesichts diesbezüglich geringer Mobilität der Haushalte ist dies wenig erstaunlich.

[625] Dass diese Konstellation nicht ganz abwegig ist, zeigt die anhaltende Diskussion um den Wechsel zum Ursprungslandprinzip innerhalb der Europäischen Union (vgl. Fußnote 602). Probleme werden in der mit dem Wechsel verbundenen Umverteilung des Steueraufkommens, in der Komplexität der Systemgestaltung gegenüber dem Drittlandsgebiet (dem gegenüber weiterhin das Bestimmungslandprinzip gelten soll bzw. muss) und (was angesichts der wettbewerbspolitischen Zielsetzungen nicht verwundert) in der Standortfaktorqualität des Ursprungslandprinzips gesehen. Zudem erfordert das mittlerweile bestehende System fixierter Wechselkurse eine Anpassung der Bruttoentgelte.

kommen. Denn eine Verschiebung zwischen beiden Steuern ändert nichts an der Tatsache einer Belastung des inländischen Mehrwerts.[626] Trotzdem sind die Unterschiede zwischen beiden Teilsteuern zu beachten: Die Vorteile der Umsatzsteuer liegen (möglicherweise) in der intertemporalen Neutralität und im höheren Maß an Praktikabilität, während sich die mangelnde Berücksichtigung der steuerlichen Leistungsfähigkeit, die fehlende Differenzierbarkeit im Rahmen der beschränkten Steuerpflicht sowie die systematisch bedingte Freistellungsmethode im Hinblick auf internationale Einkommen als nachteilig erweisen. Demgegenüber bietet die Einkommensteuer die Möglichkeit zur Umsetzung des Welteinkommensprinzips, freilich zu lasten administrativer Effizienz.[627] Angesichts der bestehenden Unterschiede zwischen beiden Teilsteuern ist aber auch hier nicht gänzlich auszuschließen, dass die fiskalische Bedeutung der Umsatzsteuer zunimmt, und einkommensteuerliche Normen geopfert werden.

Eine zweite Möglichkeit zur Kombination von Konsum- und Einkommensteuer besteht im Rahmen der *Unternehmensbesteuerung*. Denn neben der Körperschaftsteuer wird z.B. in Deutschland die lokale Gewerbeertragsteuer erhoben. Angesichts der Reformbedürftigkeit der Gewerbesteuer wird von Befürwortern der Konsumsteuern ihre Substitution durch eine Cash-Flow-Steuer oder die ACE vorgeschlagen.[628] Der Vorteil eines solchen Vorgehens kann sicherlich darin gesehen werden, dass sich die Anwendung einer direkten Konsumsteuer erproben lässt, ohne Komplikationen mit dem internationalen Steuerrecht hervorzurufen. Denn die Konsumsteuer würde die international ohnehin nicht-anrechenbare Gewerbesteuer ersetzen. Andererseits können sich die Vorteile der Konsumsteuer aufgrund der parallelen einkommensbasierten Unternehmens- und Haushaltsbesteuerung nur zum Teil entfalten. Daher ist zu befürchten, dass die allokativen Effekte nahezu bedeutungslos bleiben, während durch die parallele Anwendung der Einkommen- und Konsumsteuer der administrative Aufwand für die Unternehmen und den Fiskus steigt.

Eine dritte Möglichkeit der Kombination von Einkommen- und Konsumsteuer besteht in ihrer sektoral differenzierten Anwendung. Die erste Variante, die Un-

---

[626] Genser/Schulze (1997), S. 57ff. verdeutlichen dies im Zusammenhang mit der Festlegung und Variation konzerninterner Verrechnungspreise.

[627] Peffekoven (1972), S. 61f. konstatiert, dass sich durch diese Kombination eine einheitliche Lösung für die internationale Umsatzbesteuerung erreichen ließe. Ein Wechsel zum Quellenlandprinzip im Rahmen der Einkommensteuer würde zudem (abgesehen von der Behandlung marginaler Kapitaleinkommen!) eine einheitliche Besteuerung internationaler Einkommen implizieren.

[628] Zum Vorschlag der CFS vgl. Richter/Wiegard (1991a), zum Vorschlag der ACE vgl. Rose (1991a). Andere Vorschläge (etwa die Anwendung einer Wertschöpfungsteuer oder die Gewährung eines lokalen Hebesatzrechtes im Rahmen der Einkommen- und Umsatzsteuer, Karl-Bräuer-Institut (1984)) haben bislang ebenfalls keine Zustimmung gefunden. Ob die Reingewinnsteuer den fiskalischen Interessen der Gemeinden genügen würde, steht hier nicht zur Disposition.

ternehmensbesteuerung auf das Konsumsteuersystem umzustellen, die persönliche Einkommensteuer jedoch beizubehalten,[629] erscheint insofern plausibel, als durch einen Verzicht auf Gewinnausschüttungen die sog. einkommensteuerliche Doppelbelastung des Kapitals zumindest temporär (bei Nichtbesteuerung von Veräußerungsgewinnen auch definitiv) vermieden und konsumsteuerlichen Normen damit entsprochen wird. Die Wirkungen der ACE bzw. der CFS könnten sich in bezug auf Allokationsentscheidungen innerhalb des Unternehmenssektors uneingeschränkt entfalten, verbunden mit den diskutierten Vor- und Nachteilen. Zusätzliche allokative Verzerrungen im Kontext der Integration von Unternehmens- und Haushaltsbesteuerung sind allerdings nicht zu vermeiden. Möglicherweise wird infolge des lock-in-Effekts (Vermeidung der Gewinnausschüttung) Kapital einer effizienten Allokation durch den Kapitalmarkt entzogen. Die mangelnde *totale* Abkehr von einkommensteuerlichen Gestaltungsprinzipien wird zudem die Umstellung der Unternehmensbesteuerung als einseitiges Steuergeschenk an die Unternehmen erscheinen lassen und keine breite Zustimmung bei den steuerpflichtigen Haushalten finden.

Die zweite Variante einer sektoral differenzierten Besteuerung besteht darin, auf Unternehmensebene die traditionelle Körperschaftsteuer zu erheben, bei der Haushaltsbesteuerung hingegen zur Konsumsteuer zu wechseln. Im Gegensatz zur ersten Variante lassen sich internationale Besteuerungskonflikte hier weitgehend vermeiden, weil die Haushaltsbesteuerung dem Inländerkonzept folgt. Schwer wiegt die Tatsache, dass sich der Konsumsteuergedanke in einer solchen Konzeption gar nicht entfalten kann. Denn die Haushalte profitieren in ihrer Funktion als Kapitalanbieter letztlich nicht von der Steuerfreiheit des marginalen Kapitalertrags, wenn dieser auf Seiten der Kapitalnachfrager (Unternehmen) besteuert wird. Infolge des Nettoprinzips (Abzugsfähigkeit von Zinsausgaben auf Unternehmensebene) würde lediglich zugunsten der Fremdfinanzierung diskriminiert.

Es lässt sich zusammenfassen, dass eine parallele Anwendung beider Steuerkonzepte nur bedingt zu empfehlen ist. Die Kombination von Umsatzsteuer und Einkommensteuer stellt dabei eine gewisse Ausnahme dar, wenngleich auch hier Gestaltungskonflikte nicht auszuschließen sind. Bei den anderen Vorschlägen (Ersatz der Gewerbesteuer, sektoral differenzierte Besteuerung) drohen zusätzliche Diskrepanzen in bezug auf Steuernormen, oder es wird elementaren Reformzielen nicht entsprochen.

D.1.2.2.2 Konsumsteuerelemente im Rahmen der Einkommensteuer

Es wurde bereits darauf hingewiesen, dass die gegenwärtige Einkommensteuer aufgrund verschiedener Besteuerungslücken im Hinblick auf die Kapitaleinkom-

[629] Vgl. zu diese Vorschlag in Verbindung mit der ACE IFS (1991), S. 4 und Gammie (1992), S. 271f., in Verbindung mit der CFS vgl. Mintz/Seade (1991), S. 182.

mensbesteuerung nicht ihrem steuersystematischen Ideal, sondern vielmehr einer hybriden Steuer entspricht, in deren Rahmen Einkommen- und Konsumsteuerelemente kombiniert werden. Im Gegensatz zu der bereits dargestellten Reformstrategie, diese Lücken im Sinne einer Stärkung des Einkommensteuergedankens zu schließen (Kapitel D.1.2.1), könnte eine Reform auch auf eine deutlichere Betonung des hybriden Charakters hinauslaufen. Auf Unternehmensebene kommt dabei insbesondere eine Verkürzung der Abschreibungszeiträume in Betracht. Und auf Haushaltsebene ist eine höhere Bemessung der Kapitaleinkommensfreibeträge (im Sinne der vorgelagerten Systematik) oder der absetzbaren Sparleistungen (im Sinne der nachgelagerten Konsumsteuersystematik)[630] denkbar.

Solange diese Maßnahmen nicht konsequent (bis hin zur Sofortabschreibung,[631] ITP bzw. ICF) zu Ende geführt werden, entspricht ein solches Steuersystem weder der Konsum- noch der Einkommensteuer. Denn marginale Kapitaleinkommen werden weder freigestellt, noch werden marginale bzw. inframarginale Kapitaleinkommen mit dem (persönlichen) Einkommensteuersatz belastet. Aus dieser Tatsache resultieren auch die zentralen Probleme einer hybriden Einkommensteuer: Zum einen ergeben sich Abgrenzungsfragen hinsichtlich des qualitativen und quantitativen Anwendungsbereichs der Konsumsteuersystematik. Das Steuergesetz wird daher intransparent und kompliziert. Punktuelle Eingriffe in eine geschlossene Steuersystematik implizieren zum anderen Wohlfahrtsverluste infolge von Substitutionseffekten. Ferner kann weder intertemporale noch intersektorale oder internationale Kapitalallokationsneutralität erreicht werden. Selbst der konsum- oder der einkommensteuerlichen Gerechtigkeitsnorm wird nicht entsprochen. Daher sind derartige Überlegungen mit Skepsis zu betrachten. Die gegenwärtig im Rahmen der Einkommensteuer bestehenden Lücken sollten besser eingeschränkt als ausgeweitet werden.

D.1.2.2.3 Hybride Steuersysteme

Hybride Steuersysteme zeichnen sich durch eine systematische Herauslösung der Kapitaleinkommensbesteuerung aus der synthetischen Bemessungsgrundlage aus. Kapitaleinkommen unterliegen im Vergleich zu Arbeitseinkommen einer relativ niedrigen Besteuerung, ohne dass auf die Besteuerung des (marginalen) Kapital-

---

[630] Vgl. Kaldor (1955); Rose (1992), S. 14. Der Vorschlag von Andrews (1980), neben der persönlichen Einkommensteuer eine ICF zu erheben, läuft letztlich auf das gleiche Ergebnis hinaus.

[631] Die Möglichkeit einer Sofortabschreibung im Rahmen der Unternehmensbesteuerung bei gleichzeitig uneingeschränktem Schuldzinsabzug hat Sinn als sog. „Mischsystem“ in Betracht gezogen (vgl. Krause-Junk (1999a), S. 126f., Krause-Junk (1988a)). Das Problem besteht insbesondere in der Durchsetzung einer adäquaten Zinsbesteuerung, weil ansonsten (anders als bei der RF-CFS) die Fremdfinanzierung infolge der Kombination aus Zinsabzug und Sofortabschreibung begünstigt wird (vgl. Bach (1993), S. 269f.). Zudem würde das Quellenland Steueraufkommenseinbußen verzeichnen.

ertrags vollständig verzichtet wird. Die hybride Steuersystematik unterscheidet sich daher sowohl von der Konsumsteuer (bei welcher der marginale Kapitalertrag vollständig freigestellt und der inframarginale Ertrag besteuert wird), als auch von den Mischsystemen, bei denen Konsum- und Einkommensteuer kombiniert bzw. Konsumsteuerelemente in die Einkommensteuer eingebaut werden.

Die Differenzierung zwischen Arbeits- und Kapitaleinkommen kann dabei auf unterschiedlichem Wege erfolgen: Im Rahmen der *dualen Einkommensteuer*[632] gilt für Kapitaleinkommen ein linearer und im Vergleich zur (progressiven) Arbeitseinkommensteuer reduzierter Steuertarif (Schedulensteuer). Bei der *modifizierten dualen Einkommensteuer*[633] unterliegt der Gewinnanteil, welcher auf eine „Schutzverzinsung" des neu zugeführten Kapitals der Steuerperiode zurückzuführen ist, einer reduzierten Besteuerung. Der bemerkenswerte Unterschied zur dualen Besteuerung liegt darin, dass zwischen dem marginalen und dem inframarginalen Kapitalertrag differenziert wird. Insofern handelt es sich eher um eine modifizierte ACE. Im Unterschied zur reinen ACE (vgl. Kapitel B.2.1.2.2) basiert der „Schutzzins" auf einem nominalen Zins zzgl. einer Risikoprämie, ferner wird die marginale Rendite nicht vollkommen steuerfrei gestellt.

Auch die *Abgeltungsteuer* stellt ein hybrides Steuersystem dar. Hier unterliegen Kapitalerträge aus Privatvermögen einem Steuerabzug an der Quelle. Der Steuersatz ist dabei im Vergleich zur Besteuerung von Arbeitseinkommen relativ niedrig bemessen. Diese Quellenbesteuerung hat abgeltende Wirkung, eine Berücksichtigung von Werbungskosten und Betriebsausgaben bzw. die Berücksichtigung der individuellen persönlichen Leistungsfähigkeit ist insofern nicht vorgesehen.[634]

Im Rahmen des *Betriebsteuerkonzepts*[635] wird zwischen der Konsum- und Investitionssphäre differenziert. Das nicht konsumierte Einkommen[636] unterliegt einer

---

[632] Diese Systeme finden in Skandinavien Anwendung (vgl. Cnossen (1996), S. 87ff.; Cnossen (2000), S. 180ff.; Sörensen (1994) und Viherkenttä (1996)).

[633] Dieses System wurde 1997 in Italien eingeführt (vgl. Pandolfini (1998); Mayr/Frei (1998)). Der "Schutzzins" wird unter Berücksichtigung der Verzinsung von langfristigen Staatsschulden zzgl. einer Risikoprämie von maximal 3% festgelegt und beschränkt sich auf das nach der Reform zugeführte Kapital. Beträgt z.B. das Neukapital 1000, der Gewinn 100, so unterliegen 70 (7% von 1000) der reduzierten Besteuerung (mit 19%), 30 unterliegen dem regulären Steuersatz (37%). Die ursprüngliche Regelung, wonach die durchschnittliche Steuerbelastung des Gewinns nicht unter 27% sinken darf, ist mittlerweile abgeschafft worden (vgl. Mayr/Frei (2001), S. 469). Dem Anteilseigner bleibt die reduzierte Besteuerung der "Schutzverzinsung" des Kapitals erhalten, indem eine am normalen Steuersatz orientierte Steueranrechnung erfolgt. Für Selbständige gilt dabei ein Progressionsvorbehalt.

[634] Dieses System findet in Österreich Anwendung (vgl. Flick (1998) und Kiesewetter (1997), S. 30). Der Tarif der Abgeltungsteuer beträgt 25%. Empfänger von Kapitaleinkommen können auch für eine Steuerveranlagung optieren.

[635] Vgl. Lang (1991), S. 332ff.; und Lang (1993), S. 313ff.; Englisch (1997), S. 783ff.

relativ geringen und proportionalen Steuer, während die durch Auszahlungen aus der Betriebssphäre in die Konsumsphäre gelangenden (und damit annahmegemäß dem Konsum dienenden) Einkommen hingegen relativ hoch und zudem progressiv besteuert werden. Im Unterschied zur Konsumsteuer wird also nicht zwischen dem marginalen und inframarginalen Kapitalertrag differenziert, die Kapitalakkumulation bzw. das Sparen wird hingegen durch eine günstigere Besteuerung von Kapitaleinkommen innerhalb der Betriebssphäre (vergleichbar mit den qualifizierten Konten im Rahmen der ICF) steuerlich begünstigt.

Als ein letztes hybrides System soll hier die *Sollzinsbesteuerung* angeführt werden. Dabei wird von tatsächlichen Einkünften aus Kapitalvermögen abstrahiert und eine pauschale Verzinsung unterstellt. Durch Anwendung eines linearen Steuersatzes auf den so ermittelten fiktiven Kapitalertrag ergibt sich die Steuerschuld, was letztlich einer Vermögensteuer gleichkommt.[637]

Der Tenor[638] der hybriden Besteuerung kann darin gesehen werden, dass durch die steuerliche Begünstigung von Kapitaleinkommen gegenüber Arbeitseinkommen ein Mittelweg zwischen der synthetischen Besteuerung aller Faktoreinkommen wie im Rahmen der Einkommensteuer einerseits und der Freistellung des marginalen Kapitalertrags wie im Rahmen der Konsumbesteuerung andererseits gesucht wird. Insofern stellen hybride Systeme auch einen Spagat zwischen einkommen- und konsumsteuerlichen Normvorstellungen dar. Allerdings liegt genau darin auch ein zentrales Problem dieser Ansätze. Zwar sind hybride Systeme der bereits vorgestellten Variante einer Berücksichtigung von Konsumsteuerelementen im Rahmen der Einkommensteuer insofern überlegen, als die Steuerbegünstigungen für Kapitaleinkommen allgemein und nicht punktuell zur Anwendung kommen. Damit aber bleiben letztlich sowohl einkommen- als auch konsumsteuerliche Besteuerungsnormen unberücksichtigt, weil weder eine synthetische noch eine auf den inframarginalen Kapitalertrag beschränkte Besteuerung gewährleistet ist. Hybride Steuersysteme erwecken deshalb den Anschein, Beziehern von Ka-

[636] Steuerlich begünstigt sind sämtliche Formen des investiv verwendeten Kapitals, was in einem weit gefassten Betriebsbegriff zum Ausdruck kommt. Demnach gilt jede „selbständige nachhaltige Beteiligung am Markt mit Gewinnerzielungsabsicht" als Betrieb (Lang (1991), S. 334). Neben den Körperschaften und den aus dem Einkommensteuergesetz bekannten Einkünften aus Gewerbe, Landwirtschaft und Vermietung/Verpachtung betrifft dies auch die private Vermögensverwaltung.

[637] Vgl. z.B. Meyer (2001). Eine derartige Regelung gilt seit dem Steuerjahr 2001 in den Niederlanden für Einkünfte aus unwesentlichen Beteiligungen (vgl. Obluda (2000)). Der Sollzins beträgt 4%, die Bemessungsgrundlage ist das jahresdurchschnittliche Nettovermögen unter Berücksichtigung eines Freibetrages i.H.v. 17000 Euro. Der Steuertarif beträgt 30%. Dies entspricht einer Vermögensteuer i.H.v. 1,2% auf das den Freibetrag übersteigende Vermögen.

[638] Auf eine detaillierte Beurteilung und Würdigung der hybriden Steuersysteme muss an dieser Stelle verzichtet werden, da dies den Rahmen und die Themenstellung der Arbeit sprengen würde (vgl. dazu auch die Prämissenkritik in Kapitel D.2).

pitaleinkommen Steuergeschenke zukommen zu lassen. Infolge der Schedulenbesteuerung ist nicht eindeutig definiert, in welchem Ausmaß die Besteuerung von Arbeitseinkommen von der Kapitaleinkommensbesteuerung abgekoppelt werden soll. Dieses „muddling through" zwischen der Konsum- und Einkommensteuersystematik könnte sich – ganz abgesehen von den Abgrenzung- und Qualifikationsfragen[639] - im internationalen Standortwettbewerb ohne internationale Harmonisierung der Kapitalbesteuerung als ebenso nachteilig erweisen, wie die Reingewinn- oder synthetische Kapitaleinkommensbesteuerung. Möglicherweise sinkt die Steuerbelastung von Kapital unter jenes Niveau, welches im Rahmen der Einkommen- oder Konsumsteuer durchgesetzt werden kann. Dies wäre weder allokativ noch distributiv zu rechtfertigen.

D.1.3 Fazit: Die Konsumsteueroption im Kontext der bestehenden Alternativen und ein Vorschlag zur Reformstrategie

Ohne Zweifel ist eine Reform gegenwärtiger Einkommensteuersysteme zu befürworten, da ihre Komplexität sowie die Steuerwirkungen im Widerspruch zu fundamentalen Besteuerungsnormen stehen. Diese Erkenntnis teilen die Befürworter der Konsumsteuer und die Befürworter der Einkommensteuer. Angesichts der Existenz verschiedener Reformoptionen und unterschiedlicher Besteuerungsziele und –normen stellt sich allerdings die Frage nach der Wegrichtung einer Reform. Folgende Abbildung stellt die hier berücksichtigten Möglichkeiten dar:

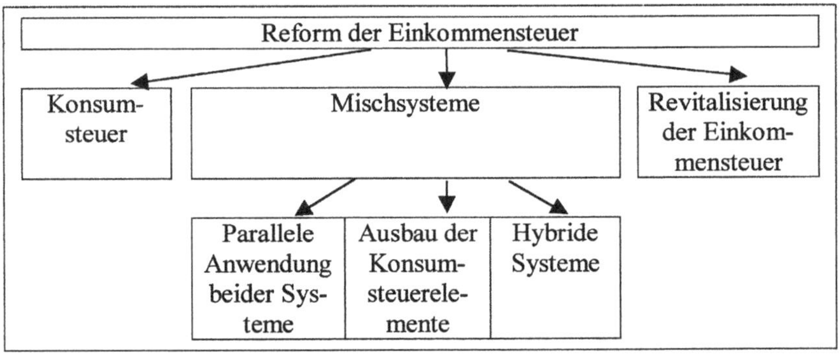

Abbildung 4: Strategien zur Reform der Einkommensteuer

Eine Randlösung, also entweder eine synthetische Einkommensteuer oder eine Konsumsteuer, wäre im Sinne einer stringenten Steuersystematik sicherlich zu bevorzugen. Denn die Betrachtung der Mischsysteme zeigt, dass mit ihrer Erhe-

639 Zum Problem einer Manipulation durch die Umqualifizierung relativ hoch besteuerter Arbeitseinkommen in relativ niedrig besteuerte Kapitaleinkommen im Rahmen der Dual Income Tax vgl. Sörensen (1994), S. 73ff. und Viherkenttä (1996), S. 127ff.

bung zusätzliche Probleme verbunden sind. Trotz einer schleichenden Erosion einkommensteuerlicher Ermittlungsgrundsätze kann sich der Konsumsteuergedanke nicht vollständig durchsetzen. Fundamentalen Besteuerungsnormen wird insofern nicht entsprochen.

Die Suche nach dem superioren Steuersystem mündet damit wieder in die Frage, ob der Einkommensteuer oder der Konsumsteuer der Vorrang zu geben ist. Angesichts der Tatsache, dass beide Konzepte insbesondere bei ihrer Anwendung in der offenen Volkswirtschaft problembehaftet sind, ist eine pauschale Antwort auf diese Frage allerdings unmöglich. Ein Rückblick auf die Ursachen dieser Probleme lenkt die Aufmerksamkeit aber in eine ganz andere Richtung: Denn die im Hinblick auf die Besteuerungsnormen auftretenden Unzulänglichkeiten der Einkommen- bzw. Konsumsteuer sind in hohem Maße auf die internationalen Besteuerungskonflikte, divergierende nationalstaatliche Besteuerungsinteressen und mangelnde Kooperationsbereitschaft zurückzuführen. Dies zeigt sich vor allem im Kollisionsfall, aber auch bei bilateraler Einkommens- oder Konsumbesteuerung (Harmoniefall).

Insofern wird deutlich, dass sich die in der offenen Volkswirtschaft ergebenden Besteuerungsprobleme allein durch einen Systemwechsel nicht lösen lassen. Dies wäre ein Kurieren an den Symptomen, ohne den Ursachen wirksam zu begegnen. Denn die Ursachen einer Verletzung fundamentaler Besteuerungsnormen sind in der *mangelnden Kooperationsbereitschaft* der Nationalstaaten im Hinblick auf die Ausgestaltung der Steuersysteme und im Hinblick auf die gegenseitigen Unterstützung bei der Durchsetzung der nationalen und internationalen Besteuerungsregeln zu sehen. Ohne umfassendere zwischenstaatliche Zusammenarbeit wird infolge der mit der Globalisierung einhergehenden Internationalisierung einzelwirtschaftliche Entscheidungsprozesse – und dieser Aspekt wird zukünftig an Bedeutung gewinnen - jede Steuer an den Besteuerungsnormen mehr oder weniger scheitern. Der Schlüssel für ein befriedigendes Besteuerungsergebnis ist nicht bei der Suche nach einer Bemessungsgrundlage sondern in der engeren internationalen Zusammenarbeit zu finden.[640]

Vor diesem Hintergrund ist der Nutzen einer Konsumsteuerreform nochmals zu relativieren. Ohne Intensivierung der zwischenstaatlichen Kooperationsbemühungen und Zusammenarbeit wird die Konsumsteuer ihren Ansprüchen nicht gerecht.

---

[640] Es ist nicht zu bestreiten, dass eine internationale Zusammenarbeit und Harmonisierung im Bereich der Besteuerung durchaus zu kritisieren ist. Denn es droht ein internationales Steuerkartell mit der Folge, dass der Staat übermäßigen Einfluss auf das Marktgeschehen nimmt. Wohlfahrtsverluste wären die Folge. Allerdings steht dieser Aspekt hier nicht zur Disposition. Es geht lediglich um die Frage, wie den Besteuerungsnormen im Rahmen der Einkommen- und Konsumsteuer entsprochen werden kann. Und dies erfordert ohne Zweifel eine intensive internationale Zusammenarbeit.

Führen bilaterale Kooperationsbemühungen hingegen zum Erfolg, so könnte diese Bereitschaft der Nationalstaaten auch für eine Revitalisierung der Einkommensteuer genutzt werden. Angesichts der Tatsache, dass eine Konsumsteuerreform nicht nur mit erheblichen Übergangs- sondern auch mit Anwendungsproblemen verbunden ist und ferner traditionelle (wohlbegründete) Gerechtigkeitsvorstellungen zu opfern sind, wäre ein Festhalten an der Einkommensteuer wohl keine schlechte Alternative.

D.2 Prämissenkritik

Die zentrale Aufgabenstellung bestand in der Beantwortung der Frage, mit welchen Auswirkungen und Problemen Konsumsteuerreformen bzw. die Konsumbesteuerung in offenen Volkswirtschaften verbunden sind, und ob eine Substitution der Einkommensteuer durch eine Konsumsteuer zu empfehlen ist. Das kritische Gesamturteil ist abschließend vor dem Hintergrund der getroffenen Annahmen zu würdigen:

Ein erster Kritikpunkt betrifft die *statische Betrachtungsweise*. Befürworter von Konsumsteuern vertreten die Auffassung, dass - bedingt durch die allokativen Vorzüge der Konsumsteuer gegenüber der Einkommensteuer - aus einer Konsumsteuerreform ein positiver Wachstumseffekt resultiert.[641] Dieses Wachstum würde Möglichkeiten eröffnen, die aus der notwendigerweise höheren Besteuerung von Arbeits- und inframarginalen Kapitaleinkommen bzw. von Konsumausgaben resultierenden allokativen und distributiven Nachteile zumindest teilweise zu kompensieren. Denn mittel- bis langfristig könnten die Konsumsteuertarife gesenkt werden.[642] - Dieser These kann an dieser Stelle nicht weiter nachgegangen werden, da sie den Rahmen der statisch angelegten Argumentation sprengen würde. Es lässt sich aber aufgrund der gewonnenen Ergebnisse kritisch anmerken, dass eine Konsumsteuerreform in einer offenen Volkswirtschaft nicht zwingend mit Verbesserungen der Allokationseffizienz, schon gar nicht mit umfassender Entscheidungsneutralität verbunden ist. Dies gilt sowohl im Kollisions-, als auch bei bilateralen Belastungsunterschieden im Harmoniefall. Darüber hinaus muss angesichts empirischer Untersuchungen bezweifelt werden, dass aus der Freistellung des marginalen Kapitalertrags ein gesamtwirtschaftlicher Kapitalangebotseffekt als Wachstumskatalysator resultiert. Ferner können Übergangsprobleme, wenn

[641] Vgl. z.B. Rose (1991c); Fehr/Wiegard (1998); Fehr/Wiegard (1999b); Zodrow/McLure (1991), S. 436ff.; Boadway (1990), S. 54ff.; kritischer hingegen Auerbach (1996). Auf der Grundlage dynamischer Gleichgewichtsmodelle werden u.a. positive Effekte in bezug auf Kapitalakkumulation, Produktivität sowie Lohn- und Wohlfahrtsniveau abgeleitet.

[642] So prognostiziert Rose (1991c), S. 227 bei der Einkommensteuerbelastung einen Steuersenkungsspielraum um bis zu 32%. Es wird (S. 233) aber eingeräumt, dass eine Großteil der positiven Effekte auf einer Ausbeutung des Auslands beruht, was nicht ohne Gegenreaktionen bleiben wird.

auch zeitlich befristet, Zusatzlasten hervorrufen. Die Quellen für ein reformbedingtes Wachstum sind daher nicht unmittelbar zu erkennen. Die Forderung nach einem Systemwechsel sollte sich keinesfalls auf diese Hypothese stützen, zumal Wachstum auch durch nicht steuerliche Faktoren determiniert wird.

Ein zweiter Kritikpunkt betrifft die Frage, welche *Bedeutung die Besteuerung für einzelwirtschaftliche Allokationsentscheidungen* überhaupt hat. Die hiesige Argumentation basiert allein auf der Annahme, dass Unternehmen und Haushalte eine Minimierung der Steuerbelastung anstreben.[643] Diese Annahme ist insofern zu relativieren, als Allokationsentscheidungen auch durch nicht-steuerliche Einflussfaktoren begründet werden. Hinzuweisen ist z.B. im Hinblick auf Direktinvestitionsentscheidungen auf die Bedeutung der Marktpräsenz im Ausland, im Hinblick auf das Arbeitsangebot auf die Bedeutung nicht-pekuniärer Nutzen, im Hinblick auf die Wohnortwahl auf die Bedeutung sozialer Barrieren. Daher muss die Bedeutung des Neutralitätskriteriums und der entscheidungsneutralen Besteuerung relativiert werden. Besteuerungsgerechtigkeit sowie Praktikabilität behalten freilich ihre Bedeutung, was möglicherweise zusätzliche Argumente zugunsten der Einkommensteuer liefert.

Drittens erscheint eine *isolierte Betrachtung des Steuersystems* nicht ausreichend. Angesichts der zahlreichen bestehenden Interdependenzen ist die Einbettung des Steuersystems in das (nationale bzw. internationale) Rechts- und Sozialsystem zu berücksichtigen. Die fachübergreifende Debatte der Konsumsteuervorschläge erscheint dringend geboten. Eine derart erweitere Betrachtung wird i.d.R. weit mehr Probleme aufdecken, als sie im Rahmen dieser Untersuchung identifiziert wurden.

Viertens lässt sich kritisieren, dass bei der Darstellung des (internationalen) Steuerrechts der Einkommen- und Konsumsteuer von *steuertechnischen Details* weitestgehend abstrahiert wurde. So wurde eine rechtsformneutrale Unternehmensbesteuerung unterstellt, Sonderregelungen für die Besteuerung von Betriebsstätten und Personengesellschaften wurden nicht erwähnt. Fraglich ist in diesem Zusammenhang, ob eine rechtsformneutrale Anwendung der Unternehmenskonsumsteuern umgesetzt werden kann. Ferner wurden Abgrenzungsfragen (z.B. zwischen Arbeits- und Kapitaleinkommen bzw. zwischen Investition und Konsum) ausgeblendet, die Behandlung von (grenzüberschreitenden) Verlusten wurde ebenfalls nicht diskutiert. Diesbezügliche einkommen- und körperschaftsteuerrechtliche

[643] Tatsächlich wird nicht eine Minimierung der Steuerbelastung, sondern eine Maximierung des fiskalischen Residuums angestrebt. Dieses Residuum ergibt sich aus der Differenz zwischen dem Nutzen aus der Inanspruchnahme der bereitgestellten öffentlichen Leistungen und der Steuerbelastung. Hier konnte dieser Aspekt insofern vernachlässigt werden, als angesichts der aufkommensneutralen Ausgestaltung der Steuerreform von einem unveränderten Ausgabenverhalten des Staates ausgegangen wurde, sich also weder Struktur noch Niveau der öffentlichen Leistungen ändern.

Detailregelungen müssten im Hinblick auf ihre Relevanz bei der Erhebung einer Konsumsteuer geprüft werden.

Nicht berücksichtigt wurde die Frage der *Kompatibilität unterschiedlicher Konsumsteuersysteme* bei bilateraler Konsumbesteuerung. Sollten infolge mangelnder Koordination unterschiedliche Systeme angewendet werden, sind sowohl beim Übergang als auch bei der laufenden Besteuerung sicherlich zusätzliche Probleme zu erwarten.

Mehr Beachtung sollte den *Mischsystemen* und Möglichkeiten zur Revitalisierung der Einkommensteuer geschenkt werden. Diese Optionen standen nicht im Mittelpunkt der hier angelegten Untersuchung. Es sollte lediglich aufgezeigt werden, dass auch diese Strategien angesichts bestehender Reformziele an Grenzen stoßen.

Diese Kritik verdeutlicht, dass im Hinblick auf die Konsumsteuerreformdebatte noch ausreichender Diskussionsstoff besteht. Sie zeigt ferner, dass die Diskussion intensiviert werden sollte, bevor die Konsumsteuer als Alternative zur Einkommensteuer ernsthaft in Erwägung gezogen wird.

E Schlusswort

Den Ausgangspunkt der Arbeit bildete die These, dass in einer globalisierten Welt die Steuersysteme offener Volkswirtschaften miteinander kompatibel sein müssen, um ein ziel- bzw. normenkonformes Besteuerungsergebnis zu erreichen. Zudem wurde eingangs festgestellt, dass der Aspekt der Globalisierung in der ansonsten kontrovers geführten Konsumsteuerdebatte bisher relativ wenig Beachtung gefunden hat. Beides erweist sich für die Beurteilung der Konsumsteueroption angesichts der in dieser Arbeit gewonnenen Ergebnisse als bedeutsam und sollte deshalb stärker als bisher im Rahmen der Systemdebatte berücksichtigt werden.

Insgesamt muss bezweifelt werden, dass die Konsumsteuer ihrem Problemlösungsanspruch gerecht wird. Dies gilt nicht nur, aber insbesondere bei ihrer Anwendung in einer offenen Volkswirtschaft. Vor allem im Kollisionsfall - und das ist angesichts nationaler Gesetzgebungsautonomie und einer nur mäßig ausgeprägten Koordinationsbereitschaft der realistische Fall - führt die mangelnde Kompatibilität von Konsum- und Einkommensteuer zu unvermeidbaren Komplikationen. Insbesondere lässt sich die Konsumsteuersystematik nicht für alle internationale Sachverhalte umsetzen. Nationale Alleingänge sind daher nicht zu empfehlen, wenngleich eine tolerante Haltung des Auslands durchaus zu einem aus Sicht des Reformlandes positiven Reformergebnis führen kann. Im globalen Sinne wäre das Besteuerungsergebnis aber keinesfalls befriedigend. Zudem kann ein (steuerpolitisch) neutrales Verhalten des Auslands nicht zwingend vorausgesetzt werden. Im Fall einer Konfrontation sind Nachteile zulasten des Reformlandes und letztlich ein Scheitern der Reform nicht auszuschließen. Aber auch im Harmoniefall ist die Erfüllung fundamentaler Besteuerungsnormen i.d.R. nicht gewährleistet. Unabhängig davon, ob eine Konsumsteuer den Binnenkonsum, den inländischen Mehrwert (d.h. Arbeits- und inframarginale Kapitaleinkommen) oder den Weltkonsum der Inländer belastet, ergeben sich praktische und (im Fall divergierender Steuersätze) distributive und allokative Probleme. Zusätzlich sind die Übergangsprobleme zu berücksichtigen, die generell von internationaler Relevanz sind und (selbst bei einem hohem Maß an Koordinationsbereitschaft) entsprechende zwischenstaatliche Konflikte hervorrufen werden.

Aber auch andere Steuersysteme, berücksichtigt wurden hier die Einkommensteuer und verschiedene Mischsysteme im Sinne einer Kombination einkommen- und konsumsteuerlicher Ermittlungsgrundsätze, führen kaum zu einem befriedigenden Besteuerungsergebnis. Vor diesem Hintergrund rückt ein anderer Aspekt ins Blickfeld: Zwischenstaatliche Koordination und Kooperation hinsichtlich der Definition und Umsetzung von Besteuerungsregeln sind in einer globalisierten Welt von zentraler Bedeutung. Denn ohne ein Mindestmaß an Harmonisierung und zwischenstaatlicher Zusammenarbeit bleibt die Erfüllung fundamentaler Besteuerungsnormen eine Fiktion. Der Konsumsteuer droht in diesem Fall möglicherweise das gleiche Schicksal wie der Einkommensteuer, die aus Sicht ihrer Kritiker einen „Betriebsunfall der Steuergeschichte“[644] darstellt.

Sollten sich die Nationalstaaten wider Erwarten doch zu einem höheren Maß an zwischenstaatlicher Kooperation bereit erklären, kann unter Berücksichtigung des generellen Konflikts zwischen allokativen und distributiven Normen einerseits und der administrativen Effizienz andererseits sowohl auf der Basis der Einkommen- als auch auf Basis der Konsumsteuer ein akzeptables Besteuerungsergebnis erreicht werden. Solange, wie den hier berücksichtigten Besteuerungsnormen der Allokationseffizienz, Verteilungsgerechtigkeit und Praktikabilität eine zentrale Bedeutung beigemessen wird, ist die Wahl einer bestimmten Bemessungsgrundlage insofern nur von sekundärer Relevanz.

Angesichts dieses Urteils stehen die Chancen für eine Revitalisierung der Einkommensteuer nicht schlechter als die Chancen für eine Fundamentalreform im Sinne der Substitution der Einkommensteuer durch eine Konsumsteuer. Denn die Einführung einer Konsumsteuer, die sich von der Einkommensteuer in systematischer Hinsicht hinsichtlich ihrer – zugegebenermaßen in der Theorie positiv zu beurteilenden – intertemporalen Neutralität unterscheidet, hat ihren Preis. Wenn – und dies ist die aufgrund der hier gewonnenen Ergebnisse vertretene Meinung – die intertemporale Effizienz den einzigen *bewertungsrelevanten* systematischen Unterschied zwischen beiden Steuersystemen bzw. Nachteil der Einkommensteuer gegenüber der Konsumsteuer darstellt, dann stellt sich die Frage, ob dies für die Rechtfertigung eines Systemwechsels ausreichend ist. Denn die Bedeutung der intertemporalen Neutralität für das Kapitalangebotsverhalten der Haushalte sowie die Kapitalakkumulation muss angesichts empirischer Erkenntnisse bezweifelt werden. Zudem ist auch eine Konsum- bzw. kombinierte Arbeits- und Reingewinnbesteuerung nicht frei von Problemen. Eine Konsumsteuerreform wäre auch aufgrund der mit dem Systemwechsel verbundenen Übergangsprobleme sowie aufgrund der unter traditionellen (einkommensteuerlichen) Gerechtigkeitsmaßstäben nicht vertretbaren Verteilungseffekte abzulehnen. Vielmehr wäre eine Reform der Einkommensteuer durch Stärkung des Einkommensteuergedankens vorzuziehen. Sollte an dieser Auffassung bei einer Betrachtung der Konsumsteuern im Modell einer geschlossenen Volkswirtschaft gezweifelt werden, so legt die Berücksichtigung der in einer offenen Volkswirtschaft auftretenden Probleme im Rahmen der uni- bzw. bilateralen Konsumbesteuerung einen solchen Schluss schon eher nahe.

Die bis heute zu beobachtende Skepsis gegenüber den Konsumsteuervorschlägen in Theorie und Praxis erscheint also durchaus gerechtfertigt. Der „Mythos“ der

---

644 Vgl. Bach (1999), S. 116.

Konsumsteuer lässt sich bei einer Beurteilung in einem realistischerem Umfeld – und dies ist hier durch die Erweiterung des Argumentationsrahmens auf die in einer offenen Volkswirtschaft zu berücksichtigenden Besteuerungssachverhalte geschehen - weitestgehend entzaubern. Angesichts der mit der Konsumbesteuerung und einer Konsumsteuerreform verbundenen Probleme wäre ein Festhalten an der Einkommensteuer sicherlich nicht die schlechteste Variante. Dies ändert freilich nichts an der Tatsache, dass die Einkommensteuer reformbedürftig bleibt.

Abschließend ergibt sich damit der Eindruck, dass die eingangs zitierten Worte Schumpeters nicht an Aktualität verloren haben. Denn das Ende der Einkommensteuer scheint (noch) nicht gekommen. Möglicherweise bleibt ihr dieses Ende aus Mangel an (wirklich überlegenen) Alternativen gänzlich erspart.

Anhang

Inhaltsverzeichnis Anhang

Anhang B-0: Steuerfreies Referenzszenario

Das folgende Beispiel dient dem Zweck, die (Belastungs-)Äquivalenz der Konsumsteuerbausteine und –systeme (bzw. die Voraussetzungen dafür) zu verdeutlichen, die Konsum- mit der Einkommensteuer zu vergleichen, sowie internationale Besteuerungsprobleme (wie z.B. die Steueranrechnung) zu veranschaulichen.

1	Periode	0	1	2	3			
2								
3	Vorleistungen	-100						
4	Lohnaufwand		8	8	8			
5	Umsatzerlöse		50	50	50		Diskontfaktor	10%
6								
7	**Unternehmen**						Steuersatz	0%
8	vor Steuer	-100	42	42	42			
9	Bemessungsgrundlage	0	0	0	0			
10	Steuer	0	0	0	0			
11	nach Steuer	-100	42	42	42			
12								
13	**Haushalt**						Steuersatz	0%
14	a) Investor							
15	Bruttodividende	-100	42	42	42		Brutto-KW	4,45
16	Steuer	0	0	0	0		Steuer-KW	0
17	nach Steuer	-100	42	42	42		Netto-KW	4,45
18							Steuerquote	0%
19	b) Lohnempfänger							
20	Bruttolohn		8	8	8		Brutto-KW	19,89
21	Steuer		0	0	0		Steuer-KW	0
22	nach Steuer		8	8	8		Netto-KW	19,89
23							Steuerquote	0%
24								
25	**Fiskus**							
26	Steuereinnahmen	0	0	0	0		Steuer-KW	0
27								
28	**Summe**						Brutto-KW	24,34
29							Steuer-KW	0
30							Netto-KW	24,34
31							Steuerquote	0%

Betrachtet wird eine dreiperiodige Investition, die mit einer Anfangsauszahlung (Zeile 3) und Umsatzerlösen (Zeile 5) verbunden ist, aus denen Kapitalerträge (Zeile 15), Arbeitseinkommen (Zeile 20) und Steuern (Zeilen 10, 16, 21 und 26) gezahlt werden. Als Bewertungskriterium dient der Kapitalwert, welcher unter Anwendung eines Diskontierungsfaktors i.H.v. i=10% berechnet wird. Der Kapitalwert eines investiven Zahlungsstromes ist Ausdruck der absoluten Vorteilhaftigkeit der Investition, ein positiver Kapitalwert impliziert eine über den Kapitalkosten liegende interne Investitionsrendite (hier 12,5%). Im Beispiel handelt es sich insofern um eine inframarginale Investition. Die Kapitalwerte werden aus Sicht des Investors, des Beziehers von Arbeitseinkommens und des Fiskus ermittelt. Die auf den Kapitalwert bezogene Steuerbelastung (Zeile 31) dient als Vergleichskriterium für die Steuersysteme.

Anhang B-1a: Umsatzsteuer – Überwälzung in die Güterpreise

Die in die Güterpreise überwälzte Umsatzsteuer führt im Vergleich zur steuerfreien Referenzsituation zu höheren Vorleistungskosten und Umsatzerlösen des Unternehmens (Zeile 6). Da das Unternehmen die Steuer unter der Annahme einer Vorwälzung der Steuer über höhere Preisforderungen kompensiert, zahlt es an die Faktoranbieter die gleichen Kapitalerträge bzw. gleiche Löhne (Zeilen 11 und 16) wie im Fall ohne Besteuerung.

1	Periode	0	1	2	3			
2								
3	**Unternehmen**						Steuersatz	40%
4	vor Steuer	-100	50	50	50			
5	Steuer	-40	20	20	20			
6	brutto	-140	70	70	70			
7	nach Steuer	-100	50	50	50			
8								
9	**Haushalt**						Steuersatz	40%
10	a) Investor							
11	vor Steuer	-100	42	42	42		Brutto-KW	4,45
12	Kaufkraftverlust	-40	16,8	16,8	16,8		Steuer-KW	1,78
13	Realdividende	-60	25,2	25,2	25,2		Netto-KW	2,67
14							Steuerquote	40%
15	b) Lohnempfänger							
16	vor Steuer		8	8	8		Brutto-KW	19,89
17	Kaufkraftverlust		3,2	3,2	3,2		Steuer-KW	7,96
18	Reallohn		4,8	4,8	4,8		Netto-KW	11,93
19							Steuerquote	40%
20								
21	**Fiskus**							
22	Steuereinnahmen	-40	20	20	20		Steuer-KW	9,74
23								
24	**Summe**						Brutto-KW	24,34
25							Steuer-KW	9,74
26							Netto-KW	14,60
27							Steuerquote	40%

Infolge der höheren Konsumgüterpreise sinkt die Kaufkraft der Bezieher von Faktoreinkommen (Zeilen 12 und 17). Die kapitalwertbezogene Steuerbelastungsquote (Zeile 14, 19 und 27, Steuer-Kapitalwert im Verhältnis zum Brutto-Kapitalwert) entspricht dem Umsatzsteuersatz.[645] Die proportionale Kürzung des Kapitalwertes um den Steuersatz verdeutlicht, dass die marginale Rendite nicht besteuert wird.

Anhang B-1b: Umsatzsteuer – Überwälzung in die Faktorentgelte

1	Periode	0	1	2	3			
2								
3	**Unternehmen**						Steuersatz	40%
4	vor Steuer	-100	50	50	50			
5	Steuer	-40	20	20	20			
6	nach Steuer	-60	30	30	30			
7								
8	**Haushalt**							
9	a) Investor							
10	vor Steuer	-100	42	42	42		Brutto-KW	4,45
11	steuerbedingte Senkung der Nominalrendite	-40	16,8	16,8	16,8		Steuer-KW	1,78
12	nach Steuer	-60	25,2	25,2	25,2		Netto-KW	2,67
13							Steuerquote	40%
14	b) Lohnempfänger							
15	vor Steuer		8	8	8		Brutto-KW	19,89
16	steuerbedingte Minderung des Nominallohnes		3,2	3,2	3,2		Steuer-KW	7,96
17	nach Steuer		4,8	4,8	4,8		Netto-KW	11,93
18							Steuerquote	40%
19								
20	**Fiskus**							
21	Steuereinnahmen	-40	20	20	20		Steuer-KW	9,74
22								
23	**Summe**						Brutto-KW	24,34
24							Steuer-KW	9,74
25							Netto-KW	14,60
26							Steuerquote	40%

645 Der Diskontierungszinssatz wird durch die Besteuerung hier nicht tangiert. Denn der marginale Ertrag der Referenzanlage bleibt bei allen Konsumsteuern steuerfrei (vgl. im Gegensatz dazu die Berechnungen zur Einkommensteuer in Anhang B-15a und 15b).

Eine Überwälzung der Umsatzsteuer in die Faktorentgelte führt zu einer direkten Minderung der Bruttodividenden- bzw. -lohnzahlungen i.H.d. Steuersatzes (Zeilen 11 und 16). Der Faktoranbieter erhält die um die Steuer geminderten Faktorentgelte (Zeile 12 und 17). Wird – wie hier - eine wertschöpfungsanteilige Überwälzung der Steuer unterstellt, dann gleicht das Ergebnis demjenigen der Preisüberwälzung. Die Steuer impliziert eine 40%-ige Minderung des Kapitalwerts.

Es lässt sich ferner zeigen, dass bei einem Kapitalwert i.H.v. 0 in bezug auf die Kapitalinvestition der Investor gemessen in Barwerten keine Steuer trägt. Zur Verdeutlichung wird im Beispiel der Umsatzerlös der ersten Periode auf 45,11 (=50-4,45/1,1) reduziert (Zeile 4):

1	Periode	0	1	2	3			
2								
3	**Unternehmen**						Steuersatz	40%
4	vor Steuer	-100	45,11	50	50			
5	Steuer	-40	18,04	20	20			
6	nach Steuer	-60	37,11	30	30			
7								
8	**Haushalt**							
9	a) Investor							
10	vor Steuer	-100	37,11	42	42		Brutto-KW	0
11	steuerbedingte Senkung der Nominalrendite	-40	14,84	16,8	16,8		Steuer-KW	0
12	nach Steuer	-60	22,26	25,2	25,2		Netto-KW	0
13							Steuerquote	0%
14	b) Lohnempfänger							
15	vor Steuer		8	8	8		Brutto-KW	19,89
16	steuerbedingte Minderung des Nominallohnes		3,2	3,2	3,2		Steuer-KW	7,96
17	nach Steuer		4,8	4,8	4,8		Netto-KW	11,93
18							Steuerquote	40%
19								
20	**Fiskus**							
21	Steuereinnahmen	-40	20	20	20		Steuer-KW	9,74
22								
23	**Summe**						Brutto-KW	19,89
24							Steuer-KW	7,96
25							Netto-KW	11,93
26							Steuerquote	40%

Infolge des neutralen Bruttokapitalwertes (Zeile 10) unterliegt der Investor nun keiner effektiven Steuerbelastung (Zeile 11). Für den Bezieher von Arbeitseinkommen ergeben sich hingegen keine Änderungen (Zeile 16, Arbeitseinkommen implizieren angesichts einer fehlenden anfänglichen Auszahlungen regelmäßig einen positiven Kapitalwert). Die auf den gesamten Kapitalwert bezogene Steuerbelastungsquote entspricht weiterhin dem Tarif der Umsatzsteuer (Zeile 26).

Anhang B-2: ICF

Wird von einer vorgelagerten Unternehmenssteuer abstrahiert, dann fließen dem Haushalt aus der Investition (vgl. oben Anhang B-0) die Kapitaleinkommen (Zeile 5) und die Arbeitseinkommen (Zeile 10) steuerfrei zu. Arbeitseinkommen sind wie im Rahmen der Einkommensteuer zu versteuern. Beim Investor bewirkt die Besteuerung infolge der Sofortabschreibung eine vorgelagerte Steuerrückerstattung in Kombination mit einer nachgelagerten Desinvestitionsbesteuerung, sofern die Kapitaleinkommen nicht reinvestiert sondern konsumtiv verwendet werden (Zeile 6). Bezieher von Arbeits- und Kapitaleinkommen unterliegen einer auf den Kapitalwert bezogenen Steuerbelastung i.H.d. persönlichen Steuersatzes (Zeile 8, 13, 21). Anders als bei der Umsatzsteuer ist jedoch eine progressive Tarifgestaltung möglich (vgl. zu den verteilungspolitischen Implikationen Kapitel C.6.2).

1	Periode	0	1	2	3			
2								
3	**Haushalt**						Steuersatz	40%
4	a) Investor							
5	vor Steuer	-100	42	42	42		Brutto-KW	4,45
6	Steuer	-40	16,8	16,8	16,8		Steuer-KW	1,78
7	nach Steuer	-60	25,2	25,2	25,2		Netto-KW	2,67
8							Steuerquote	40%
9	b) Lohnempfänger							
10	vor Steuer		8	8	8		Brutto-KW	19,89
11	Steuer		3,2	3,2	3,2		Steuer-KW	7,96
12	nach Steuer		4,8	4,8	4,8		Netto-KW	11,93
13							Steuerquote	40%
14								
15	**Fiskus**							
16	Steuereinnahmen	-40	20	20	20		Steuer-KW	9,74
17								
18	**Summe**						Brutto-KW	24,34
19							Steuer-KW	9,74
20							Netto-KW	14,60
21							Steuerquote	40%

Anhang B-3: ITP

Im Unterschied zur ICF sind auf Haushaltsebene lediglich Arbeitseinkommen steuerpflichtig. Da hier von einer vorgelagerten Unternehmenssteuer abstrahiert wird, bleiben neben den marginalen Kapitalerträgen auch die inframarginalen Renditen (also Reingewinne) steuerfrei. Daraus resultiert im Vergleich zur ICF nicht nur eine Umverteilung zugunsten des Beziehers von Kapitaleinkommen, sondern auch eine geringere kapitalwertbezogene Steuerquote (Zeile 21), wenn die Investition wie hier einen positiven Kapitalwert (Zeile 5) aufweist.

Entsprechend würde sich eine über dem Steuersatz liegende Belastungsquote ergeben, wenn die Investition eine Verzinsung unterhalb des Diskontfaktors aufweist (r<i), also einen negativen Kapitalwert hat. Denn in diesem Fall beteiligt sich der Fiskus anders als bei der ICF auch nicht an den (in Barwerten gemessenen) Verlusten des Investors.

Vor- und nachgelagerte Konsumsteuer führen insofern lediglich beim einem Kapitalwert von 0 in bezug auf die Finanzinvestition zum gleichen Ergebnis (vgl. dazu Kapitel B.1.2.1.3).

1	Periode	0	1	2	3			
2								
3	**Haushalt**						Steuersatz	40%
4	a) Investor							
5	vor Steuer	-100	42	42	42		Brutto-KW	4,45
6	Steuer	0	0	0	0		Steuer-KW	0
7	nach Steuer	-100	42	42	42		Netto-KW	4,45
8							Steuerquote	0%
9	b) Lohnempfänger							
10	vor Steuer		8	8	8		Brutto-KW	19,89
11	Steuer		3,2	3,2	3,2		Steuer-KW	7,96
12	nach Steuer		4,8	4,8	4,8		Netto-KW	11,93
13							Steuerquote	40%
14								
15	**Fiskus**							
16	Steuereinnahmen		3,2	3,2	3,2		Steuer-KW	9,60
17								
18	**Summe**						Brutto-KW	24,34
19							Steuer-KW	7,96
20							Netto-KW	16,38
21							Steuerquote	33%

Anhang B-4: Bemessungsgrundlagen der Cash-Flow-Steuer[646]

Einzahlungen Erhöhung der Bemessungsgrundlage (inflow)	**Auszahlungen** Minderung der Bemessungsgrundlage (outflow)
R-Basis – Realwirtschaftliche Sphäre	
- Umsatzerlöse - Verkauf Anlage-/Umlaufvermögen	- Vorleistungen - Lohnaufwand
F-Basis – Finanzielle Transaktionen *(Kredite und systemexterne Beteiligungen)*[647]	
- Kreditaufnahme - Tilgungs- und Zinseinzahlungen - Veräußerung systemexterner Unternehmensbeteiligungen	- Kreditvergabe - Zins- und Tilgungsleistungen - Erwerb systemexterner Unternehmensbeteiligungen
S-Basis – inländische Beteiligungsebene *(systeminterne Beteiligungen)*	
- innerhalb des Unternehmenssektors - Auflösung von Beteiligungen - Dividenden aus Beteiligungen - außerhalb des Unternehmenssektors - Einlagen - Aktienrückkauf	- innerhalb des Unternehmenssektors - Erwerb von Beteiligungen - Kapitalherabsetzung - außerhalb des Unternehmenssektors - Ausgabe neuer Aktien - Gewinnausschüttungen

[646] in Anlehnung an Bach (1993), S. 52; Kaiser (1992), S. 43 und Meade (1978), S. 231.

[647] Die Berücksichtigung systeminterner Beteiligungen wird aufgrund der sich ergebenden Manipulationsmöglichkeiten von vornherein abgelehnt (vgl. Kapitel B.1.2.2.1). Zur Problematik einer Berücksichtigung von Auslandsbeteiligungen vgl. Kapitel C.1.3.3.2.2.

Anhang B-5a: CFS (Eigenkapital-basierte Investition)

Zur Ermittlung der Bemessungsgrundlage der CFS[648] werden neben den Vorleistungen auch die Lohnausgaben von den Umsatzerlösen abgezogen. Auf diesen realen Cash-Flow (Zeile 4) wird die CFS angewendet. Bei periodengleicher Verlustberücksichtigung resultiert aus der Investition eine anfängliche Steuerrückerstattung in Kombination mit späteren Desinvestitionssteuern (Zeile 6):

1	Periode	0	1	2	3			
2								
3	**Unternehmen**						Steuersatz	40%
4	vor Steuer	-100	42	42	42			
5	Bemessungsgrundlage	-100	42	42	42		Brutto-KW	4,45
6	Steuer	-40	16,8	16,8	16,8		Steuer-KW	1,78
7	nach Steuer	-60	25,2	25,2	25,2		Netto-KW	2,67
8							Steuerquote	40%

Beim interperiodischen Verlustausgleich werden negative Bemessungsgrundlagen hingegen durch einen (unter Anwendung des Diskontierungsfaktors) verzinslichen Verlustvortrag berücksichtigt. Eine positive Bemessungsgrundlage und damit eine Steuerpflicht ergibt sich im Beispiel erst in der dritten Periode (Zeile 6):

1	Periode	0	1	2	3			
2								
3	**Unternehmen**						Steuersatz	40%
4	vor Steuer	-100	42	42	42		Brutto-KW	4,45
5	Bemessungsgrundlage	-100	-68	-33	5,9			
6	Steuer	0	0	0	2,4		Steuer-KW	1,78
7	nach Steuer	-100	42	42	39,6		Netto-KW	2,67
8							Steuerquote	40%

In beiden Fällen entspricht die auf den Kapitalwert bezogene Belastungsquote dem Cash-Flow-Steuersatz (Zeile 8).

648 Sofern es sich um eine auf Eigenkapital basierende Investition handelt, resultiert aus der RF-CFS die gleiche Steuerbelastung wie aus der R-CFS. Dies gilt jedoch nicht bei einer fremdfinanzierten Investition (vgl. dazu im folgenden Anhang B-5b und B-5c).

Anhang B-5b: R-CFS (Fremdkapital-basierte Investition)

1	Periode	0	1	2	3			
2								
3	**Unternehmen**						Steuersatz	40%
4	vor Steuer	-100	42	42	42		interne Rendite	12,5%
5	Kredit	60	-7	-7	-67		interner Zins	11,7%
6	nach Kredit	-40	35	35	-25		Brutto-KW	1,96
7	Bemessungsgrundlage	-100	42	42	42			
8	Steuer	-40	16,8	16,8	16,8		Steuer-KW	1,78
9	nach Steuer	0	18,2	18,2	-42		Netto-KW	0,18
10							Steuerquote	91%
11								
12	**Kreditgeber**						Steuersatz	40%
13	vor Steuer	-60	7	7	67		Brutto-KW	2,49
14	Steuer	0	0	0	0		Steuer-KW	0
15	nach Steuer	-60	7	7	67		Netto-KW	2,49
16							Steuerquote	0%
17								
18	**Fiskus**							
19	Steuer	-40	16,8	16,8	16,8		Steuer-KW	1,78
20								
21							Brutto-KW	4,45
22							Steuer-KW	1,78
23							Netto-KW	2,67
24							Steuerquote	40%

Bei der R-CFS sind Kreditzinsen beim Schuldner nicht abzugsfähig, die Bemessungsgrundlage ergibt sich aus den Umsatzerlösen abzgl. der Lohnkosten (Zeile 7). Sofern der Kredit wie im Beispiel für den Schuldner einen negativen Kapitalwert impliziert (der Zins liegt über dem Diskontierungsfaktor, Zeile 5), übersteigt die Steuerbelastung den Steuersatz (Zeile 10). Der Nettokapitalwert (Zeile 9) fällt geringer aus als bei Eigenkapitalfinanzierung.[649] Der Gläubiger muss Zinseinkommen nicht versteuern. Er erzielt einen positiven Kapitalwert (Zeile 15), sofern der Kreditzins wie im Beispiel den Diskontierungszins übersteigt. In der Summe entspricht das Steueraufkommen demjenigen bei Eigenkapitalfinanzierung (Zeile 19), die Steuerbelastung dem Steuersatz (Zeile 24). Sofern wie im Beispiel der Kreditzins vom Diskontierungszins abweicht, ergibt sich eine Umverteilung zwischen Schuldner und Gläubiger.[650] Ein relativ hoher Kreditzins belastet den Schuldner, ein relativ geringer Zins impliziert eine Verlust für den Gläubiger.

[649] Der Kapitalwert ist aber im Fall einer vollständigen Kreditfinanzierung positiv, wenn der Kreditzins (Zeile 5) geringer ist als die interne Investitionsrendite (Zeile 4).

[650] Bei einem internationalen Kreditgeschäft ergeben sich Implikationen für das nationale Steueraufkommen sowie die Gesamtsteuerbelastung bei divergierenden Tarifen, vgl. Kapitel C.3.1.2.3.

Anhang B-5c: RF-CFS (Fremdkapital-basierte Investition)

1	Periode	0	1	2	3			
2								
3	**Unternehmen**						Steuersatz	40%
4	vor Steuer	-100	42	42	42			
5	Kredit	60	-7	-7	-67		Interner Zins	11,7%
6	nach Kredit / Bemessungsgrundlage	-40	35	35	-25		Brutto-KW	1,96
7	Steuer	-16	14	14	-10		Steuer-KW	0,78
8	nach Steuer	-24	21	21	-15		Netto-KW	1,18
9							Steuerquote	40%
10								
11	**Kreditgeber**						Steuersatz	40%
12	vor Steuer	-60	7	7	67		Brutto-KW	2,49
13	Steuer	-24	2,8	2,8	26,8		Steuer-KW	0,99
14	nach Steuer	-36	4,2	4,2	40,2		Netto-KW	1,50
15							Steuerquote	40%
16								
17	**Fiskus**							
18	Steuer	-40	16,8	16,8	16,8		Steuer-KW	1,77
19								
20	**Summe**							
21							Brutto-KW	4,45
22							Steuer-KW	1,77
23							Netto-KW	0,18
24							Steuerquote	40%

Im Gegensatz zur R-CFS werden bei der RF-CFS Kredittransaktionen berücksichtigt. Die Kreditaufnahme erhöht beim Schuldner die Bemessungsgrundlage, Zins- bzw. Tilgungszahlungen mindern sie (Zeile 6). Dies impliziert anders als bei der R-CFS unabhängig vom vereinbarten Kreditzins eine kapitalwertbezogene Steuerbelastungsquote i.H.d. Steuersatzes (Zeile 9). Der Gläubiger erhält zum Zeitpunkt der Kreditvergabe eine Steuerrückerstattung infolge der Sofortabschreibung, empfangene Zins- und Tilgungsleistungen sind zu versteuern (Zeile 13). Auch hier ergibt sich daher eine Steuerbelastungsquote i.H.d. Steuersatzes (Zeile 15). Insgesamt wird der bei der R-CFS eintretende Umverteilungseffekt zwischen Schuldner und Gläubiger infolge eines von den Kapitalopportunitätskosten abweichenden internen Kreditzinses vermieden. Letztlich ergibt sich für den Fiskus das gleiche Steueraufkommen wie bei einer eigenkapitalfinanzierten Investition. Inframarginale Renditen werden besteuert, marginale Renditen bleiben steuerfrei.[651]

[651] Auch hier sind im Fall einer internationalen Kreditbeziehung Umverteilungen beim Steueraufkommen und Änderungen bei der gesamten Steuerbelastung aufgrund divergierender Steuersätze nicht ausgeschlossen, vgl. Fußnote 650.

Anhang B-6a: ACE (Eigenkapital-basierte Investition)

Bei der ACE ergibt sich die Steuerbemessungsgrundlage (Zeile 8) durch einen Abzug der Lohnausgaben, der Abschreibungen (Zeile 5) sowie des ACE-Abzugs (Zeile 7) von den Umsatzerlösen. Es zeigt sich, dass die beschleunigte Abschreibung (untere Tabelle, Zeile 5) im Vergleich zur linearen Abschreibung (obere Tabelle, Zeile 5) einen relativ geringeren SFA-Wert (Zeile 6) und damit geringeren ACE-Abzug (Zeile 7) in den Perioden 2 und 3 impliziert.

1	Periode	0	1	2	3			
2								
3	**Unternehmen**						Steuersatz	40%
4	vor Steuer	-100	42	42	42		Brutto-KW	4,45
5	Abschreibung		33,3	33,3	33,3			
6	SFA		100	66,6	33,3			
7	ACE-Abzug		10	6,7	3,3		steuerfreier Zins	10%
8	Bemessungsgrundlage	-100	-1,3	2	5,3			
9	Steuer		-0,5	0,8	2,1		Steuer-KW	1,78
10	nach Steuer	-100	42,5	41,2	39,9		Netto-KW	2,67
11							Steuerquote	40%

1	Periode	0	1	2	3			
2								
3	**Unternehmen**						Steuersatz	40%
4	vor Steuer	-100	42	42	42		Brutto-KW	4,45
5	Abschreibung		50	30	20			
6	SFA		100	50	20			
7	ACE-Abzug		10	5	2		steuerfreier Zins	10%
8	Bemessungsgrundlage	-100	-18	7	20			
9	Steuer		-7,2	2,8	8		Steuer-KW	1,78
10	nach Steuer	-100	49,2	39,2	34		Netto-KW	2,67
11							Steuerquote	40%

Unter der Voraussetzung, dass der ACE-Abzug auf den Kapitalkosten basiert (in diesem Fall also 10%), führen beide Verfahren zur gleichen kapitalwertbezogenen Steuerbelastung in Höhe des Steuersatzes (Zeile 11). Insofern ist das Abschreibungsverfahren für das Unternehmen irrelevant, es tangiert lediglich die zeitliche Verteilung des Steueraufkommens (Zeile 9).[652]

[652] Werden hingegen die tatsächlichen Kapitalkosten bei der Bemessung des ACE-Abzugs nicht berücksichtigt, kommt es zu entsprechenden Aneutralitäten (vgl. dazu Kapitel C.6.1).

Anhang B-6b: ACE (Fremdkapital-basierte Investition)

1	Periode	0	1	2	3			
2								
3	**Unternehmen**						Steuersatz	40%
4	vor Steuer	-100	42	42	42			
5	Kredit	100	-11	-11	-111		Kreditzins	11%
6	nach Kredit	0	31	31	-69		Brutto-KW	1,96
7	Abschreibung		-33,3	-33,3	-33,3			
8	ACE-Abzug		0	0	0			
9	Bemessungsgrundlage		-2,3	-2,3	-2,3			
10	Steuer		-0,9	-0,9	-0,9		Steuer-KW	-2,32
11	nach Steuer	0	31,9	31,9	-68,1		Netto-KW	4,28
12							Steuerquote	-118%
13								
14	**Kreditgeber**						Steuersatz	40%
15	vor Steuer	-100	11	11	111		Brutto-KW	2,49
16	SFA		100	66,6	33,3			
17	ACE-Abzug		-10	-6,7	-3,3		steuerfreier Zins	10%
18	Bemessungsgrundlage		1	4,3	7,7			
19	Steuer		0,4	1,7	3,1		Steuer-KW	4,10
20	nach Steuer	-100	10,6	9,3	107,9		Netto-KW	-1,61
21							Steuerquote	165%
22	**Fiskus**							
23	Steuer	0	-0,5	0,8	2,1		Steuer-KW	1,78
24								
25	**Summe**						Brutto-KW	4,45
26							Steuer-KW	1,78
27							Netto-KW	2,67
28							Steuerquote	40%

Bei einer fremdfinanzierten Investition ist zu berücksichtigen, dass der ACE-Abzug dem Gläubiger des Kredits gewährt wird, sofern dieser den Kredit aus Eigenkapital aufbringt (Zeile 17).[653] Um den SFA-Wert (Zeile 16) bzw. den ACE-Abzug (Zeile 17) zu ermitteln, muss der Kredit wie eine Realinvestition abgeschrieben werden, hier wurde eine lineare Abschreibung unterstellt. Beim Schuldner

[653] Der ACE-Abzug könnte auch dem Schuldner gewährt werden. Allerdings wäre dann die Systematik durchbrochen, weil sich der ACE-Abzug nur auf das im Unternehmen gebundene *Eigen*kapital beziehen soll. Außerdem würde der zusätzliche Abzug von Fremdkapitalzinsen eine erhebliche Umverteilung zugunsten des Schuldners implizieren, was in der offenen Volkswirtschaft zusätzliche internationale Umverteilungseffekte impliziert. Auch der Abzug überhöhter Kreditzinsen wäre unsystematisch. In Kroatien wurde die Behandlung von Krediten im Rahmen der Besteuerung von Einkommen aus *selbständiger* Tatigkeit dahingehend modifiziert, dass der Schuldzinsabzug verweigert wird und sich der ACE-Abzug auf das *gesamte* im Unternehmen gebundene Kapital bezieht (vgl. dazu Kiesewetter (1997), S. 28f.).

sind sämtliche Kreditzinsen abzugsfähig (Zeile 5). Wenngleich daraus eine Verlagerung der Steuerpflicht auf den Gläubiger erfolgt (hier bestehen Ähnlichkeiten zur Körperschaft- bzw. Einkommensteuer, vgl. dazu Anhang B-15a und B-15b), so entspricht doch die auf den Kapitalwert bezogene Steuerbelastung auch hier dem Steuersatz (Zeile 28).

Anhang B-7: Vergleich der Bemessungsgrundlagen

Haushalte	Einkommen-steuer	Umsatz-steuer	ITP	ITP^{korr}	ICF
Einzahlungen					
Arbeitseinkommen	+		+	+	+
Kapitaleinkommen					
Dividenden	+			(+)	+
Veräußerungsgewinne	(+)			(+)	(+)
Kreditaufnahme					+
Zinseinnahmen	+			(+)	+
Empfangene Tilgungen					+
Auszahlungen					
Sparen					-
Kreditzinsen				(-)	-
Kredittilgung					-
Kreditvergabe					-
Konsumausgaben		+			

Unternehmen	Körper-schaftsteuer	Umsatz-steuer	R-CFS	RF-CFS	ACE
Einzahlungen					
Umsatzerlöse	+	+	+	+	+
Beteiligungseinkommen	+			(+)	(+)
Zinseinkommen	+			+	+
Kreditaufnahme				+	
Empfangene Tilgungen				+	
Auszahlungen					
Investitionen	AfA	-	-	-	AfA
Lohnaufwand	-		-	-	-
Kreditvergabe				-	
Kreditzinsen	-			-	-
Kredittilgung				-	

Die Darstellung verdeutlicht, welche Sachverhalte die Steuerbemessungsgrundlage auf Unternehmens- und Haushaltsebene erhöhen [+] bzw. mindern [-]. Die Notation in Klammern weist darauf hin, dass eine Berücksichtigung des jeweiligen Sachverhalts an bestimmte Bedingungen geknüpft ist bzw. variabel gehandhabt werden kann (vgl. dazu die Ausführungen in Kapitel B und auch C.1.).

Anhang B-8: USA-Tax

1	Periode	0	1	2	3			
2								
3	Vorleistungen	-140					Steuersatz	15%
4	Lohnaufwand		8	8	8			
5	Umsatzerlöse		70	70	70			
6								
7	**Unternehmen**							
8	vor Steuer	-100	50	50	50			
9	Steuer	-15	7,5	7,5	7,5			
10	brutto	-115	57,5	57,5	57,5			
11	nach Steuer	-100	50	50	50			
12								
13	**Haushalt**						Steuersatz	30%
14	a) Investor							
15	vor Steuer	-100	42	42	42		Brutto-KW	4,45
16	Kaufkraftverlust	-15	6,3	6,3	6,3		Steuer-KW	0,67
17	direkte Steuer	-30	12,6	12,6	12,6		Steuer-KW	1,33
18	reale Nettodividende	-55	23,1	23,1	23,1		Netto-KW	2,45
19							Steuerquote	45%
20	b) Lohnempfänger							
21	vor Steuer		8	8	8		Brutto-KW	19,89
22	Kaufkraftverlust		1,2	1,2	1,2		Steuer-KW	2,98
23	direkte Steuer		2,4	2,4	2,4		Steuer-KW	5,97
24	realer Nettolohn		4,4	4,4	4,4		Netto-KW	10,94
25							Steuerquote	45%
26								
27	**Fiskus**							
28	Steuereinnahmen	-45	22,5	22,5	22,5		Steuer-KW	10,95
29								
30	**Summe**						Brutto-KW	24,34
31							Steuer-KW	10,95
32							Netto-KW	13,39
33							Steuerquote	45%

Die Kombination der Umsatzsteuer mit einer direkten Haushaltssteuer soll hier unter Anwendung der ICF[654] und unter Annahme einer Vorüberwälzung[655] der

[654] Würde die Umsatzsteuer mit der ITP kombiniert, würde im Fall eines positiven (negativen) Kapitalwertes der Investition die auf den Kapitalwert bezogene Steuerbelastung geringer (höher) ausfallen. Denn auf Haushaltsebene werden Kapitaleinkommen nicht besteuert.

[655] Bei einer Überwälzung der Umsatzsteuer in die Faktorentgelte ergibt sich nur dann die gleiche interpersonelle Steuerlastverteilung, wenn die Umsatzsteuer entsprechend den Wertschöpfungsanteilen auf Arbeits- und Kapitalanbieter abgewälzt wird. Eine Steueranrechnung ist auch hier ausgeschlossen.

Umsatzsteuer in die Güterpreise verdeutlicht werden. Aufgrund der synthetischen Besteuerung von Reingewinnen und Arbeitseinkommen durch die ICF und die Umsatzsteuer entspricht die Steuerquote der Summe beider Steuersätze (15%+30% = 45%, Zeile 33). Denn eine Anrechnung der Umsatzsteuer auf die persönliche Steuerschuld des Haushalts ist ausgeschlossen.

Anhang B-9: ITP/R

1	Periode	0	1	2	3			
2								
3	**Unternehmen**						Steuersatz	40%
4	vor Steuer	-100	42	42	42		Brutto-KW	4,45
5	Bemessungsgrundlage	-100	42	42	42			
6	Steuer	-40	16,8	16,8	16,8		Steuer-KW	1,78
7	nach Steuer	-60	25,2	25,2	25,2		Netto-KW	2,67
8							Steuerquote	40%
9								
10	**Haushalt**						Steuersatz	30%
11	a) Investor							
12	vor Steuer	-60	25,2	25,2	25,2		Brutto-KW	2,67
13	Steuer	0	0	0	0		Steuer-KW	0
14	nach Steuer	-60	25,2	25,2	25,2		Netto-KW	2,67
15							Steuerquote	0%
16	b) Lohnempfänger							
17	vor Steuer		8	8	8		Brutto-KW	19,89
18	Steuer		2,4	2,4	2,4		Steuer-KW	5,97
19	nach Steuer		5,6	5,6	5,6		Netto-KW	13,92
20							Steuerquote	30%
21								
22	**Fiskus**							
23	Steuereinnahmen	-40	19,2	19,2	19,2		Steuer-KW	7,75
24								
25	**Summe**						Brutto-KW	24,34
26							Steuer-KW	7,75
27							Netto-KW	16,59
28							Steuerquote	32%

Bei diesem Steuersystem werden Reingewinne abschließend auf Unternehmensebene (Zeile 6) und Arbeitseinkommen auf Haushaltsebene (Zeile 18) besteuert. Unterschiedliche Steuertarife von CFS und ITP (wie im Beispiel) haben eine vom Haushaltssteuersatz abweichende Belastung des Kapitalwerts (Zeile 28) zur Folge, sofern die Investition einen positiven oder negativen Kapitalwert aufweist. Im Beispiel übersteigt die Steuerquote den Haushaltstarif, weil Reingewinne der relativ höheren Unternehmenssteuer unterliegen. - Das gleiche Ergebnis ergibt sich für den Fall der Fremdfinanzierung. Die Kapitaleinkommen des Investors (Zeile 12) sind dann als Zinsen zu interpretieren. Auf Unternehmensebene sind diese wie Dividenden aus einem versteuerten Cash-Flow zu leisten. Die Vorbelastung des überhöhten Zinses wird auf Haushaltsebene nicht korrigiert, weil Zinseinkommen nicht steuerpflichtig sind (zur Frage der Finanzierungsneutralität einzelner Konsumsteuersysteme vgl. Kapitel C.6.1.2).

Anhang B-10a: ICF/R (Verlustausgleich)

Aus einem Nettoeinkommen des Haushalts i.H.v. 42 erfolgt infolge einer zweifachen Sofortabschreibung eine Investition i.H.v. 100, denn 42/[(1-0,3)(1-0,4)]=100 (Zeile 4). Sowohl auf Haushalts- als auch auf Unternehmensebene werden inframarginale Renditen besteuert. Eine auf den Kapitalwert bezogene Steuerbelastungsquote i.H.d. Haushaltssteuersatzes (Zeile 36) ergibt sich im Vollanrechnungssystem, bei dem die CFS auf die ICF angerechnet wird (Zeile 12). - Das klassische System (Zeile 20) impliziert eine doppelte Belastung der inframarginalen Rendite mit der CFS und der ICF, wodurch die Steuerbelastungsquote (Zeile 39) den Haushaltssteuersatz übersteigt. Gleiches gilt im Fall einer fremdfinanzierten Investition. Die Werte in Zeile 6 sind dann als Zinszahlungen zu interpretieren. Eine Anrechnung der CFS ist hier ausgeschlossen, so dass es zur doppelten Besteuerung der überhöhten Zinsen kommt:

1	Periode	0	1	2	3			
2								
3	**Unternehmen**						Steuersatz	40%
4	vor Steuer	-100	42	42	42		Brutto-KW	4,45
5	Steuer	-40	16,8	16,8	16,8		Steuer-KW	1,78
6	nach Steuer	-60	25,2	25,2	25,2		Netto-KW	2,67
7							Steuerquote	40%
8	**Haushalt**							
9	a) Investor						Steuersatz	30%
10	a1) Vollanrechnung							
11	vor Steuer	-100	42	42	42		Brutto-KW	4,45
12	anzurechnende Steuer	-40	16,8	16,8	16,8			
13	Haushaltssteuerpflicht	-30	12,6	12,6	12,6			
14	Differenzsteuer	10	-4,2	-4,2	-4,2			
15	Gesamtsteuer	-30	12,6	12,6	12,6		Steuer-KW	1,33
16	nach Steuer	-70	29,4	29,4	29,4		Netto-KW	3,12
17							Steuerquote	30%
18	a2) Klassisches System							
19	vor Steuer	-60	25,2	25,2	25,2		vor Steuer	2,67
20	Steuer	-18	7,6	7,6	7,6		Steuer-KW	0,80
21	nach Steuer	-42	17,6	17,6	17,6		Netto-KW	1,82
22							Steuerquote	58%
23	b) Lohnempfänger							
24	vor Steuer		8	8	8		Brutto-KW	19,89
25	Steuer		2,4	2,4	2,4		Steuer-KW	5,97
26	nach Steuer		5,6	5,6	5,6		Netto-KW	13,92
27							Steuerquote	30%
28	**Fiskus**							
29	Vollanrechnung	-30	15	15	15		Steuer-KW	7,30
30	Klassisches System	-58	27	27	27		Steuer-KW	8,55
31								
32	**Summe**							
33							Brutto-KW	24,34
34	Vollanrechnung						Steuer-KW	7,30
35							Netto-KW	17,04
36							Steuerquote	30%
37	Klassisches System						Steuer-KW	8,55
38							Netto-KW	15,79
39							Steuerquote	35%

Anhang B-10b: ICF/R (Verlustvortrag)

1	Periode	0	1	2	3			
2								
3	**Unternehmen**						Steuersatz	40%
4	vor Steuer	-100	42	42	42		Brutto-KW	4,45
5	Bemessungsgrundlage	-100	-68	-33	5,9			
6	Steuer	0	0	0	2,4		Steuer-KW	1,78
7	nach Steuer	-100	42	42	39,6		Netto-KW	2,67
8							Steuerquote	40%
9								
10	**Haushalt**						Steuersatz	30%
11	a) Investor							
12	a1) Vollanrechnung							
13	vor Steuer	-100	42	42	42		Brutto-KW	4,45
14	anrechenbare Steuer	0	0	0	2,4			
15	Haushaltssteuerpflicht	-30	12,6	12,6	12,6			
16	Differenzsteuer	-30	12,6	12,6	10,2			
17	Gesamtsteuer	-30	12,6	12,6	12,6		Steuer-KW	1,33
18	nach Steuer	-70	29,4	29,4	29,4		Netto-KW	3,12
19							Steuerquote	30%
20	a2) Klassisches System							
21	vor Steuer	-100	42	42	39,6		vor Steuer	2,67
22	Steuer	-30	12,6	12,6	11,9		Steuer-KW	0,80
23	nach Steuer	-70	29,4	29,4	27,7		Netto-KW	1,87
24							Steuerquote	58%
25								
26	b) Lohnempfänger						Steuersatz	30%
27	vor Steuer		8	8	8		Brutto-KW	19,89
28	Steuer		2,4	2,4	2,4		Steuer-KW	5,97
29	nach Steuer		5,6	5,6	5,6		Netto-KW	13,92
30							Steuerquote	30%
31	**Fiskus**							
32	Vollanrechnung	-30	15	15	15		Steuer-KW	7,30
33	Klassisches System	-30	15	15	17		Steuer-KW	8,55
34								
35	**Summe**							
36							Brutto-KW	24,34
37	Vollanrechnung						Steuer-KW	7,30
38							Netto-KW	17,04
39							Steuerquote	30%
40	Klassisches System						Steuer-KW	8,55
41							Netto-KW	15,79
42							Steuerquote	35%

Gegenüber dem innerperiodischen Verlustausgleich (Anhang B-10a) ergeben sich bei der dargestellten Anwendung des Verlustvortrags keine Steuerrückerstattungen infolge negativer Anrechnungsdifferenzen (Zeile 14). Im Fall einer klassischen Besteuerung (Zeile 22) ist dieser Aspekt jedoch irrelevant, da die Unternehmenssteuer ohnehin nicht auf die ICF anrechenbar ist. Hinsichtlich der kapitalwertbezogenen Steuerbelastungsquote ergeben sich die gleichen Ergebnisse wie im Fall des innerperiodischen Verlustausgleichs.

Anhang B-11: ITP/RF (Fremdkapital-basierte Investition)

1	Periode	0	1	2	3			
2								
3	**Unternehmen**						Steuersatz	40%
4	vor Steuer	-100	42	42	42		Brutto-KW	4,45
5	Kredit	100	-42	-42	-42		Interner Zins	12,5%
6	Bemessungsgrundlage	0	0	0	0			
7	Steuer	0	0	0	0		Steuer-KW	0
8	nach Steuer	0	0	0	0		Netto-KW	4,45
9							Steuerquote	0%
10								
11	**Haushalt**						Steuersatz	30%
12	a) Investor							
13	vor Steuer	-100	42	42	42		Brutto-KW	4,45
14	Steuer	0	0	0	0		Steuer-KW	0
15	nach Steuer	-100	42	42	42		Netto-KW	4,45
16								
17	b) Lohnempfänger							
18	vor Steuer		8	8	8		Brutto-KW	19,89
19	Steuer		2,4	2,4	2,4		Steuer-KW	5,97
20	nach Steuer		5,6	5,6	5,6		Netto-KW	13,92
21								
22	**Fiskus**	0	2,4	2,4	2,4		Steuer-KW	5,97
23								
24	**Summe**							
25							Brutto-KW	24,34
26							Steuer-KW	5,97
27							Netto-KW	18,37
28							Steuerquote	25%

Kombinationen mit der RF-CFS führen bei Eigenkapitalfinanzierung zu gleichen Ergebnissen wie Kombinationen mit der R-CFS. Bei der hier dargestellten Fremdfinanzierung sind im Rahmen der ITP/RF Zins- und Tilgungsleistungen auf Unternehmens-, nicht aber auf Haushaltsebene zu berücksichtigen. Sofern die Investition (wie im Beispiel) vollständig fremdfinanziert ist und der Kredit einen positiven Kapitalwert aufweist (Zeile 5),[656] sinkt die auf den Kapitalwert bezogene Steuerquote unter den Haushaltssteuersatz (Zeile 28). Denn überhöhte Zinsen bleiben steuerfrei. Umgekehrt würde ein Kredit mit negativem Kapitalwert eine Steuerbelastungsquote oberhalb des Haushaltssteuersatzes implizieren.

Anhang B-12: ICF/RF (Fremdkapital-basierte Investition)

1	Periode	0	1	2	3			
2								
3	**Unternehmen**						Steuersatz	40%
4	vor Steuer	-100	42	42	42		Brutto-KW	4,45
5	Kredit	100	-42	-42	-42		interner Zins	12,5%
6	Bemessungsgrundlage	0	0	0	0			
7	Steuer	0	0	0	0		Steuer-KW	0
8	nach Steuer	0	0	0	0		Netto-KW	4,45
9							Steuerquote	0%
10								
11	**Haushalt**						Steuersatz	30%
12	b) Investor							
13	vor Steuer	-100	42	42	42		Brutto-KW	4,45
14	Steuer	-30	12,6	12,6	12,6			
15	Anrechnung	0	0	0	0			
16	Differenzsteuer	-30	12,6	12,6	12,6			
17	Gesamtsteuer	-30	12,6	12,6	12,6		Steuer-KW	1,33
18	nach Steuer	-70	29,4	29,4	29,4		Netto-KW	3,12
19							Steuerquote	30%
20	a) Lohnempfänger							
21	vor Steuer		8	8	8		Brutto-KW	19,89
22	Steuer		2,4	2,4	2,4		Steuer-KW	5,97
23	nach Steuer		5,6	5,6	5,6		Netto-KW	13,92
24							Steuerquote	30%
25								
26	**Fiskus**	-30	15	15	15		Brutto-KW	7,30
27								
28	**Summe**							
29	Vollanrechnung						Brutto-KW	24,34
30							Steuer-KW	7,30
31							Netto-KW	17,04
32							Steuerquote	30%

[656] Der Kreditzins liegt also über dem Diskontierungszins. Im Beispiel wurde ferner unterstellt, dass der Kreditzins der internen Investitionsrendite entspricht, Cash-Flows also vollständig für Tilgungs- und Zinsleistungen verwendet werden (keine Steuer auf Unternehmensebene, Zeile 7).

Im Unterschied zur ITP/R gewährleistet die ICF/RF eine Belastung überhöhten Kreditzinsen mit dem persönlichen Konsumsteuersatz.[657] Die Steuerfreiheit von Zinsen auf Unternehmensebene[658] impliziert ein dem Vollanrechnungssystem bei der Dividendenbesteuerung entsprechendes Ergebnis. Es ergibt sich also eine auf den Kapitalwert bezogene Steuerbelastung i.H.d. Haushaltssteuersatzes (Zeile 32).

Anhang B-13: ITP/ACE

1	Periode	0	1	2	3			
2								
3	**Unternehmen**						Steuersatz	40%
4	vor Steuer	-100	42	42	42		Brutto-KW	4,45
5	Abschreibung		33,3	33,3	33,3			
6	ACE		10,0	6,7	3,3			
7	Bemessungsgrundlage		-1,3	2,0	5,3			
8	Steuer		-0,5	0,8	2,1		Steuer-KW	1,78
9	nach Steuer	-100	42,5	41,2	39,9		Netto-KW	2,67
10							Steuerquote	40%
11								
12	**Haushalt**						Steuersatz	30%
13	a) Investor							
14	vor Steuer	-100	42,5	41,2	39,9		Brutto-KW	2,67
15	Steuer	0	0	0	0		Steuer-KW	0
16	nach Steuer	-100	42,5	41,2	39,9		Netto-KW	2,67
17							Steuerquote	0%
18	b) Lohnempfänger							
19	vor Steuer		8	8	8		Brutto-KW	19,89
20	Steuer		2,4	2,4	2,4		Steuer-KW	5,97
21	nach Steuer		5,6	5,6	5,6		Netto-KW	13,92
22							Steuerquote	30%
23								
24	**Fiskus**							
25	Steuereinnahmen	0	2,8	2,8	2,8		Steuer-KW	7,2
26								
27	**Summe**						Brutto-KW	24,34
28							Steuer-KW	7,75
29							Netto-KW	16,59
30							Steuerquote	32%

[657] Bei Eigenkapitalfinanzierung entspricht das Ergebnis demder ICF/R (vgl. Anhang B-10a /10b).

[658] Wie in Anhang B-11 wurde aus Vereinfachungsgründen eine vollständige Fremdfinanzierung und eine dem Kreditzins entsprechende interne Investitionsrendite unterstellt, so dass lediglich Zinseinkommen und keine Gewinneinkommen entstehen.

Wie bei den Kombinationen der ITP mit der CFS besteht das Problem, dass inframarginale Renditen auf Unternehmensebene einer abgeltenden Besteuerung unterliegen. Im dargestellten Fall der mit Eigenkapital finanzierten Investition bedingt ein positiver Kapitalwert in Kombination mit einem im Vergleich zum Haushaltssteuersatz relativ hohen Unternehmenssteuersatz eine auf den Kapitalwert bezogene Belastungsquote (Zeile 30), die den Haushaltssteuersatz übersteigt. Bei einer fremdfinanzierten Investition ergeben sich die gleichen Probleme wie bei der ITP/RF, da Zinsen auf Unternehmensebene steuerfrei bleiben (Schuldzinsabzug, kein ACE-Abzug) und auch auf Haushaltsebene nicht besteuert werden (vgl. dazu Anhang B-11).

Anhang B-14: ICF/ACE

Die synthetische Besteuerung von Arbeits- und inframarginalen Kapitaleinkommen auf Haushaltsebene impliziert bei Anwendung des Vollanrechnungssystems und Eigen- oder Fremdfinanzierung eine Steuerbelastungsquote i.H.d. persönlichen Konsumsteuersatzes (Zeile 40). Bei der klassischen Besteuerung übersteigt die Steuerbelastungsquote den Steuersatz (Zeile 43).

1	Periode	0	1	2	3			
2								
3	**Unternehmen**						Steuersatz	40%
4	vor Steuer	-100	42	42	42		Brutto-KW	4,45
5	Abschreibung		33,3	33,3	33,3			
6	ACE-Abzug		10,0	6,7	3,3			
7	Bemessungsgrundlage		-1,3	2,0	5,3			
8	Steuer		-0,5	0,8	2,1		Steuer-KW	1,78
9	nach Steuer	-100	42,5	41,2	39,9		Netto-KW	2,67
10							Steuerquote	40%
11								
12	**Haushalt**						Steuersatz	30%
13	a) Lohnempfänger							
14	vor Steuer		8	8	8		Brutto-KW	19,89
15	Steuer		2,4	2,4	2,4		Steuer-KW	5,97
16	nach Steuer		5,6	5,6	5,6		Netto-KW	13,92
17							Steuerquote	30%
18	b) Investor							
19	b1) Vollanrechnung							
20	vor Steuer	-100	42	42	42		Brutto-KW	4,45
21	anrechenbare Steuer	0	-0,5	0,8	2,1			
22	Haushaltssteuerpflicht	-30	12,6	12,6	12,6			
23	Differenzsteuer	0	13,1	11,8	10,5			
24	Gesamtsteuer	-30	12,6	12,6	12,6		Steuer-KW	1,33
25	nach Steuer	-70	29,4	29,4	29,4		Netto-KW	3,12
26							Steuerquote	30%
27	b2) Klassisches System							
28	vor Steuer	-100	42,5	41,2	39,9		vor Steuer	2,67
29	Steuer	-30	12,8	12,4	12,0		Steuer-KW	0,80
30	nach Steuer	-70	29,8	28,8	27,9		Netto-KW	1,87
31							Steuerquote	45%
32	**Fiskus**							
33	Vollanrechnung	-30	15	15	15		Steuer-KW	7,30
34	Klassisches System	-30	14,6	15,6	16,5		Steuer-KW	8,55
35								
36								
37	**Summe**						Brutto-KW	24,34
38	Vollanrechnung						Steuer-KW	7,30
39							Netto-KW	17,04
40							Steuerquote	30%
41	Klassisches System						Steuer-KW	8,55
42							Netto-KW	15,79
43							Steuerquote	35%

Anhang B-15a: Einkommensteuer (Eigenkapital-basierte Investition)

Im Rahmen der Einkommensteuer ergeben sich in bezug auf die Besteuerung der Arbeitseinkommen (Zeile 29) keine Unterschiede im Vergleich zu den Konsumsteuern, weil in beiden Fällen eine cash-flow-basierte Besteuerung erfolgt.

In bezug auf die Kapitalinvestition ist jedoch erkennbar, dass infolge der über die Laufzeit der Investition hinweg erfolgende Abschreibung (Zeile 5) die Steuerbelastung nicht im Verhältnis zum Kapitalwert steht. Besteuert wird der Gewinn (Zeile 6). Die auf den Kapitalwert bezogene Steuerbelastungsquote ist insofern sowohl auf Unternehmensebene (Zeile 9), als auch beim Investor (Zeile 20 für das Vollanrechnungssystem, Zeile 26 für das Klassische System) höher als der Steuersatz. Daraus lässt sich ferner schlussfolgern, dass die interne Investitionsrendite im Vergleich zur Konsumbesteuerung sinkt:[659] Während der Zahlungsstrom in Zeile 4 eine interne Rendite i.H.v. 12,5% aufweist, sinkt diese auf 8,9% beim Vollanrechnungssystem (Zeile 19) bzw. 5,4% beim klassischen System (Zeile 25). Eine interne Verzinsung unterhalb des Diskontfaktors bzw. der Zeitpräferenzrate (10%) bedeutet, dass derartige Investitionen nicht mehr durchgeführt werden, selbst wenn sie einen positiven Bruttokapitalwert (Zeile 4) aufweisen. Dies ist Zeichen der mangelnden intertemporalen bzw. Investitionsneutralität der Einkommensteuer (vgl. dazu Kapitel C.6.1).

Es ist aber zu berücksichtigen, dass infolge der Besteuerung marginaler Renditen der Diskontierungssatz zu modifizieren ist. Denn dieser gibt den Ertrag einer Alternativanlage wieder – und diese Alternativanlage wird im Rahmen der Einkommensteuer ebenso besteuert wie die betrachtete Investition. In der vorletzten Spalte sind die Kapitalwerte bzw. Steuerquoten unter Berücksichtigung des nicht-modifizierten Zinsfußes (i=10%) berechnet worden, wobei die relativ hohen Belastungsquoten die gegenüber der Konsumbesteuerung höhere Steuerbelastung von Kapitaleinkommen verdeutlichen. In der letzten Spalte wurde der Diskontsatz entsprechend dem für die Unternehmens- und Haushalts gültigen Steuersatz angepasst (auf Unternehmensebene also auf 0,1/(1-0,4)=6% und auf Haushaltsebene auf 0,1/(1-0,3)=7%). Daraus resultierenden zunächst geringe Steuerbelastungsquoten, die Gesamtbelastungsquote (Zeile 41 für das Vollanrechnungssystem, Zeile 44 für das klassische System) übersteigt aber nach wie vor den Haushaltssteuersatz (30%, Zeile 11). Ein positiver Nettokapitalwert (Zeile 19 für das Vollanrechnungssystem) deutet darauf hin, dass die Investition *gegenüber einer alternativen Anlage* (die eine Nettoverzinsung i.H.d. modifizierten Diskontsatzes verspricht) lohnenswert ist. Offenbar ist dies beim klassischen System (Zeile 25) nicht gewährleistet, da bei der Referenzanlage lediglich eine einmalige Besteuerung des Kapitaleinkommens mit dem Haushaltssteuertarif unterstellt wurde.

---

[659] Die interne Rendite ist derjenige Diskontierungszinssatz, bei dem ein Zahlungsstrom einen Kapitalwert von 0 zur Folge hat.

1	Periode	0	1	2	3			
2								
3	**Unternehmen**					Steuersatz	40%	
4	vor Steuer	-100	42	42	42	Brutto-KW	4,45	12,27
5	Abschreibungen		33,3	33,3	33,3			
6	Bemessungsgrundlage		8,7	8,7	8,7			
7	Steuer		3,5	3,5	3,5	Steuer-KW	8,62	9,27
8	nach Steuer	-100	38,5	38,5	38,5	Netto-KW	-4,17	3,00
9						Steuerquote	194%	76%
10								
11	**Haushalt**					Steuersatz	30%	
12	a) Investor							
13	a1) Vollanrechnung							
14	vor Steuer	-100	42	42	42	Brutto-KW	4,45	10,22
15	Steuer		2,6	2,6	2,6			
16	Anrechnung		3,5	3,5	3,5			
17	Differenzbelastung		-0,9	-0,9	-0,9			
18	Gesamtsteuer		2,6	2,6	2,6	Steuer-KW	6,47	6,82
19	nach Steuer	-100	39,4	39,4	39,4	Netto-KW	-2,02	3,40
20						Steuerquote	145%	67%
21	a2) Klassisches System							
22	vor Steuer	-100	42	42	42	vor Steuer	4,45	10,22
23	Steuer		1,5	1,5	1,5			
24	Gesamtbelastung		5	5	5	Steuer-KW	12,50	13,19
25	nach Steuer	-100	37	37	37	Netto-KW	-8,05	-2,97
26						Steuerquote	281%	129%
27	b) Lohnempfänger							
28	vor Steuer		8	8	8	Brutto-KW	19,89	21,0
29	Steuer		2,4	2,4	2,4	Steuer-KW	5,97	6,30
30	nach Steuer		5,6	5,6	5,6	Netto-KW	13,92	14,70
31						Steuerquote	30%	30%
32								
33	**Fiskus**							
34	Vollanrechnung		5	5	5	Steuer-KW	12,44	13,12
35	Klassisches System		7,4	7,4	7,4	Steuer-KW	18,47	19,49
36								
37	**Summe**							
38						Brutto-KW	24,34	31,22
39	Vollanrechnung					Steuer-KW	12,44	13,12
40						Netto-KW	11,90	18,10
41						Steuerquote	51%	42%
42	Klassisches System					Steuer-KW	18,47	19,49
43						Netto-KW	5,87	11,73
44						Steuerquote	76%	62%

Anhang B-15b: Einkommensteuer (Fremdkapital-basierte Investition)

1	Periode	0	1	2	3			
2								
3	**Unternehmen**					Steuersatz	40%	
4	vor Steuer	-100	42	42	42			
5	Kredit	100	-11	-11	-111			
7	nach Kredit	0	31	31	-69	Brutto-KW	1,96	-1,10
8	Abschreibungen		-	-	-33,3			
9	Bemessungsgrundlage		-2,3	-2,3	-2,3			
10	Steuer		-0,9	-0,9	-0,9	Steuer-KW	-2,32	-2,49
11	nach Steuer	0	31,9	31,9	-68,1	Netto-KW	4,28	1,39
12						Steuerquote	-118%	226%
13								
14	**Haushalt**					Steuersatz	30%	
20	a) Gläubiger							
21	vor Steuer	-100	11	11	111	vor Steuer	2,49	10,50
22	Bemessungsgrundlage		11	11	11			
23	Steuer		3,3	3,3	3,3	Steuer-KW	8,21	8,66
24	nach Steuer	-100	7,7	7,7	107,7	Netto-KW	-5,72	1,84
25						Steuerquote	330%	82%
15	b) Lohnempfänger							
16	vor Steuer		8	8	8	Brutto-KW	19,89	21,0
17	Steuer		2,4	2,4	2,4	Steuer-KW	5,97	6,30
18	nach Steuer		5,6	5,6	5,6	Netto-KW	13,92	14,7
19						Steuerquote	30%	30%
26								
27	**Fiskus**					Steuer-KW	11,85	12,46
28								
29	**Summe**					Brutto-KW	24,34	30,4
30						Steuer-KW	11,86	12,47
31						Netto-KW	12,48	17,93
32						Steuerquote	49%	41%

Bei einer fremdfinanzierten Investition sind auf Unternehmensebene die Zinsen (Zeile 5) abzugsfähig. Der Gläubiger muss die Zinsen versteuern (Zeile 23). Die Zinsbesteuerung impliziert ein Absinken der Nettorendite unter den Diskontsatz. Der Kapitalwert wird überproportional besteuert. Sofern nicht sämtliche Kapitalerträge an den Haushalt (der hier einer geringeren tarifären Belastung als das Unternehmen unterliegt) ausgeschüttet werden, fällt die kapitalwertbezogene Steuerbelastung höher aus als bei vollständiger Gewinnausschüttung im Vollanrechnungssystem (vgl. Anhang B-15a, Belastungsquote 39%). Fremd- und Eigenkapitalfinanzierung entsprechen sich also nur dann, wenn die gesamten Kapitalerträge dem Haushalt zufließen oder Haushalt und Unternehmen dem gleichen Tarif unterliegen.

Anhang B-16a: Aufkommensneutrale Steuersätze[660] für umsatzsteuerbasierte Konsumsteuersysteme

	Einkommensteuer	Umsatzsteuer		
		als Einzelsteuer	Kombination mit der ITP	Kombination mit der ICF
Unternehmen	$T_U=t_U rK$	$\tau_{VAT}=t_H(L+rK)/[L+(r-i)K]$ $T_U = \tau_{VAT}[L+(r-i)K]$	$T_U = \tau_{VAT}[L+(r-i)K]$	$T_U = \tau_{VAT}[L+(r-i)K]$
Haushalte	**Vollanrechnung** $T_H= t_H L+(t_H-t_U)rK$	0	$T_H=\tau_{ITP}(1-\tau_{VAT})L$	$T_H= \tau_{ICF}(L+(r-i)K)(1-\tau_{VAT})$
		$\Delta T_L>0$ gilt für $iK>0$		
Summe	$T= t_H(L+rK)$			
Unternehmen	$T_U=t_U rK$	$\tau_{VAT}=[t_H(L+rK(1-t_U))$ $+t_U rK]/[L+(r-i)K]$ $T_U=\tau_{VAT}[L+(r-i)K]$	$T_U = \tau_{VAT}[L+(r-i)K]$	$T_U = \tau_{VAT}[L+(r-i)K]$
Haushalte	**Klassisches System** $T_H=t_H L+t_H(1-t_U)rK$	0	$T_H=\tau_{ITP}L$	$T_H= \tau_{ICF}(L+(r-i)K)(1-\tau_{VAT})$
		$\Delta T_L>0$ gilt für $iK>0$		
Summe	$T=t_H L+[t_U+t_H(1-t_U)]rK$			

[660] Berechnet werden die aufkommensneutralen Steuersätze, indem das aus der Einkommensteuer (bei Anwendung des Vollanrechnungs- bzw. klassischen Systems) resultierende Steueraufkommen auf die verbleibende Bemessungsgrundlage umgelegt wird. Ergänzend wird angegeben, unter welchen Bedingungen Unternehmen/Haushalte (einkommensartbezogene Aufkommensneutralität) bzw. Arbeitseinkommen (sektorale Aufkommensneutralität) einer höheren Steuerbelastung als im Rahmen der Einkommensteuer unterliegen.

Berechnet werden)wie auch in Anhang B-16b) „steuer-inklusive" Steuersätze. Der Steuersatz wird also auf die Bruttobemessungsgrundlage bezogen. So ergibt z.B. ein „steuer-inklusiver" Steuersatz von 25% bei einem Bruttoeinkommen von 100 ein Steueraufkommen von 25, bzw. ein Nettoeinkommen i.H.v. 75. Bezogen auf das Nettoeinkommen entspricht dies einem „steuer-exklusiven" Steuersatz i.H.v. 33,3% (25/75). Die Umrechnung erfolgt gemäß [$\tau^{exklusiv} = \tau^{inklusiv}/(1-\tau^{inklusive})$] (vgl. Peffekoven (1980), S. 423; Graetz (1979), S. 1582f.).

Anhang B-16b: Aufkommensneutrale Steuersätze bei Anwendung direkter Konsumsteuern

	Einkommensteuer	Sektorale Neutralität (T_H=konst. und T_U=konst.)		Einkommensartbezogene Neutralität (T_K=konst. und T_L=konst)	
		Kombination mit ITP	Kombination mit ICF	Kombination mit ITP	Kombination mit ICF
Unternehmen	$T_U=t_UrK$	$\tau_{CCT}=t_Ur/(r-i)$ $T_U=\tau_{CCT}(r-i)K$		$\tau_{CCT}=t_Hr/(r-i)$ $T_U=\tau_{CCT}(r-i)K=t_HrK$	$\Delta T_L>0$ für $iK>0$
Haushalte	Vollanrechnung $T_H=t_HL+(t_H-t_U)rK$	$\tau_{ITP}=t_H+[(t_H-t_U)rK]/L$ $T_H=\tau_{ITP}L$	$\tau_{ICF}=t_H(L+rK)/[L+(r-i)K]$ $T_H=\tau_{ICF}L+(\tau_{ICF}-\tau_{CCT})(r-i)K$	$\tau_{ITP}=t_H$ $T_H=\tau_{ITP}L$	
		$\Delta T_L>0$ für $t_H>t_U$	$\Delta T_L>0$ für $iK>0$	$\Delta T_U>0$ für $t_U<t_H$	
Summe	$T=t_H(L+rK)$				
Unternehmen	$T_U=t_UrK$	$\tau_{CCT}=t_Ur/(r-i)$ $T_U=\tau_{CCT}(r-i)K$		$\tau_{CCT}=[t_U+t_H(1-t_U)]r/(r-i)$ $T_U=[t_U+t_H(1-t_U)]rK$	$\tau_{CCT}=[t_Ur+t_Hi-t_Ut_Hr]/[(r-i)(1-t_H)]$ $T_U=[(t_Ur+t_Hi-t_Ut_Hr)/(1-t_H)]K$
Haushalte	Klassisches System $T_H=t_HL+t_H(1-t_U)rK$	$\tau_{ITP}=t_H+t_H(1-t_U)rK/L$ $T_H=\tau_{ITP}L$	$\tau_{ICF}=t_H[(1-t_U)rK+L]/[(1-t_U)rK-iK+L]$ $T_H=\tau_{ICF}L+\tau_{ICF}(1-\tau_{CCT})(r-i)K$	$\tau_H=t_H$ $T_H=\tau_{ITP}L$	$\tau_{ICF}=t_H$ $T_H=\tau_{ICF}L+\tau_{ICF}(1-\tau_{CCT})(r-i)K$
		$\Delta T_L>0$ für $t_H(1-t_U)>0$	$\Delta T_L>0$ für $iK>0$	$\Delta T_U>0$ für $t_H(1-t_U)>0$	$\Delta T_U>0$ für $it_H>0$
Summe	$T=t_HL+(t_U+t_H(1-t_U))rK$				

Anhang C1-1a: Besteuerung grenzüberschreitender Umsätze

Die Übersicht verdeutlicht, dass beim Ursprungslandprinzip Exporte besteuert und Importe nicht besteuert werden. Dieses System gilt zwingend für direkte Steuern, also sowohl für die Einkommensteuer als auch für die CFS und die ACE. Bei der Umsatzsteuer ist hingegen sowohl das Bestimmungslandprinzip als auch das Ursprungslandprinzip anwendbar, wobei das Bestimmungslandprinzip eine Steuerbefreiung der Exporte und eine Belastung der Importe beinhaltet.

<table>
<tr><th colspan="2"></th><th>Direkte Steuern</th><th>Umsatzsteuer</th></tr>
<tr><td rowspan="2">ULP</td><td>Exporte</td><td colspan="2">besteuert</td></tr>
<tr><td>Importe</td><td colspan="2">nicht besteuert</td></tr>
<tr><td rowspan="2">BLP</td><td>Exporte</td><td></td><td>nicht besteuert</td></tr>
<tr><td>Importe</td><td></td><td>besteuert</td></tr>
</table>

Anhang C1-1b: Besteuerung internationaler Einkommen auf Unternehmensebene

Besteuerung im Quellen- / Domizilland					
	ESt[661]	Umsatzsteuer	R-CFS	RF-CFS	ACE
Zinsen	QS	steuerfrei bzw. UST[662]	QS ?[663]	QS ?	QS ?
Gewinne	KöSt + QS	0 bzw. UST	CFS + QS ?	CFS + QS ?	ACE +QS ?

Bestcucrung im In- bzw. Sitzland (Methoden zur Vermeidung der Doppelbesteuerung)					
	ESt	Umsatzsteuer	R-CFS	RF-CFS	ACE
Zinsen	AM	FM	keine Sofortabschreibung und FM	CFS-Systematik (Sofortabschreibung / Steuer auf Cash-Flow) oder: keine Sofortabschreibung Zinszerlegung Zinsbesteuerung	Zinsertragsbesteuerung mit ACE-Abzug ohne ACE-Abzug Zinszerlegung ohne ACE-Abzug
Gewinne	FM AM HRB	FM	keine Sofortabschreibung und FM	keine Sofortabschreibung u. Freistellung Gewinnzerlegung Ertragsbesteuerung HRB	kein ACE-Abzug u. Freistellung Gewinnzerlegung Ertragsbesteuerung HRB

661 Auf Zinszahlungen werden aus deutscher Sicht bis im Nicht-DBA-Fall bis zu 40% erhoben, im DBA-Fall bei Schachtelbeteiligungen und innerhalb der EU entfallen die Quellensteuern i.d.R. (vgl. Dinse (2000), S. 404ff.). Die Quellensteuern auf Dividenden betragen im Nicht-DBA-Fall bis zu 35% (vgl. Jacobs (1999), S. 293 und 447), im DBA-Fall 10%-25% (vgl. Jacobs (1999), S. 354, 449 u. 451f.), in der EU 0-25% (vgl. Dinse (2000), S. 205f.), bei Schachtelbeteiligungen max. 5% (vgl. Jacobs (1999), S. 354/449/466). In der EU werden aufgrund der Mutter-Tochter-Richtlinie keine Quellensteuern erhoben (vgl. Jacobs (1999), S. 355 und 446).

662 Steuerfreiheit besteht nur bei Vorüberwälzung der Steuer in die Güterpreise. Ansonsten sind überhöhte Zinsen und inframarginale Gewinne mit dem Umsatzsteuertarif belastet.

663 Überhöhte Zinsen sind wegen der Nichtabzugsfähigkeit mit dem Tarif der R-CFS belastet.

Anhang C1-1c: Besteuerung internationaler Einkommen auf Haushaltsebene

	Besteuerung im Quellen-, Aus- bzw. Domizilland			
	Einkommensteuer	Umsatzsteuer	ITP	ICF
Arbeitseinkommen	steuerfrei oder beschränkte Steuerpflicht	steuerfrei bzw. USt[664]	wie Einkommensteuer	wie Einkommensteuer
Kapital				
Dividenden[665]	KöSt u. QS[667]		CCT + QS	CCT + QS
Capital gains	KöSt			
Zinsen[666]	QS[668]		CCT + QS (?)	CCT+ QS (?)

	Besteuerung im In- bzw. Wohnsitzland (Methoden zur Vermeidung der Doppelbesteuerung)			
	Einkommensteuer	Umsatzsteuer	ITP	ICF
Arbeitseinkommen	AM FM	FM	wie Einkommensteuer	wie Einkommensteuer
Kapital				
Dividenden[669]	AM		FM / AM (?)	AM
Capital gains	FM		FM	FM/ICF
Zinsen[670]	AM		FM / AM (?)	AM

[664] Die indirekte Belastung ergibt sich im Fall der Rücküberwälzung der Umsatzsteuer.

[665] Die Anrechnungsmethode bezieht sich auf die Quellen-, nicht auf die Unternehmenssteuer.

[666] Nur Quellensteuern sind anrechenbar, nicht die auf inframarginalen Zinsen ruhende R-CFS bzw. Umsatzsteuer.

[667] Aus deutscher Sicht betragen die Quellensteuersätze im Nicht-DBA-Fall 25-30% (vgl. Jacobs (1999), S. 293), im DBA-Fall i.d.R. 15% (vgl. Jacobs (1999), S. 301f.).

[668] Aus deutscher Sicht betragen die Quellensteuersätze auf Dividenden im Nicht-DBA-Fall 25-30%, im DBA-Fall 0-20% (vgl. Weichenrieder (1995), S. 32).

[669] Die Anrechnungsmethode bezieht sich auf die Quellen-, nicht auf die Unternehmenssteuer.

[670] Wie im Fall der Dividenden (s. Fußnote 665) sind nur Quellensteuern anrechenbar, nicht aber die auf überhöhten Zinsen ruhende R-CFS bzw. Umsatzsteuer.

Anhang C1-1d: Migrationsbesteuerung

Das Emigrationsland kann einen Emigranten entweder nicht oder im Hinblick auf sein Vermögen bzw. seine in- und ausländischen Einkommen nach Emigration besteuern. Aus Sicht des Immigrationslandes stellt sich dann die Frage, ob der Immigrant im Fall einer Besteuerung durch das Emigrationsland zu entlasten ist.

Das Inland bzw. Emigrationsland besteuert den Emigranten ...			
im Hinblick auf ...			nicht
... exportiertes Vermögen	... Einkommen im Emigrationsland	... Welteinkommen	
↓	↓	↓	↓
herkunftsbezogene Ansatz	erweiterte beschränkte Steuerpflicht	erweiterte unbeschränkte Steuerpflicht	wohnortbezogener Ansatz

Anhang C1-2: Belastung internationaler Einkommen bei bilateraler Einkommensteuer

			Quellenland	
			Inland	Ausland
Unternehmen aus dem	Inland	Gewinn	t^i_{CIT}	
		Freistellung[671]		$t^a_{CIT}+t^a_{QS}(1-t^a_{CIT})$
		Anrechnung		t^i_{CIT}
		Zinsen	t^i_{CIT}	t^i_{CIT}
	Ausland	Gewinn		t^a_{CIT}
		Freistellung	$t^i_{CIT}+t^i_{QS}(1-t^i_{CIT})$	
		Anrechnung	t^a_{CIT}	
		Zinsen	t^a_{CIT}	t^a_{CIT}
Haushalte aus dem	Inland	Arbeit	t^i_{PIT}	
		Anrechnung		t^i_{PIT}
		Freistellung		t^a_{PIT}
		Capital Gains	t^i_{CIT}	t^a_{CIT}
		Dividenden		
		Klassisch	$t^i_{CIT} + t^i_{PIT}(1- t^i_{CIT})$	$t^a_{CIT} + t^i_{PIT}(1-t^a_{CIT})$
		Vollanrechnung	t^i_{PIT}	
		Zinsen	t^i_{PIT}	t^i_{PIT}
	Ausland	Arbeit		t^a_{PIT}
		Anrechnung	t^a_{PIT}	
		Freistellung	t^i_{PIT}	
		Capital Gains	t^i_{CIT}	t^a_{CIT}
		Dividenden		
		Klassisch	$t^i_{CIT} + t^a_{PIT}(1- t^i_{CIT})$	$t^a_{CIT} + t^a_{PIT}(1- t^a_{CIT})$
		Vollanrechnung		t^a_{PIT}
		Zinsen	t^a_{PIT}	t^a_{PIT}

In der Tabelle ist dargestellt, welcher Steuerbelastung in- und ausländische Faktoreinkommen aus Sicht der in- und ausländischen Unternehmen und Haushalte unterliegen. Differenziert wird dabei zwischen Gewinnen und Zinsen auf Unternehmensebene sowie zwischen Arbeits- und Kapitaleinkommen (in Form von Dividenden, Zinsen und Veräußerungsgewinnen) auf Haushaltsebene. Ferner wird zwischen verschiedenen Methoden zur Vermeidung der Doppelbesteuerung unterschieden, sofern diese bei den einzelnen Einkunftsarten zur Anwendung kommen.

Die Tabelle dient ferner als Grundlage für die Darstellung der reformbedingten Belastungsverschiebungen und Unterschiede im Fall der uni- und bilateralen Konsumsteuerreform bzw. Konsumbesteuerung.

---

671 Die im Rahmen der Freistellung ausgewiesene Belastung bezieht sich auch auf den Fall von Anrechnungsüberhängen bzw. thesaurierten Gewinnen (bei Gewährung der Abschottungswirkung). Sofern keine Quellensteuern erhoben werden, ist $t_{QS}=0$ zu setzen. Ferner entspricht dieses Ergebnis auch der Belastung von Veräußerungsgewinnen, da diese i.d.R. freigestellt sind.

Anhang C1-3: Umsetzung des Ursprungs- und Bestimmungslandprinzips bei der Umsatzsteuer

		„Reines“ BLP		Gemeinsamer-Markt-Prinzip (BLP)		Fiktiver Vorsteuerabzug (ULP)	
1. Stufe (10%)	Vorleistungen	0		0		0	
	Vorsteuer	0		0		0	
	Wertschöpfung	100		100		100	
	Nettopreis	100		100		100	
	Umsatzsteuer		0		10		10
	Bruttoumsatz	100		110		110	
Grenze							
2. Stufe (20%)	Vorleistungen						
	brutto	100		110		110	
	netto	100		100		91,7[672]	
	Vorsteuer		0		-10		-18,3[673]
	Wertschöpfung	100		100		100	
	Nettopreis	200		200		191,7	
	Umsatzsteuer		40		40		38,3
	Bruttoumsatz	240		240		230	
3. Stufe (20%)	Vorleistungen						
	brutto	240		240		230	
	netto	200		200		191,7	
	Vorsteuer		-40		-40		-38,3
	Wertschöpfung	100		100		100	
	Nettopreis	300		300		291,7	
	Umsatzsteuer		60		60		58,3
	Bruttoumsatz	360		360		350	
Endpreis		360		360		350	
Steueraufkommen	Exportland		0		10	10	
	Importland		60		50	40	

Beim BLP ergibt sich die Steuerbelastung nach dem Tarif des Verbrauchsortes. Der Grenzausgleich führt zu einer entsprechenden internationalen Steuerverteilung. Hingegen partizipiert das Exportland beim grenzüberschreitenden Vorsteuerabzug (Gemeinsamer-Markt-Prinzip) am Gesamtsteueraufkommen, wodurch ein Clearing erforderlich wird. Das Ursprungslandprinzips wird durch den „fiktiven“ Vorsteuerabzug umgesetzt. Die Steuerbelastung und die zwischenstaatliche Steuerverteilung ergeben sich aus der internationalen Verteilung der Wertschöpfung.

---

672 Die Nettovorleistung ergibt sich durch Abzug der fiktiven Vorsteuern (siehe folgende Fußnote 673) von den Bruttovorleistungen (110-18,3=91,7).

673 Die fiktive Vorsteuer errechnet sich wie folgt: 110-110/1,2 = 110-91,7 = 18,3. Es wird also unterstellt, dass auf den Vorleistungen Vorsteuern ruhen, wie sie sich unter Berücksichtigung des Tarifs im Importland ergeben würden. Nicht der Vorsteuerabzug ist „fiktiv“, vielmehr werden fiktive (und nicht die tatsächlichen) Vorsteuern abgezogen.

Anhang C2-1a: Belastungsänderungen bzw. -vergleich bei unilateraler Umsatzsteuer (BLP und ULP mit Wechselkurseffekt)

			Quellenland			
			C-Land		Y-Land	
Unternehmen aus dem	C-Land	Gewinn	-	0	-/=	$t^a_{CIT}+t^a_{QS}(1-t^a_{CIT})$
		Zinsen	-	0	-	t^a_{QS}
	Y-Land	Gewinn			=	t^a_{CIT}
		- Freistellung	-	0		
		- Anrechnung	=	t^a_{CIT}		
		Zinsen	=	t^a_{CIT}	=	t^a_{CIT}
Haushalt aus dem	C-Land	Arbeitseinkommen	-	0		
		BLP			-/=	t^a_{PIT}
		ULP			„-/-“	[674]
		Capital Gains	-	0	=	t^a_{CIT}
		Dividenden	-	0	-	$t^a_{CIT} + t^a_{QS}(1- t^a_{CIT})$
		Zinsen	-	0	-	t^a_{QS}
	Y-Land	Arbeitseinkommen			=	t^a_{PIT}
		BLP				
		- Anrechnung	=	t^a_{PIT}		
		- Freistellung	-	0		
		ULP				
		- Anrechnung	„+“	[675]		
		- Freistellung	„+“	[676]		
		Capital gains	-	0	=	t^a_{CIT}
		Dividenden				
		- Klassisch	-	t^a_{PIT}	=	$t^a_{CIT} + t^a_{PIT}(1- t^a_{CIT})$
		- Vollanrechnung			=	t^a_{PIT}
		Zinsen	=	t^a_{PIT}	=	t^a_{PIT}

[674] Eine isolierte Betrachtung der Steuerbelastung ist nicht sinnvoll, weil der Wechselkurseffekt in seiner Bedeutung für den realen Nettolohn berücksichtigt werden muss: Ausgehend von der Anrechnung verändert sich der Nettolohn von $w(1-t^i_{PIT})e_0$ auf $w(1-t^a_{PIT})e_0(1+\tau^i_{VAT})$. Der Nettolohn steigt unter der Voraussetzung $(1-t^i_{PIT})/(1- t^a_{PIT})<(1+\tau^i_{VAT})$. Diese Bedingung ist wegen $(t^i_{PIT}>t^a_{PIT})$ als Voraussetzung für die Anrechnungsmethode zwingend erfüllt. - Galt im Rahmen der bilateralen Einkommensteuer die Freistellung, ändert sich der Nettolohn von $w(1-t^a_{PIT})e_0$ zu $w(1-t^a_{PIT})e_0(1+\tau^i_{VAT})$. Ein Anstieg des Nettolohnes ist auch hier (für $\tau^i_{VAT}>0$) zwingend (vgl. auch das Beispiel in Anhang C2-2).

[675] Der Nettolohn sinkt von $w(1-t^a_{PIT})/e_0$ auf $w(1-t^a_{PIT})/(e_0(1+\tau^i_{VAT}))$. Die Bedingung für einen sinkenden Nettolohn $(\tau^i_{VAT}>0)$ ist zwingend erfüllt.

[676] Im Fall der Freistellung sinkt der Nettolohn von $w(1-t^i_{PIT})/e_0$ auf $w/(e_0(1+\tau^i_{VAT}))$. Die Bedingung für einen sinkenden Nettolohn lautet $(1- t^i_{PIT})(1+\tau^i_{VAT})>1$. Dies ist für $t^i_{PIT}<\tau^i_{VAT}$ erfüllt.

In der Tabelle sind die bei einer unilateralen Konsumbesteuerung auf der Basis der in die Güterpreise überwälzten Umsatzsteuer auftretenden Steuerbelastungen in- und ausländischer Sachverhalte aus Sicht der in- und ausländischen Unternehmen und Haushalte dargestellt. Ferner wurden die ausgehend von der bilateralen Einkommensbesteuerung zu erwartenden Belastungsänderungen definiert (das „-" kennzeichnet eine sinkende, das „+" eine steigende, das „=" eine gleichbleibende Belastung). Sind zwei Änderungen ausgewiesen, bezieht sich die erste auf den Fall, dass bisher die Anrechnungsmethode galt, die zweite auf den Fall, dass bisher die Freistellungsmethode galt.

Anhang C2-1b: Belastungsänderungen bzw. -vergleich bei unilateraler Umsatzsteuer (ULP ohne Wechselkurseffekt)

			Quellenland					
			C-Land				Y-Land	
			marginal		inframarginal			
Unternehmen aus dem	C-Land	Gewinn	-	0	+	τ^i_{VAT}	-/=	$t^a_{CIT}+t^a_{QS}(1-t^a_{CIT})$
		Zinsen	-	0	+	τ^i_{VAT}	-	t^a_{QS}
	Y-Land	Gewinn					=	t^a_{CIT}
		Freistellung	-	0	+	τ^i_{VAT}		
		Anrechnung	=	t^a_{CIT}	+	$\tau^i_{VAT}+t^a_{CIT}(1-\tau^i_{VAT})$		
		Zinsen	=	t^a_{CIT}	+	$\tau^i_{VAT}+t^a_{CIT}(1-\tau^i_{VAT})$	=	t^a_{CIT}
Haushalt aus dem	C-Land	Arbeit	+	τ^i_{VAT}			-/=	t^a_{PIT}
		Capital Gains	-	0	+	τ^i_{VAT}	=	t^a_{CIT}
		Dividenden	-	0	+	τ^i_{VAT}	-	$t^a_{CIT}+t^a_{QS}(1-t^a_{CIT})$
		Zinsen	-	0	+	τ^i_{VAT}	-	t^a_{QS}
	Y-Land	Arbeit					=	t^a_{PIT}
		Freistellung	+	τ^i_{VAT}				
		Anrechnung	+	$\tau^i_{VAT}+t^i_{PIT}(1-\tau^i_{VAT})$				
		Capital Gains	-	0	+	τ^i_{VAT}	=	t^a_{CIT}
		Dividenden						
		- Vollanrechn.					=	t^a_{PIT}
		- Klassisch	-	t^a_{PIT}	+	$\tau^i_{VAT}+t^a_{PIT}(1-\tau^{i}_{VAT})$	=	$t^a_{CIT}+t^a_{PIT}(1-t^a_{CIT})$
		Zinsen	=	t^a_{PIT}	+	$\tau^i_{VAT}+t^a_{PIT}(1-\tau^i_{VAT})$	=	t^a_{PIT}

Die nach dem Ursprungslandprinzip erhobene und in die Faktorentgelte überwälzte Umsatzsteuer impliziert eine indirekte Belastung von Arbeits- und inframarginalen Kapitaleinkommen. Aus Sicht der C-Inländer bedingt die Reform eine höhere Belastung der verbleibenden Bemessungsgrundlage. Die Belastung der Auslandseinkommen bleibt entweder gleich (wenn auch bisher die Freistellung galt) oder sinkt (Wechsel von der Anrechnung zur Freistellung).

Y-Inländer profitieren nur im Fall der Freistellung von der Entlastung des marginalen Kapitalertrags. Bei Anwendung der Anrechnungsmethode resultiert aus der fehlenden Anrechenbarkeit der Umsatzsteuer eine Doppelbelastung der inframarginalen Kapitalerträge und der Arbeitseinkommen (vgl. dazu auch Anhang C2-2). In bezug auf die Einkommen aus dem Y-Land muss nicht zwischen marginalen und inframarginalen Ertragsanteilen unterschieden werden, weil im Rahmen der Einkommensteuer keine derartige Differenzierung erfolgt.

Anhang C2-1c: Steuerbelastung des internationalen Konsums bei unilateraler Umsatzbesteuerung

Das internationale Besteuerungsprinzip bei der Umsatzsteuer hat maßgeblichen Einfluss auf die Steuerbelastung des grenzüberschreitenden Konsums. Während sich die Belastung beim Bestimmungslandprinzip unabhängig von der Herkunft des Konsumgutes und des Konsumenten nach dem Steuerrecht des Konsumlandes richtet, ist beim Mischprinzip das Steuerrecht des Einkaufslandes entscheidend. Beim Ursprungslandprinzip ist die Herkunft der Einkommen ausschlaggebend. Im Kollisionsfall ist demnach der Konsum, der Einkauf oder der aus Einkommen aus dem C-Land finanzierte Konsum im C-Land mit dem Umsatzsteuersatz des C-Landes belastet.[677]

Einkauf im	Konsum im	BLP	Mischprinzip	ULP	
				finanziert durch Einkommen aus dem ...	
				... C-Land	... Y-Land
C-Land	C-Land	τ^{i}_{VAT}	τ^{i}_{VAT}	τ^{i}_{VAT}	0
Y-Land	Y-Land	0	0	τ^{i}_{VAT}	0
Y-Land	C-Land	τ^{i}_{VAT}	0	τ^{i}_{VAT}	0
C-Land	Y-Land	0	τ^{i}_{VAT}	τ^{i}_{VAT}	0

[677] Sofern das Y-Land Quellensteuern auf Einkommen erhebt, sind die entsprechenden Vorgänge doppelt (mit Einkommen- und Konsumsteuer) belastet.

Anhang C2-2: Belastung internationaler Arbeitseinkommen bei unilateraler Umsatzsteuer nach dem ULP mit Wechselkurseffekt[678]

	Haushalt mit Wohnsitz im C-Land				Haushalt mit Wohnsitz im Y-Land			
	Bilaterale Einkommensteuer		Kollisionsfall		Bilaterale Einkommensteuer		Kollisionsfall	
Quelle	C	Y	C	Y	Y	C	Y	C
Y-Land								
Brutto		100		100	100	100	100	60
Steuer (20%)		20		20	20	20	20	12
Anrechnung						20		0
Fiskus		20		20	20	0	20	12
Netto					80	60	80	48
Wechselkurs	1:1		1:1,67		1:1		1:1,67	
C-Land								
Steuersatz	40%		67%					
Brutto	100	100	100	167		100		100
Steuer	40	40	0	0		40		0
Anrechnung		20		0				0
Fiskus[679]	40	20	40	53		40		0
Netto	60	60	100	133				
Reallohn	60	60	60	80				

Betrachtet werden die Arbeitseinkommen eines Haushalts vor und nach der Reform. Bei einem anfänglichen Wechselkurs von 100% (1:1) wird die relativ niedrige Steuerbelastung im Y-Land aus Sicht des Haushalts aus dem C-Land vor der Reform kompensiert, so dass das Einkommen jeweils 60 beträgt. Es besteht Faktorexportneutralität. Aus Sicht des Y-Inländers besteht ein Anrechnungsüberhang.

Bei unilateraler Steuerreform wird die Einkommensteuer im C-Land (t=40%) durch eine Umsatzsteuer mit einem Steuersatz τ= 67% ersetzt.[680] Es ist erkennbar,

---

678 Bei einer Überwälzung der Umsatzsteuer in die Faktorentgelte aufgrund fixer Wechselkurse gelten die Ergebnisse sinngemäß.

679 Es wird unterstellt, dass das Einkommen am Wohnort konsumiert wird.

680 Dieser ergibt sich gemäß der Umrechnung eines steuerinklusiven Steuersatzes in einen steuerexklusiven Steuersatz (vgl. Fußnote 660): t/(1-t)=0,4/0,6=0,67 bzw. 67%. Vereinfachend wird unterstellt, dass der Wechselkurseffekt allein auf die Abschaffung der Arbeitseinkommensteuer zurückzuführen ist. Unter Berücksichtigung der zusätzlichen Verengung der Bemessungsgrundlage um marginale Kapitalerträge müsste der Umsatzsteuersatz höher ausfallen (vgl. Anhang B-16a).

dass das Arbeitseinkommen des C-Inländers aus dem Y-Land real aufgewertet wird (von 60 auf 80). Hingegen verliert der Y-Inländer in bezug auf sein Arbeitseinkommen aus dem C-Land, infolge fehlender Anrechnungsmöglichkeit entsteht eine Doppelbelastung. Das Arbeitseinkommen sinkt von 60 auf 48 (gegenüber dem Einkommen aus dem Y-Land i.H.v. 80). Selbst bei der Freistellungsmethode würde die Allokationsentscheidung zugunsten des Y-Landes ausfallen (80 zu 60).

Anhang C2-3: Belastungsänderungen bzw. -vergleich bei unilateraler Unternehmenskonsumsteuer

			Quellenland							
			C-Land				Y-Land			
			marginal[681]		inframarginal		Marginal		inframarginal	
Unternehmen aus dem	C-Land	Gewinn	-	0	+	τ^i_{CCT}				
		FM[682]					-/=	t^a_{CIT}	-/=	t^a_{CIT}
		Eingeschränkte Sitzortbesteuerung					-/=	t^a_{CIT}	+/+	τ^i_{CCT}
		Erweiterte Sitzortbesteuerung					+/+	τ^i_{CCT}	+/+	τ^i_{CCT}
		Zinsen	=	0	+	τ^i_{CCT}				
		FM					-	0 $(+t^a_{QS})$	-	0 $(+t^a_{QS})$
		Eingeschränkte Sitzortbesteuerung					-	0 $(+t^a_{QS})$	+	τ^i_{CCT}
		Erweiterte Sitzortbesteuerung					+	τ^i_{CCT}	+	τ^i_{CCT}
	Y-Land	Gewinn					=	t^a_{CIT}	=	t^a_{CIT}
		Anrechnung	=	t^a_{CIT}	=	t^a_{CIT}				
		Freistellung	-	0	+	τ^i_{CCT}				
		Zinsen	=	t^a_{CIT}	=	t^a_{CIT}[683]	=	t^a_{CIT}	=	t^a_{CIT}

Eine unilaterale Anwendung der Unternehmenskonsumsteuer bewirkt eine höhere Quellenbelastung der inframarginalen Gewinne und eine Freistellung der marginalen Kapitalrendite. Marginale Gewinneinkommen der C-Inländer aus dem Y-Land sind mit der Körperschaftsteuer (im Fall der erweiterten Sitzortbesteuerung mit dem Konsumsteuertarif), inframarginale Gewinne je nach internationaler Besteuerungsmethode mit der Körperschaftsteuer oder der höheren Konsumsteuer

681 Die Höhe des marginalen und damit steuerfreien Zinssatzes ergibt sich nur bei der CFS mit innerperiodischem Verlustausgleich endogen. Bei der CFS mit verzinslichem Verlustvortrag bzw. bei der ACE wird der steuerfreie Zins exogen festgelegt.

682 Unter Berücksichtigung von Quellensteuern steigt die Belastung um $t^a_{QS}(1-t^a_{CIT})$.

683 Sofern die R-CFS zur Anwendung kommt, sind überhöhte Zinsen aufgrund der fehlenden Anrechnungsmöglichkeit doppelt besteuert. Die Belastung ergibt sich gemäß $\tau^i_{CCT}+t^a_{CIT}(1-\tau^i_{CCT})$.

belastet. Zinsen bleiben nur im Fall der R-CFS steuerfrei, bei der ACE und der RF-CFS unterliegen mindestens die inframarginalen, möglicherweise aber auch die marginalen Renditen der Konsumbesteuerung. - Aus Sicht der Y-Inländer wird die Steuerfreiheit der marginalen Kapitalrendite im Fall der Anrechnungsmethode neutralisiert, im Fall der Freistellung bleibt sie erhalten. Die Anrechnungsmethode (zwingend bei Zinsen) impliziert eine Mindestbelastung der Kapitalrenditen i.H.d. Körperschaftsteuer. Fehlende Anrechnung (bei überhöhten Zinsen im Rahmen der R-CFS) impliziert eine Doppelbesteuerung.

Anhang C2-4: Durchschnittsbelastung der Kapitalrendite bei einer Reingewinnsteuer

Die durchschnittliche Steuerbelastung der Kapitalrendite [r] ergibt sich im Fall einer Reingewinnsteuer, indem die Gesamtsteuerbelastung [$T = \tau(r-i)$] zur Kapitalrendite in Bezug gesetzt wird: [$T/r = \tau(r-i)/r$] bzw. [$T/r = \tau-\tau i/r$]. Die Funktion hat einen konkaven Verlauf und konvergiert gegen den tarifären Steuersatz, der gleichzeitig die marginale Steuerbelastung des inframarginalen Kapitalertrags [r-i] darstellt. Für den Fall [$i = r$] ist die Durchschnittsbelastung [$T/r = 0$], bei [$r > i$] ist [$T/r > 0$], bei [$r < i$] ist [$T/r < 0$].

Im folgenden ist die Durchschnittsbelastung in Abhängigkeit von der Entwicklung der Kapitalrendite für die Parameter τ=30% und i=10% dargestellt.

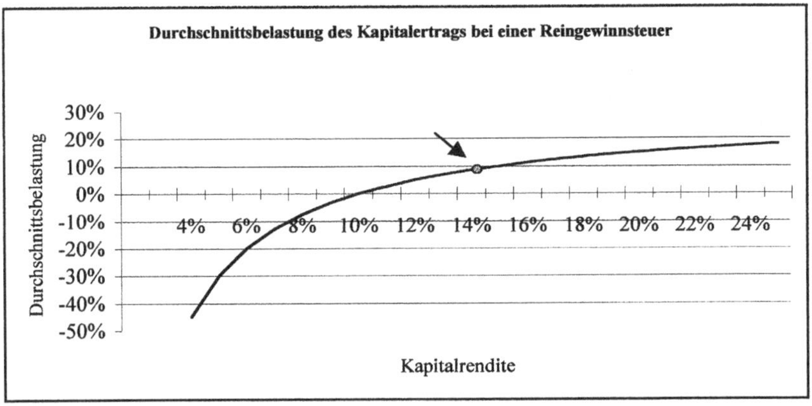

Ein Vergleich der Durchschnittsbelastung bei Einkommens- und Reingewinnbesteuerung führt zu folgendem Ergebnis: Bei der Einkommensteuer entspricht die Gesamtsteuerbelastung [$T = tr$], die Durchschnittsbelastung mit [$T/r = tr/r = t$] dem Steuertarif. Als Bedingung einer gleichen Durchschnittsbelastung beider Systeme ergibt sich [$t = \tau-\tau(i/r)$] bzw. [$r = \tau i/(\tau-t)$]. Für [$r > 0$] muss auch [$\tau > t$] gelten. Denn aufgrund der schmaleren Bemessungsgrundlage bei der Reingewinnsteuer ist eine gleiche Durchschnittsbelastung wie bei der Einkommensteuer nur bei einem relativ höheren Steuertarif möglich. Ist z.B. unter Berücksichtigung der o.g. Parameter (τ=30% und i=10%) r=15%, dann ergibt sich bei Einkommensbesteuerung eine geringere Durchschnittsbelastung für [t < 10%] (vgl. Pfeil).

Anhang C2-5a: Anrechnung der Einkommensteuer auf die CFS

1	Periode	0	1	2	3			
2								
3	**Besteuerung im Y-Land**						Steuersatz	30%
4	vor Steuer	-100	42	42	42		Brutto-KW	4,45
5	Abschreibungen		33,3	33,3	33,3			
6	Bemessungsgrundlage		8,7	8,7	8,7			
7	Steuer		2,6	2,6	2,6		Steuer-KW	6,47
8	nach Steuer	-100	39,4	39,4	39,4		Netto-KW	-2,02
9							Steuerquote	145%
10								
11	**Besteuerung im C-Land**						Steuersatz	40%
12	a) erweiterte Sitzortbesteuerung (Einkommensteuerrechnung)							
13	fiktive ESt mit τ^{i}_{CFS}		3,5	3,5	3,5			
14	Anrechnung		2,6	2,6	2,6			
15	Differenzbelastung		0,9	0,9	0,9			
16	Gesamtsteuer		3,5	3,5	3,5		Steuer-KW	8,62
17	nach Steuer	-100	38,5	38,5	38,5		Netto-KW	-4,17
18							Steuerquote	194%
19	b) eingeschränkte Sitzortbesteuerung (Gewinnzerlegung)							
20	Bemessungsgrundlage	-100	42	42	42			
21	fiktive CFS mit t^{a}_{CIT}	-30	12,6	12,6	12,6			
22	fiktive CFS mit τ^{i}_{CFS}	-40	16,8	16,8	16,8			
23	Differenzbelastung	-10	4,2	4,2	4,2			
24	Gesamtbelastung	-10	6,8	6,8	6,8		Steuer-KW	6,91
25	nach Steuer	-90	35,2	35,2	35,2		Netto-KW	-2,46
26							Steuerquote	155%

Betrachtet wird eine Direktinvestition im Y-Land durch eine Muttergesellschaft mit Sitz im C-Land. Im C-Land bieten sich zwei Möglichkeiten der Anrechnung:

Bei der erweiterten Sitzortbesteuerung wird eine Einkommensteuerpflicht (basierend auf der in Zeile 6 dargestellten Bemessungsgrundlage) unter Verwendung des Cash-Flow-Steuersatzes berechnet (Zeile 13). Die im Y-Land gezahlte Einkommensteuer (Zeile 7) wird angerechnet, es erfolgt eine Differenzbelastung im C-Land (Zeile 15). Infolge der an der einkommensbasierten Besteuerung übersteigt die kapitalwertbezogene Steuerquote den Steuersatz (Zeile 18).

Bei der eingeschränkten Sitzortbesteuerung ergibt sich die Differenzbesteuerung (Zeile 23), indem die sich unter Verwendung des ausländischen Einkommensteuersatzes ergebende fiktive Cash-Flow-Steuerschuld (Zeile 21) auf die sich unter Verwendung des inländischen CFS-Tarifs ergebende fiktive Steuerschuld (Zeile 22) angerechnet wird. Die Gesamtsteuerbelastung (Zeile 24) resultiert aus der Summe der ausländische Körperschaftsteuer (Zeile 7) und der Differenzsteuer (Zeile 23). Die kapitalwertbezogene Steuerquote (Zeile 26) ist geringer als im Fall der erweiterten Sitzortbesteuerung (Zeile 18). Sie übersteigt aber den Tarif der CFS, weil marginale Renditen mit der Steuer des Y-Landes belastet sind.[684]

Anhang C2-5b: Anrechnung der Einkommensteuer auf die ACE

1	Periode	0	1	2	3			
2								
3	**Besteuerung im Y-Land**						Steuersatz	30%
4	vor Steuer	-100	42	42	42		Brutto-KW	4,45
5	Abschreibungen		33,3	33,3	33,3			
6	Bemessungsgrundlage		8,7	8,7	8,7			
7	Steuer		2,6	2,6	2,6		Steuer-KW	6,47
8							Steuerquote	145%
9								
10	**Besteuerung im C-Land**						Steuersatz	40%
11	a) erweiterte Sitzortbesteuerung (Einkommensteuerrechnung)							
12	fiktive ESt mit τ^{i}_{ACE}		3,5	3,5	3,5			
13	Anrechnung		2,6	2,6	2,6			
14	Differenzbelastung		0,9	0,9	0,9			
15	Gesamtbelastung		3,5	3,5	3,5		Steuer-KW	8,62
16	nach Steuer	-100	38,5	38,5	38,5		Netto-KW	-4,17
17							Steuerquote	194%
18								
19	b) eingeschränkte Sitzortbesteuerung (Gewinnzerlegung)							
20	Bemessungsgrundlage	-100	-1,3	2	5,3			
21	fiktive ACE mit t^{a}_{CIT}		-0,4	0,6	1,6			
22	fiktive ACE mit τ^{i}_{ACE}		-0,5	0,8	2,1			
23	Differenzbelastung		-0,1	0,2	0,5			
24	Gesamtbelastung		2,5	2,8	3,1		Steuer-KW	6,91
25	nach Steuer	-100	39,5	39,2	38,9		Netto-KW	-2,46
26							Steuerquote	155%

[684] Der Diskontsatz ist anders als im Rahmen der Einkommensbesteuerung (Anhang B-15a und b) nicht zu modifizieren, weil aus Sicht der C-Inländer die marginale Rendite einer Alternativanlage nicht besteuert wird. – Anrechnungsüberhänge werden nicht ausgeglichen.

Im Rahmen der erweiterten Sitzortbesteuerung wird unter Verwendung des Konsumsteuersatzes eine fiktive Einkommensteuerpflicht (Zeile 12) ermittelt. Auf diese Steuer wird die im Y-Land gezahlte Einkommensteuer (Zeile 7) angerechnet, wobei Anrechnungsüberhänge (infolge eines Tarifgefälles zulasten des Y-Landes) nicht ausgeglichen werden. Die auf den Kapitalwert bezogene Gesamtbelastung (Zeile 15) übersteigt den Steuersatz der ACE, ein Zeichen für die Belastung marginaler Renditen (Zeile 17).

Bei Anwendung der eingeschränkten Sitzortbesteuerung wird zunächst eine fiktive Konsumsteuerschuld auf Basis des Einkommensteuersatzes (Zeile 21) und des Konsumsteuersatzes (Zeile 22) ermittelt. (Die Bemessungsgrundlage der ACE wurde aus Anhang B-6a übernommen, lineare Abschreibung, Zeile 8). Fehlen Anrechnungsüberhänge, erfolgt eine Differenzbesteuerung im C-Land (Zeile 23). Die Gesamtbelastung ergibt sich aus der Summe der Einkommensteuer (Zeile 7) und der Differenzsteuer (Zeile 23). Auch hier übersteigt die Steuerquote den Konsumsteuersatz (Zeile 26), allerdings nicht im gleichen Ausmaß wie im Rahmen der erweiterten Sitzortbesteuerung.

Anhang C2-6a: Anrechnung der CFS auf die Einkommensteuer

Betrachtet wird eine Investition im C-Land durch eine Muttergesellschaft mit Sitz im Y-Land. Wird im Rahmen der Cash-Flow-Besteuerung im C-Land ein innerperiodischer Verlustausgleich gewährt, ist das Sitzortprinzip mit folgenden Zahlungen und Steuerbelastungswirkungen verbunden:

Zunächst erfolgt für die Gewinneinkommen aus dem C-Land eine Gewinnsteuerrechnung unter Verwendung des Einkommensteuersatzes des Y-Landes (Zeile 13). Auf diese fiktive Steuerschuld im Y-Land wird die im C-Land gezahlte Konsumsteuer (Zeile 5 bzw. Zeile 14) angerechnet. Daraus ermittelt sich die Differenzsteuerpflicht im Y-Land (Zeile 15).[685] Offensichtlich führt die durch das C-Land gewährte Steuerrückerstattung im Y-Land zu einer äquivalenten Steuerpflicht und wird vollständig neutralisiert. Andererseits ergeben sich aufgrund der hohen Desinvestitionssteuern in den Perioden 1 bis 3 entsprechende Rückerstattungsansprüche. Durchgesetzt wird letztlich eine Einkommensteuerbelastung der Kapitaleinkommen aus dem C-Land – die auf den Kapitalwert bezogene Steuerbelastung übersteigt den Steuertarif im C-Land.[686]

---

[685] Der Ausgleich von Anrechnungsüberhängen ist zu vermeiden. Anrechnungsüberhänge entstehen, wenn der Kapitalwert der Konsumsteuer (Zeile 5) größer ist als der Kapitalwert der Einkommensteuer (Zeile 13), bzw. der Kapitalwert der Differenzbelastung in Zeile 15 kleiner als 0 ist. Die Identifikation derartiger Anrechnungsüberhänge erfordert eine periodenübergreifende Betrachtung.

[686] Zu berücksichtigen ist, dass der modifizierte Diskontsatz (vgl. Anhang B-15a und B-15b) zur Anwendung kommt, weil aus Sicht der Y-Inländer der marginale Ertrag einer Alternativanlage besteuert wird. Der zugrundeliegende Diskontsatz ist also 10%*(1-0,3)=7%.

1	Periode	0	1	2	3			
2								
3	**Besteuerung im C-Land**						Steuersatz	40%
4	Bemessungsgrundlage	-100	42	42	42		Brutto-KW	10,22
5	Steuer	-40	16,8	16,8	16,8		Steuer-KW	4,09
6	nach Steuer	-60	25,2	25,2	25,2		Netto-KW	6,13
7							Steuerquote	40%
8								
9	**Besteuerung im Y-Land**						Steuersatz	30%
10	vor Steuer	-100	42	42	42			
11	Abschreibungen		33,3	33,3	33,3			
12	Bemessungsgrundlage	-100	8,7	8,7	8,7			
13	fiktive ESt mit t^{a}_{CIT}		2,6	2,6	2,6			
14	Anrechnung	-40	16,8	16,8	16,8			
15	Differenzsteuer	40	-14,2	-14,2	-14,2		Steuer-KW	2,73
16	Gesamtbelastung	0	2,6	2,6	2,6		Steuer-KW	6,82
17	nach Steuer	-100	39,4	39,4	39,4		Netto-KW	3,40
17							Steuerquote	67%

Kommt im Rahmen der CFS hingegen ein interperiodischer Verlustausgleich (verzinslicher Verlustvortrag) zur Anwendung, ergibt sich folgendes Bild (zur Ermittlung der Bemessungsgrundlage vgl. Anhang B-5b):

1	Periode	0	1	2	3			
2								
3	**Besteuerung im C-Land**						Steuersatz	40%
4	vor Steuer	-100	42	42	42		Brutto-KW	10,22
5	Bemessungsgrundlage	-100	-68	-32,8	5,9			
6	Steuer	0	0	0	2,4		Steuer-KW	4,09
7	nach Steuer	-100	42	42	39,6		Netto-KW	6,13
8							Steuerquote	40%
9								
10	**Besteuerung im Y-Land**						Steuersatz	30%
11	vor Steuer	-100	42	42	42			
12	Abschreibungen		33,3	33,3	33,3			
13	Bemessungsgrundlage	-100	8,7	8,7	8,7			
14	fiktive ESt mit t^{a}_{CIT}		2,6	2,6	2,6			
15	Anrechnung	0	0	0	2,4			
16	Differenzsteuer		2,6	2,6	0,2			
17	Gesamtbelastung	0	2,6	2,6	2,6		Steuer-KW	6,82
18	nach Steuer	-100	39,4	39,4	39,4		Netto-KW	3,40
19							Steuerquote	67%

Auf die fiktive Einkommensteuerschuld (Zeile 14) wird die im C-Land gezahlte CFS angerechnet (Zeile 15). Anders als im Fall des innerperiodischen Verlustausgleichs besteht die Differenzsteuer (Zeile 16) nicht aus einer anfänglich hohen Belastung und späteren Erstattungsansprüchen. Vielmehr kommt es erst in der dritten Periode zu einer effektiven Anrechnung. In bezug auf die Gesamtsteuerbelastung ergibt sich freilich das Ergebnis wie im Fall des innerperiodischem Verlustausgleichs. Der Vorteil kann darin gesehen werden, dass das Y-Land die ansonsten eintretende anfängliche Rückerstattung sofort kompensiert. Ferner sind Anrechnungsüberhänge leichter zu identifizieren.

Anhang C2-6b: Anrechnung der ACE auf die Einkommensteuer

Aufgrund ähnlicher Vorschriften (im Hinblick auf die Verrechnung von Abschreibungen) gestaltet sich die Anrechnung der ACE auf die Einkommensteuer einfacher als die Anrechnung der CFS. Im Y-Land basiert die Ermittlung der fiktiven Steuerpflicht (Zeile 16) auf dem Gewinn, der im C-Land gewährte ACE-Abzug wird also rückgängig gemacht. Wie auch im Fall der CFS ergibt sich infolge der Differenzbesteuerung, dass der Verzicht des C-Landes auf die Besteuerung des marginalen Kapitalertrags durch die Sitzortbesteuerung im Y-Land kompensiert wird. Die auf den Kapitalwert bezogene Steuerbelastung übersteigt insofern auch hier den Einkommensteuertarif.

1	Periode	0	1	2	3			
2								
3	**Besteuerung im C-Land**						Steuersatz	40%
4	vor Steuer	-100	42	42	42		Brutto-KW	10,22
5	Abschreibung		33,3	33,3	33,3			
6	ACE-Abzug		10	6,7	3,3			
7	Bemessungsgrundlage		-1,3	2,0	5,3			
8	Steuer		-0,5	0,8	2,1		Steuer-KW	4,09
9	nach Steuer	-100	42,5	41,2	39,9		Netto-KW	6,13
10							Steuerquote	40%
11								
12	**Besteuerung im Y-Land**						Steuersatz	30%
13	vor Steuer	-100	42	42	42			
14	Abschreibungen		33,3	33,3	33,3			
15	Bemessungsgrundlage	-100	8,7	8,7	8,7			
16	fiktive ESt mit t^{a}_{CIT}		2,6	2,6	2,6			
17	Anrechnung		-0,5	0,8	2,1			
18	Differenzbelastung		3,1	1,8	0,5			
19	Gesamtbelastung		2,6	2,6	2,1		Steuer-KW	6,82
20	nach Steuer	-100	39,4	39,4	39,4		Netto-KW	3,40
21							Steuerquote	67%

Anhang C2-7: Belastungsänderungen bzw. -vergleich bei unilateraler persönlicher Konsumsteuer mit vorgelagerter Unternehmensteuer[687]

			Quellenland							
			Inland / C-Land				Ausland / Y-Land			
Haushalt aus dem ...	C-Land	Arbeit	+	τ^i_{PCT}						
		Anrechnung					+/+	τ^i_{PCT}		
		Freistellung					-/=	t^a_{PIT}		
		Kapital	marginal		inframarginal		marginal		inframarginal	
		a) ICF								
		- capital gains								
		Freistellung	-	0	+	τ^i_{CCT}	=	t^a_{CIT}	=	t^a_{CIT}
		Besteuerung	-	0	+	$\tau^i_{CCT}+\tau^i_{PCT}(1-\tau^i_{CCT})$	=	t^a_{CIT}	+	$t^a_{CIT}+\tau^i_{PCT}(1-t^a_{CIT})$
		- Dividenden								
		Vollanrechn.	-	0	+	τ^i_{PCT}				
		Klassisch	-	0	+	$\tau^i_{CCT}+\tau^i_{PCT}(1-\tau^i_{CCT})$	-	t^a_{CIT}	+	$t^a_{CIT}+\tau^i_{PCT}(1-t^a_{CIT})$
		- Zinsen	-	0	+	τ^i_{PCT}[688]	-	0	+	τ^i_{PCT}
		b) ITP								
		- capital gains	-	0	+	τ^i_{CCT}	-	t^a_{CIT}	-	t^a_{CIT}
		- Dividenden	-	0	+	τ^i_{CCT}	-	t^a_{CIT}	-	t^a_{CIT}
		- Zinsen	-	0	-	0[689]	-	0	-	0
		c) unqualifiziert								
		- capital gains	+	$\tau^i_{CCT}+\tau^i_{PCT}(1-\tau^i_{CCT})$			+	$t^a_{CIT}+\tau^i_{PCT}(1-t^a_{CIT})$		
		- Dividenden								
		Vollanrechn.	+	τ^i_{PCT}						
		Klassisch	+	$\tau^i_{CCT}+\tau^i_{PCT}(1-\tau^i_{CCT})$			+	$t^a_{CIT}+\tau^i_{PCT}(1-t^a_{CIT})$		
		- Zinsen	+	τ^i_{PCT}[690]			+	τ^i_{PCT}		
	Y-Land	Arbeit					=	t^a_{PIT}		
		Anrechnung	=	t^a_{PIT}						
		Freistellung	+	τ^i_{PCT}						
		Kapital	marginal		inframarginal					
		capital gains	-	0	+	τ^i_{CCT}	=	t^a_{CIT}		
		Dividenden	-	t^a_{PIT}	+	$\tau^i_{CCT}+t^a_{PIT}(1-\tau^i_{CCT})$	=	$t^a_{CIT}+t^a_{PIT}(1-t^a_{CIT})$		
		Zinsen	=	t^a_{PIT}	=	t^a_{PIT}[691]	=	t^a_{PIT}		

687 Für die Kombination der persönlichen Konsumsteuern mit der Umsatzsteuer werden die Belastungsvergleiche nicht dargestellt. Sie ergeben sich durch Addition der durch die Umsatz- und persönlichen Konsumsteuer hervorgerufenen Belastung. Die Steueranrechnung ist ausgeschlossen.

688 Die ausgewiesene Belastung gilt für den Fall, dass die RF-CFS bzw. ACE zur Anwendung kommt. Bei Kombination mit der R-CFS unterliegen überhöhte Zinsen infolge mangelnder Anrechnung einer Doppelbelastung (vgl. klassische Dividendenbesteuerung: $\tau^i_{CCT}+\tau^i_{PCT}(1-\tau^i_{CCT})$).

689 Die ausgewiesene Belastung gilt für den Fall, dass die RF-CFS bzw. ACE zur Anwendung kommt. Bei einer Kombination mit der R-CFS unterliegen überhöhte Zinsen der R-CFS (τ^i_{CCT}).

690 vgl. Fußnote 688.

Bemerkenswerte systematische Änderungen ergeben sich im Bereich der Kapitaleinkommensbesteuerung. So wird aus Sicht der C-Inländer die Belastung der marginalen Gewinneinkommen aus dem Y-Land nicht korrigiert, während das Y-Land die Steuerfreistellung der marginalen Kapitaleinkommen im C-Land aus Sicht der Y-Inländer kompensiert. Quellensteuern wurden hier vernachlässigt. Ihre Anrechnung wird möglicherweise bei der ITP verweigert.

Anhang C2-8: Steuermindernde Verrechnungspreisgestaltung im Rahmen der Abzugsmethode aus Sicht einer Muttergesellschaft mit Sitz im Y-Land

Gilt im Kollisionsfall aus Sicht der Muttergesellschaft mit Sitz im Y-Land die Abzugsmethode in bezug auf Gewinneinkommen aus dem C-Land, dann kann durch eine Gewinnverlagerung zugunsten des Y-Landes die Gesamtsteuerbelastung gesenkt werden. Denn eine Kapitalverzinsung unterhalb der steuerfreien Marginalrendite führt im C-Land auf Ebene der Tochterkapitalgesellschaft zu einer Steuerrückerstattung, die im Rahmen der Abzugsmethode (im Unterschied zur Anrechnungsmethode) *nicht vollständig* neutralisiert wird.

1		Vor Gewinnverlagerung		Nach Gewinnverlagerung	
2		Mutter (Y-Land)	Tochter (C-Land)	Mutter (Y-Land)	Tochter (C-Land)
3					
4	*Quellenbelastung*		τ = 50%	t = 40%	τ = 50%
5	vor Steuer (Gewinn)		100	60	40
6	Bemessungsgrundlage		50		-10
7	Steuer		25		-5
8					
9	*Sitzortbesteuerung*	t = 40%		t = 40%	
10	a) Anrechnungsmethode				
11	Bemessungsgrundlage	100		100	
12	Differenzsteuer	40-25 = 15		40-(-5) = 45	
13	Gesamtsteuerbelastung	15+25 = 40		45+(-5) = 40	
14	nach Steuer	60		60	
15					
16	b) Abzugsmethode				
17	Bemessungsgrundlage	75		105	
18	Steuer	30		42	
20	Gesamtsteuerbelastung	25+30 = 45		42+(-5) = 37	
21	nach Steuer	45		63	

691 Bei Kombinationen mit der R-CFS ergibt sich die Belastung gemäß $\tau^{i}_{CCT}+t^{a}_{PIT}(1-\tau^{i}_{CCT})$.

Im Beispiel ist der Gewinn im Ausgangsfall der Tochter, im zweiten Fall zu 60% der Muttergesellschaft zugeordnet (Zeile 5). Die Quellenbelastung im C-Land impliziert (unter Berücksichtigung eines marginalen und damit steuerfreien Gewinns i.H.v. 50) eine Besteuerung des inframarginalen Gewinns (Zeile 6) mit der Konsumsteuer i.H.v. 50% (Zeile 7). Im Y-Land wird diese Steuer entweder angerechnet (Zeile 10) oder abgezogen (Zeile 16). Die Gewinnverlagerung impliziert nur im Fall der Abzugsmethode eine Minderung der Gesamtbelastung (Zeile 20, im Vergleich zur Anrechnungsmethode, Zeile 13). Insofern führt die Gewinnverlagerung im Fall der Abzugsmethode zu einem höheren Nettogewinn (Zeile 21).

Anhang C2-9: Die unmodifizierte Abzugsmethode aus Sicht einer Muttergesellschaft mit Sitz im C-Land

Der Abzug der auf dem gesamten Gewinn ruhenden Körperschaftsteuer würde zu einem unsystematischen Ergebnis führen:[692] Bei einem vollständigen Abzug ergibt sich die Belastung der Gewinne aus dem Y-Land gemäß $t^a_{CIT}r^*+\tau^i_{CCT}(r^*-i-t^a_{CIT}r^*)$. Im Fall der Anrechnung ergab sich die Steuerbelastung gemäß $\tau^i_{CCT}(r^*-i)+t^a_{CIT}i$. Die Abzugsmethode führt also zu einer geringeren Steuerbelastung als die Anrechnungsmethode, wenn die Bedingung $t^a_{CIT}r^*+\tau^i_{CCT}(r^*-i-t^a_{CIT}r^*) < \tau^i_{CCT}(r^*-i)+t^a_{CIT}i$ erfüllt ist. Dies ergibt nach einigen Umformungen die Bedingung $1-i/r^* < \tau^i_{CCT}$ wobei wegen $\tau^i_{CCT}>0$ die Relation $i < r^*$ erfüllt sein muss.

Folgende Abbildung verdeutlicht den Verlauf dieser Funktion für i=10%:

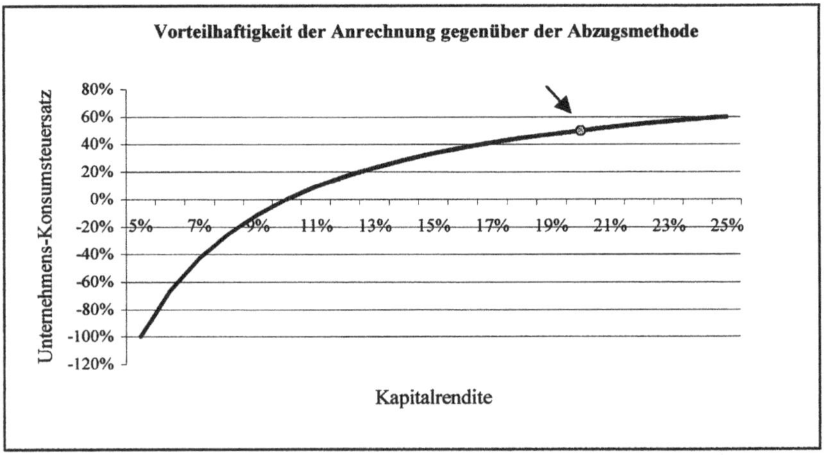

692 Von tarifbedingten Anrechnungsüberhängen wird hier abstrahiert.

Die Abzugsmethode führt dann zu einer geringeren Steuerbelastung als die Anrechnungsmethode, wenn die Kombination aus Konsumsteuersatz und Kapitalrendite oberhalb der Kurve liegt. Offensichtlich ist dieser „Konstruktionsfehler" der unmodifizierten Abzugsmethode bei Betrachtung einer marginalen Investition (i = 10%): Während die Anrechnung aufgrund einer fehlenden Reingewinnsteuerpflicht ins Leere läuft, resultiert aus der Abzugsmethode eine Steuerrückerstattung. Aber selbst wenn im C-Land eine materielle Steuerverpflichtung besteht, impliziert die Abzugsmethode in bestimmten Fällen eine geringere Steuerbelastung als die Anrechnung. Dies wäre z.B. bei einem Konsumsteuersatz $\tau = 50\%$ der Fall, wenn die Kapitalrendite $r^* < 20\%$ ist (vgl. Pfeil).

Anhang C3-1a: Belastungsänderungen bzw. –vergleich bei bilateraler Umsatzsteuer (BLP bzw. ULP mit Wechselkurseffekt)

			Quellenland			
			Inland		Ausland	
Unter-nehmen aus dem	In-land	Gewinn	-	0	-/-	0
		Zinsen	-	0	-	0
	Aus land	Gewinn	-/-	0	-	0
		Zinsen	-	0	-	0
Haushalt aus dem	Inland	Arbeit	-	0		
		- BLP			-/-	0
		- ULP			?/?	[693]
		Capital Gains	-	0	-	0
		Dividenden		0	-	0
		Zinsen	-	0	-	0
	Ausland	Arbeit			-	0
		- BLP	-/-	0		
		- ULP	?/?	[694]		
		Capital Gains	-	0	-	0
		Dividenden	-	0	-	0
		Zinsen	-	0	-	0

[693] Eine bilaterale Umsatzbesteuerung auf der Basis des Ursprungslandprinzips impliziert ausgehend von der bilateralen Einkommensbesteuerung eine beidseitige Abwertung beider Währungen. Aus Sicht des Inländers werden die Arbeitseinkommen aus dem Ausland durch die Abwertung der inländischen Währung aufgewertet und die Abwertung der ausländischen Währung abgewertet. Der Nettolohn ändert sich von $w(1-t^i_{PIT})e_0$ (ausgehend von der Anrechnungsmethode im bilateralen Einkommensteuerfall) bzw. von $w(1-t^a_{PIT})e_0$ (ausgehend von der Freistellung) auf $w(1+\tau^i_{VAT})e_0/(1+\tau^a_{VAT})$.

[694] Auch aus Sicht der Ausländer ergibt sich ein wechselseitiger Einfluss der Wechselkursanpassung auf das reale Arbeitseinkommen. Dieses verändert sich von $w(1-t^a_{PIT})/e_0$ (ausgehend von der Anrechnungsmethode) bzw. von $w(1-t^a_{PIT})/e_0$ (ausgehend von der Freistellungsmethode) auf $w/[e_0(1+\tau^i_{VAT})/(1+\tau^a_{VAT})]$.

Die obige Übersicht verdeutlicht, dass bei einer Konsumbesteuerung auf Basis der Umsatzsteuer Kapitaleinkommen unter der Annahme einer vollständigen Überwälzung der Steuer in die Güterpreise steuerfrei sind. Insbesondere muss nicht zwischen marginalen und inframarginalen Renditen differenziert werden.[695] Arbeitseinkommen bleiben lediglich bei der nach dem Bestimmungslandprinzip erhobenen Umsatzsteuer steuerfrei. Beim Ursprungslandprinzip unterliegen sie hingegen dem Wechselkurseffekt, was einer indirekten Steuerbelastung gleichkommt. In diesem Fall ist nicht eindeutig, wie die Belastungsverschiebung ausgehend von der bilateralen Einkommensbesteuerung ausfällt.

Anhang C3-1b: Belastungsänderungen bzw. –vergleich bei bilateraler Umsatzsteuer (ULP ohne Wechselkurseffekt)

			Quellenland							
			Inland				Ausland			
			marginal		inframarginal		marginal		inframarginal	
Unternehmen aus dem	Inland	Gewinn	-	0	+	τ^{i}_{VAT}	-	0	?/+	τ^{a}_{VAT}
		Zinsen	-	0	+	τ^{i}_{VAT}	-	0	?	τ^{a}_{VAT}
	Ausland	Gewinn	-	0	?/+	τ^{i}_{VAT}	-	0	+	τ^{a}_{VAT}
		Zinsen	-	0	?	τ^{i}_{VAT}	-	0	+	τ^{a}_{VAT}
Haushalt aus dem	Inland	Arbeit	+	τ^{i}_{VAT}			?/+	τ^{a}_{VAT}		
		Capital Gains	-	0	+	τ^{i}_{VAT}	-	0	+	τ^{a}_{VAT}
		Dividenden	-	0	+	τ^{i}_{VAT}	-	0	?	τ^{a}_{VAT}
		Zinsen	-	0	+	τ^{i}_{VAT}	-	0	?	τ^{a}_{VAT}
	Ausland	Arbeit	?/+	τ^{i}_{VAT}			+	τ^{a}_{VAT}		
		Capital Gains	-	0	+	τ^{i}_{VAT}	-	0	+	τ^{a}_{VAT}
		Dividenden	-	0	?	τ^{i}_{VAT}	-	0	+	τ^{a}_{VAT}
		Zinsen	-	0	?	τ^{i}_{VAT}	-	0	+	τ^{a}_{VAT}

Bei bilateraler Umsatzbesteuerung ist die Quellenbelastung in bezug auf alle Faktoreinkommen abgeltend. Nicht grenzüberschreitende Arbeits- und inframarginale Kapitaleinkommen unterliegen dem Umsatzsteuertarif des betreffenden Landes. Die Belastung der marginalen Renditen wird ausgehend von der Einkommensteuer sinken, die Belastung der Arbeitseinkommen und inframarginalen

[695] In bezug auf inframarginale Renditen (die z.B. infolge konzerninterner Leistungsverrechnung international umverteilt werden) kann eine Güterpreisüberwälzung scheitern. In diesem Fall ist dieser Renditeanteil mit der Steuer des Quellenlandes belastet (vgl. dazu Anhang C3-1b).

Renditen i.d.R. steigen. In bezug auf grenzüberschreitende Faktoreinkommen muss berücksichtigt werden, dass mit der Reform auch ein Wechsel in der internationalen Besteuerungssystematik (Wechsel von der Anrechnung zur Freistellung) verbunden sein kann. Ausgehend von der Freistellung wird die Steuerbelastung der der Umsatzsteuer unterliegenden Sachverhalte steigen, ausgehend von der Wohnsitz- und Sitzortbesteuerung kann sich auch eine Entlastung ergeben.

Anhang C3-1c: Steuerbelastung des internationalen Konsums bei bilateraler Umsatzbesteuerung

Einkauf im	Konsum im	BLP	Mischprinzip	Ursprungslandprinzip – Konsum finanziert durch Einkommen aus dem Inland	Ursprungslandprinzip – Konsum finanziert durch Einkommen aus dem Ausland
Inland	Inland	τ^{i}_{VAT}	τ^{i}_{VAT}	τ^{i}_{VAT}	τ^{a}_{VAT}
Ausland	Ausland	τ^{a}_{VAT}	τ^{a}_{VAT}	τ^{i}_{VAT}	τ^{a}_{VAT}
Ausland	Inland	τ^{i}_{VAT}	τ^{a}_{VAT}	τ^{i}_{VAT}	τ^{a}_{VAT}
Inland	Ausland	τ^{a}_{VAT}	τ^{i}_{VAT}	τ^{i}_{VAT}	τ^{a}_{VAT}

Bei bilateraler Umsatzbesteuerung führen Steuersatzdifferenzen im Rahmen des Bestimmungslandprinzips unabhängig vom Herkunftsort des Konsumenten und des Konsumgutes zu einer Steuerbelastung mit dem Steuersatz des Verbrauchslandes. Beim Mischprinzip richtet sich die Steuerbelastung nach dem Steuersatz des Einkaufslandes. Und bei Anwendung des Ursprungslandprinzips ist (unabhängig von der Richtung der Steuerüberwälzung) die Herkunft der Einkommen für die Belastung des Konsums (unabhängig von der Herkunft des Konsumenten und des Konsumgutes) ausschlaggebend.

Anhang C3-2: Belastungsänderungen bzw. –vergleich bei bilateraler Konsumsteuer auf Unternehmensebene

Bei bilateraler Anwendung der direkten Unternehmenskonsumsteuern bleiben marginale Kapitalrenditen sowohl im In- als auch im Ausland steuerfrei. (Hier unberücksichtigte) Abweichungen können aus der Tatsache resultieren, dass ein unterschiedlicher Verlustvortragszins im Rahmen der CFS bzw. „Schutzzins" im Rahmen der ACE besteht. Im Fall der Freistellungsmethode hat die Quellenbesteuerung bei grenzüberschreitenden Kapitaleinkünften abgeltenden Charakter, wobei die Freistellung in bezug auf Zinseinkommen nur bei der R-CFS zur Anwendung kommt. Die eingeschränkte Sitzortbesteuerung[696] impliziert, dass die

[696] Anders als im Kollisionsfall ist davon auszugehen, dass die Sitzortbesteuerung auf der eingeschränkten Variante (ausschließliche Reingewinnbesteuerung unter Anrechnung der darauf ruhen-

Steuerbelastung der inframarginalen Kapitalrendite mindestens dem Steuertarif im Sitzland der Muttergesellschaft entspricht. Anrechnungsüberhänge werden auch hier vernachlässigt – sie würden ein der Freistellungsmethode vergleichbares Besteuerungsergebnis implizieren. Je nachdem, welche Methode zur Vermeidung der internationalen Doppelbesteuerung im Rahmen der Einkommensteuer zur Anwendung kam (Anrechnung vs. Freistellung), ergeben sich - bedingt durch die veränderte Quellenbelastung und möglicherweise einen Wechsel in der internationalen Besteuerungssystematik – Belastungsänderungen in bezug auf internationale Sachverhalte.

			Quellenland							
			Inland				Ausland			
			marginal		inframarginal		marginal		inframarginal	
Unternehmen aus dem	C-Land	Gewinn	-	0	+	τ^i_{CCT}				
		- FM					-	0	?/+	τ^a_{CCT}
		- AM					-	0	+/+	τ^i_{CCT}
		Zinsen	-	0	+	τ^i_{CCT}				
		- FM					-	0	?	τ^a_{CCT}
		- AM					-	0	+	τ^i_{CCT}
	Y-Land	Gewinn					-	0	+	τ^a_{CCT}
		- FM	-	0	?/+	τ^i_{CCT}				
		- AM	-	0	+/+	τ^a_{CCT}				
		Zinsen					-	0	+	τ^a_{CCT}
		- FM	-	0	?	τ^i_{CCT}				
		- AM	-	0	+	τ^a_{CCT}				

Anhang C3-3: Belastungsvergleich bei bilateraler Unternehmenskonsumsteuer mit unterschiedlich hohem steuerfreien Zins

Bei bilateraler Reingewinnbesteuerung bestimmt sich die durchschnittliche Steuerbelastung der Kapitalrendite [r*] im Fall der Freistellungsmethode aus dem Steuertarif und dem steuerfreien marginalen Zins. Demnach beträgt die durchschnittliche Steuerbelastung im Ausland [$\tau^a_{CCT}(r^*-i^a)/r^*$], im Inland [$\tau^i_{CCT}(r^*-i^i)/r^*$]. Eine gleiche durchschnittliche Steuerbelastung ergibt sich, wenn die Bedingung [$\tau^a_{CCT}/\tau^i_{CCT} = (r^*-i^i)/(r^*-i^a)$] erfüllt ist. Steuertarif und steuerfreier Zins haben also einen gegenläufigen Effekt auf die durchschnittliche Steuerbelastung. Diese Relation ist in der folgenden Graphik unter Verwendung der Parameter τ^a_{CCT}=40%, i^a=10% und r*=20% dargestellt:

den Reingewinnsteuer) beruht. Eine erweiterte Sitzortbesteuerung (einkommensteuerliche Behandlung) hätte bei bilateraler Konsumbesteuerung keine Existenzberechtigung.

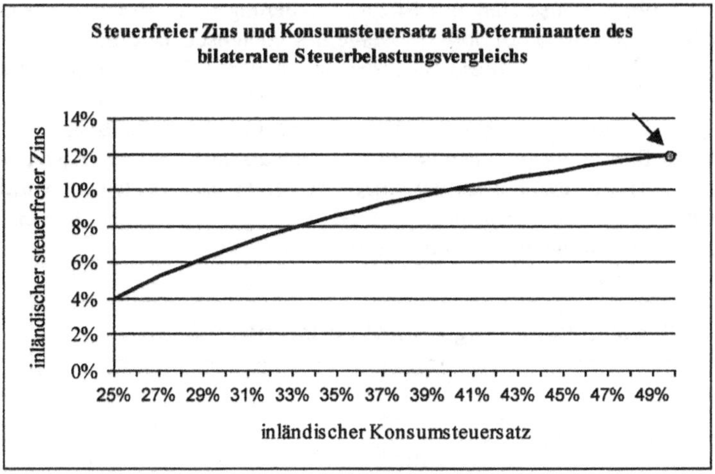

Offenbar erfordert eine gleiche durchschnittliche Steuerbelastung im Inland bei einem Steuersatz i.H.v. τ^i_{CCT}=50% einen steuerfreien marginalen Zins i.H.v. i^i=12% (vgl. Pfeil). Die Fläche unterhalb (oberhalb) der Kurve kennzeichnet den Bereich, wo die durchschnittliche Belastung im Inland die Belastung im Ausland übersteigt (unterschreitet). Es gibt also zwei Parameter, um die relative Standortattraktivität im Sinne der durchschnittlichen Steuerbelastung zu beeinflussen.

Anhang C3-4a: Gegenseitige Anrechnung der CFS

1	Periode	0	1	2	3			
2								
3	**Besteuerung im Ausland**						Steuersatz	30%
4	vor Steuer	-100	42	42	42		Brutto-KW	4,45
5	Steuer	-30	12,6	12,6	12,6		Steuer-KW	1,33
6	nach Steuer	-70	29,4	29,4	29,4		Netto-KW	3,12
7							Steuerquote	30%
8								
9	**Besteuerung im Inland**						Steuersatz	40%
10	vor Steuer	-100	42	42	42			
11	fiktive CFS mit τ^i_{CFS}	-40	16,8	16,8	16,8		Steuer-KW	1,78
12	Anrechnung	-30	12,6	12,6	12,6			
13	Differenzbelastung	-10	4,2	4,2	4,2		Steuer-KW	0,44
14	Gesamtbelastung	-40	16,8	16,8	16,8		Steuer-KW	1,78
15	nach Steuer	-60	25,2	25,2	25,2		Netto-KW	2,67
16							Steuerquote	40%

Im Rahmen der (eingeschränkten) Sitzortbesteuerung wird zunächst eine fiktive inländische Steuerschuld auf der Grundlage des inländischen Konsumsteuersatzes berechnet (Zeile 11). Auf diese Steuerbelastung wird die im Ausland gezahlte CFS (Zeile 5) angerechnet (Zeile 12). Anrechnungsüberhänge sind (unter der hier getroffenen Annahme gleicher marginaler Zinsen) ausgeschlossen, sofern der ausländische Steuersatz geringer ist als der inländische. Die Gesamtsteuerbelastung (Zeile 14) entspricht dann derjenigen bei einer inländischen Investition.[697] Die auf den Kapitalwert bezogene Steuerbelastungsquote entspricht dem Konsumsteuertarif im Sitzland der Muttergesellschaft (Zeile 16).

Anhang C3-4b: Gegenseitige Anrechnung der ACE

1	Periode	0	1	2	3			
2								
3	**Besteuerung im Ausland**						Steuersatz	30%
4	vor Steuer	-100	42	42	42		Brutto-KW	4,45
5	Abschreibung		33,3	33,3	33,3			
6	ACE-Abzug		10,0	6,7	3,3			
7	Bemessungsgrundlage		-1,3	2,0	5,3			
8	Steuer		-0,4	0,6	1,6		Steuer-KW	1,33
9	nach Steuer	-100	42,4	41,4	40,4		Netto-KW	3,12
10							Steuerquote	30%
11								
12	**Besteuerung im Inland**						Steuersatz	40%
14	vor Steuer	-100	42	42	42			
18	fiktive ACE mit τ^{i}_{ACE}		-0,5	0,8	2,1		Steuer-KW	1,78
19	Anrechnung		-0,4	0,6	1,6			
20	Differenzzahlung		-0,1	0,2	0,5		Steuer-KW	0,44
21	Gesamtbelastung		-0,5	0,8	2,1		Steuer-KW	1,78
22	nach Steuer	-100	42,5	41,2	39,9		Netto-KW	2,67
23							Steuerquote	40%

Bei der gegenseitigen Anrechnung der ACE wird auf der Grundlage inländischer Regelungen zum ACE-Abzug (Abschreibung, „Schutzzins") eine fiktive Steuerschuld auf der Basis des inländischen Steuertarifs ermittelt (Zeile 18, übernommen aus Anhang B-6a). Angerechnet wird die im Ausland gezahlte ACE (Zeile 8 bzw. 19). Eine Differenzzahlung (Zeile 20) ergibt sich (unter Annahme gleicher „Schutzzinsen" im In- und Ausland) bei einem Tarifgefälle zugunsten des Auslands. Anrechnungsüberhänge werden nicht ausgeglichen. Die Steuerbelastungsquote entspricht dem Steuertarif im Sitzland der Muttergesellschaft (Zeile 23).

697 Aufgrund des Tarifgefälles zugunsten des Auslands muss das Inland anfänglich Steuern i.H.v. 10 erstatten (Zeile 13). Dieser möglicherweise aus fiskalischen Gründen unerwünschte Effekt ließe sich durch eine auf der Verlustvortragsmethode basierende Steuerberechnung vermeiden.

Anhang C3-4c: Gegenseitige Anrechnung der Unternehmenskonsumsteuer bei divergierenden marginalen steuerfreien Zinsen

Am Beispiel der CFS mit verzinslichem Verlustvortrag (für die ACE gelten die Ergebnisse sinngemäß) sollen die Auswirkungen eines bilateral nicht harmonisierten Vortragszinses aufgezeigt werden:

Im Beispiel gewährt das Quellenland einen Verlustvortrag auf der Basis von 5% (Zeile 3), das Inland hingegen auf der Basis von 10% (Zeile 11). Dem gegenüber weist das Quellenland einen niedrigeren Steuersatz (30%, Zeile 4) auf als das Sitzland der Muttergesellschaft (40%, Zeile 12). Da der fiktiven Steuerbelastung auf Ebene der Muttergesellschaft (Zeile 15, die Ermittlung basiert auf dem *inländischen* Verlustvortragszins und dem inländischen Steuersatz) eine höhere Quellenbelastung im Sitzland der Tochterkapitalgesellschaft (Zeile 7) gegenübersteht, ergibt sich ein Anrechnungsüberhang. Die Quellenbesteuerung hat insofern abgeltende Wirkung (Zeile 18). Die Folge ist aus Sicht der inländischen Muttergesellschaft eine Besteuerung der marginalen Kapitalrendite. Dies verdeutlicht die auf den Kapitalwert bezogene Steuerbelastungsquote i.H.v. 84,5% (Zeile 18):[698]

1	Periode	0	1	2	3			
2								
3	**Besteuerung im Ausland**						Diskont	5%
4							Steuersatz	30%
5	vor Steuer	-100	42	42	42		Brutto-KW	14,38
6	Bemessungsgrundlage	-100	-63	-24,2	16,6			
7	Steuer	0	0	0	5		Steuer-KW	4,31
8	nach Steuer	-100	42	42	37		Netto-KW	10,07
9							Steuerquote	30%
10								
11	**Besteuerung im Inland**						Diskont	10%
12							Steuersatz	40%
13	vor Steuer	-100	42	42	42		Brutto-KW	4,45
14	Bemessungsgrundlage	-100	-68	-32,8	5,9			
15	fiktive CFS mit τ^{I}_{CFS}	0	0	0	2,4		Steuer-KW	1,78
16	Gesamtbelastung	0	0	0	5		Steuer-KW	3,76
17	nach Steuer	-100	42	42	37		Netto-KW	0,69
18							Steuerquote	84,5%

[698] Erfolgt im Quellenland eine relativ geringere Steuerbelastung (bedingt durch einen höheren steuerfreien Zins und / oder einen geringeren Steuertarif), wäre eine Differenzbesteuerung im Sitzland der Muttergesellschaft die Folge. Da kein Anrechnungsüberhang besteht, entspricht die auf den Kapitalwert bezogene Steuerbelastungsquote dem Konsumsteuersatz im Sitzland der Muttergesellschaft.

Anhang C3-5: Belastungsänderungen bzw. -vergleich bei bilateraler persönlicher Konsumsteuer mit vorgelagerter Unternehmenssteuer

		Quellenland							
		Inland / C-Land				Ausland / Y-Land			
Haushalt aus dem Inand / C-Land	Arbeit	+		τ^i_{PCT}					
	- AM					+/+		τ^i_{PCT}	
	- FM					?/+		τ^a_{PCT}	
	Kapitaleinkommen	marginal		inframarginal		marginal		inframarginal	
	a) ICF								
	- capital gains								
	Freistellung	-	0	+	τ^i_{CCT}	-	0	+	τ^a_{CCT}
	Besteuerung	-	0	+	$\tau^i_{CCT}+\tau^i_{PCT}(1-\tau^i_{CCT})$	-	0	+	$\tau^a_{CCT}+\tau^i_{PCT}(1-\tau^a_{CCT})$
	- Dividenden								
	Vollanr.	-	0	+	τ^i_{PCT}				
	Klassisch	-	0	+	$\tau^i_{CCT}+\tau^i_{PCT}(1-\tau^i_{CCT})$	-	0	+	$\tau^a_{CCT}+\tau^i_{PCT}(1-\tau^a_{CCT})$
	- Zinsen[699]	-	0	+	τ^i_{PCT}	-	0	+	τ^i_{PCT}
	b) ITP								
	- capital gains	-	0	+	τ^i_{CCT}	-	0	+	τ^a_{CCT}
	- Dividenden	-	0	?	τ^i_{CCT}	-	0	?	τ^a_{CCT}
	- Zinsen[700]	-	0	?	τ^i_{CCT}	-	0	?	τ^a_{CCT}

Die (hier nicht angeführte) Besteuerung der unqualifizierten Kapitaleinkommen orientiert sich an der Einkommensteuersystematik. In bezug auf Arbeitseinkommen sind Wechsel in der internationalen Besteuerungssystematik zu berücksichtigen. Marginale Renditen bleiben unabhängig von der internationalen Steuersystematik steuerfrei. Die Belastung inframarginaler Renditen ergibt sich entweder aus der Quellenbesteuerung oder (abhängig von der Integration der Haushalts- und Unternehmensbesteuerung) der Unternehmens- und persönlichen Konsumsteuerbelastung.

[699] Die Steuerbelastung überhöhter Zinsen ergibt sich nur bei vorgelagerter ACE und RF-CFS aus dem persönlichen Steuertarif, bei einer vorgelagerten R-CFS ergibt sich eine Doppelbelastung mit der Unternehmensteuer des Quellenlandes und der persönlichen Konsumsteuer (entsprechend der Dividendenbesteuerung im klassischen System.

[700] Überhöhte Zinsen bleiben bei der Kombination mit der RF-CFS und der ACE steuerfrei, in Kombination mit der R-CFS unterliegen sie der (hier ausgewiesenen) Unternehmenssteuer des Quellenlandes.

			Quellenland							
			Inland / C-Land				Ausland / Y-Land			
Haushalt aus dem	Ausand / Y-Land	Arbeit					+		τ^{a}_{PCT}	
		Anrechnung	+/+		τ^{a}_{PCT}					
		Freistellung	?/+		τ^{i}_{PCT}					
		Kapitaleinkommen	marginal		inframarginal		marginal		inframarginal	
		a) ICF								
		- capital gains								
		Freistellung	-	0	+	τ^{i}_{CCT}	-	0	+	τ^{a}_{CCT}
		Besteuerung	-	0	+	$\tau^{i}_{CCT}+\tau^{a}_{PCT}(1-\tau^{i}_{CCT})$	-	0	+	$\tau^{a}_{CCT}+\tau^{a}_{PCT}(1-\tau^{a}_{CCT})$
		- Dividenden								
		Vollanr.							+	τ^{a}_{PCT}
		Klassisch	-	0	+	$\tau^{i}_{CCT}+\tau^{a}_{PCT}(1-\tau^{i}_{CCT})$	-	0	+	$\tau^{a}_{CCT}+\tau^{a}_{PCT}(1-\tau^{a}_{CCT})$
		- Zinsen[701]	-	0	+	τ^{a}_{PCT}	-	0	+	τ^{a}_{PCT}
		b) ITP								
		- capital gains	-	0	+	τ^{i}_{CCT}	-	0	+	τ^{a}_{CCT}
		- Dividenden	-	0	?	τ^{i}_{CCT}	-	0	?	τ^{a}_{CCT}
		- Zinsen[702]	-	0	?	τ^{i}_{CCT}	-	0	?	τ^{a}_{CCT}

Anhang C6-1: Manipulation der ITP/R

Die erwähnte Umgehungsstrategie durch Kopplung eines Real- und Kreditgeschäftes im Rahmen der ITP/R soll an folgendem Beispiel verdeutlicht werden:

Angenommen, ein Unternehmen verkauft an den Haushalt ein Konsumgut im Wert von 100. Daraus ergibt sich (unter Vernachlässigung von Vorleistungsaufwendungen) bei einem Steuersatz von τ=40% eine Steuerschuld i.H.v. 40. Das Unternehmen könnte dem Haushalt aber auch offerieren, den Kauf zu 50% über einen Kredit mit einem Zins i=10% mit einem Jahr Laufzeit zu finanzieren. In Periode 1 erhält das Unternehmen den restlichen Kaufpreis i.H.v. 55. Entspricht der Kreditzins den Refinanzierungskosten des Unternehmens bzw. der Zeitpräferenzrate des Haushalts, ergeben sich für beide Seiten keine zusätzlichen Kosten.

Der Standardfall[703] zur Reduzierung der Steuerbelastung beruht nun auf folgender Überlegung: Das Unternehmen kann den realen Verkaufspreis auf 80 reduzieren,

[701] Vgl. Fußnote 699 entsprechend.

[702] Vgl. Fußnote 700 entsprechend.

[703] Eine weitere Möglichkeiten besteht darin, dass der Haushalt dem Unternehmen gleichzeitig einen niedrig verzinsten Kredit (Zins unterhalb der Zeitpräferenzrate) gewährt. Bei derartigen Geschäften mit Unternehmen im Y-Land kann zudem die Lieferung von Vorleistungen mit entsprechenden Kreditgeschäften verknüpft werden. Das der R-CFS unterliegende Unternehmen kann z.B. Waren zu überhöhten Preisen beziehen und gleichzeitig eine relativ niedrig verzinslichen Lieferantenkredit in Anspruch nehmen. Das Ergebnis im Sinne einer Steuerersparnis bleibt immer das gleiche, Unterschiede ergeben sich hinsichtlich der Aufteilung der Steuerersparnis auf beide Geschäftspartner.

woraus sich eine Steuerpflicht i.H.v. 32 ergibt. Der Haushalt zahlt einen Barpreis i.H.v. 40 und finanziert die restlichen 40 über den Kredit. Hier wird das Unternehmen einen höheren Kreditzins verlangen. Denn zur Kompensation des geringeren Barpreises ist ein Erlös aus dem Kredit i.H.v. 66 (Barwert 60) notwendig. Dem liegt ein Zinssatz von i=65% zugrunde (40*1,65=66). Nach Abzug der Refinanzierungskosten (i.H.v. 10%, d.h. 6), verbleiben dem Unternehmen 100. Unter Berücksichtigung der Steuer i.H.v. 32 (40% auf den realen Preis i.H.v. 80) beträgt der Nettoerlös 68. Im Vergleich zum Ausgangsfall ergibt sich die Steuerersparnis i.H.v. (20*0,4)=8. - Um diese Manipulationsmöglichkeiten einzuschränken, müssten für Kreditzinsen zulässige Bandbreiten festgelegt werden.

	Ausgangs-fall	Konsumentenkredit i=10%		Modifizierter Kredit i=65%	
		Periode 1	Periode 2	Periode 1	Periode 2
Verkaufspreis	100	100		80	
		50	50	40	40
Konsument	-100	-50	-55	-40	-66
Barwert		-100		-100	
Unternehmen	100	50	55	40	66
Barwert		100		100	
Steuer (40%)	40	40		32	
Nettogewinn	60	60		68	

Anhang C6-2: Manipulation der ICF

Infolge der Sofortabschreibung beteiligt sich der Fiskus an den positiven und negativen Kapitalwerten einer Finanzinvestition in Abhängigkeit vom individuellen Haushaltssteuersatz. Divergierende Tarife bei Gläubiger und Schuldner implizieren insofern ein Steuersparpotential:

Die erste Variante basiert auf der Vergabe eines Kredits mit überhöhtem Zins (der interne Zins des Kredits, Zeile 7, liegt über dem Diskontierungsfaktor i.H.v. 10%) an einen Haushalt mit einem im Vergleich zum Gläubiger relativ hohen Steuersatz (Zeile 2 bzw. 9). Die Steuerrückerstattung (Zeile 16) kann zwischen Gläubiger und Schuldner aufgeteilt werden:

1	Periode	0	1	2	3			
2	**Kreditgeber**						Steuersatz	40%
3	vor Steuer	-100	12	10	110		Brutto-KW	1,82
4	Steuer	-40	4,8	4	44		Steuer-KW	0,73
5	nach Steuer	-60	7,2	6	66		Netto-KW	1,09
6							Steuerquote	40%
7							interner Zins	10,7%
8								
9	**Kreditnehmer**						Steuersatz	50%
10	vor Steuer	100	-12	-10	-110		Brutto-KW	-1,82
11	Steuer	50	-6	-5	-55		Steuer-KW	-0,91
12	nach Steuer	50	-6	-5	-55		Netto-KW	-0,91
13							Steuerquote	50%
14								
15	**Summe**						Brutto-KW	0
16							Steuer-KW	-0,18
17							Netto-KW	0,18

Die zweite Möglichkeit ergibt sich durch einen Kredit mit einem Zins unterhalb des Diskontierungsfaktors an einen Haushalt mit relativ geringem Steuersatz:[704]

1	Periode	0	1	2	3			
2	**Kreditgeber**						Steuersatz	60%
3	vor Steuer	-100	8	10	110		Brutto-KW	-1,82
4	Steuer	-60	4,8	6	66		Steuer-KW	-1,09
5	nach Steuer	-40	3,2	4	44		Netto-KW	-0,73
6							Steuerquote	60%
7							interner Zins	9,3%
8								
9	**Kreditnehmer**						Steuersatz	40%
10	vor Steuer	100	-8	-10	-110		Brutto-KW	1,82
11	Steuer	40	-3,2	-4	-44		Steuer-KW	0,73
12	nach Steuer	60	-4,8	-6	-66		Netto-KW	1,09
13							Steuerquote	40%
14								
15	**Summe**						Brutto-KW	0
16							Steuer-KW	-0,36
17							Netto-KW	0,36

704 Im zweiten Beispiel ist zudem die Steuererstattung größer als im ersten Fall. Denn die Höhe der Steuerersparnis wird durch die Steuersatzdifferenz zwischen Gläubiger und Schuldner determiniert.

Literaturverzeichnis

Aaron, H. J. (1990): Alternative roads to consumption taxation – administrative versus tax structure, in: Rose, M. (ed.): Heidelberg Congress on Taxing Consumption, Heidelberg 1990, S. 391-405.

Aaron, H. J./ Galper, H. (1985): Assessing tax reform, Washington, D.C. 1985.

Abbin, B. M./ Gordon, R. A./ Renfroe, D. L. (1985): International implications of a cash flow consumption tax, in: Tax Notes: the weekly tax service, vol. 14 (1985), no. 10, S. 1127-1135.

Amman, G. (2001): Anmerkungen zum Entwurf des Steuerverkürzungsbekämpfungsgesetzes, in: Umsatzsteuer-Rundschau, 50. Jg. (2001), Heft 10, S. 428-433.

Andel, N. (1965): Zur Diskussion „Ursprungs-" versus „Bestimmungslandprinzip", in: Finanzarchiv, Neue Folge, Bd. 24, o. Jg. (1965), S. 115-125.

Andel, N. (1986): Sollte man in der EG im Rahmen der Mehrwertsteuer zum Ursprungslandprinzip übergehen?, in: Finanzarchiv, Neue Folge, Bd. 44, o. Jg. (1986), S. 484-488.

Andel, N. (1991): Kommentar zu Musgrave, P. B. (1991): Internationale Koordinationsprobleme beim Ersatz einer Einkommens- durch eine Konsumbesteuerung, in: Rose, M. (Hrsg.): Konsumorientierte Neuordnung des Steuersystems, Heidelberg 1991, S. 569-571.

Andrews, W. D, (1980): A supplemental personal expenditure tax, in: Pechman, J. A. (ed.): What should be taxed: Income or expenditure, Washington, D.C. 1980, S. 127-160.

Auerbach, A. (1996): Tax reform, capital allocation, efficiency and growth, in: Aaron, H. J./ Gale, W. G.: Economic effects of fundamental tax reform, Washington, D.C. 1996, S. 29-81.

Auerbach, A. J. (1997): The future of fundamental tax reform, in: American Economic Review, Papers and Proceedings, vol. 87 (1997), no. 2, S. 143-146.

Avi-Yonah, R. S. (1995): The international implications of tax reform in the United States, in: Tax Notes International, vol. 11 (1995), no. 22, S. 1447-1460.

Avi-Yonah, R. S. (1996a): Comment on Grubert and Newlon: The international implications of consumption tax proposals, in: National Tax Journal, vol. 49 (1996), no. 2, S. 259-265.

Avi-Yonah, R. S. (1996b): From income to consumption tax: Some international implications, in: San Diego Law Review, vol. 33 (1996), no. 4, S. 1329-1354.

Avi-Yonah, R. S. (1997): Comment on Shay and Summers: Selected international aspects of fundamental tax reform proposals, in: University of Miami Law Review, vol. 51 (1997), S. 1085-1091.

Bach, S. (1993): Die Idee der Cash-flow-Steuer vor dem Hintergrund des gegenwärtigen Steuersystems, Deutsches Institut für Wirtschaftsforschung, Sonderheft 150, Berlin 1993.

Bach, S. (1999): Der Cash-Flow als Bemessungsgrundlage der Unternehmensbesteuerung, in: Smekal, C./ Sendlhofer, R./ Winner, H.: Einkommen versus Konsum: Ansatzpunkte zur Steuerreformdiskussion, Heidelberg 1999, S. 85-122.

Baxter, M./ Crucini, M. J. (1993): Explaining saving-investment correlations, in: American Economic Review, vol. 83 (1993), no. 3, S. 416-436.

Biehl, D. (1969): Ausfuhrland-Prinzip, Einfuhrland-Prinzip und Gemeinsamer-Markt-Prinzip – Ein Beitrag zur Steuerharmonisierung, Köln 1969.

Bird, R. M./ McLure, C. E. Jr. (1990): The personal income tax in an interdependent world, in: Cnossen, S. (ed.): The personal income tax: Phoenix from the ashes?, Amsterdam 1990, S. 235-255.

Birkenfeld, W. (2001): Mehrwertsteuer in der EU – Die 6. USt-Richtlinie mit Erläuterungen, Bielefeld 2001.

Blumenthal, M./ Slemrod, J. B. (1995): The compliance cost of taxing foreign-source income: Its magnitude, determinants and policy implications, in: International Tax and Public Finance, vol. 2 (1995), no. 1, S. 37-53.

Boadway, R. (1990): The short run and long run welfare effects of implementing a practical system of consumption taxation, in: Rose, M. (ed.): Heidelberg Congress on Taxing Consumption, Heidelberg 1990, S. 45-84.

Boadway, R./ Bruce, N. (1984): A general proposition on the design of a neutral business tax, in: Journal of Public Economics, vol. 24 (1984), S. 231-239.

Boadway, R./ Wildasin, D. (1994): Taxation and savings: a survey, in: Fiscal Studies, vol. 15 (1994), no. 3, S. 19-63.

Bond, S. R. (2000): Levelling up or levelling down? Some reflections on the ACE and CBIT proposals and the future of the corporate tax base, in: Cnossen. S. (Ed.): Taxing capital income in the European Union – Issues and options for reform, Oxford 2000, S. 161-179.

Bradford, D. F. (1986): Untangling the income tax, Cambridge 1986.

Bradford, D. F. (1987): On the incidence of consumption taxes, in: Walker, C. E./ Bloomfield, M. A. (ed.): The consumption tax – A better alternative?, Cambridge 1987, S. 243-261.

Bradford, D. F. (1991): Die X-Steuer: Ein Weg zur Steuervereinfachung, in Rose, M. (Hrsg.): Konsumorientierte Neuordnung des Steuersystems, Heidelberg 1991, S. 175-192.

Bradford, D. F.(1996): Consumption taxes: Some fundamental transition issues, in: Boskin, M . J. (ed.): Frontiers of tax reform, Stanford 1996, S. 123-150.

Brown, E. C. (1948): Business-Income taxation and investment incentives, in: Metzler, L.A./ Domar, E. D. et al. (eds.): Income, employment and public policy. Essays in honor of Alvin H. Hansen, New York 1948, S. 300-316.

Brügger, U./ Nabholz, T. (2000): Transfer pricing im Umbruch, in: Steuer Revue / Revue fiscale, Vol. 55 (2000), Nr. 3, S. 161-166.

Cansier, D. (1987): Besteuerung von Rohstoffrenten, Berlin 1987.

Cnossen, S. (1996): Company taxes in the European Union: Criteria and options for reform, in: Fiscal Studies, vol. 17 (1996), no. 4, S. 67-97.

Cnossen, S. (2000): Taxing capital income in the Nordic countries: A model for the European Union?, in: Cnossen. S. (Ed.): Taxing capital income in the European Union – Issues and options for reform, Oxford 2000, S. 180-213.

Dennig, U. (1991): Zinsbesteuerung bei weltoffenen Kapitalmärkten, in: Wirtschaftsdienst, 71. Jg. (1991), Heft 9, S. 445-452.

Devereux, M. P. (2000): Issues in the taxation of income from foreign portfolio an direct investment, in: Cnossen. S. (Ed.): Taxing capital income in the European Union – Issues and options for reform, Oxford 2000, S. 110-134.

Devereux, M. P./ Freeman, H. (1991): A general neutral profits tax, in: Fiscal Studies, vol. 12 (1991), no. 3, S. 1-15.

Dinse, H.-P. (2000): Die Besteuerung von Portfolio-Kapitalerträgen im Europäischen Kapitalmarkt, zugl.: Hamburg, Univ., Diss. (1998), Baden-Baden 2000.

Dörfler, O./ Pokrovac, Z./ Madl, M.-T. (1997): Vorteilhafte Steuergestaltungen für deutsche Investoren in Kroatien, in: IWB, Nr. 21 vom 12.11.1997, Fach 5, Gruppe 2, S. 11-16.

Dötsch, E./ Pung, A. (2000): Steuersenkungsgesetz: Die Änderungen bei der Körperschaftsteuer und bei der Anteilseignerbesteuerung, in: Der Betrieb, 53. Jg. (2000), Beilage Nr. 10 zu Heft Nr. 34.

Engels, W./ Stützel, W. (1968): Teilhabersteuer - Ein Beitrag zur Vermögenspolitik, zur Verbesserung der Kapitalstruktur und zur Vereinfachung des Steuerrechts, 2. Aufl., Frankfurt/Main 1968.

Engen, E. M./ Gale, W. G. (1996): The effects of fundamental tax reform on saving, in: Aaron, H. J./ Gale, W. G.: Economic effects of fundamental tax reform, Washington, D.C. 1996, S. 83-121.

Englisch, J. (1997): Rechtsformneutralität der Unternehmensbesteuerung bei Ertragsteuern, in: Deutsche Steuer-Zeitung, 85. Jg. (1997), Nr. 22, S. 778-787.

Fehr, H./ Wiegard, W. (1998): Effizienz- und Verteilungswirkungen einer zinsbereinigten Einkommen- und Gewinnsteuer, Tübinger Diskussionsbeiträge, Nr. 124, Tübingen 1998.

Fehr, H./ Wiegard, W. (1999a): Lohnt sich eine konsumorientierte Neugestaltung des Steuersystems?, in: Smekal, C./ Sendlhofer, R./ Winner, H.: Einkommen versus Konsum: Ansatzpunkte zur Steuerreformdiskussion, Heidelberg 1999, S. 65-84.

Fehr, H./ Wiegard, W. (1999b): The incidence of an extended ACE corporation tax, Regensburger Diskussionsbeiträge, Nr. 329, Regensburg 1999.

Feldhoff, M. (1989): Die Cash-Flow-Besteuerung und ihre Problematik, in: Steuer und Wirtschaft, 66. (19.) Jg. (1989), Heft 1, S. 53-63.

Feldstein, M. (1994): Tax policy and international capital flows, NBER Working Paper Series, no. 4851, Cambridge, Mass. 1994.

Feldstein, M./ Horioka, C. (1980): Domestic saving and international capital flows, in: The Economic Journal, vol. 90 (1980), S. 314-329.

Fuest, C./ Huber, B. (2000): Das Vollanrechnungssystem ist nicht mehr zeitgemäß, in: Wirtschaftsdienst, 80. Jg. (2000), Heft 6, S. 351-355.

Flick, H. (1998): Die österreichische Endbesteuerung von Zinserträgen. Ein Modell für Europa?, in: Deutsche Steuer-Zeitung, 86. Jg. (1998), Nr. 6, S. 186-194.

Gabler-Wirtschafts-Lexikon in 14 Bänden, 14. Auflage (1997), Wiesbaden 1997.

Gale, W. G. (1999): The required tax rate in an national retail sales tax, in: National Tax Journal, vol. 52 (1999), no. 3, S. 443-457.

Gale, W. G./ Houser, S./ Scholz, J. K. (1996): Distributional effects of fundamental tax reform, in: Aaron, H. J./ Gale, W. G.: Economic effects of fundamental tax reform, Washington, D.C. 1996, S. 281-320.

Gammie, M. (1991): Corporate tax harmonisation: An „ACE“ proposal, in: European Taxation, vol. 31 (1991), no. 8, S. 238-242.

Gammie, M. (1992): Reforming corporate taxation: An evaluation of the United States Treasury integration proposals and other corporate tax systems in an international context, in: British Tax Review, o. Jg. (1992), S. 148-173 (Teil 1) und S. 262-276 (Teil 2).

Garnaut, R./ Ross, A. C. (1977): A new tax for national resource projects, in: Crommelin, M./ Thompson, A. R.: Mineral Leasing as an instrument of public policy, Vancouver 1977, S. 78-91.

Genser, B. (1990): Do international tax relations impede a shift towards expenditure taxation?, in: Rose, M. (ed.): Heidelberg Congress on Taxing Consumption, Heidelberg 1990, S. 513-538.

Genser, B. (1999): Ist der Verlust der Besteuerungsautonomie der Preis für die europäische Integration?, in: Genser, B./ Hackmann, J./ Windisch, R.: Probleme der Besteuerung II, Schriften des Vereins für Socialpolitik, Neue Folge, Band 259/II, Berlin 1999, S. 9-33.

Genser, B./ Schulze, G. G. (1997): Transfer pricing under an origin-based VAT system, in: Finanzarchiv, Neue Folge, Bd. 54, o. Jg. (1997), S. 51-67.

Giovannini, A./ Hines, J. R. Jr. (1991): Capital flight and tax competition: are there viable solutions to both problems? In: Giovannini, A./ Mayer, C. (ed.): European financial integration, Cambridge 1991, S. 172-220.

Goode, R. (1960): New System of direct taxation in Ceylon, in: National Tax Journal, vol. 13 (1960), no. 4, S. 329-340.

Goode, R. (1980): The superiority of the income tax, in: Pechman, J. A. (ed.): What should be taxed: Income or expenditure, Washington, D.C. 1980, S. 49-73.

Goode, R. (1987): Disappointed expectations and tax reform, in: National Tax Journal, vol. 40 (1987), no. 2, S. 159-169.

Goode, R. (1990): Personal expenditure taxation: Would exempting capital income produce a consumption tax?, in: Bea, F. X. (Hrsg.): Finanzwissenschaft im Dienste der Wirtschaftspolitik, Tübingen 1990, S. 87-100.

Goode, R. (1997): Should reforms aim at an improved income tax or at an expenditure tax?, in: Head, J. G./ Krever, R. (ed.): Taxation towards 2000, Melbourne 1997, S. 23-43.

Gordon, R. H. (2000): Taxation of capital income vs. labour income: An overview, in: Cnossen. S. (Ed.): Taxing capital income in the European Union – Issues and options for reform, Oxford 2000, S. 15-45.

Gordon, R. H./ Bovenberg, L. A. (1996): Why is capital so immobile internationally? Possible explanations and implications for capital income taxation, in: American Economic Review, vol. 86 (1996), no. 5, S. 1057-1075.

Gordon, R.H./ Slemrod, J. (1988): Do we collect any revenue from taxing capital income?, in: Lawrence H. Summers (ed.): Tax policy and the economy, vol. 2, Cambridge, Mass. 1988, S. 89-130.

Graetz, M. J. (1979): Implementing a progressive consumption tax, in: Harvard Law Review, vol. 92 (1979), no. 8, S. 1575-1661.

Grotherr, S. (2000): Änderungen bei der Hinzurechnungsbesteuerung durch das Steuersenkungsgesetz, in: IWB, Nr. 19 vom 11.10.2000, Fach 3, Gruppe 1, S. 1675-1690.

Grotherr, S. (2001): Internationale Steuerplanung: Betriebsstätte oder Kapitalgesellschaft?, in: Steuer & Studium, 22. Jg. (2001), Heft 4, S. 182-196.

Grotherr, S./ Herfort, C./ Strunk, G. (1998): Internationales Steuerrecht, Achim 1998.

Grubert, H./ Newlon, T. S. (1996): Reply to Avi-Yonah, in: National Tax Journal, vol. 49 (1996), no. 2, S. 267-271.

Grubert, H./ Newlon, T. S. (1997): Taxing consumption in a global economy, The AEI Press, Washington, D.C. 1997.

Hall, R. E. (1997): Potential disruption from the move to a consumption tax, in: American Economic Review, Papers and Proceedings, vol. 87 (1997), no. 2, S. 147-150.

Hall, R. E./ Rabushka, A. (1983): Low tax, simple tax, flat tax, New York 1983.

Hall, R. E./ Rabushka, A. (1996): The flat tax: A simple, progressive consumption tax, in: Boskin, M . J. (ed.): Frontiers of tax reform, Stanford 1996, S. 27-53.

Hardorp, B. (1991): Konsumsteuer und Gesellschaft – Zum erforderlichen steuersystematischen Bewußtseinswandel, in: Rose, M. (Hrsg.): Konsumorientierte Neuordnung des Steuersystems, Heidelberg 1991, S. 85-114.

Heinhold, M. (1999): Zur Entscheidungsneutralität konsumorientierter Steuersysteme, in: Altenburger, O. A., u.a. (Hrsg.): Fortschritte im Rechnungswesen, Wiesbaden 1999, S. 73-99.

Heinhold, M./ Hüsing, S./ Pasch, H. (2000): Consumption-based tax systems and investment neutrality: Does the corporation income tax depreciation method impact investment capital value?, in: Schmalenbachs Business Review, vol. 52 (2000), Nr. 3, S. 261-281.

Hiller, M. (2001): Intergenerative Vermögensübertragungen in Systemen der Konsumbesteuerung, in: Steuer und Wirtschaft, 78. (31.) Jg. (2001), Heft 1, S. 57-70.

Hines, J. R. Jr. (1996): Fundamental tax reform in an international setting, in: Aaron, H. J./ Gale, W. G.: Economic effects of fundamental tax reform, Washington, D.C. 1996, S. 465-502.

Hinterberger, F./ Müller, M./ Petersen, H.-G. (1991): Simulation eines Ausgabensteuersystems für die Bundesrepublik Deutschland, in: Rose, M. (Hrsg.): Konsumorientierte Neuordnung des Steuersystems, Heidelberg 1991, S. 399-433.

Homburg, S. (1997): Soll die klassische Einkommensteuer wiederbelebt werden?, in: Rose, M. (Hrsg.): Standpunkte zur aktuellen Steuerreform – Vorträge des zweiten Heidelberger Steuerkongresses, Heidelberg 1997, S. 107-114.

Howrey, E. P./ Hymans, S. H. (1980): The measurement and determination of loanable-funds saving, in: Pechman, J. A. (ed.): What should be taxed: Income or expenditure, Washington, D.C. 1980, S. 1-48.

Hubbard, R. G. (1997): How different are income and consumption taxes?, in: American Economic Review, Papers and Proceedings, vol. 87 (1997), no. 2, S. 138-142.

Huber, B. (1997): Der Steuerwettbewerb: Gefahr oder Chance?, in: List Forum für Wirtschafts- und Finanzpolitik, 23. Jg. (1997), Heft 3, S. 242-256.

Hufbauer, G. C./ Gabyzon, C. (1996): Fundamental tax reform and border tax adjustments, Washington, D.C. 1996.

IDW (Institut der Wirtschaftsprüfer, Hrsg.) (1997): Probleme des Umsatzsteuerbinnenmarktes – EU-Recht, nationale Regelungen, länderspezifische Besonderheiten, Düsseldorf 1997.

Ifo (Institut für Wirtschaftsforschung, Hrsg.) (1999): ifo Vorschlag zur Steuerreform, ifo-Schnelldienst, 52. Jg. (1999), Heft 18 vom 22.06.1999, München.

IFS (Hrsg.) (1991): Equity for companies: A corporation tax for the 1990s. A report of the IFS capital taxes group, London 1991.

IFS (Hrsg.) (1994): Setting savings free – Proposals for the taxation of savings and profits, The Institute for Fiscal Studies, London 1994.

IMF (2000): International financial statistics yearbook, Washington, D.C. 2000.

Isaac, J. (1997): A Comment on the viability of the allowance for corporate equity, in: Fiscal Studies, vol. 18 (1997), no. 3, S. 303-318.

Jacobs, O. H. (1997): The allowance for corporate equity as a method of harmonizing corporate taxation in Europe?, in: Intertax, vol. 25 (1997), issue 6-7, S. 232-246.

Jacobs, O. H. (Hrsg.) (1999): Internationale Unternehmensbesteuerung, Deutsche Investitionen im Ausland, Ausländische Investitionen im Inland, 4. Auflage, München 1999.

Jacobs, O. H. / Spengel, C. (1996): Aspekte einer Reform der Unternehmensbesteuerung in Europa, in: Siebert, H. (Hrsg.): Steuerpolitik und Standortqualität. Expertisen zum Standort Deutschland, Tübingen 1996.

Jelcic, B. (1995): Croatia – Overview of the tax system, in: Bulletin for International Fiscal Documentation, vol. 49 (1995), no. 7/8, S. 370-374.

Joseph, S. (1991): Unilaterale Abgrenzungsfragen und Ermittlung der Bemessungsgrundlage bei Zugrundelegung des Universalitätsprinzips (Teil 2), in: Joseph, S./ Vollrath, H.-J. (Hrsg.): Anwendbarkeit des internationalen Steuerrechts bei Einführung einer Ausgabensteuer, München 1991, S. 17-33.

Joseph, S./ Viechtl, N./ Vollrath, H.-J. (1991): Unilaterale Abgrenzungsfragen und Ermittlung der Bemessungsgrundlage bei Zugrundelegung des Territorialitätsprinzips, in: Joseph, S./ Vollrath, H.-J. (Hrsg.): Anwendbarkeit des internationalen Steuerrechts bei Einführung einer Ausgabensteuer, München 1991, S. 9-16.

Kaiser, M. (1992): Konsumorientierte Reform der Unternehmensbesteuerung, zugl.: Heidelberg, Univ., Diss. (1992), Heidelberg 1992.

Kaldor, N. (1995): An expenditure tax, Ipswitch 1995.

Karl-Bräuer-Institut des Bundes der Steuerzahler e.V. (Hrsg.) (1984): Abbau und Ersatz der Gewerbesteuer – Darstellung, Kritik, Vorschläge -, Wiesbaden 1984.

Karrenbrock, H. / Hirsch, S. (2001): Unilaterale und bilaterale Maßnahmen zur Vermeidung bzw. Minderung der Doppelbesteuerung, in: Steuer & Studium, 22. Jg. (2001), Heft 11, S. 583-590.

Kay, J. A./ King, M. A. (1990): The British tax system, 5. Aufl., Oxford 1990.

Kiesewetter, D. (1997): Theoretische Leitbilder einer Reform der Unternehmensbesteuerung – Eine vergleichende Analyse der Reformmodelle Kroatiens, Österreichs und Skandinaviens, in: Steuer und Wirtschaft, 74. (27.) Jg. (1997), Heft 1, S. 24-34.

Kirchhof, P., u.a. (2001): Karlsruher Entwurf zur Reform des Einkommensteuergesetzes, Heidelberg 2001.

Kommission der Europäischen Gemeinschaften (1997): Koordinierung der Steuerpolitik in der Europäischen Union: Maßnahmen zur Bekämpfung des schädlichen Steuerwettbewerbs, KOM(97) 495 endg., Brüssel 1997.

Kommission der Europäischen Gemeinschaften (2001): Ein Binnenmarkt ohne steuerliche Hindernisse – Strategie zur Schaffung einer konsolidierten Körperschaftsteuer-Bemessungsgrundlage für die grenzüberschreitende Unternehmenstätigkeit in der EU, KOM(2001) endg., Brüssel. 2001.

Krause-Junk (1988a): Außenwirtschaftliche Konsequenzen beschleunigter Abschreibung, in: Finanzarchiv, Neue Folge, Bd. 46, o. Jg. (1988), S. 252-267.

Krause-Junk (1988b): Überlegungen zu einem künftigen europäischen Körperschaftsteuersystem, in: Konjunkturpolitik, 34. Jg. (1988), Heft 5/6, Berlin, S. 268-290.

Krause-Junk, G. (1990a): Ein Plädoyer für das Ursprungslandprinzip, in: Bea, F. X. (Hrsg.): Finanzwissenschaft im Dienste der Wirtschaftspolitik, Tübingen 1990, S. 253-265.

Krause-Junk, G. (1990b): Problems of international tax coordination under alternative consumption tax regimes, in: Rose, M. (ed.): Heidelberg Congress on Taxing Consumption, Heidelberg 1990, S. 491-511.

Krause-Junk, G. (1991): Die europäische Mehrwertsteuer und das Ursprungslandprinzip, in: Finanzarchiv, Neue Folge, Bd. 49, o. Jg. (1991), S. 141-153.

Krause-Junk, G. (1999a): Ausgabensteuern im Steuerwettbewerb, in: Smekal, C./ Sendlhofer, R./ Winner, H.: Einkommen versus Konsum: Ansatzpunkte zur Steuerreformdiskussion, Heidelberg 1999, S. 123-142.

Krause-Junk, G. (1999b): Was bei der Harmonisierung der Mehrwertsteuer übersehen wurde, in: Handelsblatt vom 11.5.1999, S.2.

Krause-Junk, G./ Müller, R. (1997): Zur steuerlichen Behandlung von Ausschüttungen im Ausland verdienter Gewinne, in: Burmester, G./ Endres, D.: Außensteuerrecht, Doppelbesteuerungsabkommen und EU-Recht im Spannungsverhältnis, Festschrift für Helmut Debatin zum 70. Geburtstag, München 1997, S. 255-266.

Krause-Junk, G./ Müller, R. (1999): Einkommensteuer, Konsumsteuer und die ausgelassenen Chancen der Einkommenserzielung, in: Wirtschaftsdienst, 79. Jg. (1999), Heft 9, S. 545-547.

Krawitz, N./ Hick, C. (2001): Wahl zwischen ausländischer Betriebsstätte oder Kapitalgesellschaft: Einfluß der Reformen des Unternehmenssteuerrechts, in: Recht der internationalen Wirtschaft, 47. Jg. (2001), Heft 10, S. 743-756.

Lammersen, L. (1999): Die zinsbereinigte Einkommen- und Gewinnsteuer. Ökonomische Analyse eines aktuellen Reformvorschlags, Forum Finanzwissenschaft, Band 16, Nürnberg 1999.

Lang, J. (1991): Besteuerung des Konsums aus gesetzgebungspolitischer Sicht – Versuch eines interdisziplinär juristisch-ökonomischen Lösungsansatzes, in: Rose, M. (Hrsg.): Konsumorientierte Neuordnung des Steuersystems, Heidelberg 1991, S. 291-350.

Lang, J. (1993): Entwurf eines Steuergesetzbuchs, Schriftenreihe des Bundesministeriums der Finanzen, Heft 49, Bonn 1993.

Laux-Meiselbach, W. (1990): Value-added tax and international trade, in: Tanzi, V. (ed.): Public finance, trade, and development, Detroit 1990, S. 125-135.

Lenz (Hrsg.) (1991): EG-Handbuch Recht im Binnenmarkt, Herne/Berlin 1991.

Lodin, S.-O. (1990): Comment on H. J. Aaron, in: Rose, M. (ed.): Heidelberg Congress on Taxing Consumption, Heidelberg 1990, S. 400-405.

Mayr, S./ Frei, R. (1998): Neue Dual Income Tax für die Besteuerung der Unternehmensgewinne in Italien, in: IWB, Nr. 6 vom 25.3.1998, Fach 5, Gruppe 2, S. 427-432.

Mayr, S./ Frei, R. (2001): Steuerliche Neuerungen in Italien, in: IWB, Nr. 3 vom 14.2.2001, Fach 5, Gruppe 2, S. 463-471.

McLure, C. E. Jr. (1987): The value-added tax – Key to deficit reduction?, Washington, D.C. 1987.

McLure, C. E. Jr. (1988): The 1986 ACT: Tax reform's finest hour or death throes of the income tax?, in: National Tax Journal, vol. 41 (1988), no. 3, S. 303-315.

McLure, C. E. Jr. (1991): A Consumption-based direct tax for countries in transition from socialism, The World Bank: Policy, research, and external affairs working papers, no. 751, Washington, D.C. 1991.

McLure, C. E. Jr. (1992): Substituting consumption-based direct taxation for income taxes as the international norm, in: National Tax Journal, vol. 45 (1992), no. 2, S. 145-154.

McLure, C. E. Jr. (1993): Economic, administrative, and political factors in choosing a general consumption tax, in: National Tax Journal, vol. 46 (1993), no. 3, S. 345-358.

McLure, C. E. Jr. (1996): International implications of the flat tax, in: Bulletin for International Fiscal Documentation, vol. 50 (1996), no. 11/12 , S. 511-515.

McLure, C. E. Jr./ Zodrow, G. R. (1991): Administrative Vorteile des individuellen Steuervorauszahlungs-Ansatzes gegenüber einer direkten Konsumbesteuerung, in: Rose, M. (Hrsg.): Konsumorientierte Neuordnung des Steuersystems, Heidelberg 1991, S. 117-170.

McLure, C. E. Jr./ Zodrow, G. R. (1996a): A hybrid approach to the direct taxation of consumption, in: Boskin, M . J. (ed.): Frontiers of tax reform, Stanford 1996, S. 70-90.

McLure, C. E. Jr./ Zodrow, G. R. (1996b): A hybrid consumption-base direct tax proposed for Bolivia, in: International Tax and Public Finance, vol. 3 (1996), no. 1, S. 97-112.

McLure, C. E. Jr./ Zodrow, G. R. (1996c): Creditability concerns doom Bolivian flat tax, in: Tax Notes International, vol. 12 (1996), no. 11, S. 825-829.

McLure, C. E. Jr./ Zodrow, G. R. (1998): The economic case for foreign tax credits for cash flow taxes, in: National Tax Journal, vol. 51 (1998), no. 1, S. 1-22.

Meade, J. E. (1978): The structure and reform of direct taxation, London 1978.

Messere, K. (2000): 20th century taxes and their future, in: Bulletin for International Fiscal Documentation, vol. 54 (2000), no. 1, S. 2-29.

Metcalf, G. E. (1995): Value-added taxation: A tax whose time has come?, in: Journal of Economic Perspectives, vol. 9 (1995), no. 1, S. 121-140.

Metcalf, G. E. (1996): The Role of value-added tax in fundamental tax reform, in: Boskin, M. J. (ed.): Frontiers of tax reform, Stanford 1996, S. 91-109.

Meyer, D. (2001): Ein Plädoyer für die Einführung einer Sollertragsbesteuerung, in: Wirtschaftsdienst, 81. Jg. (2001), Heft 6, S. 343-345.

Mintz, J. M. (1994): Is there a future for capital income taxation?, in: Canadian Tax Journal, vol. 42 (1994), S. 1467-1503.

Mintz, J. M. (1995): The business transfer tax as a consumption tax, in: Tax Notes International, vol. 10 (1995), no. 1, S. 75-86.

Mintz, J. M./ Seade, J. (1991): Cash flow or income? The choice of base for Company taxation, in: The World Bank Research Observer, vol. 6 (1991), no. 2, S. 177-190.

Mittler, G. (2001): Einführung von Vorstufenbefreiungen als Mittel zur Umsatzsteuer-Betrugsbekämpfung, in: Umsatzsteuer-Rundschau, 50 Jg. (2001), Heft 9, S. 385-390.

Möller, H. (1968): Ursprungs- und Bestimmungslandprinzip, in: Finanzarchiv, Neue Folge, Bd. 27, o. Jg (1968), S. 385-458.

Musgrave, P. B. (1991): Internationale Koordinationsprobleme beim Ersatz einer Einkommens- durch eine Konsumbesteuerung, in: Rose, M. (Hrsg.): Konsumorientierte Neuordnung des Steuersystems, Heidelberg 1991, S. 535-568.

Musgrave, P. B. (1992): Substituting consumption-based direct taxation for income taxes as the international norm: a comment, in: National Tax Journal, vol. 45 (1992), no. 2, S. 179-184.

Musgrave, P. B. (2000a): Consumption tax proposals in an international setting, in: -Tax law review, vol. 54 (2000), no. 1, S. 77-100.

Musgrave, P. B. (2000b): Interjurisdictional equity in company taxation: Principals and applications to the European Union, in: Cnossen. S. (ed.): Taxing capital income in the European Union – Issues and options for reform, Oxford 2000, S. 46-77.

Musgrave, R. A. (1991): Zur Wahl der „richtigen“ Steuerbemessungsgrundlage – eine historische Betrachtung, in: Rose, M. (Hrsg.): Konsumorientierte Neuordnung des Steuersystems, Heidelberg 1991, S. 35-50.

Musgrave, R. A./ Musgrave P. B. (1972): Inter-nation equity, in: Bird, R. M. / Head, J. G. (ed.): Modern fiscal issues – Essays in Honor of C. Shoup, Toronto 1972, S. 63-85.

Musgrave, R. A./ Musgrave P. B./ Kullmer, L. (1993): Die öffentlichen Finanzen in Theorie und Praxis, Bd. 2, 5. Auflage, Tübingen.

Newlon, T. S. (2000): Transfer pricing and income shifting in integration economies, in: Cnossen. S. (Ed.): Taxing capital income in the European Union – Issues and options for reform, Oxford 2000, S. 214-242.

Nowotny, E. (1996): Der öffentliche Sektor, Heidelberg 1996.

Obluda, S. (2000): Änderungen bei der Besteuerung niederländischer Einkünfte aus Vermögen, in: IWB, Nr. 5 vom 8.3.2000, Fach 5, Gruppe 2, S. 295-296.

OECD (1991): Taxing profits in a global economy. Domestic and international issues, Paris 1991.

OECD (1998): Harmful tax competition: An emerging global issue, Paris 1998.

OECD (2000): Revenue Statistics 1965-1999, Paris 2000.

OECD (2001a): International direct investment statistics yearbook: 2000, Paris 2001.

OECD (2001b): Trends in international migration, SOPEMI 2000 edition. Paris 2001.

Ohmer, M. (1997): Die Grundlagen der Einkommensteuer – Gerechtigkeit und Effizienz, zugl. Mannheim, Univ., Diss. (1996), Frankfurt am Main 1997.

Pandolfini, I. (1998): Dual income tax: Italy facilitates equity financing, in: European Taxation, vol. 38 (1998), no. 7, S. 216-222.

Pearlman, R. A. (1996): Transition issues in moving to a consumption tax: A tax lawyer's perspective, in: Aaron, H. J./ Gale, W. G.: Economic effects of fundamental tax reform, Washington, D.C. 1996, S. 393-434.

Peffekoven, R. (1972): Das Bestimmungs- und Ursprungslandprinzip bei Steuern im grenzüberschreitenden Verkehr, in: Albers (Hrsg.): Besteuerung und Zahlungsbilanz, Schriften des Vereins für Socialpolitik, Neue Folge, Bd. 68, Berlin 1972, S. 33-64.

Peffekoven, R. (1980): Persönliche allgemeine Ausgabensteuer, in: Handbuch der Finanzwissenschaft, 3. Auflage, Band II, Tübingen 1980, S. 417-452.

Peffekoven, R. (1984): Anrechnung vs. Freistellung – Zur ökonomischen Analyse internationaler Besteuerungsprinzipien, in: Außenwirtschaft, 39. Jg. (1984), Heft I/II, S. 137-150.

Pejic, P./ Kulovic, L. (2000): Kroatien: Geplante Änderungen der Steuergesetze, in: Internationales Steuerrecht (IStR) - Länderbericht, 9. Jg. (2000), Nr. 11 vom 1.6.2000, S. 3*.

Pohmer, D. (1980): Allgemeine Umsatzsteuern, in: Handbuch der Finanzwissenschaft, 3. Auflage, Band II, Tübingen 1980, S. 647-707.

Pola, G./ Rey, M. (1990): The return to indirect taxation in the West: Theoretical justification and possible impact on trade flows, in: Tanzi, V. (ed.): Public finance, trade and development, Detroit 1990, S. 111-123.

Pollak, H. (1991): Gestaltungs- und Folgeprobleme progressiver Ausgabensteuertarife, in: Rose, M. (Hrsg.): Konsumorientierte Neuordnung des Steuersystems, Heidelberg 1991, S. 373-397.

Reding, K./ Müller, W. (1999): Einführung in die Allgemeine Steuerlehre, München 1999.

Richter, W. F./ Wiegard, W. (1991a): Cash-Flow-Steuern: Ersatz für die Gewerbesteuer?, in: Rose, M. (Hrsg.): Konsumorientierte Neuordnung des Steuersystems, Heidelberg 1991, S. 193-204.

Richter, W. F./ Wiegard, W. (1991b): Effizienzorientierte Reform der Gewerbesteuer, in: Rose, M. (Hrsg.): Konsumorientierte Neuordnung des Steuersystems, Heidelberg 1991, S.437-471.

Robson, M. H. (1995): Taxation and household saving: Reflections on the OECD report, in: Fiscal Studies, vol. 16 (1995), no. 1, S. 38-57.

Rose, M. (ed.) (1990): Heidelberg congress on taxing consumption, Heidelberg 1990.

Rose, M. (1991a): Cash-Flow-Gewerbesteuer versus zinsbereinigte Gewerbeertragsteuer – Pilotmodell für eine neue direkte Unternehmenssteuer, in: Rose, M. (Hrsg.): Konsumorientierte Neuordnung des Steuersystems, Heidelberg 1991, S. 205-216.

Rose, M. (1991b): Plädoyer für ein konsumbasiertes Steuersystem, in: Rose, M. (Hrsg.): Konsumorientierte Neuordnung des Steuersystems, Heidelberg 1991, S. 7-34.

Rose, M. (1991c): Wirkungen einer konsumorientierten Neuordnung des Steuersystems auf Kapitalbildung und Wohlfahrt, in: Gahlen, B. (Hrsg.): Wachstumstheorie und Wachstumspolitik – Ein neuer Anlauf, Schriftenreihe des wirtschaftswissenschaftlichen Seminars Ottobeuren, Bd. 20, Tübingen 1991, S. 211-243.

Rose, M. (1992): Reform der Besteuerung des Sparens und der Kapitaleinkommen, in: Betriebs-Berater, 47. Jg. (1992), Beilage 5 zu Heft 10 vom 10.04.1992.

Rose, M. (1996): Schutz des Kapitalexistenzminimums, in: Betriebs-Berater, 51. Jg. (1996), Heft 21, S. 1085-1090.

Rose, M. (1998a): Konsumorientierung des Steuersystems – theoretische Konzepte im Lichte empirischer Erfahrungen, in: Krause-Junk, G. (Hrsg.): Steuersysteme der Zukunft, Schriften des Vereins für Socialpolitik, Neue Folge, Bd. 256, Berlin 1998, S. 247-278.

Rose, M. (1998b): Zur praktischen Ausgestaltung einer konsumorientierten Einkommensbesteuerung, in: Oberhauser, A. (Hrsg.): Probleme der Besteuerung I, Schriften des Vereins für Socialpolitik, Neue Folge, Band 259/I, Berlin 1998, S. 99-123.

Rose, M. (1999a): Die Gewinnsteuer als Element eines analytischen Systems der Einkommensbesteuerung, in: Wirtschaftsdienst, 79. Jg. (1999), Heft 6, S. 341-346.

Rose, M. (1999b): Steuerfreiheit investierter Gewinne?, in: Wirtschaftsdienst, 79. Jg. (1999), Heft 1, S. 35-38.

Sarkar, S./ Zodrow, G. R. (1993): Transitional issues in moving to a direct consumption tax, in: National Tax Journal, vol. 46 (1993), no. 3, S. 359-376.

Schmidt, F. (1998): Allowance for corporate equity – Zinskorrigierte Besteuerung zur Harmonisierung der Steuersysteme in Europa, zugl. Mannheim, Uni., Diss. (1997), Berlin 1998.

Schmidt, P. (1999): Konsumbesteuerung durch Mehrwertsteuer – Zur konsumorientierten Ausgestaltung mehrwertsteuerlicher Erhebungstechnik, Schriften zum Steuer-, Rechnungs- und Prüfungswesen, Bd. 23, zugl. Tübingen, Uni., Diss. (1998), Bielefeld 1999.

Schmidt, P./ Wissel, H. (1996): Croatia – The new Croatian tax system, in: Bulletin for International Fiscal Documentation, vol. 50 (1996), no. 4, S. 155-163.

Schneider, D. (1989): Sofortabschreibung, sofortiger Verlustausgleich und Marktlenkung von Risikokapital, in: John, G. (Hrsg.): Besteuerung und Unternehmenspolitik – Festschrift für Günter Wöhe, München 1989, S. 309-329.

Schneider, D. (1991): Einfluß einer Erhöhung der Mehrwertsteuer bei aufkommensgleicher Senkung der Gewinnsteuern auf die Investitionsentscheidungen der Unternehmen, in: Rose, M. (Hrsg.): Konsumorientierte Neuordnung des Steuersystems, Heidelberg 1991, S. 235-260.

Schneider, D. (1999): Ist die Einkommensteuer überholt? Kritik und Reformvorschläge, in: Smekal, C./ Sendlhofer, R./ Winner, H.: Einkommen versus Konsum: Ansatzpunkte zur Steuerreformdiskussion, Heidelberg 1999, S. 1-13.

Scholz, C. M. (2001): Die Ökonomie der Bestimmung steuerlicher Verrechnungspreise, in: Steuer & Studium, 22. Jg. (2001), Heft 6, S. 315-322.

Schreiber, U. (1992): Die Besteuerung internationaler Kapitaleinkommen, in: Die Betriebswirtschaft, 52. Jg (1992), Heft 6, S. 829-850.

Schreiber, U. (1993): Ertragsbesteuerung und Finanzierung ausländischer Tochterkapitalgesellschaften, in: Schmalenbachs Zeitschrift für betriebswirtschaftliche Forschung, 45. Jg. (1993), Heft 6, S. 510-534.

Schreiber, U. (1998): Internationale Mobilität von Steuerbasen – Ist nationale Steuerpolitik noch möglich?, in: Krause-Junk, G. (Hrsg.): Steuersysteme der Zukunft, Schriften des Vereins für Socialpolitik, Neue Folge, Bd. 256, Berlin 1998, S. 29-88.

Schreiber, U./ Stellpflug, T. (1999): Einkommen oder Konsum als Steuerbasis?, in: Wirtschaftswissenschaftliches Studium (WiSt), 28. Jg. (1999), Heft 4, S. 186-192.

Schwinger, R. (1992): Einkommens- und konsumorientierte Steuersysteme – Wirkungen auf Investition, Finanzierung und Rechnungslegung, Heidelberg 1992.

Schwinger, R. (1994): Konsum oder Einkommen als Bemessungsgrundlagen direkter Steuern?, in: Steuer und Wirtschaft, 71. (24.) Jg. (1994), Heft 1, S. 39-50.

Seidl, C. (1990): Administration problems of an expenditure tax, in: Rose, M. (ed.): Heidelberg congress on taxing consumption, Heidelberg 1990, S. 407-445.

Seidman, L. S. (1997): The USA Tax, Cambridge/London 1997.

Seiler, H.-W. (1999): Zur Durchsetzung der Einmalbesteuerung deutscher Körperschaftsgewinne, zugl. Hamburg, Uni., Diss. (1999), Frankfurt am Main 1999.

Senti, R. (1986): GATT – System der Welthandelsordnung, Zürich 1986.

Shay, S. E./ Summers, V. P. (1997): Selected international aspects of fundamental tax reform proposals, in: University of Miami Law Review, vol. 51 (1997), S. 1029-1078.

Shome, P./ Schutte, C. (1993): Cash-Flow-Tax, International Monetary Fund, Staff Papers, vol. 40 (1993), no. 3, Washington, D.C., S. 638-662.

Sinn, H.-W. (1989): Neue Wege der Unternehmensbesteuerung: Eine Replik, in: Wirtschaftsdienst, 69. Jg (1989), Heft 3, S. 159-164.

Skreb, M. (2001): Croatia – New profits tax act and income tax act, in: Tax News Service, vol. 35 (2001), issue 32, S. 386-387.

Slemrod, J. (1996): Which is the simplest tax system of them all?, in: Aaron, H. J./ Gale, W. G. (ed.): Economic effects of fundamental tax reform, Washington, D.C. 1996, S. 355-391.

Sörensen, P. B. (1990): Optimal taxation in a small capital-importing economy, in: Tanzi, V. (ed.): Public finance, trade and development, Detroit 1990, S. 43-58.

Sörensen, P. B. (1994): From the global Income Tax to the Dual Income Tax: Recent tax reforms in the Nordic countries, in: International Tax and Public Finance, vol. 1 (1994), no. 1, S. 57-79.

Spengel, C. (1993): Die Umsatzbesteuerung im EG-Binnenmarkt – Vom Bestimmungslandprinzip über das Ursprungslandprinzip zum Gemeinschaftsprinzip, in: Wirtschaftswissenschaftliches Studium (WiSt), 22. Jg. (1993), Heft 1, S. 45-48.

Spengel, C. (1998): Wettbewerbswirkungen der Körperschaftsteuer in Europa – Analyse und Reformvorschläge, in: Die Betriebswirtschaft, 58. Jg. (1998), Nr. 3, S. 348-368.

Starret, D. A. (1988): Effects of taxes on saving, in: Aaron, H. J./ Galper, H./ Pechman, J.A. (ed.): Uneasy compromise – Problems of a hybrid income-consumption tax, Washington, D.C. 1988, S. 237-268.

Stiglitz, J. E. (1985): The general theory of tax avoidance, in: National Tax Journal, vol. 38, no. 3, S. 325-337.

Stöckler, M. (1998): Die steuerlich optimale Rechtsform ausländischer Investoren in Deutschland, zugl. Tübingen, Uni., Diss. (1998), Berlin 1998.

Stöckler, M./ Wissel, H. (1995): Die Gewinnbesteuerung in der Republik Kroatien, in: IWB, Nr. 11 vom 14.6.1995, Fach 5, Gruppe 2, S. 527-536.

Stögmüller, T. (1991): Unilaterale Abgrenzungsfrage und Ermittlung der Bemessungsgrundlage bei Zugrundelegung des Universalitätsprinzips, in: Joseph, S./ Vollrath, H.-J. (Hrsg.): Anwendbarkeit des internationalen Steuerrechts bei Einführung einer Ausgabensteuer, München 1991, S. 34-47.

Summers, V. P. (1996): The border adjustability of consumption taxes, existing and proposed, in: Tax Notes International, vol. 12 (1996), no. 23, S. 1793-1800.

Sunley, E. M. (1989): The treatment of companies under cash flow taxes – Some administrative, transitional and international issues, The World Bank: Policy, planning, and research working Papers, no. 189, Washington, D.C. 1989.

UN (1998): World investment report – Trends and determination, New York 1998.

Viherkenttä, T. (1996): Das Nordische Modell – Ein alternativer Ansatz der Besteuerung von Kapitaleinkommen, in: Jacobs, O. H./ Spengel, C. (Hrsg.): Aspekte der Unternehmensbesteuerung in Europa, Mannheim 1996, S. 117-138.

Vogel, K. (1991): Kommentar zu Musgrave, P. B.: Internationale Koordinationsprobleme beim Ersatz einer Einkommens- durch eine Konsumbesteuerung, in: Rose, M. (Hrsg.): Konsumorientierte Neuordnung des Steuersystems, Heidelberg 1991, S. 571-574.

Völkel, D./ Karg, H. (2001): Umsatzsteuer, Buchreihe Finanz und Steuern, Band 2, 11. Auflage, Stuttgart 2001.

von Oehsen, J. H. (2000): Effizienz von Unternehmenssteuern, in: Das Wirtschaftsstudium (Wisu), 29. Jg. (2000), Teil I in: Heft 11, S. 1499-1504, Teil II in: Heft 12, S. 1631-1634.

Wagner, F. W. (1989): Die zeitliche Erfassung steuerlicher Leistungsfähigkeit, in: Hax, H./ Kern, W. (Hrsg.): Zeitaspekte in betriebswirtschaftlicher Theorie und Praxis, Stuttgart 1989, S. 261-277.

Wagner, F.W. (1999): Eine Einkommensteuer muß eine konsumorientierte Konsumsteuer sein, in: Smekal, C./ Sendlhofer, R./ Winner, H.: Einkommen versus Konsum: Ansatzpunkte zur Steuerreformdiskussion, Heidelberg 1999, S. 15-35.

Wagner, F. W./ Wissel, H. (1995): Entscheidungsneutralität der Besteuerung als Leitlinie einer Reform der Einkommensteuer, in: Wirtschaftswissenschaftliches Studium (WiSt), 24. Jg. (1995), Heft 2, S. 65-70.

Warren, A. C. Jr. (1996): How much capital income taxed under an income tax is exempt under a cash flow tax?, in: Tax Law Review, vol. 52 (1996), no. 1, S. 1-16.

Weichenrieder, A. J. (1995): Besteuerung und Direktinvestition, Tübingen 1995.

Weidenbaum, M. (1996): The Nunn-Domenici USA Tax: Analysis and Comparisons, in: Boskin, M . J. (ed.): Frontiers of tax reform, Stanford 1996, S. 54-69.

Wenger, E. (1983): Gleichmäßigkeit der Besteuerung von Arbeits- und Vermögenseinkünften, in: Finanzarchiv, Neue Folge, Bd. 41, o. Jg. (1983), S. 207-252.

Wenger, E. (1989a): Besteuerung und Kapitalbildung als intertemporales Optimierungsproblem, in: Hax, H./ Kern, W. (Hrsg.): Zeitaspekte in betriebswirtschaftlicher Theorie und Praxis, Stuttgart 1989, S. 279-295.

Wenger, E. (1989b): Wirtschaftswachstum, Unternehmensfinanzierung und internationaler Kapitalverkehr unter dem Einfluß der Besteuerung von Vermögenseinkünften, in: Finanzarchiv, Neue Folge, Bd. 49, o. Jg. (1989), S. 181-249.

Wenger, E. (1999): Warum die Finanzwissenschaft bei der Suche nach einer theoretischen Basis für die Einkommensteuer erfolglos bleiben mußte, in: Smekal, C./ Sendlhofer, R./ Winner, H.: Einkommen versus Konsum: Ansatzpunkte zur Steuerreformdiskussion, Heidelberg 1999, S. 37-63.

Wilke, K.-M. (1997): Lehrbuch des internationalen Steuerrechts, 6. Aufl., Herne 1997.

Wilson, M. H. (1987): Canada considers a business transfer tax, in: Walker, C. E./ Bloomfield, M. A. (ed.): The consumption tax – A better alternative?, Cambridge 1987, S. 41-48.

Windisch, R. (1999): Globalisierung, Systemwettbewerb und Steuerpolitik, in: Genser, B./ Hackmann, J./ Windisch, R.: Probleme der Besteuerung II, Schriften des Vereins für Socialpolitik, Neue Folge, Band 259/II, Berlin, S. 127-174.

Wissenschaftlicher Beirat beim Bundesministerium der Finanzen (1999): Reform der internationalen Kapitaleinkommensbesteuerung, Schriftenreihe des Bundesministeriums der Finanzen, Heft 65, Bonn 1999.

Wißler, B. (1991): Steuerwirkungen einer Ausgabensteuer im Bereich der Besteuerung von Dividenden- und Zinseinkommen, in: Joseph, S./ Vollrath, H.-J. (Hrsg.): Anwendbarkeit des internationalen Steuerrechts bei Einführung einer Ausgabensteuer, München 1991, S. 122-134.

Zgombic, H. (2000): Proposed tax reform in Croatia – a missed target, in: Tax Notes International, vol. 21 (2000), no. 21, S. 2358-2361.

Zodrow, G. R. (1995): Taxation, uncertainty and the choice of a consumption tax base, in: Journal of Public Economics, vol. 58 (1995), S. 257-265.

Zodrow, G. R. (1997): Reflections on the consumption tax option, in Head, J. G./ Krever, R. (ed.): Taxation towards 2000, Melbourne 1997, S. 45-79.

Zodrow, G. R./ McLure, C. E. Jr. (1991): Implementing direct consumption taxes in developing countries, in: Tax Law Review, vol. 46 (1991), no. 4., S. 405-487.

FINANZWISSENSCHAFTLICHE SCHRIFTEN

Band 1 Werner Steden: Finanzpolitik und Einkommensverteilung. Ein Wachstums- und Konjunkturmodell der Bundesrepublik Deutschland. 1979.

Band 2 Rainer Hagemann: Kommunale Finanzplanung im föderativen Staat. 1976.

Band 3 Klaus Scherer: Maßstäbe zur Beurteilung von konjunkturellen Wirkungen des öffentlichen Haushalts. 1977.

Band 4 Brita Steinbach: "Formula Flexibility" - Kritische Analyse und Vergleich mit diskretionärer Konjunkturpolitik. 1977.

Band 5 Hans-Georg Petersen: Personelle Einkommensbesteuerung und Inflation. Eine theoretisch-empirische Analyse der Lohn- und veranlagten Einkommensteuer in der Bundesrepublik Deutschland. 1977.

Band 6 Friedemann Tetsch: Raumwirkungen des Finanzsystems der Bundesrepublik Deutschland. Eine Untersuchung der Auswirkungen der Finanzreform von 1969 auf die Einnahmenposition der untergeordneten Gebietskörperschaften und ihrer regionalpolitischen Zieladäquanz. 1978.

Band 7 Wilhelm Pfähler: Normative Theorie der fiskalischen Besteuerung. Ein methodologischer und theoretischer Beitrag zur Integration der normativen Besteuerungstheorie in der Wohlfahrtstheorie. 1978.

Band 8 Wolfgang Wiegard: Optimale Schattenpreise und Produktionsprogramme für öffentliche Unternehmen. Second-Best Modelle im finanzwirtschaftlichen Staatsbereich. 1978.

Band 9 Hans P. Fischer: Die Finanzierung des Umweltschutzes im Rahmen einer rationalen Umweltpolitik. 1978.

Band 10 Rainer Paulenz: Der Einsatz finanzpolitischer Instrumente in der Forschungs- und Entwicklungspolitik. 1978.

Band 11 Hans-Joachim Hauser: Verteilungswirkungen der Staatsverschuldung. Eine kreislauftheoretische Inzidenzbetrachtung. 1979.

Band 12 Gunnar Schwarting: Kommunale Investitionen. Theoretische und empirische Untersuchungen der Bestimmungsgründe kommunaler Investitionstätigkeit in Nordrhein-Westfalen 1965-1972. 1979.

Band 13 Hans-Joachim Conrad: Stadt-Umland-Wanderung und Finanzwirtschaft der Kernstädte. Amerikanische Erfahrungen, grundsätzliche Zusammenhänge und eine Fallstudie für das Ballungsgebiet Frankfurt am Main. 1980.

Band 14 Cay Folkers: Vermögensverteilung und staatliche Aktivität. Zur Theorie distributiver Prozesse im Interventionsstaat. 1981.

Band 15 Helmut Fischer: US-amerikanische Exportförderung durch die DISC-Gesetzgebung. 1981.

Band 16 Günter Ott: Einkommensumverteilungen in der gesetzlichen Krankenversicherung. Eine quantitative Analyse. 1981.

Band 17 Johann Hermann von Oehsen: Optimale Besteuerung. *(Optimal Taxation)*. 1982.

Band 18 Richard Kössler: Sozialversicherungsprinzip und Staatszuschüsse in der gesetzlichen Rentenversicherung. 1982.

Band 19 Hinrich Steffen: Zum Handlungs- und Entscheidungsspielraum der kommunalen Investitionspolitik in der Bundesrepublik Deutschland. 1983.

Band 20 Manfred Scheuer: Wirkungen einer Auslandsverschuldung des Staates bei flexiblen Wechselkursen. 1983.

Band 21 Christian Schiller: Staatsausgaben und crowding-out-Effekte. Zur Effizienz einer Finanzpolitik keynesianischer Provenienz. 1983.

Band 22 Hannelore Weck: Schattenwirtschaft: Eine Möglichkeit zur Einschränkung der öffentlichen Verwaltung? Eine ökonomische Analyse. 1983.

Band 23 Wolfgang Schmitt: Steuern als Mittel der Einkommenspolitik. Eine Ergänzung der Stabilitätspolitik? 1984.

Band 24 Wolfgang Laux: Erhöhung staatswirtschaftlicher Effizienz durch budgetäre Selbstbeschränkung? Zur Idee einer verfassungsmäßig verankerten Ausgabengrenze. 1984.

Band 25 Brita Steinbach-van der Veen: Steuerinzidenz. Methodologische Grundlagen und empirisch-statistische Probleme von Länderstudien. 1985.

Band 26 Albert Peters: Ökonomische Kriterien für eine Aufgabenverteilung in der Marktwirtschaft. Eine deskriptive und normative Betrachtung für den Allokationsbereich. 1985.

Band 27 Achim Zeidler: Möglichkeiten zur Fortsetzung der Gemeindefinanzreform. Eine theoretische und empirische Analyse. 1985.

Band 28 Peter Bartsch: Zur Theorie der längerfristigen Wirkungen 'expansiver' Fiskalpolitik. Eine dynamische Analyse unter besonderer Berücksichtigung der staatlichen Budgetbeschränkung und ausgewählter Möglichkeiten der öffentlichen Defizitfinanzierung. 1986.

Band 29 Konrad Beiwinkel: Wehrgerechtigkeit als finanzpolitisches Verteilungsproblem. Möglichkeiten einer Kompensation von Wehrungerechtigkeit durch monetäre Transfers. 1986.

Band 30 Wolfgang Kitterer: Effizienz- und Verteilungswirkungen des Steuersystems. 1986.

Band 31 Heinz Dieter Hessler: Theorie und Politik der Personalsteuern. Eine Kritik ihrer Einkommens- und Vermögensbegriffe mit Blick auf die Leistungsfähigkeitstheorie. 1994.

Band 32 Wolfgang Scherf: Die beschäftigungspolitische und fiskalische Problematik der Arbeitgeberbeiträge zur Rentenversicherung. Eine Auseinandersetzung mit der Kritik an der lohnbezogenen Beitragsbemessung. 1987.

Band 33 Andreas Mästle: Die Steuerunion. Probleme der Harmonisierung spezifischer Gütersteuern. 1987.

Band 34 Günter Ott: Internationale Verteilungswirkungen im Finanzausgleich der Europäischen Gemeinschaften. 1987.

Band 35 Heinz Haller: Zur Frage der zweckmäßigen Gestalt gemeindlicher Steuern. Ein Diskussionsbeitrag zur Gemeindesteuerreform. 1987.

Band 36 Thomas Kuhn: Schlüsselzuweisungen und fiskalische Ungleichheit. Eine theoretische Analyse der Verteilung von Schlüsselzuweisungen an Kommunen. 1988.

Band 37 Walter Hahn: Steuerpolitische Willensbildungsprozesse in der Europäischen Gemeinschaft. Das Beispiel der Umsatzssteuer-Harmonisierung. 1988.

Band 38 Ulrike Hardt: Kommunale Finanzkraft. Die Problematik einer objektiven Bestimmung kommunaler Einnahmemöglichkeiten in der gemeindlichen Haushaltsplanung und im kommunalen Finanzausgleich. 1988.

Band 39 Jochen Michaelis: Optimale Finanzpolitik im Modell überlappender Generationen. 1989.

Band 40 Bernd Raffelhüschen: Anreizwirkungen der sozialen Alterssicherung. Eine dynamische Simulationsanalyse. 1989.

Band 41 Berend Diekmann: Die Anleihe- und Darlehenstransaktionen der Europäischen Gemeinschaften. 1990.

Band 42 Helmut Kaiser: Konsumnachfrage, Arbeitsangebot und optimale Haushaltsbesteuerung. Theoretische Ergebnisse und mikroökonometrische Simulation für die Bundesrepublik Deutschland. 1990.

Band 43 Rüdiger von Kleist: Das Gramm-Rudman-Hollings-Gesetz. Ein gescheiterter Versuch der Haushaltskonsolidierung. 1991.

Band 44 Rolf Hagedorn: Steuerhinterziehung und Finanzpolitik. Ein theoretischer Beitrag unter besonderer Berücksichtigung der Hinterziehung von Zinserträgen. 1991.

Band 45 Cornelia S. Behrens: Intertemporale Verteilungswirkungen in der gesetzlichen Krankenversicherung der Bundesrepublik Deutschland. 1991.

Band 46 Peter Saile: Ein ökonomischer Ansatz der Theorie der intermediären Finanzgewalten – Die Kirchen als Parafisci. 1992.

Band 47 Peter Gottfried: Die verdeckten Effizienzwirkungen der Umsatzsteuer. Eine empirische allgemeine Gleichgewichtsanalyse. 1992.

Band 48 Andreas Burger: Umweltorientierte Beschäftigungsprogramme. Eine Effizienzanalyse am Beispiel des "Sondervermögens Arbeit und Umwelt". 1992.

Band 49 Jeanette Malchow: Die Zuordnung verteilungspolitischer Kompetenzen in der Europäischen Gemeinschaft. Eine Untersuchung aufgrund einer Fortentwicklung der ökonomischen Theorie des Föderalismus. 1992.

Band 50 Barbara Seidel: Die Einbindung der Bundesrepublik Deutschland in die Europäischen Gemeinschaften als Problem des Finanzausgleichs. 1992.

Band 51 Ralph Wiechers: Markt und Macht im Rundfunk. Zur Stellung der öffentlich-rechtlichen Rundfunkanstalten im dualen Rundfunksystem der Bundesrepublik Deutschland. 1992.

Band 52 Klaus Eckhardt: Probleme einer Umweltpolitik mit Abgaben. 1993.

Band 53 Oliver Schwarzkopf: Die Problematik unterschiedlicher Körperschaftsteuersysteme innerhalb der EG. 1993.

Band 54 Thorsten Giersch: Bergson-Wohlfahrtsfunktion und normative Ökonomie. 1993.

Band 55 Li-Fang Chou: Selbstbeteiligung bei Arzneimitteln aus ordnungspolitischer Sicht. Das Beispiel der Bundesrepublik Deutschland. 1993.

Band 56 Harald Schlee: Einkommensteuerliche Behandlung von Transferzahlungen. Zur Neuordnung der Familienbesteuerung sowie der Besteuerung von Versicherungsleistungen und Sozialtransfers. 1994.

Band 57 Alexander Spermann: Kommunales Krisenmanagement. Reaktionen baden-württembergischer Stadtkreise auf steigende Sozialhilfekosten und Einnahmenausfälle (1980-92). 1993.

Band 58 Otto Roloff / Sibylle Brander / Ingo Barens / Claudia Wesselbaum: Direktinvestitionen und internationale Steuerkonkurrenz. 1994.

Band 59 Claudia Wesselbaum-Neugebauer: Internationale Steuerbelastungsvergleiche. 1994.

Band 60 Stephanie Miera: Kommunales Finanzsystem und Bevölkerungsentwicklung. Eine Analyse des kommunalen Finanzsystems vor dem Hintergrund der sich abzeichnenden Bevölkerungsentwicklung am Beispiel Niedersachsens unter besonderer Berücksichtigung des Landkreises Wolfenbüttel und seiner Gemeinden. 1994.

Band 61 Wolfgang Scherf: Die Bedeutung des kaldorianischen Verteilungsmechanismus für die gesamtwirtschaftlichen Wirkungen der staatlichen Neuverschuldung. 1994.

Band 62 Rainer Volk: Vergleich der Vergünstigungseffekte der verschiedenen investitionsfördernden Maßnahmen. 1994.

Band 63 Hans-Georg Napp: Kommunale Finanzautonomie und ihre Bedeutung für eine effiziente lokale Finanzwirtschaft. 1994. 2., unveränderte Auflage 1994.

Band 64 Bernd Rahmann / Uwe Steinborn / Günter Vornholz: Empirische Analyse der Autonomie lokaler Finanzwirtschaften in der Europäischen Gemeinschaft. 1994.

Band 65 Carsten Kühl: Strategien zur Finanzierung der Altlastensanierung. 1994.

Band 66 Stephan Boll: Intergenerationale Umverteilungswirkungen der Fiskalpolitik in der Bundesrepublik Deutschland. Ein Ansatz mit Hilfe des Generational Accounting. 1994.

Band 67 Karl Justus Bernhard Neumärker: Finanzverfassung und Staatsgewalt in der Demokratie. Ein Beitrag zur konstitutionellen Finanztheorie. 1995.

Band 68 Christian Haslbeck: Zentrale versus dezentrale Internalisierung externer Effekte bei unvollständiger Information. 1995.

Band 69 Regina Müller: Horizontale oder vertikale Transfers zur Durchsetzung eines horizontalen Finanzausgleichs. 1995.

Band 70 Christian Hockenjos: Öffentliche Sportförderung in der Bundesrepublik Deutschland. Darstellung und finanztheoretische Analyse. 1995.

Band 71 Manfred Rosenstock: Die Kontrolle und Harmonisierung nationaler Beihilfen durch die Kommission der Europäischen Gemeinschaften. 1995.

Band 72 Christian Rüsch: Wohnungsbau- und Wohneigentumspolitik im Rahmen der Einkommensteuer. Eine Analyse unter steuersystematischen, verteilungspolitischen und fiskalischen Aspekten. 1996.

Band 73 Stephan Winters: Die kollektive Vorsorge für den Pflegefall im Alter. Eine Untersuchung am Beispiel der gesetzlichen Pflegeversicherung in den Niederlanden. 1996.

Band 74 Knut Blind: Allokationsineffizienzen auf Sicherheitsmärkten: Ursachen und Lösungsmöglichkeiten. Fallstudie: Informationssicherheit in Kommunikationssystemen. 1996.

Band 75 Barbara Petrick-Rump: Ökonomische Wirkungen von Steueramnestien. Untersuchung konkreter Erfahrungen ausgewählter Länder mit dem Einsatz von Steueramnestien anhand eines effizienten Steueramnestieprogramms. 1996.

Band 76 Georg Hirte: Effizienzwirkungen von Finanzausgleichsregelungen. Eine Empirische Allgemeine Gleichgewichtsanalyse für die Bundesrepublik Deutschland. 1996.

Band 77 Ulrike Kirchhoff: Die rheinland-pfälzischen Gemeinden im System des Finanzausgleichs. 1996.

Band 78 Kerstin Keil: Der soziale Mietwohnungsbau: Mängel und Alternativen. 1996.

Band 79 Bernhard Manzke: Kinderlastenausgleich versus verstärkte Einwanderung. Alternative Ansätze zur langfristigen Sicherung der Gesetzlichen Rentenversicherung. 1997.

Band 80 Hariolf M. Wenzler: Institutionenökonomik und öffentliche Finanzkontrolle. Eine Analyse am Beispiel der Europäischen Union. 1997.

Band 81 Joachim Nagel: Supply-Side Policy in den USA. Eine theoretische und empirische Analyse der angebotsorientierten Wirtschaftspolitik Reagans unter besonderer Berücksichtigung steuerlicher Aspekte. 1997.

Band 82 Heinz Lampert: Krise und Reform des Sozialstaates. 1997.

Band 83 Monika Hanswillemenke / Bernd Rahmann: Zwischen Reformen und Verantwortung für Vollbeschäftigung. Die Finanz- und Haushaltspolitik der sozial-liberalen Koalition von 1969 bis 1982. 1997.

Band 84 Berthold Fürst: Die Maastrichter Budgetkriterien im Konflikt mit der Verschuldungsautonomie der deutschen Gebietskörperschaften. 1997.

Band 85 Burkhard Pahnke: Einkommensorientierte Förderung des sozialen Mietwohnungsbaues. Bestandsaufnahme und Kritik. 1998.

Band 86 Judith Safford: Staatsverschuldung im Vereinigten Königreich. Die öffentliche Verschuldung unter der Konservativen Regierung von 1979-1994. Ursachen und Auswirkungen. 1998.

Band 87 Ralf Oberheide: Die Bekämpfung der Steuerumgehung. 1998.

Band 88 Achim Truger: Die neue Finanzwissenschaft zwischen Realitätsferne und Irrelevanz der Annahmen. Eine methodologische Analyse potentieller Verteidigungsstrategien der neuen Finanzwissenschaft gegen den Vorwurf der Realitätsferne ihres entscheidungstheoretischen Fundamentes. 1998.

Band 89 Karin Bickel: Familienbezogene Elemente im System der gesetzlichen Rentenversicherung. Unter besonderer Berücksichtigung von Ein-Eltern-Familien. 1999.

Band 90 Wolfgang Scherf: Schlüsselzuweisungen und Kreisumlage. Die Problematik der Finanzierung der Landkreise am Beispiel des kommunalen Finanzausgleichs von Rheinland-Pfalz. 1998.

Band 91 Sandra Ehmann: Familienpolitik in Frankreich und Deutschland – ein Vergleich. 1999.

Band 92 Hendrik Suermann: Einkommensteuerliche Behandlung von Währungsgewinnen und -verlusten. Eine finanzwissenschaftliche Analyse des Steuerrechts in den USA und in Deutschland. 1999.

Band 93 Rolf Bösinger: Die Neuordnung des bundesstaatlichen Finanzausgleichs 1995. Eine theoretische und empirische Analyse unter Berücksichtigung von allokationstheoretischen und polit-ökonomischen Gesichtspunkten. 1999.

Band 94 Ulrich Ermschel: Finanzwirtschaftliche Konsequenzen beim Übergang auf das Ursprungslandprinzip im Europäischen Binnenmarkt. Eine Untersuchung am Beispiel des unvollkommenen oligopolistischen Neufahrzeugmarktes. 1999.

Band 95 Ute Hansen: Überwälzte Leistungen der Administration. Eine empirische und theoretische Analyse. 2000.

Band 96 Hans-Werner Seiler: Zur Durchsetzung der Einmalbesteuerung deutscher Körperschaftsgewinne. Strategien zur Vermeidung der im deutschen Körperschaftsteuersystem angelegten Benachteiligung ausländischer Anteilseigner. Eine finanzwissenschaftliche Analyse. 2000.

Band 97 Steffen Meyer: Zwischenstaatliche Finanzzuweisungen im zusammenwachsenden Europa. Zur Gestaltung eines Finanzausgleichs für die Europäische Union. 2000.

Band 98 Marion Hübner: Ökodumping? Umweltpolitik in internationalen Oligopolmärkten. 2000.

Band 99 Christhart Bork: Steuern, Transfers und private Haushalte. Eine mikroanalytische Simulationsstudie der Aufkommens- und Verteilungswirkungen. 2000.

Band 100 Norbert Eichler: Die Probleme des Gemeindefinanzausgleichs im Kooperativen Föderalismus. Eine ökonomische Analyse am Beispiel des Bundeslandes Nordrhein-Westfalen. 2000.

Band 101 Wolfgang Scherf: Der Länderfinanzausgleich in Deutschland. Ungelöste Probleme und Ansatzpunkte einer Reform. 2000.

Band 102 Stefan Dietrich Josten: Staatsverschuldung, intertemporale Allokation und Wirtschaftswachstum. Eine theoretische Analyse staatlicher Verschuldungspolitik in Modellen exogenen und endogenen Wachstums. 2000.

Band 103 Axel Breitbach: Steuerhinterziehung und Schattenwirtschaft aus gesamtwirtschaftlicher Sicht. 2000.

Band 104 Alexander Spermann: Negative Einkommensteuer, Lohnsubventionen und Langzeitarbeitslosigkeit. 2001.

Band 105 Michael Broer: Der kommunale Finanzausgleich in Hessen. Historische Darstellung und ökonomische Analyse unter besonderer Berücksichtigung der Schlüsselzuweisungen. 2001.

Band 106 Jan-Paul Ritscher: Der Einsatz von Finanzderivaten unter einer modernisierten Schuldenstrukturpolitik des Bundes. 2002.

Band 107 Martin Gasche: Dynamische Fiskalpolitik. Makroökonomische Wirkungen der Fiskalpolitik in einem Real Business Cycle-Modell. 2003.

Band 108 Felix Brosius: Internationaler Steuerwettbewerb und Koordination der Steuersysteme. 2003.

Band 109 Claudia Hensberg: Eigennützige Regierungen im fiskalischen Wettbewerb um Kapital. 2003.

Band 110 Hans-Martin Grambeck: Konsumsteuerreformen und Konsumbesteuerung. Eine vergleichende Analyse und Bewertung verschiedener Konsumsteuermodelle unter besonderer Berücksichtigung der Probleme in offenen Volkswirtschaften. 2003.

Friedrich Vogelbusch

Steuerarbitrage bei Umsatz- und Verbrauchsteuern im Europäischen Binnenmarkt

Eine empirische Untersuchung

Frankfurt/M., Berlin, Bern, Bruxelles, New York, Oxford, Wien, 2003.
XXXI, 487 S., zahlr. Abb. und Tab., 3 Faltbl.
Schriften des Instituts für Finanzen Universität Leipzig.
Herausgegeben von Udo Hielscher und Thomas Lenk. Bd. 6
ISBN 3-631-39846-8 · br. € 70.60

Im Schrifttum und in der Finanzpolitik spielen die steuerinduzierten Direktimporte der Endverbraucher (hier als Steuerarbitrage bezeichnet) eine zentrale Rolle. Insbesondere die Höhe und die Zusammensetzung der Steuerarbitrage bei den Umsatz- und Verbrauchsteuern sowie die Bestimmungsgründe der Direktimporte sind ungelöste Fragenkreise. Zu dem Problemkreis liegen empirische Untersuchungen in den USA, in Kanada und jüngst auch in Europa vor, wobei es sich meist um Befragungen handelt. Es fehlen regressionsanalytische Untersuchungen mit makroökonomischen Daten. Eben solche quantitativen Analysen beinhaltet die vorgelegte Monographie. Erstmals sind auf Basis der Ergebnisse fundierte Aussagen über das Arbitragegeschehen im europäischen Binnenmarkt möglich. Für Behörden, Verbände, Fachministerien und die Politikberatung sind die bisher nichtveröffentlichten Daten zum Direktimport- bzw. Schmuggelgeschehen für hoch besteuerte Verbrauchsgüter (Diesel- und Vergaserkraftstoff), Tabakwaren, Alkohol, Kaffee/Tee und die auf dieser Basis möglichen Prognoseüberlegungen und Szenariountersuchungen von erheblicher Bedeutung.

Kolibri 360 GmbH
Ferdinand-Jühlke-Straße 7
99095 Erfurt, Deutschland
produktsicherheit@kolibri360.de

Druck:
CPI Druckdienstleistungen GmbH
im Auftrag der
Kolibri 360 GmbH
Ferdinand-Jühlke-Str. 7
99095 Erfurt